THE AMERICAN PEOPLE
creating a nation and a society

美 国 人 民
创建一个国家和一种社会

第 8 版

上

[美]

加里·纳什（Gary B. Nash）　　朱莉·罗伊·杰弗里（Julie Roy Jeffrey）
约翰·豪（John R. Howe）　　　彼得·弗雷德里克（Peter J. Frederick）
艾伦·戴维斯（Allen F. Davis）　艾伦·温克尔（Allan M. Winkler）
查伦·迈尔斯（Charlene Mires）　卡拉·加迪纳·佩斯塔纳（Carla Gardina Pestana）
编著

刘德斌 等 译

著作权合同登记号　图字：01-2016-9806

图书在版编目（CIP）数据

美国人民：创建一个国家和一种社会：第8版.上 /（美）加里·纳什（Gary B. Nash）等编著；刘德斌等译. —2版. —北京：北京大学出版社，2018.7
（培文·历史）
ISBN 978-7-301-29490-1

I.①美… II.①加… ②刘… III.①美国—历史 IV.① K712.0

中国版本图书馆 CIP 数据核字（2018）第 084307 号

Authorized translation from the English language edition, entitled THE AMERICAN PEOPLE: CREATING A NATION AND A SOCIETY, 8th Edition by NASH, GARY B.; JEFFREY, JULIE ROY; HOWE, JOHN R.; FREDERICK, PETER J.; DAVIS, ALLEN F.; WINKLER, ALLAN M.; MIRES, CHARLENE; PESTANA, CARLA GARDINA, published by Pearson Education, Inc, Copyright © 2017 Pearson Education, Inc., or its affiliates

All rights reserved. No part of this book may be reproduced or transmitted in any form or by any means, electronic or mechanical, including photocopying, recording or by any information storage retrieval system, without permission from Pearson Education, Inc.

CHINESE SIMPLIFIED language edition published by PEKING UNIVERSITY PRESS LTD., Copyright © 2018.

本书中文简体翻译版由 Pearson Education，Inc. 授权给北京大学出版社发行。

本书封面贴有 Pearson Education（培生教育出版集团）激光防伪标签。无标签者不得销售。

书　　　名	美国人民：创建一个国家和一种社会（第8版）（上） MEIGUO RENMIN：CHUANGJIAN YIGE GUOJIA HE YIZHONG SHEHUI (DI-BA BAN) (SHANG)	
著作责任者	［美］加里·纳什（Gary B. Nash）等 编著　刘德斌等 译	
责任编辑	徐文宁　周彬	
标准书号	ISBN 978-7-301-29490-1	
出版发行	北京大学出版社	
地　　　址	北京市海淀区成府路 205 号　100871	
网　　　址	http://www.pup.cn　新浪微博：@ 北京大学出版社 @ 培文图书	
电子信箱	pkupw@qq.com	
电　　　话	邮购部 62752015　发行部 62750672　编辑部 62750112	
印　刷　者	三河市国新印装有限公司	
经 销 者	新华书店 650 毫米 ×960 毫米　16 开本　38.75 印张　560 千字 2008 年 1 月第 1 版 2018 年 7 月第 2 版　2020 年 6 月第 2 版第 2 次印刷	
定　　　价	96.00 元	

未经许可，不得以任何方式复制或抄袭本书之部分或全部内容。
版权所有，侵权必究
举报电话：010-62752024　电子信箱：fd@pup.pku.edu.cn
图书如有印装质量问题，请与出版部联系，电话：010-62756370

简明目录

(上)

前言　7

第 1 章　古代美洲与非洲　*1*

第 2 章　欧洲人与非洲人到达美洲　*29*

第 3 章　17 世纪对新大陆的殖民　*63*

第 4 章　殖民地社会的成熟　*113*

第 5 章　冲破帝国的束缚　*161*

第 6 章　革命中的美国人民　*205*

第 7 章　建国　*259*

第 8 章　东北与老西北的变革潮流　*311*

第 9 章　奴隶制与老南方　*351*

第 10 章　内战前塑造美国的努力　*395*

第 11 章　西进　*445*

第 12 章　危局中的联邦　*485*

第 13 章　分裂的联邦　*529*

第 14 章　重建的联邦　*571*

(下)

第 15 章　美国乡村的现实　*609*

第 16 章　工业美国的兴起　*645*

第 17 章　新大都市　*689*

第 18 章　成长中的世界强国　*723*

第 19 章　进步主义者对抗工业资本主义　*757*

第 20 章　大战　*801*

第 21 章　富庶与焦灼　*839*

第 22 章　大萧条与新政　*879*

第 23 章　第二次世界大战　*925*

第 24 章　"冷战"时期的寒彻与狂热：1945 年到 1960 年　*967*

第 25 章　战后美国的国内形势：1945 年到 1960 年　*1007*

第 26 章　反叛与变革：喧嚣骚动的 1960 年代，1960 年到 1969 年　*1051*

第 27 章　骚乱与不满：1969 年到 1980 年　*1093*

第 28 章　保守主义和道路的转变，1980 年到 2016 年　*1135*

译后记　*1181*

目 录

(上)

前言 / 7

第1章 古代美洲与非洲 / 1
    1.1 哥伦布之前的美洲居民 / 4
    1.2 接触前夕的非洲 / 18
    1.3 征服美洲大陆前夜的欧洲 / 23
    小结:一个新全球时代的来临 / 27

第2章 欧洲人与非洲人到达美洲 / 29
    2.1 横跨大西洋 / 32
    2.2 西班牙对美洲的征服 / 37
    2.3 英国向西远眺 / 47
    2.4 对非洲人的奴役 / 58
    小结:不同世界的会聚 / 61

第3章 17世纪对新大陆的殖民 / 63
    3.1 切萨皮克烟草海岸 / 66
    3.2 马萨诸塞移民及其后代 / 78
    3.3 从圣劳伦斯到哈德逊 / 90
    3.4 卡罗来纳业主殖民地:复辟的奖赏 / 93
    3.5 贵格会的和平王国 / 98

3.6　新西班牙的北部边疆 / 103
　　　3.7　动荡时代 / 104
　　　小结：新社会的成就 / 111

第 4 章　殖民地社会的成熟 / 113
　　　4.1　北方：家庭农场的沃土 / 116
　　　4.2　种植园遍布的南方 / 122
　　　4.3　争夺北美大陆 / 130
　　　4.4　城市中的商业与观念 / 138
　　　4.5　"大觉醒" / 147
　　　4.6　政治生活 / 154
　　　小结：1750 年的美洲 / 159

第 5 章　冲破帝国的束缚 / 161
　　　5.1　"七年战争"的高潮 / 164
　　　5.2　与英国的危机 / 173
　　　5.3　造反的边缘 / 184
　　　5.4　摆脱殖民束缚 / 193
　　　小结：革命的前夜 / 203

第 6 章　革命中的美国人民 / 205
　　　6.1　独立战争 / 209
　　　6.2　体验战争 / 219
　　　6.3　和平时代的机会与挑战 / 233
　　　6.4　迈向新的全国政府 / 245
　　　小结：完成革命 / 256

第 7 章　建国 / 259
　　　7.1　建立共和国 / 262
　　　7.2　共和国初期的社会 / 272

  7.3 国家分裂 / 287
  7.4 杰斐逊共和党的胜利 / 297
  小结：考验与过渡期 / 309

第 8 章 东北与老西北的变革潮流 / 311
  8.1 经济增长 / 314
  8.2 早期制造业 / 325
  8.3 新英格兰纺织城镇 / 326
  8.4 边疆地区的工厂 / 330
  8.5 城市生活 / 332
  8.6 农村生活 / 344
  小结：进步的特点 / 349

第 9 章 奴隶制与老南方 / 351
  9.1 创建一个与众不同的棉花王国 / 354
  9.2 《密苏里妥协案》/ 359
  9.3 早晨：大宅子里的男主人和女主人 / 366
  9.4 中午：家里和田中的奴隶 / 371
  9.5 晚上：在自己住所的奴隶 / 378
  9.6 反抗与自由 / 382
  小结：弗雷德里克·道格拉斯的自由梦 / 393

第 10 章 内战前塑造美国的努力 / 395
  10.1 宗教奋兴和宗教改革 / 399
  10.2 接踵而至的政治变革 / 402
  10.3 至善派的改革和乌托邦主义 / 417
  10.4 改革中的社会 / 423
  10.5 废奴主义与女权运动 / 428
  小结：完善中的美国 / 443

第 11 章 西进 / 445

- 11.1 探察密西西比河以西地区 / 448
- 11.2 赢得密西西比河以西地区 / 451
- 11.3 西进与东进 / 460
- 11.4 西部的生活 / 467
- 11.5 冲突中的文化 / 477
- 小结:"天定命运论"的结果 / 484

第 12 章 危局中的联邦 / 485

- 12.1 准州的奴隶制 / 488
- 12.2 政治分裂 / 501
- 12.3 堪萨斯与两种文化 / 508
- 12.4 两极分化与通往战争之路 / 515
- 12.5 裂开的房子坍塌了 / 522
- 小结:"无法抑制的冲突" / 528

第 13 章 分裂的联邦 / 529

- 13.1 备战 / 532
- 13.2 1861 年到 1862 年战场上的冲突 / 538
- 13.3 1863 年到 1865 年间出现的转折 / 548
- 13.4 战争带来的变化 / 554
- 小结:变化莫测的未来 / 570

第 14 章 重建的联邦 / 571

- 14.1 苦乐参半的战争结果 / 574
- 14.2 国家的政治重建 / 580
- 14.3 获释奴隶的生活 / 586
- 14.4 南部重建 / 594
- 小结:混合的遗产 / 606

前　言

西非的约鲁巴人有句古老的格言:"无论溪流淌多远,永远不忘其起源。"我们很想知道:为什么像约鲁巴人这样古老的社会都能认识到历史是如此重要,而今天的美国学生却在怀疑历史的存在价值?本书的目的就是要终止历史价值怀疑论,帮助我们去理解约鲁巴人早已明白的事情。

随着21世纪不断向前发展,我们这个有着民族和种族多样性的社会,也在越来越深地被卷入相互依赖的全球体系,历史对于我们作为自由人民将要行使的权利和责任至关重要。学习历史并不能造就好公民,但若没有一定的历史知识,我们就不能理解我们所面临的选择并对它们进行明智的思考。缺乏对过去的共同记忆,我们就会陷入一种健忘症,意识不到人类的处境,也意识不到各个地方的男人和女人为应对他们那个时代的问题,并为创造一个更加美好的社会所进行的长期斗争。没有历史知识,我们就不知道人们为应对政治、经济和社会生活所采用的种种方式,不知道人们在解决问题时所采取的方法,不知道人们在战胜他们前进道路上所遇到的种种障碍时所选择的路径。

历史还有一个更为深刻乃至更为根本的重要意义,那就是个人自身的培养,一个人的自觉和自尊可以为其一生的尊严和完满奠定基础。历史记忆是自我认同的关键:它决定着一个人在人类历史和时间长河中所处的位置。

当我们学习美国人民自己的历史时，我们看到的是一部丰富而又极为复杂的人类历史。我们这个国家有文字记载的历史始于美洲土著人、欧洲人和非洲人聚合在一起，它始终是一个多民族国家：一幅由各种文化、宗教和肤色的马赛克拼成的波澜壮阔的图形。本书将探讨美国社会在过去几个世纪是如何呈现出它当前这种形态并发展出当前这种政体形式的；作为一个民族，我们是如何进行我们的对外交往和管理我们的经济的；作为一个处于团体之内的个体，我们又是如何生活、工作、恋爱、结婚、养家、投票、争论、抗议和斗争，以实现我们的美国梦和美国试验的崇高理想的。

本书采用了几种新的方式，既让过往历史变得更易让人理解，又将本书与传统教科书区别开来。在叙述像总统选举、外交条约和经济立法这种公共事件的同时，我们还试图把这种广阔的国家叙事，与充盈其中的个人故事融合在一起。首要的是，这是美国人民的历史。在按年代编排的框架下，我们把美国作为一个国家的历史及其所有政治、社会和人的因素编织到了一起。例如，在讨论国内政治事件时，我们分析了这些事件对州和地方层面的生活的影响。我们既描述了战争在战场上和外交家的沙龙里是如何展开的，也描述了它们在大后方是如何进行的，那里是历史上社会变革最伟大的发动机。普通美国人与杰出美国人之间的互动，是贯穿全书的主旋律。

在本书中，我们试图展示我们历史的"人性"，就像人们在日常生活中所表露出来的那样。贯穿全书，我们经常采用普通美国人的语言，捕捉那些亲身参与像战争、奴隶制、工业化和改革运动这样的重大事件并对其做出回应的真实的人的声音。

本书的目标和主题

我们最主要的目标是为大家提供一种丰富均衡并能激发大家思考的美国历史叙述。据此，我们旨在提供这样一种历史描述：它将涵盖居住在这个国家所有地区、处于这个社会所有阶层、有着各种民族出身和文化背景的所有美国人的生活和经历。它旨在追寻诸多因素：政治因素、经济因素、技术因素、社会因素、宗教因素、知识因素和生物因素之间相互联系的历史，是这些因素在过去四个世纪塑造并重塑了美国社会。最后，它意味着鼓励大家去思考我们如何继承下来了一种复杂的过去，这种过去既充满骄人的成就，又存在着棘手的问题。

只有那种适合一个平民主义国家的历史，才是那种能够激励大家开创一种与历史进行坦诚透彻对话的历史。历史学家不断修改他们对过去所发生事情的理解。历史学家重新解读历史，既是因为他们在旧题目上发现了新问题，增加了新声音，也是因为新的敏感性刺激着他们去探讨那些并未引起以前历史学家兴趣的历史问题。因而，我们也想促进大家的课堂讨论和对话，这种讨论和对话可以围绕我们视为美国历史经验中最基本的四个问题来加以组织。

1. **美洲移民** 哪些不同民族聚到一起组成了这个国家？他们的经历如何塑造了美国历史？他们在美国面临什么样的冲突？他们做出了什么样的贡献？

2. **民主梦想** 美国的政治制度（及维持其持续存在的原则）是如何随着时间逐步发展的？什么样的变革和持存帮着塑造了美国人的价值观？在追寻建造一个更加美好的社会的进程中，美国是如何应对不同群体的需求和要求的？

3. **经济、宗教及文化变革** 经济、技术及环境变化如何影响美国？宗教信仰变化如何引起国家变动？宗教改革运动如何塑造美国人民生活的特点？

4. **美国与世界** 全球性事件及趋势以什么方式塑造了美国？美国与其他国家及人民的关系是如何演变的？美国对世界上其他地方有什么样的影响？

在撰写一部围绕这些主题展开的历史时，我们试图传递在所有社会都发挥作用的两种原动力。首先，随着我们观察人们不断地适应如工业化、城市化和国际主义这样新的发展变化（对这些变化我们似乎难以控制），我们认识到：人们并不是被历史陷于无能为力的地步，而是历史最根本的创造者。他们以集体或个人的形式保持着塑造这个他们生存其间的世界的能力，进而在相当大的程度上支配着他们自己的人生。

其次，我们强调始终存在于社会、政治、经济及文化事件中的联系。就像我们的个人生活从来都不可能完全整齐划一，一个社会的生活也是一种复杂的并且经常是各种力量、大事和偶发性事件的凌乱组合。在本书里，随着普通美国人和杰出美国人寻求实现他们各自的梦想，政治因素、经济因素、技术因素和文化因素缠绕在一起，就像由许多股线拧成的一条绳索。

希望大家能够跨越思想的边界，在阅读中享受思考的乐趣。

第 1 章

古代美洲与非洲

1.1　哥伦布之前的美洲居民
1.2　接触前夕的非洲
1.3　征服美洲大陆前夜的欧洲
小结：一个新全球时代的来临

美国故事

三位女性的生平凸显三大洲的汇合

在历史学家所谓的世界历史的"现代早期"(这一时期大致在15世纪到17世纪,那时来自世界上不同地区的人们开始密切接触),有三位女性在欧洲、非洲和美洲这些不同社会的融合与冲撞中扮演了关键角色。她们的生活在三大洲的人们开始相互接触和现代世界开始形成的时代里逐步展开,凸显了本章的一些重要主题。

卡斯提尔的伊莎贝拉生于1451年,她是"收复失地运动"的旗手。收复失地运动是为驱逐曾控制西班牙数世纪的穆斯林统治者而进行的长达数世纪的基督徒十字军运动。这位虔诚而慈爱的卡斯提尔女王于1469年嫁给了阿拉贡的国王斐迪南。这两个王国的联合造就了一个更加强大的天主教西班牙。这个国家正准备使新的宗教和军事憧憬化为现实。11年后,伊莎贝拉和斐迪南结束了与葡萄牙的敌对状态并开始巩固国力。这对国王配偶通过驱逐穆斯林和犹太人极力强化天主教的统一。伊莎贝拉的这种宗教热忱还使她资助了哥伦布的四次远航,以此作为一种把西班牙的势力扩展到大西洋彼岸的手段。1492年伊莎贝拉授权了哥伦布的首次远航,当时西班牙人眼中的"正义与神圣之战"刚刚开始几个月。这场战争针对异教徒,以摩尔人放弃在基督教欧洲的最后一个伊斯兰教堡垒格拉纳达而告终。哥伦布赞同伊莎贝拉的宗教热情和使遥远土地上的人民皈依基督教的愿望,所以在1493年之后发出的信件中,他都署名"克里斯托弗·哥伦布,上帝的信使"。

大西洋的另一边有一位相当有影响力的阿兹特克女人,她也被西班牙人称为伊莎贝拉,她很快就成为她的人民与西班牙人融合的象征。她的真名叫泰奎克波津(Tecuichpotzin),在阿兹特克的纳华语中是"皇族少女"之意。她生于

1509年，是阿兹特克统治者蒙提祖马二世的第一个孩子。直到这时，阿兹特克人还没有见过一个西班牙人。但在泰奎克波津11岁时，她目睹了科尔特斯率领的西班牙征服者们的到来。当她父亲快要去世的时候，他请求征服者监护他的女儿，以期能在征服者西班牙人和被征服者阿兹特克人之间达成一种和解。后来，阿兹特克人要求归还泰奎克波津。不久，她就嫁给了于1520年成为阿兹特克统治者的她的叔叔。她的新婚丈夫在两个月后死于天花，于是他的继承人，也是阿兹特克的末代皇帝，又娶了这个年轻的女子为妻。

第二年，西班牙人开始围攻位于特斯科科湖一个岛屿上的阿兹特克首都特诺奇蒂特兰城，并推翻了这个强大的印第安帝国。1526年，泰奎克波津得知她的丈夫因密谋反叛科尔特斯的罪名而受到拷打并最终被绞死。当时年仅19岁的泰奎克波津成为科尔特斯家庭的一员并成为他的众多印第安情妇之一。在怀着科尔特斯骨肉的时候，她被下嫁给了一位西班牙官员。接着，她又经历了一次婚姻，她总共生了七个孩子。作为蒙提祖马二世的后代，这些人后来都成为大地主和显贵人物。通过这种方式，泰奎克波津成为种族混血也即种族融合的先驱，她也因此而成为墨西哥建立新社会过程中起着最重要作用的阿兹特克妇女中的一员。

在非洲西海岸，另外一位有权势的女人恩津加（Njinga）大约生于1582年。她得名于出生时脖子上缠绕着脐带，这被认为预示着一种桀骜不驯的个性。1624年，恩津加登上恩东戈（今安哥拉）王位，率领民众对葡萄牙人的奴隶贸易及其控制安哥拉的企图进行了激烈的抵抗。这时，葡萄牙人已在安哥拉从事奴隶贸易一个世纪，并使刚果国王阿方索一世在1530年代皈依了天主教。葡萄牙人诱使安哥拉人民卷入了多场战争，为的是给那些从事奴隶贸易的葡萄牙同伙提供奴隶来源，恩津加决定打破这一循环。她下定决心抗击葡萄牙人，这使她成为安哥拉历史上的英雄人物。据传说，她在战斗中那狂热的喊杀声，在几里地外都听得见。

卡斯提尔的伊莎贝拉女王、阿兹特克公主泰奎克波津、安哥拉女王恩津加的故事，为欧洲人、非洲人和美洲土著人的大会合提供了时代场景。随着这一历史会聚的到来，这三个地区各自复杂的历史，如何为未来大西洋世界的相遇设置了舞台？

本章我们将会考察西非社会的复杂性，探究南北美洲的一些部落社会，研究15世纪晚期的西欧人。在进行对比研究时，我们最好是将这三个世界的相遇视为一个新的全球时代的开始。

1.1　哥伦布之前的美洲居民

在1490年代欧洲人远航探险之前的数千年，北美洲就有了人类活动的历史。因此，美洲的历史可以从一些基本问题着手：第一批美洲定居者是哪些人？他们从哪里来？他们的生活是什么样的？他们所组成的社会在欧洲人到来之前的几千年中是怎样演变的？关于他们的历史，能在多大程度上得到重建？

1.1.1　移居美洲

几乎所有提供上述问题答案的证据都来自北美洲人类早期生活的遗址。考古学家挖掘出的遗骨、锅盆、工具、饰物及其他物品，使人类到达美洲的时间被暂定在公元前3.5万年左右——这与人类开始在日本和斯堪的纳维亚定居的时间大体相同。

古人类学家（研究古代人民的科学家）长期以来都认为，美洲的首批定居者是来自西伯利亚的那些擅长猎获大型动物的游牧部落。这些旅居者跨过了连接东北亚和阿拉斯加的陆桥进行迁移。地质学家们认为，这个宽约600

英里的陆桥，直到距今 2.5 万～1.4 万年之前还存在。然而，只有在这一时期的某些时段，通过加拿大的无冰通道才可能短期地存在。主要的移民活动可能发生在 1.5 万年前。最近的研究通过基因检测确认，随后的另外两次迁移带来了一拨又一拨的人，导致三个大的群体在语言和基因上彼此各不相同。一些考古学上的新发现显示，形形色色的移民来自亚洲甚至欧洲的几个不同地区，他们通过水路和陆路移居美洲。几乎每一个美洲土著社会都有其关于起源的创世传说。

1.1.2 狩猎者、农耕者与环境因素

刚踏上北美大陆的土地，这些早期的流浪者就追逐着植物和猎物，向南随后向东迁徙。一些人似乎很快就到达了南美洲，这支持了海上旅行这一看法。最终，人们跨越了南北美洲两个大陆。传统的美国历史强调人民的"西进运动"，但在哥伦布到来之前的数千年里，人民的移动方向却是向南和向东。来自"旧世界"的人们就这样先于哥伦布数千年发现了"新世界"。

考古学家们发掘了部分美洲早期人类的生活遗址，初步重现了第一批美洲人在这一广袤大陆上的分布情况。随着时间的流逝和人口的繁衍，那些最早的定居者发展出了各自的文化，并以不同的方式适应了各自的生活环境。数千年后重新发现"新世界"的欧洲人，把他们发现的各种类型的社会混为一谈。实则直到 15 世纪晚期，美洲印第安人在他们的社会的规模及复杂性、所用语言、社会及政治组织的形式等方面都存在着巨大差别。

美洲土著人的历史经历了几个阶段。最早进行移民活动的"白令时代"结束于约 1.4 万年前。在距今 1.4 万～1 万年前的"古印第安时代"，追逐大型猎物的狩猎者们把坚硬的石头磨成梭枪头，选好"猎场"对更新世成群的大型哺乳动物进行猎杀。过度捕猎和气候变化破坏了这些大型野兽赖以生存的草场环境，使其逐步走向灭绝。人们被迫转而猎寻新的食物来源，像火鸡、鸭子、豚鼠等。在距今约 1 万年到 2500 年前的"古风时代"，地质巨变带来了

进一步的变化。随着冰河时代那些巨大的冰川开始慢慢消融，气候变暖的趋势导致从犹他州到中美洲高地的大片草原地带变为沙漠。更新世的那些哺乳动物因为更加干燥的环境而变得羸弱不堪，但人类却是很好地适应了当时的环境：他们学着开发新的食物来源，尤其是各种植物。一场被历史学家们称为"农业革命"的第二次技术革新适时地发生了。

距今约9000年到7000年前，出现了一场技术革新，这一革新可能分别在世界各地独立地开始。随着人类学会如何栽培、耕种和收获，他们在曾经难以驾驭的自然力量面前具有了一定的控制能力。农业的发展相当缓慢，但它最终却给各地人类社会带来了巨大变化。

当美洲土著人学会培育植物时，他们就开始了改变其自身与自然界关系的漫长过程。农业在美洲出现的确切时间难以确定，考古学家们推测是在公元前5000年左右。当位于墨西哥中部的特瓦坎峡谷地区的人们开始种植美洲玉米和南瓜的时候，农业已经在亚洲西南部和非洲发展起来并传到了欧洲。几千年过后，人类发展到了对土地进行有组织的开垦和耕种，在许多地区，定居的村庄生活开始取代游牧的生存方式。食品供应量的增长也促成了其他重要变化。随着更充足的食物支撑着人口的增长，大型集团分裂了，并形成了彼此分离的社会。比较复杂的社会和政治形式得以发展。在许多地方，男人们开垦土地并打猎，女人们则种植、栽培和收割庄稼。所有社会都依赖有影响力的宗教专职人员，信任他们能够为社会共同体击退敌对势力的进攻。

美洲的每一块土地上都形成了地域性贸易网络。贸易线路上运输着诸如用于保存食物的盐、当作投射利器的黑曜石，以及用作饰物的铜之类的物品，技术、宗教观念和农业实践也随之传播开来。到"古风时代"末期，即大约公元前500年，数百个独立的血缘集团开始学会开发他们所在区域的资源，并与区域内的其他部落进行贸易。

1.1.3　中美洲诸帝国

在与欧洲人接触之前的千年之内，在所有位于美洲大陆的大型社会中，给人印象最为深刻的社会位于中美洲这块连接南北美洲广袤大地的中部地区。现今墨西哥城管辖的墨西哥谷地是最复杂的大型社会的中心。在不到两个世纪的时间内，阿兹特克人作为更早的奥尔梅克文明和托尔特克文明的继承者，打造出了一个强大的帝国，这个帝国堪与那个时代欧洲、亚洲或美洲的任何帝国相媲美。到哥伦布进行首次远航的1492年，阿兹特克人控制了墨西哥中部大部分地区和数量庞大的人口，这些人口据估算在1 000万到2 000万之间。凭借从被征服种群中榨取的贡物，阿兹特克人在特斯科科大湖地区运河交错的岛状城市特诺奇蒂特兰（Tenochtitlan，意为"仙人掌之地"）建起了一座伟大的首都。它以拥有约15万人口而自豪，是哥伦布航海前夕世界上最大的城市之一。与欧洲所有社会一样，阿兹特克人的社会也是等级分明，其最高统治者与任何欧洲和非洲的国王一样主宰一切。每个阿兹特克人一生下来就归属于以下四类等级中的一类：贵族，自由平民，农奴，奴隶。

1519年西班牙人到来的时候，他们几乎不敢相信眼前所见那幅宏伟壮丽的景象。这座巨大的首都占地约10平方英里，并拥有引以为傲的约40座高塔。在这一美洲最先进的文明中，阿兹特克人凭借高超的水利工程技术建立了墨西哥式人造草坪，又叫"浮动花园"（floating gardens），里面种有大量的鲜花和蔬菜。西班牙人原本以为会遇见野蛮的原始人，对会遇上如此先进的文明毫无心理准备。

1.1.4　北美洲诸区域文化

中美洲北部各地区的社会从未达到阿兹特克的规模和复杂程度。但在**前哥伦布时代**的最后阶段，也就是所谓的"后古风时代"，在北美广袤的土地上，许多独特的社会也都在蓬勃发展。依据区域和自然环境不同，不同群体追求不同的策略来养活自己。有些群体能够在狩猎、采集和农业之间做到平衡，其他群体则较为依重这些策略中的一种或两种。在北美洲的西南部地区，霍霍卡姆社会和阿纳萨济社会，也就是今天的霍皮人（Hopi）和祖尼人（Zuni）的祖先社会，在西班牙人于1540年代到来之前的数千年就已经发展出了一种极其依赖农业的村居生活方式。

到了约公元1200年，后来被西班牙人称为普韦布洛（Pueblo）的民族建起了由大型阶梯状的多层建筑物所组成的有规划的村庄；这些建筑每一个都有很多房间，并且通常都建在便于阿纳萨济人防范其北方敌人进攻的地点。他们是一个更早就有的社会：查科人（Chacoan）的后裔，查科人于公元800年到1100年在查科峡谷（今天的新墨西哥）和其他地方修建了巨大的建筑群。到了[16世纪]西班牙人到来时，土著普韦布洛人已经在利用运河、水坝和梯田状山丘灌溉他们的玉米地。在农业、制陶、制衣等技术以及村居生活方面，普韦布洛社会与存在于欧洲和亚洲许多地区的农民社会相类似。他们建造了地下小屋，叫作**基瓦**（**Kivas**，每个基瓦都是一个半地下的圆形结构，既是礼拜活动中心，也是社会活动中心），服务于仪式性和宗教性的目的。

往北很远的地方，在太平洋沿岸的西北部地区，土著居民特林吉特人（Tlingit）、夸丘特尔人（Kwakiutl）、赛利希人（Salish）和海达人（Haida）散居在几百个村庄内。与他们西南方的同伴不同，他们较少依靠农业，他们都靠鲑鱼及其他产卵鱼类提供生活资料。他们居住的木板屋内，有红雪松树雕刻的精美柱子，充满符号象征意义，今天叫作"图腾柱"（可以守护他们）。当欧洲探险家们在18世纪到达这一地区时，他们惊叹于西北部土著居民在建筑和艺术方面的技艺。这些土著居民用举行仪式时所戴的面具来确定其在宇宙中的位置，这些面具上通常都会描画着动物、鸟类和鱼类，以此暗示祖先精神的魔力，这种精神寓于他们所理解的宇宙中相互关联的四个地带：天空世界，海底世界，人类世界和精神世界。

一个阿纳萨济村庄

位于新墨西哥境内查科峡谷的普韦布洛民族的博尼图废墟，是12世纪阿纳萨济文化的中心。这一市镇位于圣胡安河盆地，居民可能有1 000人，关于这些建筑物的建筑风格，你看出了什么？

在北部和东部，美洲土著人存在的时间至少可以追溯到公元前9000年前。从大陆中部的北美大平原到大西洋沿岸，一些部落结合成松散的四种主要语族：阿尔冈昆人（Algonquian）、易洛魁人（Iroquoian）、马斯克霍奇人（Muskhogean）和苏族人（Siouan）。与其他部落社会一样，他们也被"农业革命"改变了；他们逐渐地采用了半定居生活方式，并适时地发展起了连接一大片区域内各个社会的贸易网络。

在这些社会中，给人印象最深的是密西西比谷地和俄亥俄谷地的那些丘墩社会。欧洲殖民者到达美洲大陆一个半世纪以后才首次越过阿巴拉契亚山脉，当看到眼前数百个用于仪式的丘墩以及庞大的土石雕刻时，他们惊呆

第1章 古代美洲与非洲 9

再现历史

考古文物

重现有文字记载之前的历史是考古学的主要任务。实际上，我们关于欧洲殖民者到来之前的北美印第安人社会的全部知识都有赖于考古学家们的工作，他们挖掘出了最早的美洲人的生活遗址。今天的许多美洲土著人强烈反对这种搜寻先祖故地的做法，尤其反对开挖坟墓。但是，对有关过去知识的现代追寻仍在继续。

考古学资料已经使我们摒弃了那种把美洲土著看成原始民族，并把他们在欧洲人抵达北美洲之前的文化视为长期停滞的刻板观点。这些旧观点曾使历史学家们认为，随着白人在美洲最初的殖民和向西迁徙，美洲土著人口和土地的大量丧失几乎是不可避免的。

历史学家曾一再重申，当两种文化——一种充满活力且积极进取，另一种停滞并且落后——相互碰撞的时候，更先进的或者更"开化"的文化会一直处于优势地位。

美洲人民早期历史的详细情况大部分已不得而知。但是，许多与这一漫长时段有关的人类历史的碎片正在通过考古发现而被复原。有些研究揭示了印第安人社会在欧洲人到达新世界之前的几个世纪内是如何变化的，因而显得尤其重要。这些研究使我们可以更好地去阐释美洲土著人和欧洲人在17世纪的相互影响，因为它们为两种文化首次相遇时印第安人的价值观、社会和政治组织、物质文化及宗教提供了一种理解方式。

20世纪,在今天的伊利诺斯州东圣路易斯附近,即密西西比河与密苏里河的交汇处,考古学家们进行了这样的研究。他们发现了一个始于公元600年的大规模的密西西比文化中心,它在哥伦布远航之前约300年的时候发展到顶峰,后因干旱、食物供应减少和内部紧张局势而衰败。卡霍基亚是一个文明的中心都市的名字,这个文明在其顶峰时期控制着一片与纽约州一样大小的区域。卡霍基亚拥有地球上规模最大的古人建造的土制建筑物之一。这座巨大的土制庙宇的地基有16英亩,耗费了2 200万立方英尺的泥土,全部是人工搬运的。它

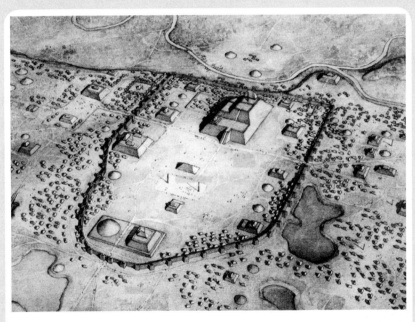

今天去参观卡霍基亚,很少能看出关于这一修建了巨大土堆社会的什么信息。考古学发现了这些巨大土堆的意义并将它们放入特定历史背景下。考虑到建造祭祀仪式和墓葬用的丘墩需要数百万立方英尺的泥土,这一定需要成千上万名劳力长时间的劳动。这与他们群落的人口密度有什么关系?

分四层并且高度达到100英尺，这和现代的10层办公大楼的高度相仿。中心广场被置于一条南北中轴线上，为的是标明诸天体的运行，这与阿兹特克人和玛雅人的庙宇构造一样。这座重要庙宇附近存在大量呈几何形状的小坟丘，上页图片里面标示出了其中的一些。注意那些外围的田地，这是10个世纪之前繁盛于这一地区的人们定居生活（与游牧相对应）的明显标志。对古老的卡霍基亚地区的这一描绘，是否改变了你对欧洲人到来之前美洲土著人生活的想象？

通过复原来自卡霍基亚坟丘的人工制品，考古学家们已经试着拼出了一幅初步展现沿密西西比河洼地文明的详尽图画。卡霍基亚人批量生产同时用于本地消费和外部销售的盐、刀具及石锄刀片。卡霍基亚的工匠们制作精美的陶器、用于装饰的珠宝、金属工艺品，以及各种工具。他们使用取自苏必利尔湖地区的铜和皮毛，取自落基山脉的黑曜岩，以及来自墨西哥湾的贝壳，说明卡霍基亚人已经参与到了远程贸易当中。事实上，卡霍基亚是北美大陆中心地带一个相当重要的贸易及水路交通枢纽。

卡霍基亚一些开挖的墓穴中包含大量暗窖，里面存有用工具加工过的精致物品，而其他古冢中则是许多没有任何人工制品随葬的骨架。这使得考古学家们得出如下结论：比起首批殖民者在大西洋沿岸地区遭遇的那些社会，这是一个更加分层化的社会。人类学家们相信，关于这些早期美洲人的命运及其文化的传播，仍有许多未解之谜。

反思历史

你能从上页的图片中得出关于卡霍基亚文化的其他结论吗？
你所生活的地方可有包含古代美洲土著文明证据的考古学遗址？

了。由于把所有印第安人都视为"森林原始人",他们推测,印第安人是一些曾经到达北美洲的古代非本土文明的残存者。

考古学家们现已得出结论,"筑墩人"是克里克人(Creek)、乔克托人(Choctaw)和纳奇兹人(Natchez)的祖先。他们的社会随着时间的流逝慢慢发展,并在不晚于基督教在欧洲出现的时段内变得非常复杂。仅在俄亥俄的南部地区,就有约一万个用作墓地并被准确指认出的丘墩;而且,考古学家们还挖掘出了另外 1 000 个土围子,包括一个周长达 3.5 英里的堡垒,占地 100 英亩,相当于现在 50 个城市街区那么大。考古学家们复原了大批由土堆覆盖的坟墓中的物品,它们的来源可以追溯至美洲大陆彼此相距遥远的各个地区,表明筑墩者们参与到了一张连接着这个大陆数百个印第安人村庄的巨大贸易网络中。

俄亥俄谷地的筑墩社会在欧洲人到达这片大陆的数百年前就已经衰败了,这可能是由于受到了其他部落的攻击,或者是严重的气候变化破坏了农业。到了大约公元 600 年,另一个筑墩农业社会出现在密西西比谷地。它的中心是有着至少两万名(也可能多达四万名)定居者的卡霍基亚,位于今天的圣路易斯附近。在有四层楼台、100 英尺高的寺庙的侧翼,建有举行仪式的大广场,它是这座美洲大都市的标志。这是包括从威斯康星到路易斯安那、从俄克拉荷马到田纳西数百个村庄在内的辽阔的密西西比文明区的都市中心。在这些筑墩诸文明神秘地走向衰败之前,它们的影响力就已波及大西洋沿岸的森林社会。

在更北部地区,人们临海而居并用槭糖和一些粮食作为食物的补充。在偏南面的一些地区,也就是后来成为新英格兰的那个地区,小型部族占据着大片土地,并会通过偶尔的贸易聚集到一起。在大西洋中部沿海地区,不同的部族发展了有限的农业,这些部族在采集野生植物用作食品、医药、染料和调味品方面很在行。更东边的林区部落大多依水而居。那里的人们经常随着季节在内陆和沿海村庄之间迁徙,或是定居在包含有这两种生态环境的地区。在东北部地区,一个人就可以搬动的桦树皮独木舟,帮助了印第安人在

密西西比文化神像

这一石像刻画了一位女性在主持一次玉米仪式。考古学家是在卡霍基亚建筑中发现的这一女性人物并称其为"凯勒人像"(Keller figurine)。你认为我们能从类似这样的雕刻品中得到什么信息？

广阔的区域内进行贸易和交流。

东南部有着人口稠密、丰富多彩而高级的文明，他们的祖先可以追溯到至少8000年前。他们隶属于不同语族的部族，其中一些结成了松散的联盟。被考古学家们称为"密西西比"社会的那些东南部地区的部族制作精美的陶器，编制篮筐并从事远程贸易。这些文明也采用了坟冢技术，其中一些也包括大规模掘土。全球变暖趋势帮助农业在这一地区繁盛起来，使得一些部族，就像纳奇兹人一样，发展出高度分化的社会。在经历了发生于公元1300年前后并且持续了几个世纪的"小冰期"之后，这些先人放弃了他们用土堤围成的都市中心，而他们的社会也沦落成一些人口稀疏、分化不明显且集权程度较低的社会。

贸易中心星罗棋布于哥伦布到来之前的美洲土地上。人口中心充当起贸易中心的作用，就像沿着水路的聚集地也曾起过这样的作用。一个地区特有的有价值的资源，不论是大湖地区的铜还是新英格兰海岸的贝壳，都可以通过贸易网络穿越遥远的距离。在欧洲货物加入这一网络很久之前，美洲内部不同地区之间的贸易就将相距遥远的人们联系到一起，使得宝贵的物品得到广泛使用。

1.1.5 易洛魁人

在衰落中的东南部筑墩诸社会以北，在日后将会成为英法两国殖民定居的范围之内，五个部族组成了后来欧洲人所指的易洛魁联盟：莫霍克人（Mohawk）、奥奈达人（Oneida）、奥农达加人（Onondaga）、卡尤加人（Cayuga）和塞尼卡人（Seneca）。易洛魁联盟是以在东北部林地家族定居方式为特色的血缘集团一个大的分支。到 16 世纪，易洛魁联盟可能拥有一万人。易洛魁人也支配着超出他们疆界之外的人们，尤其是在南边和西边区域里的人们。

欧洲人开始登陆北美大陆东部后不久，组织松散并苦于内部纷争的易洛魁人创建了一个颇有凝聚力的政治联盟。结果，各个村庄都开始稳定发展，人口也得以增长；易洛魁人摸索出各种解决内部问题的政治技巧，呈现出一幅更加团结的联盟景象。由此，易洛魁人形成了一种互相合作的策略以应对欧洲新来者。

在易洛魁人那些以栅栏围护的村庄中，劳作、土地的使用、狩猎，甚至是长屋中的生活安排都按公有制方式运作。在北部地区，农业扮演的角色要比在更南的地区小上很多，与此同时，狩猎和采集自然资源则增加了人们饮食中许多必需的卡路里。尽管也存在个体耕种和狩猎，但是收获物则是在所有人中间平均分配。一位历史学家把这种现象称之为"颠倒的资本主义"，在这里，目标不是要累积物质财富，而是要达到将自己的财物与他人共同分享的幸福境地。易洛魁人的社会结构与即将到来的欧洲人的形成鲜明对比，易洛魁人的性别角色、政治结构和家庭习俗同样与后者大相径庭。

1.1.6 迥异的世界观

由于是在彼此完全隔绝的环境下各自发展，欧洲文化和印第安文化在价值取向方面表现出了相当大的差异。欧洲殖民者把自己看作是"文明的"，而通常把他们在美洲（尤其是北美沿海）遇到的人描绘成"原始人""异教徒""野蛮人"。在欧洲人与美洲土著人遭遇时发生的有形冲突的背后，隐藏着关于人类与环境的关系、财产的意义，以及个人认同方面的潜在冲突。

欧洲人和美洲土著人以全然不同的方式将其与自然的关系概念化。欧洲人认为地球上到处都是可供人类开发利用的资源，他们的生活分为世俗与宗教两个领域，他们与自然界的关系主要定位在世俗领域。然而，美洲土著人则是不区分世俗生活和宗教生活的。对他们而言，自然世界中的每一个方面都是值得崇奉的，万事万物都紧密地联系在一起。

欧洲人相信，土地作为一种私人拥有的商品，是一座供人类开发的资源库。他们认为：确立产权，继承土地遗产，借助法院解决土地纠纷，都是天经地义之事。财产不仅是生存之本，同时也是独立、财富、地位、政治权利和身份的基础。美洲土著人也有"财产"和"边界"的概念。但他们普遍认为土地应归大家共同所有，而非像欧洲人那样完全成为个人的产权。公有制在北美有力地限制了社会的分化，并在大部分印第安部落中培养了一种共享的意识。

当然也有例外。位于今天墨西哥和秘鲁的阿兹特克帝国与印加帝国都是高度发达、人口众多且等级分明的帝国。北美洲一些诸如纳奇兹之类的部落也是如此。但在大陆的东部和西部沿海地区及西南部地区（在16世纪和17世纪移民与美洲土著人接触的地区）则生活着文化价值取向极为不同的民族。

这些部落社会或者遵循母系组织方式，在这种方式下，女性的关系确立了占主导地位的亲属群体，或者是遵循父系社会组织方式，就像西南方的普韦布洛部族。由于欧洲社会一直都是围绕男性亲属关系组织架构而成，母系印第安部落与欧洲人的实践有极大不同。例如，易洛魁人中的家庭成员资格由女方世系决定。当儿子或孙子结婚时，他会从他的女性担任户主的家户中，搬入由他妻子家庭的女家长担任户主的家户中。在这种环境下，女性操持家庭，男性则经常要长途跋涉去进行打猎、谈判，或者是与人打斗。

在那些遵循母系社会组织的美洲土著部落中，女性与政治的关系及其对权力的行使与欧洲妇女的情况极为不同。除了极少数精英阶层中的女性，像卡斯提尔的伊莎贝拉女王，欧洲妇女均被排除在政治事务之外。相比之下，在易洛魁部落，被指派的男性围坐一圈商议事情并做出决定，而村落中的年长女性则在背后进行游说和指导。年长的妇人选任男性村落首领。如果这些首领背离选任他们的女人们的意愿太远，他们就会被免职。

女人在部落经济中扮演的角色经常增强了男人与女人分享权力的趋势。男人打猎、捕鱼、开荒，女人负责种植和分配，她们提供了家庭所需营养的75%左右。在依赖狩猎以及农业和采集的部落中，男人经常外出打猎，这时女人就会负责安排村居生活。欧洲人认为这种性别平等是"野蛮"的另一个标志。

在经济关系方面，欧洲人和印第安人不同的行为方式有时会导致误解甚至冲突。在大陆的广阔区域，早已存在的贸易网络使得印第安人很容易将新的欧洲货物融入他们的文明。贸易对印第安人而言是一种在个人与群落之间保持互惠互助的方法，但是欧洲人的想法与他们有很大不同，欧洲人把贸易视为一种简单的有利可图的交易。

在宗教信仰上，这两个民族之间的不同程度表现得更加彻底。欧洲人的宗教生活围绕着对单一神的信奉、书写的经文、受过训练的神职人员，以及能够举办有组织的宗教仪式的教堂展开。美洲土著人则是多神论，他们的宗教领袖用药用植物和有节奏的咏唱与神灵世界进行交流。对欧洲人来说，印第安人的信仰是异端的和邪恶的。相比之下，美洲土著人有时发现欧洲信仰的某些方面非常有趣，并会有选择性地将其融入自己的信仰体系里。欧洲人认为，这样的部分接合是不可接受的，在他们的认识中，基督教一神论是一种"要么全信要么不信"的信念。欧洲人对美洲土著人文化的阐释，影响到了他们与后者之间的互动，以及对他们为后代所记录的这些社会的评价。

1.2 接触前夕的非洲

在哥伦布到达美洲半个世纪之前，一位葡萄牙船长完成了欧洲人在撒哈拉沙漠以南非洲西海岸的首次登陆。如果他有足够的能力涉足这个辽阔大陆的每一个角落，他就会看到多种多样的非洲国家、民族和文明。在与欧洲人接触的早期，和前哥伦布时代的美洲一样，非洲同样有着多样的文化，而且这些文化都有复杂的历史。

1.2.1 中非和西非诸王国

西非广泛地分布着多样的生态区域，包括辽阔的森林、大草原和热带丛林。非洲经历了与世界上其他地方已经发生的相类似的农业革命。这里的大部分人民都耕种土地，采用高超的农耕和家畜驯养技术。公元前450年，位于今天尼日利亚境内的诺科人发展出一种制造铁器的方法，这要比铁器传入欧洲的时间早得多。经过许多个世纪的发展之后，用于耕作和收割的更有效率的铁器工具提高了农业生产率，进而刺激了人口增长、劳动分工的进一步专业化，以及随之而来的效率提高及技术进步。

西非地区的文化和政治发展状况差别极大，这主要是由不同的生态环境造成的。那些上天赐福的土质优良、降雨量丰沛、矿藏丰富的地区，如西非沿海地区，已经开始从事跨区域贸易活动。反过来，这些贸易则带来了人口增长和文化发展。但在那些不适合居住的沙漠地区或比较封闭的森林地带，社会体系仍是小规模的，并且发展很慢。撒哈拉大沙漠就因气候变化导致气温升高和降雨量减少，人口一直都在减少。撒哈拉地区的人们向南迁徙以求找到更富饶的居住地，最终在富饶的尼日尔河盆地的雨林地带定居下来，并在此建立了一些非洲最伟大的帝国。

加纳帝国

这些帝国中首先崛起的是加纳帝国，它在公元 5 世纪到 11 世纪就已发展起来。它占有从撒哈拉大沙漠到几内亚湾的大片领土，并从大西洋一直延伸到尼日尔河。加纳主要是一个由小型村庄组成的国家，但它仍是一个主要的帝国，这一名望来自于它广布的城市定居点、雕塑和金属制品、远程贸易，以及复杂的政治和军事结构。由于地处贸易往来的绝佳位置，加纳成为一个富裕的帝国主要靠的是贸易而不是军事征服。到了 10 世纪晚期，加纳控制了超过 10 万平方英里的土地以及成千上万的人口。黄金太多了，以至于一磅黄金只能换到等量的盐。加纳的黄金使得它的首都昆比萨利赫成为西非最繁忙也是最富有的商业中心。到了公元 1000 年，在信仰基督教的地中海地区流通的黄金，有 67% 都来自加纳。

到了 11 世纪，伴随着阿拉伯人穿越撒哈拉来到摩洛哥和阿尔及利亚的昌盛的商队贸易（受到黄金的刺激），扩大了穆斯林的影响力。穆斯林以"伊斯兰教的信奉者"而知名并因其具有较高的读写能力而主导着贸易。阿拉伯人开始在帝国内定居下来，经常都是担任政府官职。他们带来了他们的数字和书写系统，也带来了他们的伊斯兰教。自从其创始人穆罕默德开始在公元 610 年传教，伊斯兰教已在阿拉伯快速传播开去。伊斯兰教在几个世纪后上升到全球有名，到 10 世纪时它已主导了埃及，并向南传播，从地中海边的北非跨越撒哈拉沙漠进入北部苏丹。它在贸易中心变得尤分强大。最后，伊斯兰教遍及东半球大部分地方，成为跨越世界上巨大区域交换物品、思想观念和技术的主要中介。在加纳帝国，统治者采用了阿拉伯的书写体文字，但仍笃信他们自身的传统宗教。不过，其他许多加纳人，尤其是生活在城市中的加纳人，则都皈依了伊斯兰教。到了1050年，昆比萨利赫已建有12座穆斯林清真寺。

马里帝国

由北非穆斯林战士于11世纪发起的攻击引发了一段时期的宗教纷争，并最终毁灭了加纳王国。继之而起的是由马林克人（Malinke，或称曼丁哥人）统治的、信奉伊斯兰教的马里王国。通过有效率的农业生产和对黄金贸易的控制，马里变得繁荣起来。曼萨·穆萨（Mansa Musa）是一位虔诚的穆斯林，他于1307年夺取了王位；在他的统治下，马里控制了相当于加纳王国三倍大的领土。1324年，曼萨·穆萨率队进行了一次穿越撒哈拉大沙漠、途经开罗并一路到达麦加的朝圣之旅，这次长达3 500英里的朝圣之旅，使他在地中海地区变得非常有名。在几个世纪后的世界地图上，绘图师描绘了他的形象和他的帝国。

曼萨·穆萨把穆斯林学者和工匠带回了家，这些人帮助他在马里帝国的中央地带建造了廷巴克图城，并使其成为一个相当重要的城市。这座城市因其巨大的财富而闻名遐迩，并有一所伊斯兰教大学培养了一批卓越的学者。

桑海帝国

1332年曼萨·穆萨去世后，西非的权力中心转移到了位于尼日尔河中游的桑海帝国。作为一个由农民、商人、渔民和武士组成的混合体，桑海于1435年宣布从马里独立并逐渐占据优势。当葡萄牙贸易者们在15世纪晚期与南至刚果王国的地区建立起牢固的商业联系时，桑海帝国在索尼·阿里（Sonni Ali，1464—1492）和穆罕默德·杜尔（Muhammad Ture，1493—1528）的统治下臻于鼎盛。

17世纪时，桑海帝国失去了它的领先地位。最大的威胁来自北非的摩洛哥，其统治者们觊觎桑海的盐和黄金——这两种商品在非洲贸易中极为重要。

在配备了从中东采购的枪支后，摩洛哥统治者于 1591 年征服了廷巴克图和加奥。随着西非最后一个贸易帝国逐步衰败，北非人对西苏丹地区的松散控制持续了一个多世纪。这些帝国逐渐分解成一些较小的国家。地方冲突激发了内部奴隶贸易，这一贸易使得欧洲贸易者在随后几个世纪购买奴隶变得更容易。这一贸易将会恶化彼此间的敌意，进而增加可被卖为奴隶的人数。

刚果和贝宁王国

幅员辽阔的刚果王国位于大西洋沿岸的南端及中非一带。1482 年，葡萄牙船长迭戈·卡奥（Diego Cao）在巨大的刚果河河口靠岸，这是欧洲人首次来到这里。刚果的皇城姆班扎是这个拥有数百万人口的王国的贸易中心；姆班扎同时也成为与葡萄牙人进行贸易往来的中心，后者在 1490 年代向马尼-刚果（Mani-Kongo）国王的朝廷派遣了天主教传教士。马尼-刚果的儿子接受洗礼成为阿方索一世，在他的统治下，也就是在 16 世纪早期，与葡萄牙人合作进行的昌盛的奴隶贸易开始了。

贝宁于公元 1000 年左右出现在尼日尔河三角洲的西部地带，后来在英国的奴隶贸易中变得非常重要。当欧洲人于几百年之后来到贝宁城的时候，他们发现了一座拥有宽阔的街道和数百座建筑物且有围墙环绕的城市。成千上万由内陆捕获的奴隶正是经由贝宁城踏上了前往主要的奴隶贸易站所在地卡拉巴尔的道路，在那里他们将被转手给葡萄牙人（后来则是英国人）。

1.2.2 非洲的奴隶制

那种认为奴隶制在过去的社会中是一种正常现象的观点有悖于现代价值观，许多美国人都难以理解：为何非洲人要把他们的同胞卖给欧洲商人。但别忘了，四个世纪前，没有任何人会把自己界定为非洲人；他们把自己看成是伊博人、曼丁哥人、刚果人、马里王国或桑海王国的居民。而且，对 14 世纪的非洲人或任何其他人来说，奴隶制也并非什么新鲜事物。在古希腊罗马、东欧的大片区域、西南亚和一般意义上的地中海世界，奴隶制都曾繁盛一时。

奴隶制在非洲已经存在了几个世纪。但与新世界的奴隶制不同，它与肤色无关。与别处的人一样，非洲人也是把奴隶制理解为一种奴役状态或是对某些罪行的惩罚。拥有奴隶被视为财富的象征。几个世纪以来，非洲诸社会都在从事着陆路奴隶贸易，他们穿越辽阔的撒哈拉沙漠，把从西非俘获的人运送到信仰基督教的罗马欧洲和信仰伊斯兰教的中东。西非人所持有的"奴隶制"概念，与即将在欧属美洲殖民地发展起来的"奴隶制"概念大不相同。非洲奴隶被赋予某些权利，包括受教育、结婚及为人父母。奴隶可以充任士兵和管理人员，有时还能当上王室顾问，偶尔甚至还能成为皇亲国戚。奴隶身份不一定是终身的，也不会自动传给女性奴隶的子女。

1.2.3　非洲人的习俗与信仰

在欧洲人开始在西半球殖民之后的三个世纪内，那些最终变成非裔美国人的人们在跨过大洋的移民人群中至少占到67%。他们来自一些相当不同的文化圈，但他们中的大多数人都共享着有别于欧洲人的特定生活方式。

和欧洲的情况一样，在非洲，家庭是社会组织的基本单位。通过保持紧密的家庭联系，沦为奴隶的非洲人筑起了一道相当重要的反抗残酷的奴隶制的防线。欧洲人尊奉父权制，把父亲和丈夫置于家庭生活的中心。而对非洲人来说，财产权和继承权经常都是遵循母系制，依据母方传下来，这种母系传统也在奴隶制中延续下来。在非洲，每个人的身份都由家庭关系限定，"个人主义"是一个陌生的概念。

非洲人将一种复杂的宗教传统带入了美洲，就连悲惨的境遇或肉体上的虐待都不能消灭这些根深蒂固的信仰。非洲流行的是信奉造物主及其下诸神（与自然力量相联系的神）的多神信仰，这些神灵有能力介入人间事务，所以它们都被精心地崇奉着。和大部分美洲印第安人一样，西非人也认为灵魂就寓于他们周围的树木、岩石和河流中，因此他们小心地对待这些自然物。一些特殊地方也经常具有精神力量，它使得被迫流落异乡变成一种尤其苦难的经历。许多西非人也相信存在一个看不见的"来世"，栖息在死人的灵魂中，可以通过启示被感知到，而拥有灵异天赋的人就可以解读这些启示。

非洲传统的宗教也崇拜祖先，祖先是居于造物主与生灵之间的人。亲人们会为了确保已故者在进入精神世界时找到正确的入口而举行复杂的安葬仪式。祖先距今的时间越久远，其对生者的影响力就越大。对家庭的忠诚和对血统的尊重，自然地融入这一信仰体系。神灵附体（具有影响力的超自然神灵通过祭司和其他宗教人物与人们对话）则是另一种广泛存在的宗教实践。

到17世纪，西非拥有多种多样的信仰传统。除了广泛的忠于地区内在的信仰体系，也有不少人皈依了伊斯兰教，或者是罗马天主教（较少见）。长期存在的贸易网络将穆斯林信仰向南及向西传至西非沿海地区，尽管在这里到公元1700年并未广泛有人信仰。葡萄牙人的贸易及其与刚果的联盟引入了天主教信仰，尤其是在精英阶层。学者们就其他社会阶层皈依天主教的程度，以及刚果天主教与历史悠久的非洲信仰嫁接的程度展开辩论。

欧洲人到来之时，西非大部分地区的社会组织与15世纪欧洲的社会组织同样精细。位居社会顶端的是国王，他们得到贵族和祭司的支持，这些人通常都是年长的男性。在他们之下是普通大众，其中大都是居住在村庄里的农民。在中心城市，工匠、商人、教师和艺术家们居于统治家族之下。作为这些社会内在的一部分，奴隶大都居于社会的底层。

1.3　征服美洲大陆前夜的欧洲

在9世纪，当密西西比谷地的筑墩者正在卡霍基亚建造他们的中心城市、当西非的加纳王国正蒸蒸日上，此时的西欧在经济和文化方面还只是一潭死水。旧世界的政治权力和经济中心已经向东移至信奉基督教的拜占庭，这一帝国控制着小亚细亚、巴尔干半岛及意大利的一部分。此刻，这个时代另一个充满活力的文明伊斯兰教已经征服了中东，穿越了北非地区，并渗入西班牙和撒哈拉大沙漠以南的西非地区。奥斯曼人将会最终征服拜占庭首都君士坦丁堡（今伊斯坦布尔），用信奉穆斯林的领导人来取代信奉基督教的统治者。

几个世纪后，随着东部基督教世界失去权力，西欧渐渐崛起成为一个重要的中心。不断上升的阿拉贡和卡斯提尔王国成为这一复兴的早期领导者。经历了持续数个世纪的基督教、犹太教和穆斯林在北非伊斯兰教统治下共同生活在一起之后，西班牙人驱逐了"摩尔人"，这是他们对北非人的称呼。这些转变创造了条件，使西欧在海事方面处于领先地位的国家可以大范围地扩展其海上势力范围。到了 15 世纪末期，行将持续 400 年之久的欧洲海外扩张时代开始了。直到 20 世纪下半叶，随着去殖民化运动的发展，这种欧洲化进程才被逆转。

1.3.1 欧洲的"再生"

西欧约在公元 1000 年逐渐成为一股重要力量。始自地中海沿岸意大利各港口的远程贸易复兴带来不断增多的财富，对古代知识的重新发现则充实了欧洲社会。古罗马帝国那些规模恢宏、繁盛一时的城市已经停滞了几个世纪，但这时威尼斯、热那亚和其他意大利港口城市则开始和那些面向亚得里亚海、波罗的海及北海的人们进行贸易往来。这些新的联系为意大利的商业性城市带来了财富和实力，这些城市逐渐从控制了其周边乡村的封建贵族的统治中摆脱出来，并发展成为商人统治的城市国家。

14 世纪肆虐地中海世界的疫病也推动了这一改变。1330 年代早期，**黑死病**（流行性淋巴腺鼠疫）首先侵袭了中国，吞噬了近 33% 的人口，然后向西沿着贸易路线传到了印度和中东。之后，黑死病于 1348 年到达西欧和北非，此前的饥荒和营养不良早已削弱了数百万人的抵抗力。在接下来的 25 年中，大约 3 000 万名欧洲人死于黑死病，导致经济崩溃。人口骤减暂时性地使得农业劳动力和其他工人变得更有价值，因而封建贵族必须提供得到改善的条件才能留住他们。这场灾难过后，欧洲只是极其缓慢地才恢复了它的人口。

文艺复兴发生在 14 世纪到 16 世纪早期欧洲的文化及智识生活中。君士坦丁堡的陷落使得城中的学者们纷纷西去，地中海地区城邦国家的兴起为资助艺术及智识追求创造了一个平台，对古典资源的发现（尤其是那些一直保存在伊斯兰东方但在西欧则不为人知的古希腊文本）扩展了知识的视野。文艺复兴最有名的是其在艺术上的革新，但它也见证了教育上的变革和文艺作品的增加，尤其是用欧洲方言口语写就的。先前的大多数文本都是用拉丁文写成，只有极少数受过精英教育的人才能看得懂。文艺复兴鼓励创新，鼓励思想自由，强调人的能力。文艺复兴运动兴起于意大利，向北扩散覆盖了欧洲，并于 15 世纪晚期达到巅峰。

1.3.2 新君主国与扩张主义者的冲动

随着文艺复兴达到顶峰，意大利城邦的北部和西部区域也经历了整合和集中。在构成今日西欧的那些国家出现前，那一地区划分成多个小的单位，每一个都由一位地方领主统治。在一些区域，包括苏格兰、英格兰、法国、西班牙、葡萄牙，一位单一的君主获得控制权成为总的统治者。这些联合王国的兴起有着不同的发展速度和各种各样的情况，其范围从征服到统治家族内部联姻，就像卡斯提尔的伊莎贝拉与阿拉贡的费迪南二世那样。

英国的贵族与君主之间持续不断地发生纷争，也正是在这一背景下，贵族通过迫使国王接受《大宪章》（*Magna Carta*，1215）而成功地限制了国王的权力。15 世纪下半叶，法国、英国和西班牙的君主在其各自的王国内，通过进一步整合他们的权威来谋求社会及政治稳定。他们创造了官僚制来管理他们的王国、他们日益壮大的军队和海军，尤其是他们的国家财政。在这些国家中，在葡萄牙也是一样，人口持续下降一个多世纪后的逆转和国内的失序状态，滋养了向外扩张的冲动。

探险活动最初有两个目标：首先就是要找到向东到达亚洲的海洋路线，以避开陆路上的穆斯林商人；其次则是要开发非洲黄金贸易的原产地，以避开北非的中间商。自1291年即马可·波罗把东方财富的故事带回威尼斯以来，欧洲人就开始通过漫长的陆路商道与东方进行贸易。最终，欧洲的船员们发现，经由东向和西向的水路都可以到达中国。由于多种原因使然（并非只是其邻近性），葡萄牙和西班牙将会引领欧洲探险和扩张的道路。

葡萄牙的亨利王子（**Prince Henry**）（对他来说，征服穆斯林世界最为重要，贸易次之）率领一个仅仅拥有100万居民的穷国，进行了未知的探索。1420年代，亨利王子开始派遣葡萄牙船员前去探查"茫茫万顷"充满未知的大西洋。航海仪器制造、地图绘制及舰船设计方面的重要技术革新，其中一些还采纳了阿拉伯人在海军技术上的改进，给了他那些英勇的水手们很大帮助。

葡萄牙的船长们在大海中实践着三个古老的**托勒密原则**：地球是圆的，地球表面上的距离可以通过度数标示出来，通过测算星球的位置，航海家们可以对自己在海洋中的位置进行"定位"。托勒密（90—168）是一位古希腊数学家，他影响了直到16世纪科学知识的发展。发明于1450年代的象限仪使得对星体地平纬度的精确测量成为可能，这对查明纬度来说是必需的，代表着航海技术从罗盘导航向前迈进了一步。一种装有大三角帆的轻快帆船的出现也相当重要，这种帆船是根据摩尔人的船只设计改造而来。三角帆使船在风中航行成为可能，这种船能够沿着非洲的海岸线向南航行，并能顶着盛行风向北返航。到了1430年代，亨利王子的船长们已经到达了马德拉群岛、加那利群岛和更加遥远的亚速尔群岛。在上述地区，第一批欧洲人控制的农业种植园很快就发展起来。

由西非海岸线之外的岛屿出发，葡萄牙的船长们进一步向南推进；到了1460年，葡萄牙的航海家们已经向南航行到了非洲西海岸。在把基督教信仰带到了新土地上的同时，他们也围绕着象牙、奴隶，尤其是黄金，展开了一项有利可图的贸易，并已准备好要利用欧洲与非洲之间的联系获利。此时的他们还不知道，在大西洋的另一侧还存在着一大片后来被命名为"美洲"的土地。

小结：一个新全球时代的来临

到了15世纪晚期，所有那些在过去500年中使这个世界变得"现代"起来的力量都开始发挥作用。正如这个时代三位重要女性的故事所表明的，西非、西欧和美洲的深层变革已经开始。西非诸帝国的发展水平已经达到了新的高度，其中一些受到伊斯兰教信仰的深刻影响，而多数都已具有跨地区贸易的经验。穆斯林学者、商人及长途旅行者们正在成为地区之间商品、观念及新技术的主要传播者。与此同时，始于意大利的文艺复兴运动则向北扩展，它为遭受瘟疫摧残、衰弱疲惫的欧洲带来了新的能量和雄心。航海技术的发展也使欧洲人得以与西非人建立联系，并在西非海岸之外的热带岛屿上发展起了第一批役使奴隶的种植园社会。在美洲，墨西哥和秘鲁那些大型帝国的人口变得更加稠密，正在积聚自己的力量；而此时的北美则是另一番景象：强大的筑墩社会衰落了，权力分散的部落社会正在缓慢地形成。这就是欧洲人穿过大西洋实现大跳跃的背景，来自非洲、美洲和欧洲的人们将会在大西洋上会合。

思考题

① 你认为在与欧洲人接触之前，美洲文化的多样性有哪些引人注目的表现？那一多样性最突出的例证是什么？

② 在与欧洲商人接触之前，西非社会及其文化的主要特征有哪些？

③ 公元1000年后西欧复兴的原因和主要后果是什么？

④ "现代早期"的非洲、欧洲和美洲常被视为在各个方面都截然不同，然而它们也有共同点。最引人注目的共同点是什么？

⑤ 西欧人为何要越出其地理范围去探索、征服和殖民美洲？有哪些可以促进非洲和美洲国土向大西洋扩张的因素没有出现？

第 2 章

欧洲人与非洲人到达美洲

2.1　横跨大西洋

2.2　西班牙对美洲的征服

2.3　英国向西远眺

2.4　对非洲人的奴役

小结：不同世界的会聚

美国故事

来自旧世界的旅居者与新世界的居民之间的融合

就在科尔特斯率领的征服者们彻底摧毁了位于墨西哥境内的阿兹特克帝国 15 年之后，大肆搜捕印第安人以充当奴隶的西班牙骑兵们，在墨西哥的西北部巧遇了大约 600 个印第安人。与这些印第安人同行的有一个非洲人和三个西班牙人，他们全都是当地人打扮。这些骑兵们"错愕地看着我的装束，并对我混在印第安人中间感到费解"，阿尔瓦·努涅斯·卡韦萨·德·巴卡（Alvar Núñez Cabeza de Vaca）记述道，他是当时与印第安人同行的三个西班牙人之一，"他们当时盯着我看了好半天，惊愕得既没有跟我说话也没有设法问我点什么"。

巴卡及他的两个西班牙同伴和那个非洲人已经失踪了八年，大家都以为他们早就死了。他们是 1528 年远征队的一部分成员，那次远征的目的是要在被西班牙人称为佛罗里达的地区设置一块永久性的西班牙殖民地。远征队在坦帕湾附近的沼泽地带安营扎寨，在那里，这些西班牙冒险家们不仅遭遇了饥馑、疾病及领导层的危机，还遇到了充满敌意的印第安人。巴卡和他的同伴们被阿巴拉契（Apalachee）印第安人捕获并被剥夺自由，不久他们就入乡随俗，适应了新的环境，并使那些印第安人相信他们拥有魔法般的治愈疾病的能力。那个叫埃斯特万（Estevan）的非洲人是三个被俘西班牙人的奴隶，不久他就成为一位学识渊博的语言学家、医生、向导和谈判交涉者。从捕获他们的人那里逃走之后，这四个人涉入了一片荒野，接着就头也不回地向西逃去。他们划着粗陋的小船穿过了墨西哥湾，但却在德克萨斯海岸遭遇海难，最后他们在另一些仁慈的印第安人那里找到了避难所。

那几个西班牙人和非洲人可不擅长对崎岖起伏且地图上没有标识的印第安

人土地进行突袭，这将严酷地考验他们在土著居民中间的生存能力，因为后者通常都反对前者入侵他们的故土。巴卡这个曾经奴役印第安人的征服者反而成了印第安人的奴隶。在经历了沦为印第安人的奴隶又从其枷锁中逃脱之后，埃斯特万原有的西班牙征服者的奴隶身份已被淡忘。在德·巴卡的日记中，他把埃斯特万描绘成"一个黑人""一个摩尔人"或"一个阿拉伯人"。但是，这些描述仅仅指涉了埃斯特万的皮肤颜色（深色的）、宗教信仰（伊斯兰教），以及地理意义上的祖国（摩洛哥）。在这片神奇而又经常充满敌意的土地上，埃斯特万的黑人背景乃至他的奴隶地位都无关紧要。在这段种族分类观念不甚明显的历史时期，真正值得我们注意的是，埃斯特万出色的语言能力、坚韧不拔的精神，以及作为一个中间人的聪明才智。埃斯特万是一个大西洋混血儿，一个原本来自大西洋沿岸的男人，在16世纪大西洋世界的文化、语言和社会的融合过程中逐渐地成为一个新人。

在五年的时间内，埃斯特万和他的上司安德列斯·多兰特斯（Andrés Dorantes）、巴卡及另一个西班牙人向西游走了2 500英里。由于经常尾随友善的印第安向导，这四个旅行者逐渐被人们视为拥有治愈疾病能力的圣人。其后，他们来到了今天的新墨西哥，根据巴卡的记述，那里的印第安人这样描述他们："来了四个伟大的医生——一黑三白，他们行祈福之事，[而且]替人治病。"有一次，当地土著把一个葫芦制成的圣鼓作为礼物送给了埃斯特万。而后，在1536年，这个四人小组在墨西哥的西北部与一支西班牙探险队巧遇了。三年后，也就是在加入一个新的西班牙探险队之后，埃斯特万带头为弗朗西斯科·科罗纳多（Francisco Coronado）1540年的入侵活动开路。在后来被称作亚利桑那的地方，埃斯特万被选中和印第安向导一起向祖尼人的区域进发去寻找传说中锡沃拉的那七座金城。埃斯特万通晓当地数种语言并有与广阔的新西班牙北部地区的居民长期打交道的经验，这使他成为向导的不二人选。但在这次远行中，埃斯特万死在了祖尼族战士手上。

哥伦布于 1492 年至 1504 年进行的那些航海活动，使得像埃斯特万和巴卡这样的来自于三个先前相互分离的大陆的人们走到了一起。他们一起创造了一个新世界，他们生活轨迹相交，文化相融。西班牙人是第一批突破大西洋障碍的人，他们的经历如何为后来欧洲的卷入铺平了道路？思考哥伦布那些划时代的远航、西班牙征服者的到来、他们对中美洲和北美洲南部广大区域进行的不同寻常的征服活动，以及伴随着他们跨过大西洋从东、西两个方向涌来的植物、动物和病菌所造成的重大影响。科尔特斯和皮萨罗所进行的不同寻常的开发活动，以及大量银矿的发现，又是怎样引起了其他欧洲人（首先是法国人，然后是荷兰人和英国人）的注意的？后来者竞相开发美洲的财富，在哥伦布航海一个世纪后，英国人登上了美洲舞台。

2.1 横跨大西洋

斐迪南和伊莎贝拉在 1469 年的结合使两个独立的国家阿拉贡和卡斯提尔走到了一起，他们带领新生的西班牙国家进入了"黄金时代"。在具有里程碑意义的 1492 年，他们征服了伊比利亚半岛上最后一个势力强大的伊斯兰统治者，终结了数个世纪的摩尔人（北非穆斯林）统治。在那之后不久，他们就驱逐了犹太人（在伊斯兰治下那些犹太人与基督徒生活在一起）。他们也赞助了哥伦布的探险。后来哥伦布在 1492 年到 1504 年对美洲进行了四次航海活动。与此同时，葡萄牙人则在非洲西海岸和通往远东的道路上扩展着他们的影响。在很短的时间内，不同地区人们之间的联系开始显著地加强，使得这个世界开始变小。由于有许多人追随这些早期欧洲人的足迹，这种对大西洋界限的跨越促成了一种意义不可估量的全球性转变。欧洲人开始上升为全世界最有活力的一股力量，他们即将发挥出的全球影响力，要比历史上任何一个地区的人都要大。

2.1.1 哥伦布的远航

意大利水手哥伦布率领了西班牙人的远航。过去哥伦布以无畏的探险者形象被崇敬了几百年，今天有些人则攻击哥伦布是印第安人民和土地的无情掠夺者，但我们最好还是将哥伦布置于他所处的时代背景下进行评价。他所处的时代既是一个知识大发展的时代，也是一个残忍和暴力横行的时代。有关世界地理界限的观点和疑问激发了哥伦布的探险欲，而且他还想为重新夺回摩尔人控制下的西班牙做出贡献。

与许多水手一样，哥伦布听说了不少关于西方陆地的航海故事。他也可能听过五个世纪前古斯堪的纳维亚移民航海到达纽芬兰冰岛的传说。其他有关大西洋延伸到印度和东亚的猜想也在传播。一个人能否向西航行到达印度群岛而不必向东绕过非洲，就像葡萄牙人正跃跃欲试的那样？哥伦布急切地想要知道答案。

哥伦布在葡萄牙花了近 10 年工夫以期获得对航海探险活动的财政支持和皇家特许状，但却都没有成功。多数人都嘲笑他对向西航行从欧洲到达日本所经距离的保守估算。最终在 1492 年，西班牙女王伊莎贝拉将特许状授予了哥伦布。伊莎贝拉乐观地认为西班牙已进入一个新时代（由于征服了摩尔人最后的据点和驱逐了犹太人），觉得自己有能力支持哥伦布的事业。带着三条小船和约 90 名水手，哥伦布开始向西航行。在海上的第五个星期——这超过了以往任何欧洲船员离开陆地的时间——不满和反抗情绪开始在船员中间蔓延开来。但是到了第 70 天，这已超过了他计算的到达日本所需的时间，一名守望员发现了一片陆地。1492 年 10 月 12 日，船员们爬上了巴哈马群岛中一个小岛的岸边，哥伦布为它取名"圣萨尔瓦多"（"神圣的救星"之意）。

由于认为自己已经到达亚洲，哥伦布在这个加勒比地区的小岛上逗留了10 个星期。在踏上了一个被他命名为伊斯帕尼奥拉（今天被海地和多米尼加分享）的人口密度较大的岛屿和古巴的土地之后，哥伦布带着肉桂、椰子果、若干黄金，以及几个掳来的当地土著向西班牙方向返航了。在返航途中，哥伦布起草了一份报告，里面尽是一些所谓"亚洲之行"的新发现：热情好客的人民、肥沃的土地、雄伟的港口，以及满是金子的河流。等哥伦布回到陆地，他的报告快速付梓并在全欧洲流传。哥伦布的报告使他得到了更多的财政支持，从而能够在1494年到1504年间又进行了三次更大规模的针对新大陆的航海探险活动。在第二次航行中，哥伦布带了1 200个西班牙人和17条船，这次航行开启了欧洲人与美洲土著人之间第一次大范围的接触。然而，接下来的历史舞台上却上演了不祥又危险的一幕：哥伦布的船员们在伊斯帕尼奥拉岛捕获了约1 600个泰诺人并于1495年将其中的550个带回西班牙以充当奴隶。在当时的伊比利亚半岛，奴隶制是一种存在已久的制度。虽然哥伦布的那些发现在重要性上与葡萄牙人在南大西洋所从事的探险活动不可同日而语，但他却引领着西班牙来到了一个强大帝国的门槛前。哥伦布死于1506年，直到临死前他依然坚信他发现了通往亚洲的水路。

当西班牙开始将它的势力向西扩展并穿越了大西洋的时候，葡萄牙人正在不同的方向上扩展他们的影响力——向南直达西非，同时向东直达东亚。1497年，达·伽马成为第一个航海绕过非洲之角的欧洲人；这使得葡萄牙人开始了在印度洋的贸易活动，并于1513年到达了现代的印度尼西亚和中国（明朝）的南部地区。通过在东印度的各个岛屿及沿海各邦强行获取的贸易特许权，葡萄牙人打开了那座神话般的亚洲宝库的大门，这座宝库自马可·波罗以来就在不断激发欧洲人的强烈欲望。到了1500年，他们已经取得了几个世纪以来由北非穆斯林所垄断的非洲黄金贸易的控制权。

2.1.2　文艺复兴时代的宗教冲突

西班牙和葡萄牙对先前它们无法影响的世界上其他地区的扩张，深刻地影响了欧洲经济活动的模式。地中海仍是欧洲的商业中心，但与亚洲之间的繁荣贸易和向美洲内陆扩张，将注意力和投资都从地中海各港口引向了面向新世界的大西洋各口岸。伊比利亚半岛这种商业实力的巨大增长有其深刻的宗教背景，因为它发生在一个宗教冲突与改革的时代，并使后者的影响力扩大了。

在哥伦布进行过那些大西洋远航后不久，西欧民众就因宗教派别对抗而分裂了。欧洲宗教冲突的中心事件，是一场想要净化腐败的基督教会并使其回归早期基督教纯洁路线的全欧范围的运动。文艺复兴时期就已经出现了对天主教世俗化的批评。在那之后，德意志僧侣马丁·路德（Martin Luther）公开批评罗马教会并最终开启了**宗教改革**运动。由于新教教派（取代罗马天主教）不断壮大，罗马（天主教）开始改革其教会。

路德对基督教会古老的仪式及圣事（弥撒、忏悔、去圣地朝拜）的作用产生了怀疑。他相信，灵魂的得救可以通过上帝赋予其选民的一种内心信念（或称"上帝的恩典"）而得以实现。路德认为，努力工作可能不足以赢得上帝的恩典，但却可以成为因宗教信念赢得恩典的外在表征。路德坚称"因信称义"，迈出了反对天主教及其教阶统治集团革命性的一步。

不过，路德的"因信称义"教义并没有立即撼动天主教会的地位，直到1517年，他公开指责教皇为在罗马修建圣彼得大教堂筹集资金而向人们兜售"赎罪券"。民众被告知，通过购买"赎罪券"可以减少自己身后在炼狱的时间（或者减少已故亲人在炼狱的时间）。（那时的天主教徒相信，死者的灵魂不仅会上天堂或下地狱，还会处于中间位置，从这个位置出发，在遭受痛苦和为其一生中所犯罪过祈祷之后，可以得到解脱。）在（当时刚刚发明了还不到70年的）印刷术的帮助下，路德的观点快速流传开来。印刷品和阅读能力成为席卷全世界的革命武器。

不久，路德对改革的大声疾呼就激励了各个阶层的德意志人。他主张废除教会七种圣事中的五种，只保留洗礼和圣餐礼。他谴责那些过着奢侈生活的上层教职人员，并劝告那些或多或少保持着不正当性关系的僧侣们：与其做个名义上的禁欲者，还不如体面地步入婚姻殿堂。他指责"僧侣们对俗众可憎的残暴统治"，主张所有信徒都可成为教职人员。他鼓动人们通过自己阅读圣经来寻求宗教信念，为此他把圣经译成了德文，并促成了这一首次以印刷形式出现的圣经版本的广泛流通。更为危险的是，他要求德意志的王公们在他们的土地上确立对宗教生活的控制权，从而直接挑战了罗马教廷的权威。

使天主教徒与新教徒分裂的基本分歧集中到了宗教权威来源的问题上。对天主教徒而言，宗教权威源于组织化了的教会系统，其首领是教皇。而在新教徒看来，圣经才是唯一的权威和通往上帝之城的依凭所在，或者说，赢得上帝的宽恕并不需要教会这个中介。

在路德对基督教重新定义的基础上，法国人约翰·加尔文给宗教改革带来了新的力量和意义。根据加尔文的学说，上帝在创世之前就已随机决定哪些人可以得救，哪些人必定受到永世的惩罚。人们没有能力改变这种预定的命运，但若上帝施予恩典，那些好基督徒就必须通过斗争去理解和接受上帝拯救的恩典。只需"直面上帝"而无须宗教礼仪和教职人员的仲裁，一个人就可以像一个上帝的选民即"圣徒"一样行事。

加尔文建议，改革后的基督教社区应该围绕少数选举出的人组织起来。为了重建早已腐败不堪的世界和遵循上帝的意愿，"圣徒"组成的委员会必须控制国家。那些被称为"教长"的被选出的教职人员与俗人共同管理教会，由他们来指导社会上哪怕是最琐碎的事务。任何人，不论是被拯救的还是被永世惩罚的，都必须为了上帝而奉献并至死不渝。

加尔文主义是一种对个人自律和社会控制进行调和的学说，它首先于1550年代在毗邻法国边境的瑞士城市国家日内瓦进入实践阶段。正是在这里，加尔文创立了他的模范基督教共同体。一个由12位长老组成的委员会把那些不信上帝的人赶出了这座城市，严格控制日常生活，并把教堂内各种与感官诉求有关的事物一扫而光。全欧洲的宗教改革家都云集到这个新的神圣的共同体中，不久，日内瓦就成为欧洲大陆改革基督教运动的一个中心。加尔文的激进计划使得欧洲各地的大批民众成为新教徒。和路德主义一样，加尔文主义同样成功地从商人、地主、律师、贵族，以及正处于上升过程的中产阶层的工匠和店主那里吸收了大量的信徒。

英格兰的亨利八世是与天主教会决裂的最重要的一位君主。当教皇克莱门特七世拒绝了他关于离婚和再婚的请求之后,亨利宣布他自己为英国国教会的首脑。尽管保留了许多天主教因素,但在亨利八世的儿子爱德华六世的统治下,英国国教进一步向新教方向发展。但当亨利八世信奉天主教的大女儿玛丽登上王位之后,她发誓要通过镇压新教徒来恢复她母亲的宗教信仰。她的政策使新教徒成了殉教者。许多人直到她去世才长舒了一口气。1558年玛丽女王去世,亨利八世信奉新教的小女儿伊丽莎白即位。在其漫长的统治岁月中,作风强硬的伊丽莎白女王使英国国教沿着日内瓦宗教激进主义与罗马教廷的天主教教义之间的中间道路前行。

由于受宗教改革影响最深的几个国家,即英国、荷兰和法国,此刻还只是在新世界的殖民跑道上蹒跚学步,因而新教早期并未像天主教那样在美洲取得立足点,天主教仍在西班牙和葡萄牙占据统治地位。在1492年之后的一个世纪内,天主教跨过大西洋,不费吹灰之力便横扫了西班牙和葡萄牙的殖民地。但在1530年代之后,受到欧洲宗教冲突的影响,它遇到了殖民扩张的挑战。尤其是那些西班牙君主,他们认为自己是在捍卫国内外的真正信仰。

2.2 西班牙对美洲的征服

从1492年到1518年,西班牙和葡萄牙的探险者们涉足了当时欧洲人所知的大部分亚洲和美洲的土地。最初西班牙殖民的尝试是有限的,主要的殖民据点是加勒比群岛。然而,1518年之后的30年,西班牙人征服了美洲的大部分地区。在有记录可查的历史上最血腥的篇章中,西班牙人几乎灭绝了加勒比各岛屿上的土著居民,他们推翻并洗劫了伟大的(墨西哥)阿兹特克帝国和（秘鲁）印加帝国，发现了大量的银矿，由此开启了对全欧洲有着重大意义的大西洋贸易。这些征服深深地影响了全球历史的发展。

与此同时，葡萄牙则在集中精力建立通向东南亚的贸易航线。1493年，教皇划分了西班牙人和葡萄牙人在大西洋的探险范围，双方在其各自所属区域都有责任让新发现的灵魂皈依。通过设置一条位于亚速尔群岛以西100里格（约合300英里）南北纵向的分界线，教皇把这条线以东的地区划给了葡萄牙，这样便于葡萄牙接近它的非洲港口及其亚洲贸易路线。这两个王国将授予它们的宗教监管理解为也将土地和资源指派给它们，置于它们的控制之下，它们用两个大国之间的条约来支持这一立场。一年之后，根据《**托尔德西拉斯条约**》(**Treaty of Tordesillas**)，葡萄牙征得西班牙的同意把这条线向西推进了270里格。当时，人们并不知道未被欧洲人发现的南美洲的大部分就凸起在新分界线的东侧，并因此将落入葡萄牙的势力范围。最终，葡萄牙人将把这一地区，即巴西，开发成美洲大陆最有利可图的地区之一。这些分界线是历史上意义最为重大的分界线之一。

2.2.1 加勒比海域的实验

哥伦布于1493年进行的第二次大西洋探险活动为西班牙在新世界建立了位于伊斯帕尼奥拉岛上的第一块殖民地。泰诺人是新世界最早遭遇欧洲人的土著居民，这一相遇成为那些很快就将在其他地方出现的事情的一场预演：征服，疾病，屈从。西班牙人的到来最终也给这座岛上带来了极大的生态改变。

哥伦布带着17条船和1 200个船员抵达美洲。他想找的是黄金，寻金未果后他就去了古巴，然后带着六个泰诺族俘虏返回西班牙。事实将会证明，在他身后留下的欧洲农作物的种子和用于播种的插枝、家畜、杂草，成了伟大的生态学意义上起交换作用的代理人。在发现被征服的土地上充斥着数量估计有300万人之多的泰诺族印第安人之后，西班牙人动用了武装力量以制伏他们，并把他们变成一群被束缚于大农场上的劳工。相似的征服手段也使得波多黎各人民和古巴人民分别于 1508 年和 1511 年被置于西班牙的统治之下。西班牙人带来的疾病引发了生物学意义上的一场大规模灾难，仅在一代人的时间内就导致大部分印第安人死亡。一些泰诺族妇女与西班牙男人的结合则导致美洲出现了第一个白人-印第安人混血社会，但到 1550 年，泰诺人作为一个有明显特征的民族已经彻底地消亡了。

到 1510 年，西班牙向加勒比地区的移民活动方兴未艾，而紧接着非洲奴隶就开始被运往美洲，并被迫在美洲的第一批蔗糖种植园中辛苦劳作。整个 16 世纪，约有 25 万西班牙人移民美洲，他们中的大部分人都是年轻的单身男性。然而，岛屿星罗棋布的加勒比海却是变成一潭死水，有潜力的经济活动，即以商品交换为目的的农作物经济，直到很久以后才在这里发展起来。现在它们只是扮演着实验基地的角色，为后来在墨西哥和南美洲大规模的殖民扩张做准备。西班牙人将这里作为入侵中美洲大陆的跳板，他们还在此修建了像波多黎各的圣胡安这样的设防港口，以及尤其是像古巴的哈瓦那这样壮观的天然港。

2.2.2 征服者对特诺奇蒂特兰城的进攻

在哥伦布于 1506 年去世之后一代人的时间里，西班牙征服者们在南美洲大部分地区（巴西除外）、中美洲，以及从佛罗里达到加利福尼亚的北美洲的南部地区进行了探查活动，随后他们便征服和占领了这些地区。西班牙人在敢于冒险的探险家和军事首领的率领下——通常他们还带着沦为奴隶的非洲人——控制了无论是幅员还是人口都远远超过本国的广大区域并确立了天主教的权威。一位西班牙步兵解释道："我们来到这里是为了服务上帝和国王，当然，也是为了发财致富。"

通过两次野蛮而又血腥的突击行动，西班牙人彻底摧毁了古老的阿兹特克和印加文明。1519 年，科尔特斯带着 550 名西班牙士兵越过了崎岖的山地，对特诺奇蒂特兰城（今天的墨西哥城），即阿兹特克帝国蒙提祖马二世的都城发动进攻。经过与阿兹特克臣民为期两年的拉锯战，科尔特斯的入侵取得成功，特诺奇蒂特兰城陷落了。马匹和火药的使用让西班牙人占尽优势，而1520年导致成千上万名阿兹特克人死亡的流行性天花也起到了同样的作用。蒙提祖马暴政下受压迫的当地人，也是帮助西班牙推翻阿兹特克统治的重要因素。接下来几十年，西班牙人从墨西哥谷地开始发动侵略，不久他们就把尤卡坦、洪都拉斯，以及危地马拉的玛雅民族，都置于他们的统治之下。

在第二次征服活动中，皮萨罗率领的军队仅由168人组成。他们由巴拿马出发，穿过厄瓜多尔的丛林地带，深入到秘鲁境内高耸的安第斯山麓，一举摧毁了印加帝国。和阿兹特克帝国一样，人口稠密的印加帝国也有一个高度组织化的社会体系。但是，也和阿兹特克人一样，印加人被天花击倒并被其内部的暴力冲突所削弱。这使皮萨罗成功地于1533年占领了印加的首都库斯科，并很快又夺取了其他盛产金银的印加城市。西班牙人从1530年代到1540年代进一步征伐智利、新格拉纳达、哥伦比亚、阿根廷和玻利维亚，从而控制了一个比罗马倾覆以来的任何西方帝国都庞大的帝国。

到1550年，西班牙彻底制伏了美洲的主要人口中心。西班牙的船只载着金银、染料木和蔗糖向东跨过大西洋，然后再载着非洲奴隶、殖民者和制成品向西返航。短短半个世纪，西班牙充分利用了高于其竞争对手葡萄牙的地理知识和航海技术，使三个大陆的人民彼此接触，这种接触既有其严酷性又有其建设性。哥伦布远航将近一个世纪之后，西班牙在新近展现给欧洲人的神话般的西半球享有无可争议的统治地位。各国贪婪的海盗们经常尾随那些富有的、装满白银的西班牙返航舰队并不时发起突然袭击，但这只是一个小麻烦。16世纪中叶，法国曾在巴西和佛罗里达实施小股殖民以示与西班牙和葡萄牙竞争，但他们很快就被赶走了。到了1580年代，英国仍只固守在它那几个海岛上。到17世纪为止，只有1520年代在巴西标明土地所有权的葡萄牙，对西班牙在美洲的统治发起过挑战。

2.2.3 大死亡

西班牙人到达美洲，触发了一场生物学意义上的传染病灾难，开启了一个有史以来最具灾难性的人口锐减的历史过程。哥伦布到来前夕，美洲人口约有 5 000 万到 7 000 万或者更多。在某些区域，如墨西哥中部、秘鲁高原和某些加勒比海岛，其人口密度超过了当时欧洲大部分地区。欧洲殖民者的人数远远少于美洲居民，但他们却拥有一种非常明显的生物学优势：由于暴露在几乎所有能够大规模传播给人的致命细菌面前长达几个世纪，欧洲人对这些疾病具备了免疫力。这种生物学意义上的免疫力并不能消除所有致命疾病的威胁，但却能够限制这些疾病的致命力量。反过来，地理上的孤立状态使得美洲人得以远离上述疾病。缺乏大型驯养动物，后者通常是疾病的主要携带者，也限制了疾病的传播。所以面对欧洲人和他们的动物身上携带的传染性细菌，美洲土著人没有丝毫防御能力。

接触到从欧洲输入的疾病的后果是毁灭性的。到 1530 年，伊斯帕尼奥拉只有几千人幸免于难，而在哥伦布于 1493 年到达美洲时这里的人口约有 100 万。在科尔特斯到来之前，墨西哥中部约有 1 500 万人口，这一数字在其后 15 年间几乎下降了一半。人口锐减的灾难也横扫了印加人口稠密的秘鲁安第斯山区，而且这一趋势在皮萨罗的征服行动之后还进一步加剧了。天花的蔓延给人们带来巨大灾难，一个印第安老人在 1520 年代对一位西班牙传教士讲述道："它造成了巨大的破坏。许多人因此身亡。人们不能移动身子，不能变换位置，不能侧卧，不能趴着，也不能平躺。如果他们想挪挪身子，他们就会哭叫得更厉害……也有许多人死于饥饿，[因为]没人敢照顾这些[病人]。"这种骇人的疾病摧毁了本土社会，使得许多土著开始怀疑，他们的神是否还有能力保护他们的群体免受伤害。在这样的处境下，他们也变得更愿考虑皈依一种新的信仰。

在接下来的三个世纪中，欧洲人入侵了这个半球的大部分区域，大灾难又重新开始了。每一个旧世界的新来者都不自觉地加剧了疾病的传播。在几代人的时间里，这些疾病至少消灭了67%的美洲土著人口。一些疾病，如梅毒和雅司病，则显然是按照相反的方向在传播，其源头在于美洲人身上，最早的证据来自它们在1500年到达欧洲。不过，它们引发的破坏性影响从未达到天花流行所造成的破坏性规模。

对当地土著的奴役和虐待加剧了欧洲人所带来疾病的致命影响。在征服了印加帝国和阿兹特克帝国之后，西班牙人把成千上万的当地土著变为奴隶，强制他们从事高强度的劳动，从而严重削弱了他们抵御疾病的能力。有一些传教士终其一生都在为减轻对印第安人的剥削而奔走，最终皇室插手其中，制止了对印第安人最糟糕的虐待行径。但在第一波征服浪潮中，极少有什么限制性措施能够控制欧洲人殖民同胞的行动。

2.2.4 哥伦布大交换

随着西班牙人横跨大西洋进入加勒比海诸岛及中美洲和南美洲大片区域的远不止致命的细菌。他们还带来了能够改变生态系统及生存环境的动植物。那些从欧洲舶来的成群的动物产生了更为重要的影响。牛、绵羊、山羊和猪引起了最大的改变，它们繁衍得很快，因为那些能对它们发动攻击的大型食肉动物虽在旧世界很常见，但在美洲却是毫不存在。牛群快速繁衍，使得乡间充斥着成群未被驯养的牲畜。它们生长得如此之快，以至于不久就把原本对它们有利的生存环境搞得面目全非。植被遭到破坏，土壤表层被侵蚀，直至最后沙化。

猪对环境的破坏更大。哥伦布在1493年首次引进了八头猪到大安的列斯群岛，它们的繁衍速度同样惊人。它们扯掉了木薯的块茎，拱掉了生长于这一地区的大量甜薯。它们吃光了番石榴和菠萝，就连蜥蜴和刚出生的小鸟也不放过。总而言之，它们把能吃的都吃光了。类似的猪的暴增在墨西哥大陆和中美洲也发生了，牛在这些地方也毁灭了大量的草地。

西班牙人把植物群和动物群作为他们对美洲的最大馈赠带到了新世界，

但他们同时也带来了不受欢迎的同行者。其中最具破坏力的就是杂草，它们的种子很难从成包的水果和蔬菜的种子里过滤掉。它们一旦扎下根来就很难被控制住。老鼠和兔子的繁殖速度并不亚于猪，这两种动物也是跨越大西洋的船只上令人生厌的"偷渡客"们，尤其是老鼠，它们吃掉大批本土小型动物，传播疾病，给人类的生存斗争增添了一项内容。

"哥伦布大交换"也有其东向的扩展轨迹，但主要是使欧洲人和非洲人——最后才是亚洲人——受益。美洲人餐桌上常见的食物，如南瓜、菠萝、西葫芦、花生、豆荚、豚鼠和火鸡，也丰富了欧洲人的食谱。美洲驼和羊驼的毛则成为制作棉衣的原料。随着时间发展，事实证明，传入欧洲最重要的食物是玉米和马铃薯。

马铃薯与旧世界的那些谷物相比具有根本性的优势，它被引进到西班牙北部地区后，便通过欧洲向北、向东慢慢地传播。欧洲北部平原的农民慢慢地学着种植马铃薯，用它代替黑麦这种在当地短暂而多雨的夏季中唯一能够繁茂生长的谷物，这样他们可以在每一英亩田地上摄取四倍于以前的卡路里。新世界的马铃薯使得欧洲人口得以增加并优化了人们的饮食结构。

玉米的引进也是同样的情况：在一些适宜种植玉米的夏季多雨的山谷地带，如西班牙、希腊和巴尔干半岛的一些地区，玉米首先开始成为主要谷物。美洲玉米早在 1550 年代就传入了非洲和中国，新世界的甜薯也被引进到了中国。

2.2.5　白银、蔗糖及其影响

哥伦布从加勒比诸海岛带回西班牙的少许黄金点燃了人们的希望：这种金属（和白银一起成为欧洲人衡量财富的标准）很可能会在美洲找到。西班牙人先是从加勒比海岛屿，后来则是从哥伦比亚、巴西和秘鲁费力地收集到一些黄金，但直至三个世纪之后，人们才意外地在北美洲发现了大量的黄金。这一地区的白银储量异常丰富。事实上，当富矿地带于 1545 年在秘鲁

（今玻利维亚）和其后十年间在墨西哥北部地区被发现后，西班牙对新世界的开发就集中到了对这种金属的采掘上。

美洲土著和一些非洲奴隶成为采矿所需劳动力的首要来源。西班牙人允许高度组织化的印第安人维持对他们自己社区的控制，但有个前提条件是，西班牙人能在他们那里强征大量开矿所需的劳动力。在玻利维亚的波托西，5.8万名矿工在海拔1.3万英尺的一座令人难以置信的圆锥状"银山"上开采着这种稀有金属。这个小镇上的人口在1570年达到12万之多，超过同时期任何一个西班牙小镇。成千上万的工人在萨卡特卡斯、塔斯科和瓜纳华托的矿山上辛劳不已。到了1660年，他们在美洲挖掘了重达几百万磅的白银，这些银光闪闪的金属的数量三倍于其时整个欧洲的贮藏量。

大量金银从美洲流向欧洲产生了深刻影响。它为西班牙在其美洲帝国进一步的征服和移民活动提供了财政支持，并刺激了从东亚进口丝织品和香料之类奢侈品的远程贸易。同时，它也为新世界的农业，包括糖、咖啡、可可和靛青的发展提供了支持。当普通大众也能轻易获取糖和香料等从前只有富人才能享有的奢侈品时，欧洲人平淡无味的饮食就开始出现了变化。

在欧洲，16世纪中叶以后，大量流通的白银也促成了一场**价格革命**。由于白银的供应速度超过了欧洲人生产商品和提供服务所需的时间，这种金属的价值开始下降。换种说法就是物价开始上涨，1550年到1600年欧洲许多地方的物价上涨了两倍，在接下来的半个世纪中又上涨了50%。拥有土地的农民从他们的农产品中得到了更多好处，商人们则因商品流通加速而获利不浅。但是，占人口大多数的人民却蒙受了苦难，因为他们的工资跟不上物价上涨的幅度。

总之，价格革命导致财富再分配，导致西欧生活于社会边缘的人增加。由此它也促成了向美洲这个欧洲的新边疆的移民。同时，价格上涨也刺激了商业活动的发展。海外殖民扩张既促进了本国的商业发展，也加强了在16世纪起步的向资本主义生产方式的转化。

当西班牙人以墨西哥高原和秘鲁的银矿为中心组织他们的海外帝国的时

候，葡萄牙人却把对未来的赌注压在巴西低地的蔗糖生产上。西班牙殖民地的农业供养了大型的采矿中心；而葡萄牙人则试用一种新的种植方法生产供出口的蔗糖，这种种植方法是先前在非洲海岸线之外的大西洋诸岛屿上发展起来的。

西班牙人的矿业开采主要依靠向当地土著强征劳动力，而葡萄牙蔗糖农场主则驱散或杀害了当地土著并用大量的非洲奴隶取而代之。早期葡萄牙人在非洲西海岸的活动意味着，它使商人有能力把那些沦为奴隶的男人和女人输送到这些农场。1570年，这些被严格管理起来的劳工年产蔗糖600万磅；而到1630年代，产量则上升到每年3 200万磅。这种甜甜的"药物食品"极大地改变了数百万欧洲人的口味，提升了存储特定食物的能力，并促使几百万非洲奴隶被运过大西洋。

蔗糖生产从巴西一直扩展到了加勒比海域。17世纪早期，荷兰、英国和法国开始在这一地区向西班牙和葡萄牙发起挑战。一旦在西印度群岛安全地扎下根，西班牙的敌人们就站到了西班牙新世界帝国的大门前。通过与西班牙殖民者进行走私贸易、对西班牙满载财宝的舰队进行海盗式劫掠，以及对西班牙控制的那些岛屿实行完全占领，荷兰人、法国人和英国人在17世纪不断地蚕食着西班牙帝国的力量。

2.2.6　西班牙的北部边疆

白银丰富的墨西哥和秘鲁是西班牙新世界帝国皇冠上的明珠，加勒比海诸岛及其沿岸地区的重要性次之，然而也是有价值的宝石。新西班牙的北部边疆地带，即今天美国的"阳光地带"，在重要性方面无疑居于第三位。西班牙早期对佛罗里达、墨西哥湾沿岸地区、德克萨斯、新墨西哥、亚利桑那及加利福尼亚的影响，也在美国的历史上留下了难以抹去的痕迹。西班牙对北美洲南部边缘地带的控制始于16世纪早期并持续了三个世纪。比西班牙人的统治更具生命力的是那些他们引进到北美洲的动植物，从绵羊、牛、马到各式各样挤占了本地植物生长空间的青草和杂草。

西班牙的探险家们于 16 世纪早期开始绘制北美洲东南部的地图。这些探查和征服的陆上旅程被称为"*extradas*",西班牙语意为"进入"。这始于胡安·德莱昂(Juan de León)于 1515 年和 1521 年对佛罗里达进行的两次探查活动,以及他于 1526 年在南卡罗来纳的短暂停留。为了把整个墨西哥湾都置于他们的统治之下,西班牙人进行了多次尝试。从 1536 年到 1542 年,德·索托(de Soto),几年前皮萨罗军队中的一位老兵,带领着一支武装探险队深入到了克里克人和乔克托人的祖居地,并由坦帕湾向西探查到阿肯色。索托的探险没能提供西班牙人想要的东西:金子。通过粗暴地劫掠印第安人的定居村庄获取食物供给,索托的士兵们炫耀着他们的血腥和残暴,而疾病则紧随在他们之后。英国人根本不知道,此刻他们的西班牙敌人正在传播的致命病菌毁灭了印第安人社会并使东南部诸大酋邦分裂,从而在北美洲的南部地区为他们日后的殖民铺平了道路。

1559 年,西班牙人再一次由墨西哥向北进发以期在墨西哥湾南岸建立他们的统治。每到一地,他们都强迫印第安人为其搬运供应品。1565 年,西班牙人企图获取佛罗里达。他们在圣奥古斯丁修建了一座堡垒,残忍地将法国定居者向北驱逐了 40 英里。圣奥古斯丁由此成为西班牙北部边疆的中心,而西班牙人对佛罗里达的占领则一直持续到两个世纪之后。方济各传教士们费尽心力想要把当地部落与自己所居住的村庄融合起来,以达到使这些部落皈依天主教的目的。

在西班牙人在北美洲的早期活动中,西南部地区的重要性逐渐增强。1540 年到 1542 年,弗朗西斯科·科罗纳多率队对这一地区进行了勘察。科罗纳多从未找到早期西班牙探险家们所鼓吹的那七座位于锡沃拉的金城,然而,他却涉足了亚利桑那和新墨西哥的大部分地区和科罗拉多,并最终把它们置于西班牙的统治之下;他还碰巧发现了科罗拉多大峡谷,并探查了北至北美洲大平原的地区。

和佛罗里达及墨西哥湾沿岸地区一样,美国的东南部地区也没有金城存在。而在新墨西哥，方济各传教士们则尝试着去收获灵魂。在科罗纳多进行那些探险征服活动半个世纪之后，也就是在 1598 年，胡安·德奥尼亚特（Juan de Oñate）带领着 400 名西班牙士兵和 10 位方济各教士北上格兰德河地区。他们发现约六万名普韦布洛人聚居于大量城镇，后者在这些城镇已经度过了几个世纪的农居生活。普韦布洛人是按父系氏族来组织他们的社会（这是他们与西班牙人共有的一个特点）。在接下来的 80 年中，为了把天主教与普韦布洛文化结合起来，方济各传教士们在那些古老村庄的边缘地带建立了一些教堂。只要传教士们接受印第安文化以披着天主教外衣的方式存在，他们就不会遇到什么反抗。普韦布洛人从西班牙人提供的武装保护中得到了好处，可以以此对付敌对的阿帕奇人，而且在干旱之年还可以从传教士那里得到家畜和谷物。所以，表面上他们接受了基督教信仰，但在暗中他们却仍在秘密地实践着他们的传统宗教信仰。

2.3 英国向西远眺

当英国意识到新世界所蕴含的希望之时，西班牙和葡萄牙已经在那里站稳了脚跟。但到 16 世纪晚期，英国进行海外活动的必要条件已经成熟。16 世纪晚期，英国人追随荷兰人和法国人的脚步，开始向他们的南欧对手发起挑战。

2.3.1 英国挑战西班牙

英国是开展针对新世界的探险和殖民活动最晚的一股大西洋势力。英国的人口远多于葡萄牙，但在 16 世纪中叶之前英国人还没有多少远程贸易的经验。只有约翰·卡伯特（John Cabot，出生于热那亚的乔瓦尼·卡伯托）

的远航让英国在新世界的竞赛中有了一点发言权。但是，英国并没有沿循着卡伯特的脚步进入纽芬兰和新斯科舍——这是英国自维京人以来第一次跨越北大西洋的举动。

最初，英国对遥远的大西洋另一边的兴趣主要集中在鱼身上。鱼这种高蛋白食物在欧洲人的饮食中相当重要，是北大西洋中的金子。早期的北大西洋探险家们在纽芬兰和新斯科舍之外的海域发现了大量的鱼，不仅有普通的鳕鱼，还有美味可口的鲑鱼。数量多于英国渔民的葡萄牙、西班牙和法国的渔民，在1520年代每年都到近海渔场捕鱼。直到16世纪末，法国人和英国人才将西班牙和葡萄牙的渔民们从纽芬兰浅滩赶走。

那些沿着北美洲东海岸进行的航海探险活动很难勾起英国人的兴趣。卡蒂埃于1524年和韦拉扎诺于1535年进行的远航都是为法国人服务的，为了寻找向西通往印度的海峡，他们穿过了一片当时还被认为是一个大岛的北部陆地。他们与许多印第安部落建立了联系，绘制了从圣劳伦斯河到南北卡罗来纳的海岸线地图，并意识到北纬度地区是一个适于殖民的地方。但因法国人对定居不感兴趣，所以他们的发现并未带来什么能直接带回家的财富。

16世纪晚期出现的那些变化，刺激了英国人的海外扩张。1550年之后，作为英国经济主要支柱的羊毛呢料的生产扩大，促使商人们急欲寻找新的市场。他们在俄国、斯堪的纳维亚、中东和印度成功地建立了贸易公司，大大地拓宽了英国的商业渠道，并点燃了他们开发那些空白区域的希望。与此同时，人口增长和物价上扬则使英国普通民众的经济状况有所下降，这就促使英国人远望大洋的另一边以寻求新的机会。

伊丽莎白一世女王的统治从1558年一直持续到1603年，她奉行谨慎政策，起初并没有鼓励海外殖民扩张。1560年代和1570年代，她专注于征服邻岛爱尔兰。她作为都铎王朝的一员而继承了这一任务（都铎王朝在她之前就统治那里，始于1530年代她的父亲）。在伊丽莎白的统治下，残忍的军事征服继续进行下去，爱尔兰成为成千上万人（包括那些来自上层家庭渴望工作的年轻人和无地的普通人）的乐土。一些后来投身新世界殖民活动的先行者都曾在爱尔兰待过,他们在征服爱尔兰的过程中得到了历练。

伊丽莎白倾向于新教,并在一定程度上将其视为赢得国家独立的工具。这位雄才大略的女王不得不和西班牙国王腓力二世,同时也是虔诚地信仰天主教的她的姐夫展开竞争。腓力二世把信奉新教的伊丽莎白视为异教徒,所以他不断密谋反对这位女王。教皇于1571年开除了伊丽莎白的教籍并解除她的臣民对她的忠诚(这等于号召推翻她的统治),从而加剧了英国的天主教徒与新教徒之间的紧张关系。

天主教西班牙与新教英国之间慢慢积结的冲突最终于1587年公开爆发。20年前,腓力二世曾经派遣两万名西班牙士兵到尼德兰各省去镇压荷兰新教徒叛乱。1572年,他还帮助策划了针对数千名法国新教徒的大屠杀。而在1580年代,伊丽莎白则为信奉新教的荷兰反抗天主教的统治提供了秘密援助。因此,腓力发誓要扑灭叛乱,并决定对英国发起进攻以消灭这个实力不断壮大的新教中心。

1585年,伊丽莎白派遣6 000名英国士兵前去支援荷兰新教徒,从而点燃了国际性的天主教−新教宗教冲突的导火索。一年之后,那位一直在袭击墨西哥和秘鲁海岸西班牙船只的精力充沛的老水手弗朗西斯·德雷克(Francis Drake),对西班牙在佛罗里达的圣奥古斯丁殖民地进行了两天的炮轰,洗劫了这座城市,并触发了一场流行病的蔓延,佛罗里达的印第安人将这场疾病归之于"一定是英国人的神让他们如此快速地死去"。1588年,英国的海盗行为及其对尼德兰新教叛乱的支持激怒了腓力,他征调了一支由130艘船只组成的"**西班牙舰队**"前去征服伊丽莎白的英国。那年夏天爆发于英格兰外海的激战持续了两个星期。最后,德雷克领导的一支由小型英国舰只组成的杂牌舰队击败了西班牙的"无敌舰队",英国人在战斗中击沉了西班牙的许多木制大型舰只,在传说中的"新教之风"把丧失了战斗力的"无敌舰队"吹进北海之后,英国人撤退了。

西班牙的失败阻碍了天主教在欧洲的全面取胜,并带来了宗教战争时期暂时的僵持阶段。它也使新教在英国的地位变得更加稳固,并孕育出一种强烈的民族主义精神。莎士比亚对这片他认为是"又一个伊甸园,又一个人间天堂"的土地的热爱感染了每一个人;同时,西班牙海军实力的衰退则使英国人和荷兰人发现,海洋已向他们敞开大门,他们将会在航海和商业领域获取更多的利益。

2.3.2 西进的狂热

16世纪最后几十年,向海外扩张的念头开始吸引英国社会中各个重要群体的想象力。其中,极力主张者有神职人员兼作家理查德·哈克卢特(Richard Hakluyt)。1580年代和1590年代,他一直致力于宣传到遥远的大西洋彼岸进行殖民活动的好处。对宫廷贵族而言,殖民地提供了新的领地、采邑和庄园。对商人而言,新世界提供了可以在英国销售的舶来品,同时也是英国布料和其他商品一个新的销售地。对好战的新教传教士而言,那是一个充斥着异教徒的新大陆,必须把那些异教徒从残暴野蛮的状态和西班牙的天主教统治下解救出来。而对平民老百姓而言,那块慷慨的新大陆所蕴含的机遇则一直在向他们招手。哈克卢特的那些小册子宣扬了这种观点:英国打破伊比利亚人独占新世界财富的时候来到了。

英国人海外殖民的最初尝试是小规模的、无足轻重的,并且运气欠佳。当西班牙人发现了前所未有的财富,并取得了对那些古老且人口稠密的文明一个又一个令人震惊的胜利时,英国人在他们早期相对稀少的殖民地上遭遇的却只有失败。由于西班牙人控制了南方,英国人在北美洲东海岸的尝试主要局限在温带地区。英国人从1583年起开始在纽芬兰设置为数不多的殖民点,但结果却并不怎么成功。紧接着,[伊丽莎白的宠臣]沃尔特·雷利(Walter Raleigh)组织了一次侦察探险活动,并于1585年和1587年在北卡罗来纳沿岸的罗阿诺克岛开辟了一小块殖民地。由于规模小且缺乏财政支持,殖民者显然未能与当地居民建立起和平相处关系。1591年,一支前来接应的探险队到达罗阿诺克时,殖民者们在当地没有发现一个他们的同胞。

美洲土著生活的重现

再现历史

从 16 世纪后期开始,欧洲人对北美原住民的想象,来自一位英国画家和一位比利时雕刻家的作品。这些对原住民生活的刻绘,基于在罗阿诺克的失败殖民经历,成为对美洲原住民的经典再现。

现今称为"失落的殖民地"的罗阿诺克,由沃尔特·雷利所开发。在女王的祝福下,雷利向北美洲西属佛罗里达以北地区派出了探察队(这些人后来成为殖民者)。在 1585 年的一次探察活动中,托马斯·哈利奥特(Thomas Harriot)和约翰·怀特(John White)负责收集关于当地人的信息。哈利奥特学会了当地语言,怀特则画了一系列关于卡罗来纳地区阿尔冈昆人的画。哈利奥特的《关于新大陆弗吉尼亚的简要的真实报告——弗吉尼亚开拓殖民计划的投资者、农民和祝愿者指南》(*A Briefe and True Report of the New Found Land of Virginia, directed to the Investors, Farmers and Wellwishers of the project of Colonizing and Planting there*,以下简称《真实报告》)在早期描述美洲的英文著作中颇具影响力,而怀特的画作在重要性上则要更胜一筹。

怀特在回国后创作了他的水彩画。我们不知道这 75 幅极为美丽的画作为谁而做,但有可能怀特是为雷利、伊丽莎白一世或另一位阔绰的主顾所绘。原画一直保存完好,直到在 18 世纪末的一场大火中被水冲坏。画作上鲜明的色彩消失殆尽,只留下苍白的纸张,隐约可见原作的轮廓。幸运的是,此前几个世纪,许多人都进行了较为准确的临摹，从而使得这些画作以多种版本流传下来。

怀特画作的非凡之处在于：细节精准，活动多样，注重表现原住民的个人特点，而非所有人物千篇一律。他画的"塞克顿"村捕捉到村民的许多活动，呈现出一派祥和充实的乡村景象。怀特的描绘揭示了他对细节和个体差异的关注。他的一幅画作中描绘了两个烧火做饭的原住民。这一家居场景提供了很好的细节，画中的男人在照看火，女人在一个大的蒸煮罐上方举着一个勺子。它也提供了一种对日常工作和相互合作的家常生活想象，给人一种甜蜜幸福生活的印象。这一形象将会让观看者去想象可以与这些人共同生活。

怀特对美洲原住民的再现，在其有生之年得到广泛传播，但靠的却不是原画，而是雕刻家德布里（de Bry）修改后的版画。信奉新教的德布里作为宗教战争的难民逃离老家列日，最终定居法兰克福。1580年代晚期他来到伦敦，为哈利奥特的《真实报告》第二版创作以怀特作品为基础的铜版画。随着第二版发行，怀特笔下的美洲原住民广为人知。德布里借助艺术的自由，对画作进行了修饰，使得印第安人的形象比过去显得更加开化。

插图版《真实报告》引起极大关注。它成为德布里根据欧洲人一系列旅行记录汇编而成的《通往美洲的伟大航行》（*The Grand Voyages to America*）套书的第一卷。德布里还出版了译成三种其他欧洲语言的版本，使得更多西欧人都接触到怀特的画作。1624年，约翰·史密斯（John Smith）出版了《弗吉尼亚、新英格兰和萨默群岛通史》（*Generall Historie of Virginia, New England, and the Summer Isles*）一书，这是有关早期英属北美殖民地的第一部长篇见证记录，书中大量地引用了德布里的那些以约翰·怀特的水彩画为基础创作的版画。参见第3章中引自《通史》的插图。当今描述早期北美原住民的图书，多少都会引用怀特或德布里的插图。

《真实记录》中对阿尔冈昆人的描绘包含多重目的。最基本的一点就是，怀特的视觉重现提供了证据，表明哈利奥特和其他人确实到了美洲——从而为哈利奥特宣称亲自接触到新世界的言论提供了支持。对这一繁荣而健康民众的刻画，

这幅水彩画描绘了帕姆利科河（位于今天的北卡罗来纳州博福特县）沿岸的一个印第安城镇。通过该画，英国人会发现，尽管他们把印第安人看成是野蛮人，但是，这些东部林区的土著人在玉米地上耕种的方式（图右）、享受舞蹈之乐的方式（右下），以及他们安葬首领的方式（参见左下角的坟墓），都与英国人近似。图中右上角是一个架起来的看守人的小屋。

也支撑了哈利奥特的观点：这片土地物产丰富，气候宜人；这一观点将会对未来的殖民者和投资者起到鼓舞作用。这些画作还表明，原住民在社会和技术方面已经达到一定水平，完全可以接受英国人想对他们进行的改造。原住民若能使用工具、从事农业、烹饪食物而非生食、佩戴饰物、将其部落聚合成村庄并以村庄为单位组织生活，自然也就比较容易接受英国人的生活方式。对罗阿诺克人的描绘，与对北方因纽特人的描绘形成鲜明对比——在1577年马丁·弗罗比歇对巴芬岛的探险中怀特可能遇到过因纽特人。英国人认为因纽特人缺少社会组织性，故而怀疑后者能否接受英国文明。怀特画中的原住民，尤其是经过德布里修改、哈利奥特做注解的画作中的原住民，看上去不仅毫无威胁，而且很有希望与英国进行贸易往来和结盟。

到怀特的水彩画得到修改传遍欧洲之时，怀特自己则返回罗阿诺克，领导了一次救援远征。1857年，他被任命为那里一处殖民地的总督，但事实证明他并不擅长领导，而更擅长当艺术家和民族学家。他在职期间麻烦不断，不到一年时间他就回到英国为苦苦挣扎的殖民地进行求助。英国与西班牙之间的战争（以1588年西班牙"无敌舰队"入侵英国那场著名海战而宣告终结）使怀特在1590年之前都无法重返殖民地。当他最终回到那里后，却发现殖民地已被废弃。失踪者中包括他的孙女弗吉尼亚·戴尔，这是第一个有着英国父母而在美洲出生的孩子。怀特的画作将卡罗来纳地区的民众介绍给了欧洲人，而他自己的家人则恰恰是被那些人所杀害或掳走。他们的命运至今依然不为人知。

反思历史

看一下插图，假定你是在跟随一批殖民者准备横跨大西洋时在英国看到的它。如果你从未离开过家乡，你会怎样看待美洲原住民？你会如何应对与他们的遭遇？

几小队人马试图在美国南部海岸线之外的圭亚那建立一个小型殖民地,但 1604 年和 1609 年的两次尝试都失败了。另一个小队于 1607 年来到了缅因地区,但在那里,他们也只坚持了一年。这些殖民地后来都发展了起来,但即便是 1607 年建立在弗吉尼亚和 1612 年建立在百慕大群岛的殖民点,当初也只勉强维持了几十年。

不时受到上层投资者资助的英国商人进行了这些早期带有试验性质的尝试,他们拿资本去冒险,以期通过在北美大陆的小规模投机获取与他们在别处的海外商业投机活动同样的利润。西班牙和葡萄牙的殖民活动得到了来自皇家的官方授权、资本扶助和统筹协调。与其相比,英国的殖民活动虽有女王赐福,但却属于个人冒险行为,没有皇家补助或海军保护。

只有当这些早期商人的投机活动得到日益强大的中产阶级的财富支持的时候,英国的殖民扩张才能真正获得成功。这种支持在 17 世纪前半期持续增长。但即使在那时,投资者们还是愿意把更多的钱投到西印度群岛的烟草种植上,而不是把钱投到北美大陆去从事那些诸如农业、伐木业和渔业之类前景不可预测的行业中。1620 年代和 1630 年代,英国大部分海外投资都用于在加勒比群岛的那些小岛上建立种植烟草的殖民地。在那几十年中,殖民者占据了众多小岛,包括圣克里斯托弗(今圣基茨)、巴巴多斯、安提瓜、蒙塞拉特和内维斯,以及尼加拉瓜沿海的普罗维登斯岛。

除了要有可观的财力,建立一块殖民地最基本的要素就是要有一群合适的殖民者。变化的农业结构、人口的增长,以及由于新世界的白银流入造成的物价持续上涨,导致一大批没有技能的剩余劳动力的出现,这也挤压了许多小生产者的生存空间。同时,贫困和犯罪率也有扩大化的趋势。为了应对这些情况,1600 年到 1640 年间,约有八万人涌出英格兰;同时,对机遇和投机活动的渴求也诱导他们西行。在接下来的 20 年中,又有八万人离开英格兰并移民新世界。到 1660 年,从巴巴多斯和苏里南向南到纽芬兰,向北到新罕布什尔,英国开辟了 17 个殖民地。

新教和天主教在欧洲的宗教冲突于 1618 年重开战端,这场战争摧毁了英国羊毛布料的大陆市场，那些纺织品生产地区的人们因失业而陷入绝境。英格兰有近一半家庭生活在贫困边缘。17世纪早期，宗教迫害和政治因素使更多人从英格兰迁居。这是历史上第一次大批英国人离弃他们的岛国。大多数移民都去了西印度群岛。北美大陆的殖民地可能吸引了33%的迁居者，另有少数人则去了爱尔兰的大农场。

2.3.3 抢占北美洲

早期的英国殖民者们对新世界的土著居民绝不是一无所知。当哥伦布对新世界最早的描述性文字于1493年和1494年在几个欧洲城市出版后，有关早期远航者的发现、贸易活动、定居生活的报道和详尽的记录就流传开来，人们基于这类文献去构想那个于日落处发现的世界。

那些读过或听说过这些报道的殖民者们得到了一种关于土著居民的双重印象。一方面，印第安人被描绘成一个热切地接纳欧洲人的友好民族。韦拉扎诺是第一个到达北美洲东部边缘地带的欧洲人，他于1524年对当地土著进行了乐观的描述。他叙述道，那些当地土著"带着惊奇的喊叫声，高兴地迎接我们，随后引领我们到最安全的地带停船靠岸"。

这种关于美洲土著的正面印象反映了欧洲人经常受到的礼遇，同时这也反映了欧洲人认为新世界是一个人间天堂，能够给那些贫苦的、受到虐待的、饱受战火之苦的旧世界人们带来新生。与当地土著做买卖的强烈愿望也助长了这种乐观的看法，因为只有印第安人比较友好才会成为适合进行商业交往的伙伴。

然而，早期北美的远航文献中也刻画了一种相反的印象，即"野蛮的、怀有敌意的印第安人"。早在1502年，塞巴斯蒂安·卡伯特（Sebastian Cabot）就在英格兰向人炫示他在北极之行中捕获的三个因纽特人，他们被描绘成食肉的野蛮人和"野兽"。其他一些记述则把新世界的土著描绘成"半人"，在他们的生活中，就像亚美利哥·韦斯普奇（Amerigo Vespucci）

记述的那样，"法律、宗教、统治者、灵魂不朽和私有财产"概不存在。

总的来说，接受殖民美洲这一想法的第一批英国人可能采取了一种充满希望的态度。与那些关于西班牙人虐待土著人的记载不同，他们预期他们将会在与土著人的关系上做出改进。多年来，他们读过不少对西班牙人在加勒比地区、墨西哥和秘鲁经历的记述，而这些故事通常都不怎么美好。许多书籍都描述了当西班牙人遭遇玛雅帝国、阿兹特克帝国和印加帝国时爆发的大规模暴力冲突的血腥细节。西班牙人罄竹难书的暴行乃至种族灭绝行为给新教的宣传者们提供了口实，他们把信奉天主教的西班牙人描绘成"地狱之犬和狼群"。此刻，尽管一些搭船前往北美洲的移民者会有所顾虑，类似的暴力对抗是否正在等着他们，但其他人则希望，英国人更优越的性格将会使得这一相遇不会发生什么冲突。

对英国人来说，财产的私有权传统根深蒂固，这就在道德上、法律上和实践中引发了很多问题。早在 1580 年代，殖民活动的先驱之一乔治·佩卡姆（George Peckham）就承认，英国人对夺取他人土地的合法性是持质疑态度的。英国人有权占有美洲的土地，可以通过否认美洲土著人拥有它的合法性得到辩解。根据英国法律，占有土地需要进行"改造"，例如筑起篱笆，或是依照英国的农业管理方式进行耕种。他们将未加耕种的土地定义为荒地，谁都可以自由地免费取得；美洲土著人由于没有设置栅栏和进行耕种，其结果就是面对这种占领无力抵抗。殖民地特许状将英国人的扩张限制在那些"信奉基督教的君主"尚未直接占领的土地上。这一政策既否认了西班牙人对他们并未实际定居土地的主张，又否认了印第安人可以占领那些他们没有用一种"恰当方式"使用的土地的主张。

明确界定美洲土著人没有拥有土地除非他们按照欧洲人的方式去利用它们，并未赋予英国人强夺印第安人土地的力量。但当移民人数多起来后，他们的掠夺行为也就获得了道德上的合理性。到达北美的殖民者中，极少会有人怀疑下面这一点：他们在技术上所占有的优势，将会使他们征服当地民众。

2.4 对非洲人的奴役

在哥伦布远航到达新世界之后的将近四个世纪中，欧洲殖民者们开始了历史上最大规模的强制移民活动，把大批非洲人运离他们的故土，利用他们的劳动力去创造财富。尽管估算结果不一，但被运往新世界的非洲人的数量应该不会少于1 000万，其中至少有200多万非洲人死于横跨大西洋的旅程中。

一俟跨大西洋奴隶贸易开始，糖、咖啡、稻米和烟草等那些有大量需求的商品的生产地也就从旧世界转移到了美洲。随着最初的跨大西洋欧洲殖民帝国的建立，欧洲开始将其贸易方向从地中海缓慢地转移到大西洋。巨大的以大西洋为基地的贸易体系逐渐发展起来，事实证明，非洲的强迫劳动力对于欧洲海外殖民地的兴旺是必不可少的。

非洲奴隶在经济上的重要性不能随意夸大，但由此所引发的文明融合却是相当重要。从1519年到19世纪早期，在所有到达新世界的移民中，非洲人的数量与欧洲人的比例约为2∶1或3∶1。结果便是，在美洲的许多地区，欧洲人生活水平的提高都与对非洲人的奴役联系在一起。与此同时，奴隶贸易也在非洲、欧洲和美洲这三大洲之间促成了农作物、农业技术、疾病和医学知识的传播和交流。

直到18世纪早期，北美洲仍然处于奴隶贸易的边缘地带。整个17世纪，将近一万名非洲人被运往美洲殖民地，这个数字在18世纪是35万，这些非洲人的到来大大地改变了北美社会的人口密度。由于劳动力长期匮乏，这些非洲奴隶的劳动力和技能对殖民地的经济发展来说是必不可少的。与此同时，他们的非洲习俗也与他们欧洲主人的习俗不断地融合。此外，由奴隶制所衍生出的种族间关系也在这个社会中留下了深深的印记，导致种族问题长期成为这个国家最难解决也是最顽固的主要难题之一。

2.4.1 奴隶贸易

撒哈拉南部长距离的非洲奴隶贸易始于为弥补地中海世界劳动力匮乏而做出的尝试。早在公元 8 世纪，阿拉伯人和摩尔人就经由撒哈拉商路把非洲奴隶运往地中海各个港口。通过这条路线，成为奴隶的非洲人穿过地中海世界，加入欧洲及北非奴隶中。七个世纪之后，葡萄牙商人成为第一批从事非洲奴隶贸易的欧洲人。当葡萄牙的船长们经由水路到达非洲西海岸时，他们就进入到了在中非和西非运作多年的一张奴隶贸易网中。

与其他事务相比，蔗糖对非洲奴隶贸易的影响最大。到 16 世纪，葡萄牙控制的大西洋上的马德拉岛成为欧洲蔗糖生产的中心，而这第一个欧洲殖民地就是围绕着奴隶劳动组织起来的。糖料作物的种植从这里扩展到葡属巴西和西属圣多明哥。到了 17 世纪，随着欧洲人发展出一种对蔗糖的狂热追求——与他们对烟草的渴望一样永无餍足——他们为控制那些点缀于加勒比海上的小岛和西非沿岸的贸易要塞展开了激烈的竞争。非洲的诸王国非常渴望得到欧洲人的商品，为此，他们争相为白人船长们提供所需的"黑金"。一些非洲人因其罪行而被判为奴隶，但更多人都是在战争中被俘为奴。随着欧洲人对奴隶的需求导致非洲统治者极力渴望在贸易中占有一席之地，宣战以获取更多奴隶进行贸易这一趋势也进一步得到了加强。

众多欧洲国家为争夺在西非海岸进行贸易的权利而展开斗争。从 16 世纪晚期到 17 世纪晚期，葡萄牙人控制了这一贸易，主要是因为巴西作为一个奴隶输入地占据重要地位。17 世纪，当贩奴者把大约 200 万非洲人运到新世界时，荷兰人和英国人开始与葡萄牙人展开竞争，后者仍是当时的主要供应商。到 17 世纪中叶，英国贸易商开始超过荷兰人。到 18 世纪下半叶，他们最终超越了葡萄牙人并在接下来的世纪中成为海上强国。在从 1740 年起的大约一个世纪内，英国人一直都是走在其他欧洲贩奴者的前面。在 18 世纪，欧洲的贸易商们至少把 650 万非洲人运到了美洲。到了那时，一位英国人已把奴隶制视为"西方世界的力量与支柱"。

奴隶贸易的恐怖程度几乎超出人们想象。苦痛始于非洲内陆，作为奴隶（或是战争中被俘，或是为了这一目的而被绑架），被捕获后要经历长途跋涉被运往海岸。在这些强制性的旅途中，许多奴隶都试图自杀，或是死于疲劳或饥饿。到达海岸后，奴隶们会被监禁在海滩上设有防御工事的围场中，等候有意购买奴隶的船长前来检验，他们的运奴船就停在附近。欧洲的贩奴者们通常都会用一块烧热的烙铁在他们购得的非洲奴隶身上烙上一块印记。那些非洲奴隶被用独木舟转运到停泊在固定港口的船只上，在这一过程中，他们遭受了又一次精神创伤。一个英国人写道："这些黑人是如此不愿离开他们的故土，以至于他们经常逃出那些独木舟、小船和大型船只，跳入海中直至溺水而亡。"

运奴船上的条件相当恶劣，尽管贩奴者的目的是为大西洋彼岸提供尽可能多的活着的奴隶。被上了镣铐的奴隶就像棺材里的死尸一般挤在一起。贩奴者们使用许多方法去阻止四下蔓延的自杀，残忍地鞭打那些想要绝食自杀的奴隶，用烧红的炭块去烫奴隶们的嘴唇，或是掰开奴隶们的嘴强迫他们进食。

在通常持续四到八个星期的大西洋航程中，每七个奴隶中就会有一个死于途中。更多的奴隶在到达美洲的时候，不是精神错乱就是已奄奄一息。任何一个非洲人被转送的过程大概都得花上六个月时间——从被抓捕到他/她到达殖民地买主的大农场。等待着他们的是无穷无尽的奴役生活。

小结：不同世界的会聚

伊比利亚人在 15 世纪晚期和 16 世纪早期进行的远航把欧洲人、非洲人与美洲人连在了一起，使得西班牙的征服者德·巴卡、摩洛哥俘虏埃斯特万，以及北美洲东南部地区克里克人村庄的首领这样的人们走到了一起。而这还只是一张交流之网形成的初始阶段，最后这张网吸纳了地球上的每一个区域，把那些生活在辽阔的大西洋海域各个部分的、之前毫无关联的人们的命运联系到了一起。西班牙人首先建立了以母国法律、宗教、政府和文化传统为基础的殖民体制。他们也最早谋求海运和商业发展并由此深刻地影响了生产方式，与之相对应的结果则是，美洲注定要成为出口到欧洲的粮食产品的主要产地。贩卖人口是这种羽翼未丰的全球经济的一个组成部分，非洲人先是被运往西班牙和葡萄牙，然后被运往非洲西海岸之外的那些大西洋岛屿，最后则被运抵美洲，这是人类历史上最悲惨的一页。与欧洲殖民相伴随并为其铺平道路的是欧洲人拥有的强大武器——寄生在他们体内、致使美洲土著人大批死亡的病菌，这是有史以来最大规模的生物大屠杀。

英国移民于 17 世纪早期到达北美洲东部边缘地带，这些新世界的迟来者们到达目的地时，其他欧洲国家的殖民者已经在新世界拓殖了一个多世纪。第一批到来的英国人只是一小拨先行者，在随后几代人的时间内，大量形形色色的、坚定的、零散的英国人都涌向了大西洋西部。与之前的西班牙、葡萄牙和法国殖民者一样，英国人即将在新发现的土地上建立起新的社会，从而把分属于另外两种不同文明的人们联系在一起——一方由那些定居于这片土地上的古老居民们组成，另一方则是从大西洋彼岸被违背其意愿贩运而来的非洲人。在这一背景下，登上大西洋舞台的英国迟来者们，随着其与法国、荷兰和西班牙的对手们为控制北美洲而展开角逐，将会有相当丰富的创业经历。

思考题

1. 欧洲宗教改革如何影响欧洲人在美洲的扩张?
2. "哥伦布大交换"是什么样的?它对欧洲和南北美洲产生了什么影响?
3. 为何英国很晚才开始进行探索和殖民?这一后来者身份如何影响英国在新世界的拓展进程?
4. 欧属美洲殖民地上非洲奴隶贸易的因果是什么?
5. 早期殖民地时代美洲发生的文化碰撞产生了什么样的影响?

第 3 章

17 世纪对新大陆的殖民

3.1 切萨皮克烟草海岸

3.2 马萨诸塞移民及其后代

3.3 从圣劳伦斯到哈德逊

3.4 卡罗来纳业主殖民地：复辟的奖赏

3.5 贵格会的和平王国

3.6 新西班牙的北部边疆

3.7 动荡时代

小结：新社会的成就

美国故事

一个生活在弗吉尼亚边疆的非洲人

安东尼·约翰逊（Anthony Johnson）是一个非洲人，他于 1621 年来到弗吉尼亚时只有名字而没有姓，叫安东尼奥。年轻时他落入葡萄牙贩奴网，在新世界又被多次转手买卖，最后到了弗吉尼亚。在这里他被理查德·贝内特（Richard Bennett）买下，送到贝内特在詹姆斯河畔的瓦拉斯考克烟草种植园干活。第二年，安东尼奥亲身经历了三个种族的交往与冲突，这决定了他以后的生活。1622 年 3 月 22 日，弗吉尼亚沿海低地的波瓦坦（Powhatan）部落突然袭击了白人殖民者，决心将他们从该地赶走。贝内特种植园里的 57 个人中，只有安东尼奥和另外四人幸存。

安东尼奥的名字英国化以后便是安东尼，他在贝内特的种植园劳作了约 20 年。事实上他就是奴隶，尽管在法律上不是，因为法律上定义的奴役尚未在弗吉尼亚殖民地完全生效。这期间，他娶了同样遭受奴役的非洲人玛丽为妻，成为四个孩子的父亲。1640 年代，约翰逊夫妇在遭受半生的奴役后获得自由。也许就是在这时，他们选择以约翰逊为姓氏来标示他们新的身份。已过中年的约翰逊夫妇在弗吉尼亚东海岸开始建设自己的家园。到 1650 年，他们已拥有 250 英亩土地、为数不多的牛群和两个黑佣。在这个尚未严格划分种族界线的现实环境中，约翰逊一家参与了小种植园主为经济安全而进行的争夺。

约翰逊夫妇依靠学习英国司法程序的运作方式、小心翼翼地争取白人的支持和辛勤耕耘土地，获得了自由，拥有了财产，建立了家庭，避开了多事的邻居，过上了体面的生活。但到 1650 年代末，种族奴隶制日趋严格，逐渐开始威胁到弗吉尼亚的自由黑人。

1664 年，约翰逊夫妇认为不利的社会氛围正在逐渐夺去其子孙在弗吉尼亚的生存机会，于是他们就开始向白人邻居出卖自己的土地。第二年春天，家族中的大部分人都北迁至马里兰，他们在那里租用土地，继续种田、养牛。五年后，安东尼撇下妻子和四个孩子撒手人寰。弗吉尼亚持续滋长的种族歧视甚至连死去的安东尼也不放过：弗吉尼亚的白人陪审团宣布，因为安东尼"是黑人，便是外国人"，所以他在移居马里兰之前立契转让给儿子理查德的 50 英亩土地应归当地白人种植园主所有。

安东尼的子孙都出生在美国，但由于其父辈和祖父辈出生在非洲，所以他们便无法复制其父辈和祖父辈们所取得的微小成功。到 17 世纪晚期，想要摆脱奴役的有色人种面临着更大的困难。当他们终于获得自由时，却发现自己已经被迫成为社会边缘人群。安东尼儿子们的地位从未高过佃农或小地产主。约翰·约翰逊在与切萨皮克地区的美洲土著人发生了一段时间的激烈冲突后，于 1680 年代搬到了更北面的特拉华地区。他的家人与当地印第安人结婚，从而成为延续至今的三元种族社会的组成部分。理查德·约翰逊则一直留在了弗吉尼亚。1689 年他去世时，因英国推翻詹姆斯二世而引起的一系列殖民地叛乱刚刚宣告结束，他几乎没有给他的四个儿子留下任何东西。他的儿子们成为佃农和雇工。而且到那时，运奴船正在向弗吉尼亚和马里兰大量运送非洲人，以代替四代以来一直充当劳动力主体的白人契约奴。起初，作为黑人意味着处于不利处境。现在，它则成为一种致命的缺陷，一种永远都无法抹去的低贱和奴役的标记。

约翰逊夫妇的故事是千千万万 17 世纪北美移民经历中的一例。他们的故事不同于那些在新世界寻求精神和经济重建的欧洲移民。但他们的生活却与试图逃离欧洲战争、专制、物质匮乏和宗教腐败的欧洲移民交织在一起。约翰逊夫妇如何像来自欧洲的自由移民和契约奴一样，学会应对新的环境、新的社会地位，以及由来自不同大陆的移民组成的新群体？理解北美的社会环境需要了解美国历史发展中不断重复的几个进程。其中最重要的是非洲劳动大军的形成和对反抗白人扩张的美洲土著部落的逐步征服。这两个进程都发生在约翰逊夫妇及其后代生活的时代，并都动用了武力。为什么欧洲扩张使得一些人去追求民主梦想，而其他人则要面对不断增多的不平等和奴役？

殖民方式和移民生活的特点塑造了六个早期殖民地：切萨皮克湾、新英格兰南部、从圣劳伦斯河到哈德逊河的法属及荷属地区、卡罗来纳地区、宾夕法尼亚，以及西班牙在其帝国北端的立足点。对比这些不同殖民地之间的情况，将会揭示出殖民者的背景、思想观念、殖民方式、用工方式（自由民、奴隶或契约奴）如何在 17 世纪的北美产生了截然不同的社会。这些区域性社会随着 17 世纪的历史进程而改变，经历了内部纷争、一系列与印第安人之间的战争、具有毁灭性的巫术狂热，以及对英国重组其海外殖民地的企图做出的反应。

3.1 切萨皮克烟草海岸

1607 年，一伙商人在弗吉尼亚的詹姆斯敦建立了英国在北美的第一个永久殖民地。但对第一代移民来说，殖民地的永久性却是毫无保障。即使广阔的切萨皮克湾沿岸殖民地进入第二代和第三代移民时期之后，英国殖民者仍在为其内部混乱及其与土著民族之间的暴力冲突所困扰。

3.1.1 詹姆斯敦、烟草和契约奴

凭借詹姆斯一世的特许状，伦敦的弗吉尼亚公司可以发售股票并利用募集资金去装备海外远征队。他们期望找到黄金，同印第安人进行有利可图的贸易，并找到通往中国的航线。但是，投资者和定居者得到的却是巨大的打击。痢疾、疟疾和营养不良夺去了第一批殖民者中大部分人的生命。1607 年到 1609 年有 900 多名男性移民到达殖民地，但却只有 60 人活了下来。没人能从这一惨败中获得利润。

第一批移民中有 33% 的人都是没干过粗活的淘金冒险家，这意味着殖民地的人口中有很高比例的绅士（他们来自地主统治阶层，没有殖民地冒险的实用技能）：绅士的比例是英国的六倍。其他人也多为没有技术的佣人，一些人还有前科，他们"从来不知道日常工作是什么"（殖民地第一个强有力的领导者约翰·史密斯之语）。这两种人都很难适应荒凉的环境，史密斯几乎没有找到他所需要的木匠、渔夫、铁匠和农夫。

同时，一个普遍的假设也妨碍了詹姆斯敦殖民地的发展，即英国人能像科尔特斯在墨西哥和皮萨罗在秘鲁一样剥削印第安人。英国人发现，大约 2.4 万名当地波瓦坦印第安人居住得很分散，想要征服他们并非易事。与西班牙不同，英国既没有派遣征服者大军，也没有派出大批牧师去征服土著民。相反，新移民进入了一个区域，在这个地区，小部落在波瓦坦的领导下结成联盟，英国人将他看作一个皇帝。两者之间的关系很快就开始恶化。在第一个秋天，波瓦坦人为贫病交加的詹姆斯敦殖民地定居者送去了玉米。但一场为期七年的旱灾（事实证明这是八个世纪来最严重的一次）的出现，意味着波瓦坦人无力无限制地给饥饿的入侵者提供供应。过去在东欧的军旅经历教会了史密斯如何对待他所谓的"野蛮人"，他掠夺印第安人的食物并企图威胁当地部落。作为回应，波瓦坦人停止了同英国人的贸易。许多移民都在早年的"饥荒时期"死去。

伦敦的弗吉尼亚公司继续向殖民地大量输入资金和移民，为公司工作

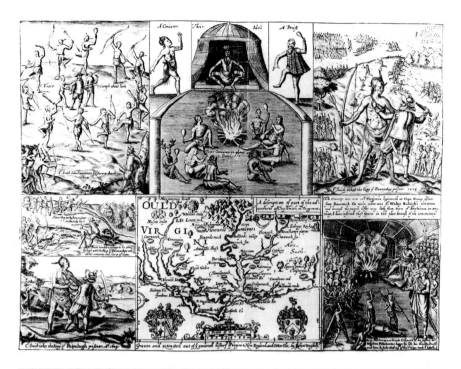

弗吉尼亚的历史

这组版画中间的小标题写着:"史密斯船长在弗吉尼亚的冒险片段。"这组画出自英国雕版师罗伯特·沃恩(Robert Vaughan)之手,发表于1624年约翰·史密斯船长(Captain John Smith)的《弗吉尼亚通史》中。在右下角那幅画中,巨人波卡洪塔斯(Pocahontas)(右)在为史密斯请命,史密斯头枕大木块,一位印第安刽子手准备割下他的头颅。这幅版画会对读到史密斯所著史书的英国读者产生什么样的影响?

七年即可获得自由土地的承诺吸引了许多人。1618年,该公司甚至向每一位愿意去弗吉尼亚的人提供50英亩土地。对生存在英国社会边缘的人来说,美洲自由土地的诱惑似乎不可抗拒。1610年到1622年有9 000多名英国人渡过大西洋,但到这一时期结束时却只有2 000人活了下来。

除了提供自由土地,促成移民的最重要因素是烟草在切萨皮克的土地上长势极好。1586 年，弗朗西斯·德雷克在西印度群岛收获了满船"快乐草"（jovial weed，因其有使人极度兴奋的作用而得名），英国上流社会热切地渴望得到它。德雷克引发的癖好一直持续至今。

詹姆斯一世对吸烟"辣眼睛、呛鼻子、伤大脑、危害肺"的谴责也没能阻止人们对吸烟的狂热。"烟草"成为弗吉尼亚的救星。1617 年种植园主用船运出第一批烟草，此后烟草种植迅速蔓延。到 1624 年，弗吉尼亚已输出 20 万磅"可恶的野草"；到 1638 年，尽管烟草价格暴跌，但其产量仍超过 300 万磅。烟草之于弗吉尼亚的重要性，就像蔗糖之于西印度群岛，白银之于墨西哥和秘鲁。

烟草需要精心培育，因此弗吉尼亚的种植园主不得不寻找可靠的廉价劳动力。为此他们主要招募英国劳动力。这些劳动力是作为契约奴来到北美的，他们期望以出卖一段时间的劳动力换取前往美洲的免费旅程。在 17 世纪前往弗吉尼亚的移民中，每五个人中就有四个人是契约奴，后来马里兰的移民情况也是如此。移民中男性占比 75%，年龄大都在 15 岁到 24 岁之间，几乎所有人都是来自国内社会的底层。一些人是自愿前来，但其他人则是被流放至此：他们被押船运往殖民地，作为对其所犯罪行的惩罚。

每 20 个契约奴里大约只有一个人能实现获得自由和土地的梦想。多数人都死去了。如果疟疾和痢疾没有使他们很快死掉，残酷的日常工作也经常会把他们折磨致死。甚至到 17 世纪中期，仍有近一半人在最初几年的适应阶段死去。契约奴的主人把他们当作财产买卖，甚至用他们做赌注；主人也会让他们超负荷工作到死，因为超过契约期便没有养活他们的理由。当契约奴即将契约期满时，主人还会倚仗他们控制的法庭想方设法延长契约期限。

主人经常违背英国传统让女契约奴也耕种土地。性虐待司空见惯，而且女契约奴要为非法怀孕付出沉重代价。法庭对她们处以高额罚金，责令她们额外做工一到两年以补偿在怀孕和生育期间损失的时间。法庭还将私生子从母亲身边夺走，在幼年即签订契约。许多女契约奴都愿意把她们的契约卖给任何一个求婚者，对她们来说，结婚是摆脱这种艰苦生活的最好途径。

3.1.2　扩张及与印第安人之间的战争

由于弗吉尼亚的人口在烟草产量提高的刺激下逐渐增长，白人殖民者与波瓦坦部落之间的暴力冲突也就随之增加。1614 年，波瓦坦的女儿，传说中的波卡洪塔斯与种植园主约翰·罗尔夫（John Rolfe）之间的包办婚姻，暂时结束了几年来不时发生的敌对状态。但与此同时，有利可图的烟草种植（最初由罗尔夫引入）则不断激发殖民者对土地的强烈需求。

1617 年，波瓦坦退位，切萨皮克部落的领导权落到他兄弟奥佩堪卡努（Opechancanough）身上。这个高傲而有才干的首领准备对他的英国敌人发动一次全面进攻。英国人对一位波瓦坦军事统率兼宗教先知的谋杀在 1622 年激起印第安人的猛烈反击，这次反击消灭了 25% 的白人人口，殖民地的物质基础设施损失也很严重。

这场毁灭性打击使弗吉尼亚公司破产。国王于 1624 年废除了特许状，在殖民地建立了一个皇家政府，政府允许 1619 年选举产生的立法机构弗吉尼亚公民代表议会，协同国王指派的皇家总督及其参事会继续制定法律。

1622 年的印第安人袭击使幸存的种植园主下定决心，对印第安人奉行新的残酷无情的政策。两年后，史密斯写于英国的文章提到了印第安人袭击招致的无情报复。他指出，很多人都认为"现在我们有正当理由用一切可能的手段摧毁他们"。弗吉尼亚人每年都会发动军事远征前去打击土著村庄。种植烟草很快就耗尽了土地的肥力，加上 1630 年后的人口增长，致使殖民者对未开垦土地的需求持续上升，这使他们更加觊觎印第安人的土地。种植园主很快就侵占了印第安人的领地并于 1644 年挑起又一场战争。弗吉尼亚人逐渐认为，切萨皮克部落只不过是英国殖民道路上亟待铲除的绊脚石。

3.1.3　马里兰业主殖民地

到 1630 年代弗吉尼亚取得商业上的成功时，切萨皮克地区又建起了另一个殖民地。创建者的主要目的不是获利,而是为天主教徒建立一处避难所和类似于英国乡村庄园的新世界。

英国政治家乔治·卡尔弗特(George Calvert)设计了这片新的殖民地。当他从英国政界退休并公开宣称他为天主教徒后,1625 年詹姆斯一世赏赐给他爱尔兰大片田产并封他为巴尔的摩勋爵。1628 年,由于与皇室关系密切,他又在纽芬兰获得了一块巨大的封地。1632 年,詹姆斯之子查理一世准备赐予他南边一块更大的土地,足有 1 000 万英亩,为了对国王信奉天主教的妻子玛丽亚表示敬意,卡尔弗特将这片土地命名为特兰·玛丽亚,即马里兰。同年他去世后,他 26 岁的儿子塞西利厄斯(Cecilius,巴尔的摩男爵二世)获得了这片领地,并开发了这片殖民地。

天主教徒在英国人数很少,而且受到压迫,所以卡尔弗特计划将自己的殖民地作为他们的避难所。但是,这位业主知道他所需要的不只是数量很少的天主教移民,还需要邀请其他人。卡尔弗特以低廉的年费提供自由土地,于是新教徒蜂拥而至。他们构成殖民地的雇工阶级,成为小片土地的拥有者。新教徒的人数很快就超过天主教徒,天主教徒在马里兰从未占过多数。

特许状保证勋爵掌管政府的所有部门,但是年轻的卡尔弗特了解到,他的殖民地居民不满于较之英国或其他殖民地拥有更少的自由。卡尔弗特计划分给亲戚 6 000 英亩采邑,下层贵族 3 000 英亩采邑,全部由类似农奴的佃农耕种。但当 1634 年的移民到来后,他们却无视卡尔弗特的计划。移民抢占自由土地,尽可能多地买进契约奴,与当地印第安部落维持大体和平的关系,像他们的弗吉尼亚邻居一样在分散的河畔种植园里种植烟草,尽可能实行地方自治。马里兰初期发展缓慢——1650 年只有 600 人,但在 17 世纪后半叶却是成长迅速。到 1700 年,马里兰已有 3.3 万人,是弗吉尼亚人口的半数。

3.1.4 切萨皮克的日常生活

大多数移民都发现,切萨皮克湾的生活令人沮丧。部分因为地方法律要

再现历史

房　屋

　　建设家园是我们美利坚民族经历的核心。第一个殖民地建立后的300年里，大多数美洲人都投入到了开垦土地和在土地上定居的行列中。在每个殖民地，家庭面临的任务都是清理田地，开始耕作，为自己和家畜修建庇护所。他们所建房屋的种类取决于其可用的材料、个人拥有的资源和意愿，以及对"舒适"住宅的理解。房屋设计和建筑材料在很大程度上揭示了建房人的需要、资源、优先考虑的问题和价值观。

　　通过对早期普通建筑结构遗迹的考查和对遗留下来的房屋进行研究，历史学家对拓荒时期的社会生活有了新的理解。从1960年代起，考古学家和建筑历史学家一直在切萨皮克湾和新英格兰地区研究17世纪的房屋。他们发现了相似的房屋类型序列——从临时性的简陋小屋、披屋、粗糙的小木屋和简单的木架屋，到用砖和加工过的梁木建造的更大且更结实的住宅。从棚子到房子到家的模式存在于每个殖民地，因为随着农夫、金矿矿工、种植园主及从事畜牧业的人们获得土地，他们的生活目标就会从维持生计转向为成功而奋斗。

　　对切萨皮克进行研究的人员发现了不同寻常之处：接下来的第二个阶段——粗劣的暂时性建筑的使用——持续了一个多世纪。到1680年代，许多新英格兰人都已把装有楔形板的临时性房屋改建并扩建成结实的梁木结构住宅，而切萨皮克的移民却仍在建造容易倒塌的小房子，这些房子需要不断修理，或者平均过上10～15年就要完全丢弃。

下图中的房子是典型的改建过的烟草种植园主的房子。与新英格兰地区的房屋建筑不同，在切萨皮克的房子中，烟囱不是用砖而是用泥和木头修砌的，没有窗玻璃，只有小窗扇。外部是粗糙的、未经加工的厚木板。门窗的位置和整体结构表明，这栋房子只有一个楼下的房间和一个楼上的阁楼。

历史学家对两地建筑之间的差异感到困惑。新英格兰和切萨皮克不同的气候条件和不同的移民模式部分解答了他们的疑问。在南方，最初几十年的疾病致使大量移民死亡。男女比例失衡阻碍了家庭生活健康稳定的发展，也无益于人们建设美好家园。而在新英格兰，几乎从一开始人们就有良好的健康状况，家庭也一直都是社会的中心。在这样的环境里，自然也就会有许多人投资修建

重建的切萨皮克种植园主的房屋，是典型的17世纪构造简单且不刷漆的建筑。

更大更坚固的房子。

然而，考古发现及从土地、税收、法庭记录中获得的数据，则为切萨皮克地区的住宅寿命之短提供了另一个解释。因为生活在劳动密集型的烟草世界里的缘故，大小种植园主为了尽可能多地购买契约奴和奴隶，在一切可能的方面都是省之又省。小屋固然简陋，但有10个奴隶总比光有一所漂亮的宅子却没人种地要好。后来在1775年，据《美国农牧业》(*American Husbandry*)一书的作者计算，建立一座烟草种植园时，用于"房屋、办公室和烟草仓库"的花销是购买20个黑人劳力所需费用的五倍。

直到切萨皮克地区摆脱了长期的高死亡率和性别失衡，而烟草、谷物种植与畜牧业并举的混合经济也代替了单一的烟草种植之后，这一地区才开始改建房屋。发掘出的房屋遗址表明，这一过程发生在1720年以后。新的研究揭示，住宅建设与一个社会的社会及经济发展进程紧密交织在一起。

反思历史

如今的房子揭示了当代美国人拥有怎样的资源、经济生活、优先考虑的问题及价值观？房屋设计中所体现的阶级和地区差别还在延续吗？

求契约期满才能结婚，所以只有少数人能够结婚生子。加之移民此地的男人是女人的三倍，契约期满仍活着的男性发现，极少会有合适的婚姻对象。而且即便结了婚，婚姻也非常脆弱。无论丈夫还是妻子都可能在七年之内死于疾病。孕妇极易感染疟疾，这是该地区的一种流行病；如果她们没有死于这种疾病，也很可能会在分娩中死去。孩子经常会夭折，幸存下来的孩子中，在其成长过程中双亲都健在者可谓少之又少。几乎没人见过祖父母。在这样一个男性占绝对多数的社会里，寡妇经常都是很快就会再婚。由此也就产生了由继子女和继父母、同母异父和同父异母兄弟姐妹组成的复杂家庭。

由于可怕的死亡率的困扰，在17世纪大部分时间里，切萨皮克都只是移民之地，而非定居之所。教堂和学校发展缓慢。数量庞大的契约奴使社会生活变得更加不稳定。身为家庭中的外人，契约期满他们便继续漂泊，如果死了就会被从英国新买来的其他外人取代。

这一地区的建筑也反映了环境的艰苦。极不稳定的生活、异常动荡的烟草经济，以及用现有的每一先令购买田间劳动力的强烈愿望，都使人们没有精力去修建富丽堂皇的房子。直到18世纪早期，大多数切萨皮克家庭都还住在没有分区使用的简陋房子里。吃饭、穿衣、工作和性爱几乎都在毫无隐私的情况下进行。在近两个世纪中，大部分普通弗吉尼亚人和马里兰人就像一位种植园主所写的那样都是"过着猪一样的生活"。甚至富裕的种植园主也要等到殖民地建立一个世纪后才开始修建结实的、完全木结构的农舍。

生活的简陋还体现在切萨皮克殖民者的家居用品上。艰难度日的农夫和佃农可能只有一个草垫、一个简单的储藏箱，以及做饭和吃饭的用具。大部分普通移民都没有椅子、碗柜、金银制成的餐具或银器。能有三四间房子，睡得比较舒服，坐在椅子上而不是蹲在地上，有普通体面的用品，如夜壶、烛台、床单、衣柜和桌子，就算得上切萨皮克社会的上层了。只有极少数人自诩拥有钟表、图书、潘趣酒碗、酒杯和进口家具等奢侈品。切萨皮克地区历经长达四代人的时间之后，其边疆生活状况才逐渐让位于更加精致的生活。

3.1.5 "培根叛乱"席卷弗吉尼亚

1675 年和 1676 年,切萨皮克殖民地陷入了一场斗争之中:爆发了红种人与白种人之间的战争和移民之间的内战。这场混乱不堪的冲突史称"**培根叛乱**"(**Bacon's Rebellion**),由固执的种植园主纳撒尼尔·培根(Nathaniel Bacon)领导,培根毕业于剑桥大学,28 岁时来到弗吉尼亚。

培根和其他许多雄心勃勃的年轻种植园主一样深恶弗吉尼亚皇家总督威廉·伯克利(William Berkeley)爵士的印第安政策。1646 年,印第安人再次发起针对弗吉尼亚人的暴动,从此波瓦坦部落就获得了不受白人殖民地限制的土地特权。与印第安人的稳定关系也符合现有种植园主的意愿,他们中有一些人还在与印第安人进行赚钱的贸易。但是,新来的移民渴望为自己得到土地,所以他们对此感到不满;曾经的白人契约奴渴望建立他们自己的家庭,因而他们也对这种状况感到不快。

对土地的渴望,以及烟草价格下跌、增税及缺少机遇带来的不满,在 1675 年夏天以暴力的形式爆发。一群生活在殖民地与印第安人土地之间的边疆移民,因为觊觎萨斯奎哈诺克人肥沃的土地,便以与当地部落发生纠纷为由攻击了这个部落。伯克利总督谴责这起袭击事件,但却几乎没有人支持他的立场。尽管萨斯奎哈诺克人在人数上处于极度劣势,但是他们依然准备应战。殖民地谣言四起,说萨斯奎哈诺克人正在招募西部印第安联盟,还有传言说新英格兰部落将会支持他们。

渴望复仇的萨斯奎哈诺克人在 1675 年到 1676 年冬季发动袭击,杀死了 36 个弗吉尼亚人。同年春,热血沸腾的培根决定把事情掌握在自己手中。他带领着几百名逃跑契约奴和奴隶,对友好的和敌对的印第安人都发动了攻击。培根吸收了更多的拥护者,包括许多富有的种植园主。伯克利总督拒绝支持这些攻击,宣布培根为叛乱分子,并派出 300 人的自卫队欲将培根拖到詹姆斯敦受审。边疆移民与印第安人之间的小规模冲突由此发展成为内战。1676 年夏天,培根和伯克利各自调遣部队,与此同时培根则继续袭击当地印第安部落。随后培根大胆地占领了詹姆斯敦并将其夷为平地，伯克利被迫穿过切萨皮克湾仓皇而逃。

弗吉尼亚人大都对伯克利的统治感到恼怒。高税收、以牺牲地方官员为代价增加总督的权力，以及伯克利及其朋友对印第安贸易的垄断尤其令人民反感。1676年夏天，当伯克利和培根的部队在荒野上互相追击时，伯克利试图取得公众的支持，为此他重新举行议会选举，将投票权扩大到所有自由民。但使他非常懊恼的是，新议会却反对总督，他们通过法案使政府对普通百姓更加负责，制止强占公职。新议会还将奴役美洲土著人合法化。

然而，最后还是总督获得了胜利。镇压住印第安人以后，培根的拥护者开始四散回家照料庄稼。与此同时，皇家政府则从英国派出了一支1 100人的皇家部队。当他们于1677年1月到来时，培根已死于沼泽热，其大部分拥护者也早已解散。伯克利依照"戒严法令"绞死了23名叛乱领袖，因此他们未经审判便被处死。

之后的皇家调查员报告说，培根的拥护者"似乎希望而且意在彻底消灭印第安人"。对印第安人的这一仇恨，以及对土地所有权的渴求，成为弗吉尼亚生活中一个不变的特征。甚至就连皇家总督也无法阻止这些人。一代人之后，立法机关于1711年拒绝了总督提出的通过教育使团和有序贸易来解决印第安边境问题的请求，并投票通过划拨两万英镑军费"用于消灭所有印第安人，无论敌友"。一度人口稠密的波瓦坦联盟的残余，在最后的斗争中宣告失败。从此以后他们也就消失了，不是向更远的西部迁徙，就是委身于白人社会的边缘，充当佃农、日工或家奴。

"培根叛乱"提升了切萨皮克地区有抱负的土地拥有者的预期。通过使得人们可以得到新的土地，战争极大地缓解了弗吉尼亚白人社会内部的紧张关系。叛乱过后，打算投资的弗吉尼亚人在寻找劳动力时，将目光从赤贫的英国和爱尔兰农村转向了西非乡村。这一转变遏制了贫穷白人契约奴的大量涌入，这类人一旦获得自由就会形成切萨皮克社会底层的不满民众。一种新兴的种植园主贵族政治重新控制了政府，并废除了在1676年危机中通过的改革法案的大部分内容，他们为下个世纪中他们享有的支配权打下了基础。不同社会阶层的白人都追求以奴隶为基础的经济繁荣，这使得种族一致开始形成。

"培根叛乱"在弗吉尼亚以外也产生了影响。他的许多幸存下来的拥护者都逃到了后来所称的北卡罗来纳，加入了那里短暂夺取权力的不满的农民中。在马里兰，高额税收、更适中的费用（称作"代役租"）、腐败的官员和天主教官员，令新教移民恼怒不已。烟草价格下跌和对印第安人袭击的忧虑更是加剧了他们的愤怒。就在培根突袭詹姆斯敦一个月后，企图叛乱的小种植园主们也试图推翻马里兰政府。但是，政府很轻松地便镇压了这次起义，并绞死了两名领袖。

在切萨皮克，17世纪晚期动荡的生活，很大程度上应归因于社会发展的地区特殊性。在那里，家庭因为性别的失衡和可怕的死亡率而发展迟缓，加之地区流动性高，因而几乎没有形成社会内聚力和归属感。由于缺少拥有稳定政权的成熟地方机构、远大的目标，以及有经验又负责任的政治领袖，这一地区的早期发展被证明是困难重重。

3.2 马萨诸塞移民及其后代

詹姆斯一世执政时期（1603—1625），一些英国移民在切萨皮克争夺财富，而英国国内一些人则期望把广阔的北美洲看作为上帝修建教堂的地方。他们以团结和奉献一切为目的，志在改造腐败的世界。移民主要来自"清教主义"这一英国宗教改革运动，他们创造了一个共同体，这个共同体通过培育"美洲在这个世界上负有特殊使命"这一信念，强有力地影响了这个民族的历史。然而，在其他方面，他们与美国的未来却是完全相悖，尤其是他们想要消除大陆多样性这一企图。他们在这上面的失败预兆着这样一个未来：

宗教多样性注定要成为一种基本的历史现象。

3.2.1 英国的清教主义

1558年新教得到英国官方认可。尽管英国政府逐步形成它特有的新教主义，但一些人认为英国的教会仍然充满了天主教的遗迹。他们希望净化教会，他们的反对者称其为"**清教徒**"（**puritans**）。

清教徒不仅想要改进教会，推动它朝着改革宗（reformed protestant）的方向发展，他们还想重塑社会。

作为改革宗，清教徒受到处在改革者加尔文影响下的日内瓦城所践行规训的启发。他们想要消除传统的消遣娱乐，他们视其为有罪之举。他们反对跳五月柱舞，玩纸牌，做一些无聊的事情，打保龄球，举行舞台表演，以及其他"堕落"行为。他们倡导严格遵守安息日，把那一天奉献给做礼拜而非工作或休闲娱乐。

他们的新纪律推进了一种社会伦理，这种伦理强调工作是服务上帝的主要途径。"工作伦理"将会消除懒惰，给全社会带来秩序。清教徒也组织起自己的宗教圣会，圣会里的每一位成员都期待个人救赎，同时也支持其他所有人的追求。就像在日内瓦一样，他们也将自己视为上帝的选民，进而相信上帝将会让他们对其身边"不信教"者所犯的罪负责。

在英格兰，清教徒改革者与英国国教（圣公会）的关系陷入困境，但即便严厉批判它他们却依然是它的正式会员。1625年查理一世继承王位后，形势更加恶化。国王决心加强王权并镇压宗教异端，他不断骚扰清教徒，免除了很多清教牧师的教职，并向其他许多人发出威胁。1628年，他召集了新一届议会；一年后，当议会不同意王室的要求时，他又下令让这个古老的机构（议会是所有类型改革而不单单是宗教改革的主要工具）休会。

到1629年，当国王开始在没有议会的情况下实施统治时，心怀不满的清教徒把他们的目光转向了北爱尔兰、荷兰、加勒比海，尤其是北美。他们确信上帝想让他们远离当局的迫害，推行他们的宗教和社会改革。不断衰落的经济更使他们对英国失去信心。许多清教徒都决心将英国社会的碎片带到某个遥远的大陆，在那里完成新教改革。

3.2.2 普利茅斯殖民地

这些宗教改革者并不是最先到达北美洲东北部的欧洲殖民者。自16世纪初年以来，许多欧洲国家的渔民就已在科德角和缅因的海岸抓干了他们的纽芬兰渔获。他们经常遇到说阿尔冈昆语的人。1607年，早期的一次探险曾在缅因建起过一个短命的殖民地。七年后，切萨皮克领导人约翰·史密斯创造了"新英格兰"这个词，明显是想要通过告诉人们将会在那一北边区域找到熟悉的气候和环境，打消潜在移民的顾虑。

然而，直到1620年一个小团体到达普利茅斯，这里才建立起永久殖民地。与随后到来的清教徒不同，这些卑微的新教农场主并不想改变罪恶的世界。相反，他们更愿不受打扰地实现自己过一种纯洁、原始生活的激进梦想。他们没有改革英国的国教，他们中的大多数人都是"分离主义者"，他们在詹姆斯一世统治初期创建了一个新的教会，因为他们认为英国国教太过腐败无法改革。当国王威胁要"在国内把他们折磨死"，他们先是在1608年逃到阿姆斯特丹，然后去了莱顿，最后则在1620年直奔北美洲。

这些移民于1620年11月乘坐"五月花号"到达科德角，他们因九周风雨交加的航程而变得十分虚弱，对即将到来的严冬也没有做好充足的准备。下船前这些移民中的男人们承诺从他们中间选出领导人并服从后者的权威，这是一个进行统治管理的早期工具，它已作为《五月花号公约》流传下来。到第二年春天，"五月花号"上的旅客有一半死去，其中包括18位已婚妇女中的13位。

幸存者在坚定的威廉·布拉德福德（William Bradford）的领导下在普利茅斯安顿下来。与当地印第安人的争执很快就爆发了，布拉德福德认为他们是"野兽般的野蛮人"。在两代人的时间里，这些移民种地，捕鱼，努力保持自己的宗教梦想。清教徒移民从 1630 年开始大量增多，淹没了环绕科德角湾的分离主义者村庄。他们小小的定居地成为欣欣向荣、人口密集的马萨诸塞湾殖民地的穷乡僻壤，后者于 1691 年将其并入自身版图。进行这一较小的早期殖民化尝试的这些分离主义者，被作为"朝圣者"载入史册，在美国人理解昔日的殖民上，他们变得要比他们可以预料到的更为重要。

在荒原上创建一个虔诚社会

前往新英格兰的移民希望既可以解决他们的经济困境，又能建立一个他们心目中的虔诚社会。移民中牧师占很大比例，恰好为殖民者很快就会兴建的教堂提供了足够的人手。1629 年后的新英格兰定居点，给英国教会中的少数持异议者提供了一个机会，在殖民地创建一个与以往不同的社会和教会。总督约翰·温思罗普（John Winthrop）和其他早期领导人在追求他们的梦想时意识到了这一点，他们敞开自身并付出种种努力，去接受有敌意的观察者的评判。在到达殖民地之前进行的一次有名的布道中，温思罗普提醒第一批移民说："我们要筑建山巅之城，让所有人注视我们。"他的"基督徒慈善的典范"（又译"爱的篇章"）成为美国历史上一篇重要的文献，尽管里面的内容（既赞美了社会阶层，又赞美了富人对穷人的义务）在后来的颂扬中（将其误读为鼓吹美国例外论）已被轻描淡写。

与普利茅斯和弗吉尼亚一样，第一个冬天考验了最坚强的灵魂。第一批 700 名移民中有 200 多人死亡，另有 100 人因为意外恶劣的气候而沮丧和身患疾病，旋即返回英国。但是殖民者继续到来，定居在流入马萨诸塞湾的河流沿岸。几年之后，他们向南进入后来的康涅狄格和罗得岛，向北则推进到礁石遍布的海岸线一带。

清教徒以斗志昂扬的工作伦理和使命感为动力，在熟知地方政府、法律并善于劝诫的人的领导下，这些殖民者的生活逐渐好转起来。弗吉尼亚的早期统治者是天性损人利己的雇佣兵或流氓冒险家，他们没有家庭，在国内也没有家人；普通的切萨皮克移民则多是对英国社会漠不关心的年轻人，他们为渡过大西洋而出卖了自己的劳动力。但是，马萨诸塞的早期领袖们是大学里培养的牧师、有着丰富经验的下级贵族，所有人都努力实现上帝指定在新英格兰的任务。大多数普通移民都是有家室的自由男女。工匠（能工巧匠）和农场主也来自英国社会的中产阶级。他们建立起紧密团结的社会，这个社会从一开始就不存在切萨皮克猖獗的残酷剥削劳动力的做法。

主要依赖自由劳动力，新英格兰移民建立了以农业、渔业、林业及与当地印第安人交换海狸皮为基础的经济。甚至在离开英国之前，马萨诸塞湾公司的董事们就把他们的商业特许状改造成了政府的雏形。在北美，他们为自治政府奠定了基础。自由男性教会成员每年都要选出一个总督和来自各个城镇的代表。这些代表组成殖民地立法机关和大议会的一个院。总督的助手，后来称为议员，组成另一个院。法案必须得到两院一致同意才算通过。哈佛学院（以一个早期的遗产捐赠者命名）在1636年开始培养牧师，创办了英国殖民地第一份印刷刊物，并于1642年启动一项大胆尝试，开创由税收支持的学校体系，面向所有希望接受教育的人。

考虑到移民推行改革计划的激情强度，群体内的张力几乎是立马就产生了。1633年，塞勒姆的牧师罗杰·威廉斯（Roger Williams）开始提出一些令人不安的建议。他认为，清教徒并不真正纯洁，因为他们不想彻底脱离肮脏的英国教会。威廉斯还谴责强制性崇拜，并认为政府官员不应干涉宗教事务，而应专注于民政事务。他警告说："强制信教在时局好的时候会产生伪君子，在时局恶化的时候则会导致血流成河。"如今威廉斯被誉为一位主张政教分离的早期倡导者，但在1633年时他的言论却似乎给基督教国家以沉重打击，因为基督教共同体的领袖们认为宗教事务与民政事务是不可分割的。威廉斯还指控马萨诸塞湾公司非法侵占印第安人土地。尽管马萨诸塞的领导人一开始很欢迎他，视其为一位有远见的年轻神职人员，但他们还是竭力压制他对他们正在形成的教会秩序及殖民事务所做的批评。

清教统治者花了两年时间都无法使年轻气盛的威廉斯安静下来。最终，在得到他的朋友和政治对手温思罗普的事先警告下：他将要被驱逐回英国，威廉斯带着他的少数拥护者冒雪向南逃亡，在后来的罗得岛创建了普罗维登斯。就在清教当局驱逐威廉斯的时候，他们还面临着另一个威胁：一位具有非凡才干和智慧、虔诚的妇女：安妮·哈钦森（Anne Hutchinson），她于1634年和她的商人丈夫及七个孩子来到这里。哈钦森很快便作为助产士、精神顾问在波士顿的妇女中赢得尊敬，她开始在她的家中探讨宗教问题；最终她则指出一些牧师的布道有严重缺陷。没过多久，哈钦森就领导了一场"唯信仰论"（antinomianism，由她的诋毁者所命名）运动，强调上帝慷慨恩典的神秘性，并轻视个人为获得救赎所做的努力。

到1636年，波士顿分裂为两个阵营：站在一边的是被这位未经专门训练但却是才华横溢的妇女的神学观点所吸引的人，站在另一边的则是支持那些认为应该压制她的领导者的人。哈钦森极大地触怒了殖民地的男性统治者，因为她胆敢逾越女性的从属地位。

地方法官决心拔掉这根肉中刺，于是就在1637年对哈钦森进行了审判；经过长期审问，他们在民事审判中判处哈钦森犯有煽动叛乱罪和藐视罪，将她"作为一个不适合我们社会的女人"逐出殖民地。六个月后，波士顿教会以传布82条错误神学观点为由开除哈钦森的教籍。哈钦森在她第八个孩子出生的前一个月与一群支持者沿着威廉斯的逃亡路线前往罗得岛。威廉斯和哈钦斯言论要旨引发的论战说明，创建一个可以融合英国清教运动内部所包含不同观点的虔诚社会有多么难。此外，一些影响较小的分歧也促使人们在马萨诸塞以外地区又创立了两个殖民地。到1636年，殖民者不仅成群结队涌向罗得岛，还涌进哈特福德和纽黑文，这里后来成为康涅狄格。

3.2.3 新英格兰人与印第安人

马萨诸塞湾公司的特许状中提到要使"土著了解和服从唯一真正的上帝和人类救世主，皈依基督教"，但温思罗普总督从英国带来的指令则揭示了对土著居民的猜忌。根据温斯罗普的命令,所有男性都要接受训练学习使用火器,这是对解除全民武装、平息社会骚乱的16世纪英国政策的颠覆。新英格兰地方法官禁止印第安人进入城镇,并威胁说任何向印第安人出售武器或传授武器使用方法的殖民者都将被流放。

起初,与当地部落的冲突只是偶发性的,1616年,踏访该地的渔民引起呼吸道病毒和天花大爆发,原有的约12.5万名印第安人中有75%都因此丧生。五年后,一个到该地考察的英国人记述道,他是徒步穿越了一个遍地尸骸的森林。当温斯罗普评论说此乃上帝出手干预,尤其是当1633年天花再度爆发,大批印第安人病死,使新移民得到了土地,他的话语更是反映了一种广泛持有的看法。许多幸存的印第安人起初都很欢迎清教徒,将其视为潜在的贸易伙伴和同盟,而事实也证明,在印第安人重建他们的社区恢复其先前力量的过程中,与清教徒结为同盟是有用的。

殖民者对新土地的需求很快就波及未受疾病感染的地区。对土地的渴望与清教徒的使命感相结合,产生了爆炸性的后果。英国移民期望本地土著欢迎他们的生活方式和他们的法律,他们也期盼印第安人将会热切地了解基督教。尽管与马萨诸塞东部那些遭到疾病严重破坏的较小部落的关系比较好,但是强大的佩科特族人却是拒绝顺应英国人的要求。1637年爆发了一场血战,在这场血战中,印第安人与英国人的联盟战胜了佩科特人,英国人得到了肥沃的康涅狄格河谷作为居住地。战事结束之后,只有强大的万班诺阿格人和纳拉甘西特人不受英国人控制。接下来十年,英国牧师约翰·埃利奥特(John Eliot)开始在残余部落进行最早得到认可的传教工作。经过10年努力,约有1 000名印第安人在四个"祈祷村"定居,他们与殖民者分开居住,学习按照白人的方式生活。

3.2.4　乡村生活网络

与分散的切萨皮克烟草种植园主不同,新英格兰人建立了紧凑的小型定居村落，这些小村庄成为重要的生活中心。村落大部分都是"露地耕作"制农业共同体，狭长的耕地以村子为中心向周围辐射。农夫在公共牧场放牧，在公共林地砍柴。在其余城镇则采取了自给自足的农场的"封地耕作"制。这两种制度都是对英国基本农业模式的重建。在这两种制度中，所有的家庭都在镇子里比邻而居，镇子围绕一块公地修建，镇上还有礼拜堂和客栈。这些小型公共村落使家庭之间保持着密切接触，从而使得人们有可能有规律地去参加礼拜。

定居者实行团体监督制度，每个人都有责任不仅注意自己也要警惕邻居的违规行为。为了践行虔诚和公共团结，最早制定的法律禁止单身男性脱离家长的权威和群体的监督单独居住。（单身女性想要定居在以男性为家长的家户之外这种想法是如此不合情理，以至于当局都没有立法禁止。）正如托马斯·胡克（Thomas Hooker）所说："每一个自然的男人和女人生来都充满了罪恶，就像蟾蜍充满了毒素一样。"许多弗吉尼亚的种植园主认为，没有约束是一种福气。然而，多数新英格兰人都对此怀着对魔鬼一样的恐惧。

每个社区成员一周两次聚集在礼拜堂，所谓礼拜堂就是每个村庄中心的一座木质建筑。牧师是社会中地位最高的人，是这些以家庭为基础、以社会为中心的小定居点的精神领袖。严明的权威结合早期民主，等级制度结合平等，这一独特之处在马萨诸塞的城镇土地分配方式和地方政府设计方式中都有体现。在得到殖民地政府的特许（获得定居点）后，潜在的男性居民便聚在一起分配土地。他们根据个人的家庭规模、财富及其对教堂和城镇的有用程度来分配个人土地，这样的制度使得财富和地位的既有差异永远存在。然而，一些城镇写进盟约的语言在现代听来却是几乎带有社会主义意味。他们认为，社会福利高于个人的理想和成就，团结需要对财富积累加以限制。每个家庭都应有足够的土地维持生计，发达的人应将财富用于社会公益，如修缮礼拜堂，帮助鳏寡孤独的邻居。

由于在英国国内已经受够了集权统治之苦，所以移民者强调要行使地方权力。直到1684年，只有男性教会成员拥有投票权。这些选举人选出行政委员，由行政委员批准地方税收，应对社区需求（其范围从确界到修路），解决争端。全体市民每年召开一次城镇大会，选出下一年的城镇官员，决定大小事务。任用许多市民担当下级官吏，孕育了地方政府的传统。

家庭的主导地位也使新英格兰的乡村生活具有内聚力。极为有利的环境更是强化了这一重视家庭的氛围。英国殖民者携带的病菌摧毁了附近的印第安社会，初到者在这一新环境下繁荣兴旺。低密度的居住环境防止了传染病的传播，而孤立于大西洋商业通道之外则使新英格兰村庄的生物灾难降至最低，因为疾病和货物一样正是沿着这个通道传入的。经过最初一些年之后，食物很容易得到，极少有家庭会遇上食物严重匮乏的情况。

结果就是新英格兰地区人口的增长速度和寿命之长在欧洲前所未闻。当西欧人口增长停滞时（即死亡率与出生率几乎相等），新英格兰的人口，不算新移民，则每27年增长一倍。差别不在于高出生率，新英格兰妇女在婚姻中通常生育约七个孩子，基本没有超过欧洲的正常情况。最重要的因素是出生后的存活率远高于英国，这得益于更为健康的气候和更好的饮食。在欧洲大部分地区，只有一半新生儿能活到有自己的孩子，人均寿命普遍不超过40岁。在新英格兰，17世纪有近90%的新生儿活到结婚年龄，平均寿命超过60岁，比20世纪初以前任何时期全美人口的平均寿命都长。17世纪约有2.5万人移民到新英格兰，但到1700年他们已繁衍到10万人。相比之下，前往切萨皮克殖民地的约7.5万移民，到该世纪末只生育了约7万人。

妇女在这个社会里扮演着重要角色。除了担任妻子、母亲和主妇，妇女还要照管菜园，做腌肉和熏肉，保存蔬菜和奶制品，纺纱织布，缝制衣服。家庭在没有丈夫和妻子的情况下就无法正常运转，这使得在罕见的寡居期内再婚极为常见。

妇女和稳定的家庭生活也影响了新英格兰的地方建筑。随着社会的形成，早期的经济收入被转化成为更加结实的住宅，而非用于购买契约劳动力。切萨皮克殖民者的做法则恰好与此相反，从而阻碍了家庭的形成，导致经济不稳定。在新英格兰，结实的带有阁楼卧室的一居室房屋很快就代替了早期的"棚屋、茅舍和简陋肮脏的住所"。此后,各家都尽快增加了起居室和披屋厨房。在半个世纪的时间里,新英格兰的移民普遍完成了对其住宅的改建,而切萨皮克则远远地落在了后面。

清教社会最后一个具有凝聚力的因素是强调文化教育,这一点最终则是成为美国社会的特征。改革宗(清教徒)将宗教置于生活的中心,因此他们格外重视阅读教义问答手册、赞美诗集尤其是圣经的能力。清教徒将会读书写字视为使其在新大陆不向周围所谓的"野蛮人"屈服的保证。伴随识字和教育而来的是,他们能够保护自己的核心价值观。

尽管清教徒渴望不受打扰,但他们依然无法逃避英国国内事件的影响。1642年,国王查理一世违反国家的传统制度,企图重建苏格兰和英格兰的宗教,从而将英国推向内战。到1649年,对国王的审判和斩首将内战推向高潮。因此,在所谓共和国时期(1649—1660),英国的确废除了君主制和英国国教,并在国内完成了宗教改革和社会改革。与此同时,向新英格兰的移民也是骤然停止,那些原本可能离开前去加入荒野中试验的人们留在了国内,为创建虔诚社会这同一个目标而努力。

在母国内战的背景下,殖民地的领袖在1643年建立了**新英格兰联盟**(**Confederation of New England**)。他们借助这一联盟,意在协调各种清教殖民地政府(罗得岛除外),并为抵御法国人、荷兰人和印第安人提供更加有效的防御。这是美国人对联邦主义的第一次尝试,它断断续续运作到1680年代便解散了。

尽管清教徒形成了稳定的社会,发展了经济,构建了有效的政府,但他们虔诚的领袖早在1640年代前后就在抱怨建设马萨诸塞湾的设想正在动摇。如果社会多样性增加,开拓者的宗教热情就会衰减,这是可以预期的。一个第二代马萨诸塞湾殖民者使这一情况得以公开化。此人的牧师注意到他没有去做礼拜并在当天晚些时候发现他正在码头上卸一船鳕鱼。"早上你为什么没去做礼拜?"牧师问。牧师得到的回答是:"我父亲来这里是为了宗教,我来这里则是为了捕鱼。"

3.2.5 新英格兰的"菲利普王之战"

在忧虑虔诚衰退的宗教领袖看来,与新英格兰南部印第安部落的持续不和是上帝不满的新征兆。在 1637 年佩科特战争之后,万班诺阿格人和纳拉甘西特人试图与觊觎他们土地的殖民者保持距离。当殖民者在为地区边界而争执不休时,他们也逐渐侵占了印第安人的领地。

到 1670 年代,新英格兰人口增至约五万人,万班诺阿格人的首领是梅塔科米特(Metacomet,英国人称"菲利普王")。他是马萨索伊特(Massasoit)的儿子,马萨索伊特则是 1620 年与首批普利茅斯移民结盟的万班诺阿格人酋长。1661 年父亲去世后,梅塔科米特目睹了哥哥做酋长期间其人民日益恶化的处境。梅塔科米特接任酋长后,面临一个又一个耻辱的挑战,这在 1671 年达到极致,当时普利茅斯强迫他交出大量枪支储备并使其人民服从英国法律。

梅塔科米特开始组织一场抵抗运动,其推动力则是万班诺阿格族年轻男子不断高涨的愤怒。年轻的美洲土著拒绝像父辈们那样听任殖民者侵犯和剥夺其主权。对部落里的年轻男子来说,通过战争复兴自己古老的文化是与打败敌人同样重要的目标。他们不是一再屈服,而是试图向一贯强大的侵略者发动泛印第安进攻,后来这被称为"菲利普王之战"(**King Philip's War**)。

1675 年,三名万班诺阿格人因谋杀约翰·萨萨蒙(John Sassamon)而被普利茅斯法庭判处死刑,由此引发起义。那年夏天,万班诺阿格人对普利茅斯殖民地的村庄发动了大胆的闪电式袭击。到了秋天,包括强大的纳拉甘西特族人在内的许多新英格兰部落,都加入了梅塔科米特的行动。边境上的所有城镇都在印第安人的打击下摇摇欲坠。到 11 月,印第安战士摧毁了整个上游康涅狄格河谷;到来年 3 月,他们离波士顿和普罗维登斯已不到 20 英里。随着臆想中英国军事优势的破灭,新英格兰官员通过了美洲首个征兵法案。但因符合条件的男子普遍逃避征兵,加之殖民地之间的内部摩擦,反击行动遇到了阻碍。

而在另一方面，受到食物短缺、疾病和莫霍克族人拒绝参战的影响，梅塔科米特的攻势在 1676 年春天也开始减弱。梅塔科米特在一次战斗中阵亡。一个殖民地领导者污蔑他是"该死的卑鄙之徒、魔鬼、毒蛇、懦夫、狗"，他的头颅在普利茅斯被示众长达 25 年。

战争结束时，已有数千名殖民者和大约两倍于此的印第安人丧生。约 90 个殖民者城镇中有 52 个遭到袭击，13 个被完全摧毁；约 1 200 户住宅成为废墟，8 000 头家畜死亡。据估计，战争损失超过新英格兰全部个人财产的总值。该地区要用 40 年的时间才能超过它在 1675 年达到的水平。对印第安人的摧毁则要更为彻底。整整一代年轻男子几乎全被歼灭。获胜的殖民者判决，包括梅塔科米特的妻儿在内的许多幸存者，被当作奴隶卖到百慕大和西印度群岛。被摧毁的城镇中也包括皈依基督教的"祈祷"印第安人居住的几个城镇。由于同时受到他们的基督徒伙伴和他们自己同胞的怀疑，这些人一直都在被交战双方所抓获。

3.2.6 新英格兰的奴隶制

新英格兰把万班诺阿格人俘虏当作奴隶卖到西印度群岛的肮脏奴隶贸易，既非初次所为也非最后一次。新英格兰的作物不属于劳动密集型，所以强制劳动力从来没有成为其田间劳动力的基础。不过，奴隶制的确在更大的海港城市确立下来，奴隶在那里充当日工、工匠和家仆。北方的殖民地经济已经卷入大西洋商业网，这种商业网依赖于奴隶制和奴隶贸易。新英格兰商人早在 1640 年代就急切地在奴隶贸易中追求利益。到 1750 年，纽波特、罗得岛已有一半的商船在运输人货中获利。在纽约和费城，建造和装备奴隶船也是盈利颇丰。

越来越多的新英格兰海港都成为用蒸馏法酿造朗姆酒的中心：这种"辛辣、有劲、味道浓烈"的酒是用西印度的蔗糖酿造而成。朗姆酒成为在非洲海岸换取奴隶的主要商品之一。随着加勒比海地区奴隶数量激增：从 1650

年的 5 万人增至 1750 年的 50 万人，新英格兰的大量渔船为鳕鱼找到了重要市场。大西洋中部殖民地的小麦及北卡罗来纳的桶板和桶箍也维护了西印度群岛以奴隶为基础的经济。简而言之，每个北美殖民地都参与了奴隶贸易。

3.3 从圣劳伦斯到哈德逊

新英格兰人并非北方殖民地唯一的欧洲移民，因为法国和荷兰主导的联合省也在那里建立了它们的殖民地。当英国移民建立詹姆斯敦时，法国人则在加拿大定居。当普利茅斯的殖民者于 1620 年代在科德角定居时，荷兰人则在哈德逊河边建起了一个前哨基地。

3.3.1 法属美洲

亨利四世（1553—1610）是半个世纪以来最强大的法国国王，他甚至在英国人于切萨皮克取得立足点之前就曾派德·尚普兰（de Champlain）深入大陆北部地区探险。1604 年，尚普兰在阿卡迪亚（今新斯科舍）的罗亚尔港建立了一个小殖民地，1608 年又在魁北克建立了另一个殖民地。法国人已经开始在纽芬兰向印第安人换取毛皮，这些移民希望这项可以轻松获利的交易能够继续开展下去。但是，法国的毛皮垄断商并不鼓励向殖民地移民，唯恐殖民者会砍伐森林，使毛皮产量减少。因此，新法兰西维持着很少的移民。来自天主教会的人员，包括修女和神甫在内，占到 17 世纪法国移民人口的很大一部分；与新英格兰缓慢的开始相反，这里的传教工作几乎是立马就铺开了。

1609 年到 1610 年，尚普兰联合圣劳伦斯地区的阿尔冈昆印第安人攻打其南面的敌人易洛魁人。两个群体间的嫉恨，最终促使易洛魁人用毛皮与哈德逊河的荷兰人换取欧洲商品。当易洛魁人领地上的毛皮逐渐枯竭后，他们转向北面和西面，决心从大湖区的法国盟友休伦人那里夺取丰富的森林资源。

随着耶稣会神父进入休伦人的村庄，传染病开始在后者中间流行，当 1640 年代易洛魁人突袭休伦人的时候，他们已经因流行了十年的传染病而大量死亡。在 1640 年代和 1650 年代的"海狸战争"中，易洛魁人用荷兰人的枪支袭击了给法国人运送海狸皮的休伦人队伍。到该世纪中期，易洛魁人的袭击驱散了休伦人，几乎断送了法国人的毛皮贸易，将耶稣会神父的影响仅局限在几个皈依基督教的休伦人村庄。

这些年孕育的痛苦也影响了日后的殖民地战争，促使易洛魁人与英国人结盟对抗法国人。然而，在该世纪中期，这些紧张关系还没有妨碍英国人，他们的人数远远超出法国人，法国殖民者只有约 400 人。

3.3.2 英国挑战荷兰

到 1650 年，切萨皮克和新英格兰地区都已有五万移民。两地之间是荷兰人控制的大西洋中部地区。1624 年，荷兰人在哈德逊河口建立了名为**新尼德兰**的小殖民地，并在随后的 40 年里逐渐控制了康涅狄格和特拉华河谷。切萨皮克南面是一片广袤的土地，只有来自佛罗里达布道区的西班牙人在那里挑战美洲土著部落的势力。

尽管在普遍信仰天主教的欧洲，英国和荷兰数个世代以来一直是新教的堡垒，但在 17 世纪中期它们却成为强劲的商业对手。英国人抵达新英格兰时，荷兰已是西欧最强大的海上贸易承运者。荷兰还强行插足西班牙和葡萄牙的跨大西洋贸易，与甘愿违反本国贸易政策获取廉价布匹和奴隶的伊比利亚人进行非法贸易。到 1650 年，荷兰人已经在巴西暂时击败葡萄牙人，他们庞大的商业帝国很快就延伸至东南亚和东亚。

在北美洲，荷兰西印度公司的新尼德兰殖民地是一个利润丰厚又具有多元文化的小殖民地。代理商呈扇形分布在从奥伦治城（今奥尔巴尼）和新阿姆斯特丹（今纽约）至哈德逊、康涅狄格和特拉华河谷一带。通过进入**易洛魁人联盟（Iroquois Confederacy）**发达的贸易网，他们在这些地区同当地部落开展了赚钱的毛皮贸易，后者的联盟势力直达大湖区。易洛魁人欢迎荷兰人的到来，他们人数少，不贪图土地，而且愿意用诱人的商品换取易洛魁人广阔领地上数量丰富的动物皮毛。在荷兰-易洛魁人贸易中心奥尔巴尼，双方的和平互利关系持续了几代人的时间。

荷兰在大西洋中部殖民地的移民从未超过一万人，但他们的商业力量和海上力量却给人留下了深刻印象。弗吉尼亚人在1667年认识到了这一点，在当时英荷战争的背景下，古铜肤色的荷兰人在詹姆斯河截获了20艘烟草船，劫掠了那一年几乎全部的烟草收成。从约1650年起，英国开始挑战荷兰的海上霸权。1652年到1675年，两个新教国家为争夺新兴的全球资本主义经济的控制权爆发了三次战争。在第二次和第三次战争中，新尼德兰成为英国人轻取的目标。他们在1664年将其占领，1673年落入荷兰之手后几乎即刻又被夺回。到1675年，荷兰永久地撤出了北美内陆，但他们仍是英国在全世界强大的商业竞争对手。

在英国人手中，新尼德兰变成纽约，之所以如此命名是因为查理二世将其（连同位于特拉华河的前荷兰殖民地）送给了他的兄弟约克（York）公爵，即后来的国王詹姆斯二世。在英国人的统治下，荷兰殖民者在几代人的时间里一直保持着民族特性，他们坚持自己的语言、荷兰经过改革的加尔文教会，以及自己的建筑风格。通过这种方式，他们为早期纽约的多样性做出了贡献，而并非他们小小的殖民地在被夺取时就已包括了多种多样的民族和宗教少数群体。英国移民很快就淹没了荷兰人，荷兰人、法国胡格诺教徒（新教徒）和英国人这三个主要群体之间的通婚逐渐削弱了民族忠诚感。纽约保持了语言多样、宗教宽容的特点，而且其人民从不允许宗教热情和乌托邦计划干涉务实的商业运行。

3.4 卡罗来纳业主殖民地：复辟的奖赏

1660 年，英国革命和共和政体时期结束，君主和英国国教复辟。1663 年，查理二世在复辟三年后，将一大片名为卡罗来纳的土地赠予其在流放期间的一伙支持者。卡罗来纳的边界从弗吉尼亚向南扩展至佛罗里达中部，向西至太平洋。在这个充满潜力的王国里，八位以伦敦为基地的业主获得了统治权和广阔的土地权，其中几位还在巴巴多斯拥有蔗糖种植园。为卡罗来纳设计的管理体系带有封建性和现代性双重特征。为了吸引移民，业主许诺宗教自由并向申请者免费提供土地。但在这种慷慨的土地让与背后却包含着业主想要移植一个政府的计划，在这个政府中，业主、业主代理人和少数贵族将垄断政治权力。针对英国持续了一代人的革命骚乱，业主把卡罗来纳设计成社会和政治稳定的典范，其中世袭贵族制将会制约不安分的小地主。

然而，卡罗来纳的现实很快就使这些愿望成为泡影。最初，巴巴多斯和弗吉尼亚萧条的经济形势使这一地区显得似乎很有吸引力，从那里涌来大批粗鲁的蔗糖和烟草种植园主，他们要求向每个人提供 150 英亩自由地，并为每个家庭成员和他们买来的仆人要求额外土地。但对业主要求居住成紧凑的矩形和为委任的贵族保留每个县 40% 土地的规定，他们却不予理睬。在政府里这些人也是我行我素。在 1670 年召开的第一届议会上，他们拒绝接受业主制定的《1667 年基本法》，无视业主委任的总督的命令。大多数移民都在巴巴多斯生活过，所以他们也就根据那里的经验来塑造地方政府。

3.4.1 印第安人的灾难

卡罗来纳是英国历史上最为精心设计的殖民地，但它与印第安人的关系却也最不和睦。考虑到困扰其他殖民地的暴力冲突，他们为印第安贸易设计了完善的规则，由指定的代理商专门经营。但野心勃勃的西印度群岛和切萨皮克移民对此却并不买账。更让伦敦的业主惊恐的是，抓获印第安人在新英格兰和西印度出售，成为早期卡罗来纳的商业基石，并使殖民地陷入一系列战争。种植园主和商人会挑选一个部落，为其提供武装，提供丰厚的奖赏以鼓励这个部落抓捕敌人。但就连比较强大的部落也发现，用英国人的枪支使弱小的邻居成为奴隶之后，他们自己的死期也就降临了。殖民者宣布"必须减少当地印第安人"，为白人殖民者创造空间。"减少"进行得非常彻底，韦斯托和萨凡纳这两个沿海平原的主要部落到 18 世纪早期几乎绝迹。

3.4.2　早期卡罗来纳社会

卡罗来纳有着肥沃的土地和温暖的气候，许多人都相信那里是一个"美妙、宜人又富饶的国度，如果对其进行开发，必将又是一个伊甸园"。巴巴多斯人、瑞士人、苏格兰人、爱尔兰人、法国胡格诺派教徒、英国人，以及北方殖民地的移民相继到来。但在一种竞争激烈、滥用生态资源、种族关系残酷、社会制度不健全的氛围下，来自不同民族、信仰不同宗教的人们决不会同心协力建造伊甸园，他们上演的是粗暴的冲突。大批屠杀沿海印第安人的行为，使得向环查尔斯顿地区扩张早期定居点变得更加容易。

经过大量试验，种植园主发现了一种能在这一恶劣环境下茁壮生长并带来利润的重要农作物：稻米。种植稻米的劳动非常繁重，需要排干沼泽，修筑小水坝和防洪堤，铲地，除草，收割脱粒，去壳。许多早期移民都从巴巴多斯购买非洲奴隶，所以他们也就产生了早期对奴隶的依赖。在分布广泛的种植园里，黑人成为主要劳动力。1680 年，南卡罗来纳人口中 80% 都是白人。而到 1720 年殖民地人口增至 1.8 万时，黑人奴隶则是白人的两倍。

同弗吉尼亚和马里兰一样，卡罗来纳沿海低洼地区也是疾病肆虐，导致早期人口增速缓慢。"春天是天堂，夏天是地狱，秋天是医院"，一位旅行者评论说。疟疾和黄热病是阻碍人口增长的主要杀手，对孕妇而言尤其危险。缺少妇女更是进一步限制了人口的自然增长。和西印度群岛一样，卡罗来纳稻米种植区最初更适合积累财富而不适于养育子女。

在更益于健康的卡罗来纳北部，海滨沙滩沿线适于长松树的沙地上呈现出另一番社会景象。阿尔伯马尔地区居住着大批从弗吉尼亚来此寻找自由土地的小烟草种植园主，他们发展的是一种混合经济，包括放养家畜，生产烟草和食品，以及提炼海军军需品——木料、松节油、树脂、沥青和柏油。1701年，南、北卡罗来纳各自成为独立的殖民地，它们各自的特点已经显露。奴隶制在北卡罗来纳发展极为缓慢，1720年这里的白人仍占总人口的85%，北卡罗来纳有着益于健康的气候，居民都成了家而非带着仆人和奴隶的单身汉，这些都为其持续发展带来巨大潜力。但与南卡罗来纳一样，定居模式、民族及宗教众多，以及缺乏对社会目标和宗教目标的共识这些因素也制约了北卡罗来纳，使其难以发展成为强大的共同体。

3.4.3　南方向奴隶劳动过渡

北美大陆上的英国殖民者起初把美洲土著看成是天然的劳动力资源。但是，由欧洲传入的疾病严重地破坏了土著社会，与此同时，由于印第安人比白人殖民者更适应环境，所以很难征服。长距离的奴隶贸易，就像卡罗来纳以外地区实施的那样，阻止了奴隶逃入众所周知的边远地区，但这一做法却无法永远满足对工人的需求。在17世纪的大部分时间里，事实证明，白人契约奴是最适合的劳动力。

直到17世纪最后25年，南方的劳动力才开始发生变化，黑人奴隶成为主要的田间劳动力。17世纪第一个十年间有少量非洲人进入切萨皮克殖民地，在烟草地里与白人契约奴并肩劳作。迟至1671年，约有三万名奴隶在英属巴巴多斯辛苦劳作，而弗吉尼亚的奴隶则只有不到3 000人。那里的白人契约奴仍占多数，至少是奴隶的三倍。

在使用黑奴这一决定性的转变出现之前，只有最富有的种植园主才能获得来自非洲的奴隶。最终种植园主决定购买更多的非洲奴隶有以下几个原因：第一，英国不断增长的商业势力，使英国更多地参与到非洲奴隶贸易当中，并使得南方种植园主购买奴隶比以前更容易而且更便宜。第二，英国的白人契约奴供应开始枯竭。第三，1660年代卡罗来纳殖民地的建立，带来大量额外土地需要进行耕种，极大地增加了对劳动力的需求。第四，在弗吉尼亚，"培根叛乱"（参与其中的前契约奴寻求土地）导致白人种植园主寻找更为顺从的劳动力。结果，白人契约奴的数量到1730年代已经变得微不足道。切萨皮克的烟草和卡罗来纳的稻米都由黑人耕种和收获，所以想要建立种植园也就没有什么能比获取奴隶更重要的。

北美的英国殖民者对非洲人的奴役完全是模仿他们在巴巴多斯、牙买加和背风岛的同胞，后者使用残酷的镇压手段把非洲人变成生产蔗糖和烟草的奴隶劳动力。在这样做的时候，他们遵循了一种古老的习俗，这一习俗在旧世界中的一些地方依然存在（但在英国却不存在）。对人类的奴役后来引发了激烈的道德辩论，但在17世纪，大多数白人都毫无异议地接受了这一事实。

3.4.4 奴役制度

在奴隶法出现之前被带到美洲殖民地的第一批非洲人，其所处地位相当于契约奴。契约期满，他们若能像本章开篇中的约翰逊夫妇一样幸存下来，就会获得自由。然后他们就可以购买土地，雇用劳动力，随意迁移。他们的孩子与白人契约奴的孩子一样，生来就是自由的。

17世纪的切萨皮克种植园主开始逐渐加强对黑人契约奴活动的限制。到1640年代，无论黑人身为自由人还是契约奴，弗吉尼亚一律禁止他们携带武器。1660年代，白人妇女与黑人契约奴之间的婚姻被认为是"耻辱的搭配"而受到禁止。到该世纪末，黑人的到来已由涓涓细流发展成汹涌洪流，此时就连少数自由黑人都发现自己已沦落至社会边缘。奴隶作为最低等的社会身份早已在许多社会存在了几个世纪，现在更是注定成为黑皮肤人的社会等级。而白人社会则又一步步地把黑人契约奴由低等人变成私人财产。

这种对非洲人灭绝人性的做法，英国人主要是从其殖民竞争对手那里学到的，其中关键一步就是制定世袭的终身奴役制。一旦规定奴役只能因死亡而终止，黑人能够拥有的其他权利很快就被剥夺了。当母亲的奴隶身份依照法律传给其黑种新生儿时（非洲的奴隶制没有这种情况），奴隶制也就自动一代代传下去直到永远。

奴隶制不仅成为一种强迫劳动制度，还成为一种合法的人类关系模式。到18世纪早期，大多数地方立法机关都限制了黑人的权利。主要借鉴自英属加勒比海殖民地的《黑人法典》（Black Codes），更是强迫黑人进入了一个极为狭小的世界。奴隶不得出庭作证、从事商业活动、拥有财产、参与政治程序、公开集会、不经允许迁移，法律也不允许他们结婚生子。他们几乎被剥夺了做人的资格，完全成为主人的财产，而且主人对待他们的方式也几乎不受法律约束。

剥夺奴隶的权利并没有消除奴隶的反抗。每个受奴役的非洲人都是一个潜在的反抗者，由于奴隶人口迅速增长，奴隶主迫切要求施行严酷的统治并使之合理化。一个英国人在牙买加写道："种植园主不愿意被告知他们的黑人是人类。如果他们认为黑人是人的话，他们就不会把黑人当成狗和马一样看待。"

美洲奴隶制产生了一个巨大的悖论。许多欧洲移民都把美洲想象成一片自由之地，在这片土地上，他们可以变成温饱自足的农场主，全面参与社会和政治事务。然而，对美洲资源的开发却导致出现了这样一种历史进程：大量非洲人被劫离家园并被强行纳入奴隶制，而奴隶制则只有凭借愈演愈烈的威逼和残忍才能得到维系。对一些人来说不断增多的自由，对其他人来说则意味着自由的缺失。

3.5 贵格会的和平王国

在 17 世纪所有对北美大陆乌托邦式的梦想中，事实证明，最值得关注的是**贵格会**（**Quakers**）的梦想。英国内战期间出现了许多激进教派，它们寻求更加公正的社会和更加纯洁的宗教，自称教友会的贵格会便是其中之一。不切实际的想法和对国家权力的藐视使他们付出了沉重代价，他们被处以罚金，遭受酷刑，甚至被投入监狱。1660 年代查理二世和议会镇压激进异端之后，许多贵格会的成员都越过了大西洋。较之其他殖民地，贵格会在宾夕法尼亚建立的社会，更多地预示了未来美国的宗教和种族多元性。

3.5.1 早期的教友

诞生于英国内战和共和时期统治之中的贵格会运动，信奉下面这一宗教信条：每位信徒都能通过"内心顿悟"，即每个人灵魂中的救赎之光，获得恩典。他们反对当时清教徒中广为流传的加尔文主义，也不接受上帝只选择救赎少数人这一观点。相反，贵格会成员认为，每个人都可得到救赎。早期贵格会教友感觉自己是被召唤来为他们的新信仰作证，遂向任何愿意聆听的人进行布道。其他基督徒则把他们视为危险的狂热分子，因为贵格会"内心顿悟"的教义甚至高于圣经，而且将所有世俗之人都提升到牧师的地位。

身着素色黑衣、奉行不合作的贵格会也威胁到了社会等级制度和社会秩序。他们拒绝遵守表示恭顺的传统，因为他们认为上帝并没有创造社会差别。他们用亲切的"thee"和"thou"来代替正式的、表示恭顺的"you"（你/您），反对交纳供养英国教会的捐税（1660 年重新确立），拒绝宣誓，声明他们所有的言辞都是真实的，无须动用上帝的惩罚。最令人惊讶的是，他们正式宣布在人类事务中放弃使用武力，因此他们拒服兵役。

贵格会还藐视传统观念，他们坚称男女在精神上是平等的，女性享有与男性平等参与教会事务的权利，尽管这种平等权利通常是有区别的。贵格会领袖鼓励女性布道，建立单独的女性祈祷会。第一批从英国横渡大西洋前来传布"内心顿悟"的59人中有26人是女性，除四人外，其余或未婚或没有丈夫陪伴，所以她们的住宿、旅行和传教都游离于男性权威之外。

最初怀着改变世界的强烈责任感，贵格会会员于1650年代和1660年代西行进入北美和加勒比海域。在所到的许多地方，他们都要面对讥笑、监禁、残害和驱逐。不过，只有在马萨诸塞，地方当局判处他们死刑，并于1658年到1660年间在波士顿公共草地绞死四名贵格会会员。其中就包括老妇人玛丽·戴尔（Mary Dyer），她在25年前追随安妮·哈钦森来到这里。

3.5.2 贵格会的早期设想

1670年代，英国的贵格会开始在新世界寻找地方实现他们的千年梦想，逃避严酷的镇压。他们选定威廉·佩恩（William Penn，1644—1718）作为他们的领袖。威廉·佩恩对这一遭受迫害的教派的支持令人惊讶，因为他来自一个精英家庭。他的父亲是威廉·佩恩爵士（1621—1670），这位海军上将曾在1654年从西班牙手中夺取牙买加。但在1666年，23岁的佩恩皈依贵格会并从此致力于贵格会的事业。

1674年，佩恩与其他教友一起建立了北美洲殖民地西泽西。他们从新泽西一位业主手中购得土地——新泽西是刚从以前的新尼德兰殖民地改造而来的英国殖民地。佩恩帮助西泽西制定了一部在那个时代异常自由的宪法，宪法中允许几乎所有自由男子投票选举立法委员和当地官员。宪法保证移民享有宗教自由和出席有陪审团的审判。正像佩恩和殖民地其他托管人所解释的："我们为后代理解他们作为人和基督徒的自由奠定了基础，他们不可奴役，除非他们自己同意；因为我们把权力交给了人民。"

最后一句话作为文件的总结，会使当时任何一位有产者和当权者感到震惊。大多数人都认为"人民"是无知的和危险的，如果允许他们自我统治必定会将社会引向无政府状态。在英国统治的世界里，普通市民，尤其是没有土地的市民，根本无法享有如此广泛的特权。没有一个人民选举的立法机构得到如此广大的权力。

西泽西在最初依然是混乱的。最初五年只来了1 500名移民，殖民地在几十年里一直羁绊于法律纠纷之中。教友会最大的愿望是跨过特拉华河，1681年，查理二世将那里一块如英格兰大小的土地赐予威廉·佩恩，以偿付拖欠他父亲的巨额皇家债务。恼人的贵格会离开英国也可使查理二世从中受益。因此，佩恩和贵格会获得了北美洲东海岸最后一块未被分配的土地，那里也是北美洲最肥沃的土地之一。

3.5.3 好战世界里的和平主义：贵格会会员与印第安人

佩恩接到宾夕法尼亚皇家特许状的当天在给朋友的信中写道："我相信把它赐予我的上帝将保佑它成为国家的种子。"佩恩设想的国家在殖民方案中是独一无二的。他希望他的殖民地成为受迫害之人的避风港和逃避专制政权的避难所。清教徒排除异己，努力争取社会同质和宗教同一。切萨皮克和卡罗来纳移民一直都在设法开发土地，剥削契约劳动力。佩恩则向往邀请各种宗教和国家背景的人来到他森林茂密的殖民地，为他们提供一种他们与当地土著和平共存的生活。他的政府不会凌驾于公民的意愿之上，也不会要求公民服兵役。1682年，贵格会开始涌入宾夕法尼亚并很快就吸引了早期的移民。他们通过选举立法代表参与政府工作。移民大都是农夫，跟其他地方的殖民者一样渴望得到土地，佩恩便以合理的价格卖给他们。

佩恩甚至在来到殖民地之前就为与其殖民地内的特拉华部落建立和平关系打下了基础。他在给特拉华酋长的信中写道："吾国国王已赐予我一片巨大的领地，但我希望在享有它的同时也能得到阁下的友爱和应允，我们可以永远作为邻居和朋友生活在一起。"仅这一句话，佩恩就将自己与整个欧洲在新大陆的殖民史区分开来，与对印第安人广泛持有的否定看法分离开来。佩恩承认印第安人是其封地内土地的合法拥有者，保证在从当地酋长手中购买之前不会出售一英亩土地。他还承诺管理与印第安人的贸易，禁止酒类买卖。

宾夕法尼亚与南卡罗来纳的对比展示了和平主义的力量，这两个殖民地均在 1660 年查理二世复辟英国王位后建立。宾夕法尼亚在建成 25 年后约有两万名白人。与此同时，佩恩的和平政策深深地打动了北美印第安人，于是印第安难民开始从四面八方向宾夕法尼亚移民。在这 25 年中，南卡罗来纳的白人只增长至约 4 000 人，而且充满了暴力。在此期间，由于奴隶贸易以及随之而来的战争，印第安人的人口严重枯竭。一些宾夕法尼亚内陆的新来者都是卡罗来纳奴隶战争的难民。

只要贵格会的和平主义思想处于支配地位，坚持与当地印第安人保持友好关系，特拉华河谷的种族关系就会与北美其他地区形成鲜明对比。但具有讽刺意味的是，尽管贵格会的政策吸引了大批渴求土地的移民来到殖民地（尤其是在 18 世纪），但他们对印第安人的蔑视却逐渐损害了贵格会建立起的信任和友谊。迫于饥饿和战争而离开故土，德国人和苏格兰-爱尔兰人的大量涌入使这里的人口在 1720 年膨胀至 3.1 万人。然而，他们都不认同贵格会种族和睦的理想。他们涌入内地，有时在佩恩继任者的土地代理人的支持下侵占当地部落土地。到 18 世纪中期，宾夕法尼亚也发生了白人移民与在宾夕法尼亚境内寻求庇护的印第安人之间的冲突。

3.5.4　建设和平王国

尽管宾夕法尼亚较之欧洲其他殖民地更能符合创建者的目标，但佩恩的梦想却是从未完全实现。他无法说服人们在集中的村庄里安居，尽管他认为这对他的"神圣实验"非常必要，相反，移民建立起了没有特定中心和边界的开放式乡村格局。

由于贵格会的农场主重视家庭生活，而且往往都是整个家族集体迁移，这种共同努力持续存在,有助于他们保持家庭身份的独特性。还有一些做法亦是如此,比如允许其内部通婚,精心为后代备办土地,通过限制家庭规模防止人口激增(否则就会导致农场迅速分割)。

宾夕法尼亚因为居住着献身宗教的农业家庭而繁荣起来,那里的农村成为富裕的谷物产地。到1700年,首府费城港的人口超过了纽约市,半个世纪之后,费城成为殖民地最大的城市,有工匠、水手、商人,以及从事各种其他职业的人在此忙碌。

3.5.5 完美主义的局限

早期的宾夕法尼亚,除了商业上的成功以及与北美印第安人的和平相处,亦非诸事和睦。由于缺乏强有力的领导,当地政治经常出现动荡。佩恩是一位备受爱戴的业主,他的权威得到广泛认可,但他却并未在殖民地长期居住,1684年他便回到了英国。之后他仅在1700年对殖民地做了一次短期回访。这样一来也就留下了领导真空。

导致不团结的一个更为重要的原因是贵格会对待权威的态度。在英国,贵格会每天都要受制于权威。而在宾夕法尼亚,没有了迫害是贵格会失去团结的一个至关重要的因素。他们之间的派系之争表明人们再也不像受攻击时那样紧密团结。他们不再关注内部的团结一致,而是注视着充满机遇的外部世界。他们无谓的争吵使佩恩感到不知所措。

与此同时,贵格会的勤勉与节俭也为巨大的物质成功打下了基础。但在一代人过后,社会激进主义和宗教福音主义便开始淡化。和其他殖民地一样,移民发现通向财富之门洞开后立马蜂拥而入。据说,自罗马帝国允许不同民族渊源和宗教信仰的人在同一政府之下近乎平等地共同生活以来,宾夕法尼亚是第一个有此政策的社会。他们的关系虽然并非一直友好,但也几乎不曾歧视异己。由此,宾夕法尼亚为即将成为美国社会特性的多元化奠定了基础。

3.6 新西班牙的北部边疆

西班牙在佛罗里达和新墨西哥的边远殖民地要早于东海岸的所有英国殖民地，但在1680年至18世纪早期，英国殖民地日趋稳固，而那里却陷入混乱。为了用很少的移民固守巨大的北方殖民地，西班牙人采用强制印第安人劳动的办法。而这也最终成为他们在佛罗里达和新墨西哥失败的原因。

3.6.1 "波培叛乱"

1670年代，当圣方济各会掀起根除印第安传统宗教仪式的热潮时，普韦布洛人袭击了西班牙侵略者。西班牙人一直在向普韦布洛人索要劳动力，而当时普韦布洛人正在承受欧洲疾病的破坏性影响。这两个长期的沉重打击导致普韦布洛人与殖民者相疏离，西班牙人对其宗教的侵犯更是将普韦布洛人推向采取极端行为。1670年代，在限制土著宗教仪式的运动中，西班牙修道士开始夺取普韦布洛人的基瓦（地下宗教仪式场所），禁止土著舞蹈，毁坏印第安神职人员的面具和祈祷杖。1680年8月，波培（Pope）这位精神领袖做出了回应，他组织起散居方圆几百英里的约24个普韦布洛人村庄举行起义。他们焚烧西班牙人的大农场和政府建筑，彻底捣毁西班牙教堂，损毁了西班牙农田里的作物，杀死了半数修道士。

西班牙的移民、军人和修道士大批回到埃尔帕索，放弃了他们在西南部的北方殖民地达十多年之久。直到1694年，无畏的西班牙新总督迭戈·德巴尔加斯（Diego de Vargas）才收复了圣菲并逐渐镇压了大部分普韦布洛人。西班牙人吸取"波培叛乱"的教训，宣布实行文化休战，放松对普韦布洛人进贡劳动力的要求。他们也容许普韦布洛人保留某些仪式作为名义上接受基督教的交换。尽管不安和敌意仍然间或发生，但普韦布洛人还是与西班牙人达成了妥协。他们充分意识到了在提供武器抵御宿敌（纳瓦霍人、尤特人和阿帕奇人）上西班牙人所起的作用。

3.6.2 佛罗里达布道区的衰落

圣方济各会布道团巩固了新西班牙对北美东南角的控制，可是却几乎无法说服西班牙移民到佛罗里达定居。于是，西班牙人就建立了一系列要塞或堡垒来维持他们对该地区宣称的主权，尽管那里少有人住。佛罗里达的印第安人和他们的圣方济各会牧师受到疾病的严重破坏，从而进一步削弱了他们对该地区的控制。与南卡罗来纳相邻的英国移民想要将抓捕奴隶扩展到佛罗里达，于是他们就急切地利用印第安联盟来攻打西班牙的印第安人村庄，并将俘虏卖为奴隶。1680年代早期，卡罗来纳人袭击了佛罗里达。西班牙布道区被完全摧毁，只有圣奥古斯丁作为大本营保留下来。由于没有足够的人力，西班牙对佛罗里达的控制就此衰落。而且西班牙也未像在新墨西哥那样重新夺回这一属地。自那之后，英国和法国商人带来了更有诱惑力的商品，日益影响着佛罗里达的印第安人。

3.7 动荡时代

新英格兰的"菲利普王之战"和弗吉尼亚的"培根叛乱"爆发12年后，一系列叛乱及一起破坏性极大的巫术事件剧烈地震动了殖民地社会。这些起义由英国1688年革命引发，后来它被英国新教徒称为"**光荣革命**"（**Glorious Revolution**），它限制了君主的权力，保证只有清教徒才能登上英国王位。在殖民地，它则代表了争夺社会和政治统治权的斗争。这一动荡不定的时期也为塞勒姆的巫术审判提供了舞台。

3.7.1 缔造帝国

殖民伊始，英国人就设想海外殖民地要为促进国内利益而存在。重商主义理论认为，殖民地应该成为英国产品的销售市场，提供食品和原材料，刺激贸易（进而促使商人组建更大的商业舰队），依靠缴纳出口税的蔗糖和烟草这类商品充实皇家国库。作为回报，殖民者可以获得英国军队的保护和一个稳定的销售市场。

1621年国王下令烟草种植者只许向英国出口烟草，王国政府以这一小步为开端开始逐渐管理起殖民地。1651年议会通过一些条例对殖民地事务进行管理，其中包括《航海条例》，条例中要求殖民地贸易只许英国商人和船只进行。1660年王权复辟之后，议会通过了一个更加详细的《航海条例》，里面开列了只能运往英国和其他英属殖民地的产品清单（烟草、蔗糖、靛蓝、染料木和棉花）。与前者一样，该条例在通过向所列举商品征收进口税以增加英国税收的同时，真正瞄准的是荷兰在大西洋贸易中的统治地位。后来，这两个《航海条例》还增列了其他产品。由于法规缺乏强制机制，这些调整并未给殖民者带来严重影响。

1675年以后，国际竞争和战争促使英国加强了帝国控制。1675年的标志性事件是建立了贸易与殖民地委员会，即国王枢密院的一个委员会，负责掌管制定和执行管理殖民地的决策。他们的主要目的是创建更为一致的执行国王意志的政府。尽管寻求帝国集权化的行动经常杂乱无章，但统一的趋势却是毋庸置疑。英国正在成为世界的航运人，其由政府调控的经济民族主义政策对商业的壮大是至关重要的。

3.7.2 北美的"光荣革命"

1685年查理二世去世，由于没有继承人，他的兄弟约克公爵成为国王詹姆斯二世，由此引发了一连串事件并险些引发内战。与他的绝大多数臣民不同，詹姆斯二世信仰天主教。当他颁布信教自由令，给予所有人信仰自由，任命天主教徒出任政府高官，要求牛津和剑桥向天主教学生敞开大门之时，新教英国退却了。1687年，国王解散了进行抵抗的议会。当他的妻子在1688年产下一子后，这意味着一个天主教继承人诞生了。

新教领袖确信詹姆斯意在获取绝对王权，于是就在1688年邀请荷兰执政奥兰治亲王威廉携同他的妻子玛丽夺取王位，玛丽是詹姆斯早前婚姻的女儿，她信仰新教。詹姆斯未作抵抗就放弃了王位。对新教徒来说，就增强议会权力和限制王权而言，这是一场不流血的胜利。

新英格兰人对这些事件的反应，源于他们先前在皇权统治下的经历和对"罗马天主教徒"的恐惧。新英格兰已经成为重塑帝国和严厉打击走私的首要目标。1684年，查理二世解除了马萨诸塞的特许状，两年后，詹姆斯二世任命性格暴躁的职业军人、前纽约总督埃德蒙·安德罗斯（Edmund Andros）爵士管理重建的**新英格兰自治领**（**Dominion of New England**）。很快，自治领就将从缅因到新泽西的所有英国殖民地都集中在一个政府之下。地方法律、习俗和宗教偏好都受到了排挤。此时，新教徒不得不接受痛苦的现实，新的统治者是伦敦官僚的臣下，那些人更为关切的是缔造严整有序的帝国，而不是新英格兰特殊的宗教梦想。

起初新英格兰人还是接受了安德罗斯，尽管态度比较冷淡。但他很快就因未经议会同意便肆意征税、不设陪审团进行审判、取消马萨诸塞大议会（自1630年起每年召开一届）、禁止人们在波士顿城镇会议上自由发表意见、质疑土地所有权而招致民愤。他还把波士顿清教徒礼拜堂改成英国国教教堂，在那里举行圣诞节弥撒——对清教徒而言这是一种散发着天主教腐臭的做法——并坚持推行宗教宽容政策。

1689年4月，当奥兰治亲王威廉在英国登陆的消息传到波士顿后，波士顿人涌上了街头。他们把安德罗斯关进监狱，攻占了波士顿港口要塞。波士顿的牧师与商人和前地方法官一道领导了起义。在当地殖民者等待新的特许状和皇家总督的三年时间里，一个临时政府管理着马萨诸塞。

尽管波士顿人反对皇权和"血腥的罗马信徒",但他们却并未进行内部革命。然而,日益加剧的社会分化和政治精英阶层的出现使得一些市民提出,把权力交给有适当财产的人要比交给有常识的人更好。社会保守主义者像波士顿牧师塞缪尔·威拉德(Samuel Willard)极为憎恶他在波士顿人涌上街头后看到的普遍的精神状态。不过,社会上存在的紧张状态并未演变成进一步的政治冲突,反而引起了对巫术的恐惧。

在纽约,"光荣革命"最初亦没有流血,但却造成了分裂。皇家政府淡化了詹姆斯退位的消息。出生于德国的国民自卫队上尉雅各布·莱斯勒(Jacob Leisler)取代了"受天主教影响的走狗和无赖"的总督;部分也是出于相同的对新英格兰人表现出的天主教专政的恐惧,他领导了一场起义。在等待英国新王朝的消息时,他建立了一个临时政府,与选举产生的安全委员会一道进行了 13 个月的统治,直到威廉国王任命的新总督到任。

在此期间,莱斯勒政府在小土地所有者和城市劳动人民之间深得人心。他们仍对英国人在 1664 年攫取他们的殖民地将他们排挤出他们建立的社会感到愤愤不平。但是,上流社会大都适应了英国的统治。许多新来的英国人已经通过婚姻进入了荷兰家庭。

"光荣革命"激起了这一酝酿已久的社会矛盾。莱斯勒与荷兰人一样敌视纽约的英国精英阶层,与此同时他对普通百姓的同情,主要是对荷兰人的同情,则招致城市寡头政治集团的憎恨。莱斯勒释放了监狱里的负债人,为纽约市设计了一套城镇会议管理体系,任用工匠取代商人担任重要官职。1689 年秋,莱斯勒手下的一群乌合之众袭击了一些纽约富商的产业。两名商人因拒绝承认莱斯勒政权而受到监禁。

莱斯勒的反对派对"暴民"的力量惊恐不已。他们认为普通人没有权利反抗政府或是行使政治权力。当 1691 年新任英国总督到来后,莱斯勒的反对派立刻拥戴总督,并以叛国罪指控莱斯勒及其七名助手,理由是他们没有皇家指令即自行承担政府职能。

在随后的审判中,全部由英国人组成的陪审团判处莱斯勒及其女婿——

陆军上尉雅各布·米尔本（Jacob Milbourne）犯下叛国罪，并下令对其执行绞刑。然而，莱斯勒富有的反对派却无法在城里找到愿意为绞架做梯子的木匠，由此足见莱斯勒在城市工匠中的威信。莱斯勒被处决后，纽约逐渐恢复平静，但地方和城市政治中所反映出的莱斯勒派与莱斯勒反对派之间的严重不和却是一直持续了数年。

"光荣革命"也使几个南方殖民地的不满显现出来。马里兰由天主教业主统治，所以占多数的新教徒就将"光荣革命"视作从天主教业主手中夺取政权的一个机会。1689年7月一得知消息，他们便发誓彻底清洗马里兰的天主教势力。他们也推动了改革腐败的海关部门，减税减费，扩大联合者大会的权利。好战的新教徒执掌了政权，直到1692年马里兰第一任皇家总督上任。

"光荣革命"给几个殖民地都带来了持久的政治变化。新英格兰自治领崩溃了。康涅狄格和罗得岛重新获得选举自己总督的权利，马萨诸塞（此时已包括普利茅斯）和新罕布什尔则成为由国王任命总督的皇家殖民地。在马萨诸塞，1691年的新皇家特许状把取消国教教会成员资格作为投票的要求。马里兰被取消业主殖民地资格（1715年卡尔弗特成为新教徒时又予以恢复），禁止天主教徒担任公职。英国新教徒在各地都在庆祝他们的自由。

3.7.3 政治的社会基础

"光荣革命"引发的殖民地起义，揭示了伴随英国社会向北美荒野移民而产生的社会和政治紧张局势。沿海社会依旧不稳定，难驾驭，具有竞争性，缺乏被认为是维持社会秩序所必需的稳定的政治制度和公认的领导阶级。

新兴的殖民地精英阶层试图通过维护旧世界的等级社会来培养稳定性，在那样的社会里，孩子从属于父母，女人从属于男人，仆人从属于主人，穷人从属于富人。因此，统治者处处都想维护社会等级和从属关系。清教徒在星期日既不排队进入教堂也不随便占座；座位是"注定的"，或是按照传统的社会地位，即年龄、出身、社会地位、财富和职业标准来加以分配的。在弗吉尼亚，下层人甚至会因赛马而被扭送法院，因为法律规定这项运动专属有社会殊荣的人。

但事实证明，这种社会理想很难维系。移民不顾先前的阶层，相互交往密切，同时还要一起面对如此原始的环境，因此没有家世的人经常认为没有理由服从等级比自己高的人。约翰·史密斯解释说："在弗吉尼亚，一个会用镐锹的普通士兵要强于五个爵士。"各地的殖民者都不尊敬那些倚仗出身要求尊敬的人，而是尊敬那些用行动赢得尊敬的人。当地精英阶层逐渐形成，但是他们根基不稳，不像在欧洲那样有法定的和世袭的社会头衔。种植园主和商人积累了大量财产后，便模仿起英国上流社会培养艺术修养。但是他们的地位罕有保证，因为新的竞争者一直在他们后面紧追不舍。

在这样的社会流动中，精英阶层从未要求人们普遍认同建立一个稳定的社会结构这一理想。领导起义的人是社会上传统的领导者，就像新英格兰的"光荣革命"一样。之后就会有一些人对刚刚解放的权力感到担忧。而在另一方面，像弗吉尼亚的培根和纽约的莱斯勒这些雄心勃勃的人，则可能会发动起义反抗合法政府。每当这样的人取得权力——尽管每次掌权的时间都很短暂——这些起义的领袖就会将自己与英国反对暴政和寡头政权的斗争传统联系起来。虽然利用了构成社会主体的普通百姓的不满，但是他们也会尽可能不表现出自己在反叛英国传统。

3.7.4 塞勒姆的巫术

塞勒姆猎巫这一悲剧事件发生在紧随"光荣革命"之后的一段动荡时期。在马萨诸塞，安德罗斯总督的下台使殖民地在政治上被遗弃了三年，这使得在小城塞勒姆爆发的巫术事件逐渐升级为一场激烈的血战。而当地政府正处在过渡时期，因而对此反应非常迟缓。

1692年冬季的一天，在塞勒姆村，9岁的贝蒂·帕里斯（Betty Parris）和她11岁的表姐阿比盖尔·威廉斯（Abigail Williams）在一所小房子的厨房里开始玩魔法。她们得到贝蒂父亲的女奴蒂图芭（Tituba）的帮助，贝蒂的父亲塞缪尔·帕里斯（Samuel Parris）是小城的牧师。可能是对她们所做的事情感到害怕，两个女孩很快就突发歇斯底里，开始胡乱比画和说胡话。村子里的其他小女孩和年轻女子很快也都行为异常。村里的长辈们确信她们正在受到蒂图芭和另外两个女人的折磨，这些人都是社会的弃民。

由小女孩的无知游戏为开端演变成20名受到巫术指控的村民被处死的这一事件，导致这个农业村庄四分五裂。17世纪的人们仍然笃信圣经里的训诫"遇到女巫就会死"。几个世纪以来，全西欧的人都相信女巫服从魔鬼的命令，获得权力对他们的邻居作恶。村子里因巫术之名而受到指控和被处死的妇女要比男人多得多。在马萨诸塞，1692年以前有100多人受到巫术的指控（其中多数都是老年妇女），共有超过12个人被绞死。

在塞勒姆，受到指控的人从一开始的三名老年妇女迅速增加。几周之内就有12人因巫术而受到指控。但对受到指控的女巫却无法正式起诉，因为1691年的新皇家特许状和管理殖民地的皇家总督都还没到。指控仍在蔓延，当局只能监禁而不能审判，这种局面持续了三个月。当1692年5月威廉·菲普斯（William Phips）总督从英国到来后，他命令由一个特别法庭（该法庭拥有巨大的权力）审理受到指控的人。至此，事件开始趋于失控。

那年整个夏天法庭都在听取证词。到9月，大约24名村民被判有罪。当局在城外荒凉的"女巫山"上绞死了其中19人，并通过一个程序（该程序旨在强迫受到指控的人为自己辩护），在大石头下碾死了已经80岁的贾尔斯·科里（Giles Corey）。审判一直持续到1693年，但到此时殖民地领导者包括许多牧师都承认，对邻居而不是对巫术本身的极度恐惧，已经控制了小村庄塞勒姆。

有许多因素都促成了这种歇斯底里。其中包括老一代殖民者与较少宗教动机的年轻一代之间的代沟、以往的家庭仇恨、可用耕地的压力，以及农业村庄塞勒姆与附近商业中心塞勒姆城之间的紧张关系。马萨诸塞-缅因边境的新一轮印第安战争也引起人们的恐慌。可能没人真正了解这些因素纠结在一起的确切原因，但大多数受到巫术指控者都是妇女这一事实表明，妇女在殖民地社会处于相对弱势的地位。巫术指控的残酷蔓延暗示了这个喧嚣时代的不安：战争，经济分化，政治紧张局势，前一代人乌托邦幻想的破灭。

小结：新社会的成就

17世纪，约有20万移民离开欧洲故土抵达北美。他们有着不同的社会背景，受到不同动机的驱使，从而代表了不同的早期社会形态，而这些早期社会形态则会在英国、法国、荷兰及西班牙的北美殖民地逐渐成熟。在三代人的时间里，北美成为社会空想家、政治理论家、预言家、社会弃民的社会实验室，而普通的男男女女则希望在这里找到比欧洲故乡更美好的生活。

到17世纪末，北美东海岸的12个英国殖民地（及西印度群岛的其他几个殖民地）在这一半球站稳了脚跟，为殖民地生活搭建了基本框架。位于英国殖民地北面、南面和西面的西班牙和法国殖民地亦是如此。沿海印第安部落因疾病和一系列战争已不堪一击，这保证了英国殖民者在沿海平原获得了绵延1000英里的土地。尽管殖民者从未控制内陆的强大印第安部落，但是他们与之进行了有利可图的贸易。在这一半球上的其他欧洲殖民者通过恐怖的奴隶贸易将非洲西海岸与新大陆连接起来，英国移民如法炮制，从而克服了劳动力短缺。英国殖民者认为母国强加于他们的政府既专制又腐败，最终起义反抗。

英属北美殖民地的萌芽期带着特殊的混合性特征进入了18世纪。疾病、未获充分发展的家庭生活以及种植园主强加于绝大多数劳动力的艰苦工作，使大多数来到南方殖民地的人们的梦想幻灭。但这里的人口仍在缓慢增长，经济实体也在逐渐形成。来到北方殖民地的移民虽然极少，但他们的生活环境却要更加安全。以家庭和社区为中心组织起来的宾夕法尼亚和新英格兰社会，以宗教和社会梦想为动力，并得益于适宜的风气而茁壮成长。

由于在地理上与欧洲相隔绝，殖民者形成了自力更生的品格。慢慢地，他们开始将自己视为新大陆的永久居民，而不是英国、荷兰或苏格兰-爱尔兰移民。他们把土地和劳动力视为经济成功不可或缺的因素，于是也就开始学习毫无愧疚地掠夺一个深色皮肤民族的土地和另一个深色皮肤民族的劳动力。尽管对北美生活乌托邦式的幻想仍然萦绕在一些人心头，但大多数殖民者进入18世纪后都渴望能从新世界不可预知的机遇中获益。一个日渐成熟的殖民地社会将会通过自愿和强迫移民，以及人口的自然增长，持续不断地成长；它将会遭遇范围更大的战争，以及更加广泛的商业网络；它将会持续探寻新世界生活提供的宗教和政治机会。新大陆不再只有地理上的意义，因为现在三种文化背景的居民已经在联手将其加以改造。而且在这一过程中，与约翰逊夫妇（本章开篇提到的人）一样的人也在重新塑造着自己。

思考题

❶ 哪些因素极大地影响了17世纪切萨皮克殖民地的发展？

❷ 早期马萨诸塞殖民者围绕共同的宗教信仰组织起来，可是后来却出现了冲突和分裂。你会如何解释这其中发生的矛盾？

❸ 17世纪的北美包括多种殖民尝试。当时有哪些主要分区？每一区域都有哪些主要特点？

❹ "菲利普王之战"和"培根叛乱"的因果是什么？这两次冲突有何异同？

❺ "光荣革命"对殖民地和英帝国的影响是什么？

❻ 尽管各个殖民地相互之间都有所不同，但看上去所有殖民地社会都对黑人和美洲原住民抱有偏见。你是否认同这种观点？如果是，你能否找出一个例外情况？

第 4 章

殖民地社会的成熟

4.1 北方：家庭农场的沃土

4.2 种植园遍布的南方

4.3 争夺北美大陆

4.4 城市中的商业与观念

4.5 "大觉醒"

4.6 政治生活

小结：1750 年的美洲

美国故事

一位不屈不挠的农场妇女找到了自己真正的宗教信仰

1758年，37岁的汉娜·希顿（Hannah Heaton）因拒绝加入本地公理会教派而受审。汉娜是康涅狄格北纽黑文的居民，按照法律，她必须参加周日祷告——这一法律源自一种信念，这种信念认为宗教统一是一种社会美德。汉娜并不反对去教堂，事实上她是一名狂热的基督徒。此前她一直是艾萨克·斯泰尔斯（Isaac Stiles）所主持的教堂的一员，1743年她与小西奥菲勒斯·希顿（Theophilus Heaton, Jr.）的婚礼就是斯泰尔斯主持的。但在那十年末期，自从陷入对"大觉醒"（1740年代一系列震撼新英格兰的宗教奋兴运动）的狂热中，汉娜就不再去教堂祷告了。在那之后，发现她的牧师的布道让她感到既冷淡又失望，汉娜索性连教堂也都不去了，她坚持认为斯泰尔斯自己从未皈依，因而只是一个"盲目的引路人"，会将他的信众引入歧途。

在那些她认为有灵魂的人们的布道的鼓动下，汉娜决定离开村里的教堂。巡回福音传道者乔治·怀特菲尔德、詹姆斯·达文波特和吉尔伯特·坦南特的布道，让她产生了深深的皈依体验。就像她后来在日记中所写，"我通过自己的灵魂之眼看到了耶稣"。宗教信仰发生改变后，她加入了在俗传道者本杰明·比奇（Benjamin Beach）主持的一个小型教会。比奇既未受过教育，也没有执照，恰是那种会被哈佛或耶鲁出身的牧师视为新英格兰有序社会的威胁的人物。可是许多像汉娜一样的人都发现他拥有神性的天赋，所以他们也就不再去社区教堂，而是定期去比奇家做礼拜和祷告。

斯泰尔斯教堂的会众和当地官员一齐给汉娜施加压力让她回到社区教堂，而不是与自称"独立派"的信仰者混在一起。最终直到被带上法庭她仍不屈服。

汉娜当庭对法官说："总有一天公理会裁决……根本就没有基督这可怕的一天将会降临到他们身上。"法庭以她"口出狂言"为由判定她违反了法律，并处以12先令罚款。

令汉娜失望的是，不管她怎么劝说，她丈夫就是不认同她和那些持不同意见者的虔诚信仰。他依然是斯泰尔斯教堂的一员，他一再劝汉娜重新加入，并不顾汉娜反对为她交了罚款。由于厌恶妻子参加"独立派"成员活动，他藏起了她的眼镜（这样她就无法读圣经和写日记），将其日记扔入泥地，在其参加祷告时拒不给其提供马匹。汉娜为自己丈夫不道德的灵魂感到不安并沮丧地认为，就是到死也难以劝服他痛改前非追随上帝。

汉娜在很多方面都是一位典型的殖民地妇女：嫁给一个农民，养育许多孩子。若非她的日记里记载了她的精神世界如何受到"大觉醒"运动的影响，我们根本无从知晓她的生活。就像18世纪许多殖民者一样，宗教奋兴运动彻底改变了她的人生，影响了她的婚姻和其他亲密关系。因为是1750年代康涅狄格州受审者之一，她作为"独立派"的一员在公众中也算是小有名气。她的宗教信仰如何推动她反抗其生活中的各种权威，如她的丈夫、牧师和法官？

改变汉娜人生的宗教奋兴运动，只是18世纪殖民地生活的一部分。1680—1750年间，英属殖民地出现了实质性的人口爆炸，移民人数从1680年的约15万增加到1750年的超过100万。这样的增长使决策者们不知所措，他们不安地看到英国与其美洲殖民地之间的人口差距正在迅速缩小。高结婚率、大家庭、低于欧洲的死亡率和大量涌来的移民是人丁兴旺的主要原因。

人口增长和经济发展如何逐渐改变了18世纪的英属美洲？殖民地社会出现了三种分化：北部的农业社会、南部的种植园社会和沿海商业城镇的城市社会，尽管它们有着重要的共同特征，但是每一种社会也都自有其独特性。随着移民大量涌入，18世纪的多样性也在不断增加，大部分移民都是来自德意志、爱尔兰、法国，以及非洲，从而给新兴美洲的多样性增添了新的内容。

直到17世纪晚期，西班牙、法国和英国在北美的殖民据点很大程度上仍然彼此隔绝。但当这些殖民扩张国家在欧洲爆发长期战争时，北美和加勒比海即刻成为国际冲突的重要舞台。战事对北美殖民地的影响，将会在18世纪后半期达到高潮。

随着殖民地社会渐趋成熟，地方经济与大西洋贸易网建立起了联系。像汉娜那样的殖民者经历了"大觉醒"的洗礼，由此确立的福音教派成为美国社会的一大标记。这一奋兴的流传与政治力量的变化有何关系？议院（选举产生的立法机构）和当地管理阶层的权力与日俱增，产生了老练的领导人、传统的地方自治理念，以及一种被普遍接受的政治理念——强调生而自由的英国人应该享有自由。原始的荒蛮定居点如何发展成为成熟的市民社会？

4.1 北方：家庭农场的沃土

尽管新英格兰到18世纪给新移民提供的机会少之又少，但大西洋沿岸中部的殖民地却是涌入了来自莱茵河地区和爱尔兰的大量移民。18世纪，约有九万德意志人成群结队涌入该地，其中大多数人都是为了逃避"上帝的三支箭"：饥馑、战争和瘟疫。他们定居在发起人许诺的有着廉价而肥沃的土地、低税收且免服兵役的地方。他们多是举家迁移，从而把大西洋沿岸中部腹地的大部分地区都变成德语区。更有大批苏格兰-爱尔兰新教徒到来。他们大多是贫穷的农场主，涌入德意志人定居的偏远地区，特别是纽约和宾夕法尼亚。

4.1.1 北方的农业社会

在 18 世纪中期的北方殖民地，尤其是新英格兰，紧密团结的农业家庭有很多，这些农业家庭是在有着数千人口的共同体中建立起来的。新英格兰人将他们的未来寄托于混合经济。他们砍伐森林，加工出木材，用于制作木桶、船只、房屋和谷仓的木板。他们为了捕鱼测量近海水深，捕到的鱼既能满足当地人口之需，又能供养西印度群岛激增的奴隶人口。与此同时，他们还在森林里尽可能多地寻找贫瘠而多石的山冈和低洼地，在那里耕种和放牧。

在宾夕法尼亚、特拉华、新泽西和纽约等中部殖民地，农民耕种的土地要比新英格兰人的土地更加肥沃。他们还享有另外一个优越条件，那就是其定居地区已由比新英格兰部落更依赖农业的美洲土著开垦过。以上这些优势使大西洋沿岸中部的殖民地农业家庭生产的谷物、小麦、牛肉和猪肉出现了少量盈余。到 18 世纪中叶，纽约和费城的船只不仅将这些食物运往长期的主要市场：加勒比海，还将其运往英格兰、西班牙、葡萄牙，以及新英格兰，并由此加强了同大西洋沿岸各地的联系。

在北方，土地所有权的广泛性使这里的农业社会与西方世界的任何其他农业区都不同。环境和能力上的差异逐渐导致更大的社会分化，但在大多数定居地都是既没有巨富也没有赤贫。除了契约奴，大多数人都能在有生之年购买或继承至少 50 英亩的农场。凭借全家人的劳动，他们过着体面的生活，并能为每个孩子提供一小笔遗产。移民们非常珍视土地，因为**拥有不动产**（**freehold tenure**，对财物拥有完全的所有权）通常是经济独立和政治权利的保证。

到 18 世纪，在普遍拥有财产所有权的背景下，不断增长的人口给有限的土地供给造成巨大压力，特别是在新英格兰。家庭农场不能无限地一分再分，因为要养活一家人至少需要 50 英亩土地。例如，康科德和马萨诸塞的创建者平均耕种 250 英亩土地。到 1730 年代，人均农场面积缩小了 67%，因为一般家庭都会有三四个儿子，而农场主通常也会尽力为每个儿子都提供一份结婚的财产。

土地肥力下降使农场面积缩小这一问题变得更加严重。在土地充足的时候，农场主在一块地里连续耕种三年便会让这块地休耕，直至它重新恢复肥力。但对18世纪时较小的农场来说，农场主将休耕时间减少到一年或两年，造成粮食减产，迫使农场主去耕种贫瘠的土地或转而饲养家畜。

家庭农场面积和产量的减少迫使很多新英格兰人迁离这一地区。在康科德，1740年代以来，每十年就有25%的成年男子迁出城镇。许多其他城镇迁出的数量更大，一些人漂泊到纽约和宾夕法尼亚，其他人去了西部的马萨诸塞、新罕布什尔、缅因和新斯科舍。还有一些人则是在沿海城镇寻找机会去做工匠或者出海当水手。

北方的日常农业生产远没有南方紧张。农作物生长季节相对较短，而且谷物种植只有在春季播种期和秋季收获期才需要不停地劳作。这一季节规律使得许多北方农民在农闲时可以做钟表匠、鞋匠、木匠或织工。

4.1.2 非自由劳动力

北方的农业种植模式限制了对劳动力的需求，然而，1713年以后，移民潮的主体仍然是奴隶和契约奴。他们成为连接欧洲与北美商业纽带的固定内容。

官方试图缓解契约奴移民"乘船拥挤"的状况，但18世纪运送奴隶和契约农的船只条件却是更加恶劣。在令人窒息的空气里，他们挤在甲板上，遭受天花、发热、腐烂食物、污水、寒冷和虱子的折磨。殖民时代的运奴船大约有15%的死亡率，那是前往美洲最危险的时期。

大多数契约奴，特别是男性，经常发现他们面对的劳动制度极为残酷。契约奴的目标就是获得一个立足之处，作为寻找机会的阶梯。但是，许多人都是在契约期满之前就已死去；其他获得自由的人也只是常年出苦力做贫苦的日工或佃农。白人契约劳动制度最主要的受益者是雇主。

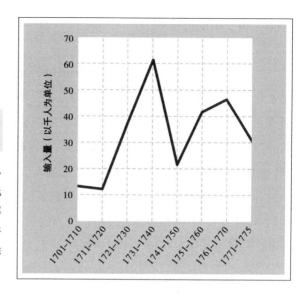

1701 年到 1775 年输入北美的奴隶

1730 年代到 1770 年代,非洲人被大量运往美洲殖民地。观察图中数据,你如何解释下面这一事实:美洲的非裔人口在美国独立战争爆发前膨胀到约 50 万人?

    18 世纪,北方殖民地的非洲奴隶数量有所增长,但是远没有契约奴人口增长得快。奴隶在所有北方殖民地人口总数中所占的比例不足 10%。由于北方奴隶通常都是单独或者几个人一起干活,奴隶和主人住在同一幢房子里,因此较之南方奴隶他们能够更快地适应欧洲的生活方式。

    北方的奴隶通常都是作为工匠、农场工人或贴身仆人。北方的奴隶制在港口发展最快。工匠通过奴隶贸易牟利;船长买来奴隶用作海上劳动力;新兴的城市商人、律师和地主精英用奴隶马车夫和贴身仆人来炫耀财富。到 18 世纪初,超过 40% 的纽约家庭拥有奴隶。在费城,拥有奴隶的数量也在 18 世纪激增。为生活奋斗的白人工匠由于收入减少而对奴隶不满,白人市民也害怕黑人纵火和叛乱。然而,由于对劳动力的需求量很大,并且购买终身奴隶的价格只相当于一个自由白人劳动者两年的工资,前述那些保留性意见也就都显得不重要了。

4.1.3 嬗变中的价值观

虔诚的商人塞缪尔·休厄尔（Samuel Sewall）在他的日记中写道，1695年4月29日，波士顿的天气开始变暖且阳光明媚。但到了下午，闪电就伴随着如手枪和滑膛枪子弹般大小的冰雹袭击了这个城镇。当晚休厄尔请著名清教牧师科顿·马瑟（Cotton Mather）共进晚餐。马瑟感到奇怪：为什么"牧师的房子受到闪电袭击的比例高于其他人"。但他这句话还没说出口，窗户就开始被冰雹砸碎了。休厄尔和马瑟赶紧跪下祈祷，"遵从威严的上帝"。他们得出结论，上帝在对他们发怒，因为他们正在带领人们变得世俗而不再虔诚。马萨诸塞正在变得"不听训诫"，一位沮丧的牧师解释道。

在整个北方地区，广阔的自然环境和新教徒对自律及努力工作的重视，正在孕育着那些即将成为美国文化特征的品质：雄心勃勃、个人主义和实利主义。一个殖民者说："每个人都期望有朝一日能与最富有的邻居搭上关系。"虽然人们对宗教、家庭和集体的责任感并未消失，就像本章开篇汉娜的故事所例证的，但是渴求获取财物也正在变得更能为人接受。

波士顿一个贫穷蜡烛匠的第十二个孩子写了本小年鉴，以诙谐而富有魅力的笔触捕捉到了这一新世界观。本杰明·富兰克林（Benjamin Franklin）出生于1706年，他的一生取得了辉煌的成就。16岁时他逃离严酷的学徒生活前去投奔哥哥，从此离开衰落的波士顿来到崛起中的费城。23岁时，他已通晓印刷业并出版了《宾夕法尼亚报》。三年后他写作并出版了《穷理查年鉴》，这本书是殖民地时代仅次于圣经的传阅最广的书。富兰克林在书中运用了双关语、谚语和朴素的哲理："睡着的狐狸逮不到家禽""光阴一去不复返"。富兰克林抓住了18世纪新兴的世俗主义精神。他身上体现出一种发展中的功利主义信条和观念：好即有用。对富兰克林来说，建设社会的最佳途径就是个人的自我进步和自我实现。

4.1.4　北方殖民地的妇女和家庭

1662年，马萨诸塞一位男学生埃尔纳森·昌西（Elnathan Chauncy）在他的作业本中抄下这样一段话，灵魂"包含两部分，低级的和高级的；高级的是阳性的和永恒的；低级的是阴性的和必然消亡的"。这样的课程在大西洋两岸教育了几代人，它是上帝设计的一个更为宏大的构想的组成部分，为每个人都分配了生活中的身份和地位等级。在这样的世界中，妇女处于从属地位，生下来就被教育要谦虚、忍耐、顺从。男人认为她们头脑简单，感情丰富，她们为男人而存在并依靠男人生活，婚前服从父亲，婚后服从丈夫。

殖民地女性通常都会接受这些约束性角色，很少有人公开抱怨。她们的工作一般局限于家务事和接生。她们被排除于早期的公共学校之外，法律规定她们带入婚姻的任何财产和收入都转归丈夫，她们在政治上没有合法发言权，她们不能在教堂讲话（除了在贵格会的聚会所）。18世纪的北方妇女在妻子和母亲的角色上与英国妇女多少有些不同。每十个欧洲妇女里就有一个没结过婚。但在殖民地，由于最初一百年里男人的数量比女人多，未婚妇女几乎闻所未闻，寡妇以惊人的速度再婚。"女人"和"妻子"因而几乎成为同义词。英国妇女在25岁左右结婚，美洲妇女通常则会比这早几年嫁人，从而增加了她们生育小孩的年头。因而，平均每个殖民地家庭有五个孩子（另外两个通常都会夭折），而英国家庭通常则不到三个。

另外一个差别与财产权有关。和英国一样，殖民地的单身妇女和寡妇可以签订合同，持有和转让财产，在法庭上代表自己，经营商业。殖民地立法机关和法院就结婚带来的财产和丈夫死后留下的财产给予妻子更大的控制权。她们还享有在商业事务中代表丈夫和同丈夫一起从事商业活动的广泛权利。

女性的职业选择和所享有的权利都极为有限，但却要担负起广泛的责任。夫妻的工作空间和日常事务的交叉重叠远比今天要多。18世纪的妻子作为"同轭伴侣"与丈夫一道工作，这一形象（一起完成对家庭生存很必要的任务）表明了她的重要性。丈夫不在或生病时，她们也会作为"代理丈夫"行动，这更是进一步扩大了她们的影响。

尽管传统上妇女地位卑微，但是她们却在家庭和居民区内建立了自己的世界。年长妇女为年轻女子做出行为示范，帮助穷人，并巧妙地影响着掌握正式权威的男人。参与教会生活的女性多于男性，她们就像汉娜一样，推动她们家庭的宗教发展，为边远地区的宗教发展服务，任命和罢免牧师，影响道德规范。她们经常以空想家和神秘主义者的身份出现。

到18世纪末期，妇女几乎完全掌握了产科技术。助产士为孕妇提供咨询，接生婴儿，指导产后康复，并参加婴儿的洗礼和葬礼。殖民地妇女在20岁到40岁之间要用大约一半的时间怀孕和照顾婴儿，由于生孩子很危险，所以在照顾分娩的女性亲友圈内形成了强大的互助网。助产士经常也在更大的社区里扮演治疗师的角色，并不局限于怀孕和分娩的传统角色。

新英格兰父权主导的家庭在18世纪逐渐衰落，代之以母亲为中心的家庭，在这样的家庭里，慈爱的父母鼓励孩子自我表现和独立。这种"现代"方法（同样在欧洲兴起）带有嘲讽意味地使殖民者更加接近沿海印第安父母的做法。起初这些印第安人曾因其养育子女的方法不够严格而遭到贬抑，而到了世纪末，印第安人的态度却是更多地与殖民者采纳的态度趋向一致。

4.2 种植园遍布的南方

1680—1750年，南方沿海低地上的白人殖民地，从一个移民众多、男性过剩、社会构成不稳定的边疆社会，发展成为一个基本上由土生家庭构成的稳定社会。正当南方文化在海洋到山麓的广大地区形成之时，1715年后苏格兰-爱尔兰移民和德意志移民涌入到了弗吉尼亚的边远地区、卡罗来纳和佐治亚的新移民地。奴隶人口的快速增长是南方人口增长快于北方的主要原因。到1760年，弗吉尼亚人口接近34万，仍是当时北美最大的殖民地。

4.2.1 南方经济嬗变

南方殖民地发展出两种不同的海岸经济。17 世纪，烟草生产在弗吉尼亚和马里兰迅速扩大，整个 1680 年代年出口量达到 2 500 万磅。但是由于此后长达 20 年的欧洲战争使得运输成本增加，烟草市场的停滞一直持续到 1715 年左右。

在这一时期，上南方（Upper South）经历了深刻的社会变革。首先，非洲奴隶迅速取代欧洲契约奴，到 1730 年在非自由劳动力中黑人占压倒性多数。其次，种植园主通过农作物多样化来应对萧条的烟草市场。他们在一些烟草地里改种谷子、大麻、亚麻；增加牛群和猪群的数量；发展炼铁、制革和纺织等地方工业以提高自给自足能力。到 1720 年代，同法国之间利润不菲的烟草贸易开创了新一期的繁荣，经济更具多样性也更具弹性。再次，人口结构迅速变化。1690 年至 1750 年间非洲奴隶在该地区的人口比例从约 7% 升至 40% 以上，白人性别比例的严重失衡也消失了。此时家庭而非单身汉占据社会的主导。由白人移民，主要是短命且无收入的契约奴组成的早期社会，发展成为 18 世纪由在美洲本土出生的有产家庭组成的种植园社会。

非洲人口大量涌入，但是拥有奴隶的情形却并不普遍。直到 1750 年，大多数家庭都没有奴隶。拥有超过 20 个奴隶的奴隶主不到 10%。尽管如此，建立大型种植园（利用奴隶使土地产出的利润供养主人贵族般的生活）还是创造出了一个有影响力的精英阶层。18 世纪下南方（Lower Upper）的种植园经济主要依赖稻米和靛蓝。稻米年出口量到 1710 年超过 150 万磅，至美国革命前夕达到 8 000 万磅。靛蓝则是提取自植物用于纺织的一种带臭味的蓝色染料，它由北卡罗来纳一位富有种植园主之妻伊丽莎·平克尼（Eliza Pinckney）培育成功后，在 1740 年代成为主要农作物。在一代人的时间里，靛蓝生产便传至佐治亚，并很快就成为殖民地的主要出口商品。

稻米生产的扩大使其向西印度群岛和欧洲出口，改变了查尔斯顿周围的沿海沼泽低地，1720 年后种植园主向那里输入了数千名奴隶。到 1740 年，该地居民近90%都是奴隶。由于富有的种植园主将庄园委托给常驻监工，这里的白人人口数量出现下降。他们在聚集了世界各地人口的查尔斯顿过冬，夏天则在纽波特和罗得岛避暑。18世纪中期，一个震惊不已的新英格兰访客描述该地是一个"划分为富有高贵的种植园主、贫困潦倒的农民和不幸的奴隶"三个阶层的社会。

4.2.2 南方种植园社会

种植园主拥有最好的土地，积累了足够的资本大量购买奴隶，创造了一种上流社会生活方式，从而使他们有别于普通农场主。到18世纪，北方殖民地的发展造就了拥有数千英镑的富裕农场主。但是，如此财富在大地产者面前却是黯然失色，后者拥有成百奴隶、数千英亩土地，财产达数万英镑。

炫耀财富是南方上流社会的风气。纯种赛马豪赌成为在英国接受教育的年轻绅士的普遍运动。种植园主开始兴建富丽堂皇的用砖建造的佐治亚式宅邸，里面摆满了进口家具。切萨皮克种植园主精英阶层控制着县法院，指挥着地方民兵，统治着英国国教的教区委员会，在其组成的立法会中制定法律，并将政治和社会领导权传给他们儿子。学习如何管理和规训奴隶，与跟随家庭教师学习同样重要。由于刻意培养指挥能力，南方种植园主的儿子们逐渐显示出自信和权威，在美国革命中，这种气质将他们中的许多人都推上了领导位置。

从他们的全部气质来看，这些南方大地主实际就是农业商人。他们天天就是为贷款、土地、奴隶和佃租讨价还价；安排耕种和收获；与监工商谈；处罚奴隶。烟草种植（不像小麦和谷物栽培）需要种植园主全年照管。一个种植园主的声誉取决于其农作物的质量。

种植园主的妻子也要分担很多职责。她们在照管孩子、奴隶和访客的同时还要负责监督布料生产和食物的加工与准备。贵族的外壳赋予从马里兰到北卡罗来纳的种植园以上流社会的光彩，但事实上，这些种植园就是大型生产农场，通常彼此孤立。

在整个南方种植园社会，法院成为男性聚集的中心。各阶层人等都来此解决债务纠纷，争论土地问题，起诉或被起诉。法院休庭后，群众仍在那里逗留，喝酒，闲谈，举行赛马、斗鸡、摔跤、赛跑及各种小竞赛，这些都被看成是对男性才能的检验。

教堂也成为社交的中心，在南方，1750年前的社交中心几乎一直都是英国国教教堂。一个来访的北方人描述了礼拜前的盛况：男人"收发商业信函，阅读广告，询问烟草和谷物的价格，确定热门赛马的血统、年龄或特点"。接下来，在上流社会人士全部在前排就座之后，小种植园主进入并凝神肃立，然后人们鱼贯进入教堂。礼拜之后社交继续，年轻人在一起闲逛，年长者则邀请众人出席周日晚宴。几乎看不到新英格兰虔诚的安息日。

4.2.3 偏远地区

正当南方上层社会沿着海岸逐渐成熟之时，移民则纷纷涌入内地偏远地区。直到1730年，只有猎人和印第安毛皮商人才知道这片从宾夕法尼亚到佐治亚的广大区域。这里是丘陵起伏的红土地，有着肥沃的石灰岩土壤。此后40年，这里吸引了约25万居民，其中近半数都是南方白人。

数千名渴望土地的德意志和苏格兰-爱尔兰移民涌入阿巴拉契亚山脉东侧的山谷里。他们擅自占据土地，与印第安人毗邻而居，建立起一个勉强维持生计的社会。在数代人的时间里，这里一直与沿海地区相隔绝，从而使拓荒者得以恪守从大西洋彼岸带来的民间习俗。偏远山区的原始生活使很多从生活精致的沿海地区来的游客都感到惊讶。一位徒步穿行这里的牧师写道："这里的人非常放肆，几百人非法同居，像交换牛一样交换妻子，生活在比印第安人更不合法、不贞洁的自然状态。"

这一评论真实地反映了边疆生活的贫困状况，那里缺少学校、教堂和村镇。大部分家庭进入偏远山区时都只带来了很少一些家当：工具、家畜家禽和几件衣服，而且这些家当都很粗劣。他们居住在粗糙原木建造的小屋里，在树桩间种植作物。妇女像男人一样辛苦劳作。一个曾见过南方边疆妇女的人注意到："她是一个非常有礼貌的妇女，她的行为没有表现出丝毫的粗野和无礼；但是她会拿着枪在树林里猎杀鹿和火鸡，击毙野牛，捉住并捆绑野猪，用斧子分割牛肉，从事本该由男人干的活，而且和当地男人干得一样好。"婚姻和家庭生活在偏远地区非常不正规。由于大片地区没有牧师负责而且超出法院的管辖范围，大多数夫妇都要等到骑马巡回的神父来为婚姻祝福或为孩子洗礼时方能结婚或互相"接受"。整整一代人的时间里，每个人都在忍受着吃不饱饭、没完没了地干活和报酬甚少的生活。

到 1760 年代，南方偏远地区开始走出边疆时期。小型集镇成为手工业活动、教会生活和地方政府的中心。农场开始将生产出的剩余产品运往东部。人们的居住密度增大，形成了以收获节、滚木头比赛、赛马、婚庆、舞蹈和大型饮酒比赛而闻名的社会生活。很多偏远地区的定居点长久以来都没有变化，那里的阶级差别相对于沿海老殖民地仍然很小。

4.2.4 南方殖民地的非洲奴隶

从 17 世纪晚期开始，奴隶人口迅速增长，从 1690 年的约 1.5 万人增长到 1760 年的 32.5 万人。1700 年到 1775 年间，超过 35 万非洲奴隶进入英属美洲殖民地。他们与那些来自整个美洲其他蓄奴殖民地的奴隶合到了一起。这些人中有 90% 都被卖到了南方殖民地。

对这些在离家 5 000 英里以外的种植园里艰苦劳作的非洲人来说，尽管受到可怕的虐待，但其主要斗争仍是尽可能地创造满意的生活。奴隶主希望奴隶服从一切命令，为奴隶主的利益高效率地工作。但威吓奴隶的企图却也难以完全奏效。奴隶主可以为奴隶设置外在的生存限制，如控制所处的场所、工作角色、饮食及住所。但奴隶主阶级的权威远未波及奴隶如何建立友谊、相爱、建立家庭、养育子女、敬神、埋葬死去的同伴，以及如何安排自己的业余时间。起初，由于来自非洲不同地区，在殖民地的生活条件亦各不相同，奴隶之间呈现出文化多样性。后来随着时间发展，有了在南方劳作这一共同体验，他们逐渐形成了一种共享的非裔美洲文化。

《奴隶法典》（意在控制劳动力）严格限制奴隶的生活，但是随着南方殖民地的逐渐成熟，奴隶获得家庭生活的可能性也提高了。较大的种植园雇用几十名乃至几百名奴隶，那些奴隶相互之间可以结成友谊，其余生活在快速发展市镇的奴隶也享有相似的益处。到1740年代，切萨皮克的奴隶中在美洲出生的越来越多，他们建立了家庭，可以在种植园外的小屋里逃离主人或监工的盯视，在日落到日出这段时间与他们的同伴互相交往，过上属于他们自己的生活。

在南卡罗来纳，奴隶利用非洲的农业技术使稻米在18世纪早期成为沿海经济的支柱。非洲奴隶的数量增长迅速，从1708年的约4 000人增至1760年的9万人。他们主要在低洼沼泽地带的大型种植园里工作，忍受着这个大陆上最有害健康的工作环境。但到1760年，他们的人数已是白人的三倍，因而比切萨皮克地区的奴隶更能保持自己的非洲文化。许多人都说嘎勒（Gullah）英语，这是一种混合了几种非洲语言的"洋泾浜"语，他们给孩子起非洲名字，并继续保持着非洲宗教传统。

4.2.5 反抗和叛乱

非洲奴隶虽然接受了奴役，但却依然会用各种方式反抗和起义，从而时刻提醒他们的主人，奴隶制的代价就是要永远保持警惕。正如1712年南卡罗来纳法律所表述的，奴隶主将叛乱解释为非洲人"野蛮本性"的证明。但在非洲人看来，与奴役做斗争是在下贱劳作和生活中维护价值与尊严所必需的。一种反抗办法就是逃跑，即逃离边疆殖民地，逃入内陆印第安部落（他们有时会提供庇护），或逃到西属佛罗里达。选择这一办法的奴隶通常会留下家人，使得它在与家人少有联系的奴隶中变得很受欢迎。可是要想成功逃脱，奴隶也需要具备一些基本地理知识，这一点在那些在殖民地生活时间稍长一些的奴隶身上很常见。

"海产"非洲人，即刚从家乡来的非洲人经常激烈地反抗奴隶制。一个白人种植园主说："他们经常在被征服之前便死去。"他们经常参与叛乱，如1712年纽约城发生的叛乱，以及1739年斯托诺和南卡罗来纳发生的叛乱。不过，北方则没有发生类似西印度群岛和巴西那样的大规模奴隶暴动。

规模相对较小（或引起恐慌）的叛乱招致残酷镇压。"斯托诺叛乱"奋起反抗，杀死了奴隶主家庭的21名成员。他们想要前往佛罗里达，那里的西班牙人许诺给予任何逃跑的英国奴隶以自由，只要皈依天主教。种植园主们抓住反叛者，拷打并绞死了50名黑人，还割下他们的头颅钉在柱子上以警告其他潜在的造反者。一年后在纽约城，针对一起传言中的起义，地方官绞死了18名奴隶和4名白人同盟者，另外还烧死了13名奴隶。

4.2.6　黑人的宗教与家庭

权力的较量总是对奴隶极为不利。只有最绝望的人才会直接向制度发起挑战。当奴隶努力找寻自己存在的意义和价值时，宗教和家庭扮演了重要角色。

非洲人给新大陆带来了一种任何不幸和肉体虐待都无法摧毁的复合宗教遗产。在许多奴隶所来自的文化中，宗教活动与世俗活动并不像欧洲区分得那么清楚，他们仍然把宗教作为生活的中心。有少数奴隶在非洲时一直是天主教徒或穆斯林，有更多人在到达英属北美殖民地前就在西班牙或葡萄牙殖民地受过洗，但大多数人此前都未接触过任何一神论。直到18世纪中期，大多数奴隶至死也不知道基督教。后来他们开始把非洲的宗教行为与奴隶主阶级的宗教混合在一起，利用这种混合的宗教点燃起反抗之火，并从压迫中寻求安慰。

宗教奋兴运动始于1730年代的北方殖民地，此后便向南方蔓延，这一运动对非裔美洲人的宗教做出了重要贡献。福音派教义强调个人重生，它会激发一种强烈的情感体验，奴隶经常借助音乐和身体动作来表达。跳舞、喊叫、有节奏的击掌和唱歌，这些奴隶宗教表达方式上的特征，体现了西非宗教与基督教的创造性结合。

除了宗教，奴隶悲惨命运的最大慰藉是他们的家庭。在西非，所有社会关系都以血族关系为中心，死去的祖先在家族身份认同上扮演着重要角色。因为被迫离开土生土长的社会，所以奴隶就把重建不断扩大的家族组织视为头等大事。大多数英属殖民地都禁止奴隶结婚。但实际上奴隶与主人之间却达成了妥协。奴隶非常渴望家庭，而奴隶主也发现，有了家庭的奴隶工作起来更加卖力，而且还不会轻易逃跑或叛乱。

然而，奴隶想要建立家庭生活极为艰难。按3∶2的男女比例输入奴隶的普遍做法阻碍了家庭的形成。女性奴隶非常抢手，将近20岁便结婚，而男性通常则要等到25岁到30岁。不过，随着18世纪奴隶人口因自然增长而膨胀，性别比例也逐渐变得更加均衡。

奴隶的婚姻得不到保证。奴隶主会通过卖掉丈夫或妻子而突然拆散奴隶家庭，这种事情经常发生，尤其是已故奴隶主的财产在其继承人之间进行分配时，或者是其奴隶被卖给债主抵债时。孩子通常和母亲生活到8岁左右；此后他们往往会被卖掉离开家人，通常都是卖给只需要一两个帮手的小种植园主。很少有奴隶能逃脱与家人分离之苦。

白人男性对黑人妇女的非法占有是对家庭生活的又一威胁。白人奴隶主和监工强逼许多黑人妇女与他们发生性关系，他们许诺可以保护其家人，给其提供生活便利条件或其他"好处"。这类事件的数量不得而知，但18世纪末大量黑白混血儿（混合人种）的出现表明这样的情况有很多。

在某些不同种族间的性关系中，强迫则是微妙的。有时黑人妇女会企图以通奸来为自己或孩子取得好处。尽管如此，这种结合对奴隶群体和白人种植园理想都构成了威胁。他们跨越了奴隶和自由社会之间被认为不可逾越的鸿沟，而他们的孩子也并不适应殖民者希望保持的种族差别。

尽管存在这些障碍，奴隶之间还是形成了夫妻、亲子这样的亲密关系。只是他们的一夫一妻制关系不像在白人社会中维持得那样长久，而这则大都可以归因于奴隶的生活处境：非裔美洲人的寿命较短，夫妻中一人或双双被卖掉致使婚姻解体，以及对自由的召唤激励一些奴隶逃跑。

男性奴隶努力维护他们的家庭角色，而许多黑人妇女则在家庭中处于中心地位。如果一个黑人妇女被留下既当爹又当妈，她就会尽己所能去保护和照料自己的孩子。黑人妇女对于种植园的工作和奴隶住处的正常生活仍是必不可少。她们在田间和在奴隶小屋里一样辛苦地劳动。自相矛盾的是：相对于白人妇女，黑人妇女的不懈劳动使她们与男人更平等。种植园女主人通常都会努力帮助管理财产。与此同时，不断增长的文化理想则将这些种植园主的妻子描画为可以避开生活中的粗暴之处。她们应该待在家里捍卫白人美德、为白人文化树立典范的理想也在她们心中滋长。因此也就出现了两个版本的南方女人气质：辛苦劳作的奴隶女家长和弱不禁风又自命不凡的种植园女主人。

奴隶制是一套旨在最大限度榨取其受害者劳动力的权力关系。因而暴力经常充斥家庭生活，使其充满苦难。但北美的奴隶通常都是生活在较为健康的环境里；工作不像蔗糖和咖啡种植园里的奴隶那样辛苦；衣、食、待遇也比在西印度群岛、巴西以及这个半球上其他地区的非洲人要好。他们在建立家庭上做得异常成功。尽管美洲殖民地的家庭生活充满了不确定性和悲伤，但在奴隶忍受囚禁的道路上，家庭的建立仍然是他们最为重要的成就。

4.3　争夺北美大陆

到1750年，当英国殖民者人数达到120万人时，也只有一小部分人和他们的非洲奴隶住在距大西洋100多英里的地方。随着殖民地的迅速发展，英国殖民者开始排挤位于俄亥俄和密西西比河谷，以及更西边富饶土地上的法国和西班牙定居点。在北美内陆地区，法国人给英国殖民者造成了最大的威胁；而在南侧，西班牙人则向其发起了挑战。

4.3.1 法国的内陆帝国

法王路易十四决心使他的国家成为欧洲最强大的国家，1661年他怀着强烈的兴趣关注着北美和加勒比海地区。新法兰西的木材将会被用来建设皇家海军，渔业将会供给法属西印度群岛越来越多的奴隶，毛皮贸易若能大规模发展将会充实皇家金库。此外，法属加勒比群岛还出产珍贵的蔗糖。

17世纪晚期，新法兰西的人口、经济实力和野心都在增长。1673年，路易·约里埃（Louis Joliet）与耶稣会牧师雅克·马凯特（Jacques Marquette）神父勘测了密西西比河和密苏里河流经的广大区域。十年后，军事工程师和牧师就开始在大湖区和密西西比河谷修建堡垒和布道所。

18世纪上半期，法国在整个大陆中心地带逐渐形成了由堡垒、贸易站和农业村庄构成的体系，进而也就形成了牵制英国人向海边发展之势。法国人在这片广大区域的成功，部分取决于他们与印第安部落之间精明的交易。印第安部落通过结盟保住了对土地的主权，但却逐渐屈服于法国人的疾病、武力及其挑起的部落间战争。

因为法国内陆帝国的运作机制主要由军队、贸易、传教构成，所以极少有法国妇女移居此处。法国男人与印第安人的结合，法国人称为"杂交"，产生了混血种人。由此导致在内陆地区法国人与印第安人在经济、政治、社会利益上的种族融合，这是英国人所做不到的。

广袤的大陆中心地带，稀疏地点缀着一些小农庄，法国在该地区的势力成为阻碍英国向西扩张的屏障。随着法国人口到1750年增至约七万，几乎所有北美内陆的法国殖民地都是种族融合的社会，这与英国殖民地形成鲜明对比。他们为欧洲殖民者与印第安民族的共存做了示范。

1718 年，法国通过向密西西比河口运送了近 7 000 名白人和 5 000 名非洲奴隶，不惜巨大代价建立了新奥尔良，这使内陆地区及墨西哥湾沿岸的法国拓荒者应接不暇。疾病使上述人口急剧减少，而强大的纳齐兹族人在 1729 年的起义则使法国停止了进一步移民。大部分幸存者都定居在新奥尔良小镇周围和密西西比河附近狭长的种植园中。在经济和社会方面，新奥尔良很像早期的查尔斯顿和南卡罗来纳，但是法属新奥尔良人对代议制的政治制度，如选举、议会、报纸、赋税，却是一无所知。相反，这里由皇家政府管理并资助。

奴隶带着稻米种植、靛蓝加工、金属熔炼、河流领航、草药采集和牲畜饲养等技术来到殖民地，逐渐成为路易斯安那经济建设的中坚力量。非洲奴隶与印第安妇女结合，生下的混血儿在当地称为格力伏人（法语为 *grifs*）；非洲妇女也和法国移民跨种族联姻，通常是与寻找伴侣的士兵结合。到 1765 年，黑人数量超过了白人。在充满不稳定因素的法属路易斯安那获得自由的机会，比在北美东南部其他任何殖民地都大。1769 年西班牙人接管这个殖民地时，他们保证奴隶有权用空闲时间的收入赎买自由。于是这里便出现了一个自由黑人阶层，但当 1803 年美国人获得这块殖民地后，他们却又下令禁止赎买自由，阻碍奴隶解放，改由主人准允个体奴隶以自由。

4.3.2　一代人的战争

法国实力和野心的增长，使英属美洲与新法兰西在 17 世纪末爆发了激烈冲突。信奉新教的新英格兰人把天主教法国视为对其神授使命的邪恶挑战。"光荣革命"之后 1689 年开始的欧洲战争将英法分为对立的两方，冲突很快便扩展至两个列强的殖民地，包括纽约、新英格兰和加拿大东部。

在 1689 年到 1697 年和 1701 年到 1713 年的两场战争中，英法在欧洲作战的同时，也企图将对方赶出美洲。加勒比海是最重要的地区，那里奴隶生产的蔗糖是巨大财富。两国国内政府对北美殖民地也都极为重视，将其视为向生产蔗糖的西印度群岛殖民地提供木材和鱼的源泉。

在内陆,英国人攻打法国的权力中心——罗亚尔港,这里控制着圣劳伦斯河的入口和新法兰西的首府魁北克。在第一场战争"威廉王之战"(**King William's War**,1689—1697)期间,英国的小型舰队于1690年攻占了阿卡迪亚的中心罗亚尔港(在战争即将结束时又将其归还法国)。然而,英国对魁北克的袭击却遭到惨败。殖民者提及的第二场欧洲战争波及美洲,称为"**安妮女王之战**"(**Queen Anne's War**,1702—1713),起因是由谁来接替威廉王子继位;这一竞争再次使得英法对抗。在"安妮女王之战"中,新英格兰曾三次进攻罗亚尔港未果,最终在1710年才将其攻克。一年以后,英国派出一支由60艘船和5 000人组成的小型舰队前去征服加拿大,然而此次海陆军事行动还没到达目的地就以失败而告终。

随着欧洲式战争在美洲的惨败,英法两国都企图把军事行动转嫁给他们的印第安同盟。这一策略偶见成效,尤其是在法国一方,因为他们愿意让自己的军队和印第安搭档一起冲锋。在两场战争中,法国和印第安同盟铲除了纽约和马萨诸塞的军事哨所。作为报复,英国人武装起来的易洛魁人使新法兰西在1689年蒙特利尔附近的大屠杀之后陷于"混乱和麻木"。易洛魁人估量了自身的处境,认为凭借自身强大的实力不至于受到英法任何一方的欺侮,因此他们没有参与18世纪早期的第二场战争。他们确信保持中立比充当英国人的雇佣兵更合己意,他们坚持的原则是,"我们是团结在自己所拥护的酋长[首领]周围的自由民族"。

尽管英国在持续了一代人之久的战争之后挫败了法国,但是新英格兰也遭受了严重的经济和人员损失。马萨诸塞背上了最沉重的负担。殖民地大约20%身体健康的男性都参加了加拿大战役,但其中约25%的人却是再也不能回来讲述他们在新英格兰参加第一次国际战争的恐怖经历。仅马萨诸塞的战争负债就达5 000英镑。1713年在第二次冲突结束时,战争寡妇不计其数,致使海湾殖民地第一次面临严峻的贫困问题。海战终止了贸易,切断了市场,摧毁了运输船只。

战争中通常发生的情况都是，参与者的付出与回报是不相称的。一些出身卑微的人得以飞黄腾达。威廉·菲普斯是家中的第26个孩子，曾是缅因贫苦的羊倌和造船木匠，由此来看他似乎注定无所作为。后来他因为1687年在西印度群岛找到了一艘沉没的西班牙运宝船而交上了好运，1690年他被任命负责指挥攻打罗亚尔港的远征军。此次胜利使他在1691年一跃成为马萨诸塞总督。另一些有钱人则变得更加富有。波士顿的安德鲁·贝尔彻（Andrew Belcher），本已在"菲利普王之战"中凭借供给合同发了大财，此次则负责供应战船并装备出征加拿大的新英格兰远征军。他成为当地的巨头，乘坐伦敦制造的四轮大马车，建造宏伟的豪宅，购买奴隶。大多数人尤其是参战士兵却是几乎一无所获，许多人还失去了一切。地位最没有保障的新英格兰人充当了大部分志愿或非志愿的新兵，他们大批战死，其数量在今天看来令人吃惊。

1713年，《乌得勒支和约》结束了"安妮女王之战"——在各国争夺欧洲以外财富源泉的过程中，这也标志着英国长达一个世纪的崛起和西班牙的衰落。英国成为最大的赢家，得到了纽芬兰和阿卡迪亚（后更名为新斯科舍）。法国承认英国对盛产毛皮的哈德逊湾拥有主权。法国保住了布雷顿角岛，控制了圣劳伦斯河入口。在加勒比海，法国将圣基茨和内维斯转让给了英国。在旧世界遭受严重损失之后，西班牙把为美洲的西班牙帝国供应非洲奴隶这一赚钱的特权授予了英国人。

4.3.3 西班牙对北美洲的脆弱统治

西班牙对其北美殖民地的控制一直都很脆弱。17世纪晚期，在东海岸的南卡罗来纳，以奴隶为基础的种植园社会的发展，部分源于英国利用印第安同盟袭击西班牙的印第安布道区和边远村落，并将俘虏卖为奴隶。从那以后，英国和法国的商人就以提供更有吸引力的商品为手段，控制了佛罗里达的印第安人。

1713 年之后，西班牙对大陆北部维持着脆弱的控制。西班牙人认识到，他们那些人员稀少的布道区和边疆村镇，有多么容易被因受到限制而恼怒的印第安人和入侵的英国人给毁坏或摧毁。18 世纪上半叶西班牙殖民地变得日渐萧条，受到了西班牙殖民政策的影响，该政策认为它们是偏远的、费钱的事务，只有作为自卫的前哨才有用。

18 世纪上半叶，西班牙裔美洲人、梅斯蒂索混血儿和脱离部落的印第安人在德克萨斯、新墨西哥和加利福尼亚开始缓慢增加。但到 1745 年，佛罗里达的人口只有南卡罗来纳英国人口的 10%。18 世纪中叶，新墨西哥的西班牙裔美洲人约有一万人，他们之所以能够守卫广阔的区域，只是因为没有出现欧洲挑战者。

与在新法兰西一样，新西班牙的种族融合和社会流动都要比在英国殖民地广泛。但是精确的数字无法确定，因为西班牙人从未像英国人一样给种族群体以明确定义。社会流动性相当大，因为王国政府甚至愿意将一个普通人升级为下等贵族，以吸引人们向遥远的新墨西哥北方领土移民。

美洲土著在反抗西班牙统治的斗争中成败参半。在新墨西哥，一位 19 世纪早期的西班牙调查人员把地下"基瓦"视为普韦布洛族文化自治的关键，它们"像深不可测的神殿，普韦布洛族人聚集在那里神秘地讨论他们的厄运或好运、他们的幸福或悲伤"。然而，加利福尼亚部落就没能这么成功地保持其文化的内聚性。1770 年代，西班牙人迅速建成了从圣地亚哥到旧金山的陆路和海路通道，实现了对俄罗斯在加利福尼亚北部定居点的封锁。加利福尼亚的西班牙拓荒者是方济各会的传教士，随同他们前往的还有王家士兵。牧师们会选择一个适当的地点，然后吸引一些印第安人前来受洗并搬迁到他们帮助修建的教区周围。来访的亲属随后也会被劝导留下。随着时间流逝，这些布道区就将印第安人慢慢变成真正的奴隶。理论上，加利福尼亚布道区及其拥有的大量可盈利的牧群和谷类庄稼都属于印第安皈依者，然而他们却并不能得到好处。具有讽刺意味的是，牧师的宗教动机却造成了美洲土著部落像在其他地区一样衰落和退化。

不同种族组成的家庭画

西班牙新世界殖民地的种族融合，生动地体现在不同种族组成的家庭画中，这种图画在18世纪的墨西哥随处可见。在这里的每一幅画中，祖先为不同种族的父母生下的孩子有不同的种族名称。以第五幅为例，白黑混血儿母亲和西班牙人父亲生下的孩子叫"摩里斯科人（Morisco）"。此类画传播了怎样一种观点？你认为它们为何如此受欢迎？

4.3.4 内陆部落的文化及生态变化

18世纪上半叶，事实证明，内陆部落在适应相互竞争的欧洲殖民者的同时仍能保持政治独立。然而，与欧洲人的广泛接触慢慢也给北美印第安人社会带来了不祥的改变。欧洲商品，尤其是铁器、纺织品、武器弹药和酒精，改变了印第安人的生活方式。由于渴求得到新的产品，印第安猎人从生存性狩猎变成商业性狩猎。印第安猎人逐渐将密西西比河东岸的鹿和海狸捕杀殆尽，他们必须花费比过去更多的时间在村庄外铺设陷阱，展开猎捕。女人们也投入到新的经济活动中，她们剥下兽皮制成大衣。在一些部落里，这些工作占去了所有时间，他们不得不从其他部落获取食物。

毛皮贸易极大地改变了北美印第安人的传统生活。对皮毛的争夺加剧了部落之间的紧张关系，经常引发战争。印第安人很快就学会使用欧洲武器，更使上述冲突进一步恶化。

内陆部落的政治组织也发生了变化。早期，大部分部落都是松散的村庄和部族联盟，首先忠诚于村庄。但同欧洲人的商业活动、外交接触和战争经常需要协调政策，因此村民也就逐渐采取了更为集中的领导体制。

尽管内陆部落已将商品融入其物质文明，使其经济和政治结构适应新形势，但这些部落在许多方面仍然固守传统。这些部落认为没有理由改变自己文化中的价值观。美洲土著人所目睹的殖民者的法律、正义、宗教、教育、家庭组织及育儿方式，往往使他们确信自己的方式才是最好的。他们拒绝认可白人文化的优越性，这让英国传教士深感沮丧，因为他们渴望说服美洲土著脱离"野蛮"的生活方式。

总的说来，内陆部落在与英国殖民者的接触中受到了伤害。年复一年，毛皮贸易传染了疾病，加剧了冲突，毁灭了野生动物，同时也把美洲土著人拖入了市场经济，在这种经济体制中，他们的贸易伙伴则逐渐成为贸易统治者。

4.4 城市中的商业与观念

18世纪的殖民者中仅有约5%的人生活在规模为2 500人的市镇，而且在1750年没有一个城市的人口超过1.6万，在1775年也没有人口超过三万的城市。但是，城市社会已经处在向"现代"生活过渡的最前沿。在沿海地区的中心，物物交换经济首先让位于商品经济，以派定身份为基础的社会秩序转变为以成就为基础，强调等级意识和顺从的政治变成参与和争论的政治，小规模的手工业逐渐被工厂生产所替代。欧洲思想流入城市，并向城市以外的偏僻地区辐射。

4.4.1 贸易的原动力

1690年之后的半个世纪里，波士顿、纽约、费城和查尔斯顿发展成为繁荣的商业中心。与此相伴，以农业为主的内陆也发展起来。随着殖民地人口的增长和扩散，一些小海港，如塞勒姆、纽波特、普罗维登斯、安纳波利斯、诺福克和萨凡纳等地区，聚集了5 000人甚至更多的居民。

城市是商业的中心，通过城市可以出口殖民地的原材料（烟草、稻米、毛皮、小麦、木材产品和鱼），进口殖民者所需的商品：英国制造的奢侈品（玻璃、纸张、铁器和布料）、酒、香料、咖啡、茶叶和糖，以及用以填补劳动力缺口的人。在这些海港，商人既忙于零售和批发贸易，同时也是放款人、造船商、保险代理人、土地开发商，此外还经常充当工匠生产的协调人。

到18世纪，美洲经济已经融入了大西洋贸易体系，这一体系将殖民者与大不列颠、西欧、非洲、西印度群岛及纽芬兰联系到了一起。与西欧其他主要商业国家一样，英国继续执行重商主义贸易政策。依照重商主义的核心思想，国家必须通过扩大出口、对进口货物征税、规范生产和贸易，以及剥削殖民地等手段获取财富。这些政策也决定了英国对待北美洲和加勒比海殖民地的态度。

北美大陆殖民者生产的出口原材料总是难以支付他们渴望进口的商品，因而他们不得不通过向西印度群岛和其他地区提供食品和木材产品来获得英国的商品。他们也通过船运和销售业务积累信用，在这两个方面新英格兰的"扬基"商业海员和"扬基人"建造的轮船占据主导地位。

4.4.2 工匠的世界

尽管商人在殖民地村镇中最富有、最有威望，但工匠的人数则要更多。大约67%的城市成年男子（奴隶除外）都在从事手工业。到18世纪中期，殖民地的城市里除了众所周知的屠夫、面包师和烛台匠，还有许多从事专门行业的"围着皮围裙的人"。随着城市逐渐发展成熟，手工业的专业化程度也在提高，但在小店铺，工匠通常都还使用手工工具。工匠的工作模式没有规律，受到天气状况、日照时间长短、原材料运输的不稳定性和不断变化的消费者需求的影响。

城市工匠对自己的手艺无比骄傲。他们在遵从地位高的人的同时，也因能为社会贡献必需品和必要的服务而视自己为社会的中坚。费城的鞋匠们声称："我们的职业使我们成为社会上有用且必不可少的成员，我们为这个阶层骄傲，不求更高。"这种自尊和对社会认同的渴望，通常与上层社会对工匠的看法相抵触，上层社会认为工匠"只不过是机器"，是"庸俗民众"的一分子。

为了赢得尊敬，工匠十分重视经济独立。他们遵循有着悠久历史的手工业行会规范"欧洲惯例"，密切监督行业中的成员身份。每个手工业者都从学徒起步，十几岁起便要在师父的店里干上五年甚至更长时间。契约期满就成为一名"熟练工人"，随后他将劳动力出卖给雇主，通常与雇主同吃同住。他希望能在几年之内完成从受人奴役到自主经营的跳跃。但在需要更庞大机构和更多资金的行业，如蒸馏业和造船业，从熟练工人到雇主的飞跃通常是不可能的。

年景好的时候，城市工匠生活得很好。但成功绝非必然，即使对那些遵循穷理查建议的人来说也是如此。有利的婚姻（可能是雇主的女儿）、幸免于疾病和拥有一笔丰厚的遗产通常都是至关重要。在费城，18世纪前半叶，有一半左右的工匠去世后留下的个人财产都足以保证家人过上舒适的生活。不过，新英格兰工匠的生活就没有那么好，因为他们的经济状况相对较差。

4.4.3 城市的社会结构

1690年至1765年，人口增长、经济发展和战争改变了城市的社会结构。庄严的市政厅显示了通过商业、造船业、战争契约和城市土地开发积累的财富，其中要数土地开发的利润最大。1760年代有个费城人曾评述说："几乎尽人皆知，这里近50年中的每一笔巨大财富都是从土地中获得的。"18世纪早期，一个商人能有2 000英镑的财产就很可观。两代人之后，北美最大的富豪们积累的财产已达10 000～20 000英镑。

城市贫困伴随着城市财富一起滋长。普通劳工害怕过冬，因为在这个季节里，城里"少有什么机会留给穷人去劳动"，烧柴火会花去数月工资。起初，每个城市都有需要帮助的残疾人、孤儿和寡妇。但在1720年以后，贫困影响到更多城市居民的生活，包括没有谋生手段的战争寡妇、农村移民或是刚来的外国移民。波士顿受到的打击尤为沉重。1740年代，波士顿经济停滞，纳税人在支付庞大战争费用的负担下呻吟。城市制定了新的扶贫方案，例如修建大型济贫院为穷人提供更为经济实惠的食宿。但是，许多穷人宁愿"在自己家里挨饿"也不愿忍受救济院的纪律和侮辱。第一家纺织厂给那些必须把孩子留在家自己去做工的人提供了雇佣机会；在工厂里，他们了解到机械化工作管理体制，这与他们此前所知晓的毫无相像之处。

18世纪的城市税收清单记录了不断扩大的贫富差距。1690年至1770年间，缴税最多的前5%的纳税人在城市应纳税资产中所占的份额从约30%上升至50%。后一半纳税人则眼见他们的财产份额从约10%缩减至4%。

财产清册

再现历史

历史学家利用遗嘱记录来考查美洲社会的变迁。这样的记录包括遗嘱、对财产的法律裁决，以及由法庭指派的估价官详细记录的个人遗产的财产清册。财产清册对追溯殖民地社会的变迁尤为珍贵。

像税单一样，财产清册也可用来揭示社会财富分配的变化。但它比税单更详细，明白地呈现出死者在生命最后时刻的生活。财产清册列出并估价一个人拥有的几乎每一样东西，包括不动产、固定资产、书籍、衣服、珠宝、手头现金、家畜和马匹、庄稼和食物储备。因此，通过财产清册，我们可以衡量不同社会阶层的生活质量。我们也能够见证人们怎样用积蓄进行投资，是为自己的生意进行土地、船只和设备等资本投资，还是投资家具、奢侈品等个人商品，或是投资土地、房屋等不动产。

经过系统研究（并纠正了影响这类和其他原始资料的偏见），财产清册显示，到18世纪早期，普通家庭的生活水平都在提高。碗橱、床、桌子、椅子等精美家具频繁地出现在财产清册中。成套的锡镴餐具替代了木碗和木勺，出现了亚麻布的床上用品，书籍和绘画有时也有提及。

精英阶层的时髦消费品更多。这里复制了罗伯特·奥利弗（Robert Oliver）的部分财产清册，他是生活在波士顿市郊的一位富商兼官员。在浏览他的家具和餐具清单时，你将会注意到他拥有红木茶几、缎子床单和挂有帷帐的床，并能感受到奥利弗希望营造的高贵印象。财产清册还进一步显示出奥利弗的房子有多宽敞，以及他对每个房间的布置。

研究财产清册时将财产按下列方式归类很有益处：必要的生活用品（如基本的炊具）；使生活便捷舒适的用品（如足够每个家庭成员用的餐具和床）；生活奢侈品（奴隶、银餐具、油画、红木家具、缎子窗帘、香料、酒等）。奥利弗有许多用来打发闲暇时光和自娱自乐的物品，也有许多奢侈品。在他的财产清册中，你认为哪些物品仅仅是为了生活得舒适？哪些是奢侈品？关于像奥利弗这样的殖民地富商的生活方式，你能得出什么其他结论？

财产清册除了揭示出殖民地社会日益增长的社会差别，还有助于历史学家理解"大觉醒"时期普通殖民者对精英阶层所表现出的骄傲自大的反应。1760年代，普通百姓对富人的不信任，导致他们彻底敌视摆贵族排场的人。

只有将其与社会最底层的财产清册相对照，后者向我们描述的下层人民的生活才能体现出其全部意义。美国革命之前十年间死去的数百位波士顿人的财产清册显示，足有一半人去世时留下的个人财产不足40英镑，25%的人仅有20英镑甚至更少。马萨诸塞地区安杜佛的乔纳森·钱德勒和丹尼尔·钱德勒（Jonathan and Daniel Chandler）两兄弟的财产清册和遗嘱显示，物质条件欠佳的美洲人陷入了自1730年代即困扰新英格兰的经济困窘之中。值得注意的是，丹尼尔·钱德勒是一名鞋匠。

反思历史

钱德勒两兄弟的全部财产同奥利弗的部分财产清册有哪些可比性？对照考察这些财产清册，是否有助于解释大革命过程中出现的阶级紧张关系？

富商罗伯特·奥利弗的家庭财产清册

多尔切斯特，1763 年 1 月 11 日

在多尔切斯特故去的科尔·罗伯特·奥利弗先生拥有的动产和私人财产的财产清册，我们已经确认，现正式公告如下：

客厅内有：

1 面穿衣镜	£4.—.—
1 面小一点的镜子	0.6.0
12 幅上釉的画 @ 6/	3.12.—
8 幅漫画	4.—.—
11 幅小壁画	—.4.—
4 张地图	—.10.—
1 面勘探镜	—.10.—
2 个上釉的带纹章的盾	—.4.—
1 对小铁头球棒	—.6.—
1 个铲钳	—.8.—
1 个烟斗	—.1.—
1 对风箱	—.2.—
1 个茶柜	—.2.—
2 个小水池	—.1.—
1 个红木茶桌	1.—.—
8 个瓷杯碟	—.2.—
1 个陶制奶罐	—.—.1
1 个陶制糖碟	—.—.4
1 个黑桃木桌	1.—.—
1 个小黑桃木桌	0.6.—
1 个圆漆桌	0.1.—
7 个皮椅 @ 6/	2.2.—
1 个圆凳	1.3.—
1 个黑桃木书桌	1.12.—
1 套烛台和剪烛芯用的剪刀	—.4.—
6 个酒杯，1 个水杯	—.1.—
1 捆书	1.—.—
1 个有许多小格子的柜子	0.4.—
	22.1.5

门厅与楼梯间有：

17 幅画	£0.10.—
	0.10.—

厨房间有：

1 张床及全部床上用品	£4.—.—
1 个床垫，2 个枕垫	5.—.—
1 个床板，1 个椅子	0.1.—
2 个小地毯，1 个盖毯 @ 6/	0.18.—
	09.19.—

餐厅里有：

1 对壁炉	£0.3.—
7 个餐椅	0.7.—
1 个大木桌	0.3.—

1个小橡木桌		0.1.—
1个小镜子		0.6.—
1个老式桌子		0.6.—
1个有两个格子的柜子		0.2.—
1个加热锅		0.12.—
		2.0.0
卧室里有：		
1张床及全套床上用品		£8.—.—
1张皮制床及床垫, 2个枕头		8.—.—
1个衣柜		2.8.—
1个梳妆台		1.—.—
6个皮椅	@ 6/	1.16.—
1个小梳妆镜		—.6.—
1个小地毯		1.—.—
1个白色棉床罩		—.18.—
1对毛毯		1.12.—
1对细亚麻床单		1.4.—
3对新粗花布床单	@ 12S/p.r	1.16.—
3对粗布床单, 1个粗布床单	@ 4/	0.14.—
3对细棉麻床单	@ 3/	0.9.—
4对仆人用床单	@ 2/	0.8.—
4块粗桌布	@ 1/	0.4.—
10块厨房用毛巾	@ 1/	0.1.—
5块花缎桌布	@ 12/	3.—.—
6块缎子桌布	@ 18/	5.8.—
4块新英国花缎	@ 3	0.12.—
4对亚麻枕套	@ 2/	0.8.—
5个粗布柜	@ 1/	0.5.—
6块花缎巾	@ 6d	0.3.—
7个锦缎毛巾	@ 2/	0.14.—
2打加9条花缎餐巾	@ 24/doz.n	3.6.—
1块薄纱茶桌布		0.1.—
		£43.13.0

乔纳森·钱德勒的家庭财产清单（1745年）

现金	£18p
枪	1p
诗集	8p
	£19p
负债	£5p
合计	£14p

鞋匠丹尼尔·钱德勒的家庭财产清单 *（1752年）

圣经	
修鞋刀	
锤子合计	£12
鞋楦头	
各种修鞋工具	

除波士顿外，城市中产阶级继续发展壮大。一边是贫困不断加剧，另一边却是巨额财富继续增长，这促使一些城市居民反思，旧世界的顽疾正在新世界重现。

4.4.4　企业家精神

随着城市不断发展，新价值观也开始产生影响。在传统的社会观念里，经济生活的运转应该遵循公平，而不是利益。地方官员按照常规采取规范价格和工资、检查产品质量、监督公共市场等诸如此类的措施。这一切似乎是很自然的，因为社会就是由各个相关部分组成的统一体，其中每个人的权利和义务都形成一个严密的网络。

在商业化的城市里，大多数城市居民都逐渐开始认为个人利益服从大众利益是不切实际的。人们开始看重贪欲，认为是它而不是旨在保护所有人利益的自我克制可以促进繁荣。这一新观点认为，如果允许人们在竞争中追求物质欲望，他们就会共同形成一个自然的、不受个人影响的生产者和消费者市场，使所有人都从中受益。这一变化产生了深远影响。

随着殖民地港口城市跻身大西洋商业圈，商人开始习惯于按照新兴的商业伦理做出决定，这一商业伦理拒绝传统上对企业家活动的限制。如果小麦在西印度群岛的售价是一蒲式耳 8 先令，而在波士顿仅为 5 先令，谷物商就会认为，把从当地农场主手中收购的小麦全部运给更远处的买主无可厚非。新的跨大西洋市场只响应看不见的供求规律。

新的经济自由与古老的对公众利益的关心之间的紧张状态，往往会随着食物短缺或通货膨胀恶化而爆发。美洲殖民地没有经历过蹂躏欧洲的饥荒，所以此类危机通常只有在战争时期对食物需求猛增的情况下才会发生。

尽管如此，两种社会和经济生活观念之间的摩擦还是持续了几十年，到 18 世纪中期，对利益的追逐已经胜过了此前以社会为重的社会契约。

4.4.5 美洲的启蒙运动

关于改善人类状况的观念也慢慢传过大西洋。18 世纪，一场美洲版的欧洲知识分子运动即启蒙运动初露端倪。

在所谓的理性年代，欧洲思想家反对加尔文主义人性恶的悲观思想，代之以乐观的思想，认为仁慈的上帝想要所有人都受到救赎。按照这种观点，人类被赋予了最重要的才能——理性。英国思想家约翰·洛克在他颇具影响的《人类理智论》（1689）一书中认为，上帝没有预先决定人类思想的内容，而是给了它获取知识的能力。所有启蒙思想家都珍视这种知识的获取，因为它使人类能够改善自身状况。正如伟大的数学家艾萨克·牛顿所垂范的，系统的调查能够揭开物质世界的奥秘。而且，运用科学知识可以推动社会进步。

17 世纪和 18 世纪科学和智力的发展鼓励人们相信"自然规律"，并激发了关于"天赋"人权的讨论。洛克也对这些发展做出了贡献，他假定人们可以选择去创建社会，进入政治关系中去保护他们自己和他们的财产；依照这一理论，政府，远非上面强加的，而是来自人们的公意，可以按照它满足人们目标的程度来对其加以评判。这些思想在欧洲和美洲传播，最终表现为争取改革、民主和解放的运动，所有这些都引起了反对可憎的奴隶制和奴隶贸易的人们的极大兴趣。正值奴隶贸易达到巅峰之时，宗教界人士和人道主义者开始起来反对奴隶制。1750 年代出现了一种观点，认为奴隶制与基督教的博爱思想和"人人生而平等"的启蒙运动主张相抵触。尽管只有几百名奴隶主在 18 世纪中期释放了奴隶，但是废奴主义的种子已经播下了。

18 世纪的美洲人，包括费城的约翰·巴特拉姆（John Bartram）和哈佛学院的教授约翰·温思罗普三世（John Winthrop III），开始为科学进步做出重大贡献。其中最重要（也很危险）的是富兰克林引人注目的电学实验，由此电的特性才逐渐为人所了解，并为他赢得了国际声誉。作为启蒙运动的代表，富兰克林的真正才华体现在对科学知识的实际应用上。在他的发明中有避雷针，有双焦眼镜；还有火炉，这种炉子为房屋供暖要比开放式壁炉更经济。富兰克林使他居住的费城成为美洲启蒙运动的中心。1731年他帮助创建了美洲第一家流通图书馆，一个工匠谋求"共同发展"的辩论俱乐部，以及一个殖民地科学协会，后者于1769年演变为美洲哲学学会。

大多数殖民者的受教育程度都比较低，所以他们也就无法积极参与美洲的启蒙运动，仅有少数人能够阅读伏尔泰等法国启蒙作家的作品。但是，富兰克林等人的努力则使很多人都感受到了新思潮的影响，尤其是城市居民。这就在欧洲与殖民地的人们中间点燃了一种希望：受到富饶环境恩泽的美洲人，或许可以实现启蒙运动的理想，建立一个完美社会。

4.5 "大觉醒"

18世纪，殖民地的社会、经济和政治方面的许多变化都集中发生在"大觉醒"时期，这是随后两个世纪里席卷美洲的众多宗教奋兴运动的开端。每个地区觉醒运动的时间和特点各异，但各地对精神重建的追求都向旧势力权威发起了挑战并产生了有助于推动下一代革命运动的思想和行为方式。

4.5.1 宗教马赛克

18世纪早期英属美洲仍保持着新教文化的绝对优势。清教（即公理会教会）控制着除罗得岛以外的整个新英格兰。英国国教统治着纽约大部以及除边远地区之外的整个南方。在大西洋沿岸中部殖民地和偏远的殖民地，德意志的门诺派教徒、德意志浸礼会教派成员、摩拉维亚教徒和路德教会员、苏格兰-爱尔兰人的长老教会员，以及英国的浸信会教友和贵格会，全都混合在一起。即便如此，却有一半殖民者从不去教堂做礼拜，部分原因在于很多地区根本就没有牧师和教堂。在人口最稠密的殖民地弗吉尼亚，1761 年仅有的 60 名教区牧师为 35 万人服务，平均每 5 800 人才有一位牧师。

早在 1660 年代，为了维持教会在社区的中心地位，新英格兰公理会牧师曾通过了一个"半路规约"（**Half-Way Covenant**）。它规定教会成员的孩子如果坚持"虔敬的形式"，即使不能证明自己已经皈依也准许加入教会。他们不能投票表决教会事宜，也不能领圣餐，但可以让他们的孩子受洗。对这一创新的阐释有些复杂：它可能标志着宗教冷漠在逐渐蔓延，许多牧师都对此感到担心；或者它也可能表明后代怀疑他们自己的经验是否与英勇开创的一代人的经验相匹配。不管是哪种解释，看似都为宗教改革做好了准备。

除了英格兰外，英属北美殖民地展现出比英属大西洋世界其他任何地方所能找到的更多的宗教多样性。理论上，英国国教作为官方确立的教会占据特权地位。然而，多样的移民创造了一个复杂的宗教马赛克，其中国教经常都只是众多选择之一。不论它们在欧洲地位如何，大多数殖民地的教会都是志愿组织，是出于良知建立的，而不是由政府强制建立的。尽管天主教徒、犹太教徒和无神论者不能参与选举或担任公职，但对贵格会和天主教徒的迫害已成为过去。到 1720 年，一些异端组织已经有权利用长期强制执行的教堂税来维持自己的会众。

具有讽刺意味的是，在新英格兰大部分地方，公理会有着超出在许多殖民地英国国教的地位。在继续强调地方公理会权威的同时，公理会牧师通过有关教会成员的呼吁就可得到职位；不存在更高的权威。与其相比，国教牧师则需获得英国伦敦主教的任命。想当牧师的男性经常受到这样阻碍的阻隔。（殖民地和英国本土的）神职人员发现，他们执掌教会的能力受到限制。例如，在切萨皮克教区，英国国教牧师面对的是富有的种植园主，他们控制着教区委员会（当地教会的管理机构），规定牧师的工资，如遇牧师过分强烈的质疑，就会把牧师赶走。然而，公理会牧师则有更好的组织和一点点权力集中化。基于这一原因，在 17 世纪，他们大都支持"半路规约"，1708 年的《塞布鲁克教纲》创建了一个公理会教会网或称"联盟"，但各个教会仍然保持了相当程度的自治。

4.5.2　觉醒者的信条

1730年到1760年间的"大觉醒"（Great Awakening）运动在各地强度不同，它不是一场统一的运动，而是一系列宗教奋兴运动。担心其所在社会正在被宗教冷漠所压倒，神职人员点燃了复兴的火苗。新泽西新教教会的荷兰牧师西奥多·弗里林海森（Theodore Frelinghuysen），通过充满感情地宣讲"被拯救"的必要打动了会众。这一信条暗示，像一个正直（虔诚）的人一样活着什么也不意味，最关键的是"满心知道神的旨意"。那些被这一信条触动的人，像汉娜，期望一种深刻的皈依体验，并将其（如果它发生的话）视作得到救赎的一种标记。

1730年代，奋兴布道的例子和对灵魂世界日益增多的关注获得了快速发展的动力。新泽西和宾夕法尼亚的长老会教友采取了一种新的布道方式，牧师用这种方式劝说听众产生一种新的皈依的需求。在康涅狄格河谷，马萨诸塞北安普顿的乔纳森·爱德华兹（Jonathan Edwards，他是"大觉醒"的主要倡导者）不仅推动了地方的奋兴运动，还对皈依过程进行了深思熟虑。他的作品将关于人类认知的启蒙洞见与关于救赎的基督神学融合到了一起，后来为他赢得了"哲学巨匠"的声名。在北安普敦的布道中，爱德华兹有力地传达了主的信息，使得他的教区居民战栗屈服。由于担心会落入不悔过的群众中，他的居民疯狂地准备转意归主，以此实现"重生"。他写的《不同寻常的神职工作实录》（*Faithful Narrative of the Surprizing Work of God*，1736）描述了他所在城市的觉醒运动，这是首部出版发行的记述复兴运动的著作，后来这种文学形式多次被用来煽动福音派新教的热情。

1739年，来自英国的24岁英国国教牧师乔治·怀特菲尔德（George Whitefield）将这些信仰福音派的宗教分支吸引到了一起。怀特菲尔德受到英国卫理公会创始人约翰·卫斯理（John Wesley）的启发，在大型集会前用他洪亮的嗓音做了激情澎湃的户外布道。从1739年开始，怀特菲尔德七次沿着美洲海岸线做巡回演讲。在波士顿，他在三天内为1.9万人布道，在一次告别布道中，他使2.5万人在对诅咒的恐惧中苦苦挣扎。受其布道启发的美国传教士接踵而至，大都是年轻人。

觉醒者以媒介和信条吸引了众人。他们指出，受过大学教育的正式的神职人员过分沉溺于智力的思辨而且深受传统的束缚。怀特菲尔德宣称：会众是麻木的，"因为麻木的人在给他们布道"。只有每个人都为自己的皈依承担起责任，才会重新点燃新教信仰之火。

个人参与的一个重要形式是"劝诫"，"劝诫"就是不论老少、男女、黑人还是白人都要自发地讲述皈依的体验，并宣誓"上帝明鉴"；对指定角色的这一挑战，让受过教育的牧师感到惊骇，因为这种做法打破了专业牧师的垄断。普通人的口头文化得到从未有过的重视，他们的即兴流露与上流社会刻板的书面文化形成了鲜明对照。信仰复兴运动者相信，许多神职人员经常将精力全部投入对教义的争论上，过多地运用智慧，而很少触及心灵。正如一位康涅狄格的领导者回忆的那样："上帝的精神显然被抛在了一边。"

通过考查宗教奋兴运动席卷过的两个地区，我们能够看到宗教、社会变革及政治在"大觉醒"中是如何交织在一起的。无论是新英格兰中心波士顿，还是生活着努力奋斗的小种植园主和奴隶主贵族的内陆弗吉尼亚，它们都经历了"大觉醒"，但其方式和时间却是各不相同。

4.5.3 北方城市的宗教奋兴运动

在波士顿，怀特菲尔德激发的宗教奋兴运动在关于纸币和土地银行的政治争论中爆发。土地银行发行纸币，基于个人土地的价值，就像当今的住房贷款抵押。通过使地方经济更容易获得资金，银行得到了当地商人、工匠和贫苦劳动者的支持，但却遭到大商人的反对，后者受益于钱是稀缺的因而更有价值。起初，波士顿精英阶层称赞怀特菲尔德召集群众崇拜上帝的能力。

似乎这位高明的福音传教士能够将人们的注意力从货币争端这类世俗事务转向对灵魂的关切，从而恢复社会和谐。但当 1740 年他离开波士顿时，其他人也随他走了。像詹姆斯·达文波特（James Davenport）这样的人更严厉地批判"未信教"的牧师和放纵积聚财富。发现所有教会都对他大门紧闭，就连那些拥护"大觉醒"的牧师所在的教会也不例外之后，25 岁的达文波特每天都在波士顿公共草坪讲道，唤起了许多人对宗教的痴迷，激起了对城市领导者的不满情绪。当群众开始走上街头用语言攻击土地银行的反对者，说他们是"世俗的卑鄙小人、伪君子、与上帝为敌的人、魔鬼的子孙、可恶的伪君子"时，有名望的人士认定，宗教奋兴运动已经变得难以控制。希望使堕落的基督徒回归宗教的宗教奋兴运动已经与政治事件交叠在一起，因而它威胁到了上流社会文化，后者强调针对普通民众的秩序和纪律。在这之后，教会分裂为反对奋兴运动的"旧光明派"和支持奋兴运动的"新光明派"。

4.5.4　南方的宗教奋兴运动

尽管余波持续了许多年，但到 1744 年，"大觉醒"运动在新英格兰和中部殖民地还是走向低潮。而在弗吉尼亚，尽管那里几乎没有了最初的宗教震荡，但宗教热情却从 1740 年代中期起在整个社会激起了涟漪。

怀特菲尔德在他早期穿越弗吉尼亚的旅途中激起了一些宗教热情。"新光明派"云游传教士很快便在偏远地区和老殖民地传统的英国国教区吸引了大批群众。到 1747 年，忧心忡忡的英国国教牧师说服总督发布声明禁止"云游传教士"。与其他殖民地一样，弗吉尼亚的统治者也蔑视云游福音传道者，这些传道者与劝诫者一样都幻想一个不设置任何权力的世界。当 1750 年汉诺威县法庭给予性情暴烈的詹姆斯·达文波特传教特许时，总督下令镇压所有骑马巡行的传教士。

奋兴者挑战了在上流社会中占据统治地位的英国国教长老派。过去它存在于苏格兰-爱尔兰移民生活的偏远地区，从 1750 年代开始扩散。接着，在 1760 年代南方出现了浸信会教友。浸信会教友弃绝华丽的服饰和炫耀的行为，彼此以"兄弟""姐妹"相称，与那些非教会群众广泛联系。他们与北方的奋兴主义者一样，特别注意皈依的体验。他们中的许多传教士都是没有受过教育的农民和工匠，自称"基督的穷人"，他们坚信天堂里居住着更多谦卑的穷人而不是以富骄人的富人。1760 年，福音派新教会的信条开始在最贫穷的弗吉尼亚 14 万奴隶中产生影响。浸信会教徒为普通民众提供了一种属于自己的、使情感得以满足的宗教，抵制上流社会价值观。正式的英国国教神职人员和有名望的新英格兰牧师一样强烈地谴责觉醒者。在以上两个地区，社会变革削弱了上层社会的文化权威，在宗教奋兴运动的背景下，社会呈现出沿着更加平等的轨迹发展的景象。

4.5.5 "大觉醒"运动的遗产

1745 年怀特菲尔德第三次回到北美时，宗教奋兴运动在北方已经偃旗息鼓。但它的影响却是长期的。特别是它促进了宗教多元化。在马萨诸塞和康涅狄格，觉醒运动使公理会分裂为"新光明派"和"旧光明派"。大西洋沿岸中部殖民地的长老会面临着相似的教会分裂。到 1750 年代，在数以百计的农村，以前只有一个教会的地方此时都已存在两三个。更大的多样性为第二个变革（政教分离）铺平了道路。一旦各种教会都获得合法化，特定宗派就很难有正当理由要求享有特权。罗德岛的牧师和奠基者罗杰·威廉斯在 17 世纪就试图将政教分离，因为他认为与民事机构相关联使教会堕落。许多复兴运动者都持有这一看法。"国家会阻碍教会"这一观念削弱了国教或公理会处于垄断地位的根基。政教关系的断裂将在革命时期完成。

18 世纪新创办的殖民地大学反映了宗教的多元化，因为培养牧师这一需要推动了对建立高等教育机构的刺激。1740 年以前只有清教的哈佛学院（1636 年创办）和耶鲁学院（1701 年创办）以及英国国教的威廉-玛丽学院（1693 年创办）。但在 1746 年至 1769 年间又新增加了六所学院：达特茅斯

约翰·卫斯理和乔治·怀特菲尔德对罪人布道

在其作为一个奋兴家的跨大西洋职业生涯中,乔治·怀特菲尔德与约翰·卫斯理联系在一起,后者将会创立卫理公会运动。这幅想象的18世纪版画描绘了两人布道的场景和基督教救赎观念的程式化版本。这幅版画给两人布道的那些听众提供了哪些选择?

学院、布朗学院、普林斯顿学院和现在的哥伦比亚大学、拉格斯学院以及宾夕法尼亚大学。没有一所大学是由既定教会控制,所有大学的管理机构都由不同信仰的人组成,而且学校接收学生时不考虑其宗教信仰。因为想要得到更多的学生和基金,所以学校发出了无宗派差别的呼吁,并将传统的拉丁语和希腊语课程与自然科学和自然哲学相结合。

"大觉醒"孕育了政治和日常生活中价值观的微妙变化。普通人在宗教事务中承担起新职责,开始怀疑教条和权威。很多人(尤其是浸信会教徒)都谴责正在滋长的物质主义,痛惜新生的对利己主义行为的认可。通过学习反对权威和创建新教会,成千上万的殖民者不知不觉中就为革命进行了预演。

4.6 政治生活

18世纪早期，一位马萨诸塞牧师写道："若不是有政府存在，整个世界很快就会陷入无序和混乱。"殖民者或欧洲人中几乎没有人反对这一观点。政府的存在就是为了保护人民的生命、自由和财产。

在英国国内，在英国政府与美洲殖民地之间，以及在每个殖民地内部，政治权力是如何划分的呢？殖民者自然会大量使用继承下来的政治思想和制度，而它们也几乎全都是英国的，因为是英国特许状批准了殖民，英国总督掌握着统治权，英国习惯法控制着法庭。但在新环境中遇到意料之外的情况时，殖民者就会对常见的政治形式做出修改。

4.6.1 建构中的殖民地政府

所有社会都认为确定政治权力的最终来源是非常必要的。在英国，神授的、至高无上的君权概念甚至在殖民地建立之前就已崩溃。代之而起的思想是，稳定的政府需要调和并制衡三种单一的政府形式：君主制、贵族制和民主制。纯粹的单一模式都将堕落为压迫。大多数殖民者都认为，英国1688年革命维护和加强了一个有着微妙平衡的政治体系。在这一体系中，君主和议会两院代表各自的形式，它们的和谐运作确保了一种健康的政治，在这种政治中，主体的权利得到了保护。

殖民者同样看重政治平衡，但在殖民地，政治平衡的实现多少有些不同。总督作为国王的代理人（在业主殖民地则是国王授权的业主的代理人），代表了君主政治。17世纪在大多数殖民地都出现了两院制的立法机构。在多数省份，这一机构还有由总督任命的富人组成的上院；作为英国国会上院的对等机构，它形成了初期的贵族政治。立法会议由白人男性有产者选举产生，它是英国国会下院的仿制品和民主的要素。每一条法令都必须由总督认可

（罗得岛和康涅狄格除外），殖民地的所有法律都要经国王枢密院最终批准。然而，这种王家检查难以完善地运作。一条法律到达英国要经历数月，而对该法律的最终批准或否决又要耗时数月。在此期间，法律已在殖民地生效了。

政治结构背后的正式规则将会决定哪些人成为投票人和官员。在英国，土地所有制决定政治权利。只有那些拥有财产且每年创造40先令租金收入的男性才能投票或担任公职。殖民者紧紧遵循这一原则——马萨诸塞除外，在那里直至1691年，拥有教会成员身份仍是基本要求。就像在英国，穷人和没有财产的人也被排除在外，因为他们缺乏所谓负责任的投票人所必需的"对社会的关心"。在英国，40先令的财产要求限制了选民的数量，但在殖民地，土地非常便宜，因而50%～70%的成年男性都拥有投票权。然而，随着18世纪无地殖民者的比例增加，选举权缩小了。尽管投票权基础广泛，但大多数人都认为富人和社会名人应该担任主要政治职位。平衡这一精英统治论的方法就是，全体选民定期评判被委以政治权力者的表现，发现不合格者并予以罢免。

4.6.2　群众的力量

群众表达他们看法的方式之一就是通过群众行动，这是欧洲有着很长历史的一个传统。民众抗议极少会遇到有效的警力。在大多数殖民者居住的农村，只有县治安官将文职官员与愤怒的农民隔离开来。在城镇，治安官只在夜间巡逻维持秩序。时至1757年，纽约的夜查人员还被描述为，"一群懒散、酗酒、打着鼾声的守夜者，他们一生中从未制止过任何夜间的骚乱"。理论上，民兵随时准备镇压公众骚乱，但骚乱的人群中往往却有很多民兵。

1747年波士顿因强行征兵引发暴乱，生动地展现了人们是如何随时准备保卫自己继承的基本权利，同时也暴露了法律执行中的弱点。海军准将查尔斯·诺尔斯（Charles Knowles）带领他的王家海军舰队到波士顿寻求增援，以补充因死亡和开小差而减少的水手。诺里斯派遣征兵队到波士顿码头

波士顿旧州府

每个殖民地都有一个主要城镇成为州府及政府建筑所在地，就像图中所示的波士顿州府。这一建筑包括皇家权威的符号，如上面雕刻的英国狮子。假定它并非只具有装饰意义，为何像波士顿这样的海港城市会在其最重要的公共建筑物上镶嵌一个风向标？

去补充水手空缺，但还没等征兵队把抓获的人强行带走，一群愤怒的波士顿人就抓住了几位英国军官，包围了总督的住所，要求释放他们的市民。当治安官及其副手出面调停时，暴徒打伤了他们。民兵拒绝帮忙。恼羞成怒的诺尔斯威胁要炮轰城市，但是在一度恶化的混乱中，双方协商并避免了最后的决战。最终，诺尔斯释放了强征的波士顿人。暴乱平息后，年轻政治家塞缪尔·亚当斯（Samuel Adams）为波士顿挑战王权的行为做了辩护。他指出，人民有"天赋的权利"联合起来反抗剥夺他们自由的征兵队。他把事件中支持总督的当地要人称作"专制政权的工具"。

人民也通过两院制议会来表达他们的意愿，两院制议会在18世纪扩大了它的权限。最初，皇家总督和业主总督极大地限制了选举产生的立法机关可以行使的权力。总督可以解散下议院，推迟会期，控制议长选举，在大多数殖民地他们还会与自己指定的立法班子一起制定法律。他们有权任命和裁撤各级司法部门的法官，有权设立开庭时不设陪审团的衡平法院。总督还控制着公共资金的开支，有权向个人或组织提供土地，有时他们还会利用这一权力把大量地产赠予亲信。

18 世纪，几乎一半殖民地都由皇家总督管理。许多皇家总督都是有能力的军官或官僚，但也有一些是接受委任的腐败之徒。一些人甚至从未来过殖民地，他们宁愿从领取的工资里拿出一部分付给另外一个人，让他去做代理总督。有一个人到任一周之后就自杀了。但大多数总督都只是平庸而已。

18 世纪，立法委员们向殖民地总督膨胀的权力发出了挑战。渐渐地，他们赢得了新的权利：制定法律，选举自己的议长，裁决有争议的选举，约束议员，任命支付公共基金的司库。最重要的是，他们赢得了**财政权**——有权制定货币议案，确定税收额度和支配税金。因而，选举产生的立法会也就逐渐转化成反映选民利益的管理机构。

选举产生的官员对选民负责，成为殖民地政治体制的一个重要特征。在英国，众议院宣称代表整个国家，但却极少有人能在议会人员的选举上享有投票权；作为一种政治安排，许多议席都是无竞争选举。在殖民地，代表大都由选举人选派，他们在特殊问题上接受选举人的指示并对其负责。

皇家总督和作为总督顾问的殖民地显贵，经常谴责这种普遍的地方主义倾向。一位纽约贵族轻蔑地说道，议会里挤满了"没有受过教育的农民［小农场主］，他们的视野很少离开过公路规章，狼、野猫和狐狸造成的破坏，以及他们所代表的特定县的其他一些小利益"。事实上，大部分下议院议员都是商人、律师、富有的种植园主和农场主，他们在 18 世纪中期构成了大多数殖民地的精英阶层。他们为维护其选民的利益而感到骄傲，因为他们视自己为反对压迫和专制统治的堡垒。对殖民地居民而言，在所有事情上地方政府通常都要比殖民地政府更重要。在北方，地方政权一般设在城镇（包括周边郊区）。新英格兰的城镇会议决定各种事情，其成员经过充分讨论直至得出统一意见。在南方，县是政府的基本单位，到 18 世纪中期，第三代和第四代家庭中定居下来的乡绅阶层赢得了政治上的支配地位。他们统治着县法庭和立法机关，富裕的农场主出任一些小职位，如道路勘查员和副治安官。法院通常一年开庭四次，在此期间，宣读契约并做记录，选任陪审员执行司法审判，进行选举，发放执照，宣读公告。选举期间，绅士们会用各种酒类款待他们的邻居们（他们依靠后者获得选票）。

4.6.3 辉格党意识形态的传播

到 18 世纪中期，无论在地方事务还是在省一级事务中，一种称作辉格（Whig）或"共和"的政治思想广泛传播。这一继承自英国的思想的主体是基于这样的信仰：集权在历史上是自由的敌人，把过多的权力授予某一个人或组织常会导致腐败和暴政。防止集权的最好方法就是：平衡的政府，选举产生的善于制衡行政权力的立法机关，禁止常备军（常备军几乎一直都是控制在专制君主手中用来镇压人民），通过人民监督对腐败征兆保持警惕。

到 1763 年，殖民地发行有 23 种报纸，许多**辉格党思想**都是通过这些报纸为人民所知。许多报纸都是翻印英国辉格党作家抨击腐败和正在蔓延的专制的文章。尽管报纸篇幅有限而且一周只发行一两期，但是人们互相传阅，在酒馆和咖啡馆里大声朗读，所以报上的内容可以传到大多数城市家庭乃至少数富裕的乡下农场。

新闻界在捍卫人民自由反对潜在的暴君（如傲慢的皇家总督）方面发挥的重要作用，在纽约的曾格案中得到了充分体现。年轻的约翰·曾格（John Zenger）是一名印刷工学徒，1733 年他受雇于刘易斯·莫里斯（Lewis Morris）的反政府团体，发行一份报纸：《纽约周刊》（*New York Weekly*），旨在揭露威廉·考斯比（William Cosby）总督的专横行为。

曾格因煽动诽谤罪被捕，莫里斯集团聘用费城律师安德鲁·汉密尔顿（Andrew Hamilton）为他做了精彩辩护。汉密尔顿认为，曾格一直以来只是试图告诉人们他们的自由受到了侵犯。陪审团宣判曾格无罪，但是诽谤法仍然具有很强的约束性。不过，无罪宣判的确加强了"政府是人民的公仆"这种观念，并使人们认识到，公众批评能够使人民拥有一个对其负责的政权。地方政治中提出的这些关于自由和腐败的观点，很快就将具有更加广泛的意义。

小结：1750年的美洲

北美的英国殖民地生机勃勃、地域广阔，在 1690 年至 1750 年间迅速成熟。横跨大西洋的贸易将它们与欧洲、非洲和南北美洲其他地区紧密联系在一起。教堂、学校和城镇，这些淡化着边疆的标志随处可见。在很多地方，像汉娜这样的人一直受到"大觉醒"的激励而兴奋不已。平衡的性别比例和稳定的家庭生活在整个殖民地得以实现。许多人都能不断克服困难逐步提升自己的社会地位。从缅因到佐治亚，经验丰富的政治领导者和人们所熟知的政治制度都发挥了作用。

诚然，美洲社会的筋肉和骨骼还没有完全有机地结合到一起。使用多种语言的人口来自形形色色的种族和宗教团体，其中有 20% 束缚在奴隶制下，印第安人仍未接受同化，在边境过着不稳定的生活。随着经济迅速发展，美洲殖民地的弱点也暴露出来，尤其是在新英格兰，那里的土地资源已经枯竭。随着社会结构日趋稳定，土地所有者和商业精英的财富愈加巩固，这与城市和一些农村地区出现的贫困形成鲜明对比。实力雄厚但明显存在不和谐因素的美洲殖民地，如何进入了冲突不断并需要做出重大抉择的时期？许多冲突都是与实力不断增强的北美法属内陆帝国发生的，欧洲战争发展成为全球冲突。1750 年时的殖民者还无法想象有一天会与英国断绝关系，那么，为什么仅仅过了 25 年，这一事件就发生了呢？

思考题

❶ 北美殖民地社会的地域差异产生了不同的社会和经济系统。关键区别是什么？每个地域不同的社会及经济特点又是什么？

❷ 奴隶制为何会在18世纪的殖民地变得如此兴盛？它是如何影响社会的？

❸ "大觉醒"运动与其他社会变化是相斥还是相容？在你看来，宗教变革与社会、政治和思想变化有何关系？

❹ 美洲殖民地是受跨大西洋的流行趋势影响大，还是受本土政治、思想及社会生活的影响更大？

❺ 殖民地社会中哪些最重要的方面促使其走向成熟？为何你认为这些因素非常重要？

第 5 章

冲破帝国的束缚

5.1 "七年战争"的高潮

5.2 与英国的危机

5.3 造反的边缘

5.4 摆脱殖民束缚

小结：革命的前夜

> 美国故事

一位鞋匠领导的波士顿暴动

1758 年，21 岁的波士顿人埃比尼泽·麦金托什（Ebenezer MacIntosh）放下鞋锥子，参加了抗击法国的马萨诸塞远征队，与敌人在尚普兰湖展开战斗。麦金托什这个波士顿穷鞋匠的儿子，在前几场战争中同法国人打过仗，他已尝够了贫穷的滋味。参加对法作战满足了他获得战利品的愿望，并且至少能得到相当于半年薪水的入伍奖金。作为"七年战争"中反对"高卢威胁"的成千上万殖民地人民中的一员，麦金托什在把法国人赶出北美的斗争高潮中做出了他微小的贡献。

但是，接下来有一个更伟大的角色等待着这位波士顿穷鞋匠去扮演。1763 年英法签订了《巴黎条约》，两年后英国开始向北美殖民地人民征收印花税。在随后的群众抗议中，麦金托什成为波士顿人的街头领袖。一群波士顿人在两个晚上捣毁了该殖民地两位重要官员的住宅，此前北美从未有过如此严重的毁坏私人财产的事件。8 月 14 日，他们又捣毁了安德鲁·奥利弗（Andrew Oliver）的住宅，奥利弗是一个富有的商人，也是马萨诸塞殖民当局指定的印花税票代销人。12 天后，麦金托什领导群众袭击了另一位富商——时任马萨诸塞副总督和首席法官托马斯·哈钦森（Thomas Hutchinson）的宅第。马萨诸塞总督写道："暴动如此普遍并受到广泛支持，以至于政府的一切权力转瞬间便化为乌有。"

随后的几个月里，波士顿穷鞋匠的势力逐渐壮大。麦金托什被市民称为"将军"和"自由之树上将"，不久他就炫耀地穿起金色和蓝色相间的民兵制服，戴上一顶饰有金色花边的帽子。11 月 5 日，2 000 名市民听从他的命令，沿着波士顿弯曲的街道有序地行进，用游行示威来表明他们团结一心抵制令人痛恨的印花税票。

五个星期后，一伙人公开地侮辱了印花税票代销人奥利弗。在 12 月的一场瓢泼大雨中，市民带着他在镇里游行，要求他当众宣布辞职。最后在麦金托什的押解下，他来到成为抵制英国新殖民政策象征的"自由树"下。在这里，他在市民的压力下屈服了。他满怀怨言地结束了他的辞职讲话，在四周一片嘲讽的嘘声中，他说道："尽可能满足人民需要，我觉得自己无上光荣。"

"民享"思想是蕴含于英国政治文化中的一种古老观念，但在 1750 年到 1775 年，当北美各殖民地为维护自身利益而同英国进行艰苦卓绝的斗争时，这一观念又承载了新的含义。1750 年时几乎没有几个殖民地居民怀有想要摆脱英国控制的愿望，能够料到 13 个独立的州组成一个国家的人更是少之又少。然而，200 万殖民地人民犹犹豫豫地走到了强大的英国的对立面。麦金托什这样的小人物和塞缪尔·亚当斯、约翰·汉考克（John Hancock）、约翰·亚当斯（John Adams）这样历史上著名的人物都加入了这场战斗。像麦金托什这样的普通人共同影响了——事实上有时甚至决定了——殖民地的革命运动。虽然我们主要提及的是"开国元勋"中的一小部分人，但美国革命的源泉只可能在来自不同社会阶层、职业、地区和宗教的人民中找到。

殖民地社会晚期的紧张局面，为"七年战争"（Seven Years' War，在殖民地通常则称"法国人和印第安人之战"）后的帝国危机所加剧，最终导致与英国决裂。殖民地人民自称英国人并为能成为取得巨大成就的大英帝国的一员而自豪，他们是如何逐渐支持独立的？麦金托什帮助回答了这一问题。为了反对王室官员和殖民当局 1763 年后试图实行的新殖民政策，他领导了波士顿暴动——这是一场旨在恢复古代自由主义的革命运动，而这一自由则是即将处于英国蓄意攻击下的美洲人所深信不疑的。这场运动最终促使美国的独立运动逐步升级到战争状态。

麦金托什的波士顿拥护者们也发泄了对聚敛财富和权力的当地贵族阶层积聚多年的怨恨。在每个晃动的斧子、被粉碎的水晶杯、被砸成碎片的桃木椅子背后，都暗含着波士顿人看到城市的保守派企图分解乡镇居民会议时的愤怒；波士顿人面临着经济困难，他们对本城的机会与公正已经失去信心。这种情绪要求改革已经腐化堕落、由精英阶层所控制的殖民社会，在殖民地试图摆脱宗主国束缚的同时，也促生了人们重塑美洲社会的理想主义愿望。这不同于一般的独立战争，这是美国革命，美国人民发动起义，要为其自身及其后代创建更好的未来，任谁也无法阻挡。

建国工作始于革命骚动兴起之初，它要求推翻殖民地的地位，成为英国的一个领地但却并非全为英国所有。《独立宣言》正式断绝了与英国的关系，前殖民地人民仍然必须创建新的政府，作为独立的国家来运转。面对一场对抗欧洲最强大国家的战争，这一新生国家如何统筹协调战争时期的努力？随着与大英帝国的战争步步逼近，制定州宪法和经由《邦联条例》组建政府是最紧要的事情。爱国者们为共和思想所激发，决心让前殖民地走上正轨。他们面临的挑战是绝大的，但是许多人抱有的希望同样令人鼓舞。

5.1 "七年战争"的高潮

继英法再次相对抗的**"乔治王战争"**（King George's War，1744—1748）的短暂和平之后，这两个西欧帝国展开了 17 世纪晚期以来规模最大、到此时为止对英帝国影响最为深远的第四次战争。这场全球战争有着不同的称呼，既称"七年战争"，又称"法国人和印第安人之战"或"帝国大战"，体现了英法为控制大西洋和密西西比河之间北美腹地所进行的较量。在北美，盎格鲁-北美军队最终获胜，他们的胜利极大地影响着密西西比河以东广大地区各种人的生活。

5.1.1 战争与帝国的统治

1688年"光荣革命"后,英国对分布广泛的殖民地开始实行一种更有连续性的管理。1696年,一个专门的**贸易理事会**(**Board of Trade**)取代了原有的贸易与殖民地委员会;财政部强化了海关部门;议会在海外设立海事军事法庭,在没有陪审团的情况下可以负责对违反《航海条例》中确立的贸易规则的走私者进行审判。议会在安妮女王统治期间(1702—1714)扮演着更积极的角色,她那位软弱的、讲德语的远亲乔治一世登上王位后依然如此。政府逐渐建立起帝国管理的机制。英国当局赋予王室总督更大的权力和更为具体的指挥权,贸易理事会一再要求总督强制实施英国的各项政策。

检验一个国家机构是否有效率的最好标准就是它的作战能力。经过1689年到1763年间的四次战争,英国具备了与法国相抗衡的实力,它的势力范围遍及欧洲、北美和加勒比海地区。这些帝国战争对英国内政、美洲殖民地臣民和北美印第安人产生了重大影响。

《乌得勒支和约》结束了"安妮女王之战",并为英国带来了重要的战利品。随之而来的直到1739年的和平年代实际上是一个短暂的休战期,英法两国都在利用这段时间来加强自身作战能力。英国通过创造性的、更有效的管理,在新世界殖民地取得了重要成就。

为了加强对殖民地经济的控制,议会又基于1651年起草的《航海条例》扩大了其管理贸易的政策。政策的目的是利用殖民地贸易让英国获益,占领殖民地市场供英国制造品销售。随着时间流逝,议会又增加了新的条款,规定殖民地生产的产品,在出口到其他国家之前必须先运往英国。议会也削减了对英国经济有重要影响的殖民地产品的产量,如羊毛布(1699年)、海狸皮圆顶帽(1732年)和铁制成品(1750年)。最重要的是,议会在1733年通过了《糖蜜条例》,试图以此阻止新英格兰与法属西印度群岛之间的贸易。新英格兰人用糖蜜(精制糖过程中的副产品)制酒。议会出台了一项关税政策,对法属奴隶生产的糖蜜每加仑征收6便士的税,想要限制殖民地的消费者购买英国糖蜜或是由它生产出的酒。这使许多新英格兰大商人和酿酒者都成为走私者。为了自身利益考虑，这些人与他们的船长、水手和同盟者沿海工匠，学会了反抗王权专政。

1739年英国对西班牙宣战，和平时代突然结束。这场战争常被称为"詹金斯耳朵之战"（War of Jenkins's Ear），这一冲突始于英国政府掀起的对西班牙作战的狂热。1738年，船长罗伯特·詹金斯（Robert Jenkins）公开展示了他用盐水腌渍的耳朵，他的耳朵八年前因在西班牙殖民地走私而被割下。利用这一事件煽动的愤怒狂潮，英国对西班牙发动攻击，然而，战争的真正原因则是英国政府决定夺取对大西洋的商业控制权。

1744年到1748年，盎格鲁-西班牙战争合并为一场规模更大的盎格鲁-法国战争，这场战争在北美被称为"乔治王战争"，但在欧洲则被称为"奥地利王位继承战"。战争规模远超以往任何冲突，凸显了帝国需要增加内部的军事训练。面临空前的军费开支，英国要求西印度群岛和美洲殖民地共同分担帝国的防御（和扩张）费用。对美洲殖民地人民来说，战争的代价过于高昂。马萨诸塞志愿者为他们参与占领了路易斯堡大量法军要塞的行动而自豪，但其自身却也是损失惨重。而且战争结束时，英国政府又把路易斯堡退还给了法国，作为交换条件，换取法国做出的其他让步，对此新英格兰人一直心怀不满。

5.1.2 敌意的爆发

英法殖民者在北美的紧张对峙（这可以追溯到17世纪早期），由英国殖民地出现的惊人的人口增长所加强：1700年到1750年人口由25万增长到125万，再过十年达到175万人。新增人口中有75%都来到了纽约南部殖民地，从而推动了成千上万渴望获得土地的殖民者向西移民。

毛皮商人和土地投机商推动了这次西进运动。1740年代和1750年代，投机商人（包括许多日后的革命领袖在内）组成了土地公司，利用海外人口的膨胀获利。1740年代，殖民者深入到了俄亥俄河流域，在大陆中心地区建立了第一个英国哨所。

面对英国的侵入，法国坚决抵制。他们企图在俄亥俄河流域建立新的军事要塞，拆散一些部落与英国建立的联系。1753年，法国人将英国商人逐出俄亥俄流域，在今天的匹兹堡附近，即伊利湖与俄亥俄河岔口之间，建立起一系列军事要塞。1754年5月28日，在迪凯纳堡附近，法国人机智地挫败了21岁年轻气盛的弗吉尼亚民兵上校乔治·华盛顿的进攻，弗吉尼亚殖民地政府授命华盛顿将法国人从该地区驱逐出去。这一冲突引发了一场战争（在英属美洲称为"法国人和印第安人之战"），学者们则将其称为"第一场全球性战争"。

决定在北美腹地进行一次军事较量的是欧洲各首都的决策者而非殖民地人民。得到美洲主顾支持的英国财力雄厚的商人们，在英军成功摧毁强大的法军在路易斯堡的堡垒后备受鼓舞。他们认为摧毁法国海外贸易的时机已经成熟。1754年，被说服的英国内阁命令几千名士兵开赴北美；而法国也有3 000名正规军投入对英战争。

随着战争逼近，殖民地各个政府试图协调其内部关系。1754年6月，七名殖民地代表在纽约奥尔巴尼会晤，打算实现殖民地的统一和重新赢得易洛魁人的信任。但这两项努力均以失败告终。在没有明确表示对法作战的情况下，150名易洛魁首领带着整整30车礼物离开了。富兰克林构想了建立一个跨殖民地政府的计划，这个政府负责处理印第安人事务，组织防御并拥有批准法律和征税的权力。他借用《宾夕法尼亚报》来支持这一联合，但所有这些努力都克服不了长久以来存在的相互猜疑，殖民者拒绝了他的计划。

1755年夏天，陆军上校爱德华·布雷多克（Edward Braddock）率领刚刚到来的英国军团和几千名北美新兵每天在丛林和山脉间开凿几英里的道路，缓慢地穿越弗吉尼亚。布雷多克是一位自负的职业军人，他认为他的欧洲战场经验足以应付美洲人的荒野作战，他也藐视深谙森林环境的法国军团和他们的印第安人盟友。

支持殖民地联合起来的宣传画

富兰克林的《宾夕法尼亚报》上刊印了这幅木刻（由切割成一块一块的木头组成，用墨水浸泽，然后用其印出图像），用以鼓励各个殖民地联合起来。这一尝试以失败告终，但"联合"的观念却将会在日后抗击英国的斗争中再次出现。你是否会将此视为宣传的一种？若是，你认为画中传递出的信息有多大的吸引力？

就在布雷多克接近迪凯纳堡时，英法两军在丛林中突然遭遇。法军方面有 218 名士兵和加拿大民兵、637 名印第安联盟者，布雷多克则统率 1 400 名英国正规军并有华盛顿领导的 450 名弗吉尼亚人作为援军。法军和印第安联盟的强大火力射向布雷多克的队伍并取得胜利。布雷多克战亡，67% 的英国人和北美人战死或身受重伤。华盛顿的军装被四颗子弹穿透，他骑的两匹马也被打死了。盎格鲁-北美军队在大路上还留有 1 000 人，但他们还是匆忙地退却了。这一耻辱性的撤退几乎使俄亥俄河以北所有部落都倒向了法国。接下来两年，由法国提供给养的印第安袭击者纵火烧毁村舍和庄稼。

在边远的北部地区，盎格鲁-北美军队取得了较大的胜利，占领了博塞茹尔堡及法属加拿大大陆，博塞茹尔堡是与新斯科舍接壤的法国要塞。在这一胜利之后，英国人开始驱逐法裔阿卡迪亚人——阿卡迪亚人在新斯科舍生活在英国人的统治下，但却拒绝宣誓无条件效忠英王。英国人围捕了6 000多名阿卡迪亚人，他们将其成群地赶到驶往海外的船上，分散运至英国的其他殖民地，并将其被剥夺的土地分给新英格兰人。英国把这次纯洁种族行动视为一项战时安全措施。

1756年，英国正式宣布对法作战，对法国人及印第安人在北美的战争由此演变为一场世界大战：法国、奥地利和俄国，与英国和普鲁士相抗衡。1757年，精力充沛的威廉·皮特（William Pitt）成为英国首相，战争出现了转折。他吹嘘说"我相信除了我没人能挽救这个国家"，欧洲不再是与法国对抗的主要战场，他要将国家的军事力量重点放到美洲战场。他于1757年和1758年向北美派遣了2.3万名英国士兵和一支拥有1.4万名水手的大型舰队。然而，如此庞大的军队在被派往北美森林与敌人作战时，若是印第安人不予帮助或者至少保持中立，他们也就无法完成任务。

5.1.3 部落的策略

易洛魁人知道，维护自身利益的关键在于利用一个欧洲国家反对另外一个欧洲国家。盎格鲁-北美领导人同样明白，易洛魁人及其附属部落的支持至关重要，并且只能通过两种方法获得：一种是争取他们，另一种则是展示自己的力量，使那些部落相信不管他们帮不帮忙英国人都会胜利。

第一种方法失败了。1754年，殖民谈判者在易洛魁首领面前堆积了如山的礼品，但易洛魁人在承诺反对法军的问题上却是模棱两可。第二种方法也无果而终，因为在战争的最初三年，英国的军事力量被证实劣于法国。不过，1758年，人数更多的英军开始取胜。杰弗里·阿默斯特爵士（Sir Jeffrey Amherst）率领的军队占领了布雷顿角岛的路易斯堡，而法军控制的迪凯纳堡也陷落了，败给了另一支6 000人的英国军队。

英军的胜利给易洛魁人留下深刻印象，并为英国海军把法国船只围困在圣劳伦斯河阻断了易洛魁人来自法国的贸易所动，易洛魁人最终放弃中立。到 1759 年早些时候，当法国在北美的战败已经可以预见时，易洛魁人许诺派出 800 名士兵袭击尼亚加拉堡，那里是法国在安大略湖地区一个具有战略意义的贸易供应站。

盎格鲁-北美联盟辉煌的战绩并不总能保证就会得到印第安人的支持。从弗吉尼亚到南卡罗来纳，边远地区英军与切诺基人的冲突演变成为 1759 年到 1761 年间一场代价巨大的战争。1760 年，切诺基人打击了在阿默斯特爵士带领下的一支 1 300 人的英国军队。第二年夏天，一支规模更大的盎格鲁-北美联军入侵了切诺基人的领地，烧毁了城镇和粮仓。英国人对大海的控制切断了法军对印第安人的给养供应。为食物短缺、弹药匮乏和天花流行所困的切诺基人最终投降求和。

1759 年是"奇迹般的一年"，盎格鲁-北美联军的其他胜利决定了在新世界殖民地迄今为止最为残忍的战争的结局。英国占领了尼亚加拉堡，它是连接法国殖民地内陆与大西洋要塞系统中的关键一环；接着又占领了西印度群岛上盛产食糖的马提尼克。魁北克激动人心的胜利标志着战争高潮的到来。由 32 岁陆军上将詹姆斯·沃尔夫（James Wolfe）率领的 5 000 名士兵攀爬过悬崖峭壁。他们的策略让法军大吃一惊，经过短暂的交火，他们击败了法军。沃尔夫在战斗中负伤而死。随后他成为一名英雄，人们在图画和出版物中对他进行纪念。1760 年年末英军占领蒙特利尔，使法军在北美彻底失败。战场转移到了加勒比海，像在欧洲一样，战争又持续了三年，英国多年来所抱有的在美洲殖民地消除"高卢威胁"的梦想最终实现。

5.1.4 "七年战争"的后果

1763 年英法签订的《巴黎条约》结束了"七年战争"，给北美的欧洲人和印第安人的生活带来了惊人的变化。西班牙占有了新奥尔良和密西西比河以西全部路易斯安那领土，以及哈瓦那，反过来它则把西属佛罗里达让给了英国。

当法国人消失英国人成为他们唯一的商品来源后，内陆部落（此前一直灵活地迫使英法两国竞相争取他们的支持）遭受严重挫败。渥太华首领庞蒂亚克（Pontiac）考虑到排除法国将会威胁旧条约和赠礼制度，便把"七年战争"期间帮助法国袭击英国城堡的许多北部部落集合起来。庞蒂亚克旨在把英国人赶出俄亥俄流域的泛印第安运动在1764年宣告失败，但这却使人们意识到内地部落会为了他们的领土和自治而战。

缔结过和平条约，英国政府实施了一项旨在使美洲土著人与殖民者相分离的新政策，从缅因到佐治亚沿阿巴拉契亚山脉粗暴地划定了一条种族分界线。《1763年公告》为印第安民族保留了这条线以西的所有土地。早已生活在那里的白人定居者则被告知自行撤离。

这一善意之举，本想保护他们的印第安同盟免受更多伤害，但却彻底失败了。伦敦没能执行《1763年公告》。因巨额战争债务而摇摇欲坠的英国政府，决定在美洲仅保留少许驻军以管理内陆。王室总督既不阻止土地投机商和殖民者私自从横跨阿巴拉契亚山脉的部落手里购买土地，也不允许在未与印第安人协商的情况下直接侵占他们的土地。

它也是一个提醒：生活在西方土地上的欧洲人要求得到那些土地，但却经常对与印第安人保持和平关系不感兴趣。宾夕法尼亚长期推行一种和平共存政策，其结果，生活在那里的许多部落民都认为他们不会受到骚扰。战争期间，一群边疆居民杀害了24名手无寸铁的康尼托加男人、女人和孩子。当总督谴责这一行为时，那些"帕克斯顿男孩子们"就向宾夕法尼亚进军，反对政府的印第安政策。一个由宾夕法尼亚领导人（包括富兰克林在内）组成的代表团选择避开武装相向，最终劝说愤怒的人们回到自己家去。随后在解决他们的抱怨上，宾夕法尼亚立法机构什么也没做。在这种情况下，1763年之后，西部界线经常发生变动。

战争也对殖民地社会产生了重要的社会影响和经济影响。它证实了殖民地人民在其力量日渐强大的同时也深受债务和劳力缺乏的困扰。战时经济刺激了经济发展，为殖民地提供了大量的英国资本，然而这也使得他们更易受到英国经济周期性波动的影响。战争结束后，给许多殖民地带来繁荣的军事合同也随之消失。一同消失的还有大量的船只、武器、军装和供应品订单，这些订单曾给北部地区的商人带来大量财富，同时也为农民带来丰厚收入。

战争需要向广大人民征收重税，并造成了巨大的人员伤亡。尤其是在新英格兰，这里经历了最惨烈的战斗。当和平到来之际，波士顿的男性人口严重缺乏，一个拥有约 2 000 户人家的城镇只剩下 700 名男子。战争令多数女子守寡，贫困人口也多为女性，她们要求增加贫困救济金来维持孤儿寡母的生活。和平结束了伤亡，但也带来了萧条。1760 年大批英军离开北美时，北美经济衰退严重，沿海城镇尤甚。

也有一些富商破产，但 1760 年后最大的困难还是降临到劳动人民身上。已经确立地位的工匠和店主面临物价上涨，以及对他们所提供商品和服务的需求减少。1762 年，一位纽约工匠表达了那种普遍的痛苦。他在《纽约报》上写道，他很感激自己还有工作可做。他不停地努力工作和节俭生活，但仍处于贫困之中，他发现"自己无力养家……无力负担生活必需品，无力维持体面生活"。他又补充道，他的情况"也是这个城市许多居民的真实情况"。

"七年战争"为未来下一代之间一场更大规模的战争铺平了道路。早在几十年前，殖民地各立法机构就以削弱当地总督权力的方式不断壮大自身实力，如今他们开始要求拥有更多的政治权力。战争也培养了一批新的军事和政治领袖。像华盛顿、塞缪尔·亚当斯、富兰克林、帕特里克·亨利（Patrick Henry）和克里斯托弗·加兹登（Christopher Gadsden）这样的人，他们在殖民地领导小规模军事行动并肩负比较重要的政治责任，从而获得了使他们可以在日后受益的经验。

尽管付出了沉重的代价，"七年战争"却使许多殖民地居民变得更为乐观进取。尤其是在新英格兰，他们在取得对"北部罗马天主教敌人"的最后胜利时充满喜悦。边远地区的居民、毛皮商人和土地投机商也欢庆法国撤退，因为西部地区现在向他们敞开了大门。英国人吸取了一些教训，这些教训将会在未来的日子里指引他们，其中包括认为殖民地的人们是不可依靠的、拙劣的战士。一位英国官员夸下海口，他"只要1 000名士兵，就能用武力和哄骗把美洲所有男人都阉了"。

5.2 与英国的危机

"七年战争"结束后，乔治·格伦维尔（George Grenville）成为25岁的英王乔治三世的首相。当时（1763年）国家债务从7 500万英镑猛增到14 500万英镑，纳税人不堪其重，已快到了忍耐的极限。格伦维尔提议在英国和美洲的其他地区征收新税，让殖民地人民承担帝国运转的费用。他认为让后者支付1763年后留驻北美一万名英国正规军（负责监视讲法语的加拿大人和印第安人）的费用是合适的，理由是军队可以给他们提供更多所需要的保护。他的这一税收计划在英国和它的殖民地之间造成了裂痕，导致12年后发生了一场革命。

5.2.1 糖、货币和印花税

1764年格伦维尔通过议会颁布了几项法令，目的在于压制殖民地经济。首先是1764年通过的《糖税法》。此法将从法国进口的糖蜜的关税由每加仑6便士减到3便士，并增加了只可运往英国殖民地的商品种类。它同时要求美洲发货人保证遵守贸易条款中"装货前要付保证金"这一规定，并且它还增强了海事法庭的权限以审理违反贸易法的人。

许多殖民地立法机关都抱怨《糖税法》，原来的6便士关税并未严格执行，现在关税降至3便士，但因执行力度加强，反而招致更多不满。但只有纽约明确提出反对意见，他们认为，由议会提出的任何一项旨在增加收入（而不是控制贸易）的税收法令，均侵犯了那些在议会中没有代表的英国海外臣民的权利。

接下来出台的是《货币法》。1751 年议会曾禁止新英格兰殖民地发行纸币作为合法货币，现在这项禁令则扩大到所有殖民地。殖民地经济长期陷入现金短缺状况，这限制了贸易的发展。它也阻止殖民地用价值较低的殖民地纸币来交税或支付进口货物费用，以牺牲殖民地消费者为代价来让本国政府和英国商人从中受益。

加紧帝国统治的措施使得殖民地人民手足无措，因为许多新的法律条文都是来自英国议会。各殖民地的几代人都把议会看作英国自由的堡垒。现在他们开始将议会视为对他们权利的一种威胁。殖民地的领导者们不确定议会的权威始于哪里又止于哪里。

1764 年议会通过《糖税法》后，格伦维尔又宣布他打算在美洲增收印花税（该税在英国已在征收）：在报纸、小册子、年历、法律文件、酒类许可证、毕业证书、扑克牌、骰子上面贴税票。他给予殖民地一年时间寻找可以替代的增加收入的办法。殖民地人民对此表示反对，但却没有人提出另外的替代计划。格伦维尔知道殖民地的财产税与英国相比很少，便驳回了来自殖民地人民的请愿书并强迫议会通过法令。1765 年 11 月，《印花税法》正式生效。

殖民地人民对《印花税法》的反应从不满的服从演变为群众抗议。这种反应的广度既震动了英国政府，也震动了许多北美人。在许多事例中，抗议都包括不满英国对美洲殖民地加紧搜刮，也有对当地发生的一些事件的不满。尤其是在各个城市，中下层人民对权威的反抗和对财产的破坏，再次成为政治发展的动力，并为此后出现的为期十年的内部斗争设置了舞台，这些斗争主要是为了控制英国的各项新政策所引发的种种社会动荡。

5.2.2 《印花税法》暴动

1764年年末，第一个对《印花税法》做出回应的立法机关是弗吉尼亚议会的议员们，他们强烈反对印花税提议。议员们争论说，只有他们同意才可征税，因为这是他们的"天赋"权利。弗吉尼亚人被烟草价格严重下跌和与战争相关的沉重税收所困扰。许多种植园主都陷入负债的困境。1765年5月，29岁的帕特里克·亨利（他是从一个边远地区新当选的激进律师）领导议员在州议会就七个措辞强硬的解决方案展开辩论。一些议员认为其中一些是叛国言论，因而它们被加以修改。在亨利宣布他的解决方案前许多议员都已拂袖而去，所以只有不到25%的弗吉尼亚议员对四个温和方案进行投票。但没过多久其他殖民地的报纸上就登出了这七个方案，其中包括一项极具挑战性的主张，认为弗吉尼亚人不必交纳外来附加税，任何否认弗吉尼亚对本地征税拥有专有权的弗吉尼亚人都是"他的伟大殖民地的敌人"。

马萨诸塞总督弗朗西斯·伯纳德（Francis Bernard）称弗吉尼亚方案是一个"不满的警钟"。1765年8月的波士顿事件充分证实了他的观点。8月14日，波士顿人把印花税票代销人奥利弗的一幅衣衫褴褛的模拟像挂在镇子最南边的一棵榆树上。当治安官在副总督托马斯·哈钦森（奥利弗的姐夫）的命令下试图把它拿走时，怀有敌意的群众进行了干预。晚上，工人们集结起来，砍掉奥利弗的模拟像，扛着它兴高采烈地穿过街道。然后他们把奥利弗位于码头的新砖房办公室夷为平地，他的豪宅也被毁成废墟。12天后，麦金托什再次领导群众在一夜间毁坏了两位英国官员和哈钦森的由殖民当局供给的豪宅。哈钦森人很傲慢，他和他的曾祖母安妮·哈钦森一样不受普通人欢迎。

波士顿人袭击印花税相关者的财产，表明他们不仅反对议会政策，也对当地精英阶层怀有愤恨。几十年来，波士顿民众与波士顿"地方组织"（该组织领导了殖民地"大众党"反对像哈钦森和奥利弗这样的保守贵族）结为政治联盟。然而，"神经混乱的下层民众"突然脱离大众党的领袖，走得

诗 歌

诗歌是最古老而普遍的艺术形式之一。它有着极具韵律的声音和形象化的语言，通常表达的情感包括浪漫的爱情、痛苦和忧伤及对自然的感受。但引起历史学家兴趣的则是其他风格的诗歌：伴随深沉的情感展现出的人类过往经历；以及一些为各种政治目的服务的政治诗歌。历代美国历史学家都会利用诗歌来捕捉各种情感、思想和特定群体的经历。

革命的一代创造了这样的诗歌。许多报纸每周都有"诗人之角"栏目刊登讽刺诗、饮酒歌和对当时各类问题切中时弊的评论。诗歌唤醒了公众对社会问题的关注；1767 年，诗人们发动了一场抵制英货运动，希望英国议会收回为各殖民地人民所唾弃的《汤森税法》中规定的各种义务。

一年后，宾夕法尼亚的约翰·狄金森（John Dickinson）创作了"自由之歌"（Liberty Song），该诗成为整个北美殖民地广为流传的第一首诗。波士顿"自由之子社"在一年一度的纪念抵制《印花税法》的集会上都要吟诵这首诗。该诗音韵优美，易于记诵，它培育了人们的反英情感和一种各殖民地密切合作的意识：

> 所有英勇的美洲人，联合起来。
> 用公正的自由之声唤醒你们勇敢的心灵；

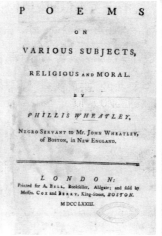

惠特利为老南方会议厅所崇拜，人们经常在那里举行政治集会和政治会议。这也是惠特利对波士顿发生的激烈政治斗争感兴趣的部分原因。惠特利在英国的女庇护人专门要求将惠特利的画像作为这部诗集的卷首插图。

不再有专制的法令禁止你们的正义之声，
不再用侮辱性的名字玷污你们。

在所有革命时期创作的诗歌中，最能吸引当今历史学家注意力的是波士顿奴隶菲利斯·惠特利（Phillis Wheatley）的诗作，她在 14 岁时创作了第一首诗。1774 年，她成为北美第一位黑人诗人。这位波士顿的"埃塞俄比亚裔女诗人"7 岁时被人们从非洲带到波士顿，并被一位富裕裁缝约翰·惠特利买走。很快她的男主人和女主人便发现她是个天才。只学习了 16 个月的英语，惠特利就能阅读圣经里最难的篇章，不久她便显示出超常的写作天赋。浓厚的宗教情结激发了她的创作灵感，不久她又被波士顿发生的一系列激荡人心的事件所吸引，这些事件正在将革命一步步带至人们眼前。在"献给最伟大的国王陛下"这首诗中，她表达了对国王乔治三世取消《印花税法》的敬意；在诗作"斯奈德之死，理查德之谋杀"中，她严厉斥责一位英国海关关员，因为在1768年抗议英国官兵占领的群众集会中，这位海关关员杀害了抗议者中的一位波士顿少年。

惠特利的思想并不激进。在主人的影响下，她彻底皈依基督教，并在早期的诗作中写道："上帝的慈悲将我从异教之地带走。"她经常用自己的诗歌祈求奴隶们"投入基督的怀抱"。但在1772年，她在歌颂北美权利和反抗英国政策时，也表达了希望结束奴隶制的模糊呼声。

1773年惠特利的诗歌在伦敦发表很是不同寻常。18世纪人们已经不再反对妇女公开发表作品，尤其是黑人妇女。她的主人将一捆诗稿运到英格兰一位书商手中，这位书商在亨廷顿伯爵夫人（Countess of Huntingdon）的支持下，以"关于各种宗教与道德主题的诗歌"为名将诗稿出版。更引人注目的是，年仅20岁的惠特利乘船去伦敦见证了自己书稿的出版。她的主人支付了此次行程的旅费，希望海面清新的空气能对她的肺病有益。在伦敦，她结识了一些重要的改革者和政治显贵，收到了伦敦市长赠予的弥尔顿的《失乐园》，并见到了本杰明·富兰克林。

阅读下面两首诗："斯奈德之死，理查德之谋杀"；另一首向负责殖民地事务的国王牧师致敬的诗则写于1772年。

斯奈德之死，理查德之谋杀（1770）

天理已裁决，
先烈将抛洒鲜血；
为了事业，
为了铲除敌人；

浩然正气，

鼓舞激励我们。

深藏的邪恶之魔，

阻止了阿基里斯的事业；

当这愤怒积聚，喷出火焰，

一切难逃死亡之箭。

献给尊敬的威廉·达特茅斯伯爵

——北美首席大臣陛下（1772）

快乐的一天，展开晨曦一般的微笑，

自由使新英格兰如此美好；

北方沐浴着温和晨光，

达特茅斯，祝贺你，推翻专制，带来福音；

满怀希望，你的子民不再悲伤，

灵魂沸腾，热血澎湃，

我们欣喜地看到，在你手中，

温柔的地区，终显自由之光。

北美，不再受冤屈，

不再诉苦无门，

不再惧怕专制的铁锁，

粗暴的奴役。

我的主，你惊叹，

我怎懂得热爱自由，

何时萌生对正义的渴望，
那么，追寻我的故事，
善良的心灵都会明白，
我，懵懂少年时，
远离非洲快乐的家园；
被掠夺奴役，
开始悲惨命运，
痛苦的折磨，
父母心中郁积的苦闷啊，
被掠走深爱的女儿的痛苦呀，
从未减少，
这就是我的故事。
这就是我的祈祷，
他人永离专制奴役！

反思历史

你也许会发现诗中的做作，但惠特利的风格反映了18世纪的诗文模式。你能分辨出惠特利在1770年到1772年间政治意识的变化吗？在你看来，为何写于1770年的诗未能在当时出版，而写于1772年的那首诗却能出版？你认为她这首关于英国海关关员谋杀斯奈德的诗属于宣传品吗？她如何将非洲人受奴役之苦与美洲殖民地人民的斗争联系起来？简而言之，你认为诗歌在唤起人们的情感和调动政治力量方面效果如何？你认为，时至今日，韵文诗还能像抒情诗那样为表达抗议的流行音乐所用吗？

比他们预想的还要远。哈钦森是他们的主要抨击目标。哈钦森被年轻律师约翰·亚当斯描绘成"野心勃勃且贪婪",但在大众眼里他则是"唯利是图"的英国人的代表。更谨慎的政治领袖意识到,他们应该努力夺回抗议运动的控制权。

1765年10月,在纽约举行的**《印花税法》会议**,是一种更加庄严的抗议。英国当局给殖民地内部首次发起的大会标上了"危险的趋势"的标签。代表们制定出12个限制性决议案,表示接受议会对殖民地的立法权,但否定议会拥有向殖民地直接征税的权力。

由工匠、店主和普通市民组成的"**自由之子**"(Sons of Liberty)领导了纽约、纽波特和罗得岛等地对《印花税法》的暴力抗议。1765年年末,在美洲各地烧毁模拟像的群众说服印花税票代销人辞职。殖民地人民强迫许多海关职员和法官11月1日后在工作时不再使用令人生厌的印花税票,以此直接反对英国权威。这经常需要长达数月的施压甚至是群众暴动,然而,由当地政治中的新面孔领导的"自由之子",仍以超出法律允许的方式达到了他们的政治目的。

1766年3月,英国议会就美洲人对《印花税法》的强烈反应进行辩论。经过美洲许多商人朋友的疏通,作为权宜之计,议会投票废除了《印花税法》。与此同时,它也通过《公告令》宣称,议会"无论在什么情况下"都对殖民地有立法权。

这次危机终于度过了,但却是什么问题也没解决。美洲人害怕一个贪婪的政府正在侵犯它的臣民的权利。新英格兰一位牧师预料,《印花税法》"在殖民地传播着厌恶,造成了无法愈合的疏离感"。《印花税法》的抗议者们使他们的团体前所未有地政治化。已经确立地位的领导者在抗议中通常表现得谨小慎微,因而他们常被处于社会更底层的人取而代之。

5.2.3　山雨欲来

英国内阁的不稳定使它无法制定出一个连贯可行的美洲政策。乔治三世选择了在议会中缺乏威望的人做首相。当国王试图改革帝国的管理时，议会与国王首相之间的冲突就会造成首相的更迭和政治形势的不稳定。他的目的是重组海关部门，设立一个管理美洲事务的大臣，在港口城市设立三个新的海事法庭，在没有陪审团的情况下就可审判走私犯。仍旧沉重的税收压力，致使内阁推动议会对纸张、绳索、颜料和茶叶征收数额相对较少的汤森税。它也决定暂停纽约的议会，直到该议会不再藐视《1765年驻军条例》。此条例要求殖民地提供公共资金，以维持自"七年战争"结束以来就驻扎在殖民地的英军，纽约为了保留其议会而屈服了。马萨诸塞则领导了殖民地反对《汤森税法》的抗议活动。其议会代表们给每个反对《汤森税法》的殖民地都寄去了出自塞缪尔·亚当斯之手的通函。亚当斯攻击用海关税收来支付美洲王室官员薪水的计划是违法的。

大多数殖民地人都只是抱怨和请求，这表明《汤森税法》带来的限制比他们反对的《印花税法》还要多。但波士顿人则是强烈反对。1768年夏，海关官员抓获了约翰·汉考克的一艘违反贸易规定的单桅帆船，暴怒的群众袭击了海关官员，他们只好逃到停在波士顿海港的一艘英国军舰上，在那里待了几个月。报纸上警告北美人，英国会采取新方法从人民身上"吸血"，并预言会派来军队"迫使我们服从"。很多人都越来越相信英国人正在谋划"破坏我们法律规定的自由的计划"。

军队果然到了。对海关官员的袭击使英国人确信波士顿人是不顺从的、自私的。它决定制伏他们的反叛，将其作为一个加强殖民地管理的样板。1768年10月1日，身着红衣的英国军队没有遇到抵抗便进入了波士顿。

此后，殖民地人反对《汤森税法》的主要策略变为经济抵制。先是在波士顿，接着则是在纽约和费城，商人和消费者达成不进口和不消费的协议，保证既不进口也不使用英国商品。这些措施指望有政治影响力的英国商人能够帮助他们,因为英国有一半船只与殖民地进行商业贸易;英国出口的产品有25%都在殖民地消费。1768年,当南方殖民地也实行不进口协议时,殖民地的内部统一向前迈出了新的一步。

然而,许多殖民地商人(尤其是与官方有联系的商人)都认为不进口协议缺乏法律效力而拒绝受其约束。因而街头军团(通常由那些视不进口协议为家庭制造业恩惠的工匠组成)不得不极力劝说殖民地商人遵守这一协议。在沿海港口地区,群众运动再次涌现,爱国群众袭击了那些违反协议的商人的住宅和仓库,并积极"营救"被海关官员缴获的新到的走私商品。

英国想要控制它的美洲殖民地,强迫殖民地人民分担帝国的统治费用,但在1760年代末局面已是一团糟。用军队来恢复秩序的做法,更是损害了殖民地对宗主国的尊重。《汤森税法》惨遭失败,到1770年为止,殖民地在不进口运动中的损失不到2.1万英镑,英国则损失了70万英镑的生意。1770年3月5日,议会取消了除茶叶税外的所有汤森税。当晚在波士顿,英国士兵向一群起哄闹事的市民开了枪。硝烟散尽,五人横尸街头,鲜血浸染了覆盖在街道上的白雪,这五个人中也包括麦金托什的姐夫。迫于众怒,新任总督托马斯·哈钦森命令英军撤出城镇,并逮捕了指挥的军官及相关士兵。但不久他们便被宣布无罪,因为两位年轻的爱国律师约翰·亚当斯和小乔赛亚·昆西(Josiah Quincy, Jr.)为他们做了巧妙的辩护。

"波士顿惨案"有可能刺激了殖民地更加坚决地抵制和反抗英国政策,包括进行贸易抵制,但所有这一切都在1770年平静下来。那些著名领导者如波士顿的塞缪尔·亚当斯和纽约的亚历山大·麦克杜格尔(Alexander McDougall)(他们将自己称为"美洲自由的旗手")都没有留下号召人们反抗的言论,曾经助长了不满情绪的经济萧条也停止了。然而,革命之火并未被扑灭,它只不过是暂时被抑制了。

5.3 造反的边缘

帝国危机看上去减少了,但殖民地社会仍然遍布恐惧和紧张。殖民者怀疑帝国派来的官员想要剥夺他们的自由,这样的担心有助于解释他们对看上去很小的威胁也会有强烈的反应。与此同时,社会紧张局势也使得受到抑制的反叛之火不至于完全熄灭。随着帝国斗争重新开始,这些担心和紧张也就塑造了冲突,将大英帝国带到了危机的边缘。

5.3.1 反抗的农民

大部分殖民地人民都以农耕为生,而在大多数农业地区,对英国政策的愤怒则是被慢慢唤醒的。大约 1740 年以后,北美农民因英国、南部欧洲和西印度群岛的粮食需求大幅增长而获利。上涨的价格和生机勃勃的市场给数以万计务农的殖民地人带来了较高的生活水准,尤其是在新英格兰南部地区。内地的殖民地人生活在远离喋喋不休的英国海关官员、强迫服役队和占领军的地方,只是逐渐地才加入他们邻近城镇的抵抗运动。即使在马萨诸塞的康科德,那里离殖民地动乱中心仅有十几英里远,其市民对 1760 年代和 1770 年代早期抗议英国政策的运动也是一无所知。

然而,北美也有一些农业地区在战前因社会的紧张局面而骚动起来。由个别地区形成的冲突最后发展成为革命的部分动力。例如,北卡罗来纳西部的三个县和纽约的哈德逊河谷,在革命前的十年中普遍发生了市民骚乱。

多年来,北卡罗来纳西部的小农场主一直遭受由总督委任的腐败的县法庭官员和东部种植园主所控制的议会的剥削。县长、法官与投机商、律师勾结在一起,当农民付不起税得向"老朋友"出售财产(经常是其实际价值的一小部分)时,他们便乘机占有这些财产。议会拒绝西部地区人民要求减少税收、发行纸币、降低法庭收费的请愿。1760 年代中期,农民在合法抗议失败后的沮丧中组织起了联盟,称为"自订约章者"(**Regulators**),他们强行关闭法庭,抢夺敌人财产,打击和公开侮辱法官和律师。当他们的领袖被捕后,"自订约章者"迅速对监狱发动袭击,救出了他们的领袖。

1768年和1771年,总督威廉·特赖恩(William Tryon)两次率军攻打"自订约章者"。第一次战斗避免了流血。但第二次,在阿拉曼斯战役中,总数超过1 000人的两支军队彼此开火。"自订约章者"逃离战场,双方都死了九人。在随后的审讯中,七名领导者被判处死刑。虽然"自订约章者"在这场战役中失败了,但其反抗却是成为更大规模革命斗争的一部分。他们申斥富有阶层的自私行为,强调地位低下的人们摆脱依从地位和承担政治责任的重要性。

1750年代,因为土地分配问题,纽约的农民暴动骤起,平息后不久又于1766年再次爆发。哈德逊河谷被掌握大量土地的几个富有家族长期控制,这些土地是从王室总督那里获得的免费礼物。例如,范伦塞勒(Van Rensselaer)的庄园共有100万英亩土地。几千名佃户和他们的家人为了获得这些土地上的耕作权,每年都要支付基础租金。当佃户反对增加租金或是从印第安人手中(这些印第安人发誓庄园主是通过欺骗手段扩大庄园边界的)购买土地时,庄园主就会驱逐他们。

地主作为地区最富有的人拥有统治权力,包括控制法庭。与卡罗来纳的"自订约章者"一样,自我管理和摆脱法律束缚成为佃户的主要策略。1766年,当纽约市集中精力应对《印花税法》骚动时,县治安官想把佃户从他们占据的土地上赶走,于是由威廉·普伦德加斯特(William Prendergast)领导的佃户开始群起反抗。好战的佃户威胁要杀死地主并打开监狱营救朋友。从纽约调来的英军最终镇压了佃户的叛乱。普伦德加斯特被带上法庭审判并被判处绞刑、砍头和分尸。尽管后来他被赦免了,但哈德逊河流域的佃户在整个革命时期都在忍受着苦难。与卡罗来纳的"自订约章者"不同,他们中的多数人都是为了反对他们的领主才为英国而战。

5.3.2 分裂加剧

1772 年 6 月，英国宣布今后应该由它而不是殖民地议会负责为马萨诸塞王室总督和最高法院法官支付薪水，由此引起了一场新的骚乱。这项措施看似为殖民地节省了金钱，但却更像是一个阴谋，想要建立一个专制政府。毕竟，从伦敦领取工资的法官自然会服从伦敦。

波士顿城镇会议强烈反对英国的新举措，建立了一个通信委员会去赢得其他殖民地的同情。第二年，除了三个殖民地，其他殖民地都在它们的立法机关建立了**通信委员会**（**Committees of Correspondence**）。

塞缪尔·亚当斯已经成为波士顿激进派的领袖，因为像麦金托什这样的人物所代表的劳工阶层的影响正在悄悄减少。塞缪尔·亚当斯是一位有经验的政治家，也是一个老练的政治新闻记者。他相当擅长组织工人阶层，并获得了像约翰·汉考克这样富商的支持。

1772 年，罗得岛人给塞缪尔·亚当斯提供了一个做文章的新机会。纳拉甘西特湾的渔民和小商人普遍憎恨指挥"加斯比号"轮船的英国皇家海军中校。当他的船为追捕一个疑为走私犯的人而搁浅时，罗得岛人烧毁了它。罗得岛一个法庭并未站在皇家轮船一边，它判决"加斯比号"船长将糖和朗姆酒作为走私物羁押是不合法的。伦敦对此很是愤怒。调查委员会发现，罗得岛人对整件事守口如瓶。塞缪尔·亚当斯借用该事件鼓励人们反对英国政策，想要"唤醒美洲殖民地人，因为他们已经在灭亡的边缘昏睡太久了"。

促发革命的最后一击始于 1773 年年初英国议会通过的《茶税法》，该法允许实已破产的东印度公司把该公司的茶叶直接运往北美，殖民者只需缴纳少量的税。这样一来，北美人可以喝到便宜的茶叶，王室可以得到一份适中的税收，东印度公司也可得以存活。但是殖民者的反应非常强烈。与东印度公司相竞争的美洲商人谴责新法给予东印度公司垄断北美茶叶市场的特权。许多殖民者预测政府的真实目的是想使殖民地接受英国议会的征税权。只要北美人喝带税的茶叶，就意味着接受了英国对他们的征税权力。北美人举行群众会议，很快就迫使东印度公司的代理商辞职，从而表明决定他们立场的并不全是经济利益，市民也郑重地宣布停止再喝这种可憎的茶叶。

殖民地妇女在革命运动中也起了关键作用，尤其是在抵制茶和其他货物上。不消费协议的成功实施在于用家织布代替殖民地各阶层过去依赖的英国纺织品。从佐治亚到缅因，妇女和孩子们开始纺线和织布。城镇里经常开展生产棉布、亚麻布、羊毛布的爱国竞赛，妇女在户外进行纺线比赛以表达她们的观点。《茶税法》颁布后，爱国妇女开始联合抵制她们喜爱的进口饮料，政治日益深入到家庭经济中。报纸上也提出了一些代替茶的方法，并大力推荐本草茶。在北卡罗来纳的威明顿，妇女们庄严地在城中游行并烧毁她们的进口茶叶，以此来表现她们的爱国精神。

面对普遍的反对，马萨诸塞总督哈钦森认为再次向民众压力屈服将会削弱英国在北美的统治，从而把茶叶危机推向了高潮。塞缪尔·亚当斯领导的大众党一直鼓动市民们宣称不做"枷锁下的奴隶"，要求把茶叶运回英国。在被哈钦森拒绝后，一群波士顿人打扮成印第安人的样子，登上茶叶船，把东印度公司价值一万英镑的茶叶扔进了波士顿港。

现在木已成舟。国王的首相诺思爵爷（Lord North）认为，争端不再是征税问题，而是英国对殖民地是否还拥有权威。英国议会通过了《强制法案》，波士顿人立刻把这个苛刻的法律列为"不可容忍法令"。该法案要求关闭波士顿港口，禁止所有航运，直到殖民地赔偿倾茶事件造成的损失。法案也干涉了当地法庭的判决：法庭要求镇压市民骚乱的英国士兵和官员对其行为负责。英国议会还修改了马萨诸塞宪章，将马萨诸塞议会改组为总督任命的实体，并剥夺了议会对总督决议的否决权。

该法案还通过授权总督阻止所有乡镇居民会议的召开（只有一年一度选举当地政府官员的会议例外）来打击北美当地政府。最后，驻北美英国海军总司令托马斯·盖奇（Thomas Gage）取代哈钦森成为新任总督。

北美人发现他们的活动空间严重地缩小了。1774年5月，"不可容忍法令"执行时，波士顿乡镇会议力主禁止任何殖民地人与英国进行贸易。

这一号召并未得到预想中的广泛支持,但第二个号召:在费城举行所有殖民地代表参加的会议,则得到了较好的回应。这次会议被称为**大陆会议**(**Continental Congress**),它开始将各殖民地持续10年的分散讨论,转变成为一个统一的美国事业。

1774年9月,除了佐治亚,来自各个殖民地的55名代表聚集在费城的卡彭特教堂召开会议。讨论的中心议题并不是怎样为一场许多人已经意识到的、不可避免的战争做好准备,而是怎样解决很多代表所担心的不可协调的地区差异。

被侮辱的美国自由

正如北美殖民者所经历的那样,自由常常不得不与权力做斗争;在这幅卡通画中,英国人(权力)强迫自由(一个美国妇女的形象)喝下"苦涩难咽"的茶。北美人不顺从地把茶吐到英国人的脸上。你从画中能看出哪些政治和道德上的腐败象征?

大陆会议根本就不是一个统一的整体。马萨诸塞的塞缪尔·亚当斯和约翰·亚当斯堂兄弟,还有弗吉尼亚的理查德·李和帕特里克·亨利领导的一些代表,要求彻底抵制英国议会的《强制法案》。温和派代表来自中部殖民地,主张克制,进而试图与英国达成和解。争论过数周后,代表们赞同发表一份克制性的《权利宣言和陈情书》,它试图表达北美人的不满,为殖民地违抗英国政策和法律进行辩护。大陆会议还通过了一个具体的抵制计划。如果英国到 1774 年 12 月 1 日还不取消"不可容忍法令",他们将禁止殖民地与大不列颠、爱尔兰、英属西印度群岛之间的所有进出口贸易。为了促使犹豫不决的南部殖民地一同参与这次行动,会议决定允许南部主要商品出口。

到大陆会议在 10 月末休会时,来自不同殖民地的领袖们已经把波士顿事件转变为一场全国性运动。"压在我们头上的苛政消失了,我们本质上是一个国家,"帕特里克·亨利生动地表述道。尽管当时与会的许多代表都还不能认同这一点,但大陆会议仍然同意在 1775 年 5 月重新开会。

第二届大陆会议召开时,大多数殖民地的政府组织都已遭到严重破坏。带有革命性质的各种委员会、集会和会议,开始在没有法律授权的情况下取代各种合法的政府组织。僭越的权威挑战王室总督的存在,许多殖民地总督都暂停了好战的立法机构,这些组织经常按照群众会议的指示采取行动,而在这种会议上,合法的公民权是被忽视的。这些超出法律管辖范围的团体创建和武装民兵组织,威胁拒绝实行普遍抵制政策的商人和小店主,进行征税,管理法庭和阻拦英国海关官员。1774 年年末,除了三个殖民地不承认由殖民地大会制定的殖民地宪章外,其他殖民地都予以承认。第二年,当与英国的贸易在事实上终止时,这一自主产生的政权的作用变得越发明显。

5.3.3 城镇居民的角色

虽然城市仅包含殖民地约 5% 的人口,但它们却是革命运动的核心。作为交流、管理和商业的中坚力量,它们引领着反对英国政策的道路,迅速吸纳了北美最政治化的市民。当反英斗争与内部改革的要求啮合到一起，地方政治就会迅速发生转变。

费城提供了一个大众掌权的范例。"七年战争"前，工匠通常默认商人和律师这些政客作为当地领导。但1760年代到1770年代的经济困难，导致他们在公会和团体内部的联合。1768年，工匠们在制定和实施具有同等重要意义的不进口协议时起了核心作用。慎重的商人抱怨这些工匠"关于进口问题没有权利发表意见"，称这些工匠是"乌合之众"。但工匠们放弃了通常的顺从，坚定地前进。到1772年，他们占据了所有选举的市政职位，坚持拥有与社会上层人士平等的、参与任命议员和其他重要官员的权利。他们也开始游说议员改革法律，要求选出的代表对他们的选民更加负责。费城上流社会抱怨道："到了制止手艺人的时候了——他们不该干涉政府事务——不然他们就会变得太过强大。"

1774年，费城劳工阶层对政府事务的干预达到了一个大胆的新阶段——一个由人民创建的委员会实际上最大限度地扮演着政府角色。1768年，工匠们第一次获得了法律管辖之外的监督不进口协议实施的权力。现在针对"不可容忍法令"，他们为实施新的经济抵制的委员会提出了一个激进的候选人名单。他们的候选人彻底挫败了保守商人提出的候选人。

主要由劳动者组成的31个费城民兵团支持新激进派的领导者们。现在控制着城市经济生活的法律管辖之外的委员会也是如此。这些群体帮助正规选出的宾夕法尼亚立法机关克服了保守主义——该立法机关正在抵制大陆会议发起的独立运动。新的激进领导人要求进行内部变革：控制"在损害人民利益的情况下赚取大量钱财"的"大富商们"的敛财行为；废除对选举人员的财产要求；允许民兵选举他们的官员；对拒服民兵役的人处以高额罚金，以资助贫困民兵的家庭。

费城激进派从未控制过城市。他们经常与观点较为温和的富裕工匠和店主，以及谨慎的律师和商人争夺位置。但同费城一样，其他城市对工匠、工人和水手的动员，是促成北美独立的一系列事件之一。虽然大部分爱国团体都只是在同英国殖民政策做斗争,但市民们也在为争取内部改革和唤醒人们把北美建成独立社会的信念而斗争。他们提出了一种新观念:可以重新组织起一个独立的美国社会。

5.3.4 最后的决裂

引爆革命火药桶的火花是1775年4月发生的一场冲突。伦敦政府命令马萨诸塞总督兼英国部队将军盖奇逮捕起义中"主要的叛乱者和教唆者"。在夜色的掩护下,盖奇把700名英国军人派出波士顿去夺取康科德附近殖民地人民的武器和物资。但是当地人获知了这个计划,当第二天一早英军赶到莱克星顿时,70名"突击队"成员(号称一分钟就能行动起来)正守在那里。在随后的战斗中,18位马萨诸塞农民被打倒,其中8人受了致命伤。

英军继续向西推进到康科德,同样遭到民兵阻击。英军只好向波士顿撤退,途中又遭到躲在房屋和石墙后的民兵的袭击。到了这血腥的一天结束时,共有273名英军士兵和95名民兵伤亡。消息很快就传遍各个殖民地。几周之内就有成千上万人围攻驻波士顿英军。据殖民地的一个人说,到处"都可以看见居民在进行训练,做燧发枪,铸造大炮和弹药"。

正当战斗在波士顿展开之际,第二届大陆会议也于1775年5月在费城开幕。许多参加过第一届会议的代表都已相互熟识。会上也出现了一些新面孔,其中包括波士顿富商约翰·汉考克、弗吉尼亚年轻的种植园主和律师托马斯·杰斐逊(Thomas Jefferson),以及刚刚从伦敦赶回的富兰克林。

会议在议会大厦举行,它的入口处悬挂着英王的徽章,钟塔里面的大钟上则刻着"向这片土地上的所有人宣告自由"的铭文,代表们聚齐以后,第二届大陆会议即开始进行各项工作。会议的权限与合法性都不是很明确,但与会代表相信,当时的紧张局面要求它不得不有所作为。经过一番激烈争论,会议决定组建一支两万人的大陆军;出于巩固与弗吉尼亚关系的考虑,决定由华盛顿出任大陆军总司令。接下来几周,会议通过了对英《必须采用武力宣言》；向英王提交了《橄榄枝请愿书》，谦恭地请求国王除去那些不利于和解的障碍；采取了一些措施以保证印第安部落保持中立；决定发行纸币，并批准了设置一个军事首都的计划。

就在大陆会议还在争论是否要宣布独立时，双方的军事冲突骤然变得激烈起来。来自纽约东部脾气暴躁的伊桑·阿伦（Ethan Allen）和他的"绿山青年"（Green Mountain Boys）于1775年5月占领了泰孔德罗加堡，控制了尚普兰谷地。英军则在1776年元旦炮轰了弗吉尼亚的诺福克。但大陆会议的一些代表仍然想与英国和解。这样的幻想最终在1775年年底破灭，当时传来消息：英王拒绝了《橄榄枝请愿书》，宣布殖民地正在进行"供认不讳的公开叛乱"，同时加派两万英军前去镇压起义。那些致命的话语，使得大陆会议的召开成为反叛行为，那些服从会议决议的人则成了叛国者。

5.3.5 托马斯·潘恩的《常识》

在危机日益加深之际出现了一本小册子，正是它加速了迈向独立的步伐。这就是托马斯·潘恩的《常识》（*Common Sense*），该书于1776年1月9日在费城出版后，很快就摆到了各个殖民地的书摊上。潘恩在书中严厉地否定了君主政体的合法性。他轻蔑地写道："对于这个社会，一个正直的人比所有戴着王冠的恶棍都更有价值。"正是他对君主政体毫不留情的批判，使他的小册子看起来如此激进。接着，他顺理成章地公开号召北美人民起来保卫自己的自由。"呵！你们这些爱护人类的人们！你们这些不仅敢于反抗专制制度，而且敢于反抗暴君的人们，快挺身而出吧！"潘恩对王权响亮的挑战收到了预期效果。

这本小册子的受欢迎度让人震惊——仅在1776年就印刷了25次，售出数量比殖民地历史上此前出版的所有书都要多——这不仅仅是因为它的主张，更是因为它的风格。潘恩的小册子是专门写给那些除了圣经几乎没读过什么书的普通人看的，因此不像一般的律师或教士所写的书那样使用条分缕析、论述严密的语言。他借助圣经故事的比喻，使用平实的语言，并诉诸清教传统和对千年王国的向往："我们完全可以依靠自己的力量重新生活。"他乐观地写道，"一个新世界的诞生"唾手可得。这样的叙述方式，任何一个人，无论是船上的水手、酒馆里的伙计，或是大街上的小贩，甚至是农田里的佃户，大概都看得懂。

在许多正在浮现的独立运动的领导人看来，潘恩尖锐而雄辩的言辞，以及他关于结束世袭特权和集权政治以实现平等的号召太过激烈。一些人谴责这个衣着不整的移民是"精神错乱的、狂热的民主追求者"，是讨好"愚蠢的小丑和无知的技工"的危险家伙。但其他数以万计的人读过或听别人读过这本书后，都变得激进起来，他们逐渐相信，他们不仅可以从英国那里求得独立，还能在北美创建一种全新的社会和政治秩序。这本小册子的影响远远超出了美洲。作为《常识》的作者，潘恩在欧洲也成了反对君主制的符号。后来法国革命者还将他命名为新成立的法兰西共和国的荣誉市民。

5.4 摆脱殖民束缚

到 1776 年，殖民地与英国之间的关系已经紧张得趋于破裂。虽然没有得到法律许可，但每个殖民地都组织起了相关的委员会，和殖民地议会一起继续抵制"不可容忍法令"；而在英国，议会和国王的大臣们也正准备粉碎殖民地对不列颠权威的挑战。莱克星顿和康科德发生的冲突改变了帝国危机的性质。斗争不再只限于英国议会权威与殖民地权利之间的理论龃龉，因为双方已经交火并出现了伤亡。在这个决定命运的事件发生后一年内，英帝国分裂了。此前一直都是乔治三世臣民的人们被再造成了公民，他们面临着创建一个新国家的任务，即便为此他们要进行一场战争，去确保他们的代表所宣称的独立。

5.4.1 宣布独立

直到潘恩那本震撼人心的小册子问世，大陆会议的代表们这才愿意讨论宣布独立的问题。当英国禁止同殖民地进行贸易并下令查封北美船只时，会议决定把殖民地的港口向所有国家开放。北卡罗来纳的约瑟夫·休斯（Joseph Hewes）承认，"现在什么也没有了""只有放手一搏！"但当理查德·李在 6 月 7 日提出一个吁请独立的决议案时，事情却又不了了之。随后又经过两天辩论，会议决定成立一个由杰斐逊主持的委员会来起草一份相关文件。

虽被尊为一个新国家的出生证明，但《独立宣言》里面的内容却并非全是原创。它大量引用了大陆会议为北美人民抵抗运动所做的辩护，那些响亮的话语，如"人人生而平等，他们都被造物主赋予某些不可让渡的权利，其中包括生存权、自由权和追求幸福的权利"等，都可以在此前北美流传的各种小册子里找到原型。宣言中详细罗列了一长串乔治三世在反对他的殖民地臣民时所犯下的种种罪状。

7 月 1 日，会议开始讨论提议的独立一事。7 月 2 日，除纽约反对外，其余 12 个代表团都投了赞同票，大陆会议于是宣布 13 个殖民地就独立取得了一致同意。剩下两天都在对文稿进行加工润色。变动较大的一处是删去了长期争论的谴责英王在北美实行奴隶制的语句。7 月 4 日，会议决定将文稿付诸印刷。

四天之后，费城人蜂拥前往宾夕法尼亚议会大厦，聆听大声宣读的《独立宣言》。他们高声欢呼着把国王的徽章从会场大门上扔了下来，到了晚上又伴随着酒香、欢呼声和教堂的钟声，把这个 150 多年来对英国殖民依附的象征扔进了篝火里。独立已经宣告了；然而，战争却仍有待去争取胜利。《独立宣言》就像潘恩的《常识》一样，将会在日后的革命战争中扮演一个重要角色，它因其开篇鼓舞人心的原则声明而尤其具有影响力。

5.4.2　大陆会议与《邦联条例》

随着《独立宣言》在委员会得到通过，大陆会议也开始考虑组织一个长期有效的全国性政府。这个任务有点让人望而生畏，因为在宣布独立前，各个殖民地就曾为殖民边界、对印第安人贸易，以及帝国内的商业便利等问题而多次发生争吵。现在他们只是因为同英国的危机而走到了一起，大陆会议只是一种不牢靠的联合。

当同英国和解的希望依然存在时，大陆会议不可靠的权威并未暴露出太严重的问题。但是现在既然已经宣布了独立，而且战争看起来还要持续一段时间，建立一个更加稳定的中央政府的要求也就变得日益迫切。就在宣布独立前几天，1776年6月20日，大陆会议任命了一个由宾夕法尼亚的约翰·迪金森（John Dickinson）主持的委员会来设计一个永久的联盟。为当时的情势所迫，委员会只用了一个月时间就拿出了方案，而关于这个《邦联条例》的争吵很快也就开始了。

是建立一个强大稳固的政府，还是建立多个主权国家的松散联盟？代表们很快就因这个问题而产生冲突，而且越吵分歧越大。迪金森设计的拥有相当大权力的政府招致强烈反对。美国人体验过"专制"的国王和议会的统治，知道不顾人民自由的中央集权将会产生的威胁。

《邦联条例》最终还是获得批准，但它实际上是妥协的产物。第九条给予邦联国会处理以下问题独一无二的权威：处理对外事务，宣布战争，协调各州之间的边界纠纷，管理邮政，解决与各州边界外印第安人的关系问题等。条例也规定，每个州的居民都在别的州享有与该州居民同样的"特权和豁免权"。该条款体现的是国家公民权的基础，这与州公民权不同。

但与此同时，条例也严格限制了邦联国会的职权范围，并为各州保留了广泛的统治权力。例如，国会不能保有军队，不能私自征税，而只能寻求各州在这些问题上的支持。第二条规定，各州将"保留自己的主权、自由和独立"，以及"凡未经本联盟召集之国会明确授予合众国"之权力。只有在13

个州完全一致同意的条件下才能对条例进行修改。

大陆会议在 1777 年 11 月就把条例草案送交各州，但最后的批准却一直等到了 1781 年 3 月。条例的批准需要全部各州一致同意，这实在不是一件容易办到的事情。最大的障碍是关于阿巴拉契亚山脉以西土地问题的严重分歧。有些州根据它们的殖民特许状坚称它们对西部土地拥有占有权，而有些州如马里兰和新泽西则没有。1778 年 12 月，马里兰议会表示：除非所有西部土地的归属都由大陆会议决定，否则他们将不会批准条例。几年间，条例迟迟得不到批准，而各地政客和土地投机者则运用各种手段来争取对自己有利的地位。1780 年，纽约和弗吉尼亚终于同意将它们的西部土地转交大陆会议。这一决定促使马里兰在 1781 年年初同意了条例。在出台将近四年后，条例终于得到正式批准。

5.4.3 动员民众

在革命的压力下，政治以前所未有的力量吸引了美国人的精力。整个美国社会都被政治化了，这一时期北美出版的大量印刷材料就是明证。报纸和各种小册子引导着人们进行广泛的讨论。民众政治热情的高涨是多种因素作用的结果：革命和战争中重大事件的刺激，革命派领袖为了使人们抗击英国而做的民众动员，工匠、体力工人、农民以及其他底层民众实现自由原则的决心，等等。

神职人员也用他们的政治劝诫震撼了他们的圣坛。过去殖民地的宗教与政治严重分离，现在革命却把它们紧紧拉到了一起。在不计其数的布道中，公理会、长老会、浸信会等各教派牧师都告诉美国人民，要为那些招致英国专制统治的罪孽忏悔，并奉上帝之意为美国自由而战。这样的宣讲很容易为受清教徒传统和"大觉醒"思想熏陶的人们所接受。

上帝支持美国革命的信念更是坚定了美国人的决心。同时它也鼓励他们给自己的利益赋予神圣意义，并为自己的行为找到方便的借口。而这也并非美国人最后一次在这两者之间画上危险的等号。

与此形成对照的是,"效忠派"牧师,如马里兰的乔纳森·鲍彻(Jonathan Boucher)等则极力主张政治上的忠心以赢得上帝的悦心。他要求其教区居民支持作为英国国教会领袖的英王。在宣布独立的前几个月,由于当地的安全委员会不断扰乱他的布道,鲍彻每次去教堂宣扬对英王的忠诚时都要带上一把子弹上膛的手枪。

由于双方都相信自己所做的一切具有极为重要的意义,所以他们参与革命政治的热情也就更高了。宣布独立后,整个大陆的人们都举起酒杯为这一事件祝福:"愿自由永远属于那些有勇气去争取的人们!""愿自由插上神圣的翅膀,以我们光辉的努力,使她的影响遍及全球!"有过这样狂热的起义、战争、建立国家的经历,美国人相信他们已将人类自由的美好未来握在手中。谁也不怀疑自己对政治的真诚。

1770年代和1780年代在北美大量出现的未经法律批准的各种集会和委员会,也证明了人们献身政治的热情。独立以前,人们曾上街游行反对《印花税法》。1776年后,人们经常凑到一起讨论如何对付"效忠派",直接的政治行动开始增多,甚至多到了如有人抗议的那样:"连我们吃什么、喝什么、怎么穿戴、说什么话、怎么思考都要管。"

情绪比较激烈的革命派认为这些行动是大众情绪的合法表达。但那些保守的共和主义者则担心这样的举动会影响政治稳定。人们在对英斗争时采取这样的直接行动是必要的,但为什么在废除了英国的专制之后还是停不下来呢?甚至潘恩也对此表示关注。他在1777年写道:"现在该停止涂柏油、粘羽毛等做法了,我以前没有将来也不会鼓励这种暴徒的行为,特别是当我们可以依靠法律来解决问题的时候。"

5.4.4 共和的意识形态

美国人民不但拒绝了潘恩在《常识》中雄辩地批评过的君主政体,还拒绝了作为君主政体基础的等级制。相反，在共和制下，人们依照契约结成一体，为了他们共同的利益而创造公共权力。在英国政治观念、启蒙运动理论、宗教信仰的影响下，殖民地形成了**革命性的共和主义意识形态**，美国人的头脑中也发生了观念革命。

人们对共和制所抱有的另一个基本观点是，政府权力一旦离开公众的监督和控制，必将不断扩张，进而损害人民的自由。近期英国的统治把这种观念深深地铭刻在了美国人民的心里。过分自由可能导致政治混乱，但历史却仿佛总是告诉人们，更多时候，麻烦不是因政府权力过小而恰恰是因政府权力过大而引起的。

如果政府权力受到限制，如何保证政治秩序？革命时代的人们给出了非同一般的答案。秩序不像以前那样是由上层中央控制机构如国王、国教等强加的。在共和国中，正如一本小册子的作者所说："每个人都会放弃那些与公共利益相悖的私人利益。"这样一种激进的"公共美德"原则，正是共和信仰的必要因素。

共和理论者认为，政治"**派系**"或者集合起来的私人利益，是导致历史上人民政府覆亡的"致命因素"。在共和制下，由于缺少一个相对有力的政府，派系冲突很容易导致难以控制的局面。这种担心促使人们把最坏的动机归于对手，从而加剧了革命时期的政治冲突。

这种把保持政治秩序的责任归于人民并要求他们为了整体利益而不顾个人利益的观念使许多美国人感到震惊。为什么个人就这么不值得重视？有人悲观地警告说：如果过往的批评者们基于这样的原则建立政府，"社会团结将会消解，世界和谐将被扰乱，自然秩序也将遭到毁灭"。这些顾虑中潜藏着对"效忠派"的认同。

少数革命派居然天真地以为所有美国人都具有如此崇高的境界。在战争的最初几年，人们的确革命热情高涨，以致有些人认为公共美德已经得到广泛传播，足以支持一个共和政府。还有一些人则认为美国人可以在革命实践中逐步拥有高尚的情操。他们认为美国革命是一个"造就联合的大熔炉"，通过促使美国人行善，将会使其国民性格中善的一面得到最大的彰显。这一共和试验虽说是一个令人鼓舞的想法，但却极难实现。

政治平等是共和主义又一个充满争议的准则。人们普遍认为，共和政府应该建立在人民广泛赞成的基础之上，应该经常进行选举，公民也须尽力维护自己的自由权利。然而，各方的一致也就仅限于此。

一些美国人完全从字面意思上去理解政治平等，他们认为任何公民都应有平等的发言权，所有职位都应对所有公民开放。内地的佃户和小农，以及沿海地区的体力劳动者和技工，是这种意见的热烈支持者。另外一些人比较谨慎，他们认为个人自由必须由政治秩序加以约束，稳定的共和制需要一个有能力、有经验的"具有天赋的精英"作为领导人，以便给人民以有力的引导。那些经常充当领导角色的大商人、种植园主、商业农场主则认为，根本没有必要改造现存的权力分配体系。

5.4.5 组织新政府

意识形态和个人利益方面的意见分歧，在关于各州新宪法的争论中突显出来。对美国人来说，建立一种新式政府实在不是一件容易的事，谁也没有在这样一个幅员辽阔的国家组织政府的经验，更何况还是在纷乱复杂的战争年代。除此之外，人们也在如何组织政府的问题上存在严重分歧。有人认为这是人们面临的"最困难也是最危险的事情"。

康涅狄格和罗得岛没有创建新的成文宪法，而是保留了原来的殖民地宪章，只是删去了里面涉及英国王权的部分。另外11个州则废除了原来的宪章，制定了新宪法。1778年，除马萨诸塞外的各州都完成了这项工作。1780年，马萨诸塞也完成了。

宪法制定者们在制定新宪法时，都把限制政府权力和明确官员责任放在了首要地位。确保这些目标得到实现的唯一途径就是以写定的宪法形式设立一部基本法，作为衡量政府行为的标准。

多数州都将编制新宪法的任务交给了地方议会，它们是原先殖民地议会的继承者。这一做法让人们感到极为不安。如果由政府机构来制定宪法，考虑到它们同样能够改动宪法，又该如何保证公民自由不受政府权力的侵犯呢？他们寻找新的方法去让基本法不是建立在政府行为的基础之上，而是直接建立在人民的至高意志之上。马萨诸塞率先完善了新的制宪程序。1779年，该州居民选出了一个专门的制宪会议来起草宪法，然后再将宪法提交人民进行批准。

通过不断的试验和争吵，革命时代的美国人终于对宪法的本质和如何创造一部宪法形成了比较明确的认识。在这个过程中也确立了美国宪法一些最基本的原则：主权在民而非政府；宪法代表人民的意志；政府在宪法规定的范围内运作，等等。当然，最重要的原则是美国人民拥有自由。

5.4.6　通向共和目标的不同道路

宪法的制定过程也引发了热烈争论，尤其是关于新政府的民主程度问题。在宾夕法尼亚，由于西部农民、费城技工和激进领袖的联合推动，制定出了各州中民主程度最高的宪法。宣布独立后不到三个月，该州就在最热烈的政治改革中完成了宪法起草工作，废除了英国式的两院立法体制和独立行政机构。激进派坚持认为，共和政府应该奉行精简原则，越容易为人们理解越好。因而宪法规定了一个拥有强大力量的一院制立法机关，成员一年一选，而且内部的各种辩论都向公众开放。这种单一设计是以一个相当激进的假设为基础："只有社会的共同利益才能在公共事务中得到体现，而不是单独的或相悖于共同利益的私人利益。"

它的激进方面还有许多。不设总督，立法机关同时行使行政职权。原先谋求公职必须拥有财产的条件被废除，所有21岁以上缴纳赋税的白人男子都拥有公民权。另外一项法令还保证公民享有宗教信仰自由、接受审判时有陪审团在场、言论自由等。所有建议中最激进的可能要属重新分配财产这一条。极为恐慌的保守派想尽办法才将这一危险建议从宪法中剔除出去。

对宪法的讨论很快就导致分化。富人大骂那些宪法的支持者是妄图"陷人民于专制"的"咖啡屋煽动家"。宪法的支持者（包括小商贩、农民和其他小生产者）则反击说这些富人是"与大众没有共同利益"的"暴发户和大人物"。

1776年，激进派取得胜利，宪法得到批准。但当时争夺政治控制权的斗争并未结束。宾夕法尼亚宪法，还有佛蒙特和佐治亚的宪法，代表了革命中最激进的共和主张。

在马萨诸塞，宪法的制定较为小心翼翼。由于战争对这里的破坏不是很严重，政治领袖也保持了较好的连续性，故其制定过程持续了很长时间，超出了最大的乐观主义和激进主义时期。宪法的主要设计者约翰·亚当斯承认新政府的权力必须以人民为基础，但他反对"不计后果的盲目试验"，并认为宾夕法尼亚的宪法太过民主。约翰·亚当斯认为，社会将不可避免地分裂为"民主的"和"贵族的"两种力量，所以他把二者分开到独立的立法机构中，以便双方都能保护自身利益。宪法还保留了一个独立的州长，他有否决立法、任命官吏、指挥民兵、监管州内开支等权力。

当1780年3月2日制宪会议把宪法送交各个乡镇居民会议讨论时，它立刻被农民和波士顿的技工骂为"贵族制的产物"。然而，制宪会议还是在6月重新开会并宣布宪法已获通过，四个月后，宪法正式生效。

5.4.7　妇女与共和国公民权的局限

革命时代的美国男性在为如何分配政治权力忙得焦头烂额之时，却是毫无二致地认为妇女应该被排除在公共事务之外。妇女加入了战争的洪流，并参加了其他政治活动，但她们却依然没有公民权。在殖民时期，除极个别情况，她们既不能参与选举，也得不到公职。在革命时代，她们的状况也没有多少改观。1776年的新泽西宪法对符合财产和居住条件的"所有自由居民"开放了公民权。1780年代大量妇女利用这一条款进行了投票，这导致一位对此极为不满的男子跳出来抗议："无论从自然条件还是生活习惯抑或受教育程度来说，妇女们显然不适于做这样的事情，她必将辜负人们的信任，对公众毫无益处。"由于男人们极力反对，新泽西议会在 1807 年又收回了妇女的公民权。直到 20 世纪，妇女们才最终获得了这一公民权中最基本的权利。

独立之前，多数妇女都认为女性不应参与政治。但革命改变了她们的态度，因为她们和男人一样真切地感受到了革命的紧迫性。随着战事进行，越来越多的妇女都开始公开阐述自己的观点。有些妇女如默茜·沃伦（Mercy Warren）、埃斯特·里德（Esther Reed）等甚至发表了文章，表达了妇女们希望对争取自由做出贡献的急切心情。里德在其 1780 年发表的一篇文章"一个美国妇女的感伤"中宣称，妇女们其实满心希望能像"古代那些杰出的女英雄"一样参军作战；她还呼吁妇女姐妹们像从前放弃英国茶一样放弃那些"虚荣的装扮"。花在衣服和头发上的钱应该作为"妇女们的赠礼"奉献给华盛顿的军队。结果，费城的妇女们，约有 1 600 人，很快就募集到 30 万美元（大陆票）。华盛顿原想把这些钱同军队原来的资金混到一起，但妇女们不同意，最后她们用这些钱给士兵们买了做衬衣用的布料，以便使他们知道妇女们也曾直接为战争做出过贡献。

妇女们的传统角色也被赋予新的政治意义。由于来自英国的进口被掐断，士兵们又急需衣物，纺纱织布也就显示出重要的爱国意义。她们组织起"自由之女"，聚在一起缝制衬衫等衣物。纽约一个十几岁的小女孩夏丽蒂·克拉克（Charity Clarke）说，她在为战士做袜子时真切地感受到了"国家的存在"。

妇女们并没有享受到完全的政治平等。这些新观念在久已形成的传统面前还是败下阵来。但妇女们毕竟站了出来，并公开表示要维护自己的权利。约翰·亚当斯的夫人阿碧盖尔·亚当斯（Abigail Adams）套用在北美反英抗议中引起广泛共鸣的句子劝告她丈夫"不能把如此不受限制的权利都交到丈夫们手里"，她警告道："要记住，只要可能，所有男人都会成为暴君。"约翰·亚当斯在很多事情上都要征求夫人的意见，但这次气势汹汹的挑战结果如何却是不得而知。

在未来的岁月里，男人们对政治的垄断终将遭遇新的挑战。当挑战真正来临时，女人们将会在革命时代捍卫过的并被《独立宣言》奉为神圣的普遍原则中找到引导她们的力量。

小结：革命的前夜

生活在1770年代的北美殖民地人民置身于一个充斥着政治危机和冲突的时代，这些政治危机和冲突几乎改变了每个人的生活。"七年战争"赶走了法国和西班牙挑战者，培育了殖民地人民独立的意识。然而，这也使他们陷入经济调整的困境，背上沉重的债务，承受着日益增大的社会分歧。殖民地人民将1763年签署的《巴黎条约》视为一个新时代的开端，认为它可以解决许多问题。但让他们失望的是，战争结束导致取胜但负债累累的英帝国的重组，进而给北美带来了更为深远的影响。

在革命前的日子里，由于英国与殖民地之间危机四伏，双重觉醒深深地渗入殖民地人民的思想意识中。对由英国所规定的他们在帝国经济生活中所扮演的角色，殖民地人民已不再认同，他们也怀疑英国政府能否满足他们的需要。与此同时，殖民地人民也开始把英国的政策——由议会、国王和他的顾问所制定——看成是对北美英国公民的基本自由和天赋权利的蓄意侵犯。在反对英国政策的过程中，许多以前反应冷淡的殖民地居民如地位低下的鞋匠麦金托什开始投身公众生活，对贵族们控制政治事务这一传统提出了挑战。摆在北美人面前的不只是与英国的战争，如果赢得独立战争，他们还将面临重建自己社会的重重考验。

与英国的决裂来得有些出人意料，蔑视帝国政策导致流血事件，最终导致公开发表《独立宣言》。有了那一宣言和迈出建构一种与殖民地过去不同的政治选择的步子后,美国公民将会为他们革命的意义和他们新形成国家的未来而奋斗。然而,与此同时,他们还要打上一场漫长而艰苦的战争,反对欧洲最强大的国家。他们面临的挑战是巨大的。

思考题

❶ 在18世纪的帝国冲突中,印第安人扮演了什么样的角色?

❷ "七年战争"如何为殖民地铺好了与英国决裂之路?

❸ 《巴黎条约》之后英国政府在殖民地推行了自认为合理公正的政策。为何许多殖民地人民却不这么想?

❹ 什么事件导致与英国的最终决裂?

❺ 新独立的诸州立即采取了什么措施?它们面临着什么样的挑战?

第 6 章

革命中的美国人民

6.1 独立战争

6.2 体验战争

6.3 和平时代的机会与挑战

6.4 迈向新的全国政府

小结：完成革命

> 美国故事

保卫革命

　　北卡罗来纳州新汉诺威县的蒂莫西·布拉德沃思（Timothy Bloodworth）亲身经历了北美革命。由于出身于底层社会，他从小就生活在贫困中。由于没有受过正规教育，他开过小旅馆，在渡口划过船，当过自封的传教士和医生、铁匠和农民。通过辛苦劳作，他有了9个奴隶和4 200英亩土地，财产比他的大多数邻居都要多。

　　由于为人谦逊低调、主张政治平等，布拉德沃思在社区里颇受大家信任。1758年，22岁的他被选为北卡罗来纳殖民地议会的议员。从那时起他就被深深地卷入北卡罗来纳的政治运动中。在各殖民地与英国的关系日益紧张之际，他热情地鼓吹北美的权利，并动员人民起来争取独立。1775年，他协助组建了"威明顿安全委员会"。他满腔热忱地推进共和制的政治改革，担任了威明顿地区没收"效忠派"财物的专员，并组织力量击退了"效忠派"的进攻。

　　战争结束不久，北卡罗来纳议会任命布拉德沃思为该州在邦联国会的代表。在这里他体验到管理一个新国家的难度。当国会在1780年代中期那些棘手的问题之中苦苦挣扎时，例如，对外贸易、战争债务、阿巴拉契亚山以西土地等，他越来越感到《邦联条例》的作用太过微弱。当国会吁请各州在1787年5月到费城召开特别会议以便"设立使联盟有能力应对紧急情况的联邦政府宪法"时，他表示了支持。

　　与很多美国人一样，布拉德沃思也在急切地盼望着会议的结果。然而，当会议提交出新宪法的草案时，他大吃一惊，因为新宪法所设计的政府根本无法保证共和制下的自由，反而可能使自由陷于危险之中。

布拉德沃思再一次感受到政治专制压迫的威胁，他退出国会，并于1787年8月匆匆返回北卡罗来纳为反对新宪法摇旗呐喊。接下来几年，他一直坚持不懈地推动民众否决新宪法，并抗议道："我们无论如何也不能接受这样一部宪法：我们的税款会被用于贵族专权甚或君主专制，同时各种荒诞的事情，如挥霍浪费、行贿受贿、贪污腐败将会大行其道，而各种美德则偏偏被拒于门外。"难道美国人这么快就把集权的危险忘诸脑后，这么快就准备从他们方兴未艾的共和试验中打退堂鼓吗？

布拉德沃思极力主张新宪法应该加上一个权利法案以保护公民的个人自由。他以革命的共和主义的语言告诫北卡罗来纳的宪法批准会议："没有明确的限制，国会将会践踏你们的权利；在把权力交给别人时，必须仔细考虑各种可能"，因为"所有统治者都有滥用权力的倾向"。

布拉德沃思还对国会拥有压倒性的权威感到忧虑：国会有权动用"所有其他授予合众国政府的权力""制定所有必需和合适的法律"。他坚持认为，这样一来也就意味着"各州政府的毁弃"。在北卡罗来纳，布拉德沃思和他的反联邦党同伴们没有白费工夫。最后的投票结果，反对票与支持票之比为184∶84，州宪法批准会议宣布：除非宪法中加上一个"明确保证人权和宗教信仰自由等基本原则不受侵犯，公民拥有各种不可让渡的权利"的权利法案，北卡罗来纳将不会批准新宪法。会议的确说到做到。直到1789年11月，此时新的联邦政府已经开始运作，国会也最终通过了一部全国性的权利法案，北卡罗来纳这才由布拉德沃思小心翼翼地签了字，加入了这个新的联盟。

革命战争仅仅是创建新国家的第一步。除了最终与英国决裂，战争自身又如何塑造了新美国？除去两个世纪后的越南战争，它比美国经历的所有战争都要长。而且与美国在20世纪经历的冲突不同，这次战争是在本土由本国人进行的。战争使成千上万的人离开了店铺和土地，使家庭破碎，社区凋敝，疾病蔓延，经济萧条。士兵牺牲生命或身受重伤；奴隶借助战争机会获得自由；那些依然忠于英国的人们残存于他们已经了解的殖民世界，即使战争已将那个世界撕成碎片。探寻战争给不同群体造成的不同后果，展现出有着极大差异的种种体验。

克服重重艰难，美国人民最终打败了英国统治者。他们是在其法国同盟的帮助下做到的这一点，法国人为他们自己的帝国野心和欧洲权力政治现实所驱使而加入了这一冲突。1783年的《巴黎条约》终止了战争，确保了美国独立。它也再次重绘了各国在北美的势力范围，并重铸了英国与西欧各国的关系。

战争的胜利确保了独立，同时既带来了机遇，也面临着挑战。布拉德沃思与其他许多积极关心政治的美国人，在战后十多年间一直都在致力于解决这些问题。美国人现在可以潮涌般进入西部土地，此前英国人一直封锁这里阻止移民自由进入。历史再次上演：扩张导致与印第安人的冲突。战争获胜也使得新国家不得不面对制定对外政策的需要。合众国的人民努力明确革命的人民与奴隶制和旧有国教体系的关系，一些人支持在这些争议不断的问题上采用新的解决办法。然而，这一欣快感的可能性却被退伍老兵和其他普通公民的抗争所抵消，他们需要面对经济停滞和潜在的土地缺失问题。

到1786年，无数美国人都参与到了一场联邦党人与反联邦党人之间日益激烈的辩论中：联邦党人认为《邦联条例》效用渐失，必须用一个强有力的全国性政府取而代之；反联邦党人则认为，政府权力将会危害个人自由。当马萨诸塞西部农民（其中多为退伍军人）起来造反关闭法庭，他们揭示了许多人面临的艰难困境；与此同时，他们的反叛也在一定程度上证明，更强大的政府绝对是需要的。1787年，关于北美共和试验的前途这一辩论终于有了结果：具有重要意义的费城宪法提出了针对政府进行巨大变革的提案。随着新宪法得到批准，美国人民开启了他们历史上一个事关重大的新时代，启动了一场一直延续至今的辩论：美国政治及政府的本质到底是什么？

6.1 独立战争

战争最早于1775年在马萨诸塞拉开序幕，但不到一年时间，战争的中心就转移到了中部各州。1779年后，南部又变成主战场。为什么会发生这种地理模式上的变化？其意义何在？为什么美国人最终赢得了战争？

6.1.1 北方战事

莱克星顿和康科德的冲突发生之后不久，英军曾考虑从波士顿向周边农村地区发动攻势。但他们很快就觉得大陆军的规模已经很大，而新英格兰的"效忠派"力量又太弱，还是小心行事为妙。更重要的是，当北美人把大炮运到具有战略意义的多切斯特高地后，波士顿已经有点守不住了。

1776年3月7日，英军指挥官威廉·豪（William Howe）将军决定从城里撤出。由于害怕有人报复"效忠派"，同时也是为了保留和解的最后希望，豪总算没有把波士顿付之一炬。不过，他们留下的仍是一片废墟。一位随后返回的居民悲叹道："所有的一切都透着沮丧和忧郁。"六年之后，英军战船再次巡游到新英格兰海岸，并征用了当地居民的各种物资，还袭击了岸边的城镇。不过，离岸较远的地方则几乎不曾有过什么战事。大部分新英格兰人实在应该庆幸他们的好运。

英国人在纽约城建立了一个新司令部，这一决定具有重大战略意义：这是一个优良的港口，控制了哈德逊河就控制了进入内地的主要航路，也控制了取得中大西洋各州丰富的谷物、牲畜资源的通道。当地城区和市郊的居民也有比较浓厚的效忠之情。1776年夏天，华盛顿对英军发起挑战，想要夺回对纽约的控制，但却惨败而归。到10月下旬，纽约还是被牢牢控制在英军手里，这一状况将会持续到战争结束。英军司令部在这里管理其战时努力，监督部队部署，收集资源，与英国本土政府沟通。英国人拥有一支训练良好、军纪严明的大规模队伍，得到强大海军的支持，并有英国政府帮助筹款资助战时努力。美国人则经费严重不足，部队也是仓促聚到一起，辅以有着不同素质和忠诚度的地方民兵，面对着威胁极大的敌人。

因为明了这一切，所以1776年秋天，英王乔治三世命令他在北美的两个主要司令官：威廉·豪将军和海军上将理查德·豪（Richard Howe）两兄弟，要尽最大努力争取与殖民地居民和解。9月初，两位指挥官在纽约港的斯塔滕岛上会见了大陆会议的三位代表。但当豪氏兄弟提出在谈判开始前大陆会议必须收回《独立宣言》时，和解的一切希望都破灭了。

接下来两年，双方在新泽西和宾夕法尼亚的交界地区展开了拉锯战。得益于德国雇佣兵的帮助，英军可以随心所欲地展开行动。英国人花钱进行战争准备，通过给黑森王子位于德国黑森州的政府提供资金，雇用了三万名黑森士兵。相比之下，无论各州民兵还是大陆军，都因不断减员、士气不振和物资拮据等原因而难有大的作为。好在华盛顿于1776年12月在特伦顿、1777年1月在普林斯顿对英军发动的突袭都取得了胜利，总算阻止了美国方面的崩溃。但是，形势仍很严峻，确保生存依然是他们的首要目标。

战争的头一年，美军大胆地入侵加拿大想要将其拉进反英斗争。1775年11月，美军占领了蒙特利尔。随后他们对魁北克发动攻击，结果却遭到失败。近百人伤亡，300多人被俘。如果这样的损失不断发生，美军也就不会存在。

此时大陆会议已经以尚未得到批准的《邦联条例》为指导，为战争做出了一切可能的努力。但是，一系列事件很快就暴露出其不足之处，因为除了通过决议和寻求各州的支持，它几乎什么事都干不了。如果各州予以拒绝——这也正是它们经常干的——大陆会议也只能劝告各州相互合作。一州一票的严格规定，极大地限制了大陆会议的权力。各州内部的分歧经常导致它们根本不参加投票。这就使得会议陷于瘫痪，因为大部分重要决定都需要至少九个州的多数同意才能通过。

华盛顿明智地决定避免进行大规模战役，但同时又保证他的军队在战场上作战。他从纽约的惨败中明白，他的部队在阵地战方面远非英军对手。他也明白，如果一再失利，美国的独立必将成为泡影。他决定不采取正面交锋，而是对英军实行消耗战略。他的目的是使他们为战争付出尽可能大的代价，同时尽量保护美国居民。他的这一策略要求他维持一支有战斗力的部队，他克服巨大的困难终于做到了。

战事中期那几年，战争成了一场对双方来说都同样乏味而且难以取胜的角逐。1777年9月，英军占领了费城，大陆会议只好逃往农村。豪将军犹豫是否要乘胜追击。这样的情况后来还有很多，英军司令总是难有决定性的行动：有时他们不愿在敌对的农村行动，有时则是对战略部署举棋不定。同年10月，美国人在萨拉托加赢得一场重大胜利，柏高英将军和他的5 700名英军不得不向大陆军投降。这一胜利也促使法国加入到对抗英国的战争中来。

战争越拖越久，华盛顿多次批评大陆会议对军队各方面的支持非常有限。由于无法收税，政府既不能支付部队开支，也无法给部队提供充足的供给。它印发收据凭证，许诺日后支付，但这对战场上的人或是他们留在后方的家人来说却是一点也不解决问题。大陆会议自知效率低下，遂在1778年决定临时授予华盛顿以非常权力，由他全权负责战事。不过，最后大陆会议还是坚持了下来，因为大部分代表都意识到：如果大陆会议陷于崩溃，后果将是灾难性的。遇上失利事件，凡是采取大胆立场支持革命举动的人，都会被定义为卖国者，像华盛顿这样的军事将领，以及像大陆会议中马萨诸塞的塞缪尔·亚当斯和新泽西的约翰·威瑟斯庞（John Witherspoon）这样的政府领导人，更是如此。

6.1.2 战事南移

由于战争在北部陷入消耗巨大的僵持状态，英军决定改变战略，入侵并平定南部。南方的英军报告说会有大量"效忠派"加入进来，从而鼓励了英国方面做出这一决定。靠近南部的海岸有很多河流，也大大有利于英国的海军力量。南方还有大量态度不明的奴隶，如果他们能被引诱到英国这边，局势就会变得有利于英国。毕竟，黑奴起义的威胁会严重削弱南方白人的抵抗决心。在这样多重因素的影响下，在战争的最后三年，英军将重点转向了南部。

小而孤立且几无防守的佐治亚成为首选目标。1778年12月，英军从海上袭击并攻陷了该州的主要港口萨凡那。佐治亚的革命抵抗在两年内几乎没有取得什么进展。受到胜利鼓舞的英军在转向南北卡罗来纳后又取得了相当不错的战果。1780年5月12日，查尔斯顿在被围一个月后宣布投降。英军仅以225人伤亡的代价就俘虏了该城全部5 400名守军。这是美军在独立战争中最惨重的一次失败。

占领查尔斯顿后，英军迅速沿着海岸同时向南北扩展势力。在南卡罗来纳的卡姆登，英军杀死了近千人，俘虏了一千多人，一时间几乎消灭了整个南方的大陆军。接下来，英军又马不停蹄地赶往北卡罗来纳。不过，在这里他们很快就明白了他们难以深入内陆的原因所在：距离遥远，补给不足，"效忠派"并不可靠，当地人对革命非常支持。

1780年10月，华盛顿把纳撒内尔·格林（Nathanael Greene）派往南方领导那里的大陆军。这是一个英明的决定，因为格林对南部及如何在南部作战都比较了解。他做出了和华盛顿一样的决策，尽力避免大规模的遭遇战，为此他把部队改编成为机动小分队。通过运用如今所称"游击战"的战术，他们利用一切机会偷袭英军然后迅速撤往内地。这些在佐治亚和卡罗来纳的穷乡僻壤进行的战斗，堪称独立战争中最为惨烈的，英美双方都对这里遍地的暴虐行为无能为力。这一地区见证了战争中一些最严重的暴行，这些暴行出自双方之手。土匪四处劫掠，任意践踏农田，并从交战双方的混乱中坐收渔翁之利，更使局势进一步复杂化。

不过，战争局势很快就发生了改变。1781年1月，在南卡罗来纳州的考彭斯战役中，丹尼尔·摩根（Daniel Morgan）将军带领美国军队取得了决定性的胜利，以75人伤亡的代价打死329名英军并俘虏了600多人。3月，英军指挥官康华利（Cornwallis）在北卡罗来纳的吉尔福德法院大厦取胜，然而为此付出的沉重代价却迫使他将部队撤向海边的威明顿。

1781年4月，康华利认为英军已经难以在卡罗来纳占据优势，而美军方面则会继续把弗吉尼亚当作物资供应和分段运输的基地，遂决定北上。他带领7 500人深入弗吉尼亚，使州长杰斐逊和州立法机关被迫从夏洛茨维尔逃入山区，但他也再次付出巨大代价，只好转向海岸暂避并等候补给。8月1日，他们到了约克顿。

由于英军舰队驻扎在切萨皮克湾，康华利暂时还算安全，只是好景不长。1778年，还在为"七年战争"中败于英国耿耿于怀并为美国1777年的萨拉托加大捷所震动的法国，终于同大陆会议签订了同盟协定，允诺将把海军派往北美。最初，法国海军主要是在西印度群岛附近游弋，希望借机占领几个英国的蔗糖出产地。但到1781年8月30日，由于美国方面不断要求，法国海军上将德格拉斯（de Grasse）终于率军赶到了约克顿附近，占据了海上优势。与此同时，华盛顿也率领着增补了法国陆军的大陆军从宾夕法尼亚向南挺进。

正如华盛顿所料，法国的加入改变了战争的形势。由于被1.7万名法军和大陆军切断了通向大海的通道，康华利别无选择。1781年10月19日，他在弗吉尼亚的小村子约克顿附近投降。

一个月后，英王首相诺思爵爷在伦敦知道了这个消息。"老天，全完了！"他抱怨道。1782年2月27日，英国下议院决定不再支持对殖民地的战争。3月，诺思爵爷辞职。大陆会议的代表们举行了一个隆重的仪式感谢圣恩，整个费城的人们都兴奋地涌向大街以示庆祝。初步的和平协定直到1782年11月才正式签订，但在约克顿胜利之后人们明白，他们已经赢得了自己的独立！

6.1.3 革命中的美洲土著

不计其数的美洲土著,与殖民地居民和英国人一样,都被牵涉进独立战争。到 1776 年,沿海绝大部分部落都已远遁而去,他们的村落变成殖民定居点,人口数量也因战争和疾病而大为减少。不过,一些比较强大的部落依然占据着广大内陆地区。拥有 1.5 万人的易洛魁六族,控制了哈德逊河到俄亥俄谷地。五个主要部落——乔克托、乔克索、西米诺、克里克、切诺基,共约六万人——则占据了南部内陆。

当英国与殖民地之间的危机不断加深时,这些土著就和那些来自欧洲的美国人小心翼翼地关注着对方。

战争开始后,英美双方都强烈希望这些印第安人保持中立。然而,这些土著人强大的军事力量使得谁都不敢掉以轻心。到 1776 年春天,双方都在努力寻求与印第安人结盟。而认识到自己可能在这场白人之间的冲突中获利,内地各处的土著居民也开始考虑自己的选择问题。

出于对这些经常暗中侵吞土地的白人殖民者的警惕,也因急于从这些人与英国的龃龉中捞点便宜,1776 年 7 月,一群切诺基人在他们的勇士"拖艇者"(Dragging Canoe)的带领下,对今田纳西州东部发动了一系列袭击。作为报复,弗吉尼亚和卡罗来纳的民兵也摧毁了为数不少的切诺基人村镇,有效地终止了切诺基人的反抗。托马斯·杰斐逊对这一结果非常满意。他写道:"我希望能把这些切诺基人赶到密西西比河另一边,同英国的斗争形势如此严峻,绝对不能再有来自这些印第安人的威胁。"克里克人在看到他们邻居的遭遇后自己先撤得远远的。但他们只是推迟了反抗的时间,19 世纪初他们的土地受到侵占时,他们同样进行了反抗。

在俄亥俄的农村,与土著战斗持续的时间要更长一些。早在革命之前几十年就有丹尼尔·布恩(Daniel Boone)等探险家在占领俄亥俄河附近地区时与肖尼族及其他部落发生过冲突。独立战争则使这类冲突加剧。1778 年 2 月,乔治·克拉克(George Clark)率领一群肯塔基游民穿过冰河,然后跨越 180 英里的蛮荒之地袭击了位于今印第安纳文森斯的英军前哨。克拉克居然骗过了那里的英国人及其印第安盟友,使他们以为自己面临着千军万马,结果一枪未放就缴械投降。克拉克的这场胜利改变了西部战场的战略态势。

在东北部出现了更加致命的一幕。在纽约奥尔巴尼召开的部落头领议事会上,易洛魁人一开始决定不参与这场战争,他们将其视为英国与殖民地之间的"家务事"。但是他们的中立并未保持太久。1776 年,在美国军队侵入奥尔巴尼以西莫霍克族的领地深处后,英国方面就动员易洛魁人与他们一起对付美国。在约瑟夫·布兰特(Joseph Brant)的一再请求下,该族大部分人都在 1777 年夏天参与了对美国方面的袭击。布兰特是莫霍克族勇士,曾在数年前到过英国,他成功地协调了与英国人的结盟(他妹妹嫁给一位英国军官,故与英国有家族联系),领导着他自己的部落群体。他看出了将英国作为盟友对抗美国扩张的价值所在。

这一决定对印第安人和白人都产生了致命的后果。随后几年间,易洛魁人和他们的英国盟友在纽约中部及宾夕法尼亚的大片地区毁物扰民,把这里变为一片废墟。

美国人的报复接踵而至:1779 年夏天,美军进入易洛魁人的村庄,他们放火烧毁了整个村庄;杀死了所有人,就连小孩也不放过;并把大片的玉米田践踏得一片狼藉。具有讽刺意味的是,正是在一次这样的突袭中,一位美国种植园主收集到了易洛魁人的谷种,据说这些谷种就是当今美国谷种的来源。等到战争结束,易洛魁部落损失了 33% 的人口,还有无数的村落。他们对东北部内地的统治再也无从谈起。

但也并非所有东部林地部落都站在英国一边。比如,易洛魁同盟中的奥奈达人和塔斯卡洛拉人就跟美国人一起战斗。这部分是由于他们与其他部落不睦,同时大陆会议派去的使者的游说工作也起了很大作用。但是,这些为美国的独立而战的印第安人,他们自己的收获却是微乎其微。美国人放过了奥奈达和塔斯卡洛拉部落的村庄,但英军及其易洛魁盟友对他们却是毫不客气。而且这些部落与美国人的联盟,也并未能在后来不断加速的白人扩张中为自己争得多少保护。

大多数印第安人都有充分的理由反对美国的独立运动。因为英国人会给他们提供商品、武器，收购他们的毛皮。更重要的是，英国人承诺会保护他们免受扩张之苦（英国在 1763 年颁布了"公告线"）。但在战后的和平谈判中，英国根本没有考虑他们的印第安盟友。这些印第安人既没有得到任何补偿，而且他们的土地也无法得到保证。美国的边界向西推进了许多，一直到了密西西比河。

印第安人与白人扩张者之间的斗争还会继续下去，但他们求得自由的反殖民战争却的确失败了。1784 年由西班牙殖民首领在圣路易召集的印第安头领的集会认为，美国独立战争是"对我们最沉重的打击"。

6.1.4 议和

1781 年 9 月，正式的和平谈判在巴黎举行，英方代表是理查德·奥斯瓦尔德（Richard Oswald），美国方面是本杰明·富兰克林、约翰·亚当斯和约翰·杰伊（John Jay）。谈判涉及的不仅仅是英国和美国，还包括一些为了削弱英国而参战的欧洲国家。1778 年 2 月，法国首先加入进来并成为美国的主要同盟。八个月后，西班牙也对英宣战，虽然它拒绝承认殖民地独立。它利用这场冲突提供的机会重新获取了佛罗里达大部，它曾于 1763 年将其割让给英国；作为条约的结果之一，它得到了余下的部分。1780 年到 1782 年，俄国、荷兰和另外六个欧洲国家成立了武装中立同盟，旨在阻止英国封锁海上贸易。北美独立战争迅速国际化。除此之外，可能也没有别的办法来挑战英国在欧洲均势中所处的中心地位，以及在控制北美的斗争中形成的优势。在条约谈判中，所有相互竞争的索赔都要兼顾平衡。

由于战时主要依靠法国支持，大陆会议要求代表们听从法国外交大臣韦尔热讷伯爵夏尔·格拉维耶的意见。但是代表们很快就获悉，格拉维耶居然想要将战争拖延下去，以便进一步削弱英国，同时使美国更加依附于法国。

更让人警觉的是，格拉维耶还建议美国的边界不应超过阿巴拉契亚山主峰，甚至暗示英国可以保有战争结束时所控制的地区。这就意味着可能要把纽约及其他一些被英军包围的沿海土地留给英国。

最后，美国代表决定不顾大陆会议的要求，背着格拉维耶同英国代表达成了一个临时的和平协议。英国方面的要求非常大方。在1783年8月签订的《巴黎条约》中，英国承认各殖民地独立，并确认其西部以密西西比河为边界。英国还允诺美国渔民有权在纽芬兰附近海域捕鱼；英国军队会在对抗结束后"以最适宜的速度"尽快撤离美国。作为回报，大陆会议承诺将促使各州返还"效忠派"的财物，保证他们享有基本公民权利。双方还同时同意战前两国人民个人间的债务继续有效。所有这些问题都将会在未来的年月中干扰英美关系，但在当时，经历了长期艰难斗争的英美双方，似乎都对这个结果感到满意。

6.1.5 胜利的原因

英国非常害怕全部北美殖民地都要求独立，而大陆会议则非常盼望如此，但结果却只有一半（26个殖民地中的13个）加入了反抗英国的起义。加拿大位处北大西洋西端航路的战略要地，已经成为英国军事力量的一个中心所在，因而大陆会议方面争取加拿大支持的努力也就落了空。殖民地上的大多数法国天主教徒则对"七年战争"中与南部英国新教徒的激烈冲突记忆犹新。他们怀疑他们的信仰能否在新美国得到保护，就像大英帝国通过1766年《魁北克法案》后出现的情况那样。

大陆会议还建议牙买加及加勒比海其他一些英国的蔗糖生产岛也宣告独立。但这些岛上的蔗糖经济严重依赖英国市场，而且种植园主还需要英国军队来帮助抵抗西班牙和荷兰的入侵者并防范那些人数比他们还要多的奴隶。有些反叛的州还对奴隶制提出疑义，这更是让他们感到惶恐不安。

尽管未能得到加拿大和加勒比各岛的支持，但这13个弱小而且并不很团结的殖民地依然打败了俨然大西洋世界最强大的大不列颠。这是怎么办到的呢？当然，荷兰的贷款和法国的军队都是很重要的因素。战争最激烈的时候，法国在美国作战的士兵超过了一万人。

但更具决定意义的还是美国人民绝不屈服的决心。他们经常没有组织，合作也很少。大陆军经常出现逃兵，各州民兵拒绝远征，物资供应也经常跟不上，邦联国会和各州的指挥也很难协调一致，有好多次，争取独立的事业眼看就要支撑不下去了。然而，随着战争的推进，人民与英国越来越疏远，他们为"独立"献身的意志也越来越坚定。英国为了征服殖民地曾占领了大陆东部地区 33% 的面积，但结果却依然于事无补。

美国的胜利当然也离不开华盛顿的管理和组织天才。很多时候，全都是靠了他的意志力，大陆军才成为一个整体，才有可能在那些遭遇战中取胜并存活下来。如果华盛顿被打败，美国战胜的可能性几乎没有。各州民兵在战争最初几个月过后就很少参加战事，但他们毕竟有充足的人力，足以对"效忠派"产生威胁；而且他们还能收集情报，羁绊英军。就连多次对民兵作战质量表示不屑的华盛顿也逐渐认识到，应该在战斗中好好利用民兵的力量。

不过，事实就是这样，最后英国败了，而美国则胜了。英国拥有大量的经济和军事资源，在军事力量方面明显占优。它的军队人数要多得多，装备和供应均远非大陆军能比，士兵也都经过专门训练。直到战争结束前数月，英国还在海军方面占据优势，它的部队可以在沿海往来自如。

但是，英国并未能有效地利用这些优越条件。为数千英里的海洋所阻隔，英国在下达并贯彻指令和保障物资供应方面都有困难。由于情报总是不定期地从对岸传来，伦敦的战略、决策所依靠的信息经常是错误或过期的。由于供应困难，英军不得不在当地掠取物资，这就使他们丧失了机动性，而且他们经常强征当地的粮食和牲畜也使美国人对其恨之入骨。

面对这种状况，英军指挥官经常小心得过了头。柏高英 1777 年从加拿大发动进攻以孤立新英格兰的企图之所以失败，是因为豪决定进攻费城而不是北上到哈德逊河去和他会合。同样，无论豪还是康华利，在战争中期的几年都没能乘胜扩大战果，而在那个时间，任何稍微积极一点的行动都可能把大陆军碾得粉碎。

同样重要的一点是，英军指挥官大都没有根据北美战况改变他们在英国时的作战策略。他们只愿在每年的特定时间作战，而且总是采取正规战法，而实际上北美森林茂盛的地理特点更适合较小的作战单位和多变的战术策略。相比之下，华盛顿和格林就比较灵活机动，他们经常耐心地采取奇袭、牵制、主动撤退的战略。他们知道大众对革命事业的支持将会增多，英军占领这些地方的花费将会远远超出他们的承受能力。正如很久以后的越南战争那样，游击队只要不输得太惨就会最终取胜，而正规军如果不能保证总是取胜往往就会最终失败。

战局的发展证明了美军战略的正确性。战争越拖越久，费用越花越多，英国人逐渐开始动摇。法国和西班牙参战后，英国人不得不同时为欧洲、加勒比、地中海和北美操心，与此同时，爱尔兰的不安定局面，以及伦敦的食品骚乱，又使它的一些部队被牢牢拴住。钱财和生命不断地投入进去，胜利的前景却是越来越黯淡，反战呼声终于高涨起来。英军在约克顿投降之后，支持战争的阵营也就瓦解了。

6.2 体验战争

与近些年来美国参加的战争相比，美国独立战争无论在人员伤亡还是在物质损失上都相形见绌。尽管与恐怖的现代战争相比可能不太合适，但北美独立战争对所有被牵涉进去的人来说，仍然是一段惊心动魄的经历。

6.2.1 征兵

虽然估测数字多有不同，但在美国方面应该有多达 25 万人曾在某一时间拿起过武器。也就是说，每两个或三个白人成年男子中就有一个参加过战斗。这些人大都出生于殖民地，但也有很多是 18 世纪中期涌向北美的英国或欧洲大陆各国的移民。像约翰·温德尔（John Wendell）上尉率领的纽约连，27 个人中就有一半以上出生于美洲以外，主要是爱尔兰，其次是德国和荷兰。这些人的参战动机五花八门，但许多人都是为了求得一种更好的生活，和出于对革命的民主前景的热情。

战争刚开始时，多数州的民兵在作战上都不很卖力。这一问题在南方表现得尤为明显，格林抱怨说：这些南方民兵"带着家庭生活的温柔感觉走出来"，根本没有"准备好去忍受那血腥的战争场面，他们不敢踏过死人的尸体，也做不到在听到伤员的痛苦呻吟时无动于衷"。不过，当时的民兵制度确实给征兵带来了方便，民兵本就是入伍士兵，接到通知后就被安排妥当奔赴战场。这在组织起大陆军以前具有特殊重要意义。民兵生活在各个社区，他们可以向人们宣传战争的意义，同时也可以很好地完成自己的任务。而且除了征兵和观察其表现，可能也没有什么更好的办法去区分谁是"效忠派"或革命派。

战争最初几年，人们对战争的热情都很高。无论富人还是中产阶级抑或穷人，纷纷志愿参加反英战争。然而，随着战争的进行，人员伤亡增多，应募期限变长，军事纪律越来越严格，也就只有靠征召上来的士兵了。到了最后，就像经常发生的那样，战争成了穷人之间的搏斗，因为有钱人可以雇用穷人替他们服役。各社区经常悬赏让外地人补充他们的名额。罪犯、失业工人、自由或不自由的黑人，甚至是那些英军逃亡者，都被填入大陆军，俨然就是一群乌合之众。

对那些穷人和无业者来说（他们的人数在战争中快速膨胀），胜利后的奖励和提供食宿的许诺都显得很有吸引力。然而，这些许诺却多是空头支票,即便能够兑现也不知要等上多长时间,他们经常从家信中得知不幸的消息。战争越往后拖,开小差的人就越多,一度高达 25%,华盛顿不得不采取日益严厉的措施来维持军队秩序。

6.2.2 战争的艰辛

整个战争期间,士兵们经常遭受物资短缺之苦。1777 年到 1778 年那个酷寒的冬天,驻守在福吉谷的士兵们甚至连靴子和外套都没有。在这个冬天的阴沉气氛中,就连华盛顿都感到绝望,他写道:"我生了病,对这样的生活一点也不满意,连笑一下的心情都没有。淡而无味的食物、艰苦的住宿条件、寒冷的天气、疲劳、肮脏的衣服、差劲的烹调,有一半时间我都在呕吐,身体毫无知觉。这里简直就是地狱,实在让人无法忍受。为什么我们要跑到这里来忍饥受冻?"

不管各州政府还是邦联国会,都无法做到有效地应对这样规模的战争。许多担任供应官的人勤勉工作,受人尊敬,但也有不少人利用军队的困难中饱私囊。华盛顿对这些"投机者、各种抢钱族、股票经纪人"极为憎恨,痛斥他们的"贪婪和对钱财的饥渴"将会导致国家毁灭。

社会上的三教九流紧跟在军队后面,使得情况更为复杂。士兵的老婆、妓女、仆人、奴隶、骗子、商贩就住在军营周围。他们为军队提供了必要的服务,却也使得军队行动极为缓慢,军纪也无法得到保证。

各种医疗措施,不管是处理伤口,还是针对那些横行军中的疫病,往往都是弊大于利。战地医院面对潮水般涌进的伤员,很快就没有了招架之力。外科医生在做手术时,没有麻醉剂,各种器械也都是粗制滥造,实际上救活的人并不比由此致死的人多多少。几乎没有人知道为什么会引发感染,更不知道该如何解决。治疗可能是致命的。而那些治疗手段则不外乎放血、热敷和呕吐,目的是平衡体液,这与流行千年的医学理论相一致。

没有人对死亡人数进行过精确统计。然而,最保守的估计也有 2.5 万

再现历史

征兵名单

在所有美国的战争中,爱国主义热情和各种煽动性言辞往往使得人们心潮澎湃,进而拿起武器奔赴沙场。美国独立战争也不例外,只是人们为"爱国"而战的因素可能要小一点。可能很难讲清人们在面对战争这样复杂事务时的具体动机。不过,我们要是能搞清哪些人参加了战争,也许就比较容易理解他们为什么要参战,甚至还能理解战争对他们到底有什么影响。

正如我们在本章所看到的,军队的人员组成随着战争的进行发生了显著变化。最初,过着各种生活、来自各个阶层的人都愿为美国的自由而战。但战争越往后拖,费用越高,那些有钱人就开始雇人服役或者找个法子溜回家,剩下那些没钱没势者来负担日益沉重的战争压力。许多人这样做并非出自情愿,只是诱惑于军队的美妙承诺、想要避开烦闷无聊的日常生活、迫于生存所需,或是希望能有一个升迁的机会。他们这样做,很大程度上也是因为别的发展机会实在太有限。

大陆军和各州民兵的招兵名单,为我们提供了研究独立战争时期社会的重要资源。18世纪的记录在今天看来远不够完善,但当时负责招兵的军官们,为了能够准确地发放津贴和薪饷,还是把这些报名者的资料记录得比较清楚。在这些名单上,通常我们都可以查到被征兵者的姓名、年龄、职业、出生地、居住地和服役时间等。

在美国的早期战争中，这样的名单还有不少。比如，"七年战争"期间纽约城和费城的征兵名单上显示，被征兵者多是移民——纽约城占到90%，费城则占到75%。参军前他们的职业多种多样，有水手、无技术的体力劳动者、鞋匠、织工、裁缝等，但可以看出，占绝大多数的还是最底层的劳工阶级。很多人都

纽约编队——第一团

约翰·温德尔上尉的连队，1776—1777年

姓　名	年龄	职业	出生地	居住地
Abraham Defreest	22	Yeoman	N. York	Claverack
Benjamin Goodales	20	do [ditto]	Nobletown	do
Hendrick Carman	24	do	Rynbeck	East Camp
Nathaniel Reed	32	Carpenter	Norwalk	Westchester
Jacob Crolrin	29	do	Germany	Beaver Dam
James White	25	Weaver	Ireland	Rynbeck
Joseph Battina	39	Coppersmith	Ireland	Florida
John Wyatt	38	Carpenter	Maryland	
Jacob Reyning	25	Yeoman	Amsterdam	Albany
Patrick Kannely	36	Barber	Ireland	N. York
John Russell	29	Penman	Ireland	N. York
Patrick McCue	19	Tanner	Ireland	Scholary
James J. Atkson	21	Weaver	do	Stillwater
William Burke	23	Chandler	Ireland	N. York
Wm Miller	42	Yeoman	Scotland	Claverack
Ephraim H. Blancherd	18	Yeoman	Ireland	White Creek
Francis Acklin	40	Cordwainer	Ireland	Claverack
William Orr	29	Cordwainer	Ireland	Albany
Thomas Welch	31	Labourer	N. York	Norman's Kill
Peter Gasper	24	Labourer	N. Jersey	Greenbush
Martins Rees	19	Labourer	Fishkill	Flatts
Henck Able	24	do	Albany	Flatts

第 6 章　革命中的美国人民

弗吉尼亚编队——第六团

塔普利·怀特上尉的连队，1780 年 12 月 13 日

姓 名	年龄	职 业	出生地		居住地	
			州或国家	乡或镇	州或国家	乡或镇
Win Bails, Serjt	25	Baker	England	Burningham	Virg.	Leesburg
Arthur Harrup	24	Carpenter	Virg.	Southampton	Virg.	Brunswick
Charles Caffatey	19	Planter	"	Caroline	"	Caroline
Elisha Osborn	24	Planter	New Jersey	Trenton	"	Loudon
Benj Allday	19	"	Virg.	Henrico	"	Pawhatan
Wm Edwards Senr	25	"	"	Northumberland	"	Northumberland
James Hutcherson	17	Hatter	Jersey	Middlesex	"	P. Williams
Robert Low	31	Planter	"	Powhatan	"	Powhatan
Cannon Row	18	Planter	Virg.	Hanover	Virg.	Louisa
Wardon Pulley	18	"	"	Southampton	"	Hallifax
Richd Bond	29	Stone Mason	England	Cornwell	"	Orange
Tho Homont	17	Planter	Virg.	Loudon	"	Loudon
Tho Pope	19	Planter	"	Southampton"	"	Southampton
Tho Morris	22	Planter	"	Orange	"	Orange
Littlebury Overby	24	Hatter	"	Dinwiddie	"	Brunswick
James [Pierce]	27	Planter	"	Nansemond	"	Nansemond
Joel Counsil	19	Planter	"	Southampton	"	Southampton
Elisha Walden	18	Planter	"	P. William	"	P. William
Wm Bush	19	S Carpenter	Virg.	Gloucester	Virg.	Glocester
Daniel Horton	22	Carpenter	"	Nansemond	"	Nansemond
John Soons	25	Weaver	England	Norfolk	"	Loudon
Mara Lumkin	18	Planter	Virg.	Amelia	"	Amelia
Wm Wetherford	27	Planter	"	Goochland	"	Lunenburg
John Bird	16	Planter	"	Southampton	"	Southampton
Tho Parsmore	22	Planter	England	London	"	Fairfax
Josiah Banks	27	Planter	Virg.	Gloucester	"	Gloucester
Richd Roach	28	Planter	England	London	"	Culpeper

曾是契约奴，还有一些因为听见了招兵的鼓声从主人家逃出来的奴隶。在中大西洋地区的港口城市里，那些出生在美洲的事业有成的工匠，往往都把这种抵抗法国人的苦差事留给了那些地位比他们低的人。不过，波士顿的征兵名单表明，征募的士兵都来自地位较高的阶层。

　　通过比较不同城镇和地区的征兵名单，我们可以对革命军队的社会组成及其变动情况有一个大致的了解。从中我们还可以看到战争中各个地区的社会状况及其对招兵工作的影响。

　　上两页展示了来自纽约的温德尔上尉和来自弗吉尼亚的塔普利·怀特（Tarpley White）上尉所带连队的士兵名单。从名单上能不能看出他们所属的社会集团呢？有些职业，像制革工人、皮匠、蜡烛制造者等，可能我们已不熟悉，但我们可以从词典上查到它们的含义。有多少人来自中间阶层（书商、烟草商、店主等）？有多少人是熟练技工？有多少人是不懂技术的体力劳动者？移民和生于本土的人所占比例如何？年龄段分布如何？这些部队的类型如何？两个连队中的社会分层和职业情况有何不同？这些差异可以说明什么？

　　为了能够充分解读这些士兵档案所包含的意义，可能还需要你对他们所在地区的经济和社会状况有所了解。不过，通过我们的引导，你应该已经明白历史社会学家如何撇开战争谋略和大大小小的战役去研究独立战争时期社会的"内部"状况了。

反思历史

　　现代的社会历史学家会如何描述和分析较近时期的美国战争？参加越南战争或伊拉克战争的士兵的档案，如他们的年龄、家乡、种族、阶级、受教育程度及其他方面的资料，又能告诉社会历史学家哪些有关战争的信息？

人，只比内战时的数字低一些，比美国历史上其他冲突造成的死亡人数都要高。对参加独立战争的士兵来说，死亡可谓近在咫尺。

6.2.3 平民与战争

人们对战争的感觉因其所处地方不同而不尽一致，但战争的确影响到了每个美国人的生活。那些沿海人口稠密地区的非战斗人员对战争的体验最为真切。英军的主要行动都集中在这些地区，他们不断利用其海军优势打击当地的政治和经济中心。每个主要港口城市都曾不止一次被英军占领过。

英国的军舰在海岸巡游，美国的船只只能在空荡荡的码头上闲置着。昔日繁华的新英格兰码头陷入了沉寂，那些靠海为生的社区也日益败落。弗吉尼亚的烟草种植园主们失去了英国的市场，并时常遭到来自海上的劫掠，只能勉强维持生计。中部和新英格兰各州的农民，在饥饿的军队在旁边驻扎时还能兴旺一时，但只要军队一撤走，他们的收益就会急剧减少。

货币政策上出现了一系列艰难的选择，纸币问题引发的争执使美国人分成了不同的派别。面对战争费用的疯狂增长，大陆会议和各州只好做了殖民地政府从前做过的事情：印刷纸币，从而也开启了美国政府大量印制纸币的先河。仅在战争的第一年，他们就发行了总值达 4 000 万美元的各种纸币，而这还只是个开头。只是因为人们暂时还愿意接受这样的纸片，这些美元的价值才得以维持。然而，随着纸币日益泛滥成灾，人们就变得不情愿了。大陆会议的信用券在 1776 年与黄金的限定兑换价为 1.5∶1，五年之后这一比价就飙升到了 147∶1。各州纸币的贬值程度也是大得令人惊叹。

灾难性的纸币贬值预示着不祥的社会后果。詹姆斯·洛弗尔（James Lovell）不安地报告说，"一群带着棍棒的水手"正在波士顿的大街上游行，而"不愿再辛勤工作挣废纸了"。财产难以保值，人们有时甚至感到国家正在分崩离析。穷苦的人们在货币贬值中承受的苦难最为深重，因为他们有限的薪水或军饷极易失去购买力。受难的还有其他人。农民、商人、种植园主和技工同样需要面对日益高筑的债台和不确定的未来。

许多人都只能眼睁睁地看着自己的事业日益凋敝。人们之间的关系也因物价上涨、通货膨胀、税务负担沉重、债务增加等棘手问题而变得紧张起来。税收问题在人民中间掀起了相似的轩然大波，由于同英国的斗争，收税的概念在美国人的意识中已经非常淡化了。战争所费不赀，税额也跟着攀升。1774年到1778年，马萨诸塞征收的税款总额超过40万英镑，比起殖民地时代也是高得令人咋舌。因为税收数目太大，所以农民、技工及其他一些诚实劳动者要求用贬值的纸币或政府债券来缴付。由于缺少政府要求的硬通货，他们不得不变卖财物。然而，政府官员则认为，允许用贬值纸币缴税，会使政府急需的税款大大减少。

控制物价上涨这一问题也让人们议论纷纷。物价呈螺旋形一路向上攀升。在马萨诸塞，一蒲式耳的玉米在1777年卖不了一美元，而两年后就能卖到近80美元；马里兰的小麦价格甚至上涨了数千倍。每个州都曾尝试过控制物价，但真正起用的却很少——它们推行的措施经常引起争议。在波士顿，一群妇女对越来越高的食物价格极为愤怒，她们怀疑有位商人垄断食品哄抬价格，就把他扔进一台大车里，然后来了个绕街游行，剩下"一群男人在一旁目瞪口呆地看着"。许多人依然支持进行惯常的价格控制。他们认为商品的价格应该维持在一个对买卖双方都公平的"合理"水平上。

战争对城镇生活的搅扰更是涉及方方面面。英军占领纽约后约有一半居民逃离。战争结束后，一位美国军官郁闷地向上级报告他在纽约所看到的一切："寒冬将至，这里到处都是面目各异的居民、逃犯、被裁减的士兵、外国人、不满的托利党人，还有英军的垃圾——我们得到的不过是一座废城。"

英军占领费城的时间要短一些，破坏也不那么严重，但入侵给人们造成的震动却并不比别处弱多少。伊丽莎白·德林克（Elizabeth Drinker）独自生活，她的丈夫原是一名贵格会信徒，后被革命派流放。英军进驻以后，她被迫将部分房间让给一位军官和他的朋友们。有军官在，那些无处不在的劫掠不致落到她头上，但她的日子也过得并不安心，只能在日记中倾诉："一想起睡觉我就害怕。"占领期间，英军经常用各家的篱笆生火并征用居民的食物打牙祭，就连"效忠派"都对英军占领引发的"可怕后果"抱怨不已。

在沿海平原地带，英军经常会在毫无征兆的情况下突然蜂拥而至，抢劫物资，恐吓居民。1780年到1781年，为了进行报复，英军在康涅狄格海岸发动了一系列袭击。南部海岸因有很多宽阔且利于航行的内河，更是劫掠的首选。北美方面的叛徒本尼迪克特·阿诺德（Benedict Arnold）在1780年12月时正为英军卖命，他侵入弗吉尼亚的詹姆斯河流域，然后把烟叶连根拔起，征用奴隶，在白人中间制造恐慌。这样的袭击使得当地居民远逃到内地。

但也并非所有难民都逃离海岸，向内地迁移。在纽约西部、费城、弗吉尼亚、卡罗来纳，在英军和印第安人的侵扰下，边疆移民瓦解，逃往东部寻求避难。军队所过之处就会产生一群难民。这些难民往往又会将战争的灾难描述得栩栩如生。难民的流动，加上士兵在军队与平民生活之间的经常性转换，使得那些没有亲历战争的人也对战争产生了同样的感觉。

疾病就如复仇女神般跟随着军队，不但欺负士兵，还蹂躏平民。1770年代和1780年代，天花大流行重创了北美大陆：从大西洋到太平洋，从西南部跨过落基山和大平原直到加拿大的哈德逊湾。天花造成的人员伤亡难有确数，但它可能害死了超过13万人。不过，由于华盛顿在1777年紧急决定实施接种计划（这是美国历史上第一次大规模的免疫运动），而且大多数英军士兵以前都曾接触过这种疾病从而具有了免疫力，这场瘟疫对军队的影响倒不是很大。但它仍给市民和印第安人造成了巨大损失。在新英格兰和中大西洋各州，回家的士兵和英国那些被疾病感染的运囚船使疾病得到扩散。在切萨皮克地区，数千黑人"效忠派"被疾病吞噬。在农村，瘟疫大大减少了印第安人的人口，削弱了他们进行反抗的能力。在密西西比河以西，那些农业部落，如曼丹人、希达萨斯人、阿里卡拉人等，几乎全都被毁灭。有人忧伤地说："天花施展出它破坏和造荒的力量，就像烈火侵吞野地的干草。"

6.2.4 "效忠派"

遭受损失的美国人还包括那些仍然对王室忠诚的"效忠派"。约有5 000名殖民者抗击反叛者。一些"效忠派"后来移居英国和加拿大的滨海诸省及西印度群岛,过得相当成功;但另一些人却是陷于痛苦之中,而且再难恢复过去的生活。不少"效忠派"在战后都从伦敦设立的赔偿委员会(设立该委员会旨在用来倾听他们的诉求)获得了对他们的损失所做的补偿,但实际上比起房产和财物的损失、被逐出社区然后在遥远地方另辟新居的艰难,这些补偿实在是杯水车薪。而且绝大多数"效忠派"根本就没有机会将他们的情况报至委员会,更不用说获得补偿了。

虽然不能确定有多少人还对英王保持忠诚,但当战争结束时,却有成千上万的人都跟着英军跑了。而且至少还有同样多的人在战争尚在进行时就已跑往[英国、加拿大或西印度群岛]。也有一些人宁愿认为战争并没有发生过,他们选择留下来并开始努力重建新生活。各地的"效忠派"势力并不相同。新英格兰的"效忠派"最少,纽约城的"效忠派"则最多,所以英军能够在这里建立稳固的统治。

各个州的革命议会都通过法律,剥夺"效忠派"的投票权,没收他们的财物,并把他们逐出家门,使那些拒绝接受革命的人丧失了复仇能力。1778年,佐治亚州议会宣称117人有叛国罪并将其予以放逐,胆敢回来就处以极刑。真正被革命政权处死的"效忠派"并不是很多,但这些人的生计却是遭到了破坏,他们的家庭支离破碎,他们本人也经常受到人身攻击。

虽然在当时的混乱状态下对"效忠派"和"效忠"的定义根本没有明确界定,但人们却总是乐于惩罚那些所谓的"效忠派"。很多革命派都认为,这些"叛徒"根本不在北美法律保护之列。战时可能也没有别的事情像这个问题这样在平衡个人自由与公共安全方面带来这么多麻烦。然而,这个国家不久以后还要再次面对这个棘手的问题。

为何即使经常面临生命安全和物质损失的威胁,还会有这么多人对英王效忠？一些人一直直接参与帝国的事业，觉得自己早就与其融为一体。得到皇家任命的那些人，如海关官员、总督顾问，以及英国国教会牧师等，经常都是依然忠于英王。效忠情绪在那些对英国依赖较深的人中间也比较常见，如卡罗来纳边缘地带认为自己受到种植园精英不公正对待的殖民者，以及中部各州害怕受制于当地英裔美国人的德国人等。还有一些人选择效忠则是因为他们认为反抗英国不会有什么效果，或是认为他们不可能取得独立。

还有一些效忠者则是认为人们应该遵守原则。塞缪尔·西伯里（Samuel Seabury）坚持认为："每个人都应服从法律，支持法律，并将其视为一种荣耀。因为如果有人可以藐视他所属社会的法律，那么所有人都可以藐视法律，这样一来政府就维持不下去了。"另一个效忠者则担忧独立的社会可能会漠视像他这样效忠的持不同政见者的权利。他追问道："难道只因我的意见没有与多数人保持一致，我就一定要失掉人格和同伴们对我的信任吗？在生活中我怎能放弃忠诚而光荣的责任呢？"像这类"效忠派"主张以理性和法律来解决问题，反对革命的无序状态。他们的失败则导致美国社会中保守主义的影响被削弱，从而加速了革命向激进阶段的转变。

6.2.5 黑人与战争

美国革命还牵涉进了大量黑人。在北部各州，不管是自由黑人还是奴隶，都被征募进军队为美国的独立而战。南部当时约有40万名奴隶，在英国人看来这些人完全可以加以利用，而南方的白人则视这些人为不可靠和危险的根源。而黑人也很快就意识到，可以利用战争的混乱来为自己求得自由。他们或者跟随英军，或者逃往北部，或者逃向内地的混合殖民地。在战争结束前，终于爆发了内战以前美国历史上最大规模的奴隶起义。

主人们在议论自由，越来越多的奴隶也开始思索这个问题。北方的奴隶们向各州的立法机关请愿要求获得解放，南方的奴隶们则发动了小型起义。1765年，南卡罗来纳的种植园里有100多名奴隶逃亡，其中多为二三十岁的年轻人。1766年，查尔斯顿的奴隶们在游行中高喊的口号就是"自由！自由！"

1775年11月，弗吉尼亚总督邓莫尔勋爵（Lord Dunmore）宣布给予那些愿意离开主人并加入驻诺福克英军的奴隶和奴仆以自由。结果数周之内就得到了五六百名奴隶的响应。这些奴隶中有一个叫托马斯·彼得斯（Thomas Peters）。他在1760年被绑架到西属路易斯安那。由于他对被卖为奴隶极力反抗，后来又被转卖到英属殖民地。1770年，他在北卡罗来纳威明顿附近费尔角河苏格兰移民威廉·坎贝尔（William Campbell）的庄园里劳作。

彼得斯之所以会宣布个人自主，很大程度上源于主人的影响：威廉·坎贝尔是威明顿"自由之子"的主要领导人，他经常怀着极大的热情同人讨论那些不可让渡的人权，而这些有关自由的美妙解释都被彼得斯听到了。1775年夏天前后，整个费尔角地区，就像整个南部沿海地区一样，都流传着奴隶起义的消息。当约翰斯顿堡英军司令也宣布鼓励黑人"逃亡"时，北卡罗来纳革命的政府颁布了战时法律。1776年5月，20艘英军战舰开进了费尔角河，当它们的士兵下船时，彼得斯决定要做一个人而不是坎贝尔的物品，他抓住机会逃走了。不久他就加入了英国人领导的黑人先锋队。

希望通过加入英军获得自由的奴隶，据估计占到20%。与他们的白人主人不同的是，他们从英军那里看到的不是专制，而是自由。随着战争的继续，英军也要求黑人参加战斗。一群弗吉尼亚奴隶在邓莫尔的号召下跑了出来，随后被组成一个黑人团；他们战斗的时候胸前挂着彩带，上面写着"黑人也要自由！"

确实有一些人加入英军后获得了自由。战争结束时有好几千人都跟着英军去了新斯科舍。然而，他们在那里却并不怎么受当地白人居民欢迎。到了1800年，他们中的大多数人都离开加拿大去了西非塞拉里昂的自由殖民地。托马斯·彼得斯又一次成为他们的领袖。

然而，很多跟着英军走掉的黑人却依然没有得到自由。因为根据最后的和约，很多人又被送还他们的主人。另有很多人被送到西印度群岛的甘蔗种植园，毕竟他们仍是一笔巨大的劳动力财富。此前一直为"效忠派"所拥有的奴隶仍旧属于他们的财产，许多"效忠派"都迁居英属加勒比殖民地，在那里他们可以继续雇用或买卖他们那些被奴役的人类动产。

另外还有一些人则利用战时的混乱状态逃跑了。有些人听闻传言北方已经废除了奴隶制所以就跑了过去。有些人则到南方内地的印第安人那里寻求庇护。佐治亚和佛罗里达的西米诺人接受了这些逃亡者并和他们通婚，最后把他们也融进了部落之中。但在切诺基人和克里克人那里就要看逃亡者的运气了。有些人被部落接纳，有些人则被送回原来的种植园，凭此印第安人可以得到一笔酬金；还有一些人则再次落入虎口，成了印第安人的奴隶。

相对来讲，站在美国一方战斗的黑人，要比站在英国一方的黑人少上许多，这部分是因为大陆会议和各州都不愿意将黑人武装起来。然而到了最后，由于军队急需补充人力，大陆会议和除佐治亚、南卡罗来纳外的各州终于放宽了政策，同意黑人加入军队。在这些为革命派战斗的黑人中固然有不少人最后获得了解放，但其他有爱国精神的黑人却是一无所获。

6.2.6 军队复员的挑战

战争的最后一个挑战就是结束战争。战争结束时，很多部队都要求国会补偿他们的损失并拒绝返回家乡。最早提出要求的是纽约纽伯里的大陆军。1783年年初，当地的军官们向国会派出了一个代表团，抱怨国会没有按时偿付其在战争年代许诺的薪饷及其他利益。当国会要求军队解散时，军官之间开始散发一篇匿名的请愿书。该文极力讨伐国会的"冷酷严苛"，甚至暗示：如果损失得不到赔付，就会采取更直接的行动。

华盛顿迅速赶过去稳住了局面。在保证国会将会给予他们公正待遇的同时，他也耐心地忠告和要求他的战友们不要给他们刚刚取得的胜利抹黑。他的煞费苦心收到了回报，军官们恢复了对国会的信心，同意解甲归田。

然而，对国会表示不满的并不仅仅是军官。6月，当邦联国会和宾夕法尼亚行政委员会正在费城独立宫召开会议时，数百名满腹牢骚的大陆军士兵和宾夕法尼亚民兵来到会场表示抗议。宾夕法尼亚州政府不愿保证国会的安全，国会只好迁往新泽西的普林斯顿。当国会同意偿付士兵们三个月薪饷并批准他们在正式退伍前休假时，紧张局面暂时得到缓解。到 11 月初，危机终于结束。

6.3 和平时代的机会与挑战

战争结束意味着赢得了独立，这一现实带来的既有机会也有挑战。潜在的移民和土地投机商一直都在渴望占领西部土地，现在他们可以放手去做，尽管扩张会引起与印第安人的冲突。新美国的一些居民努力扩大自由的范围，认为应该取消奴隶制，实施宗教自由。创建一个新的国家，尤其是在经济不振和国际冲突的大背景下，证明有一定难度。这些阻碍要求新美国的人民努力找寻解决的办法，他们经常要就什么是向前迈进的最好办法进行激烈的争辩。

6.3.1 政教分离

具有革命性的移民最终提出了一种激进的想法：政府与教会应该分离。1776 年前，只有罗得岛、新泽西、宾夕法尼亚和特拉华实行完全的宗教自由。它们之所以会如此，或者是因为地方多样性使得任何别的政策都不可行，或者是因为有着支持宗教自由的意识形态。其余殖民地都是遵循欧洲更常见的做法，建立的教会都要得到政府批准，并要依靠税收获得资金支持。民政当局极为勉强地接受了那些非国教派，如卫理公会派教徒和浸信会教徒等，然而那些教派的信徒数量一直都在不断增加。革命前夕，他们还叫嚣着要求实现完全的宗教自由。

独立以后有更多人要求结束政府与教会之间的各种关系。新英格兰的浸信会教徒伊萨克·巴库斯（Isaac Backus）毫不客气地反驳道："正是那些叫嚷着**自由**和反抗**压迫**的家伙，正在不断冒犯最高贵的权利——**意志自由**。"宗教持异议者不仅为自由实践他们的信仰辩护，他们和其他人还相信，就连得到国家支持的国教，也会被其与国家的紧密联系所损害。纵观历史，许多这些革命者得出结论：要想避开打着宗教的名义实施压迫及宗教压迫，只有自愿选择才是宗教社团安全的基础。

在新英格兰，公理会派信徒强烈要求保留他们长期以来已有的各种特权。他们辩称要实现政教分离就要冒宗教不贞的危险，甚至会导致社会秩序混乱。马萨诸塞州1780年宪法保证所有公民都有权"根据他自己的意志所喜欢的方式和时机"信仰上帝。然而，尽管保护了公民的意志自由并允许宗教信仰多元化，宪法却同时授权立法机关要求各城镇提供税收支持地方牧师。伊萨克·巴库斯坚持认为官方支持应彻底终止，因为宗教宽容离宗教自由还差十万八千里。马萨诸塞州将政治与宗教联系在一起的法律，直到1833年才最终被废除。

在弗吉尼亚，浸信会教众也坚决反对继承了英国国教会传统的圣公会。该州在1786年采纳了托马斯·杰斐逊的《宗教自由法案》，废除了政治与宗教之间的一切联系，并取消了谋求公职时的所有宗教审查；这一法案明确地解决了该州的政教关系问题。三年之后，该法案为新联邦宪法的第一条修正案起了示范作用。

然而，大部分宗教自由的支持者都没有准备好实现普遍的宗教自由。战时北美同天主教法国结盟并希望魁北克的天主教殖民者能够加入反英斗争中，这类努力暂时削弱了人们对天主教由来已久的成见。但在一些地方，尤其是在新英格兰地区，偏见依然很顽固。马萨诸塞州诺斯布里奇的人们主张禁止"罗马天主教徒、无信仰者、穆斯林"等担任公职。虽然政教分离并未最终结束宗教歧视，但它仍然有助于在美国宪法中树立宗教自由的原则。

6.3.2 奴隶制受到攻击

在一个共和制社会中却存在着奴隶制，这也让革命的一代人非常不满。他们中有许多人都质问道：奴隶制怎能与那些不可让渡的生命、自由和幸福权利在同一个社会里共存？

在 1776 年以前的数十年里，北美的奴隶贸易相当繁荣。1760 年代是殖民地历史上奴隶输入最多的时期。不过，独立战争使奴隶贸易销声匿迹。南方种植园主一心希望战争结束后就能迅速弥补他们的损失，但是现实的各种条件，比如革命自由信念的影响、切萨皮克烟草经济衰退导致的劳动力需求减少、现有奴隶人口持续的自然增长，以及对黑人起义的畏惧等，都明确地告诉人们，奴隶贸易应被永远抛弃。1790 年，除了南卡罗来纳和佐治亚，各州纷纷通过法律宣布进口奴隶为非法行为。

终止奴隶贸易具有重要意义，今后将会很少再有非洲人加入北美的黑人行列。结果，生于北美的黑人越来越多，从而加快了非洲人融合为非裔美国人的文化转型过程。

奴隶制在革命时代受到攻击，无论是对黑人的未来，还是对这个国家的未来，都产生了深远影响。随着与英国之间紧张关系的加剧，当时的北美人反对英国政策的那些流行词汇，如"自由""专制"等，也不断提醒人们在殖民地还有 20% 的人口生活在枷锁中。新英格兰牧师塞缪尔·霍普金斯（Samuel Hopkins）谴责他的同胞们："一边自视为光荣的人类自由的倡导者，一边却实践着把自己的同类变为奴隶的非法、反人道、受人唾骂的残忍行径。"独立以后，反对奴隶制的呼声更是越来越高。

在佐治亚和南卡罗来纳，黑人的数量比白人多出一倍多，加之奴隶劳动对稻米种植经济来说必不可少，这里废除奴隶制的要求就不很强烈。相反，这里的种植园主对黑人自由的前景不寒而栗，对奴隶的管制反而更加严酷。

在弗吉尼亚和马里兰，白人则公开讨论奴隶制与共和主义能否共存。这些地区也的确发生了重大变革。当地烟草经济萎靡不振，对奴隶劳动的需求减少，这也对这场讨论起到了促进作用。这两个州并没有废除奴隶制，但却都通过法律允许奴隶主主动解放奴隶且不必继续为后者的行为负责。此外，越来越多的黑人也掏钱为自己或自己的家庭赎买了自由，还有的则干脆一走了之。1800年，切萨皮克地区的黑人中，自由人的比例超过10%，比起30年前发生了巨大变化。但是，获得自由的黑人能够得到的机会却极为有限。

大量的自由黑人在巴尔的摩、里士满等城镇工作和生活，在这些地方，他们逐渐形成了作为非裔美国人社会中心的社区，这些社区也成为一些从农村逃亡的奴隶的避风港。在切萨皮克地区，黑人的生活则逐渐发生了好转。

最重大的突破发生在北部，在这里，奴隶制要么被直接废除，要么正在一步步走上废除之路。这是因为北部的黑人本就很少，大部分地区的黑人在总人口中的占比都不超过4%；而且这些地方的奴隶制也不如南部的奴隶制那样具有重要的经济和社会意义。1780年，宾夕法尼亚议会通过法律，规定所有新出生的黑人都将在21岁时获得自由。这是一个谨慎而有决定性的举措。北部其余各州基本上也都采取了类似逐步废除奴隶制的措施。

在个别情况下，一些自由黑人还积极地参加到了革命的政治中。当就马萨诸塞第一部宪法中关于投票权的规定进行辩论时，白人牧师威廉·戈登（William Gordon）抗议道："只因他有黑皮肤就剥夺一个完全符合条件的人的投票权，这岂不是太荒谬、太不公平了吗？为什么不是那些长鼻子、短脸的人，或者是那些身高低于1.8米的人呢？"最后获得通过的马萨诸塞州宪法对种族差异只字未提，而这些地区的非裔美国人有时也会参加投票。

如果说北部的黑人偶尔还会在政治活动中占有一席之地，那么这样的好事在南部则是从未发生过。除了在北卡罗来纳曾有过短暂例外，南部的自由黑人不但没有投票权，就连人身和财产受法律保护这样最基本的公民权也享受不到。除了举行请愿要求州政权废除奴隶制和对他们的不公正待遇，南部的黑人在政治上几乎毫无发言权。

不过，总的来说，当时还是取得了不可小觑的进步。革命之前，奴隶制一直是一种公认的生活事实。独立后，这种观念就很少了。这一改观使无数美国黑人的生活都发生了巨大的变化。而且北方废除了奴隶制，这在南北之间形成了严重的分歧，其影响一直波及此后数十年。此外，这时一些自由的黑人和一些白人公民也公开提出了反对奴隶制的系统论点，这些论点在美国人的脑海中与建国紧密联系在一起。首批反对奴隶制的组织也建立起来。虽然反奴隶制的力量还要再等上半个世纪才能在美国政治中显出它的作用，但这一时期的活动却为最终废除奴隶制做好了奠基工作。

6.3.3 开发西部

1780 年代另一项主要事业是向移民开放西部土地。那片土地的可得性，一直是英国与殖民者争论的要点之一，直至后来导致革命战争。国会作为新美国的中央政府，在 1785 年和 1787 年分别颁布了两部重要的土地法令。根据第一部法令，人们对宾夕法尼亚以西和俄亥俄河以北的土地进行了系统的测量和出售。这片地区被划分为一个个 36 平方英里的小镇区，每个小镇区再被分为 640 英亩的小块。于是中西部也就出现了时至今日别具特色的大片的方形格子殖民地，这与东部老殖民地的不规则样式大相径庭。

两年后，国会又通过了《西北法令》（**Northwest Ordinance**）。这一法令规定了在上述地区实行政治管理的步骤和形式，首先是国会任命的官吏，然后是人民选举的地方议会，最后则是以新州的身份加入联邦，享有"与所有原来各州平等的各种权利"。

这两项法令确定了与英式殖民管理截然不同的体制。1763 年英国议会通过法案限制白人向西殖民，但新的中央政府则通过土地法令和各项针对印第安人的政策极力扩张土地。引人注目的是，国会立法，西部的各新殖民地不再是中央势力的附属品或是拥有与原来的州相连的较低的声望，而是能够以平等的州的身份加入日益扩大的美利坚国家。

这两项法令在政治上得到广泛支持，因为移民可以得到土地，投机商也可以捞到各种好处。而且出售土地的收入还可以缓解国家的债务压力。1787

年《西北法令》规定，原来在俄亥俄河以北地区已经拥有奴隶者可以保留奴隶，但是禁止向该地区输入新的奴隶。这样一来对那些担心无力与奴隶劳动竞争且不愿与黑人混处的白人就有了更大的吸引力。国会中的南方代表也接受了这一条款，因为在他们看来，还可以在俄亥俄河以南的土地上继续扩大奴隶使用范围。整个1780年代，内地看起来如此广阔，仿佛所有人的需求都可以在此得到满足。

支持扩张自然会让新政府和西进的移民进入一个与那一地区原住民发生碰撞的过程。战后最初几年，国会把内地的北美土著等同于与英国结盟战败而受美国控制的"被征服者"，这一心态也缘于他们认为这些土著天生就低人一等。最初几年，征服战略似乎是奏效的。1780年代中期，邦联国会强迫包括易洛魁人在内的各个部落签订了数个重要的土地条约。易洛魁人的数量大为减少，他们曾经盛极一时的联盟也垮掉了，许多人（包括约瑟夫·布兰特）都逃亡到了加拿大。在1784年签署的《斯坦威克斯堡条约》中，易洛魁人把他们的大部分土地都转让给了美国，并退向面积很小的保留地。到1790年代，易洛魁人一度面积广阔的土地受到严重挤压，成为白人殖民的汪洋大海中的几个小岛。在这些"蛮荒之地的贫民窟里"，易洛魁人在疾病和贫困中饱受煎熬，被迫放弃传统生活方式。1785年1月，怀恩多特部落、齐佩瓦部落、特拉华部落和渥太华部落的代表，也宣布放弃位于今天俄亥俄州的大部分土地。

由于这些条约多是在武力胁迫下签订的，因此它们在印第安人中引起了强烈的愤恨。1786年，易洛魁人宣布拒绝执行《斯坦威克斯堡条约》。在几年之内，俄亥俄河上下游的部落集团都在极力抵抗白人向内地扩张。佐治亚的克里克人再次变得敌对起来，而俄亥俄河北岸的印第安部落则宣称俄亥俄河是印第安人与合众国之间固有的边界，他们巩固了他们的西部邦联，并时刻准备着捍卫自己的家园。白人不听劝阻执意侵入他们的土地后，这些土著发动了一系列毁灭性的袭击，从大湖区到墨西哥湾之间的广大地区又一次遭到战争的蹂躏。由于大陆军已被解散，邦联国会一筹莫展。

不仅印第安原住民，还有当时依然占据阿巴拉契亚山以西土地的欧洲国家，也在阻止这一扩张进程。1784 年 6 月，依然占据佛罗里达、墨西哥湾沿岸及密西西比河以西大片土地的西班牙宣布对美国船只关闭密西西比河河口。这一举动使那些靠密西西比河将产品运至新奥尔良再装船出海的西部殖民者大为震怒。谣传西班牙的代理人正在怂恿美国边境居民脱离新国家，转而依附西班牙。华盛顿察觉到了这一危险，他担心地评论说，整个西部的殖民者都"处于观望中""只要用一根羽毛轻微触动一下，他们就可能偏离过去"。

许多美国人都期盼开发西部，将其视为他们计划的关键所在。面临投资损失的投机者担心无法得到可以销售的土地。那些想要西进的人同样焦虑不已：农民想离开拥挤不堪的东部；革命士兵则想尽快在政府许诺作为服役酬劳的肯塔基和俄亥俄的肥沃土地上过上新生活；托马斯·杰斐逊则相信，美国要想保证"自由帝国"的地位，就必须拥有大量自耕农，他认为，持续向西扩张对创建这一由美国革命促成的社会很重要。

6.3.4　在险恶的大西洋世界生存

美国获得了独立，但是英法西三国却仍对北美怀有野心。到 18 世纪末，法国将再次占据密西西比河以西大部分土地。与此同时，英国的国旗仍在加拿大上空飘扬，英军在美国领土上还拥有一些战略据点；西班牙则依然占有美洲大陆的南半部。

作为一个新生的国家、一个虚弱无力的共和国，处于几个强大而敌对的君主制帝国相互混战的大西洋世界中，美国外交上的困窘之态不言而喻。邦联国会在重建美国海外贸易上的失败，显露了这个国家求生存的艰难程度。战争结束时，美国人熟悉且急需的英国商品再次如潮水般涌向美国市场。美国却几乎没有商品能够销往英国。约翰·亚当斯知道原因所在。1785 年，他作为美国第一任公使到达伦敦。国会要求他务必同英国协商并签署一个贸易条约。然而他得到的却都是拒绝。他失望地向国会报告说,英国根本不愿再次把港口向美国商船开放。暴怒的英国人告诉他,既然美国人一直梦想得到独立,那他们就必须承担独立带来的各种后果。英国人继续通过他们自己的港口进行他们与殖民地之间的贸易,美国人由于不再是英属殖民地的一部分而被排除在那一网络之外。

一方面是英国仍然不愿对美国开恩,另一方面则是战时同盟法国和西班牙转而采取严格限制美国海上商业的政策。由于拥有一个软弱无力的中央政府,美国无力追求一种相互配合的开放贸易政策。邦联国会想从各州获得对外贸易权力的努力基本上都以失败告终,因为各州都想利用贸易为自己求得各种好处。结果,海外贸易日益萎缩,经济困难有增无减。

到1780年代后期,美国人均出口商品的价值比1760年代下降了30%。那些依靠造船和海外贸易为生的美国商人、技工、木匠、商贩、水手、码头工人的生活陷入困境,自是不足为奇。在大西洋世界这样一个相互排斥的帝国贸易区,缺少政治一致性和经济实力的美国,自然也就无力保护自己

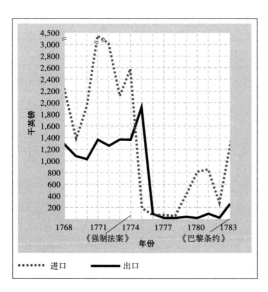

1768年到1783年间的进出口贸易

1760年代末和1770年代初,禁止进口影响了殖民地的商业,但在1774年和1775年进出口却都直线下滑。事情为什么会是这样?请你解释一下,为何从1778年开始进口复苏而出口却依然没有起色?

的根本利益。

在这一艰难困苦和分隔的背景下，国家还要面对战争债务这个大问题。这笔债务约有 3 500 万美元，多数都是借于法国和荷兰的银行家。由于无法定期归还本金，国会不得不另外四方举借，但也只够应付日渐增多的利息。国内的情况也没好到哪里。债主的偿还要求从未停息，国会只好一拖再拖，或者拆东墙补西墙，致使债务越积越多。

1781 年，国会任命费城富商罗伯特·莫里斯（Robert Morris，1734—1806）为财政总监，授予他处理国家债务问题的广泛权力。莫里斯生于英格兰，孩童时期移民马里兰，他的父亲在那里当烟草代理商；他从做学徒起步，后来自己经商，进而成为费城商界精英阶层的成功一员。他是爱国事业的长期支持者，签署了《独立宣言》并成为大陆议会一员。莫里斯要求各州停发纸币，并劝说国会要求各州用金银货币支付各类款项。另外，他还请求国会给北美银行颁发特许证，准备发行联邦债券以吸引投资者。

莫里斯的努力极富成效，但政府的财政状况依然岌岌可危。由于无权征税，国会只能依靠各州自愿尽到它们的财政义务。事实证明，原有方案几乎只是一纸空文。国会走投无路，于 1781 年 10 月决定向各州征收 800 万美元。然而，两年半过去了，收上来的也只有不足 150 万美元。1784 年 1 月，莫里斯辞职。1786 年，整个邦联的收入只有 37 万美元，一位官员心情沉重地说，这点钱就连"维持联邦政府"都不够。

并非所有美国人都对此感到忧虑。有人就满意地指出，有些州已经解决了本州财政问题，并准备为国家负担一部分债务。但另一些人则把这视为邦联国会软弱的又一个证据，并对一个难以保证自己信誉的政府还能维持多久表示怀疑。立国初期，美国经济还很少有这样混乱的状况。面对债务、税收、物价、通货膨胀这几个方面的问题，谁也拿不出有效的解决办法，因为政治上的妥协和决议对解决这些问题经常都是无能为力。

6.3.5 保守主义兴起与"谢斯起义"

战后美国逐渐在社会和经济方面走向了保守主义，这是一个即将在美国历史上反复出现的模式。许多被战争的苦难折磨得筋疲力尽的美国人都开始把自己的主要精力转向与他们个人生活直接相关的那些问题。随着同英国斗争的胜利，原来的爱国精神渐渐沉寂，追求共和制改革的热情也慢慢冷却。政治领导人逐渐使人们相信：共和试验的步子迈得太大了，个人自由对政治秩序产生了威胁，应该由那些"素质较高的人"而不是民主的新手来担任各种公职。

最剧烈的变革发生在宾夕法尼亚，1776 年通过的民主宪法被远为保守的 1790 年宪法所取代。新宪法设立了一个大权在握的州长，州长有权否决立法，指挥民兵；另外还设置了一个参议院，以便牵制民主色彩浓厚的议会。保守派在 1780 年代中期控制了议会后，废除了激进者的许多措施，停止发行纸币，并给北美银行重新颁发了特许状。宾州激进的共和试验宣告结束。

宾州的保守改革并未引起多少争议。但在另一些地方，人们对硬通货和高税额的不满则引发了情绪激烈的抗议活动。情况最严重的地方是马萨诸塞。1786 年这里爆发的一场大争论又提到了平等权利和民众一致原则，而这则是 1776 年讨伐英国的那些豪言壮语中的主要内容。

到 1780 年代中期，越来越多的马萨诸塞人发现，为了缴纳税款和养家糊口，他们必须被迫大量借款。另外一些经济状况较好的人借钱则是为了投机西部土地和公债。由于当时该州没有商业银行，人们相互举借，逐渐形成了错综复杂而又极不稳定的债务金字塔，把沿海地区的富商和内地的小贩、农民都牵涉了进去。

当英国商品充斥美国市场进而压低了物价的时候，麻烦就来了。战后，从英国进口的货物再次在美国销售，但英国却限制美国向英国出口；这一政策导致美国贸易失衡。1785 年，数家过度卷入美国贸易的英国银行收回了它们对美国的贷款。当美国的商人反过来向当地零售商收债时，国家经济经历了一场严重的信用危机。

受打击最严重的是农村和小城镇的农民，以及其他一些劳动者。由于身陷日益收紧的财政危机，他们向州政府求助，希望州政府能够颁布"延期法"，以便延缓偿付债务，借以减轻变卖农田和商店的压力。他们还要求发行新的纸币，并用纸币缴纳税款和偿还债务。然而，主要居住在沿海商业城镇的大债主们反对这种救济性措施，因为他们希望人们能以硬通货偿付欠款。他们还害怕新纸币也会迅速贬值，从而使得经济事务更加混乱。

到 1786 年，为巨额债务和农业歉收所迫，绝望的马萨诸塞农民到州议会举行了请愿，言辞和 1760 年代殖民地向英国的请愿如出一辙。他们中有许多人都参加过革命战争，但却没有得到适当的补偿；他们经常需要低价卖掉手里的预付凭证，换点钱来维持家里生计。他们认为自己为新国家做出的牺牲理应得到更好的奖励，好支撑他们度过战后而来的低迷时期。然而，由于当时的政府已被商业和大债主所控制，他们对农民的恳求置若罔闻。政府将减税的要求置之一边，反而通过新的法律要求人们全额偿付欠款，并开始新一轮的征税，以便有能力清偿债务。人们对此极为愤怒，一位平民控诉道："谁还有钱"去还账！ 1784 年到 1786 年，多达 29 个城镇都拖欠了税款。

希望落空的北美人之前这样做过，他们将来还会这么做——当这些所谓的法律根本不考虑他们的利益时，马萨诸塞的农民决定靠自己的双手来解决问题。他们在罕布什尔县举行了会议，共有 50 个城镇的代表参加。会上极力谴责了州参议院、法院的收费和税务系统。会议最初决定采取非暴力形式，但不久就有大量人群自发聚集起来。

人们的怒火集中在县法院，因为正是那里的人们签署了私人债主和州里官员要求的财产变卖文书。1786 年 9 月，人们带着武器关闭了伍斯特的法庭。当农民威胁还要对其他法庭采取同样行动时，惊恐的州长派出 600 名民兵前去守卫州最高法院，然后又在斯普林菲尔德巡行。

此时已有 500 名起义者聚集到丹尼尔·谢斯（Daniel Shays）的领导下。

谢斯原是独立战争时期的一名上尉，他最近的生活也陷入困窘之中。谢斯是一个"勇敢而善良的士兵"，他于1780年退伍回家，身心俱疲地等待着他的服役报酬。然而，与其他很多人一样，这一等就是数年。与此同时，他的耕种活计却是越来越差，债务也在不断增加，就像他后来所说，他开始做起了"因欠债而被关押起来的噩梦"。聚到谢斯手下的这些人也多是负债累累者或退伍老兵。

马萨诸塞东部地区的起义，史称"谢斯起义"（**Shays's Rebellion**），在11月底即遭到失败，但西部地区的起义则坚持了相当长一段时间。当几个起义团体拒绝了州长詹姆斯·鲍登（James Bowdoin）要求他们解散的命令后，鲍登召集了一支由东部商人资助和领导的4 400人的军队。1787年1月26日，谢斯率领1 200人前去攻打斯普林菲尔德的联邦火药库。当他们到达那里后，火药库的守卫人员大为恐慌，双方发生了交火，起义者被打死四人后撤退。2月底，起义宣告失败。3月，州立法机关宣布对除谢斯和另外三名领导者以外的所有人实施赦免。第二年，这四个人也得到了赦免。

由于人民的困难处境和政府对人民的漠然，其他州也出现了挑战公共权威的事件。在马里兰的查尔斯县，"骚动的群众"冲进法院大厦并将其强行关闭。州长谴责这一"暴乱与喧嚣"之举，并提醒人们要提防更进一步的"暴力与暴行"。在南卡罗来纳，出离愤怒的赫齐卡亚·梅厄姆（Hezekiah Mayham），因治安官迫使他签订财产变卖文书，硬逼着治安官当场把文书吃了下去。

纵观整个美国，政治都陷于混乱之中。一方面，许多人都感到革命前的权利平等的许诺没能兑现，并对"傲慢而冷漠的政府"大失所望。另一方面，他们的反对者则对革命所释放出的"过度民主"感到忧虑。这个国家不远的将来看起来完全是一个未知数。

6.4 迈向新的全国政府

到 1786 年时，邦联国会的成员和其他一些政治领导人都感到国家正在陷入危机，共和试验很可能会失败。关于危机的解释和提出的解决方法可谓五花八门，但是焦点主要集中在《邦联条例》的不完备上。此后两年，美国的政治斗争造成了严重分裂；最终，制定的新宪法取代了《邦联条例》，永远地改变了美国的历史进程。

6.4.1 联邦主义的兴起

支持建立一个强大的全国政府的人们自称"联邦党人"（他们的反对者则被称为"反联邦党人"）。联邦党人的领袖人物是华盛顿、汉密尔顿、麦迪逊和杰伊等，他们都曾从事过大陆军或邦联国会的工作，而也正是这些经历使他们有了一种全国性的眼光。联邦党人认为国家形势危如累卵。他们也从未对革命带来的民主冲动感到舒坦过。他们认为应该缓和一下强烈的共和主义情绪。民主制的变革走得太远了，公民的财产权应该得到强有力的保护，国家也应该由像他们这样"具有天才的贵族"来领导。

这些联邦党人的领袖们担心失去自己的社会和政治权力，但他们同样对有序的世界的坍塌感到忧虑，在他们看来，有序的世界对于维持共和自由至关重要。1776 年时美国的自由还需要得到保护以抵御傲慢的英国势力。而现在他们则看出，危险来自过度的自由，过度的自由会导致社会蜕化到无秩序状态。华盛顿严肃地说："我们对人类天性的估计可能过于乐观了，事实告诉我们，如果没有强制力量的干预，哪怕是为了人民的利益而设计的最好的制度，也难以得到很好的采纳和执行。"美国现在所急需的就是一个"能够进行良好管理的强有力的政府"。

联邦党人认为，像马萨诸塞州的"谢斯起义"等突发事件并非真正的社会不幸，而是对社会和政治秩序的严重威胁。"谢斯起义"很快就被打败使他们得以安心，但这一事件却让他们更加坚信：美国需要一个由"更好的人"来管理的强势的全国政府。

邦联国会在处理国家债务、建立公众威望和恢复海外贸易等方面的无能，也让联邦党人为之忧心忡忡。痛感美国经济和军事上的软弱，加上英法两国的傲慢带来的刺激，以及英国-欧洲对北美的野心引起的警惕，联邦党人呼吁建立一个新的全国政府，以推进美国贸易，促进经济复兴，保护国家利益。此外联邦党人还对建立一个扩张的商业共和国达成共识。在这样一个共和国里，人民将会迅速扩散到土地肥沃的内陆，商船则会把美国与欧洲及欧洲以外的世界市场联结起来。他们担心，这样美好的前景正处在风险中。

6.4.2 制宪会议

迈向政府改革的第一步发生在 1786 年 9 月。当时有五个州的代表在马里兰的安纳波利斯开会讨论它们之间的商贸事宜，呼吁召开一个会议来修订《邦联条例》。来年 2 月，邦联国会非常谨慎地同意了这一提议。大会正式宣称的目的是修订《邦联条例》，依照那些条例，这要求所有州一致同意才能生效。

1787 年 5 月，除罗得岛以外的各州代表齐聚费城。当他们到来时，整个城市都沸腾了，因为他们签到的名单就像是当年革命的光荣榜。在华盛顿考虑是否参加会议时，会议的支持者们紧张得屏住了呼吸；他最终决定参加会议，使会议取得成功的概率大大增加。他的同乡詹姆斯·麦迪逊的参与，则以自己的方式具有同等重要的意义。大概没有谁——也许汉密尔顿除外——比他更希望进行一次国家主义改革，同时也没有谁比他为准备会议付出了更多的辛劳。麦迪逊的朋友托马斯·杰斐逊从法国给他寄来了大量关于共和制政府和自然法的文章，他仔细研读了这些文章，并将一份新的全国政府的方案带到了费城。这一作为提案提交会议的"**弗吉尼亚方案**"（**Virginia Plan**）后来就成了新宪法的蓝本。就是在一些细节上，别人的努力可能也难以望其项背。他还以速记的方法为会议辩论做了大量记录。正是这些记录，让我们对会议的进程有了比较清楚的了解。德高望重的富兰克林也列席会议，尽管年事已高的他在辩论中难有精彩表现，但他却依然能够引导争吵不休的代表们详述其各自观点且不时还会使他们深受启发。

会议在费城独立宫举行，十多年前正是在这里签署了《独立宣言》。会议选举华盛顿为主持人，通过了会议的程序规则，然后经过热烈争论，代表们投票决定关上大门，进行秘密谋划。

6.4.3 起草宪法

在第一周内，代表们提出了两个修订政府的方案。1787年5月29日，爱德蒙·伦道夫（Edmund Randolph）首先提出了"弗吉尼亚方案"，该方案描画了一个潜在的强大的国家政府的轮廓，并有效地安排了会议的议事日程。规模较小的各州迅速对"弗吉尼亚方案"中按比例（基于人口）而非平等分配代表权（每个州都有一样的投票权）的意见表示反对。作为答复，6月15日，威廉·帕特逊（William Paterson）提出了一个反提案，即"**新泽西方案**"（**New Jersey Plan**）。该方案提出保留《邦联条例》作为政府的基本架构，但授予国会其渴望已久的征税、处理对外事务和协调各州之间商务的权力。经过三天激烈争论，最后以7州对3州的比例决定以"弗吉尼亚方案"作为接下来讨论的基础。这一重要决定意味着，《邦联条例》将被抛弃，将会建立一个权力强大许多的全国性政府。唯一的问题是，新政府的权力到底该有多大？

随后四个月，在内部分歧和夏季酷热的重压下，制宪会议似乎显露出失败的迹象。如何协调大州与小州之间相互冲突的利益？如何维持国家与各州之间的权力平衡？如何才能使行政机关既实施有效管理又不至于威胁共和国的自由？而在奴隶制和奴隶贸易问题上，面对南部与北部之间、反对者与支持者之间如此严重的意见分歧，会议又能做些什么？

代表们在这些问题的回答上分成了两派。汉密尔顿极力主张建立一个保守主义和强大的全国性政府，另一个极端则是马里兰州坚定的反联邦党人路德·马丁（Luther Martin），他反对任何威胁各州主权或带有贵族政治味道的事物。

到7月初，代表们都有些情绪低落，对这样的僵局感到心灰意冷；7月4日，会议决定暂时休会，表面上是为了庆贺独立日，实则是让富兰克林和康涅狄格的罗杰·谢尔曼（Roger Sherman）及其他一些代表做最后努力以求得妥协。所有人都感觉到，只有采取大胆举动，才能避免会议失败。

7月12日代表们采取了行动，这成为著名的"大妥协"（**Great Compromise**）的一部分。他们重新集合起来开会，解决了一项重大而有争议的核心问题：一致同意下院的代表人数应该按各州的白人人口再加上黑人人口的3/5来计算。非裔美国人既未被授予公民权也不能投票，但南方各州的代表仍然认为，在决定下院代表人数时，黑人应按人头计算。北方各州的代表由于当地黑人很少，所以不希望把黑人计算在内。但双方最终还是达成了协议。作为这一妥协的另一部分，会议同意直接税的分派也将以人口为基准，黑人仍按总人数的3/5计算。7月16日，会议同意各州在参议院拥有平等投票权这一原则。这样就有效地兼顾了大州和小州的利益。

此后会议就将任务交给了专门的委员会，由他们按正规的宪法形式进行起草工作。8月6日，委员会提交了报告，随后一个月，代表们对这份只有七条的文件进行了字斟句酌的推敲。由于感兴趣于创建一种权力平衡（哪怕是在一个民主选举的政府中），会议同意设立三种不同机制来选举联邦官员。投票者直接选举众议院人员。不过他们不能直接投票选举参议院人员，直到1913年通过《宪法第十七条修正案》后，参议员才由人民直接选举。按照最初的方案，州立法人员（他们由投票人根据本州宪法条款选出）选出本州的参议员。为了进一步去掉投票者直接选出总统的可能性，会议提出创立一个选举人团（Electoral College），选举人团由贤明而有经验的人组成，然后再由他们选出总统。最初几届总统选举就是按照这种程序进行的。在1800年的大选中，由于票数相当出现平局而引发争议，又做出了修改，对这两个职位分别单独投票。利用不同的机制去选举众议员、参议员和总统这一做法，出于这样一种渴望：平衡政府，这是对革命领导者看重的英国宪法平衡的一种宽松的模仿。

代表们最后的妥协关系到奴隶们的命运。在南方代表的坚持下，会议最后同意20年内不会正式停止奴隶贸易。虽然没有出现"奴隶制""奴隶贸易"之类的字眼，但宪法却模糊地表示："当现有任何一州认为接纳这种人属于正当行为时"，将不禁止"对这些人进行移民和输入"；反对奴隶制的人们不想让这些字眼出现在文本中，将其视为是对奴隶制的一种认可，但就算没有这些字眼，宪法第一条中这一条款的含义也是不言而喻。

古沃纳·莫里斯（Gouverneur Morris）极力谴责奴隶制是一种"穷凶极恶的制度"，必将导致"天堂对那些实行奴隶制诸州的诅咒"，但代表们还是坚决拒绝了废除奴隶制的提议，从而默认了其合法性。不仅如此，他们还保证奴隶制受到保护，宪法第四条第二款写道："凡依一州法律服兵役或劳役之人……逃往他州，不得依后者之任何法律或规章……解除其兵役或劳役，而应根据其所服役未满之州之要求予以交出。"通过这样饶舌的言语，代表们实际上认可了对逃亡奴隶的抓捕和遣返。这一**缉奴条款**日后将会成为北方人良心里的一块症结。但在当时那种情况下，为了地域和睦和建立一个新政府，这一代价看起来也并非大得难以接受。

新宪法独特的联邦体制要求国家和各州共同承担责任，但实际上国家的权力得到了决定性的加强。国会现在拥有征税、调控各州之间及同外国的商贸、制定统一的归化条例、管理专利事务和版权、管辖国会所在地的联邦特区等权力。另一个引人注目的变化是，没有了"各州将保留所有未明确赋予中央政府的权力"的表述。《邦联条例》中类似的表述证明是有害的。相反，新宪法包含了几项赋予新政府含混不明的权力的条款。例如，第一条第八款授予国会"提供合众国……一般福利"及"制定一切必要而适当的法律，以使宪法赋予合众国政府之一切权力得以实行"。后来的美国人将这些句子称为"弹性条款"，从而不断地依靠它们来扩大联邦政府的活动范围。

此外，第一条第十款则罗列了一连串各州不得行使的权力，如发行纸币、未经国会同意擅自同国外势力订立协议等。联邦党人想出的保证中央政府对各州的权威的最后一项措施是第六条中的声明：宪法及所有政府通过的法律和签订的条约，都将被视为"全国的最高法律"。

宪法最后一条宣布，文件中的条款将会成为法律。不再遵照《邦联条例》中的条款"只有所有州全部赞成才能改变政府的准则"，宪法支持 13 个州中有 9 个州赞成文件就可生效。这是一个大胆的策略，它被设计用来让采纳新的政府构架变得更加容易一些。

当会议最终完成它的使命时，剩下的 42 位代表中有 3 位代表拒绝在新宪法上签字。不过，余下的 39 位代表都在文件上附上了自己的名字，然后将其提交邦联国会，并请求国会将新宪法送至各州审议批准。9 月 17 日，制宪会议休会。

6.4.4 联邦党人与反联邦党人

宪法批准给联邦党人带来的问题，比其在费城制宪会议上遇到的困难还要大。此时争论转移到了各州，而各州的意见则是尖锐对立，政治状况也要更难控制。意识到很快就能得到 13 个州的批准难于上青天，联邦党人规定，只要得到任何 9 个州的批准，新宪法便应付诸实施。其余的州可以在准备好之后再加入联邦，他们假定，如果邦联解散，最顽固的州也可鼓励加入。宪法批准与否应由专门选出的代表会议来决定，而不是由各州的议会来裁决。这种会议的批准将会赋予宪法更大的合法性，因为它建立在广大人民同意的基础上。

对新宪法的反对意见铺天盖地，震耳欲聋。有人警告说，一个强大的中央政府将会威胁各州的利益。另一些人，如布拉德沃思，则抨击联邦党人背叛了革命的共和主义。他们警告说，就像所有"精力旺盛"的政府一样，新宪法所设计的这个政府，必然会因自己的权力而陷入腐败。离开人民的监督，政府官员的行为将会和以前所有的弄权者如出一辙，美国人民前不久才以高昂代价换来的自由将会再次受到威胁。

反联邦党人被联邦党人扩张"共和帝国"的念头吓得目瞪口呆。有人满腹疑虑地批评道："在一个平均长1 000英里宽800英里的共和国，把所有600万居民都用同一种道德、习惯、法律的标准束缚起来……这种观念是如此的荒谬，如此与人类的经验背道而驰。"这样一个扩张的共和国很快就将沦为派系冲突和内部失序的牺牲品。反联邦党人一直相信共和国的自由只能存在于规模小且没有分化的社会里，在那样的社会里几乎不存在派系倾轧，并由公共美德规范着民众行为。他们将州视为政府更好的基础。

反联邦党人还对新宪法设计的行政、立法、司法三权分立和州与国家之间的权力制衡能杜绝权力滥用的想法嗤之以鼻。他们认为，政府必须保持简单状态，否则各种盘根错节的关系就会导致人民的困惑，并掩盖自私的野心。许多反联邦党人都认为，政府想要确保安全，就必须与人民紧密联系在一起。

联邦党人的代言人很快就行动起来回应反联邦党人的攻击，因为很多批评者都是立足于革命时代的经验。联邦党人最重要的努力就是由麦迪逊、汉密尔顿和杰伊三人以"普布利乌斯"（Publius）为笔名在纽约发表的一系列文章。这些文章后来被结集出版，成为著名的《联邦党人文集》（*Federalist Papers*）。这些文章虽是为推动纽约的宪法批准进程而写，但却很快就在别的地方流传开来。

麦迪逊、汉密尔顿和杰伊对宪法进行了系统的阐释，详细地指出了宪法的优点，驳斥了反联邦党人的观点。在这个过程中，他们向人民描述了一个与其反联邦对手所设想的大相径庭的政治前景。双方最大的差别就是对政府权力的看法。联邦党人认为，政府权力绝非自由的敌人，相反它是自由的保证。哪里的政府不够"精力充沛""高效能干",煽动家和组织破坏者就会出现在哪里,并会找到进行他们罪恶滔天事业的机会。汉密尔顿在《联邦党人文集》第二十六篇中写道:"与其不适当地限制立法机关的权威使政府为难并危及公共安全,不如去冒滥用信任的危险。"

反联邦党人认为"扩展的共和国将会不可避免地导致派系纷争并破坏共和自由",《联邦党人文集》的作者们也反驳了这一观点。他们把反联邦党人这一典型的有关共和的论点颠倒过来,解释说政治上的分歧是人类自由必然的伴生物。联邦党人还声称,以前强调的公共美德将会保证政治秩序这一想法太过天真,因为极少有人能始终如一地把公共利益置于个人利益之上。政治必须考虑到人类天性这一无情的现实,并设法在冲突的集团之间实现和平的妥协。完成这一任务的最好办法就是使国家不断扩展以包容大量派别。通过多重社会及经济利益层面上的冲突和融合,进而就会产生和解并最大限度地实现公共的利益。

联邦党人的主张奠定了现代民主政治的理论基础,反联邦党人则大受挫折,只能急切地抛出一连串质问:在联邦党人的方案中,哪里有公共利益这个熟悉的抽象概念的一席之地?在一个以竞争和私人利益为基础的社会里,公共美德又会遭遇到什么?反联邦党人还警告说,在这样一种体系下,只有有钱有权者才会兴旺发达,普通人只有受苦的份儿。

就像围绕宪法批准引发的争论所揭示的那样,两个阵营对新的共和制的态度有天壤之别。反联邦党人的主张更为接近1776年时的原始共和主义,对权力和财富持怀疑态度,重视地方政府的优先权,害怕中央权力远离人民。他们所倾心盼望的是一个分散的共和国,人民在公共美德的引导下独立自主地生活。他们认为政治的中心在州而不是国家。反联邦党人对未来忧心忡忡,渴望维持被理想化的过去的政治世界。

联邦党人则劝说人们,自1776年以来美国的形势已经发生了显著变化,民众已经拥有了国家观念,并满怀期待地展望一个正在兴起的"共和帝国",它将接受富裕而又智慧的人们的领导,通过商业发展而不断壮大。联邦党人和反联邦党人都声称自己是革命的继承者，然而，他们对革命遗产的理解却有根本上的不同。

6.4.5　批准宪法的斗争

由于当时没有进行全民投票，所以我们并不清楚大多数美国人对新宪法是什么看法。也许当时只有几十万人参加了各州宪法批准会议的选举，而且很多代表并不知道作为委托人的本州公民的意愿。也许只有一小部分人积极支持宪法，而出于冷漠或警觉，大多数美国人可能都反对这份文件。幸运的是，联邦党人不必大费唇舌去劝服大多数美国人，他们只需赢得九个州宪法批准会议代表的大多数即可，因此这还不算是一件令人望而生畏的苦差事。

他们带着坚定的决心开始行动。费城会议一休会，代表们就匆匆赶回家乡在各州发动批准宪法的宣传活动。在联邦党人对自身势力比较自信的特拉华、佐治亚、新泽西和康涅狄格等州，他们迫切要求迅速投票。而在那些前景不甚明朗的州，如纽约、马萨诸塞、弗吉尼亚等，他们则只好延期进行，盼望其他州的批准工作能对他们有所帮助。

联邦党人在不到一年的时间里就赢得了必需的九个州。特拉华、宾夕法尼亚、新泽西在1787年12月首先批准了新宪法。一个月后，佐治亚、康涅狄格也相继通过。马萨诸塞在1788年2月得到通过，但却是在联邦党领袖同意在呈上宪法批准通知的同时提出一系列概述联邦权利法案的修正条款之后。这项策略发挥了作用，它使得反联邦党领袖塞缪尔·亚当斯和约翰·汉考克在宪法批准上与联邦党人达成了一致，更重要的是，还把受他们影响的那些代表也拉了过来。

马里兰和南卡罗来纳分别是第七和第八个批准宪法的州。这样就轮到新罕布什尔和弗吉尼亚来竞争谁会成为第九个批准宪法并使其付诸实施的州。意识到缺乏必需的选票，联邦党人将新罕布什尔批准宪法的会议延期，此后他们一直都在进行狂热的游说工作。等到重新开会时，他们只用了三天时间就得到了多数票。

新联盟中还有两个巨大的空白：弗吉尼亚和纽约。很明显，新国家不能忍受它们游离于联邦之外。在弗吉尼亚，麦迪逊许诺新国会将会立即考虑联邦权利法案从而获得了支持。其余的联邦党人则散布传言说，当地最具影响的反联邦党人帕特里克·亨利已经改变了立场。亨利对此极力否认，但他的讲演最终还是未能抵挡住麦迪逊等人精心策划的政治攻势。6月25日，弗吉尼亚会议以10票的微弱优势通过了新宪法；168位代表，89票：79票。

纽约的会议于6月17在波基普西召开，但是会议处于州长反联邦党人克林顿及其追随者的控制下。汉密尔顿想尽办法拖延会议，盼望新罕布什尔和弗吉尼亚的结果能对改变纽约的局面有所帮助。连续数周，双方都费尽心机四处寻求支持。7月27日，宪法最终以30票：27票勉强获得批准。至此还剩下两个州没有表态。北卡罗来纳于1789年11月才最终批准宪法。而罗得岛则直到新政府运行一年多后才于1790年5月加入这个新联邦。

《权利法案》（宪法的前十条修正案，联邦政府第一次会议就直接通过）对宪法的通过至关重要。一些反联邦党人要求改写宪法，纳入他们寻求的保护，尽管他们中间有足够多的人都愿意在保证直接通过的情况下向前迈进。这十条修正案列出了革命斗争所突出强调的权利，诸如和平年代部队不得驻扎任何私人民宅，地方民兵持有和携带武器的权利不容侵犯，这两条英国人都已尝试过。其他权利都是基于英国人过去的政治价值观，诸如提请公正陪审团进行审判的权利，以及未经许可不得进行搜查和扣押的权利。修正案禁止联邦政府确立国教或禁止信教自由，使得一些州（如马萨诸塞）可以自行管理宗教，即便它使得所有人都摆脱了这一领域的干涉政策。得到如此保护的权利（它们自从那时起就一直成为许多辩论的主题），清楚地表明了那些想要限制新联邦政府权力的人们所关注的问题和看重的价值观。

6.4.6 批准宪法的社会地理因素

联邦党人的力量主要集中在沿海和能够航运的内河沿岸地区，在城市和城镇中力量最强。大商人和工商业主是新宪法最热烈的支持者，他们渴望中央集权的财政和贸易政策。城市里的劳工、技工和小店主的热情也很高。面对 1780 年代后期的混乱形势，他们最关心的是生计问题并相信一个强有力的政府能够更好地促进海外贸易，同时保护他们免受外国的竞争。

1788 年 7 月 4 日，费城举行了庆祝宪法批准的大游行。参加游行者多达 1.7 万人，显示了人们对宪法的广泛支持。走在游行队伍最前面的是律师、商人和其他一些城市精英。紧随其后的是城市里各个行业的代表，从造船匠到鞋匠。当时一位具有民主思想的医生本杰明·拉什（Benjamin Rush）惊愕地宣称："人们完全忘记了等级。"虽然此后没过几年政治争论就在商人与技工之间再次造成了分裂，但当时所有等级的人都加入到了庆祝新宪法的活动中。

在沿岸城市之外，政治联盟则划分得更加清楚。急于谋得利润开拓海外市场的商业农场主和南方的种植园主对宪法非常支持。而在内地，反联邦党人则更受欢迎。在那些远离市场经济和受到限制纸币供应这一严厉财政政策负面影响的普通农民中，地方忠诚和 1776 年的共和主义仍旧处于支配地位。他们对联邦党人扩张"美利坚帝国"的设想感到担忧。

为什么联邦党人最后取得了胜利？要知道，他们的对手所要做的就是激发人们心中对中央政府根深蒂固的恐惧并呼吁地方忠诚。联邦党人之所以能够获胜，部分是因为人们普遍感觉到《邦联条例》的不完备性，并认识到若不采取果断措施美国试验的共和制独立国家就将走向穷途末路。反联邦党人在一场要求拥有全国性的政治组织的斗争中，为他们自己的地方主义所阻碍；联邦党人总是从国家层面思考问题，处于一个更佳的位置上，去驾驭一场协调全国的运动。然而，所有这些因素比起联邦党人毫不动摇的决心和娴熟的政治技巧都要逊色许多。当年革命的主要领导人多为联邦党人，这些杰出人物一再站出来表示支持宪法，他们的支持起到了决定性作用。他们在大陆军及在大陆会议和邦联国会中的经验，使其能够洞察国家的发展方向。他们把这种洞察力用于宪法的批准工作上并教会别人用同样的方法进行观察。联邦党人的胜利，决定性地把美利坚的共和制推向了全新的方向。

学者们一直都在争论宪法与反抗英国的革命之间的关系。新联邦政府的创立是否保护和完成了革命，还是就像一些反联邦主义者所认为的，它颠覆了革命？《邦联条例》显然需要修正，但新联邦政府是否是从最好的程序中出现的最强大的中央政府？或者说这是唯一可能的结果？在1789年之后，共和国在极为不同的条件下向前推进，希望它可以保护公民的自由。

小结：完成革命

从发表《独立宣言》到新宪法得到批准这一时期，尽管只有13年时间，但却包含了美国立国的形成期。当大陆会议在1776年7月宣布独立并开始为自由而战以后，美国人民实际上是航行在一片前途未卜、怒涛汹涌的海洋上。与英国的决裂和随后进行的战争使美国人开始了一种新的生活，也改变了无数美国人的命运。战争最终取得了胜利，但自由也是要付出代价的，很多人死于非命，大量财产被毁弃，各地经济遭到严重破坏。战争改变了白人与印第安人之间的力量对比，易洛魁人和切诺基人遭到严重削弱，这为日后白人向西部的扩张奠定了基础。

1783年，一个前所未有的国家诞生了，它不是建立在陈腐的君主政治和贵族特权的基础之上，而是建立在共和制自由的原则之上。这是所有变革中最伟大的成就。然而，政治转型却导致严重分歧，最终结果依然笼罩在一片迷雾中。个人自由如何与公共秩序协调一致？哪些人应被授予完全的共和国公民权？哪些人则应被褫夺？如何制定宪法？如何组织政府？潘恩写道：

"美国人民如何在自己的政府下快乐生活？答案很简单，怎么幸福就怎么生活，他们的面前是一张白纸，等待着他们去描画。"随后几年的发展情况，将会决定他们在1776年怀着巨大希望发动的共和实验是否会成功。

新国家面临着巨大的挑战和机会。与革命的根基"为自由而战"相一致，新国家的一些公民要求争取宗教自由，质疑奴隶制。日后的美国活动家和历史学家将会把奴隶制问题视为革命事业中最重要的未解决问题，这个问题将会需要另一场内战才能解决。然而，向西部土地扩张则是一个新美国所有公民都赞成的问题。考虑到殖民地曾反抗过1763年的"公告线"，也就不足为奇，新国家的主要目标是推动移民西迁。这一目标既导致与印第安人之间的纷争，也与在阿巴拉契亚以西占有一席之地的欧洲列强之间发生了冲突。在充满敌意的大西洋世界里，新国家的地位岌岌可危。战时联盟揭示出：美国仍是实现帝国野心与欧洲政治争霸的一个目标，而切断大西洋贸易路线的后果则清楚地表明：新国家有多么依赖海外贸易。战后时代遇上了经济危机，新国家在债务与通货膨胀中挣扎。在由此引发的政治混乱中，美国人不得不继续就下列问题进行辩论，即他们的共和主义试验究竟能达到怎样的民主程度，甚至是这项试验能否坚持下去。

与此同时，美国人民对他们的未来却是始终保持着乐观向上的心态。难道不是他们打败了强大的英国？难道他们的革命不是注定要改变历史的进程，并为全人类开创一种新的模式？难道富裕有加的美国内地没有预示着无数的经济与社会机会？尽管许多反联邦党人仍然感到忧虑，但不计其数的美国人却依然对他们新兴的事业充满热情，他们的回答振聋发聩："是的！"当然，很多事情还要依靠新宪法和依据宪法设立的新政府。随着围绕宪法批准所引发争论的平息和邦联国会准备解散，美国人民正在热切地憧憬着美好的未来。

思考题

❶ 战争经常会带来意想不到的后果。具体到美国人民身上，在独立战争期间和战后，情况又是什么样的？

❷ 一些非裔美国人支持为美国独立而抗争，但无数其他非裔美国人都没这样做。请解释一下为何会有这两种不同态度？

❸ 独立战争结束后签订的和平条约，将美国的西部边界划在了密西西比河。阿巴拉契亚山以西的新领土给美国制造了什么麻烦？国会又是如何在《邦联条例》下有效地应对这些问题的？

❹ 独立后的美国必须发展出自己与外国打交道的方式。1780年代，国会面临什么样的外交问题？它又是如何有效地解决那些问题的？

❺ 成功赢得独立，使得许多美国人开始将过去用来对抗英国的"权利""平等"等语言，也应用到美国的政治、社会和宗教领域。举出1780年代的三个例子并描述一下其后果。

❻ 1787年到1788年的新美国宪法一直被视为是对革命带来的不断高涨的民主压力的一种保守反应。这一看法是否准确？请给出你的解释。

第 7 章

建　国

7.1　建立共和国

7.2　共和国初期的社会

7.3　国家分裂

7.4　杰斐逊共和党的胜利

小结：考验与过渡期

> 美国故事

创造新生活

1795年4月，本·汤普森（Ben Thompson）从马里兰州安娜王后镇北上纽约。除了种地，本别无所长，但他依然雄心勃勃；本刚到纽约时，碰巧有个船长正在招募船员。仔细聆听过船长讲述的海上生活，本便随船长而去。本是幸运的，他的海员生涯正赶上美国海外贸易进入空前繁荣的十年。当时对海员需求很旺，待遇优厚，而要求却不高。本做了五年海员，在经历了丰富的旅行生活之后，他回到纽约，做了一名木匠的学徒。

大约与此同时，菲利斯·谢尔曼（Phyllis Sherman）离开她在康涅狄格州诺沃克的家也来到了纽约。她在那里找到了一份工作：在一位有钱的商人家里做仆人。命运使本和菲利斯相遇，相爱，并于1802年春天携手步入婚姻殿堂。

除了他俩曾是奴隶并在非洲人的卫理公会教堂结婚，他们的故事中极少有什么引人注目之处。本改掉了他做奴隶时的名字：加图，以此作为获得自由的一种标志，但菲利斯仍保留着她主人给她取的名字。让本看起来更加幸运的是，当棉花生产从南部地区扩展到其他地区，导致对切萨皮克地区西南农业奴隶的需求增加时，他已获得了自由。接下来十年，本要保持自由身将会面临更大的困难。菲利斯儿时就已在康涅狄格州废除奴隶制时获得了自由。长大后的她厌恶在原来的主人家做仆人的生活，她渴望与其他黑人在一起。她曾听人说起在纽约有有色人种。确实如此。1800年的纽约有6 800名非裔美国人，其中一大半都是自由身。

纽约的生活比本和菲利斯预想的要好，但却一点也不轻松。他们在这座城市的商业繁荣中所占有的份额微乎其微。1804年，他们无助地看着黄热病夺去了他们女儿和许多朋友的生命。新建的非裔美国人教堂和不断扩大的黑人社区给了他们依靠，但他们还是得一直保持警惕。贩奴船仍在港口进进出出，缉奴者随时都会冒出来从街上抓走南方的逃亡者。

不论在北方还是南方，获得自由的黑人都面临着特殊的挑战。但他们仍是那些抓住新国家提供的创建自己生活这一机会者中的一员。与其他像他们一样的人一道，在充斥早期共和国的政治辩论中，他们也极为关注重新创造他们自己的生活。

共和国建立初期，数以千计的美国人都抓住机会改善了生活。一些人，像本和菲利斯，离开乡村，来到国家新兴的城市中；另一些人则加入了西进运动的潮流中。通过他们的努力，这些迁徙者推动了历史进程，在这一进程中，社会平等、个人机遇、政治民主、独立自主等美国的价值观得到了强化。这一进程的部分推动力量是人口加速迁徙，由此导致家庭破碎，削弱了长期存在的社区的稳定性，制造出无数新的定居点。这一进程也得到了宗教奋兴主义潮流的推动，这一潮流又称"第二次大觉醒"，它席卷美国社会，巩固了如下信仰：在上帝面前所有信教者一律平等，每个人都可以独立完成自己灵魂的救赎。在南方，非裔美国人发现他们的生活受到重新抬头的奴隶制体系的粗暴限制；而在北方，像本和菲利斯这样自由的黑人则面临着日益突出的社会种族问题。与此同时，在阿巴拉契亚山脉以西，土著人的家园里则迎来了庞大的白人移民潮。

这些社会变迁就发生在如下导致美国严重分裂的政治辩论的背景下：美国的前进方向是什么？面对欧洲国家之间的冲突，它的立场是什么？华盛顿政府着手实施联邦政府的新权力，制定政策引领这个新生的国家。那些政策暴露了不同经济利益之间存在已久的深层矛盾，并提出了如何解释新宪法这一急迫问题。各州与联邦政府的权力如何保持恰当的平衡？行政部门与国会之间如何分配权力？

政治分歧也因如下问题而起：新生的美国共和国应该如何处理其与法国大革命、海地发生的相关革命（反抗法国殖民者革命），以及其他欧洲国家为遏制法国所采取的种种行动之间的关系。到1790年代末，与法国开战的前景和联邦党人所采取的安全措施如《敌对外侨法》及《镇压叛乱法》则把美国推到了政治剧变的边缘。联邦党人的失败和杰斐逊1800年就任总统，勉强平息了这场危机。杰斐逊上任后取消了一些不得人心的联邦党人政策，但即便如此，随着时间的过去，政府也推行了许多联邦党人的经济计划。

最终，新生的共和国将其注意力转向了西部。《路易斯安那购地案》极大地增加了美国的领土，1812年战争则清除了英国在美国本土的影响力。到1815年，影响新共和国政治的原初分歧——联邦党-杰斐逊派政治体系——也瓦解了。从《权利法案》出台到1812年战争这25年间，共和国确立了其日后的道路。一个幅员辽阔的国家，伴随着强有力的经济计划和日益多样的解决奴隶制问题的办法，就此诞生。

7.1 建立共和国

宪法被批准后，整个国家便开始着手建设制宪者们所设计的新政府。与反联邦者的关注相一致，《权利法案》很快就获得通过。华盛顿政府不久就制定了新的联邦政策，其中最主要的是必须解决经济问题和印第安人问题。向威士忌酒征税这一新经济政策激起西部农民的不满，引发暴动，新成立的联邦政府迅速做出回应。在最佳前行之路的选择上，这个政治国家并未达成一致意见。

7.1.1 开创新政府

1789 年 4 月 16 日,华盛顿毫无争议地被选举人团选为总统,他从弗吉尼亚北上到纽约参加美国第一任总统的就职典礼。出发时,他百感交集,在日记中写道:"我告别了弗农山庄,告别了平民的生活,告别了家庭的幸福,怀着无以言表的忧虑不安的心情动身前往纽约。我非常乐意响应祖国的号召为国服务,但却没有把握不辜负祖国的期待。"他的担忧是有道理的。

华盛顿北上时,总统选举正是人们关注的焦点。无论乡村还是市镇,礼炮轰响,孩子们在街上载歌载舞,教堂钟声长鸣,地方权贵为他的到来欢欣鼓舞。4 月 23 日,华盛顿乘着一艘用花环装饰的游艇,从新泽西港驶向纽约。云集的市民和新当选的议员们争相向华盛顿致意。那一晚,灯火通明,照亮了整个城市。

就职演说定在 4 月 30 日。午后不久,华盛顿在一个可以俯瞰华尔街的阳台上宣誓就职。纽约州大法官罗伯特·利文斯顿(Robert Livingston)高声喊道:"礼毕!合众国总统乔治·华盛顿万岁!"此时,群众欢声雷动,港口礼炮轰鸣 13 响,总统向群众鞠躬致意,然后步入联邦大厦。庆祝一直持续到深夜。

新政府的建立让人满怀希望,但最初几个星期却是异常紧张。人人都知道要把共和体制付诸实施是何等的重要,当华盛顿向首届国会致辞时,共和派埋怨典礼带有太浓的英国味道,太接近英王在国会开幕时的致辞。国会也在考虑是否应授予华盛顿一个尊号。副总统亚当斯提议采用"最仁慈的殿下",其他人则提出了更为华丽的"阁下,合众国总统,众生权利的保护者"等建议。那些认为共和国中不应有尊号的人则对此极为不满。最终还是好感占据上风。国会决定只称呼华盛顿为"合众国总统",而这一称呼也一直沿用至今。当时的每一个决议都显得十分重要,因为人们确信他们在制定政府很长一段时间内的规划,这种信念使政治生活具有了特殊的重要性。

当选总统华盛顿前往纽约

这是想象中的当选总统华盛顿在新泽西州特伦顿受到欢迎的场景,他从弗吉尼亚到纽约市就职时路经此地。画中描绘了周围群众对华盛顿的拥护。你能从图上细节中找出其他信息吗?

7.1.2 《权利法案》

国会最初的任务之一是修正宪法,好几个州都把这一点作为批准宪法的条件。麦迪逊和其他联邦党人坚持认为全国性的权利法案是没有必要的,但他们还是履行诺言讨论宪法修正案。这样可以消除疑虑,不必再召开第二次制宪会议,并可使新政体得到人们的支持。

在各州所提的建议中,麦迪逊精选了部分内容。经过广泛讨论,国会在1789年9月做出决议,通过12条修正案并发赴各州批准。1791年12月,其中的 10 条获得了批准，这 10 条修正案构成美国的《权利法案》。除了别的之外，《权利法案》保证了言论、出版和宗教信仰自由，规定了陪审团的审判权和诉讼程序，禁止对公民的"无理审查和扣押"，规定在刑事案件中不能强迫被告自证其罪。《权利法案》是那个时期所取得的最出色的成就，因为从此公民的民主权利有了保障。这一书面文件（列举了各种公民权利）再次将美国革命与欧洲各国政府的惯例区别开来，例如它对主体权利的关注（同样很强烈）是基于惯习和不成文的实践。权利法案这一观念将会从美国转而影响世界历史直到当今时代，因为它支持国际社会对人权的讨论。

7.1.3　新联邦经济政策

上任第一个月，华盛顿的行政机构获得普遍支持。华盛顿自身的知名度为新政府铺平了前行之路；对大多数美国人来说，他是成功的独立战争和无私的值得敬仰的共和国领导人的化身。在他的管理下，新政府开始实施新政策，这些政策与支持宪法的联邦党人的期望相一致。这些政策意在加强政府力量，发展国家经济，支持向西扩张。

经济政策很大程度上出自华盛顿新任财政部长汉密尔顿之手。美国历史上几乎从未有过一位官员像汉密尔顿这样对公共事务有如此大的影响力。作为英国西印度群岛上的非婚生子，汉密尔顿一直是一个孤儿，他在一位富裕种植园主的帮助下在纽约接受教育，后者将他送入国王学院（今哥伦比亚大学）。他留在了纽约，参加了革命，成为华盛顿的一名助手，然后进入了政界。汉密尔顿热情洋溢地支持美国经济发展，他可能要比这个国家任何一位奠基人都更能预见国家未来的强盛，他决心加快发展，大力鼓励国内制造业和海外贸易。他总是喜欢说：美国是一个"褴褛中的巨人"。与此同时，汉密尔顿的政策十分保守。他不相信人民，他以恐惧和怀疑的态度对待人民的要求。他更喜欢由精英阶层管理国家。他宣称："人民是暴躁善变的，他们很难做出正确的决定。"他认识到自身职务潜在的重要性，决心把国家改造成他预想的那样。

汉密尔顿在他的首份《政府信用报告》中，主张通过使政府的债权人能够用他们手中严重贬值的债券按同等面值换取新的政府有息公债，给余下的革命战争债务提供资金。他希望这些做法可以稳定政府财政，建立政府信用，在国内外建立起对政府的信心，将商业及商业利益紧密地与新政府联系在一起。

偿还外债的建议鲜有争论，然而他关于偿还国内债务的计划却是立即就遭到反对。在众议院代表中，麦迪逊（汉密尔顿在不久前宪法批准过程中的盟友）指出了按照面值兑换旧债券的不公平性，因为这会使投机商大发其财：一旦有人预见了汉密尔顿的计划，就会打折购买债券。麦迪逊和他南方的同僚们都知道北方商人拥有大部分债券，而债券兑换办法对南方则几乎没有什么好处。尽管怨声四起，国会还是批准了这一债券计划。

汉密尔顿呼吁联邦政府承担起余下各州债务的责任。债务最多的州（如马萨诸塞州）认为这是一个妙不可言的计划。但其他州（如已基本还清债务的弗吉尼亚州和宾夕法尼亚州）则强烈反对。批评家也提出，联邦政府承担债务将会以损害各州为代价加强中央政府。此外，由于要增加国家收入来偿还大量债务，联邦政府就有借口利用新获得的权力去征税。批评家将这视为计划的瑕疵，但汉密尔顿正是意在用这一方法和其他方法来达到那一目的。

由于麦迪逊和杰斐逊的支持，国会又一次批准了汉密尔顿的提案。汉密尔顿与国会议员私下达成协议：国会议员支持汉密尔顿的提案，汉密尔顿则同意将政府所在地从纽约迁至费城并最终定都于波托马克河边的联邦特区。南方人实则希望把首都从北方商业中心迁离，这样他们就可以控制首都的发展并使它更多地与南方的农业利益相结合。

汉密尔顿提出了他的第二阶段财政计划：由国家银行来处理财政事务，注入私人资本促进经济发展。他对英格兰银行及其与政府的紧密关系了如指掌，但他明智地没有坦言这一点。国会里反对建立中央银行的全是南部诸州。银行更多是为北部的工商业而非南部的农业经济服务，这是一个不争的事实。不过，1792 年 2 月，国会还是通过了银行议案。

当华盛顿就是否该签署银行法案征求内阁成员的意见时，汉密尔顿力促此事。他说，依照宪法中规定的"默许权力"（政府有权制定"必须和合适"的法律以实现权力，尤其是宪法规定的权力），国会可以批准建立中央银行，以便通过它来征税和管理贸易。然而，国务卿杰斐逊则坚决反对。他看到在汉密尔顿的计划里联邦的权力没有明确界定，很可能会被无限制地扩展，因此坚持认为，政府只能拥有宪法中明确规定的权力。由于宪法中没有关于建立银行的款项，所以这个议案是违宪的，不应批准。但令杰斐逊失望的是，华盛顿却同意了汉密尔顿的意见，并把有关银行的条款写入法律。

1790 年 12 月，汉密尔顿在第二份《政府信用报告》中建议征收一系列**特许权税**，包括一项蒸馏酒类制造税。这一所谓的"威士忌酒税"意图很明显，就是要表明政府意欲运用征税权增加联邦政府的收入。汉密尔顿明白，征收赋税和财政支出这两项权力是必须控制的权力。"威士忌酒税"于 1791 年 3 月被写入法律。

当汉密尔顿努力扩大联邦权力时，那些反对创建一个宪法中拟定的强大中央政府的人则带着不断提高的警觉在一旁观察着。他们与其他人一道阻碍汉密尔顿计划中的某些方面，如旨在促进美国制造业的一连串计划。汉密尔顿构想中的众多方面都得到了实施，但在是否应该继续沿着他所开创的道路走下去上，这个政治国家却出现了分裂。

7.1.4 联邦印第安人政策

新政府也将其注意力转移到制定一项关于印第安人的政策上，这一政策将会阻止双方持续交战，同时将西部土地向移民开放。部分是为了使印第安人更好地融入白人社会，这一方案设想白人移民与印第安人和平共存，后者生活在他们目前使用的部分土地上，遵循欧洲的文化、教育和农业实践。这些政策将会加速将印第安人的土地转给白人定居者的过程，为以后大规模的印第安人的迁移提供条件。政府最初的"征服"理论失败了，因为印第安人拒绝将其自身视为被征服民族（参见第6章）；随后联邦官员改变了方式，认可印第安人对他们居住的土地享有权利，并宣布日后所有土地的转让都要通过签订协议才能生效。

华盛顿将军在战争期间的第一任秘书亨利·诺克斯（Henry Knox）在1789年重新界定了政府的职责。他解释说："谁先占有土地，谁就拥有权利。"不能剥夺他们的权利，"除非他们自行放弃，或者是我们作为战利品获得它们"。1790年的《印第安交往法》宣布，自此以后，国会批准的条约是取得印第安人土地的唯一合法途径。新政策呼吁更加人性地对待印第安人，但它追求的首要目标：获取他们的土地，则与过去的努力并没有什么两样。

事实证明，这一基于协议的新策略在短期内是有效的。印第安人部落首领经常割让土地，条件是交易商品、给付年金和保证没有更多要求。通过警告他们白人移民必然会扩张，那些不情愿的部落首领经常会被说服进行合作；如果仍然不与白人合作，美国政府的代理人就会去找寻更加温驯的首领。

联邦政府制定的印第安人政策所要达到的第二个目标是使印第安人"文明化"和成为基督徒，然后将其融入白人社会。在政府的批准下，摩拉维亚人、贵格会信徒和其他宗教群体派遣了许多传教士到印第安人中去居住，传播福音，教给他们白人的生活方式。传教士尽了最大努力想让印第安人接受基督教，但因从不同版本的基督教中得到的见识可能会影响印第安人的信念和惯例，通过宗教将印第安人改造为欧洲-美国人的努力大都以失败告终。

教育是同化的另一种武器。1793年，国会拨款两万美元用于对印第安人进行读写、种植和其他职业培训。联邦官员鼓励传教士建造学校，供印第安孩子学习基督教、读、写、算和专项职业技能。但是，大部分印第安孩子都没有上学，因为他们自己及其父母都不信任学校里陌生的环境。

白人同化者十分关注印第安人物质世界和精神世界的变化发展，但他们对印第安文化给予的同情却是微乎其微。他们要求印第安人放弃自己的语言、信仰、服饰和传统的家庭组织。同化还是灭亡？就连最有同情心的白人也要求他们从中择一，非此即彼。

面临着土地的不断流失和部族自治权的丧失，印第安人想出各种各样的办法来反抗白人，以求生存。在易洛魁人中，预言家汉德森·莱克（Handsome Lake）领导他的部族进行了宗教复兴和文化复兴。1799年，在一系列幻觉的指引下，他宣讲一种印第安人与白人生活方式的融合：节制，和平，保留土地，这是一种新型信仰，它结合了基督教的基本元素和易洛魁人传统的宗教。他发出的信息在易洛魁人急速改变的生活中重新唤起了自豪感。

其他部族（最有名的是切诺基人）则接受了"适应派"的选择，将融合视为推迟侵占他们土地的最好方法。经过痛苦的斗争，切诺基族人中的"适应派"获胜，他们开始带领部落里分散的村民投奔政府，这使他们的自由多了一些保障并可防止土地更多流失。1808年，切诺基族部族会议采用了结合美国和印第安人法律要素的书面法律文件。在此基础上，切诺基族人继续利用法律体系，试图保护他们族人的自主权和财产权。

与此同时，在切诺基族领袖约翰·罗斯的鼓励和白人传教士及政府的推动下，切诺基人的社会及文化同化进程继续推进。当切诺基族人从他们传统的狩猎、采集野果、农耕经济转向定居农业时，很多人都从村庄搬入个人农场。有人建了锯木厂，也有人则开了商店和铁匠铺。在公社所有制这一传统惯例所行之地，私有财产观念开始建立起来。大多数切诺基人依然住在粗糙的小木屋里，继续过着勉强糊口的生活。但也有一些混血儿，他们学过英语，懂得如何应付白人政权，逐步获取了上百英亩的肥沃土地和几十个黑人奴隶。最初，和平融合策略成效显著。部落政权变得更加强大，切诺基族人的自我意识也相当牢固。但是，成功也使他们懈怠下来。在他们自信心增长的同时，白人邻居对他们的敌意也在增长，白人已经迫不及待地想要夺取切诺基族人的土地了。敌意很快就演变成为一场最后的决战，结果是切诺基族人永远地离开了他们热爱的土地（参见第10章）。

并非所有部落都对白人的扩张采取妥协态度。1780年代晚期，迈阿密族的"小乌龟"（Little Turtle）和肖尼族的"蓝夹克"（Blue Jacket）这些部落首领，就在印第安纳、俄亥俄和宾夕法尼亚西部地区发起过一系列破坏性袭击，这些袭击震惊了白人移民，挑战了美国政府对那一地区（后来称为"老西北"）的统治。1794 年，华盛顿总统决心彻底粉碎印第安人的反抗以永绝后患。他派出一支联邦军队，由参加过独立战争的老将军安东尼·韦恩率领，这支军队在"**鹿寨战役**"中击败了 2 000 名印第安士兵，赢得了决定性的胜利。之后不久，部落首领们在《格林维尔条约》中又割让了俄亥俄河以南 67% 的土地。这次割让使得白人的统治开始触及"老西北"的核心地带。以后的条约更进一步削弱了印第安人拥有土地的基础，使印第安人部落之间的关系变得更加紧密。再往南去，肖尼族人和克里克族人，面对着对他们的政治和文化生活不断增加的威胁，发起武装抵抗运动。印第安人与白人之间的冲突从 19 世纪开始慢慢阴燃，在 1812 年战争中突然公开爆发。

7.1.5 "威士忌暴动"

西部地区的农场主欢迎政府做出努力，通过条约或战争遏制印第安人反抗的威胁，但他们也反对那些伤害他们经济利益的政策。他们强烈反对直接影响他们生计的新威士忌税。他们把谷物卖到阿巴拉契亚山脉以东的市场，由于用船大批运载笨重的谷物价格昂贵，所以他们就把粮食酿成威士忌酒，这样可以降低成本。政府征收威士忌酒税将使他们无利可图。受到逃税指控的人要到数百英里外费城的联邦法院受审，这也引起了农民的抗议。

西部的人们觉得他们对本地事务的控制日趋衰微，因为偏远地区日益卷入市场经济和政治控制系统，这一系统由人口更多、商业化的东部地区所控制。在南方那些州，如南卡罗来纳，沿海与内陆地区的关系变得愈加融洽，因为它们有着共同的农业利益，并对州内占人口多数的黑人普遍反感。而在北部经济利益分化、人种单一的州，沿海与偏远乡村之间的矛盾冲突则是变得更加尖锐。

西部地区农场主对威士忌酒税的想法并未引起汉密尔顿太多关注。政府需要税收，农民理应承担其中一部分。被联邦党人的税收和傲慢所激怒，农场主很快就将他们的仇恨宣泄出来。1792年夏天，宾夕法尼亚州西部愤怒的人们开始大规模集会。8月，他们在匹兹堡召开了一个会议，公开谴责威士忌酒税，并发誓要抵制这项税收。就像1765年反对《印花税法》和马萨诸塞州的"谢斯起义"时一样，反对者们宣称：如果不立即开始反抗，人们就会丧失自由。华盛顿惊慌地宣布此类集会为"非法"，并强调一定要完成税收。当征税再度开始时，农民把局面控制在了自己手中。

1794年7月，当一名联邦司法区执政官和一名当地税收官试图给匹兹堡附近几个激进的农场主送通告时，一群愤怒的武装人员包围了执政官家中的12名士兵；双方交火几个小时后，士兵们弃械投降，执政官的家也被付之一炬。抗议者模仿革命时期的民众抗议，竖起象征自由的纪念柱，200位代表集会讨论武装反抗和脱离美利坚合众国。

因为担心反抗运动会从缅因州的穷乡僻壤蔓延到佐治亚州，并担心谣言会蛊惑人心，华盛顿命令联邦军队前往恢复正常秩序。在那些支持联邦宪法的人（他们相信"谢斯起义"表明宪法下的政府无效率）看来，"威士忌暴动"测试了新政府的权力。在一年多的时间里，汉密尔顿坚决主张使用武力对付反抗者。在他看来，起义不是要求改变不公平的政策，而是对政府统治能力的一种挑战。他热切地要求与军队同赴西部。

8月末，一支1.3万人组成的军队开进宾夕法尼亚州西部。总统和财政部长直接负责指挥部队。后来出于安全考虑，华盛顿返回费城，汉密尔顿则留下坐镇指挥镇压行动。他所期待的战役最终并未打响。因为在联邦军队开进后，"威士忌暴动"就烟消云散了。有20人被投入监狱，其中两个人因"叛国罪"而被判死刑。后来危机得到阻止，华盛顿又赦免了这两个人。

人们很快便明白了一点："威士忌暴动"（Whiskey Rebellion）并未真正危及联邦政府的安全。杰斐逊取笑道："听说有人起义……可是谁也没看到。"就连费希尔·阿姆斯（Fisher Ames）这样一位积极的联邦党人也对用联邦军队镇压美国公民感到不安。他警告说："民选统治者动用民主国家的武装力量时,道德或公意力量往往会转而反对政府。"联邦政府拥有必要的资源去镇压武装暴动,但它本应统治得更好,好让这样的镇压从来不会成为必要之举。必须动用武力去对抗美国人民表明,在新生共和国的政治和经济政策上出现了令人不安的分歧。

7.2 共和国初期的社会

共和国初期,大部分美国人都以土地为生。1800年,83%的劳动力从事农业生产,此后25年也一直如此。不过,城市通过多种渠道迎接新居民,包括像本和菲利斯这样的自由黑人,其人口增长要比总人口增长得更快。在这一幅员辽阔和多样化的国家中,长距离通信和旅行上的改进收效甚微。然而,美国社会还是拥有一些共同的经历,如参与了广泛传播的宗教复兴运动和爱国庆祝活动,后者表达了对新生国家的热爱和对其首任总统的钦佩。

7.2.1 农业社会中的地区差异

务农是当时的第一职业,但不同地域的人们却是在以不同的方式利用土地。在东北部,从宾夕法尼亚东部和新泽西到新英格兰的广大地域上,家庭农场占据了大片土地。在新英格兰的砂石地上,农民经常放弃种植庄稼,改为从事畜牧业,以获取更大的利润。在纽约和宾夕法尼亚地区肥沃的土地上,农民过度耕种农田,年复一年地播种、收获,几乎不用休耕的方式来恢复地力。在这一地区,用于出口的小麦和其他谷物,占到土地产出的很大一部分。

当时大部分农场规模都不大。直到1800年,人们定居时间较长的农场平均面积还不超过100～150英亩,这比半个世纪前要少得多。由于农场在父亲分给儿子们的过程中不断被分割，每个人占有的面积必然会越来越少。即使在宾夕法尼亚州东南部地区，那里是美国东北部农产最丰富的地区，农场家庭的经济形势也在走下坡路。持续不断的耕作耗尽了土壤的肥力，迫使农民去购买更多位置较为偏僻的土地，进而导致产量不断下滑。宾夕法尼亚州东南部近20%的男性纳税人都是单身，这明显表明年轻男性正在推迟结婚时间，因为他们无法在经济上养活他们自己。

东北部的大多数人都靠土地谋生，但也有越来越多的乡下人去附近城镇当工匠或打零工赚取报酬，或是在就近的小工厂里做苦工，如面粉厂、碳酸钾制造厂、冶铁厂，这些小工厂在乡下星罗棋布。妇女也为家庭操劳，她们饲养家畜，储藏食品，做衣服出售或者和邻居换东西。男人们在外做工可以赚取的工钱不断增多，女人们的家务劳动则因不能赚钱而开始被认为没什么太大价值。

南方指的是从马里兰州到佐治亚州的沿海地区，向西到新形成的阿拉巴马州和密西西比州地区，这里的生活与北方大相径庭。1800年，南方大部分农耕地区都处于无序状态。产品售价低廉，土地过度耕作，以及独立战争期间奴隶的损耗导致劳动力缺乏，这一切使切萨皮克的烟草种植业变得一团糟。作为回应，南方人开始尝试种植小麦和其他一些粮食作物，希望借此增加他们缩水的财富。当他们尝试着种植了棉花后，区域性的经济开始复苏。

1790年，南方生产的棉花不到3 135捆；然而到了1820年，棉花产量已跃升至334 378捆。1805年棉花占本地区外销商品的30%，到1820年其所占比重已超过50%。棉花产量激增也推动了北方向制造业转变，因为它提供了新型纺织厂所需的原材料，这是美国兴起的第一个以工厂为基础的经济部门。从南部沿海地区到新兴的正在发展中的阿拉巴马州、密西西比州和田纳西州，棉花种植业都已成为当地的经济支柱。英国和美国东北部纺织厂不断增长的对棉花的需求，异常肥沃的土地，生长期持续时间长且气候湿润，奴隶作为劳动力资源丰富，南方人长期累积的耕种及经营农作物的经验——幸运之神的眷顾使如此多的因素结合到一起，从而推动了这一转型。

伊莱·惠特尼（Eli Whitney）的"轧棉机"也加速了这一进程。长绒棉柔滑的纤维很容易与棉籽剥离。但这种有着高效益的长绒棉只生长在南方沿海温暖潮湿的气候下。因而，南部广袤的内陆土地上普遍种植短绒棉，但它的纤维紧紧粘着绿色的棉籽，一个奴隶一天也摘不出一磅。惠特尼的轧棉机装置十分简单，只是一个盒子，里面有滚轴与线齿相连，棉花在机器里经过一个梳子样的挡板，棉花纤维就被拉下来，与棉籽分离。整个机器用一个手动摇柄操纵。有了这台简易机器，一个劳动力一天可以整理 50 磅短绒棉。这一看上去很不起眼的技术创新，为许多南方地区打开了棉花种植的大门。

转向棉花生产是南方乃至整个国家一个极其重要的转折点。一方面，它提升了南方土地的价值从而为无数白人提供了经济机遇。另一方面，它也增加了对黑人劳动力的需求从而为奴隶制注入了活力。1803 年，佐治亚州和南卡罗来纳州输入了两万名奴隶，在 1808 年联邦政府对奴隶贸易采取行动之前，南方种植园主和北方供应商一起忙着满足这一需求。尽管如此，对农业劳动力的需求有很大一部分都是通过国内奴隶贸易得到满足的；奴隶主与贩奴者一起合作创建了这一新经济网络，将黑人奴隶从切萨皮克贫瘠的土地上转移到南方繁荣的产棉区。

阿巴拉契亚山脉以西作为第三块重要的白人殖民区域在 19 世纪初形成了。跨越阿巴拉契亚山脉，从阿巴拉契亚山脉到密西西比河，从五大湖区到墨西哥湾，1790 年居住在这里的白人移民不到 10 万人。到了 1810 年，他们的数量膨胀到接近 100 万。他们驾着马车穿过坎伯兰岬口，或者乘船顺俄亥俄河而下，赶往这里。

流动的人口逐年增加。树林里挤满了新移民，一位观察者吃惊地写道，在纽约西部靠近巴达维亚，"斧声回响，当我们从那里经过时，树木在我们周围迅速地逐个倒下"。他惊叫道："原来的美国正在瓦解，他们在向西挺进！"投机者们通过出售西部的土地来获取财富，而移民则正是被土地所吸引。1790 年到 1820 年间，土地公司出售了纽约、俄亥俄和肯塔基州大片的土地，给满怀希望的人去开创新生活。太过放纵的冒险投资通常都会失败，但不计其数的其他投资者都得到了可观的利润。当人口增多土地升值，移民也加入了投机热，但却经常因为购买额外土地倒手转卖而负债累累。

在俄亥俄河以北，移民潮循着 1785 年的《土地法令》的规定逐步行进。在那里，奴隶制受到禁止，因而所有的劳动力都是自由的。北方风格的家庭农场扎下了根，而像辛辛那提这样的城市则开始崛起为服务和文化中心，为周边人群提供服务。在俄亥俄河以南，白人移民和他们的黑人奴隶散乱地分居各处。在肯塔基州和田纳西州，以奴隶制为基础的棉花种植业不断扩张，对最初保证使用自由劳动力的农业和小家庭农场构成了挑战。

移民到来后就开始了在密林覆盖的土地上开垦耕地的漫长过程。他们从树上割下一圈树皮，然后放火烧树，或者干脆任其死去，随后就把庄稼种在死去树木的四周。利用这种方法，一个家庭一年可以开垦三到五英亩土地进行耕作。随着阿巴拉契亚山脉以西的定居地在农民的铁犁之下日益扩大，野生动物逐渐消失，森林也日趋缩小。白人人口不断增多所导致的对木材持续不断的需求，更使这一地区的森林被无情地砍伐殆尽。

7.2.2 美国各城市

绝大部分美国人都是住在乡下或小城镇，但也有越来越多的人开始住在不断扩张的城市里。1790 年到 1830 年，整个国家的人口增长了 84%，但在人口数量超过 2 500 人的城市里，居民数量的增长几乎达到 200%。

各地区城市的发展模式不尽相同。东北部港口城市发展最为迅速。到 1820 年，东北部有三个人口超过五万人的城市，单是纽约市就有超过 10 万名居民；内陆城市，如俄亥俄的辛辛那提和纽约的奥尔巴尼，都是作为周边地区的服务中心而发展起来。

美国人口增长迅速，但其城市占地面积还是很小。在这些"步行城市"中，居民很容易就能从城市的一端悠闲地踱到另一端。城市的发展还使交通越发拥挤，伴随而来的还有严重的公共健康和安全问题。费城的街道是铺好的，但在其他大多数城市，灰尘和泥泞总是引来人们无数的抱怨。19世纪早期，不仅是泥泞阻塞着城市的街道，居民也随处乱丢垃圾，私人生活废水直接排向公共排水道，家畜在市里穿梭、到处排便。一位城市居民认为她意外遇上的正在废弃物中觅食的猪"让人恶心"，但她意识到，若没有它们，街上很快就会变得肮脏不堪。在这种条件下，伤寒、痢疾等疾病通过被污染的水源蔓延，大批的人死去。

经济生活依然集中在码头（那里停靠着来自世界各地的船只）和仓库（船上的船员把货物卸载到那里）。与此同时，到1820年代，制造业开始改变城市生活。费城正在成为一个纺织工业中心，纽约则生产鞋和铁制品。随着这类工业企业逐渐膨胀，工匠作坊生产也就慢慢让位于使用雇佣劳动力的工厂。

这样的改变加剧了贫富分化。富商位居社会金字塔的顶端，他们的家里装饰着优质的亚麻桌布、商店买来的家具，以及正在逐步扩张的消费经济带来的各种手工制品。在他们之下是勤奋的中产阶级，包括工匠、店主和专业技术人员，他们的家庭总体上过着体面的富足生活。城市社会的底层是人数不断增多的普通劳动者、船工、失业者，他们为了生存而艰难挣扎。尽管在殖民地城市中富人和穷人经常比邻而居，但如今上涨的地价却迫使处于较低阶层的人把家搬到拥挤狭窄的小巷和出租屋，而那些富裕的城里人则聚居在时髦的社区。

其他地区的城市规模则比较小，尽管它们仍是重要的连接点。东南部地区的城市发展，集中在查尔斯顿和萨凡纳这样长期建立的港口。就像在殖民时期一样，它们仍是转口港（贸易中心），出口农产品，进口工业品。在这样的城市中，一半的人口是黑人，其中大多数人都是奴隶。在阿巴拉契亚山脉以西地区，像匹兹堡和辛辛那提这样新兴的城市，在河流和湖泊附近建立起来。1820年代这些新兴城市里最大的是新奥尔良，其人口多变反映了它的多国起源。

新奥尔良最初是法国于1718年建立的殖民地，1763年归西班牙统治。

它在 1803 年成为美国的一部分时，这里的生活由法国和西班牙裔家族主导。几十年间，在这座城市的白人人口中美国人一直只占少数。全城 2.7 万人中有近 1.3 万是黑人，其中大部分人都是奴隶。

7.2.3 建立自由黑人社区

在独立后的半个世纪里，由于东北部地区黑人的解放和"上南方"地区自由黑人数量的增加，东部港口城市开始出现充满活力的黑人社区。1776 年，4 000 名奴隶和几百名自由黑人已把这些港口城市当成自己的家；50 年后，有四万多名非裔美国人居住于此。

黑人男子找到的工作通常都是体力活或海员，黑人女子则是做有钱人家的仆人。由于许多新移民都是妇女，她们的到来改变了城市中黑人人口长期失衡的状况，使得组成家庭变得容易许多。早先的奴隶们经常组成大家庭，包括亲戚、朋友和寄宿者。如果环境允许，他们也会建立核心家庭。到了 1820 年，北方城市里的大多数黑人都生活在自己独立的家庭里。

随着黑人数量不断增加，他们开始成立不受白人控制、为黑人社区提供服务的组织。学校接纳那些白人学校拒收的孩子们，互助会对那些潦倒的人给予帮助，共济会则拓展了人与人之间的友谊，为生活提供多方面支持。

黑人教会很快就成为黑人社区生活的基石。美国独立后，越来越多的黑人都联合起来加入卫理公会和浸信会，他们被教会里强烈的神学氛围、热切的膜拜和反奴隶制的立场所吸引。不过，随着黑人成员不断增多，他们还是发现自己被隔离了——他们被排除在教会领导岗位之外，甚至不让他们领圣餐。1794 年，一小群黑人卫理公会教派信徒在奴隶出身的巡回传教士理查德·艾伦（Richard Allen）的带领下，在费城组建了贝瑟尔非裔美国卫理公会。艾伦的教会最初建立在卫理公会之下，后来逐渐向分离主义演变，到最后只有"非洲人及其后裔"才可入会。1815 年，该教会彻底摆脱了白人卫理公会的领导，并于一年后与一个相似的教会进行合并，在巴尔的摩成立了

1790 年到 1820 年间的黑人与奴隶制

独立战争结束时，各地区奴隶制的重要程度和人口中黑人的比例都不相同，随后几十年那些差异变得更加显著。你能解释一下这其中的原因吗？

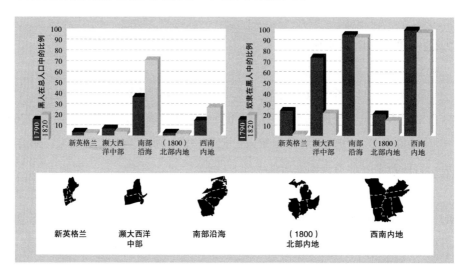

非裔卫理公会圣公会——这是美国历史上第一个独立的黑人宗教团体。黑人的浸信会也在 19 世纪早期建立了独立的教会。

那些坐落于黑人社区中心的教堂，不仅培养了非裔美国人特有的崇拜方式，同时也为黑人儿童提供了受教育的机会，并使黑人有了独立于白人之外自己的宗族墓地。同样重要的是，教堂为家庭或社区生活中的结婚、生日、葬礼、纪念日等基本典礼的举行提供了固定场所并确立起相应的社区规范。它们进而也为黑人提供了市民空间，在这里，黑人可以去担任领导人、老师、牧师和其他教会职务。丰富的文化和制度生活在美国东北部城市的黑人社区扎下了根。

南部城市里黑人的生活可谓大相径庭，他们绝大多数都是奴隶。查尔斯顿 14 127 个黑人（占该城人口的一半以上）中有 90% 都是奴隶。这种情况加上南方严酷的《黑人法典》，极大地阻碍了黑人社区的建立。相比之下，在新奥尔良，西班牙殖民者控制时期制定的政策，在美国北部造就了大量的自由黑人和黑白混血儿。社会阶层明显依照种族划分为白人、自由黑人、奴隶三个阶层，但自由黑人的数量不断增长，被解放的奴隶和逃避海地革命战乱的难民不断加入自由黑人的行列。到1820年，自由黑人占新奥尔良黑人人口的46%。他们在美国南部建立了唯一一个繁荣而独立的黑人社区。

也有一些新的事态危及他们的基本权利。新引入的数以千计的奴隶，这主要是为了满足扩张中的制糖业对劳动力的需要（一位历史学家称之为路易斯安那的"再次非洲化"），增加了人口中不自由者的百分比，促使白人主人更加严厉地执行法律，管理黑人。附近海地的黑人叛乱给许多白人移民造成了恐慌，这鼓励后者采取额外措施去控制黑人人口。最终，新移民带来了更加严酷的种族观念，这些观念主导了美国其他地方的种族关系。

7.2.4 征服距离

据估计，1963年肯尼迪总统在德克萨斯州的达拉斯被刺杀后，半个小时内就有68%的美国人知道了这一消息。相比之下，1799年12月华盛顿在弗吉尼亚州的亚历山大逝世的消息，5天后才传到费城（两地相距140英里），11天后才传到波士顿，21天后才穿越西部传到肯塔基州的莱克星顿。由于缺少电话、电视、因特网之类的现代化技术手段，人类的旅行就成为跨空间交流信息的唯一途径。不过，在19世纪早期的发展进程中，交通与通信方面的进步，已经开始将整个国家紧密地联结起来。

美国东北部突然涌现的修建收费公路，是进步的一个原因。大部分收费公路也就是林间的土路，树桩被砍低，马车车轴刚好能够通过。然而，当连接费城与宾夕法尼亚州兰开斯特之间的收费公路获取巨额利润后，大量的收费公路很快就开始修建。到1811年，纽约批准了137家公司经营收费公路，新英格兰更是达到200家以上。类似这样道路的修建，将人们沿着这些道路旅行所需的时间节约了一半。

1806 年，在第一个联邦公路修建计划中，国会指定修建了一条从马里兰州的坎伯兰郡到西部的国家公路。1818 年，公路修到了俄亥俄河的威灵，有了这条公路，八天的行程缩短到了三天。

鉴于陆路跨地区旅行有种种困难，美国人出行多是走海路或内陆水路。殖民时期的情况就是这样，移民依靠水路前往市场和城镇。慢慢地，一些人移入内陆，从而体验到相对的孤寂。19 世纪早期，第一艘轮船出现在大西洋岸边，并开始往来于俄亥俄河与密西西比河之间。1807 年，罗伯特·富尔敦（Robert Fulton）160 吨位的侧明轮船"克莱蒙特号"开始航行，证明了轮船的航行能力。四年后，"新奥尔良号"在辛辛那提的俄亥俄河瀑布首航成功，然后顺流而下，到达密西西比河的新奥尔良港。之后的几十年里，轮船逐渐成为内河航运的主要方式。

1790 年到 1830 年间，印刷业和通信业都发生了巨变。殖民时期的印刷者在革命前夕发行的报纸不足 60 份。在华盛顿总统的第二任期内，只有 92 份报纸出版发行。其中大部分都是周报，而且实则全是在大西洋沿岸城市印刷。这些报纸的订户大都不到 600 位。到 1810 年，报纸的数目增加到近 400 份并有极少数是日报。其中一些报纸还是在像匹兹堡和圣路易斯这样遥远的内陆城市出版发行。到 1820 年，美国人均报纸拥有率超过了英国。

报纸增多这一趋势刺激了对报纸的需求膨胀。美国人的识字率提高了；商人和农民想从报纸上得到他们渴望的自己国家不断扩大的市场经济信息；许多人都抱有民主主义信念：知情的市民对一个成功的共和国来说是必要的；读者想通过报纸帮助他们了解不同的政党政策。随着报纸的发行，边远地区的人和事也渐渐广为人知，人们的视野开阔了，美国人民的民族情感也加深了。一位观察者说："只有报纸能在同一时间将一种思想灌输到上千个不同的头脑中。"

在这些年中，美国的邮政系统同样得到了发展。革命者认识到邮政系统对赢取独立的事业很重要，并于 1775 年创建了它，富兰克林出任首任邮政部长。14 年后华盛顿就职时，全国只有 75 个邮局。迟至 1792 年，阿巴拉契亚以西地区依然是一个邮局都没有。但到 1820 年，整个国家已拥有约 8 500 个邮局。与此同时，邮政系统传递的信件数量则增加了九倍。尽管邮信的成本降低了一半，但在人们的日工资仅为 1 美元的时代，将一封信送到 30 英里外的地方仍要花费 25 美分。

7.2.5 宗教奋兴与爱国庆祝活动

旅行与通信方面的进步逐步将整个国家紧密地团结在一起，而共有的文化经历也起到了这一作用。宗教依然是新生国家的文化核心，尽管（或者也可能是因为）在联邦层面规定政教分离。每个地区都有其有特色的宗教背景，尽管它们在早期共和国那些年中也处于不断变化中。新英格兰依然基本上固守它的公理会传统，但是其他教派也在出现。不仅是浸礼会教徒，他们在该地区根基很深；而且新群体如普救派（他们接受依然激进的观念：所有人都能得救）和卫理公会教徒也有所进展。中大西洋地区继续有着广泛不同的基督教信仰，战后时期的移民更是进一步增强了其多样性。殖民时期一直为英国国教所主导的南方也经历了不断增多的多样性。新共和国成立后，英国国教已不复存在，但是一种新的教会结构开始取而代之；美国圣公会信徒（American Anglicans）创造了圣公会，它与英国国教的等级体系毫无关系，但依然保留了后者的许多形式（并继承了后者许多殖民地教堂的财产权）。认同圣公会的南方及其他地方的精英成员人数多得不成比例，使它成为一种重要的文化制度。许多其他南方人则加入浸礼会和卫理公会。随着不信教变得即便不是被社会接受至少也是不再被视为非法，每个地区的其他人则公开回避宗教。这一时期信奉犹太教的人数仍然相当少，从罗德岛到南卡罗来纳仅建起了六座犹太教堂。

在这一复杂的背景下，宗教奋兴再次横扫广大区域，培养出一种社区意识，增强了人们对社会改革的兴趣。与殖民时代的宗教复兴相对，这一后期兴起的宗教狂热被称为"第二次大觉醒"。这一大觉醒始于 1790 年代，并

再现历史

外国人的旅行日记

历史学家利用不同类型的资料，根据他们自己的需要去再现美国的历史。大多数描述性作品都出自外国人之手，他们渴望了解美国并记下了他们的感受。从最早的殖民时代开始，旅行者们就一直为这里的人物、风俗、制度和自然状况所倾倒。美国人和外国来的旅行者之间长期的交往，促生了丰富多彩的文学作品，这些作品不仅描绘了美国，也记录了旅行者自身的情况。

美国的独立战争在其结束后的几十年间，在欧洲人心里点燃了热情。在独立战争中与美国人结为同盟的法国人也是那些感兴趣探寻美国的人之一。他们中参观并留下记述的人之一就是雅克−皮埃尔·布里索（Jacques-Pierre Brissot，后来的德·瓦维尔）。他对美国革命充满好奇，他为这个新独立的国家所吸引，并急于知道这一事件对欧洲社会意味着什么。

1754年，布里索出生在法国的沙特尔城，他家开有一个小饭馆。布里索接受了教育，先是成为沙特尔城后来则是成为巴黎某律师事务所的职员。1780年代他在伦敦待过一段时间。他出版了关于法律和改革方面的书籍，揭示了他对法国启蒙思想家的感激之情。回到法国，布里索出版了抨击王后玛丽·安托瓦内特的小册子，并因此而入狱四个月。1788年，他前去访问了新生的美国。来年法国的政治发展将他召唤回国。他越来越深地卷入法国大革命，发文支持改革。他先是被选入巴黎市政府，接着又被选入国家机构。在法国大革命早期不太激进的阶段，他作为立法议会的一员（1791年被选入）为革命做出了贡献。他支持战争，但反对推翻君主政体。随着革命朝着更加激进的方向转变，他在政治上的对手（其中包括罗伯斯庇尔）掌控了大权，他被逮捕。1791年10月31日，他死于断头台上。

基于他在美国的旅行，布里索在1792年出版了他的三卷本游记，同年该书被译为英文在伦敦出版，名为《在美国的新旅行：1788年》。与其他旅行者的记述一样，对布里索的文章也要用批判的眼光来阅读，因为旅行者们对于哪些是重要的、值得记录的事并没有一致的判断，对于他们所见事物的理解也各不相同。在400多页的作品中，布里索涉猎了美国生活的很多方面。与许多启蒙思想家一样，他也对美国的未来抱有极高的期望。他将它视为欧洲有一个更好未来的引路者。他期待新生美国有更多东西可以教给老旧欧洲，他的这一期待体现于三卷本中其中一卷的副标题中，它可以被译为"美国革命对法国幸福的重要性"。

与一个对外交政策感兴趣的人的身份相称（过去他曾是位政府官员），布里索考察了有关美国人向西迁徙的政治局面。在那里，移民想要攫取原住民的土地，外国列强（包括西班牙和法国）则对年轻的共和国施加压力。在书中第44章"西部领土"中，布里索评述了美国面临的多种挑战，但他以高度乐观主义的语调作了总结。这一章有许多长长的脚注，在其中一个脚注中，他警告法国贵族不要带着"建立君主制的愚蠢想法"来到美国，因为他们将会彻底失败。他宣称，美国是这样"一个社会，在每样事物的本性中，［权利］平等都被奉为神圣不可侵犯"（第477页）。

作为一位真正的具有启蒙思想的社会及政治改革家，布里索预见到了这个新生国家的一些伟大事情。他认为美国的诞生和移民如潮涌般进入旧有的殖民边远地区，对原住民是件好事。但无论如何，他观察到，他们必须要么快速融入美国人中间，要么就会面临灭绝的危险。不过，这一问题看起来并未使他感到过分不安。

还有哪些资源有助于我们评估这些旅行记录的准确性呢？旅行者自己的民族、性别、宗教或阶级通过什么方式影响或决定了他或她对美国的看法？与其类似，了解旅行者来美国的动机、他们在美国停留了多长时间、他们游历了美国哪些地区、他们在那里的时候都与一些什么人交往又有多么重要？

布里索的旅行日记

看到在这些快速发展和繁荣的殖民地上人类的增长和幸福，将他们与专制君主建立的殖民地上那种疲惫和衰弱相比，自由显得多么庄严和值得敬重！她的权力等同于她的意愿：她命令，森林被掀翻，山脉变成适于耕作的平原，自然为无数世代准备了一个庇护所……没有什么事物能持久，唯有自由所铸造和激发的东西除外……美国政府中的革命毫无疑问将会有益于野蛮人，因为政府本质上趋向于和平。但是由于人口快速增长一定是它的运作的必然结果，野蛮人也就必须要么与美国人融合到一起，要么就会有无数个理由被迅速灭绝掉。

一点都不用担心来自野蛮人的危险会阻止美国人扩展其殖民地的激情。他们全都期望可以在密西西比河上自由航行，西班牙殖民地的岛屿市场很快就能对他们开放，好让他们国家的产品扩展到那里。但是，有待解决的问题是，是西班牙人自愿放开这一航行权，还是美国人会用武力强行夺取……

对人类的幸福来说，这种交流应该是多么的可取呀！因为这里的耕种和人口将会增加欧洲制造业国家的繁荣。法国人和西班牙人定居在纳齐兹这片最肥沃的土地上，却在一个世纪的时间里没有耕种出一英亩地；而美国人，他们后来在那里建立了一个殖民地，目前已经开垦了3 400英亩地；

这为新奥尔良提供了大部分土地。啊，自由！你的帝国有多么伟大；你创造了制造业，让死去的也变得生动起来。

有时我会想象自己置身于下一个世纪。从加拿大到基多，我看到整个大陆都覆盖着耕地、小村庄和乡间别墅。我看到幸福和工业肩并肩，微笑着；美丽崇拜自然的女儿；自由和道德使得政府和法律的胁迫几无一用；温和的宽容取代了残忍的宗教裁判所。我看到墨西哥人、秘鲁人、美国的人们、法国人和加拿大人，互相拥抱，咒骂暴君，祝福自由的统治，这促成了普遍的和谐。但是，煤矿和奴隶将会变为什么？煤矿将会被关闭，奴隶将会成为他们主人的兄弟。至于黄金，对一个自由的国家来说，挖掘它是自降身份，除非它不用奴隶去做；自由的民族不会将签约作为一种手段去交换他们的商品。金子总是更多地服务于专制主义的事业，而非自由的事业；自由总是能够找到不那么危险的代理人来代替它。

我们欧洲的投机者远远想象不到，这个大陆上正在酝酿两场革命，这将彻底颠覆旧有的思想和商业：一是开辟两个大洋之间的通信渠道，二是放弃秘鲁的矿井。让哲学家用他们的想象力去考虑由此造成的后果吧。他们不能不为人类感到快乐。

反思历史

在你看来，布里索描述的早期共和国世界，是惊世骇俗还是司空见惯？是吸引人还是令人厌恶？如果你现在要去另一个国家生活一些年，你觉得你在估量社会行为和人们文化价值观的时候能有多大的准确度？你自己的价值观，就像布里索的那样，会在多大程度上左右你的想象？是否有些国家的文化要比其他国家的文化更难理解？为什么？

露天集会

在"第二次大觉醒"中,热心宗教者举办了无数次露天集会,既为寻求个人救赎,也为帮助其他有需要的人。这幅画表明:谁参加了露天集会?会上发生了什么?

一直延续到接下来的几十年间。从肯塔基边远地区的蔗岭到东北部地区的城市，成千上万的美国人想要在共同的宗教奋兴运动中求得个人救赎和社会归属感。宗教奋兴运动将美国人紧密地团结在共同的宗教认同网络中，这一网络由数百名巡回传教士编织而成，他们将福音书中的启示传播到这个国家的每一个社区中。宗教组织印刷的小册子如洪水一般，这加强了宗教的统一。旅行的牧师与邮局则一道将这些出版物带到不断增多的读者面前。

卫理公会和浸信会的露天集会以最引人注目的形式展现了：宗教奋兴运动跨越了阶级和种族的壁垒。俗称的巡回传教士（既有黑人也有白人）中有很多人都未受过神学培训但却燃烧着宗教热情，他们奔赴全国各地传播福音书中的启示。"第二次大觉醒"提供的简单信息普通人很容易理解，它强调在上帝面前所有信徒一律平等，承诺每个人都可以得救，宣称每个人都要为自己的灵魂负责。"第二次大觉醒"也号召信徒通过在现世让美国社会变得更完美和提升被压迫者来证明他们的信仰。这种号召为日后像禁酒和废除奴隶制等改革提供了大部分推动力。

人们也为举行爱国庆典仪式而聚到一起。像华盛顿诞辰和美国独立日这样例行的场合也有益于国家统一。这种场合充斥着持不同政见者、南方人和北方人、黑人和白人，虽然他们有着相互冲突的利益主张，但也都渴望在形成国家传统这一问题上发表自己的看法。关于这些地方性庆典的报道，通过报纸与信件传播到全国各地，加强了各地的联系和爱国情怀的交流。

7.3 国家分裂

就在新生国家采取措施进行伟大的融合和分享共同的经历之际，旧有的分歧和新生的挑战则合起来创造出了又一段政治冲突的紧张时期。法国大革命受到许多人的欢迎，被视为欧洲摆脱其旧有方式的一个标志，但它却有将年轻的共和国卷进国际战争的危险。在随后的斗争中是否要支持英国或法国这个问题上，美国公民产生了严重分歧。事实证明，在海地革命上同样存在相似的分歧；这场革命创造出了美洲大陆上第一个反奴隶制共和国，这既让一些美国人激动不已，也让其他人深受惊吓。在反对政府国内和国外政策的过程中出现了"民主-共和社团"（Democratic-Republican Societies），这也是美国政治中形成的第一个有组织的政治对立团体。

7.3.1 法国大革命的承诺与危险

法国大革命爆发于 1789 年，起因是想要反对独裁而非消灭君主政治。然而，对社会公平的要求压抑已久，它使革命很快就冲出了适度改良的界限，到 1793 年，当新建立的共和政权把路易十六送上断头台后，法国开始了真正的激进革命。很快欧洲便陷入法国与反法联盟（由普鲁士与大不列颠领导）之间的殊死搏斗。数十年间，法国大革命一直左右着欧洲事务。法国大革命也像犁铧一样，犁开了美国政治土壤的表层，使美国人民内部分化，争吵不断。

欧洲战争的爆发使华盛顿政府面临着棘手的外交问题。1790 年代，美国商人从与英国和法国的"中立贸易"（根据国际法，中立国可以与交战国继续进行贸易往来，只要交易的货物中不包括直接用于战争的物资）中赚取了相当可观的利润。1800 年，美国船只承运的商品，竟然占到欧洲与美国之间贸易额的 92%。经济上的益处最明显地体现在沿海城市，城市郊区也随之繁荣起来。那里是农林产品装载上船的地方，同时也生产船员们所需要的商品。诸多人等都参与了这一贸易并从中受益。

但是，美国商业的发展也带来了一些问题。战争一爆发，英法两国都力争进口美国商品，同时竭力阻止对方与美国进行贸易。必要时，这两个国家还会拦截甚至强行征用美国商船来达到目的。英国军舰上水手不足，英国皇家海军就强征美国水手服役，这使得美国与英国的关系更为复杂。

华盛顿面临巨大困难：怎样维护美国中立的权利？又该如何保护本国公民不卷入欧洲战事？

1778 年美国与法国签订的条约也使美国陷入两难。根据条约内容，美国应该援助法国，一如 15 年前美国独立战争期间法国援助美国。同情法国革命的那部分人认为，美国应当履行对法国的义务。其他人则害怕与革命中的法国接触过密会使美国局势不稳，因而主张以法王被推翻为由使条约自然解除。

美国人对法国革命的激烈反应使情况变得更加复杂。起初，许多美国人都将法国革命视为美国争取自由斗争的延续。就连法国社会革命的反复也未立即打消美国人的热情。然而，到了 1790 年代中期，尤其是当法国革命的矛头指向基督教后，许多美国人都警惕地转变了态度。1776 年确定的原则与法国如今的混乱之间会有什么联系？二者的区别确实意义深远。

对联邦党人来说（宪法得到批准后他们就一直支持华盛顿政府的中立化政策），革命中的法国代表着社会的无政府状态，威胁了欧洲秩序，而他们则相信，欧洲秩序正是美国的商业和外交安全之所系。所以他们日益激烈地反对革命并拥护英国为欧洲文明的捍卫者，力图使美英关系更加密切。

然而，许多公民仍然支持法国。在指责革命过激的同时，他们也坚信，大乱之后，自由终将应运而生。杰斐逊也对无辜的流血牺牲表示遗憾，但他同时也相信，想要得到真正的自由，这样的流血牺牲是必要的。

7.3.2 海地与美洲黑人获取自由的希望

1790 年代，法国爆发的大革命引发了一系列政治叛乱，这些叛乱挑战贵族权力并宣扬民主价值观。在蜂拥而入的法国革命军的支持下，在美国和法国革命者信奉的"天赋人权"的激励下，暴乱从荷兰蔓延到意大利半岛，反对长期以来存在的特权。拉美和加勒比海地区也都爆发了波澜壮阔的民主起义。圣多明各岛上的起义最为重要而且很快它就作为海地革命闻名于世。

自 1699 年以来，西班牙人和法国人就一直共同占有加勒比海的伊斯帕尼奥拉岛，各自统治着岛上属于自己的那部分殖民地。1791 年，在法属殖民地上，各个民族联合起来反抗法国殖民统治。但是他们内部的冲突很快也暴露出来：白人地主期望摆脱殖民枷锁后可以保持他们的特权，贫苦的白人希望可以获得土地，混血儿对常年的隔离很恼火，黑人奴隶更是早就不堪压迫。十多年间，这些黑皮肤或白皮肤的海地人通过激烈的流血斗争对抗三万人的英法联军。（虽然英法在欧洲是死敌，但因英国担心自己邻近的殖民地牙买加的 30 万奴隶会爆发起义，所以它又热心地帮助法国镇压起义。）冲突破坏了岛上的制糖业，在白人和黑人中都造成了十万以上的伤亡人数。

1798 年，岛上黑人在他们卓越的领袖杜桑·卢维杜尔（Toussiant L'Ouverture）的领导下，夺得了起义的领导权，把废除奴隶制作为他们的首要目标。六年后，革命取得胜利，海地建国，成为美洲第一个黑人国家。他们给其取名"海地"，该词来自原住民的泰诺语，标志着与殖民过去的决裂。

然而，当海地的反叛者把《独立宣言》作为普遍自由的宣言而加以庆祝时，在该如何回应那座混乱岛屿上发生的事件上，北美洲的白人中却出现了分歧。一方面，海地革命看上去体现出美国独立战争的世界影响，也打击了欧洲在新大陆推行的殖民主义。在海地革命达到顶峰时，美国军舰还曾帮助他们运送黑人部队以备战斗。与此同时，美国的奴隶主们则在惶恐地思忖着：这场近在咫尺的黑人起义的胜利，将会给北美的奴隶造成什么影响？

南部的白人更为忧虑。北卡罗来纳州政府发布命令，要求逃离海地的白人（通常都会带着他们的一些奴隶）离开美国。当海地官员"以人道名义"请求"兄弟般友爱的帮助"时，国会拒绝了。一位参议员警告说，如果海地独立，它将是一个"危险的邻居"，因为那里将会成为逃亡奴隶的避难所。1804 年当这个黑人共和国正式宣告成立时，美国政府却拒绝承认它。两国直到美国内战时才建立起外交关系。

这些恐惧看上去在 1800 年夏天得到了证实，当年在弗吉尼亚州里士满，一场反叛被扼杀在摇篮里。24 岁的奴隶加布里埃尔·普罗瑟（Gabriel

Prosser）精心制订了一个计划，将 1 000 名奴隶武装起来，对城市发动袭击。加布里埃尔和他的同谋者都是美国出生的黑人，他们会说英语，从事技术类工作，这给他们提供了相当大的个人自主权。他们通过恰当地引用弗吉尼亚白人革命传统中争取自由的言语并将其与海地革命的消息结合到一起，形成了他们自己的解放理念。突如其来的一场倾盆大雨使得反叛者不得不推迟发动攻击的时间，从而给了几个室内仆人（后来弗吉尼亚当局给了他们自由）通风报信的时间。在这场流产的反叛中没有一个白人死亡，但却有数十名奴隶和自由的黑人被逮捕。州长詹姆斯·门罗（James Monroe）下令绞死 25 名嫌疑分子，包括加布里埃尔在内。

1790 年代爆发的民主起义都是由本国的社会不平等所激发，但它们都体现出为自由献身的精神。这些起义分散在欧洲和大西洋地区，但在那个喧嚣的年代里，通过报纸、私人通信网络，以及士兵、反叛者和往返于大西洋两岸的政治理想主义者，关于起义的新情况在美国广为流传。1790 年代中期，乔尔·巴洛（Joel Barlow）及其他美国人被好奇心和民主原则所激励，远赴法国，盼望亲眼看到人类自由在法国深入开展。与此同时，一批法国人则为了避难流亡到北美洲，他们向美国人生动地描述了那里的政治乱局。

7.3.3 民主-共和社团

1790 年代，政治俱乐部作为民主改革的工具风靡大西洋世界，它提供了一个安全的避难所，在这里，持不同政见者可以聚在一起阅读政治宣传小册子，规划政治变革。法国雅各宾派的俱乐部是其中闻名遐迩的组织，但是类似组织也在美国悄然兴起。

早在 1792 年，普通市民就开始建立"宪政社团"，致力于"监督人民权利的行使"，一旦政府侵犯人民的自由就提出警告。通过模仿 20 年前爱国者建立的反对英国的"自由之子"和"通信委员会"，人们建立起几十个团体反对汉密尔顿的财政方案。

法国革命点燃了人们争取民主的激情，促进了这些社团的成长。1793年法兰西共和国的荣誉公民埃德蒙·热内（Edmund Genêt）到达美国，更是进一步加速了这些社团的壮大。当热内到达卡罗来纳州的查尔斯顿时，激起民众巨大的民主激情。他的目的是想获取广泛支持并与美国订立贸易条约。然而，在他到来后不久，他就授意美国的私掠船在加勒比海劫掠英国的运输船并征募美国水手准备远征西属佛罗里达。这两项行动都违背了华盛顿政府的中立国立场。

热内北上费城，受到热情接待。但他的声望很快就将他引入迷途。在就外交草案进行公开讨论时，他试图说服国会拒绝华盛顿最近宣布的中立立场转而站到法国这边。8月2日，总统要求法国召回热内。

热内作为外交官是失败的，但他却成功地鼓动了民众的热情。在他的公开支持下，最大也是最有影响的新型民众组织"宾夕法尼亚民主协会"于1793年6月在费城成立。它立马号召各地类似的社团进行合并并支持法国，以此来提高国内"自由和平等的精神"。华盛顿和他的同僚可能会感到纠结：那一挑战是否针对的是他们？

此后几年，从缅因州到佐治亚州约有40个分散的社团进行了合并。劳动者——工匠、城市中的劳动者、小农业生产者和农村中的佃农——占其中的大部分。联邦党批评家取笑他们是"车夫、破产的小商贩，以及跨大西洋的叛国者共同组成的低等组织"。最后那一蔑称针对的是移民群体中那些激进的群体。除了法国流亡者（他们若是支持法国革命就会被保守主义者称为叛国者），它也可能是指不断增长的爱尔兰移民。后者为了逃离故乡的艰苦生活和政治压迫而移民美国，他们不仅要求爱尔兰脱离英国独立，还追求政治平等并喜爱充满斗争的政治生活。

社团的领导人通常都是有知识的体面人，如医生、律师、商人。领导者和追随者都同样反对华盛顿政府"君主化"的倾向并捍卫"1776年原则"。为了唤醒民众，社团组织公开的庆祝活动，发表充满民主原则的演说，发布陈情书尖锐批评政府和国会的政策。他们斥责华盛顿的中立宣言"懦弱地讨好专制且毫无宪政可言的英国"。有几个社团更是公开表示，美国应该站在法国一边加入战争。

在阿巴拉契亚山脉以西地区，当地的民主团体煽动民众反对英国继续占领五大湖区南岸，严厉斥责西班牙在新奥尔良关闭密西西比河禁止美国商船通行的行为。他们到处抗议特许权税，反对政府偏向英国，呼吁新闻自由，反对联邦党"贵族"的控制。

这些社团支持热内，批评政府，从而激怒了华盛顿总统和他的支持者们。一位联邦党人怒吼道：这些"暴乱的温床"将使美国陷入一片混乱，就像雅各宾派对法国所做的那样。这样的争论表明，公共话语已经变得有多火药味十足。

7.3.4 政治危机加深

随着出现有组织的反对，挑战华盛顿的政策，华盛顿的第二任期也就在政治冲突中宣告结束，这一冲突还会延续到他的继任者约翰·亚当斯主政的政府中。华盛顿试图解决与大英帝国的分歧，由此出现的充满争议的条约（由首席大法官约翰·杰伊谈判签署）是引发争议的一个方面。1795 年年初，杰伊将条约带回了国，条约在许多敏感问题上都做出了承诺，但也忽略了很多其他问题。当条约内容公布于众后，国内掀起了轩然大波。

政府解释说，条约避免了公开同英国决裂，是平息争端的最佳途径。在纽约城，当汉密尔顿在一个公开集会上为条约辩护时，有人朝他投掷石头。南部种植园主也对条约不满，因为他们仍在等待英国赔偿他们在革命战争中因奴隶逃亡而蒙受的损失，而条约中却没有规定对他们进行赔偿。西部的人们抱怨，英军没有遵守《巴黎条约》中的条款撤出军事据点的迹象。商人和水手则指责杰伊既没有制止英国对美国水手的**强制征募**，也没有完全争得对西印度群岛的贸易权。经过相当长一段时间的激烈讨论，参议院勉强批准了这份条约。

1790年代中期，美国政治的和谐不复存在，无论内政还是外交，每一个重大问题都使分歧更趋严重。杰斐逊逐渐与政府疏远，在辞去国务卿一职后，他很快就联合一些政治家如麦迪逊等，站在了公开反对华盛顿政策的立场上。1796年9月，华盛顿在卸任的"告别演说"中对政治分裂表示悲痛，提醒美国不要与别国结盟，并宣布拒绝第三次出任总统。华盛顿考虑退休由来已久。当时他已64岁，并被种种议论折磨得筋疲力尽。潘恩在一份反对党报纸上刊登了一封信，他在信中愤怒地写道："至于你，先生……在私人友谊上是个背叛者，在公共生活上是个伪君子，整个世界都会难以决定，是否你……已放弃了善的原则，或者你是否曾有过善的原则。"这与华盛顿在八年前成功当选总统时的无限风光形成了再明显不过的对比。

在1796年的总统竞选中，约翰·亚当斯是一位坚定不移的联邦党人。作为一个来自他的出生地马萨诸塞的革命领导人，他支持更加谨慎的州宪法，赞成在新宪法下加强联邦政府的力量。他坚持认为必须建立有力的中央政府，他恐惧法国革命，害怕"过分的民主"。1796年大选把杰斐逊与他曾经的朋友兼同盟亚当斯拉到了一起，然而这次他们之间却是紧张的你死我活的对峙。两个人在政治上抱有不同看法。杰斐逊尽管坚定地支持宪法，但是面对汉密尔顿的财政计划还是保持警觉。他认为法国革命虽然产生了混乱，但若像美国一样是为争取自由而造成混乱就是合理的，并希望在美国国内拓展民主。尽管到1796年时，杰斐逊已经成为日益公开的政治反对派"杰斐逊共和党"的领袖，但他却是亚当斯的副总统。在大选中亚当斯获得71张选票，当选总统；杰斐逊获得68张选票，当选副总统。

亚当斯一上任就面临着与法国之间日趋紧张的关系，因为法国军舰在加勒比海劫掠美国商船。这一危机将会把整个国家推到爆发民事冲突的边缘。

为了缓解两国关系，亚当斯派出三位特使前往巴黎谈判。三位特使抵达时，法国外交大臣塔列朗（Talleyrand）的代理人（他们的真实姓名被隐去，X、Y、Z一直是他们的代号）知会美国使团，美国要想达到目的，必须给法国相当大数额的贷款，并要给他们24万美元的馈赠（其实就是贿赂）。两位坚定的联邦党特使愤怒地乘船返回了美国。另一位特使埃尔布里奇·格里（Elbridge Gerry）则被迫留下，因为塔列朗暗示说，如果三位使节全部回国，法国就将对美国宣战。

亚当斯向国会汇报了"XYZ 事件"（XYZ Affair）后，联邦党人迅速利用了法国的错误。联邦党议员们怒吼道"宁倾举国之富以保卫国家，决不拿一分用于贿赂"，国务卿皮克林（Pickering）主张立即宣战。为了迎合人们的反法情绪，在受到全国各地表示支持的请愿书纷纷涌来的鼓励下，总统在国内外猛烈抨击"敌人"。"准战争"使得群情激愤，美法海军在公海上进行了多次遭遇战。

此时此刻，共和派也陷入混乱。他们公开对法国政府的行为表示痛心，发誓要捍卫祖国的荣誉。但其中一些人也提醒人们要注意联邦党人的目的。他们有理由这样担心，因为联邦党人很快就制订了出格的计划，在打击侵略者的同时还要根除国内的"卖国贼"。

7.3.5　外侨法和叛乱法

1798 年 5 月，国会要求紧急建立一支海军来保卫美国的海岸以抵御法国的袭击。7 月，美国宣布废除 1778 年美法同盟条约并组建了一万人的正规海军，与法国的决裂近在眼前。军队的任务就是抵御法国入侵，但从法国在欧洲的战争情况来看，法军入侵美国似乎不大可能。杰斐逊派的共和党人依然清楚地记得几年前联邦党人是以怎样的速度部署军队去镇压"威士忌酒暴动"的，他们害怕军队最终会被用来对付自己。

当对建军议案的批评升温时，亚当斯的想法改变了。就像他在革命中所做的，他很清楚维持常备军的危险。他大叫道："该死的军队将使国家毁于一旦。"当党内一些人提议由汉密尔顿出任军队总司令时，亚当斯感到深深的恐惧。令这些不肯妥协的联邦党人沮丧的是，亚当斯只提名了很少几位军官交由国会讨论通过。而没有军官自然也就无法动员军队。

悚于来自外国的颠覆，担心法国和爱尔兰移民站在杰斐逊派的反对立场上积极活动，联邦党人控制的国会迅速采取行动阻止了外国的移民潮。1798年6月，《移民归化法》做出修改，规定外侨在美国取得公民权的居住时间从5年延长到14年，同时，《外侨法》授权总统可以在外侨"威胁美国和平与安全"时将其驱逐出境。另一部法案《敌对外侨法》则授权总统在战时逮捕、监禁或驱逐敌对国家的侨民而无须对他们陈述具体理由，侨民也无权上诉。一位联邦党议员辩解说，没有必要"让成群的爱尔兰野人，或是世界上其他嘈杂无序地方的人来到这里，破坏我们宁静的生活"。这样的态度加剧了人们的担心：联邦党人意图利用联邦政府的权力去镇压他们的政治对手。

单是这些法案对基本的政治自由来说就已够凶多吉少了，但是联邦党人并未就此罢手。7月中旬国会又通过了《镇压叛乱法》，矛头直指杰斐逊派。法案规定，任何人阴谋反对"政府的政策"或资助"起义、暴乱、非法集会或结社"，都将被处以罚款和监禁。这些处罚对那些敢于"撰写、印刷、宣传、发行……不实的文字恶意诽谤"政府、国会或总统的人也同样适用。联邦党人的行动使杰斐逊领导的共和派感到震惊，因为他们威胁要扼杀所有的反对派。它的批评者将这一法案视为侵犯新闻自由的一个明证。

依据《敌对外侨法》，国务卿皮克林开始着手调查，强迫所有外国人都在政府登记。7月末他得意地宣布，大批外国人正在离开美国。依据《镇压叛乱法》，25人被捕。其中15人被起诉，10人被判有罪，他们大都是报社里的杰斐逊派印刷工人和编辑。来自佛蒙特州的众议员，出生于爱尔兰、刚愎自用而又尖刻的马修·莱昂（Matthew Lyon）以议员之尊，却也品尝到了这些轻率的政治行为的苦果，在就《镇压叛乱法》而进行的激烈讨论中，莱昂冲着康涅狄格州的联邦党人议员罗杰·格里斯沃尔德（Roger Griswold）吐口水。两个星期后，格里斯沃尔德在议员席上用手杖打了莱昂。后来，莱昂被推上法庭，课以1 000美元罚款，并处以四个月监禁。他的罪名呢？来自一封私人信函，其中说到亚当斯总统"对可笑的夸耀、愚蠢的奉承和自私贪婪的极度渴求"。

《敌对外侨法》和《镇压叛乱法》在全国各地激起大规模抗议。1798年11月16日，肯塔基州议会通过决议，宣布中央政府违反了《权利法案》。面对滥用联邦权力的情况，决议指出，各州"享有平等权利就违宪之处自行做出判定"，并决定"采取适当措施来加以补救"。而对一部违反宪法的法律最好的"补救措施"就是将其废止（在各州境内宣布联邦法律无效）。麦迪逊为弗吉尼亚议会起草了一份相似的决议并于同年12月通过，它声称，当中央政府危及人民的自由权利时，各州"有权并有义务倡导停止那些有害的行动"。此后，在美国历史上，州领导人宣布有权废止联邦法律的情况时有发生。肯塔基和弗吉尼亚决议案在其他地方基本没有得到支持，因为事情的结果是，《敌对外侨法》和《镇压叛乱法》在南方并没有强制执行。然而，这两个决议案还是显示出大众对联邦党人计划的强烈不满。

1799年年初国家几乎走到了动乱的边缘，然而间隔不到一年，政治局势就发生了变化。总统的儿子约翰·昆西从欧洲回国，带回消息说法国外交大臣塔列朗准备正式与美国谈判，签署协议。由于害怕政治狂潮会毁掉国家并担心与法国开战"会损害国家"，亚当斯热切地盼望抓住这个机会。他解释说："战争之后是和平，和平在召唤我。"他选择去追求和平，尽管这样做并不受他的支持者欢迎。国务卿皮克林对总统派遣特使的命令不予理睬，亚当斯将他解职，自行派遣特使启程。这一年年底，外交官员达成协议使美国退出了1778年的美法联盟并恢复了两国之间的和平关系。亚当斯以牺牲其自身政治生涯为代价，成功地化解了危机。

7.4 杰斐逊共和党的胜利

1800年大选结束了联邦党人对行政部门的掌控，体现了新政府的力量和弹性。随着杰斐逊就任总统，国会推翻了联邦党人的高压立法。杰斐逊和他在白宫的继任者兼同伙詹姆斯·门罗,把注意力从大西洋彼岸混乱的欧洲移开,专注于向西部扩张。与西部日益增多的联系引发了先是与印第安人最终则是与英国的战争。1812 年战争终结了英国在美国的占领,确保了接下来连续不断的美国扩张。

7.4.1 "1800 年革命"

1800 年大选临近时,联邦党人陷入混乱,浪费了 1797 年 "XYZ 事件" 中遗留下来的政治优势。在稳定的局势中,他们面临着人们的指责:违宪滥用联邦权力,镇压持不同政见者,企图用联邦军队对付人民。**联邦党(Federalist Party)** 内亚当斯的反对者们对亚当斯的 "背叛" 也是反应强烈。当总统宣布要争取连任时,他们密谋使他失败。

大选迫在眉睫,民众情绪更加高涨。在费城,成群结队的年轻联邦党人与杰斐逊派的人发生冲突。一名观察家报道:"纷争四起,轻骑兵也被召集起来,城市里一片混乱,因此外出非常危险。"在弗吉尼亚,奴隶起义的谣言暂时中断了政治冲突,但当危险消失后,联邦党人和杰斐逊的共和派很快就又争吵起来。杰斐逊警告道,这次大选将会决定,共和主义与贵族制谁会占上风。

选举日那天举国紧张,但却并未发生危机。统计结果出来后,显然是杰斐逊派取得了决定性胜利。杰斐逊派的两位总统候选人杰斐逊和亚伦·伯尔(Aaron Burr)每人获得 73 张选举人票,亚当斯则获得了 65 张。

由于两个候选人票数相等,依照宪法,选举在众议院继续进行。僵局很快就被打破。经过斗争,众议院最后选举杰斐逊为总统,他以 36 票当选,14 个州中有 10 个州都支持他。(为了避免再次出现类似危机,下届国会制定并经各州批准了《宪法第十二条修正案》,规定由选举人对总统候选人和副总统候选人分别投票。)联邦党人的惨败在国会选举中体现得更为明显,他们丧失了对参议院和众议院的控制地位。联邦党人和本党主要的设计师之一汉密尔顿最终也失去了其影响力；在一场令人震惊的意外中，伯尔于1804年在一场据说是因政治侮辱而引发的决斗中杀死了汉密尔顿。

选举结果表明，国家的政治分化已十分明显。联邦党人能够控制新英格兰，这源于当地人对亚当斯个人的忠诚——这一地区与英国在商业上有紧密的联系，当地的显贵与政治家害怕他们的反对者会从法国引入社会革命。从马里兰南部起，杰斐逊派就实现了完全的政治控制。而在中部诸州，选举则充满更多争议。

除了地区差异，联邦党人-杰斐逊派之间的冲突，还源于美国人民中存在的社会经济分化。联邦党人在商人、企业主和沿海从事商品农业的农场主中间最受支持。在私人财产最多、住房最宽敞、服饰最时髦的纽约和费城，联邦党人也占据多数。所有这些人都支持1787—1788年宪法。

杰斐逊派主要包括原来的反联邦党人，但要比原来的范围更加广泛。它的支持力量来自城市工人和工匠，他们中有不少人都曾是坚定的联邦党人。还包括像麦迪逊这样的个体，他们帮助缔造了宪法，领导了联盟，进而表明了它的两相结合的吸引力。与反联邦党人不同，杰斐逊派坚定地支持宪法，但他们也坚持认为，宪法的实施应该尊重人民的自由权利和各州的独立。

并非所有杰斐逊派都认同民主。一些人主张由"天然的贵族"来领导，多数南方杰斐逊派都认为黑人奴隶与白人自由并不矛盾，而且几乎所有人都继续相信政治仍应专属男性。不过，杰斐逊派联盟中也包括无数的个体，认同在当时广为接受的范围内创建一个更加民主的社会。出于选举中的党派利益、政治原则，以及普通人争取自己作为共和国公民权利的决心，杰斐逊派共和党被大众政治不断高涨的潮流所推动。

在1800年大选中，联邦政府的控制权第一次由一个政党转移到另一个政党，虽然艰难，但却和平地实现了。杰斐逊说道："就政府原则而言，1800年的变革是一场真正的革命，如同1776年美国政府的创建。"这次选举并未能永久地引入一种不同的管理方式，达到杰斐逊所主张的那种程度，但权力的成功交接却有重大意义，因为它表明，面对激烈的政治辩论，照常可以维持美国权力。时至今日，和平地将权力从一个政党手中移交给另一个政党这一能力，仍是度量一个民主政府能够有效运转的一个基本方面。

7.4.2　开发密西西比河以西地区

杰斐逊的西进政策可能是他实施的最成功的政策，即便它帮助为战争奠定了基础，并且似乎也有违他对小政府的信念。杰斐逊相信政治自由只有在白人拥有更广泛的经济和社会平等的条件下才能存活，并把他的希望寄托在独立的自耕农身上。他认为，自给自足、勤勉和关心公益是能够行使民主权利的公民应有的基本素质。为了维持建立这样一个社会的条件，杰斐逊和其他人想要依靠领土扩张，这样可以给自耕农提供更多土地，把东部拥挤的城市里过剩的人口解放出来，使有志向的公民向西移民，保护民主自由所要求的社会平等。

1803年美国购买了路易斯安那，杰斐逊这一最引人注目的成就恰好诠释了他通过扩张领土保卫农业民主的目的。新购买的土地几乎使美国的领土面积扩大了一倍。1800年，西班牙将横跨密西西比河一块名叫路易斯安那的土地归还给法国。杰斐逊发现欧洲国家仍在觊觎北美的土地，为此十分忧虑。杰斐逊的担忧很快成真，1802年10月，留在新奥尔良的西班牙指挥官又一次对美国关闭了密西西比河。西班牙的行动在华盛顿和美国西部都引起了惊慌。

作为回应，杰斐逊任命罗伯特·利文斯通为美国公使前往法国，去购买密西西比河下游的一块土地，计划将其建成美国的一个港口，进而确保美国船只可以自由通行。等到詹姆斯·门罗于1803年4月抵达巴黎协助进行谈判时，法国统治者拿破仑已经决定将整个路易斯安那出售。面临着与英国重启战端的威胁，以及海地黑人反法起义成功，拿破仑害怕美国会图谋路易斯安那并知道他无法阻止美国向该地区移民。但这笔交易很快就受到了打击。杰斐逊担心联邦政府无权批准面积如此巨大的购买，询问他的内阁是否必须修改宪法以确保交易成交。在遭到反对后，他默许继续推进购买事宜，并满意于如此巨大的土地足以保护他的小农共和国这一前景。最终美国仅以1 500万美元的代价就获得了近83万平方英里的新领土。这次购买与一个更大的模式相一致，在这一模式中，联邦党人所鼓吹的权力扩张，成为日后政府经营商业的标准。

美国的领土扩张并非到路易斯安那为止。1810年，美国冒险家在西属佛罗里达煽动起义，宣布成立独立的共和国。两年后，不顾西班牙的强烈反对，美国宣布吞并这块地区。在《亚当斯－奥尼斯条约》（又称《横贯大陆条约》）中，西班牙又放弃了东佛罗里达。根据条约，美国坚持把国家的西部边界划到邻近太平洋的美洲西北沿岸。不用说，欧洲人与美国人签署的所有这些条约都没有提及生活在那些土地上的印第安人。他们的存在和他们的主张都无人理会。

如果美国扩张领土是为了满足农业需要，那就需要前去探索这块土地，而且这块土地就得准备迎接白人移民。1803年夏天，杰斐逊派遣梅里韦瑟·刘易斯（Meriwether Lewis）和威廉·克拉克（William Clark）率领一支考察队，开进西北部，与当地原住民取得联系，开放皮货贸易，并带回关于这一地区的自然科学资料。在接近两年半的时间里，探险队在肖松尼族女子萨卡加维亚（Sacajawea）的帮助下，穿越数千英里敌方控制又没有地图指引的土地。刘易斯和克拉克的远足，激发了人们对密西西比河以西地区的兴趣，证明了由陆路前往太平洋的可行性。

1805年和1806年，陆军中尉泽布伦·派克（Zebulon Pike）在北明尼苏达州探测密西西比河资源，然后进入落基山脉进行了同样的冒险行动，他在那里勘测到了山脉的最高峰，该峰至今仍以他的名字命名［派克峰］。接下来十年间，政府从明尼苏达州到阿肯色州建立了一系列军事据点，打算保卫国家边境，促进皮货贸易，支持白人移民。

7.4.3 为中立权而斗争

经过短暂的和平，1803年，欧洲烽烟又起。英国和法国又开始劫掠美国船只。英国压倒性的海军优势给美国造成的损失尤为严重。大英帝国仍然拒绝就强征美国海员、占领五大湖区的皮货贸易据点、重新开放西印度群岛的贸易等问题与美国进行谈判。

针对英国劫掠美国船只的行为，美国国会于1806年通过了《抵制进口法》，禁止进口那些本国可以生产或从别国可以买到的英国商品。一个月后，英国封锁了欧洲港口，切断了美国与欧洲的贸易往来。作为对英国的报复，拿破仑严禁同不列颠群岛的所有贸易。

英美之间的紧张气氛在1807年6月达到顶峰，英舰"美洲豹号"拦截了从弗吉尼亚港开出的美舰"切萨皮克号"，并以搜查英国"逃兵"为由，要求交出四名美国船员。美方指挥官断然拒绝，坚称这些船员是盎格鲁血统的美国公民。"美洲豹号"随即开火，打死3人，打伤18人。"切萨皮克号"伤痕累累地驶回港口，它带回的消息使美国举国震怒。

杰斐逊认为美国还没有做好与英国进行军事对抗的准备，他建议美国船只先从大西洋上撤回来。1807年12月，国会通过了《禁运法》，禁止美国船只驶往国外港口。推行禁运是杰斐逊最失策的决定之一。

禁运对英国产生的影响微乎其微；事实上由于美国自行退出竞争，英国大获其利，而且英国商人还在拉丁美洲找到了新的农产品来源。然而，禁运对美国国内的影响却是深远的。一年内，美国的出口额就下降了80%，进口则下跌了一半以上。新英格兰受到的打击最为严重。在像波士顿和普罗维登斯这样的港口，船舶废弃，数以千计的工人失业。经济一片萧条。

沿海地区和严重依赖海外贸易的地区到处爆发公开反对禁运的运动。由于监管失利，英国商品从加拿大边境走私进入美国。在联邦党人控制的美国东北部，危机严重，公开的起义已在酝酿中。联邦官员颁布军事法令，派遣军队管理纽约北部尚普兰湖地区，当地军民对着联邦政府的税收船开火，夺回了被没收的货物。康涅狄格的联邦官员回忆起了**弗吉尼亚和肯塔基决议**（Virginia and Kentucky Resolutions）：如果国会坚持它的立场，各州将会义不容辞地"对受到政府权力损害的人民的自由和权利提供庇护"。由于禁运对外国没有造成多少损害反使国内损失惨重，国会于1809年取消了这项政策。

杰斐逊想要保持中立国的努力使得国家关系紧张，但却并未解决国家面临的来自欧洲的挑战。如何保护美国在公海上的权利？如何在既可避免卷入欧洲战争又可避免激化国内政治的情况下保持美国的荣誉？在杰斐逊任期结束后，一种不安的和平又持续了一些年，但最终美国还是被拉进了战争中。

7.4.4　印第安人抵制向西扩张

向西扩张引发了与西部印第安人之间的间歇性冲突，就像自从殖民时期以来所一直发生的那样。印第安人对白人侵犯的反抗，曾在1794年俄亥俄河谷发生的"鹿寨战役"中被击败，进入世纪之交这样的反抗再次出现。

到1809年，后来被白人称为"先知"的两个肖尼族首领：特库姆塞（Tecumseh）和坦斯克瓦他瓦（Tenskwatawa）兄弟穿梭于各个部落，警告大家存在的危险，并促成了反对白人侵略的联盟。他们在印第安纳北部一个古老的印第安小镇基斯提帕卡诺设立了联盟的总部。很快这里就成为来自整个地区的印第安人志愿者的集合点。肖尼族兄弟在这里倡导文化自豪感、土地保留政策，同时号召泛印第安共同抵抗白人侵略，许多人都积极响应。

1809年到1811年，特库姆塞带着他的信念南下到达克里克族和切诺基族。他的演讲充满痛苦。他对他的听众说："白种人是邪恶的，自从白种人和我们开始交往的那一天起，侵略就尾随而至。狩猎场消失了，他们把我们向西驱赶，越赶越远。"唯一的希望就是"打一场根除白色嘴脸的战争"。尽管南方部落拒绝加入联盟，但到1811年，还是有1 000多名战士在基斯提帕卡诺集合待命。

印第安纳地区的执政官威廉·哈里森（William Harrison）闻讯十分紧张，他指挥1 000人包围了印第安人的要塞。经过一整天的战斗，基斯提帕卡诺被烧成灰烬。然而，印第安人并没有被击垮。过了几个月，特库姆塞的追随者利用1812年美英战争的爆发，在从加拿大赶来的英军的帮助下，从印第安纳到南密歇根对美国发动了一系列袭击。他们和英国人一起在底特律和纳尔逊要塞重创了美国的军队，并一路追击到韦恩堡。不过，底特律附近的泰晤士战役扭转了战局。在那里，哈里森使英国-印第安人联军遭受了惨痛的失败，特库姆塞也在这次战役中牺牲。

美军在泰晤士战役的胜利，是特库姆塞联盟崩溃和印第安人在老西北地区反抗终止的标志。抵抗运动本身表明了印第安人对同化的想法和实践的不满，那一反对是有道理的，因为在美国公民心中，很想消灭那些在他们渴求的土地上不肯合作的印第安人。从1815年开始，美国移民又一次涌入俄亥俄和印第安纳，然后进入伊利诺斯和密歇根。老西北地区的力量平衡被决定性地打破了。

在南部，克里克人也在采用类似的军事形式反抗着白人入侵者。1800年，白人移民已经推进到克里克人在佐治亚西北和阿拉巴马中部的土地。一些克里克人敦促部族与白人彼此适应，但其他人（被称为"红棍子"）则准备进行战斗。潜伏的冲突之火被好斗的田纳西民兵指挥官安德鲁·杰克逊（Andrew Jackson）点燃。1808年，他引证克里克人对"无防卫能力的妇女和儿童"的暴行，敦促杰斐逊总统发动针对"无耻残酷的敌人"的战争。他在1813年夏天等到了机会。当时"红棍子们"发起了一系列猛烈的边界袭击，在阿拉巴马河上米姆斯堡的战斗中杀死了500人，其中除了男人外，还包括女人和孩子。这个悲惨的消息立即引发了痛苦的悲泣和复仇的怒吼。从其他部落赶来的战队站在5 000名田纳西和肯塔基民兵的前面，他们急于要向他们的克里克宿敌加诸惩罚，杰克逊发起了攻击。他转入南方后，战斗变得更加惨烈。他的一个士兵后来回忆说，民兵把"红棍子们""像狗一样"纷纷射倒。印第安人则也以牙还牙进行报复。

克里克战争中最激烈的战斗发生在 1814 年 3 月阿拉巴马中部塔拉普萨河的**马蹄湾战役（Battle of Horseshoe Bend）**中。印第安人的死亡人数超过 800 名，这是有史以来美国与印第安人冲突中印第安人死亡人数最多的一次。获胜后，杰克逊推行了焦土政策，扫荡了"红棍子们"控制的余下城镇。他把克里克幸存者放回了家，但他又通过在克里克族人的圣地兴建杰克逊堡来实施他的最终报复。接下来几个月，他占领了 2 200 万英亩土地，这占到克里克族土地的近 67%。在讨伐印第安人的战争结束之前，杰克逊通过条约或战争为美国得到了阿拉巴马和佛罗里达的 75%、田纳西的 33%、佐治亚和密西西比的 20% 的土地。

就像特库姆塞的死标志着北方印第安人的反抗结束一样，杰克逊在马蹄湾打败克里克人也击破了南部印第安人的反抗。由于无力再次进行武装反抗，印第安人不得不做出让步，大量白人移民纷纷涌入南方。

7.4.5　1812 年战争

美国与不同的印第安民族之间的这些战斗，尽管解决了有着很长历史的地方苦难，但却也陷入了与大英帝国的战争。然而，战争最直接的起因却是持续不断的海上冲突。在麦迪逊就任总统期间，随着《禁运令》以失败告终，美国船只一次又一次打破禁令冒险驶入大西洋。随着英国舰队恢复其劫掠行为，双方的对抗情绪不断升温。1810 年的中期选举给国会带来了一批新的来自美国西部和南部的领导人，他们是忠实的杰斐逊主义者，但对政府软弱无能的对外政策缺乏耐心，他们要求实行强硬的政策。这些主战的鹰派包括许多后来的政治巨人，如肯塔基州的亨利·克莱和南卡罗来纳州的约翰·卡尔霍恩（John Calhoun）。

主战的鹰派认为：对英国侵占美国领土、支持印第安人的袭击、打击美国商业的做法已经容忍得太久了。他们大肆鼓噪要把疆界向北扩展到加拿大，向南达到当时西班牙统治的佛罗里达。最重要的是，这些年轻的民族主义者厌恶英国人的傲慢，憎恨英国人对美国人无休止的侮辱。他们警告说，政府若是不保证国民利益并维护国民荣誉，它就不可能长久地存在下去。

为了回应不断增大的压力，麦迪逊总统最终要求国会于1812年6月1日发表了战争宣言。反战的意见全都来自新英格兰和东海岸各州（具有讽刺意味的是，这些恰好都是受到英国主张的欧洲封锁政策影响最严重的州），而主战的呼声则主要来自南部和西部诸州。历史上还很少形成这样界线分明的区域联盟。

历史证明这是一场奇特的战争。英军数次将美军逼退至加拿大，并在海湾沿岸发起了一系列进攻。就像独立战争期间一样，英国海军封锁了美国海岸附近的水域，登陆部队则对东海岸地区发起了惩罚性攻击。8月14日，一支英国军队攻占了华盛顿，焚烧了国会大厦和总统官邸（总统官邸后来经过修缮，刷上白色涂料更名为白宫），并将总统、国会成员及惊恐万分的美军驱逐到弗吉尼亚。尽管如此，英国却并未让军队扩大优势，反而想尽快结束与美国的战争，因为在欧洲，英国还在被拿破仑的军队牵制着。

在美国本土，战争联盟的反对者与杰斐逊派支持者之间的对抗愈加激烈。1812年6月，在巴尔的摩的流血冲突中，愤怒的人群暴打了街上一些人，包括一位美国独立战争时期的联邦党人老将军。在主张联邦主义的新英格兰，对战争的反对迅速转为背叛。1814年12月，来自新英格兰五个州的代表聚集到康涅狄格的哈特福德讨论退出联邦的计划。比较冷静的代表占了上风，但在休会前，**哈特福德会议**（Hartford Convention）还是坚持每个州都有"干涉"政府"违宪"行为的权利。随着战争的继续，东北部地区联邦主义者的影响力越来越大，其他地方对新英格兰的不忠的讽刺也在不断增加。

在战争结束前，美军还是赢得了几次辉煌的胜利。其中比较著名的是司令官奥利弗·佩里（Oliver Perry）于1813年在伊利湖抗击英军舰队的战役。美国最具戏剧性的胜利是1815年安德鲁·杰克逊在新奥尔良粉碎了英军的一次进攻，尽管该战役发生在停火协议签署后。这场战斗使杰克逊成为民族英雄，并为他日后成为一位重要的政治领导人打下了基础。他在新奥尔良和在反对克里克人的战斗中获胜，从而巩固了他的声望。

由于英国政府越来越关注欧洲时局，所以它主动提出了和平谈判。麦迪逊迫不及待地接受了，双方最终于 1814 年圣诞前夕在比利时的根特达成协议。英国人同意从西部地区撤军，但条约中却忽视了其他一些突出问题，包括强制征兵、中立权利，以及美国进入加拿大发展渔业问题。协议仅仅宣布了战争结束，要求放回战俘、归还领土，准备共同处理遗留问题。

这场战争同样给美利坚民族打上了烙印。4 000 名非裔美国船员（约占美国船员总数的 20%）参加了这次战争，证明了他们的爱国主义思想，挑战了白人种族主义的偏见。至少也有与美国独立战争时期同样多的自由黑人或黑人奴隶为英国军队充当间谍、信使、向导。就像在美国独立战争中所做的那样，英国人许诺给予黑人自由从而得到黑人的帮助。约有 100 名获得自由的黑人追随英军参加了 1814 年夏天烧毁美国国会和白宫的行动。与独立战争一样，1812 年战争同样涉及红人、白人、黑人共同参与一场争取自主和自由的复杂斗争。

战争结束后，美国人将这场战争视为"美国第二次独立战争"，因为它最终排除了来自外国的一切干涉。接下来的 1815 年，国家把主要精力都投入到内部建设上——占领大陆，发展经济，改革美国社会。与此同时，欧洲各国开始进入将近一个世纪的和平之中。过去，美国总是被卷入欧洲的战争，在 20 世纪也曾如此。但在 19 世纪战后时期，这种致命的关联被打破了。最终，欧洲殖民主义者把目光转向了非洲和亚洲，对美国的关注随之减少。

7.4.6 联邦党-杰斐逊派政党制度的瓦解

1800 年大选过后，有一段时间，杰斐逊共和派与联邦党人之间的分歧仍在影响政治，虽然程度较低。联邦党人继续获得选票，并且仍在大张旗鼓地攻击杰斐逊派。例如，1803 年，一位联邦党人报社编辑在出版的书中攻击杰斐逊本人，说他和他的女奴萨利·海明斯（Sally Hemmings）生了几个孩子。（这些指控一直被否认，但在近两个世纪后的 DNA 检测中却被证明属实。）

杰斐逊派在 1812 年战争后取得压倒性的政治胜利，也是导致其解体的原因。没有一个单独的政党能够容纳全国如此多样的社会经济利益，集团的分裂日益扩大，新一代政治领导人也是野心勃勃。与此同时，联邦党人被指控在 1812 年战争中有对国家不忠的行为，则证明他们无法维持有效的反对意见。联邦党逐渐瓦解了。

为了应对来自西部和东北部新形成的压力，以及被 1812 年战争激起的民族主义情绪，麦迪逊政府着手筹划了一个带有联邦党人风格的国家发展规划。1816 年 3 月，他签署了建立美国第二银行的议案（第一银行的执照于 1811 年到期）。他希望国家银行可以刺激经济发展，规范州立银行加大货币发行量的行为。在麦迪逊的推动下，国会通过了美国第一个**关税保护**措施（一整套对进口货物的征税计划），以此来保护美国"新兴工业"。同时他也建立了由联邦政府资助的公路和运河网络。

19 世纪初数十年间最高法院的几个重要决议，支持了建立一个更加强有力的中央政府这一行动。在一系列的重要案例中，法院在大法官约翰·马歇尔（John Marshall）的领导下，确立了美国宪法的一些最基本原则。在 1803 年的"马伯里诉麦迪逊案"（Marbury v. Madison）中，法院确立了司法复审制度，这也意味着法院具有审查违宪法律和违宪行为的权利。在 1816 年的"马丁诉亨特的承租人案"（Martin v. Hunter's Lessee）中，最高法院宣布维持州法院的判决。

三年后，在另外一项具有决定性意义的判决中，即"麦卡洛诉马里兰州案"（McCulloch v. Maryland）中，马里兰议会认为国会授予第二银行执照（1816 年）是越权，最高法院否定了马里兰议会的判决。经最高法院全票通过，马歇尔颁布了决议，支持灵活地而不是严格地解释宪法。他说："要使国会法律的目的合法化并要让它置于宪法范围内，为了达到那一目的，未被禁止的符合宪法词句和精神的所有适当的手段都是符合宪法的。"银行的特许权由此得以保全。"宪法赋予联邦政府的权力不明确列举出来"这一原则进入美国法律,对未来具有深远意义。

马歇尔进一步强调,没有任何一个州拥有向全国性特许银行征税的权利,就像马里兰州想要去做的那样,"因为征税权涉及毁灭权"。国家至上原则是马歇尔主义的中心。这些突破性决议开辟了一条道路,在此基础上形成的规则条文将会继续塑造国家的未来。

小结:考验与过渡期

新国家政府成立后的四分之一世纪,是一段考验与过渡期。新政府甫一成立,政治分化首先就在国会的政治领袖中发生,跟着就在广大民众中被强化。华盛顿的财政部长汉密尔顿制定的对内政策产生了最初的矛盾。法国大革命、欧洲战争、《杰伊条约》和联邦党人的战争计划激发了政治能量,使联邦党人和杰斐逊共和派彼此尖锐对立。各地爆发的民主起义,尤其是海地起义,点燃了国内政治的熊熊烈火。1800年大选终结了1790年代的冲突,这是一国历史上两个主要政党之间第一次成功地交接权力。

1800年大选过后,为了管理联邦政府,杰斐逊派努力消除联邦党人制定的一些政策所造成的不利影响。对内,他们制定政策使权力中心转移至各州,推进国家的农业扩张。对外,他们以更加含糊的态度和付出相当大的政治代价来保卫美国在混战的大西洋世界中的权利,同时避免卷入欧洲纷争。这些外交政策上面临的挑战,尤其是不同欧洲国家在大陆内部的持续存在,最终导致与英国的第二场战争。1812年战争结束后,美国从英国的侵犯中获得独立,并对西部有了更大的控制权。这为全面开发通过购买路易斯安那而得来的土地做好了准备。

在社会上,新美国包含多种多样(经常是相互冲突的)有着松散联系的地区。在那些地区中,像本和菲利斯那样的普通人奋力创造他们的新生活。他们的努力使得美国价值观中的社会平等、个体机会和个人自主性得以实现。然而,与此同时,自由黑人和其他弱势群体则在这个新国家中挣扎前行。由于奴隶制(一度看上去正在退出历史舞台)在南方重又出现,这一变化危及无数黑人奴隶的生活,削弱了他们获得自由的期望。与此同时,在北方,人数日多的自由黑人则要与日渐加深的种族歧视相抗争,那些歧视限制了他们的生活范围。再往西去,面对不断扩张的白人移民,印第安人在寻找抵抗和融合策略的过程中逐渐屈服了。对普通的欧裔美国公民来说,扩张给他们提供了持续不断的机会,但也将他们的抱负放在了与那些印第安人发生冲突的基础之上。

随着创始时代走向尾声,美国将会进入一段快速扩张、经济发展和地区差异化增多的时期。这一早期时代留下的挑战,尤其是一个建立在普世自由观念之上的共和国内却有许多人受到奴役这一矛盾,有待在未来得到解决。

思考题

❶ 早期共和国时期美国各个区域有何不同?这些差异在多大程度上源自殖民时期?这些差异又在多大程度上反映了独立战争结束后的发展?

❷ 联邦党人与杰斐逊派在政治原则上有着怎样的分歧?在对国家经济的设想上又有何差异?

❸ 要求维护国家安全与要求保障公民权利之间的矛盾,一直都是美国历史上反复出现的一个主题。为何这一矛盾会在1790年代变得激烈起来?

❹ 举出1790年到1811年间三个外交政策危机的例子,解释为何每一个都会引发如此大的争议?

❺ 面对白人扩张,为何一些印第安部落会走上融合之路,而另一些部落则进行了武装反抗?哪种策略要更为成功?

第 8 章

东北与老西北的变革潮流

8.1 经济增长

8.2 早期制造业

8.3 新英格兰纺织城镇

8.4 边疆地区的工厂

8.5 城市生活

8.6 农村生活

小结：进步的特点

> 美国故事

在金融废墟中寻求成功

对苏珊·沃纳（Susan Warner）而言，在人生最初的18年里，她几乎没有感受到影响深远的经济与社会变革，而这些变革正在改变这个国家和她所在的城市纽约。当苏珊置身于奢侈和优越的生活中时，一些纽约人正在通过从事计件工作而辛苦谋生，另一些人则通过加盟工会强烈要求拿到可以使他们"生活得同别人一样舒适"的工资，以此回应新的不稳定的生产方式。苏珊的大部分时光都消耗在位于圣马克街区的城市宅邸里。在这里，苏珊掌握了一些与她的社会地位和背景相称的社交风度与技巧。她受过舞蹈和歌唱训练，学过意大利语和法语，还学会了接待来访和外出拜访的社交礼仪。当炎热的天气使纽约的生活变得令人厌烦时，沃纳全家人就会迁至他们家的避暑别墅。像任何一个处于她这一社会阶层的女孩一样，苏珊意识到，婚姻生活（她有时会自信地憧憬未来）的到来，作为妻子和母亲的新的责任，将会使生活变得富有意义，而非她所习惯的舒适生活的终结。

然而，中断了苏珊生活方式的，并非婚姻和做母亲的经历，而恰恰是金融灾难。19世纪早期，苏珊在动荡的经济与社会变革中受到庇护，但她发现，她同样受到一股未知力量的支配。她那迄今为止在事业上一直顺风顺水的父亲，在1837年的金融恐慌中失去了大半财富。与其他经历了急剧经济恶化的人们一样，沃纳一家不得不进行彻底调整。位于圣马克街区的时髦住宅和纽约城里的愉快生活被哈德逊河边一个岛屿上的朴素生活所取代。苏珊转变为"女管家"，她开始学习做一些曾是由别人来做的事情：缝纫，制作黄油、甜布丁，烤蛋糕。

居住条件的变化和苏珊尝试掌握家庭生活技能的努力，并未能阻止家庭财政状况的恶化。受到珍爱的私有财产最终成为拍卖品。苏珊的妹妹安娜回忆道："最后，当男人和金融混乱都离去之后，我们开始领悟了生活。"

领悟生活意味着必须正视赚钱的必要性。但要扭转不断下滑的家运，苏珊又该何去何从？当时确有很多妇女在工厂劳作，做女佣、缝纫女工或教师，但苏珊无法想象自己从事任何一个工种。范妮姨妈给了她一个合乎其口味的建议。得知蒸汽动力印刷机带来了出版领域的彻底变革，从而制造出一个大众阅读群体，尤其是女性读者群，范妮姨妈告诉她的外甥女："苏，我认为你要肯试试，你可以写些故事。"安娜后来回忆说："她是否还加上了'那样……一定会卖出去'的话，我就不确定了。但她当然是那样认为的。"

范妮姨妈的建议让苏珊有些动心，她开始撰写一本能够卖出去的小说。她围绕着年轻孤女爱伦·蒙哥马利（Ellen Montgomery）的生活细节来构思作品。当爱伦面对接二连三的不幸时，她开始记取教训，努力生存下来，依靠耐心、律己及母爱的力量最终战胜了生活的不幸遭遇。当出版商乔治·帕特南的母亲读过这本作品后，这部名为《宽阔的世界》(The Wide, Wide World) 的小说被接受了，出版商的母亲对儿子说："就算你不想再干这一行，你也一定要将《宽阔的世界》出版，它适合你的读者的口味。"一贯小心谨慎的帕特南印制了750本样书，让他感到惊奇的是，两年间这本书重印了13次。《宽阔的世界》成为美国首部销量突破百万的图书，它也是19世纪的最佳畅销书之一。

早在意识到这本书的成功前很久，经常意识到需要挣钱的苏珊就在撰写另一部小说。苏珊根据亲身经历刻画了一位年轻知识女性的形象：她早期在纽约享受繁华生活，后来突然陷入困顿之中。这部小说也获得了巨大的成功。

尽管作家的名声使苏珊的命运变得非同寻常，但其作品的流行说明它们表达了广大读者的关注点与兴趣点。社会和金融领域的变幻莫测，以及随之而来的命运突变，在这两部作品中显得尤其突出，它捕捉的是转型过程中流动不居的社会现实与人们的恐惧感。一位法国作家对此感到惊讶："在美国，用一部三卷本的小说讲述的竟然是一个13岁女孩道德成长的故事。"像爱伦·蒙哥马利这样虔诚的女主人公，为了实现自立而努力把握自己的激情和意志，已成为新型中产阶级女性的光荣典范。这些女主人公成功塑造自身的努力鼓舞了读者，使读者相信国家的未来有赖于这些品德高尚的母亲们，并愿为实践新理想而斗争。苏珊的小说证实了她们的努力，同时也谈及家庭生活层面的重要性。一位妇女写道："我必须向你表达最真挚的谢意。"当今没有任何杰出作家能够"像你那样激发我内心最高尚和最圣洁的情感"。

苏珊·沃纳的生活和她的小说是本章所要探讨的那些深刻变革的导言。1820年到1860年间，正如苏珊·沃纳所发现的那样，美国东北和老西北地区的经济转型重塑了当时的经济、社会、文化和政治生活。1840年到1860年间，工业化与经济增长逐渐交织在一起。

在将美国的经济变革置于国际背景下（这是本书重点主题之一）和探讨了战前刺激经济增长的因素之后，本章将转而关注工业世界，在那个世界里涌现出纷繁多样的新趋势。出现了哪些新的工作模式？阶级分化和价值观如何发生改变？你知道哪些社会及种族紧张关系加剧的事件？阅读本章时也请思考：经济增长和新型工业生产模式如何影响仍然居住在农村的大多数美国人的生活？他们享有什么样的商品、机会和市场？

8.1 经济增长

1820年到1860年，美国的经济发展进入了一个更加复杂的新阶段：从以农业为主要经济增长源，转向以工业和科技为主要增长源。在这一时期的国民经济扩张中，1820年到1840年的人均实际产量以平均2%的速度逐年递增，1840年到1860年这一比例略有降低。40多年中人均国民收入倍增，这表明多数美国人的生活水平都在不断提高。

但就像沃纳一家所发现的那样，经济扩张的确不可预测。经济繁荣阶段（1822年到1834年，1840年代中期到1850年代）和经济萧条阶段（1816年到1821年，1837年到1843年）交替出现，美国人面临着前所未有的困难：工作、商品、物价和工资戏剧性地反复变化。风险最大的就是美国工人阶级，这一阶级中有33%的人在经济萧条期间失去了工作。此外，由于地区间的经济联系更加密切，一个地区存在的问题往往也会影响到其他地区的境况。

8.1.1 经济增长的跨大西洋背景

美国的经济增长与世界上其他地区发生的事件密切相连并受其影响，其中受英国的影响尤甚。英国是工业革命的发源地，许多历史学家都认为工业革命是人类历史上对人类物质生活影响最大的历史事件。此时，物质资料的生产速度第一次超过了人口的增长速度。

18 世纪发源于英国的工业革命涉及许多技术发明，这些技术发明刺激了新的发展，提高了效率。这些发展中最重要的就是在 1780 年代发现了从生铁中除去碳和其他物质的方法。这为生产廉价耐用的钢铁机器开辟了道路，导致产品产量增加。另一个里程碑是蒸汽机的改进，原本用来从煤矿中泵水的蒸汽机最终被应用到铁路、蒸汽轮船上，从而引发交通运输状况的变革。蒸汽动力机器的使用也改变了布匹生产方式，使其由小作坊劳作变成大工厂生产。英国纺织业是早期工业革命的巨头，机器的应用使其生产出大量价格低廉的纺织品。这项产业成为美国棉花以及印度和巴西棉花的主要市场。作为棉花产业中这些技术、生产和市场变革的后果，英国对生棉的需求也巩固了美国南方对奴隶制的依附。

到 1850 年为止，英国是世界上最强大的国家，民众生活也最为富裕。在接下来的几十年中，英国的工厂和矿山生产出了世界上大部分的煤和一半以上的钢铁、纺织产品。因此，美国人会在本国的工业化进程中借鉴英国人的技术也就不足为奇。美国的工业发展并没有模仿英国，但这两个国家的发展却还是有不少相似之处。

8.1.2 经济发展的动力

如下页表所示，丰富的自然资源和不断增长的人口为经济扩张提供了基础。由于美国的家庭规模不断缩小，因而欧洲移民在为美国经济发展提供新劳动力、新家庭和新消费者上起到了重要作用。他们也带来了资金及技术创

1820 年到 1860 年促进经济增长的重要因素

因素	重要特征	对经济增长的贡献
丰富的自然资源	获得新领土（路易斯安那、佛罗里达、密西西比河以西地区）；开发利用东部资源	为经济转型提供了重要的原材料和能源
实际人口增长	从 1820 年的 900 万人增长到 1860 年的超过 3 000 万，归因于人口自然增长，尤其是 1840 年后不断涌进的移民；德国、爱尔兰移民的重要性	为经济增长提供了必要的人力和消费者；移民增加了劳动力的多样性并带来复杂后果，包括提供资金、技术知识
交通运输革命	改善公路条件，1817 年到 1837 年大量修建运河；铁路建设受到重视；到 1860 年，已有三万英里的轨道；蒸汽船的应用促进了水上旅行	促进了人口迁徙、货物运输及信息传播，使人们融入了全国经济市场；刺激了农业扩张，地区农作物专业化，减少了船运费用，加强了东北部与中西部之间的关系
通信	1790 年代建立起国家邮政系统，对报纸收取廉价邮资；报社新闻编辑自由交流；印刷技术进步；1840 年代到 1860 年代所有邮件的低费率	促进政治、宗教、商业新闻的流通；降低了所有出版物的成本，可以更广泛地获取信息；所有邮件的低费率促进了个人通信和商业交流
资本投资	欧洲和美国投资者投入资金；贸易资本和银行受到重视；保险公司给企业提供资金	提供资金支持各种类型的企业，交通运输业的改进
政府支持	本地、州和国家立法；向企业提供贷款；司法决策	为企业提供资金、特权及支持性发展环境

新，这些均有助于美国经济增长。

交通运输的改善在促进经济及地理扩张上起到了重要作用。19 世纪初，高昂的运费阻碍了向远方市场的供货和资源的开发利用，同时原始的交通方式也阻碍了美国西部地区的殖民。1820 年代和 1830 年代的运河开凿工程迅速改变了这种状况。其中全长363英里的伊利运河给人的印象最为深刻，它是连接纽约市和五大湖及西北部水道链的最后一环。它低价运送大量货物及人员，同时赋予周边区域以经济优势，从而促进了截至1840年全美3 000多英里长的运河建设。

但甚至是在运河建设的高峰阶段，政治家和赞助商就已注意到了英国由蒸汽动力火车所带来的成功，于是他们也开始支持铁路建设。铁路不像运河那样冬天会结冰，可以全年运行且随处可建。这些优点鼓舞着那些早已嫉妒纽约有连接西北部运河的巴尔的摩商人，他们在1828年开始修建巴尔的摩至俄亥俄州的铁路。

第一批火车运行时与铁轨碰撞产生火花会导致附近地方起火，但这样的问题很快就解决了。到1840年为止，美国已有3 000英里长的铁轨，主要分布在东北部地区。十年后，铁路总长飙升到三万英里。和运河的作用一样，新建铁路也加强了老西北地区与东部地区之间的联系，最终则促使人们拥有共同的政治观念。

一些历史学家用"交通运输革命"来形容交通运输业上的进步对经济发展的重要影响。运河和铁路以一种新方式使整个国家联系在一起，它们为农民、商人和制造商提供了进入远方市场和获得商品的便宜而可靠的途径，并催生了可以增加产量的技术发明。交通运输联系刺激了区域专门化和农业扩张，农民开始为市场提供更多的农作物，尤其是那些适应当地土地和气候的农作物：老西北地区的谷物，新英格兰的乳制品生产和畜牧生产。到1860年，美国的小麦、玉米、牛、猪的产量是1810年产量的四到五倍。美国工人拥有大量的廉价食品，农民则有更多的收入，从而能够购买新的消费品。

不断改进的运输状况鼓励美国人民前往边疆定居。铁路产生了巨大影响，尤其是对西部定居方式而言。铁路跟随人们或者说带领人们西迁，铁路线路可以决定城市、城镇甚至家园能否继续存在和繁荣。铁路使芝加哥从一个小定居点迅速变成一个繁华的商业中心和交通枢纽。

8.1.3 资本与政府支持

基础设施的改善、自然资源的开发利用和新土地的开垦都需要资金。1790 年到 1861 年，欧洲在美国投资了超过五亿美元，这些投资和移民家庭带来的积蓄，几乎承担了所有运河建设费用的 33%，并购买了全国 25% 的铁路证券。

地方政府和州政府扮演着积极支持经济发展的重要角色。各州经常以多种方式帮助企业筹集资金，如通过公司合作法律、授予企业家以减免税收或独占控制等特权、认购用于改良项目的债券以使他们的投资计划更有吸引力，以及为基础设施的改善提供贷款等。1815 年到 1860 年，纽约、宾夕法尼亚、俄亥俄、印第安纳、伊利诺斯和弗吉尼亚州提供了其各自州运河修建经费的近 75%。

国民政府还鼓励通过州际合作扩大经济规模，例如由马里兰州与伊利诺斯州共同承建连通两州的国家铁路。联邦关税政策保护美国产品，美国第二银行也确保了投资者所要求的财政稳定性。投资热情蔓延，导致国有资产与私人资产的界限变得愈加模糊。

法律也促进了狂热的经济增长。司法决议创立了对财产所有权的全新解释，增加了商业行为中的可预期性。1805 年纽约州最高法庭裁决的"帕尔默诉马利根案"（*Palmer v. Mulligan*）规定，财产所有权包括将财产应用于商业目的的权利。土地越来越被普遍认为是用于开发的生产性财产，而不仅仅是用以维持生活的物资。

投资者和商人一样希望合同能在商业关系处于中心地位，但在 1800 年时几乎不存在合同法。1819 年到 1824 年最高法院的一系列重要判决建立了约束合同的基本原则。在"达特茅斯学院诉伍德沃德案"（*Dartmouth College v. Woodward*）中，法院规定，除非双方同意，州特许状不能被修改；在"斯特格斯诉克劳宁希尔德案"（*Sturges v. Crowninshield*）中，法院声明：纽约法律中允许债务人拒绝承担其债务的条款是违宪的。

8.1.4 新智力因素

经济扩张也依靠一些无形因素。当一个农民决定为进入纽约市场专门生产苹果而不是将精力集中于家庭的自给自足上，他就是在采用一种新思路，就像那些投资到银行的人转而投资许多有利可图的企业一样。千百万美国人都具有了这种企业家的观念，就像一位报社编辑比喻的"普遍的进取愿望"。通过鼓励投资、新型商业和农业投机活动、土地投机买卖等，企业家精神在内战前的经济发展中起到了重要作用。

欧洲人通常承认的是美国人身上其他一些无形因素。就像 1834 年一位法国人观察到的，美国人面对变革时表现出一种积极开放的心态："这里的一切都是循环、运转和沸腾的躁动。一个试验紧接着一个试验，一个企业接替另一个企业。"

其他人则把美国人描述成机械的"天才"。一位法国人强调说，美国人"生来就是技工"，"在马萨诸塞州和康涅狄格州，几乎没有一个工人未发明过一种机器或工具"。他夸大了美国人发明创造的才能（许多美国人的发明都是建立在英国先例的基础上，并由一些熟知其起源的英国移民介绍而来），但每一项发明确实都吸引了大量的效仿者。

擅长机械制造的美国人以他们能发明出高效多产的机械和工具而自豪。麦考密克收割机、柯尔特式自动手枪、固特异高温硫化橡胶产品和缝纫机都得到进一步改进，更趋完美。到 1840 年，美国棉纺织厂比英国同行的平均效率高出 10%，平均利润高出 3%。

美国由于缺乏劳动力而刺激了科技发明，导致机器代替人工，但 1800 年以后的教育普及也为发明创造做出了贡献，提高了生产效率。到 1840 年，大多数白人都受过教育；全国公立学校对 38.4% 的 5 岁到 19 岁白人孩子开展教育。"教育能够促进经济增长"这一信念提高了民众对公共教育的热情，尤其是在东北部地区。

马萨诸塞州公立小学的发展使教育与进步之间的关系变得显而易见。

1800年时已有几个州政府决定用税收支持教育，但只有马萨诸塞州在1827年率先规定用税收负担本州公立学校的全部开支。1836年马萨诸塞州规定：禁止工厂经理雇用此前一年中未在学校接受三个月以上教育的童工。然而，马萨诸塞州的学校教育体系仍是磕磕绊绊地前行，校舍破旧，学校课程几乎不存在，学生通常都是懒散地趴在书桌上。

在霍勒斯·曼（Horace Mann）的领导下，1837年开始了针对白人儿童教育的重大改革。他和其他人员一起督促学校分级，统一课程，培训教师，想法减轻当地对学校的控制以免阻碍学校进步。除南部以外，大多数5岁到19岁的白人孩子都要接受基础教育在美国历史上首次成为一项规定。教育普及开创了一个新职业：教师，该行业吸引了众多年轻女性。

曼相信教育可以提高发明才能，这一点也得到商人们的赞同。1840年代的杰出工业家们普遍相信：受过教育的工人无须过度监督就能使用复杂的机器。制造商们重视教育，不仅仅是因为教育内容本身，更是因为教育可以培养纪律性强、生产能力高的劳动力所需要的好习惯。

8.1.5 变革前的踟蹰

许多美国人都支持发展教育作为经济增长的手段，但他们也坚信教育的社会价值。他们希望公立学校能够塑造学生的性格，促成"高尚的品德"和"理智的自我约束"。许多学校的教学活动都在努力让学生养成良好的习惯。学生通过死记硬背来记住事实，因为记忆和背诵能够训练他们加强纪律性并集中精力。19世纪的教科书不断强化课堂目标。读过1830年教材的孩子们都知道，"懒惰是一种深重的罪恶"，教材中还鼓励说"早起、勤奋、态度温和的人会得到健康和财富"。书中还警告了忽视这一信条的结果："贫困是懒惰的果实。"

对教育和品性的关注，说明美国人既欢迎经济进步，又害怕它所带来的结果。促进商贸和移民的交通运输业的飞速发展使人开始忧虑：当人们远离其出生地和熟悉的制度时，文明可能会瓦解。另一些人则担心经济快速发展会削弱美国家庭的基础。教导学生谦恭、顺从、守时的学校，可以抗衡变革所带来的那些最糟糕的副产品。

一些文化上的不安定现象也随之出现。1830年代人们重申了富兰克林的勤奋工作理念。由于印刷革命增加了印刷材料的产量，降低了印刷成本，作家们开始出版大量关于如何进步的短文、故事和手册，探讨勤劳、守时、节制和节约。这些习惯可能真的有助于经济增长。但19世纪早期经济企业的成功却多是靠冒险能力而取得的。这些评论家强调安全而古板的美德和行为，表明他们也担心社会瓦解。他们发表书籍和短文的目的就是想要抵消变革所带来的不安影响，确保**中产阶级价值观**占据优势。

8.1.6 工业化的进展

就像英国在18世纪取得的成功一样，美国工业化的进步也刺激了美国内战之前几十年间的经济增长。与英国的情形相似，经济变革也改变了人们生活中的许多方面。工作类型、工作场所和工人与老板之间的关系，都受到新型生产模式的影响。随着出现依靠工资生活的新工人阶级，随着新中产阶级也逐渐形成，美国的阶级状况得到了修正。

工厂生产从分散的以工匠或以家庭为基础的手工制作体系中脱离出来，并将一件物品的生产分成几个独立的工序来进行。制造商把活儿包给居住在工场（城里）或家里（乡村）的工人手中，按照计件工作付款，这就是"外包制"作业方式。但生产过程中的其他步骤则固定在中心工场，最终所有的生产步骤都汇总在一个屋檐下进行，手工劳作逐渐让位于"珍妮纺纱机"之类的动力机器。

有时遇到美国没有的技术，美国商人就会向有实际经验并掌握技术的英国移民寻求帮助。例如，1789年，两名罗德岛商人威廉·阿什利（William Ashley）和摩西·布朗（Moses Brown）就雇用了21岁的塞缪尔·斯拉特（Samuel Slater），斯拉特之前曾在英国的棉纺织厂做过学徒，请他设计一种水力纺纱机。斯拉特做到了，还发明了一种可以梳理棉纱的机器。一年内，阿什利和布朗的纺织厂就在罗德岛的波塔基特投入运营。一开始厂里只有九名工人，他们的年龄在 7 岁到 12 岁之间。十年后，工人数量增长到超过一百人。由于工厂工人代替了技术工人和家庭手工业者，商品的产量提高了，价格则大幅度下降。在美国内战前的 45 年里，棉布的价格从每码 18 美分下降到每码 2 美分。

1820 年后交通运输业的进步为商品进入更大的市场提供了机会，促进了产品生产过程的重组和机器的应用。美国人俭朴的风格和乡村个性，使得他们理智地生产廉价日用品，如布料、鞋等，而不是为富人生产奢侈品。

1820 年到 1860 年间，纺织业成为全国的龙头产业。纺织厂在新英格兰到大西洋中部州大量涌现。这些地区河流流速快，用水作动力，由资本家积极投资，妇女和孩子照管机器，以大量城市和乡镇为市场来出售廉价纺织品。早期的纺织厂都是小作坊，仅拥有梳刷和纺纱的机器。丝线则被分发到家庭工人那里编织成布匹。布匹生产的早期机械化并没有代替家庭生产，反而是为它提供了补充。

改变工业进程的试验还在进行中。1813 年，波士顿商人弗朗西斯·洛厄尔（Francis Lowell）和机械师保罗·穆迪（Paul Moody）发明了一种动力织布机，洛厄尔早年在英格兰和苏格兰棉纺工厂的游学经历为他们的发明提供了指导。最终，他们发明的织布机很快就被安置在马萨诸塞州沃尔瑟姆市的一家工厂里，这家工厂由洛厄尔和他的波士顿联社（Boston Associates）投资 30 万美元建成。

沃尔瑟姆经营方式的最主要创新之处就是洛厄尔决定将生产棉布的所有步骤都集中在一个屋檐下进行。因此，沃尔瑟姆工厂就与罗得岛和英国的其他工厂都有所不同，因为后两者都是将纺与织分开完成。集中化生产使得为广大市场生产的布匹更加廉价，并可得到更多利润。1823 年，波士顿联社将工厂扩展到梅里马克河河岸上一个重新命名的小镇洛厄尔。大多数新英格兰工厂都紧跟洛厄尔体系的步伐。尽管南方大部分棉花都被运往英国，但是运送到东北部的棉花数量也在不断增加。

纺织工厂大量涌现所累积下来的影响就是逐渐排挤了手工作坊的生产，尽管一些妇女依然可以为她们的家庭在接下来的几年里继续纺织，手工纺织机也还可以再存在一代人的时间。逐渐地，美国人放弃了土布衣服，改穿起机制布做成的衣饰艳丽的衣服。

纺织工厂和其他制造业如制鞋业也为东北部地区的经济发展做出了贡献。到1860年，全国制造业71%的工人都住在该地区。在别处，在大多数拥有200户或多于200户家庭的社区，用动力机器加工小麦、木材、兽皮已经变得相当普遍。尽管使用机器动力的生产方式仅占费城工业生产的33%，但造纸厂还是到处蔓延。铁器制造业和金属制造业从奥尔巴尼、纽约开始，向南扩展到马里兰州，向西则覆盖了辛辛那提。工业生产上的进步改变了许多美国人的生活，但却并未对欧洲产生太大影响。美国出口的多数商品仍是农产品；外国人投资美国内部改进的机会，代表了欧洲人参与美国经济增长的主要方式。

8.1.7 对环境的影响

运河、铁路、蒸汽船和工业增长都促进了经济增长，但它们对环境的影响也是深远的。支持工业活动的堤坝和运河也促成了对环境的侵蚀。蒸汽船和早期的铁路都依靠木材为燃料，家庭火炉也以木材为燃料，使得东部森林和在那里生长的野生动物迅速消失。交通运输的改善促进了西部移民，也加剧了对森林的砍伐，因为居民既需要砍伐森林开垦土地种庄稼，也需要木材建造房屋。锯木场和蓄水池则妨碍了鱼类的产卵习性并改变了河水的流向。

直到1840年，木材都是国家能源需求的主要来源。但木材价格昂贵和宾夕法尼亚州无烟煤的发现，标志着能源的主要来源开始从木材转向煤炭。当东部地区的森林渐渐恢复时，大量使用煤炭又造成了空气污染。刺激性气味和黑色的油烟成为人们日常生活的一部分。

新罕布什尔的一座印刷厂

《格里森画报》(*Gleason's Pictorial*)是当时价格适中的众多出版物之一,它把蒸汽动力引入出版印刷使其更接近读者大众。本图描绘的是1854年新罕布什尔州曼彻斯特印染厂的景象。画家是如何描绘这些工厂的?从图中可以看出哪些污染的标记?男人出现在画面前方,但这家印刷厂中的工人却有一半以上都是女性。

一些美国人意识到了快速经济增长和变革所带来的环境问题。1857年,佛蒙特渔业专员宣称:"工业经营对生活在淡水中或在淡水中产卵的鱼有毁灭性影响。"作家詹姆斯·库珀(James Cooper)在他的小说《拓荒者》(*The Pioneers*)中塑造了一个人物,谴责那些"没有同情心,没有羞耻心"的破坏自然的人。然而,大多数美国人都承认,环境改变是发展的代价。

8.2 早期制造业

工业化创造了一种能够生产更多低成本产品的方法。一位费城人在日记中描写了他在 1833 年美国制造业展览会上看到的新产品的数量和种类的丰富程度:"参展物品超过 700 种,在各种各样的物品中,我认出了费城的陶瓷、约克制造的漂亮的广州棉布、柔软的大块羊毛毯、银盘子、橱柜、大理石壁炉架、华美的钢琴和圆桌、化学药品、五金工具、马具,以及我所见过的最美丽的上等黑呢绒布。"

有两个例子展示了工业化如何从简单和复杂两个方面改变了美国人的生活。19 世纪以前,当地印刷厂主要依靠人力劳动来生产价格高昂的书籍、报纸和杂志。许多受过教育的中等家庭除了圣经和年历外几乎没有其他读物。1830 年到 1850 年间,美国采用并改进了英国发明,引发了印刷和出版工业的革命性变化。与其他生产领域的变革一样,出版业变革不仅涉及技术发明,还涉及管理和市场革新。1830 年印刷业拥有 250 万美元的市场份额,到 1850 年则翻了五倍。

由于书籍和杂志价格大幅下降,数量增多,越来越多的人都负担得起。如果没有新兴的大众读者市场,苏珊·沃纳的小说也就不可能取得成功。廉价读物的出现刺激了人们的阅读欲望并提高了人们的读写能力。人们不再依赖"知识人"的话语来获取信息,他们可以通过所读内容来形成他们自己的观点。与此同时,无论哪里的读者都可以在杂志和书籍中看到再三重申的主流准则、价值观和思想。就连新锐时尚的妇女也可以研读廉价的女性杂志和有关家庭的书籍,或是被《宽阔的世界》中爱伦·蒙哥马利的虔诚所鼓舞。她们的丈夫可以了解最近的政治新闻、市场价格,或是关于科学耕作的理论,她们的孩子则可以在"麦加菲读本"中学习识字和接受道德教育。

与此同时,廉价钟表也影响了美国人生活的步伐和节奏。1830 年代之前,很少有美国人买得起钟表,因而也就无法制订精确的计划或时间表。但到 19 世纪中期，批量生产的廉价木制钟表随处可见，促进人们更加有效地控制时间。钟表对操作汽船、铁路等需要按时刻表运行的设施非常必要，并给许多工作场所增加了一种新的节奏。对一些美国人来说，钟表代表一种新的压迫形式，而不是自由解放。早期的一首工厂歌曲直白地表述道："工厂铃声开始响 / 我们必须都服从 / 旧的雇佣制度已远去 / 否则就会被解雇。"

8.3 新英格兰纺织城镇

马萨诸塞纺织城的"典范"洛厄尔和忙碌的中西部工业中心辛辛那提的发展，很好地表明了工业化进程及其对劳动和员工的影响。这两个地区的工业化进程既有不少相似之处，同时也存在一些显著差异。洛厄尔的例子表明了早期制造业中女性的重要性，辛辛那提的发展则表明工业化是一个不平坦的和复杂的进程。

洛厄尔是一个在 1820 年代为明确的工业目的而设计建造的工业化城镇。设计者集中精力将其建设成一个拥有商店、工厂、工人住宅的城镇，而这个喧闹的小镇则有其吸引游人的迷人一面，即它是一个"模范"工厂社区。1836 年，拥有 1.7 万人口的洛厄尔是全国最重要的纺织中心。

洛厄尔的设计者发现很难劝说男人离开土地去工厂工作，但却可以招募未婚女子做定额工作，而且所付报酬相对也可低一些。与远在南方的工厂主不同，他们决定不依靠童工。通过雇用女性直到她们结婚为止，他们希望可以避免像英国那样明显地、卑鄙地、低级地使用劳动力。他们还希望新英格兰的工厂社区成为全世界的典范。到 1830 年，女性占洛厄尔纺织劳力总数的近 70%。前往洛厄尔找工作的女性是第一批大量在家庭以外工作的女性，她们也成为第一批感受到工厂体系全面影响的美国人中的一部分。

8.3.1 工业小镇的工作与生活

玛丽·保罗（Mary Paul）在 15 岁时写信给她父亲："如果您同意的话，就让我去洛厄尔。"这个年轻的佛蒙特姑娘是那些涌向洛厄尔的典型代表。1830 年，超过 63% 的洛厄尔人口都是女性，其中主要是 15 岁到 29 岁的未婚女性。

这些来自新英格兰中等乡村家庭的女性基于不同的理由来到工厂，但令人绝望的贫困并不是其中的原因。家庭制造业的衰落剥夺了许多女人，尤其是农业家庭里的女人们在家庭中的传统生产角色。一些年轻的乡村女性通过在家做计件工作来挣钱。工厂里的工作给予她们一种有趣的环境、比计件工作更多的工资，以及经济独立的可能性。很少有女性打算在洛厄尔干一辈子。她们会先在工厂干上几年，之后回家或去学校学习几个月，然后再回到工厂工作。一旦结婚（绝大多数女性都会结婚），她们就会永远离开工厂劳动。

新式制造工业实行严格管制，常常使人筋疲力尽并对身体有害。工人们每天从黎明甚至更早就开始工作，每天工作 12 个小时，每周工作 6 天，只有半小时午饭和早饭时间。在工厂内部，良好的空间组织促进了生产。地下室是产生动力的水车。上面的楼层是完全打通的，每个楼层都有织布各个工序的必备机器。升降机将原材料从一层移送到另一层。在男性监工的监督下，女性看管着各自的机器。工作间很吵，灯光昏暗，通风不良。监工们相信潮湿可以防止棉纱断开，因此经常封死窗户。从最早的时候开始，疾病与事故就伴随着工业性作业。

工厂的工作要求女性适应新的工作环境和新的居住条件。为了吸引令人尊敬和生产力高的女性来洛厄尔，工厂主为女工提供公寓。在女管家的指挥下，公寓执行严格的规定，包括晚上 10：00 熄灯并提供小的私人空间。这样亲密的工作和生活环境使年轻女性们彼此紧密相连，形成很强的集体感。完善的集体规范规定了可以接受的行为、着装、语言等。闲暇时间，她们则会一起去上课、上夜校、做缝纫、进行文化交流和去教堂祈祷。

8.3.2 女性对工作的态度

工厂工作给女性提供了比其他职业更高的工资，但女工工作的机动性还是有限的，到手的工资也要少于男性。就连那些升至高位女工的收入也永远赶不上男工。经济歧视和工作歧视成为美国早期工业制度的特点。

虽然工作歧视基本上没有受到质疑，但由洛厄尔的工作经历培养起来的姊妹关系却促使女工们进行公开抗议，她们抗议那种正在使工人变成依赖工资的阶级的制度。洛厄尔女工对新型工业秩序的批评，引发了女性团结情绪与革命传统。

1834年2月，洛厄尔遭遇经营困难，麻烦随之而来。由于价格下降，销售状况不佳，存货不断增加，经营者们纷纷宣布工人工资降低15%。工人们开始采取行动，威胁要罢工。在一次午饭聚餐上，公司代理人解雇了一名罢工首领，希望可以就此平息罢工。但是，代理人在随后的报告中写道："她宣布房间里的每个女孩都要跟她一起离开"，然后"她发出一个信号……她们便都走了出去，第二天早上几乎没有人再回来"。罢工者充斥街道也感染了其他工人，而且他们还造访了其他工厂。总计有16%的城镇劳动力参与罢工。

尽管这次停工时间很短，也没有阻止住降低工人工资，但它表明，一些女性已经开始关注工业化对劳动力的影响。妇女们认为，削减工资是对她们经济独立的威胁，罢工者试图将自己的反抗与其父辈和祖辈为摆脱独立战争期间英国的压迫而进行的斗争联系到一起。

1830年代，削减工资、延长工时、加大工作量、加速生产、工厂主保护利润等现象，都在不断地提醒洛厄尔女工和其他纺织业的工人，他们很可能会成为**工资奴隶**。1834年，新罕布什尔州丹佛市800多名女工集结起来，形成了一个反对削减工资的联盟。1840年代，新英格兰州的一些妇女讨论要求每天工作10小时，来自洛厄尔的请愿书促使马萨诸塞立法机关组织了有关工作条件的第一次政府听证会。

8.3.3 劳工构成的变化

大多数反抗斗争都收效甚微。这是因为多半工厂女工在职时间都比较短，所以无法形成永久性的劳动组织；而且工厂主很快就能找到代替罢工者的新工人。慢慢地，工厂主发现，即使没有新英格兰的女工，他们也完全可以进行生产。1840 年代和 1850 年代大量的移民浪潮为他们提供了诸多劳动力，新移民迫切渴望得到工作并愿接受低于新英格兰农场女孩的工资。到 1860 年，爱尔兰男性已经占到工人总数的近一半。

洛厄尔劳动力转型的例子表明，大量涌入的移民对战前阶段美国人的生活产生了深远影响。当然，早在 17 世纪美国就在不断接收移民。但在 1820 年代那还只是涓涓细流——在这十年中，有 128 502 名外国人来到美国海岸——而到 1850 年代则形成一股洪流，美国的移民达到 280 万人。在移民美国的人群中，多数都是处于工作年龄的欧洲年轻男性。

这场持续到 19 世纪末的人口大迁移，缘于欧洲生活中发生的急剧变化。1750 年到 1845 年间，欧洲经历了人口大爆炸。新农业和新工业的实践破坏或终结了传统生活方式。农业灾害则把爱尔兰人赶出家乡。1845 年，一场可怕的病虫害袭击并毁坏了爱尔兰人的主要食物来源：马铃薯。连年的饥荒接踵而至。1841 年到 1851 年，100 万爱尔兰人死于饥荒，150 万人移民他国。那些到达东部港口城市的爱尔兰人是内战前两个世纪中到达美国的新移民中人数最多的，他们通常都是身无分文且无一技之长可去争取一份好工作。

此间的第二大移民团体是德国移民（1840 年到 1859 年，达到 1 361 506 人），他们没有面临爱尔兰人那样极端的条件。一些德国移民甚至带着足够的物资西进并买下大片土地。其他人则经过培训成为鞋匠、家具师或裁缝等城市劳工阶级。

许多非英国裔新移民的到来，使美国社会变得比原来更加多样化。由于超过半数的爱尔兰移民和德国移民都是罗马天主教徒，所以宗教上的差别也就加剧了经济和种族关系上的紧张程度。

8.4 边疆地区的工厂

  1810 年时辛辛那提还只是俄亥俄河岸边一个只有 2 540 人的小聚居地,但到 1840 年时它已成为美国第三大工业中心。它不仅有 40 382 人,还拥有处于不同发展阶段的工业。制造商们运用机械化手段生产机器、机器零件、五金工具、家具等产品。其他行业,如车厢制造和香烟制造的工业化进程则发展缓慢。工匠依然在小作坊里用传统手工工具工作。在辛辛那提,新旧生产方法同时存在,大多数其他制造业城镇里的情况也大抵如此。

  在辛辛那提,标准化工作并未盛行。一些工匠依然在沿用世代传承的各种技艺生产产品。另外一些工匠则把他们的技术应用到新工厂里,但往往只是集中于某些专业化和有限的工作。长远来看机器还是威胁到了工匠的地位,但这些熟练技工在短时间内还是有理由感谢工厂提供的机会的。比较不幸的是工厂里那些对新技术掌握不熟练的工人,他们只能借助机器的帮助或在没有机器的情况下来完成有限的任务。由于没有可供出卖的技术,所以在经济衰退时他们很容易被淘汰,并且随时都有可能被解雇。

  辛辛那提女工的工作经历则与男工有所不同。大多数黑人妇女都在从事洗衣工、厨师、佣人等工作。许多白人女工则是**工厂外工作者**,为城里生产成衣的工厂做加工。制造商购买布匹,将其裁成基本样式,然后与妇女签约送到小工厂或各户人家完成制作。与许多其他城市女工一样,辛辛那提的女人做这样的工作既是由于她们的丈夫或父亲的工资不够养家糊口,也是由于这种外送生产工作在家就可完成。中产阶级的家庭观认为家庭才是妇女正常的活动范围。许多工作的男性也支持这种看法,因为他们害怕女工的出现会降低他们的工资并破坏家庭秩序。

  计件付费工作使辛辛那提在工厂外工作的女工成为被盘剥最重的一部分工人。长时间在灯光昏暗的房间里缝纫,不仅不足以补贴家用,还会损害她们的眼睛并导致脊柱弯曲。1850 年代缝纫机的出现使缝合变得更加简单,导致潜在工人数量的增加和预期的工作量增加。

辛辛那提的雇主们宣称，新工业秩序给城市中大多数男性公民提供了更多的机会。制造业工作鼓励了"男性美德"，这对"共和国公民"来说非常必要。但却并非所有辛辛那提工人都同意这一点。就像辛辛那提的工人领袖所分析的，工人身处困境的根源在于他们丧失了其独立性。工作重组意味着极少有人有望从学徒晋升到独立工匠的位置。仅有纯劳动力出卖的新型工人只能是为别人卖命而不是为自己而干。他们的"工资奴隶"身份，或者说是对工资的依赖，就此成为终身性的。

工人也憎恨雇主试图控制他们的生活。在新式工厂，工厂主们坚持工作要有稳定的速度并要求生产毫不间断。习惯了拼命工作后停下交谈一会儿或喝点酒的工匠们很不喜欢这种新规定。结果，工作时喝上一两杯酒的工人们就被解雇了。甚至是在工作场所之外，制造商也破坏了辛辛那提的工人阶级文化。中产阶级取缔"非生产性的"志愿消防队和关闭酒吧的运动都表明，辛辛那提工人在一个工业化社会里几乎没有任何平等权。

与在其他城市一样，辛辛那提工人工资的涨幅也是远远落后于食品和住房消费的涨幅，这一事实更是加重了工人们的不满。工人们担心他们无力尽到自己作为家庭支柱的责任，这是他们对自身理解的一个重要构成部分。工人阶级意识到，随着富人们变得更加富有，工人们正在失去保障。1817年，占城市人口10%的上层纳税人拥有本市一半以上的财富，而占人口一半的下层民众则仅拥有财富的10%。1860年，前者拥有的财富已经达到整个份额的67%，而后者的拥有率则下降到2.4%。

美国内战前几十年，辛辛那提工人也像其他社会的工人一样成立了工会联盟，为争取公平薪水而抗争，为争取10小时工作日而集结。与洛厄尔的女工一样，他们也用独立革命的外衣来掩盖反抗。由于共和国需要自由独立的公民，所以男性工人们警告说，雇主的政策有削弱共和国本身的危险。

直到1850年代早期，辛辛那提的工人们才开始怀疑他们的雇主们形成了一个"非生产者"的寄生阶级。大多数罢工者的斗争依然是围绕着常见的问题展开，如减少工时、增加工资等，但内战后出现的更加敌对的劳动关系此时也已初露端倪。

与在其他地方一样，辛辛那提的熟练技工也站在了劳工反抗和工会活动的最前沿。但他们所取得的胜利却是暂时的。经济萧条经常会危及劳工组织，雇主所做的让步也会随之化为泡影。此外，辛辛那提工人也没有做好团结一致对抗新情况的准备，因为不平衡的工业化进程意味着这些工人与洛厄尔的工厂女工不同，他们没有共同的工作经验。而且不断增长的文化、宗教及种族多样性也强化了工作场所造成的差异。1850年的辛辛那提有近一半人口都是出生于国外的人，其中多为德国人，而在1825年时德国人还只占全市人口的22%。种族和宗教方面的紧张关系慢慢开始激化。移民面临着有限的工作选择，其文化也受到本土美国人的怀疑，1855年春天这些紧张关系终于在辛辛那提爆发。美国人捣毁了竖立在德国街坊的栅栏，大声呼叫威胁要杀死德国人。他们的愤怒也转向了爱尔兰人。种族、文化和社会差异往往使工人们彼此疏离，从而使得工商企业能够最大限度地扩大生产，增加利润。

8.5 城市生活

美国人感受到了经济增长给城市带来的巨大变化。美国内战爆发前40年，美国的**城市化**比例达到前所未有的程度。1820年，约有9%的美国人住在城区（人口超过2 500人的地区称为城区）。40年后，约有20%的美国人居住在城市。费城、纽约等老城迅速发展，辛辛那提、哥伦比亚、芝加哥等新兴城市则"像施了魔法般"异军突起。城市的发展在东部表现得最为突出。到1860年，居住在东北部地区的人口超过33%都是城市居民，相比之下，西部和南部的城市人口仅占14%和7%。

城市化在维持经济扩张上扮演着一个重要角色。城市居民不断增多，代表农民有了新的市场，代表制造鞋子和衣服、家具和马车、铸造铁制火炉的工厂主也有了新的市场。市政府购买铸铁管用于污水排放和饮用水管道的铺设，城市商人则利用它建成铸铁建筑。

8.5.1 城市化进程

在经济快速增长阶段，出现了三种不同类型的城市：商业中心、工厂小镇和交通枢纽。水动力的缺乏限制了工业发展，但波士顿、费城、巴尔的摩等一些商业海港城市仍然获得稳定发展，它们发展出多样化产业来补充原有的进出口功能，并提供服务和信贷。纽约取代费城成为全国最大且最重要的城市。伊利运河的竣工，使纽约商人控制了与西部进行的大多数贸易。到1840年，纽约商人还占有了全国进出口贸易的最大份额。

接近水力的地域条件推动了第二种城市的发展，马萨诸塞的洛厄尔、新泽西州的特伦顿、特拉华州的威明顿等就是例证。由于地处沿着瀑布和急流分布的内陆，水力为工厂提供了动力，这些城市迅速发展。

1820年到1840年城市人口增长的25%都集中在阿巴拉契亚山脉以西地区，在那里产生了第三种城市。路易斯维尔、克利夫兰、圣路易斯是这类城市的典型代表，它们从早期边疆聚居区演化为交通服务和货物配给中心。1850年代，芝加哥最重要的商业活动之一就是向牧场上的农民贩卖木材。

到1840年为止，积极涌入城市的人们主要来自美国乡村。一艘艘船只将人们像倾吐货物一样运抵东部沿海城市。手头宽裕的移民离开拥挤的港口城市，转向内地发展，这样做的多是德国人和斯堪的纳维亚人。那些没钱人则留在这些东部港口城市寻找工作。到1860年为止，移民人口数量占到东北部城市生活人口总数的20%；在一些大城市，移民及其子女占人口总数的一半以上。爱尔兰人成为东北部地区最大的国外移民群体。

为数不多的城市，如纽约和波士顿，还设计有公园，供居民逃避城市生活的噪音和污染，但城市生活更多还是肮脏的和困难的，尤其是对工人阶级而言。投机者认为格子模式是分割土地以图发展最为廉价有效的办法，他们建造了绵延数英里单调的、崭新的街道和房屋。由于人口急速增长，市政府只能为一小部分城市居民提供服务，所以服务项目通常都是针对付得起钱的人。贫困家庭需要花费很多时间去保证自己的各种生活必需品，包括饮用水。支付服务费用的能力不仅决定着居住的舒适性，也决定着居住者的健康。

8.5.2 城市的阶级构成

城市生活质量上的巨大差异反映了许多美国城市的特点，即社会流动性和经济增长的不平衡。与殖民时期极为不同，19 世纪上半叶的人们目睹了美国引人注目的**财富集中化**（**concentration of wealth**）。这种状况在城市中表现得最为明显。

由于美国人相信资本家的大部分利益都是其应得的，因而在这一经济增长阶段，富人赚取的利润也就更加丰厚，穷人则更加贫困。费城为这些经济发展趋势提供了一个例证。费城上层社会的商人、经纪人、律师、银行家、工厂主控制了越来越多的城市财富。到 1840 年代晚期，占人口比重 4% 的最富有人群占有了社会财富的 67%。上层阶级与工人阶级之间不断扩大的鸿沟并没有演变为大众的苦难，因为还有更多的财富正在被创造出来。但是，日益严重的不平等则明确了阶级间的界限，引发了劳工抗议。

1820 年到 1860 年，新的工人阶级和中产阶级正在费城及其他地方孕育着。随着工厂生产取代前工业化生产方式，经济活动步伐开始加快，一些从前的工匠和熟练工人抓住了这一时代的契机。在这一时期的每个十年里，都有 10%～15% 的费城人谋取了更好的职业，改善了他们的住所。中产阶级这个群体指的是拥有非手工劳作职业的人，他们的工作场所与其所从事的脑力劳动而非体力劳动相匹配。然而，面向下层的职业流动同样也在增加。一部分从前的工匠和临时工成为新的永久性手工工人阶级，他们依靠工资维持生计。由于移民潮的缘故，底层劳动者的数量加速增长。1820 年到 1860

年，处于贫困或贫困边缘的非熟练工人的百分比从 17% 上升到 24%；与此同时，一度作为劳动阶级核心力量的手工艺人的比例则从原来的 56% 缩减为 47%。

8.5.3 城市里的工人阶级

与城市生活中的其他方面一样，居住方式也反映了社会和经济的分化。隐藏于主要街道建筑后面最破烂的城市贫民窟，拥挤在后巷或后院里，到处堆满垃圾，污水横流。赤贫者租住拥挤的简陋木屋、棚户或是只有两间屋子的房子。由于经常搬家，他们很难建立起邻里间的友谊和支持网络。

贫民窟不仅展示了劳工的贫困，同时也展示了工人阶级家庭生活的变化。男人们也不再能够确保可以赡养妻儿子女；即使在有工作的时候，他们也会觉得在家中失去了大半的权威和力量。缺钱导致家庭关系紧张和相互误解。一些男人认为他们的妻子太过自立或是不珍惜他们的血汗钱。有这样一位妇女，由于说不清在杂货店的所有花销而惹怒了她的丈夫，这场争吵最后以谋杀告终。这个例子有些极端，但是家庭暴力在劳工阶层中确实很常见。

8.5.4 中产阶级的生活与理想

新中产阶级成员都得益于美国内战前的财富积聚。他们住上了装修完善的房子，享受着比此前任何时候都要更加舒适、稳定、宁静而自由的生活。富兰克林炉使冬天变得更加温暖，铁制炉具使烹饪变得更加简便。无影灯使晚上读书变成可能。淋浴和浴盆让清洁达到了一个新的标准。有教养的举止、得体的衣着、装饰优雅的客厅，都是一个中产阶级家庭所必备的。

一种对男女两性角色的新期望也塑造了中产阶级的生活，这种新期望部分受到经济变化的影响。远在 17 世纪和 18 世纪，男人女人、大人孩子都必须为家庭的经济福利做出自己的贡献。但在19世纪，随着交通运输的改善、新型产品的使用、工厂产品产量的增加和产业规模的扩大，人们的家庭经济模式也随之改变。除了边远地区的女性还必须在家中生产肥皂、蜡烛、布料、面包等，如今大部分地区的这种劳作都已被低廉的流水线生产和集约化的工厂生产所代替。

不论从事商贸还是商业性农耕，男人都是日益卷入货币经济，而女人和孩子对家庭的贡献则相对减少。妻子的生活节奏也与在紧张的商业世界里忙碌的丈夫们迥然不同，她们不再受时间制约，专门从事家务劳动。到1820年，这些不断变化的情况支持传统思维：不同性别分工不同，即男主外女主内。男人被视为天生就是好斗的、理智的、在公共领域表现活跃，他们负责支持家庭让家人过上中产阶级舒适的生活，而这并不总是一种容易尽到的责任，苏珊·沃纳的家庭经历就足以说明这一点。作为对比，女性则被视为天生虔诚、善良、无私和谦逊。这一观念，基于独立战争时期产生的观点，表明女人应该在私人或家庭领域劳作，把孩子们培养成有美德的和有好习惯的公民，这对共和国和社会的福祉都是必要的。同样重要的是，人们还期望她们能给整日忙于职业领域快节奏工作和忧心忡忡的丈夫创造出和平的避风港。

扮演操持家务的角色苦乐参半。苏珊·沃纳在她的小说中赞美了舒适的家庭带给女人的满足感。但有时根本不可能创造一个和谐的家和达到清洁、井然有序、美观的新标准。凯瑟琳·比彻（Catharine Beecher）在"安慰沮丧主妇的话"这篇文章中就列举出了几个问题：缺乏便利的房子、生病的孩子、粗劣的家用棉织物，这些都阻碍了主妇们去努力满足家庭理想。

实际上，"男主外女主内"这一分工理念在实际生活中要灵活得多。男女两性角色的活动有很多重合之处。例如，许多中产阶级男性都会照顾家庭、养育子女；而一些中产阶级女性，像苏珊·沃纳，实则成了养家糊口之人。此外，对女性的角色及天性的某些阐述，也鼓励女性参与外部世界的活动。

虽然操持家务的观念强调女性在家庭中扮演的角色，但是当时流行的

《戈德女士手册》（*Godey's Lady's Book*）的编辑撒拉·黑尔（Sarah Hale）则说："女人是上帝指定的道德代理人。"对女性道德天性的这一强调，鼓励女性加入 19 世纪初几十年迅速发展的女性社团。最初她们只是涉足宗教和慈善活动，后来她们也涉足公共事务：资助孤儿、赞助印发宗教传单和圣经、建立主日学校、帮助贫困者等。就像后面第 10 章中所讲，1830 年代，女性又将她们道德关注的范围进一步扩大，如将废除奴隶制作为她们的任务并为之努力。由于她们涉足这些敏感而有争议的工作，所以她们经常会与男性、与有关"女人地位"的社会传统发生冲突。

操持家务描述的是规范而非白人中产阶级女性的实际行动，但这些观念就像苏珊·沃纳等小说家如此深情动人地表达的，却是影响了女性对自身的认识。它们也通过鼓励特定的选择帮助形成"女性"的行为模式，帮助许多女性形成对其生活的心理意识。新的行为标准也成为一种方式，在中产阶级与下层人民之间划出了一道明确的社会界限。

新规范借助出版业的有效传播，也同样影响着乡村和城市的工人妇女。坚守婚姻和奉献家庭的主张阻碍了已婚妇女进入社会参与劳动。那些不得不在外工作的女人通常都会心怀内疚。许多人为了留在家中而接受了工资极低的计件工作。新的女性观念可能与城市中产阶级妇女相匹配，但它却给工人阶级妇女的生活带来沉重的压迫感。

随着家庭角色被重新设定，随之也出现了一种新的童年观。中产阶级的孩子已不再被期望为家庭的经济收入做贡献。中产阶级的父母开始把童年看作为将来成人做准备的人生的特殊阶段。孩子年幼时，母亲们向他们传授重要的价值观，包括符合性别规范的行为举止。严厉的惩罚已经不再受到欢迎。纷纷出版的儿童读物突出强调了母亲培养，书中刻画的孩子们能够正确选择他们的玩伴和行为方式，他们服从父母、有责任感、虔诚、有爱心并且勤劳。接受学校教育可以为孩子的将来打下良好的基础，因此城市中产阶级的父母积极支持公立学校运动。

家庭生活的新理念强调在孩子的成长过程中需要家长倾注许多爱和关注

好为其走向成年做好认真准备，表明许多父母都渴望拥有规模较小的家庭，并采取了避孕措施。出生率的下降首先出现在东北部地区，尤其是在城市和中产阶级家庭中，表明家庭正在限制生育。避孕方法包括直到1860年以后才在许多州被视为合法的堕胎，这一医疗手段终止了33%的妊娠。其他控制出生率的方法包括体外射精、延长养育时间和禁欲。这些有赖自我控制方法的成功表明，许多男人女人都开始接受了对女性的新认识——女性生来感情丰富，但是没有激情且性压抑。

8.5.5 城市紧张气氛加剧

美国内战前的半个世纪，社会及经济变化改变了美国城市，恶化了不同种族和民族之间的紧张关系。由于没有足够强大的力量去制止群体性骚乱，聚众滋扰事件有时会一连持续数日。传统的治安官－守卫制度既无法预防和发现犯罪行为，自然也就更无法去阻止骚动，城市直到很晚才建立起现代警察部队。

1834年8月，一场丑恶的费城暴乱不仅揭示了种族和社会仇恨，也揭示了城市警察无法有效地控制暴乱。这场暴乱始于破坏一个由白人和黑人共同资助建成的旋转木马，随后迅速演变成对黑人的驱除、劫掠和恐吓。在这场持续数日的暴乱中，至少有一名黑人死于暴乱，受伤的黑人则不计其数。一位震惊的目击者写道："那些暴徒表现出了胜似恶魔的残暴行为。一些上了年纪的无辜黑人被殴打致残。这种粗暴行径简直超出了我们能够想象出的一切恶劣行为。"

种族原因这一解释忽略了暴力和破坏行为背后的起因。这些暴动者普遍都是社会底层的年轻人。其中许多人都是爱尔兰人，一些人还有过犯罪史。然而，被捕的暴民中也"有一些来自工匠阶层，他们原本可以去做一些更好的事情"，还有一些中产阶级旁观者则怂恿了暴民。暴动者也指出，万一"受到警察攻击"，他们"知道自己能够得到"旁观者的帮助。

暴民的组成成分也暗示了某些人参与暴乱的原因。暴民中有许多人都是爱尔兰新移民，他们处于经济阶梯的底层，与黑人一起竞争工作岗位。随后针对黑人的暴动表明，经济竞争是引发暴动的一个重要因素。黑人或许会威胁到一些白人的晋升，但这并不是熟练工人抱怨的内容。熟练工人受到的负面冲击更多源于经济体系方面发生的变化——在这一变化中，小规模的生产方式受到了削弱。随着工资逐渐减少，这些白人更接近于非熟练工人而远离中产阶级，其美好生活的梦想也是变得更加缥缈不定。与其他暴乱者一样，他们同样生活在城市里最贫困最拥挤的地方。黑人直接成为他们的替罪羊，但对他们而言，罪魁祸首却是无形的经济制度本身。

城市扩张也滋长了种族暴力。大多数暴民都生活在骚乱区或是骚乱区附近。种族间的紧张关系缘于恶劣的环境和社会接近性，这些都可能导致冲突爆发。后来，这些地方又成为种族暴乱和选举骚乱的发生地，并最终成为臭名昭著的罪犯和少年犯团伙的藏匿处。中产阶级与上层阶级没有加入到骚乱之中，并不意味着他们在发展与变革时代就没有受到困扰，而是由于他们的物质环境使他们得到了缓冲。

与其他许多东部城市一样，费城的城市警察部队也在创建之中，但只有持续发生的混乱事件才最终促成费城（和其他更大的城市）的居民与政府官员一致支持建立一支广泛的、准军事化的、预防性的和穿制服的警察力量。到1855年为止，大多数东部大城市都建立起了这样的武装力量。

最后，自由黑人社区本身也是产生1834年8月里那些可怕暴力事件的一个因素。该社区不但规模庞大、引人注目，还创建了自身的机构，产生出自己的精英。这些暴徒以多种方式发泄他们对富裕黑人的愤怒，他们用砖头袭击中产阶级黑人的住宅，劫掠黑人的金银饰品和手表。黑人的财富威胁到许多费城白人所持有的"适宜的"社会秩序观，而当白人无法满足最低生活需求或失掉工作时，这种感觉更是难以言说。

再现历史

家庭绘画

人们经常只是把绘画当成艺术品去欣赏和研究,其实它们作为历史文献的价值也不应被忽视。在照相机诞生之前的年代里,绘画作品、素描甚至是刺绣上的一幅画,都捕捉到了当时美国人生活的不同片断,记录了当时意味深长的仪式礼节。例如,美国人家中那些描绘家庭的绘画,既揭示了美国人理想化的家庭生活观,又体现了现实生活中的细节。另外,绘画作品还可以使人们了解到中产阶级和上层阶级(有能力支付定制艺术品费用的人们)的房子样式。

受过欧洲现实主义传统训练的艺术家为人们绘制家庭场景和肖像;一些缺少正规学院训练的画家被称为"自学成才"的艺术家,他们也从事家庭题材的绘画创作。他们倾向于把绘画重点放在他们所感知到的而非真正看到的内容上,在这一意义上,他们的艺术作品是抽象的。

有些自学成才的艺术家是在学校里接受过一些绘画指导的女性。起初她们通常是为自娱而绘画。另外一些艺术家是手艺人,也许是房屋画匠或是画招牌画的,他们利用自己的业余时间从事绘画。一些流浪的房屋装饰画匠则靠画画和为墙面涂油漆为生。许多自学成才者的绘画都没有署名和标记。即使人们了解画师的身份,知道的也仅仅是一个名字,或许还有一个日期。这些自学成才的画师活跃在19世纪的前三个25年里,并最终被照相机和廉价版画所取代。

我们一起来看下面这张由无名氏作于1800年左右的油画《萨金特一家》。这幅画并不能完全展示出当时生活的真实面貌,但它还是反映出一些画家和买

无名氏,《萨金特一家》(*The Sargent Family*),1800 年

家认同的重要东西。与任何一种历史证据一样,我们也必须对这幅画进行仔细推敲。我们首先来研究家庭本身。萨金特一家有多少家庭成员?他们都在做什么?每个人都与什么物品相连?丈夫和妻子看上去是怎样一种关系?你认为萨金特先生头上为什么会被画上一顶帽子?在这幅画中谁看上去占有支配地位,这种优势又是如何体现的?

画家为什么在家庭生活的画面上描绘了一个球和一条狗?这些选择表明了他们对待孩子是什么样的态度?孩子们的教养情况如何?孩子们在家庭生活中处于怎样的地位?

最后,再来看一下房间里的每样物品和家具。做一个物品和家具列表,将其与今日的屋内摆设做一对比。这户人家屋子的舒适度如何?他们拥有哪些非必需品?你认为,为什么会有两把椅子被放在靠近窗户和门口的位置,窗框内

亨利·达尔比（Henry Darby），《约翰·阿特伍德牧师一家》（Reverend John Atwood and his family），1845 年

又是怎样一番景色？从这幅画中我们可以了解到当时日常生活中的哪些信息？

《约翰·阿特伍德牧师一家》是由亨利·达尔比在1845年创作的，它较为详尽地描绘出数十年后一个大家庭聚会的场景。我们也可以提出与上一幅画类似的问题，尤其是对中产阶级孩子的新期望。与萨金特先生家的起居室相比，这一家的起居室体现了工业进程所带来的某些变化。这一家的物品有多少是工业制造的？这一家拥有的哪些东西是萨金特一家所没有的？

反思历史

对比两幅画，你能找出随着19世纪的发展进步，中产阶级女性正在改变其地位的暗示吗？画中揭示了中产阶级哪些新的消费习惯？

8.5.6 黑人下层社会

尽管出现了小型的黑人上层集团，但大多数非裔美国人都无法享受经济扩张和工业进步所带来的收益。黑人男性通常很少或根本就没有机会去接受教育，他们从事的都是一些临时性且经常是危险的工作。由于男人失去了工作或者死亡，许多黑人女性都在承担着家庭生活的重任，她们在结婚前后都必须拥有一份工作。1849 年，费城有近半数黑人女性以替人洗衣谋生。其他黑人妇女则通过收留寄宿者来增加她们的家务劳动。

北方白人也和南方白人一样，认为黑人卑劣、邪恶，并且害怕黑人与他们争夺工作和资源。1780 年到 1803 年，北方各州逐步通过了废奴法，联邦政府也禁止奴隶进入西北领土上新建的各州，但却没有一个政府把平等权、公民权或经济机会赋予国民中的自由黑人。从 1830 年代开始，多数北方州都剥夺了黑人的选举权，截至 1840 年，北方各州足有 93% 的自由黑人被法律或习俗剥夺了选举权。在北方五州，黑人不能指证白人有罪，也不能担任陪审团成员。在大多数州，在火车、汽船、医院、监狱和其他救济场所，黑白两个种族被完全隔离开来。在有些州，黑人只能以白人仆人的身份进入公共建筑，他们在教堂里要坐"黑人专用位子"，只有在白人都离去的情况下才能互相交流。

正如费城暴动所揭示出来的，白人正在把黑人从他们的工作岗位上排挤掉。1839 年《美国黑人》(*The Colored American*) 杂志谴责爱尔兰人："这些贫困潦倒的家伙……赖在各个工作岗位上……把穷苦的有色美国人赶了出去。"1837 年后，这些"白色黑鬼"们当上了马车夫、装卸工、理发师、厨师、家仆等，这一系列工作原本都由黑人从事。

黑人的受教育机会也甚为有限。只有极少数学校接收黑人学生，并且不给他们与白人同等的待遇。1833 年，康涅狄格州坎特伯雷贵格会女校长普鲁登斯·柯南道尔 (Prudence Crandall) 宣布她将接收"适龄有色人种的女子"入学，镇民们用恫吓和暴力来阻止她的这一行为。最终柯南道尔被捕，经过两次审讯——在审讯中自由黑人被宣布没有公民权——她最终选择放弃并移居伊利诺斯。

在老西北地区，柯南道尔也没有发现太多的善意。在快速发展的西部各州，白人被广泛地赋予至高无上的权力，黑人仍旧受到排斥。1829 年，在辛辛那提，当时那里规定想要居留该市的黑人必须持有自由人证明文件并交纳 500 美元保证金，白人暴徒把近 2 000 名黑人从城里驱赶出去。1850 年，一位印第安纳参议员宣布："黑人不能与白人一起平等地生活"，因为"造物主给予黑人的就是黝黑的皮肤，大脑重量和容积也小。而给予白人的则是白皙的皮肤，更大的大脑容量，使得白人更加聪慧"。与印第安纳州毗邻的伊利诺斯州的亚伯拉罕·林肯很快就将成为一位全国著名的政治家，但在当时他对这种评价也未发表不同看法。

8.6 农村生活

1820 年到 1860 年间，美国务农的劳动力百分比从 72% 下降到 60%，但农业依然保持着在经济产业中最为重要的地位。农产品在美国的出口商品中仍占最大比重。小型家庭农场依旧是东部和西部农业的一大特点。

但在内战前的时期里，农业还是发生了一些改变。西部广阔的土地开始被开发。铁路、运河和改善的道路把美国乡村带入更为广阔的世界。一些作物被运往地区性市场，而像谷类、兽皮、猪肉等一些其他农副产品则刺激了工业发展。反过来，从布料到精良的工具等一些工业产品又从城市流回乡村家庭。像城市居民一样，农民和他们的家庭成员也在阅读那些传播新思想的书籍、杂志、报纸。商业性农业给他们带来了新的思维和行为方式，并改变了 1820 年前乡村典型的闭塞状况。

8.6.1 在东部耕作

内战前的经济变化使得东北部地区形成了一种新的乡村生活方式。新英格兰、纽约和宾夕法尼亚的贫瘠土地与肥沃的土地一样被开垦殆尽，只是产量则不尽如人意。1830年后，农民逐渐放弃了这些农田，森林再次覆盖这些地区，新英格兰的山村开始慢慢衰败。

留在东部的农民意识到他们必须改变生产模式。意识到自己无法在种植谷物上与西部竞争，他们开始寻找由发达的交通运输和成长中的都市市场所带来的新商机。例如，当铁路延伸到乡村时，一些远在佛蒙特和上纽约居住的农民，开始把冷却的牛奶运入市中心。其他农民则利用新修的铁路把水果和蔬菜运入城中。到1837年，波士顿的家庭主妇已可在中心市场买到品种丰富的水果和蔬菜，从花椰菜到树莓等，应有尽有。食谱上也开始介绍一些以新鲜果蔬为原料的菜谱。

自从北方农民采用新品种作物，他们开始将农业视为一种科学尝试。1800年后，北方农民开始施用粪肥；到1820年代，一些农民轮耕作物，种植新草和苜蓿以恢复土壤肥力。这些技术使得马里兰和特拉华失去肥力的燕麦和烟草地可以改作畜牧用地。特拉华河谷的农民是采用新方法的领导者，但对科学种田的兴趣也是普遍存在。新农业期刊带给读者大量的现代农业实践信息，许多州都设立了农业机构。尽管不经济的农业实践还没有消失，但在东北部地区已不再是典型。农耕方法的改进促进了农业产量的提高，并帮助一些最古老的拓殖地彻底扭转了200年来农产品数量下滑的状况。1850年，一个"科技"农民可以生产出的农作物数量，相当于1820年的2～4倍。到1860年，试验和信息交流也带来了数千种适合当地水土条件的特殊农作物的发展。

乡村人们的生活态度也发生了变化。现金交易取代了从前的实物交易。在乡村商店，店主越来越不欢迎前来购物的人用木材、黑麦、玉米、燕麦和黄油代替现金作为支付手段。随着一些农民接受"不断争先"的伦理观并进

赶 集

　　这幅作于1856年题为《赶集》(*preparing for market*) 的油画,以农场作为人类和动物的活动中心。你能从画中找出随着农民应对中西部同行的竞争,东部农业中发生了哪些变化的迹象?商业性农业的兴起也鼓励了科技创新:麦考密克收割机就是在1834年被发明出来并申请了专利。

入市场经济，那些仅仅满足于维持生计的人便落在了后面。整个东北部农村的贫富差距开始逐步加大。

8.6.2 边疆地区的家庭

1820 年，只有不到 20% 的美国人口居住在阿巴拉契亚山脉以西；到了 1860 年，这一比例已接近 50%。其中，俄亥俄和伊利诺斯成为美国人口最为稠密的两个州。

1812 年美英战争之后，美国人如洪水般涌入老西北地区，最早的殖民者社群散布于与南方相连的俄亥俄河沿岸，他们主要种植玉米、饲养猪群，并将这些农副产品通过俄亥俄河和密西西比河卖给下游的南方买主。到 1830 年，俄亥俄、印第安纳和伊利诺斯州南部都有大量殖民者定居，不过，密歇根、伊利诺斯北部、威斯康星、爱荷华部分地区和密苏里依然属于边陲地带。

1830 年代是老西北地区的繁荣时期。联邦政府修改了土地政策，下调了土地价格，并减少了定居者必购土地的最小英亩数，从而激发更多移民开垦西部。东部资本也以贷款、抵押、投机性购买的形式为西部开发做出了贡献。1830 年后的内陆改善计划促成了一种新的开拓方式，并使老西北与东部紧密地联系在一起。随着交通运输网向东延伸，为东部市场提供的小麦日益变得比为南方市场提供的玉米和生猪重要。1840 年到 1860 年间，伊利诺斯、威斯康星南部和爱荷华东部成为国内迅速成长起来的谷物产区。

老西北地区在 1830 年到 1860 年迅速度过了边疆阶段，但在此务农的家庭依旧面临着严峻的挑战。由于用手工农具耕作的家庭需要克服很多困难，所以西部的农场都很小。一个拥有两个壮劳力的家庭能够照管 50 英亩土地。在林区，土地的开垦要历时多年，单是开垦几英亩地就要花上一年时间。

投资农场需要资金，启动资金最少也得包括：购买政府 80 英亩地约需 100 美元，农场基本设施要 300 美元，购买牲畜要 100～150 美元。买一个基本成型的农场的花费则更多，而且政府开展的拍卖竞价会把最低价格抬高许多。一旦移居到印第安纳和伊利诺斯的草原地带，初期投入将会达到1 000美元左右，因为需要买材料修栅栏、建房子，并要购买昂贵的钢犁等必备物品。如果再投资购买一种新型的马拉式收割机，他们就可以耕种更多土地，当然成本也会随之增加。

8.6.3 老西北的机遇

不过，用更少的资金也有可能从事农耕。一些农民会从亲戚、银行或保险公司那里借款，另外一些人则会从所购土地多得无法耕种的人那里租种土地。自备种子和牲口的租地人可望获得33%的收成，几年下来，有些人就能攒下足够的资金购置自己的农场。那些没有任何资金的人可以去做雇工赚到可观的收入。有稳定工作，再加上勤俭节约，有上五到十年，就可以开始经营自己的农场。作为租地者和雇工的青壮年约占西部农垦人口的25%。

普遍的土地所有权成为西部农村社区的一大特色。与城市不同，农村社区没有日益增多的无产雇佣劳力，但老西北地区仍然存在财富分配不平衡的现象。例如，1830年代在俄亥俄州巴特勒县，留下遗嘱的人当中有16%的人占有一半的社会财富，而到1860年则是占人口8%的最富有人群占有一半的社会财富。然而，老西北地区还是给许多美国家庭都提供了一个成为独立生产者和享受"丰衣足食的幸福生活"的机会。边疆生活的严酷性随着时间推移也在逐渐减弱。

商业性农业也给农民带来了新的家庭生活方式。伊利诺斯一位农民告诉自己的妻子和女儿："快把你们的纺车、机轮和经纱杆……还有那些织布用的工具都给我收进阁楼。我和儿子们靠我们逐渐增多的牧群足以养活你们。"许多农户手头都有闲钱来购置新物品。早在1836年，《杜比克观察者》（*Dubuque Visitor*）杂志就将成衣和品种繁杂的"印花布、条纹棉布、平纹细布、麻纱、网眼织物、绫纹布"等的实用性广而告知。

8.6.4 农业与环境

东部转变中的农业模式和向西北部扩张的拓殖移居，使得美国的景色和地貌也随之发生改变。1826年，博物学家约翰·奥杜邦（John Audubon）沉思道："一个世纪以后，河流、沼泽、群山，我们都将看不到了。"一位法国游客评论说，只有让自然屈服，美国人才会觉得满足。

然而，征服自然仅仅是一个方面。当东部农民放弃边缘土地，再森林化进程也在进行之中。由于卷入市场经济，东部农民改变了耕作方式，他们的做法也对土地产生了影响。出售木材和碳酸钾使森林变为空地。对以木炭为燃料进行锻铸的新工具、耕犁铸件、脱粒机、货车车厢等的大量需求，导致滥砍滥伐。森林被毁，野生动植物资源遭到严重破坏。为了恢复贫瘠土地的肥力或增产，农民大量使用石灰、石膏等矿物肥或鸟粪等有机肥，这也导致土地资源枯竭。

当农民移居到老西北，他们开始使用新式钢犁，例如由伊利诺斯铁匠约翰·迪尔（John Deere）所改进的一种钢犁。与东部旧式耕犁相比，新式耕犁可以割穿大草原浓密坚韧的植被。深耕和集约耕作经济作物给农民带来了直接收益。但这些做法也造成土壤中必要矿物质的流失。为了改善边陲生活条件，农民用原木建造新的房屋，而这无疑更是加深了对国家森林的破坏。

小结：进步的特点

1820年到1860年间，美国经历了惊人的经济增长和发展。交通运输上的改进促进了人口流动和货物运输及新思想的传播。巨大的市场刺激了农业生产和工业生产。美国人民的商品和食物供应更加丰富。他们兴建城市和城镇并使之蓬勃发展。参观者们不断惊叹于美国人民富足的生活和飞速的进步。一个法国人形容说:"美国是一个入口处张贴着'不从事商业不准入内'标语的巨大工场。"

美国发展的奇迹令外国人和美国人自己都为之眩目,然而经济增长也是要付出代价的,就像本章开篇苏珊·沃纳的例子所揭示的。扩张是循环性的,金融恐慌和萧条中断了繁荣时代。就连沃纳那样的中产阶级家庭都可能要面对财政危机。工人们发现,产业利润在一定程度上是依靠压低工人工资获得的。人们不再能够通过传统方式获得经济独立,城市里出现了由没有技能的贫困工人所组成的庞大阶层。无论是在城市还是乡村,不平等现象都在日益加剧,这促使工人中的激进分子开始批评新的经济和社会秩序。但是,工人们依然没有被广泛地组织起来以形成一种声音。伦理差异、种族差异和宗教差异,以新的、令人困扰的方式分裂了美国人民。

这个时代仍然不乏基本的乐观和自豪感。不过,观察者常常以为似乎是东部和老西北铸就了国家的发展成就。在这几十年中,许多人都注意到,东部、西北和南部好像走上了背道而驰的道路。由奴隶而不是自由劳动者奠定经济基础的南方"棉花王国"的崛起,给美国人民的生活带来了一种新的紧张与压力,而且随着时间流逝,它将会变得越来越具有破坏性。

思考题

❶ 你认为美国经济发展最重要的动力是什么?为什么?
❷ 英国对美国经济发展做出贡献的方式是什么?两国工业有何异同?
❸ 对比马萨诸塞的洛厄尔与俄亥俄的辛辛那提的工业化道路。
❹ 经济变革如何改变美国的阶级体系和不同阶级之间的关系?

第 9 章

奴隶制与老南方

9.1　创建一个与众不同的棉花王国
9.2　《密苏里妥协案》
9.3　早晨：大宅子里的男主人和女主人
9.4　中午：家里和田中的奴隶
9.5　晚上：在自己住所的奴隶
9.6　反抗与自由
小结：弗雷德里克·道格拉斯的自由梦

> 美国故事

一名年轻奴隶发现了通向自由之路

作为一名年轻的奴隶，弗雷德里克·道格拉斯（Frederick Douglass）被他的主人送到巴尔的摩。当他第一次遇到女主人索菲娅·奥德（Sophia Auld）时，他"惊讶于她的善良"，因为她开始教他读书。不过，她的丈夫则对此横加阻拦，因为马里兰的法律禁止教奴隶读书。然而，男主人奥德的反对，反而激励了弗雷德里克·道格拉斯的"求知欲"。

在奥德家生活的七年里，年轻的弗雷德里克·道格拉斯采取"种种计策"自学看书写字。在他逃到北方后素朴记述的自己早期生活中，他承认男主人的"激烈反对"与女主人的"亲切帮助"在他获取自由方面几乎发挥了同样重要的作用。

大多数奴隶都无法像弗雷德里克·道格拉斯一样逃跑。就像他在奥德家的处境一样，所有的奴隶都要受到主人的约束。南北战争前的美国白人同样无法逃脱奴隶制的影响。正派的人经常在"特殊制度"（即南部的黑奴制度）的驱使下做出残忍的举动。弗雷德里克·道格拉斯注意到，索菲娅受到丈夫干涉后，被"不负责任的权力这一致命的毒药"所毒害，最终变成一个恶魔。在她停止教道格拉斯读书写字后，她那柔软的心肠变成了"铁石"。道格拉斯写道："事实证明，奴隶制不仅伤害了我，也同样伤害了她。"

科维（Covey）先生是一位专门负责驯服奴隶的白人，1833 年弗雷德里克·道格拉斯被送到他那里进行管教，科维也为奴隶制付出了代价。弗雷德里克·道格拉斯叙述道，通过严酷的劳动和惩罚，科维一度成功地制伏了他："我的身体、灵魂和精神都给驯服了。"然而，1833年8月一个炎热的日子里，两个人进行了长时间的搏斗，打得筋疲力尽，最终弗雷德里克·道格拉斯获胜。他说，胜利"使我心中自由的余烬复燃，使我身上男子汉的尊严感苏醒"。这件事发生在他逃到北方的前四年，从此以后，这个年轻人再未感觉自己像一个奴隶。弗雷德里克·道格拉斯成功反抗科维权威的关键，并不仅仅在于他有坚强的意志，或是他的口袋里带有不可思议的草根[1]，而在于他懂得如何反抗科维这个以驯奴为生的人，并使其驯奴师的名声受损。被压迫者通过了解压迫他们的人而活了下来。

正如奥德夫人和科维发现的，只要有一些人不自由，就没有人是自由的。弗雷德里克·道格拉斯评论说："只要剥夺一部分人的公民权，就会危及所有人的权利和自由。只要你把枷锁套在奴隶的脚踝上，就会发现枷锁的另一端套在你自己的脖子上。"一位种植园女主人在与仆人争吵后抱怨说："仆人在控制我——或者试图这么做。人们会以为……我是仆人而她是女主人。"许多白人都生活在持续的恐惧中，害怕奴隶造反。路易斯安那州一位种植园主回忆道："这一时期没有一位种植园主能睡上一个安稳觉，他们必须在身边放上上膛的手枪才能睡觉。"在奴隶们中间流传的民间故事里，聪明的兔兄经常用智慧战胜比它强大的狐狸兄或狼兄，从而颠倒了压迫者与被压迫者的角色。

---

[1] 一位名叫桑迪的奴隶告诉弗雷德里克·道格拉斯，如果在身上带着某种草根就不会被鞭打，并说他自己已经带了多年，因此从未挨过打。——译注

奴隶制既是一种劳动制度,也是一种复杂的人际关系网。奴隶和棉花在老南方的经济中占有重要地位;在全球背景下回溯过老南方的经济发展过程之后,本章将重点研究奴隶制对不同社会群体的影响,以及对1800年到1860年间老南方巨大经济发展起到极大作用的模式。奴隶制如何影响那些不属于种植园主阶层的人?这对移居西部又产生了什么促进作用?然后我们将会研究主人与奴隶的日常生活及关系,就像奥德一家与弗雷德里克·道格拉斯之间的关系,他们在内战前每天的生活、爱情、学习、工作,以及彼此之间的斗争。

在美国历史上可能没有什么问题能像奴隶制一样产生这么多解释或者引起这么多的情感分歧。三种对奴隶制进行解释的学派历经多年发展,每一种学派都增进了我们对这种特殊制度的了解。第一种学派把奴隶制看成一种相对仁慈、合理的制度,在这种制度下,种植园主照料无助、单纯的奴隶。第二种学派把奴隶制描述成一种苛刻而残忍的剥削制度。第三种学派则是新近出现的,这一学派从奴隶的观点描写奴隶制,奴隶们的确受到残酷对待,不过他们也有不诚实、自私自利、缺乏团体意识和没有教养的缺点。

前两种学派强调的是主人与通常被动、受侵害的奴隶之间的劳动关系,第三种学派关注的则是日落后到日出前奴隶们在自己屋子里的生活状况和展现出的创造力。本章设置了一个独特的结构,密切关注主人与奴隶一天的生活:早上在大宅子里工作,炎热的下午在田间劳作,晚上回到奴隶的棚屋。你会如何看待这里提到的三种解释奴隶制的视角?

9.1 创建一个与众不同的棉花王国

大量的虚构故事使我们难以清楚地了解**战前南方**的真实情况。它并不是一个仅依靠许许多多奴隶的劳动来维持、由众多大棉花种植园所构成的统一社会。尽管大种植园农业占主导地位，但大多数南方白人（约75%）甚至都不是奴隶主。大多数南方农民都是住在两居室小屋里。棉花是南方的主要经济作物，但却并非唯一的作物。一些奴隶主很和蔼，但许多奴隶主都并非如此；有些奴隶很满足现状，但大多数奴隶都并非如此。

南方由几个不同的地理区域构成，每个区域都有各自不同的经济基础和社会结构，每个区域都反映了其自身文化及其文化价值观。弗吉尼亚、马里兰、北卡罗来纳和肯塔基这些原有的上南部地区所种植的庄稼，不同于新开发的下南部或"黑土带"南部的作物——"黑土带"南部包括南卡罗来纳到德克萨斯东部。甘蔗是路易斯安那州的主要作物。在每个州内部，平坦的沿海地带与内地的林区和松林贫瘠带的经济状况都是不同的。这些地区与阿巴拉契亚高地则存在更大的差异性，像新奥尔良、萨凡纳、查尔斯顿和里士满这样的城市与农村地区之间也存在着显著差别。

虽然南方各地有所不同，但总体上还是农业支配其经济。因而，南方人非常珍视农业劳动力和可以提供那一劳动力的奴隶制。虽然奴隶制也是一种家长式作风的制度，而且主人和奴隶之间的义务是相互的，但它却逐渐演变成为一种以为其主人追求利润最大化为目的的资本主义企业模式。

9.1.1 奴隶制在全球经济中的扩张

内战之前20年，南方农业经济的增长速度稍快于北方。如果南方在1860年变成一个独立国家，它将成为当时世界上人均收入最高的国家之一，而其财富的基础则主要是棉花。

19世纪初期，世界性因素深入地参与到南方惊人的经济增长中。棉花的扩张依赖五个因素：技术的发展、需求、全球贸易体系、土地、劳动力。轧棉机实现了棉花种植技术的突破，使得农民可以从较耐寒的"短绒棉"的粘性棉籽中分离出棉花纤维。这一技术把南方经济与棉花生产联系起来，使得对土地和劳动力的需求增加，进而则刺激了奴隶制向西南方扩张到广阔的新领土并将南方深深地带入全球经济贸易中。它也使得任何关于废除南方奴隶制的讨论都变得无济于事。

棉花在世界贸易体系中的重要性可以追溯到18世纪晚期。珍妮纺纱机、飞梭和蒸汽机的发明导致纺织业的繁荣（尤其是在英国）。与此同时，欧洲国家的工人阶级急需用轻便廉价的棉织品来代替厚重的亚麻布和毛料衣服。随着英国纺织品制造业者极力寻找资源以满足这种要求，他们急切地尽己所能购买美国南方的棉花。在1787年的前轧棉机时代，英国从美国进口的棉花仅为2 200万磅，而到1840年，其棉花进口就已增至36 600万磅！

为了满足这一需求，南方农民蜂拥前往西部墨西哥湾沿岸土地肥沃的各州去种植棉花。大种植园主，只有他们买得起轧棉机、奴隶和种植棉花所需的大量土地，则将种植园制度扩展到西南方。尽管北方废除了奴隶制，南方偶尔也会谈到奴隶解放，但奴隶制却在南方生活中变得更加根深蒂固。就像一位萨凡纳居民观察到的，奴隶制是这个国家"伟大的商业、制造业和它的普遍繁荣"的基础。

虽然有更多的土地被用于种植玉米，但棉花却是最重要的经济作物，因此它也被称为"国王"。1820年，南方变成世界上最大的棉花生产基地；1815年到1860年，棉花占美国全部出口产品的一半以上。棉花刺激了整个美国经济的发展。新英格兰的纺织工厂购买棉花，北方商人通过船运、保险和在市场上销售棉花获利，北方银行家则通过棉花买卖扩充了资本。美国对英国和新英格兰地区的棉花供应量以惊人的速度增长。棉花产量从1817年的46.1万包，上涨到1860年的480万包，增加了十余倍。

9.1.2 拉丁美洲的奴隶制

美洲的奴隶制并不仅仅局限于美国。非洲人受到广泛的奴役，不仅是在弗吉尼亚和南北卡罗来纳，而且还在牙买加、巴巴多斯岛、古巴、其他欧洲国家控制的西印度群岛、西属墨西哥、中美洲和整个南美洲，包括葡属巴西——1800年的巴西在整个美洲拥有的奴隶最多，共计100万。

奴隶制出现在拉美主要源于对劳动力的需求：当地土著印第安人由于疾病和与异族通婚而人口骤减，无法被代替。甘蔗之于拉美的重要性就像棉花之于美国南部，19世纪初甘蔗出口量倍增。在加勒比海域和巴西，奴隶对于甘蔗工业是必不可少的，他们生产提纯蔗糖，供应不断增长的全球市场，包括朗姆酒和其他酒类的酿造厂。到1840年，古巴已经成为世界上最大的蔗糖生产地。

被奴役的非洲人也在秘鲁和智利的葡萄园，中美洲和南美洲的可可、古柯、棉花和烟草田中辛劳不已。他们在墨西哥和南美洲的金、银、铜矿辛苦地劳作；有的奴隶在建筑工地做仆役，或是当牛仔、工匠、码头工人，有的奴隶成为陆上和海上运输的赶牲口者及骡夫；还有些奴隶则成为宗教官员的仆役。妇女们通常也被指望像男人一样从事体力劳动。

玻利维亚矿井或巴西甘蔗种植园里奴隶的劳动条件，与美国南部棉花地上奴隶的劳动条件一样恶劣。奴隶成群参加劳动但却要作为个体来承担责任。随着对蔗糖需求的增加，甘蔗种植者强迫奴隶提高生产率，从每人年生产蔗糖1 500磅增加到2 500磅。奴隶主驱使奴隶超负荷工作直至疲惫地死去，在大田里工作的奴隶其平均劳动寿命从15年降到7年。主人用鞭打来强迫奴隶顺从，通过严格的监督和控制来阻止非洲人与印第安人和欧洲人交往，并防止奴隶逃到附近丛林里的逃奴群落中，这些逃跑的奴隶被称作"逃亡黑奴"。

与美国相比，拉美奴隶制最突出的特点就是在被奴役的非洲人中男性占绝对优势，而女性和家庭则相对缺乏。到19世纪，平均的男女性别比为3∶2，而巴西和古巴甘蔗种植园里的男女比率则为2∶1；到1875年年末，只有16%的巴西奴隶拥有家庭。拉美奴隶的死亡率骇人听闻是由以下原因造成的：辛苦劳作，热带流行病，营养不良和极高的婴儿死亡率。由于出生率低且平均寿命也较低（巴西奴隶的平均寿命是23岁，在美国则是35岁），19世纪拉美奴隶的数量实际上呈下降趋势。1860年，巴西的奴隶人口达到

151万，相比之下，美国的奴隶人口则超过400万。

在美国，奴隶人口随自然出生率的上升而增长，而拉美则是通过非洲奴隶贸易来补充丧失的劳动力。自1807年英国和美国废除奴隶贸易后，1810年到1870年约有200万非洲人被贩运到美洲，其中60%被运到巴西，32%被运到古巴和波多黎各，2.7%被非法走私到美国南部。最后废除奴隶制的美洲国家是古巴（1880）和巴西（1888）。尽管正式废除奴隶制进展缓慢，但拉丁美洲的欧洲人、印第安人和黑人之间的联姻却导致有色自由人口增加，这些人在19世纪中叶已经超过了奴隶的数量（在巴西达到80%）。这一比例与美国形成了鲜明对照，美国自由黑人的数量仅占12%。

拉美奴隶通过各种方式获得自由：跨种族联姻、作为特别恩惠的报偿、主人过世后所留的遗嘱、通过额外劳动和受雇于人赎买自己的自由。许多拉美奴隶都享有一定的自主性，并受惠于一些激励措施，如礼物、特权、额外配给、假期和属于自己的菜园。一份奴隶主手册上写道："拥有财产的奴隶既不会逃跑也不会导致无序。"因此，虽然拉美奴隶的处境经常比美国南部还要恶劣，但是奴隶的权利却可以随着经济和人口状况的变化而改变。

9.1.3 南方的白人和黑人移民

美国的情形也在变化。1830年到1860年间，为了从英国乃至全世界对棉花的需求中获利，大批南方人移居西南部，东南部的印第安人和德克萨斯州的墨西哥人也开始移民。南方农民与北方农民一样沿着平行的路线向西部移民。他们从沿海各州向西长途跋涉进入中西部的南方地区，再南下到下南方地区。到1830年代，棉花生产的中心已从东南部转移到了阿拉巴马州和密西西比州。移民进程在1850年代仍在持续，南方人稳步推进到阿肯色州、路易斯安那州和德克萨斯州东部。

这些南方家庭之所以移民到西部，一方面是被那里美好的前景所吸引：肥沃的土地、廉价的劳动力；另一方面则是受到日益恶化的经济状况的驱使。1820年代初，上南方各州进入长期的经济萧条，从而影响了烟草和棉花的价格；另一方面，连年耕种则耗尽了地力。在一个珍视土地所有权的社会里，农民可以迁居西部或是留在原地从事多种经营。上南方地区的农场主转向种植粮食作物，主要是玉米和小麦，这些农作物不像种植烟草那样需要那么多劳动力，于是奴隶主就开始变卖奴隶。

到1830年代，从事国内奴隶贸易已经成为一种"行业"，交易值达数百万美元，贩奴路线是从弗吉尼亚和上南方"顺流而下"到达老西南部地区。1830年到1860年，约有30万奴隶通过这种方式被运往南方卖掉。最繁忙的线路之一是从弗吉尼亚州的亚历山大，到密西西比州纳齐兹附近一个庞大的补给站，亚历山大几乎就在首都华盛顿的视线之内。南方各州偶尔也会试图控制和取缔奴隶贸易，但这些努力都是收效甚微。除此之外，宣布奴隶贸易非法并不是出于人道主义原因，而是缘于奴隶人口迅速增长引起的恐惧。1831年弗吉尼亚的**纳特·特纳起义（Nat Turner revolt）**（稍后将在本章讲述）过后，阿拉巴马州、密西西比州和路易斯安那州都禁止输入奴隶。但在1850年代，由于奴隶贸易获利丰厚，上述三州又再次批准了奴隶贸易。

1808年1月1日国会就颁布法令正式禁止从国外贩运奴隶，宪法规定该法令立即生效，然而美国执行的力度却并不大，数以千计的黑人继续被偷运到北美，直到内战结束。不过，奴隶人数的增长并不是非法贸易的结果，而是由于奴隶主渴望有更多的劳动力［进而获取高额利润］而鼓励奴隶自然繁殖的结果。

9.2 《密苏里妥协案》

从1789年起政客们就努力将奴隶制这一极具争议的议题悄悄地掩藏在政治生活的背后，秘而不宣，因为他们明白，动摇奴隶制将会威胁到整个国家。但是，棉花王国的不断壮大迫使政客们不得不面对这个问题。1819年，密苏里申请加入联邦，从而再次将奴隶制扩张的问题搬上了台面。1787年颁布的《西北部法令》禁止俄亥俄河以北地区实行奴隶制，但却允许奴隶制扩张到南方。不过，关于密西西比西部广阔的路易斯安那领土上的奴隶制问题，国会却没有表态。

密苏里地区当时已有数千名奴隶，但纽约州参议员鲁弗斯·金（Rufus King）提出，在加入联邦前，密苏里必须禁止奴隶制。这一提议引起了一场关于国会是否有权对密西西比河以西地区的奴隶制进行调整的激烈争论。南方议员坚持认为这片区域必须对他们的奴隶财产保持开放，并坚称参议院内部应该保持自由州与蓄奴州数目相等。到1819年，自由州迅速增长的人口使得众议院内部自由州众议员占到105∶81的优势。只因参议院中两派势均力敌，南方的经济利益才得以维护。不过，北方议员力主保持密西西比河以西地区向自由劳动力开放，这也就意味着禁止这一地区实行奴隶制。

国会为此争论了近三个月。老杰斐逊担心："这个意义重大的问题，像黑夜的火警警铃，惊醒我并让我感到恐慌。"最终，妥协占据上风。密苏里获得了成为蓄奴州的许可，而缅因州（以前是马萨诸塞州的一部分）则成为自由州以保持国会平衡。一条界线从密苏里西部大约北纬36°30′划至落基山脉。这条线的南部将实行奴隶制，北部则成为自由州。尽管政客们希望的这一解决办法使得奴隶制扩张问题暂时被搁置起来，但是《**密苏里妥协案**》（**Missouri Compromise**）却代表着通向最终战争的进程中一个重要的阶段。这一斗争磨炼了双方在奴隶制这一问题上的观点并促成了南北双方之间不断增强的地区差异感。

9.2.1 南方对奴隶制的依赖

奴隶制对南方而言变得越来越重要。奴隶数量从1820年的150万增加到1860年的400万，这一迅速增长促进了南方经济的发展以及南方对棉花和奴隶制的依赖。田纳西州一位参议员说：奴隶制是"神圣的"，是文明的基础；而一位英国旅行者则说：攻击罗马天主教和君士坦丁堡的伊斯兰教，都要比在美国南部攻击奴隶制容易许多。

大多数奴隶都在为种植园和中等规模的农场劳作，但他们实际上遍布在南方经济的各个角落。1850 年，75% 的奴隶从事农业劳动：55% 种棉花，10% 种烟草，10% 种水稻、甘蔗和大麻。剩下的 25% 的奴隶中，约 15% 是家奴，余下的人则从事采矿、伐木、建筑、交通、炼铁业或在烟草工厂工作。1835 年，一个到纳齐兹市访问的游客看到奴隶们"从事各种劳动"："技工、车夫、旅馆服务人员、劳工、小贩、洗衣妇"。

1847 年，里士满的特里迪加钢铁公司（其先前工人几乎清一色都是白人）决定"基本上专门"使用奴隶劳动，因为他们廉价、不大可能形成自己的组织。这一策略预示着未来许多公司都将一面开发黑人劳力一面对有组织的白人工人进行经济压榨，后者与白人工匠一道受到黑人奴隶竞争的威胁。一些白人工人甚至也反对奴隶制。

无论是在城镇、工厂、矿山还是在棉花地，奴隶作为劳动力来源和资本投资都是有利可图的。1859 年，棉花种植园里的奴隶为主人工作的平均年收入是 78 美元，而他们吃饭、穿衣、住房的花销平均则仅为 32 美元。女奴往往会生育 2～6 个孩子，这也增加了她们的价值。奴隶主可以通过购买奴隶，让他们工作一些年，然后将其卖掉获利，从而发家致富。1844 年，一个"正当壮年的农业工人"售价 600 美元。1849 年开始的棉花繁荣，又使这一价格提高到 1860 年的 1 800 美元。

南方的经济增长让人印象深刻，但是依赖棉花和奴隶的经济也是受限制的。通常，农业增长会刺激城市和工业的兴起，但在老南方这种现象却并未发生。1860 年，南方人口占美国人口的 35%，但其制造业却只占全国的 15%。内战前，每 14 个南方人中有 1 个人居住在城市，而在北方每 3 个人中就有 1 个人住在城市。

一些南方人也对单纯强调棉花种植感到忧虑。《德鲍评论》（*De Bow's*

Review）是新奥尔良出版的一份重要杂志，它号召南方通过农业多样化、工业化及改良运输系统实现经济独立。德鲍呼吁在工厂使用奴隶劳动，但种植园主阶级并不认同。只要通过农业奴隶制（这种制度重视荣誉并可调节种族与性别关系）能够赚到钱，种植园主就没有理由使资本陷入新的风险之中。

9.2.2　种植园主阶级的家长式作风和荣誉

南方人对工业制度的厌恶源于下述事实：大多数南方人都继承了中世纪骑士精神，这一精神来自他们的凯尔特苏格兰-爱尔兰文化遗产，拥护基于严格社会等级和义务的家长式作风。富有的种植园主仿效英国贵族的生活方式，坚持自己作为社会"优越者"的特权地位，坚持要地位低的人尊重他们。这对那些拥有富丽堂皇住宅、周边住着黑奴和嫉妒的贫穷白人的人来说尤其重要，这一情形导致整个南方涌动着一股猛烈的暗流。

种植园的管理者意识到他的义务之一就是如父亲般地照顾好其下属。这意味着要为奴隶（和白人工头）提供生活必需品，要人道地对待他们，作为报答，种植园主也希望奴隶们能对他顺从、忠诚并努力工作。不过，家长式作风这一理念也掩盖了丑恶的现实：奴隶主真正在意的是他们可以从他们的奴隶身上获得的利润。

种植园主的妻子或女主人是这种文化的基本组成部分。女主人要操持家务，要在与人交往中表现出和善好客，人们希望她维护上流社会的价值观，包括贞操观、虔诚精神和顺从忍耐。此外，她还不得不忍受双重性别标准，由于种植园的生活十分男性化，这使她所代表的淑女的美德更加重要并受到狂热的保护。

这种极为男性化的规则推崇政治、战争、打猎、赛马、斗鸡、赌博等活动，具有严格刻板的荣誉规范。南方的男人对于行为的失当、对其荣誉的挑战乃至最轻微的侮辱都很敏感。此类冒犯常会导致决斗，双方都要遵守严格的绅士规则。一个来到南方的游客说："最不起眼的不礼貌举动都足以挑起一场决斗。"决斗在大多数州都是违法的，但这种例行公事般的法律经常都会被人们忽视。

9.2.3 奴隶制、阶级和自耕农

显然，奴隶制既服务于经济目的又服务于社会目的。尽管拥有奴隶的南方白人家庭的比例缓慢地从40%下降到25%，但拥有奴隶这一理想却依然渗透到各个阶层并决定了南方社会的家长制和等级制特点。位于最顶端的是种植园主贵族阶级，他们中有很多人都是新贵，但都极力设法挤进已经存在的老家族行列中。1860年，拥有50个或更多奴隶的富裕家庭约有一万户；其中的3 000户家庭拥有超过100名奴隶。更多的小种植园主拥有10～50个奴隶。但在1860年，最大的群体，即70%的奴隶所有者，则由27万个中等水平的自耕农家庭构成，每个这样的家庭拥有的奴隶不足10人。典型的奴隶主拥有约100英亩的小型家庭农场，外加10名以下奴隶。然而，典型的奴隶则可能组成20人或更大的群体，共同在大农场或小种植园劳动。

1841年，北卡罗来纳一个年轻的白人约翰·弗林托夫（John Flintoff）怀着发财致富和博取显赫名声的梦想去了密西西比州。一开始他在叔叔的农场做监工，在他还没拥有任何土地时就买下一个7岁的黑人男孩。经过几年没有报酬的奋斗，弗林托夫结婚成家并回到北卡罗来纳。在北卡罗来纳，他终于买下了124英亩土地和几个更为廉价的年轻黑人。到1860年时，他已拥有一个不太大的农场和几个奴隶，种植玉米、小麦和烟草。虽然他未曾实现自己的伟大梦想，但他的儿子却是上了大学，至于他的妻子，他骄傲地说："已经过上了贵妇人的生活。"对中等农场主来说，经济、社会和政治地位取决于拥有奴隶的数量。有抱负的南方白人都想拥有奴隶，并且最好是能够生育的女奴，这样他们就可以提高他们自身的社会经济地位。

南方的中产者之所以极力捍卫奴隶制，不仅是出于经济原因考虑，也是因为奴隶制赋予其高于黑人的优越感，以及与其他白人的亲近感，即使双方

自耕农的家庭农场生活

研究上面两幅画，描述一下你所看到的。关于南方自耕农乡村文化中男人和女人的日常生活，这两幅画告诉了我们什么？他们看上去自给自足的程度如何？他们有多么与世隔绝？这样的缝被子聚会可以满足多少社会目的（它远非只是一种美国女性独特的实用艺术）？注意，男性也参加了聚会，他们在炉边聊天（可能在谈论政治），逗弄孩子，递送食物，其中一位正在向一个缝被子的年轻女性献殷勤。

之间并不完全平等。虽然南方社会总有少数人相信奴隶解放是可行的，但大多数南方人却都不这么想。1850年代，阿拉巴马州一个农场主告诉北方的来访者：如果奴隶获得了自由，"他们就会认为他们自己和我们一样好……你怎么能接受奴隶认为他们自己与白人一样呢？"

自耕农也坚定地捍卫他们的独立（从联邦政府和地方精英集团手中取得），他们作为"自我劳动的农场主"所拥有的财产和土地，以及他们"有信仰的家庭"。他们信仰福音派新教，后者既赞成家庭圣洁，又认可奴隶制神圣不可侵犯。

9.2.4 南方的非蓄奴者

在弗林托夫等自耕农之下生活的大多数南方人都没有奴隶。约有30%～50%的人没有土地。非蓄奴阶层占全部南方人口的75%，他们分散在整个南部。例如，牛顿·奈特（Newton Knight）在密西西比州南部砍掉一些松树开辟出一块空地，和他的妻子住在粗糙的小木屋内，靠种玉米和甜马铃薯、饲养鸡和猪来勉强维持生活。作为一个坚定的浸信会教徒，奈特习惯于使用暴力并曾杀死过一个黑人。

像奈特这样生活在南方尤其是阿巴拉契亚山脉高地中的白人，他们的土地要比自耕农和种植园主的土地贫瘠。由于远离商业中心，所以他们大多自给自足，种植所有必需的食物并买卖猪、蛋、小猎物或家里做的小东西，换来钱或壶、步枪等所需物品。妻子和孩子们的帮助必不可少，由此他们维持着一种生存型家庭经济，制造肥皂、鞋、蜡烛、威士忌、粗制的纺织品和斧柄。他们生活在两居室的木制房屋里，房屋之间是"养狗场"。邻居们有时会在一起剥玉米皮、缝被子、进行滚木头和摔跤比赛，并举行树桩演讲（政治演讲）和奋兴派信徒野营集会，这为他们单调而孤独的生活平添了几许亮色。

这些不蓄奴的农民在南方占大多数。1860年在北卡罗来纳州，甚至是在密西西比和路易斯安那这些大种植园州，60%～70%的农场主都是拥有不到100英亩土地。尽管他们人数众多，但在政治上却是处于边缘地位。许多人可能都对顺从"较优越者"这一政治传统感到不满，但他们还没有能力挑战种植园主的政治权势。内战期间，大多数农场主都站在南部邦联一边参战；只有少数人仍在默默地坚守着他们的联邦观念。

另一个白人群体是饲养猪和其他牲畜的牧人，他们用玉米喂食，让牲畜在森林里自由走动。这些白人给当地的奴隶主供应熏肉和猪肉（后者认为养猪有损他们的尊严），并把牧人们赶到纳什维尔、路易斯维尔和萨凡纳的畜牧围栏里放牧。南方的养猪数量占全国的67%。1860年，南方牲畜价值5亿美元，是棉花价值的两倍。然而，无论猪的交易额有多大，其价值有多高，牧人在南方的社会地位却是仍然很低。

牧人之下是最贫穷的白人，他们的数量约占人口的 10%。他们经常被蔑称为"食土者"，生活在与世隔绝的荒地上，勉强度日。一些人用玉米制造威士忌，许多人充当农场雇工，月均工资 14 美元。由于伙食和居住条件都很差，这些贫穷的白人经常患上十二指肠疾病和疟疾。疾病、虚弱和贫困使他们背上了"懒惰""无能""文盲"的恶名。

贫苦的白人一直贫穷，部分原因是奴隶制使得少数精英占有大多数土地和政治权力。高昂的奴隶价格使得进入种植园主阶级变得愈加困难并增加了各阶级之间的紧张状态。由于大的种植园主控制了南方的生活并拥有大部分奴隶，因而通过近距离观察这一群体，我们也就很容易了解奴隶制及奴隶与主人之间的关系。

9.3 早晨：大宅子里的男主人和女主人

这是南方的一个清晨。设想四个场景。在第一个场景中，弗吉尼亚州的威廉·沃勒（William Waller）和他的邻居正准备带上 20 个精选的奴隶做一次长途旅行，目的地是密西西比州纳齐兹的奴隶市场。沃勒踏上此次"难耐的"旅程是为了卖掉一些奴隶以缓解其沉重的债务负担。他"厌恶奴隶买卖这个行当"，但他又必须换些钱来养家并"从债务束缚中解脱出来"。为了使自己安心，他打算亲自监督奴隶的出售，从而确保达成最佳交易，这不仅是为了他自己，也是为了即将离开他的奴隶们。

在另外一个种植园，即南卡罗来纳州富人詹姆斯·哈蒙德（James Hammond）的种植园里，天亮前一小时喇叭就吹响了，以唤醒奴隶下地干活。不久哈蒙德也起来了，他意识到为了"继续"做富有的主人，必须"完全驾驭"他的奴隶。他宣称：对奴隶的大多数冒犯行为，通常"打 15 到 20

鞭子就够了"，但对"极端事件"的惩罚"在一天内一定不能超过100鞭子"。

在阿拉巴马州的一个种植园里，休·劳森（Hugh Lawson）起得很早，正在写一封悲伤的信讲述他的"一心一意的、忠诚的"奴隶吉米的死。一个已经醒来的女奴"在清早穿过结霜的土地来到大宅子为女主人生火"。女主人醒来后对奴隶说："对了，今天我的小黑鬼怎么样了？"这名女奴是一位成年妇女，她要为两个家庭的幸福担起责任。

第四个场景是在佐治亚州内地的一个中等农场，天刚亮查尔斯·布罗克（Charles Brock）就起来了，并与他的两个儿子和奴隶一起在谷物和甜马铃薯地里干活，布罗克的妻子则和一个女奴在照看奶牛。

这些不同的场景表明，奴隶制彻底渗透到南方奴隶所有者的生活中。对被奴役者来说，早晨是起床就去劳动的时间。但对拥有奴隶的白人来说，早晨则通过多种方式与奴隶发生联系：奴隶是计算盈亏时的负担，是保持服从和秩序的对象，是密友和共同劳作的伙伴，也是永远出现在眼前的恐惧、憎恨和无常的提示。

9.3.1 蓄奴的压力和种植园女主人

罗伯特·奥尔斯顿（Robert Allston，1801—1864）是一个大稻米种植园主，他的种植园位于南卡罗来纳州沼泽密布、蚊虫大批滋生的低洼的潮汐地带。这种地方是种植稻米的理想之所，但因环境恶劣，很少有白人愿意生活于此。这里奴隶的死亡率之高骇人听闻。罗伯特是奥尔斯顿家族生活于这片荒凉之地的第五代。到1860年，除了另外9 500英亩牧场和森林外，他在皮迪河沿岸已拥有七个种植园，共计4 000英亩土地。他拥有近600个奴隶。1850年代，他的土地和奴隶总共值约30万美元。尽管拥有富饶的土地且劳动力充足，但罗伯特仍有大量抵押借款和未偿债务。

奥尔斯顿是一个有教养、有才干、有公德心的人。他在西点军校接受教育并受过法律培训，他既经营农场，还在南卡罗来纳州参议院供职多年并曾当过州长。正如他在 1838 年所写的，他的政治信条建立在"杰斐逊原则"这一基础之上。奥尔斯顿的核心信念就是"对宪法清晰、诚实、常识性的解读"，这意味着奴隶制是符合宪法的，而废奴主义和合众国银行则是无效和非法的。奥尔斯顿也反映了"杰斐逊原则"仁慈的一面。他是美国新教圣公会的活跃分子，提倡放宽南卡罗来纳济贫法；改良公共教育体系，使其同时向富人和穷人开放；对残疾人要进行人道主义的照顾；改善卡托巴部族印第安人的生活状况。

1832 年，奥尔斯顿与同样有教养的阿黛尔·佩蒂格鲁（Adele Petigru）结婚。她深入参与了种植园的管理，在罗伯特去办理政务时负责掌管整个种植园。1850 年，在给丈夫的信中，阿黛尔报告了家庭事务和孩子的教育、奴隶的疾病、春耕情况、沟渠和堤道的建造、葡萄酒的装罐以及当前的政治，表明她具有广泛的兴趣。罗伯特在内战中去世后，她承担起管理奥尔斯顿种植园的重担，当联邦军队到达时，她放弃了种植园（参见第 14 章）。除了蚊虫肆虐和酷热难耐的时候，奥尔斯顿一家人都在种植园忙碌。管理数千英亩的水稻不仅需要在劳动力和设备方面有大量投资，还要对奴隶和精密的灌溉系统严加看守。虽然奥尔斯顿种的是稻米而不是棉花，但他所关注的事情仍然具有代表性。

奥尔斯顿的信件中时常流露出蓄奴的沉重负担。尽管他小心地为奴隶分发足够的衣料、毯子和鞋子，并让奴隶们得到应有的休息，然而奴隶的生病和死亡，尤其是那些承担田间劳动的年轻奴隶的病与死，仍是他最忧虑的事情。他抱怨说："我在一年内失去了 28 名奴隶。"他尽量让奴隶家庭成员生活在一起，但在必要时他也会出售奴隶。在写给儿子本杰明（Benjamin）的一封信，他对一个奴隶监工的坏样板表现出关注，这个奴隶工头因为在上周日没有与大家一起劳动而被"砍掉了手"。在同一封信里，奥尔斯顿催促本杰明继续干好其"巡逻职责"，这不仅是提防奴隶逃跑更是控制"浪荡白人"的有效手段。显然，家长式的种植园主阶级把控制底层白人和黑奴视为自己的责任。

同样，其他种植园主既把奴隶制看成责任，又把它视为负担。许多种植园主都强调，为了让奴隶吃饱穿暖，他们比奴隶更辛苦。弗吉尼亚的达布尼（R. L. Dabney）抱怨道："再也没有比管理一帮黑人更倒霉的事了。"无论是否倒霉，达布尼和其他奴隶主却都是从他们的负担中获利，而他们本人则很少会明确承认这一点。

他们的妻子则体验了其他各种负担。一位女主人写道："种植园女主人才是最彻底的奴隶。"另一位则抱怨道："是奴隶们拥有我。从早到晚我都要照料他们。"这些负担阿黛尔·奥尔斯顿也是深有体会。为了与南方的荣誉规范相一致，人们希望种植园女主人能改善丈夫的道德和美化自家的客厅。而且，她们还要在双重道德标准下受苦。人们期待她们成为贞洁女子，而她们的丈夫却可以随便与女奴发生性关系。玛丽·切斯纳特（Mary Chesnut）在她的日记中写道："上帝宽恕我们，但我们的制度是畸形的。任何一个女士都愿意告诉你谁是所有这些混血儿的父亲，当然她自己家的除外，她似乎以为自家的混血孩子是从云端上掉下来的。"但是，种植园女主人也有她自己的双重标准：一度当过奴隶的一名妇女谈及她的女主人时说："她是一个热心人，但也是奴隶制忠实的提倡者，我一直迷惑不解的是，对奴隶制的极端拥护与她身上其他的基督徒品质是如何相调和的。"

切斯纳特把推动奴隶制的性欲因素称为"疥疮"。除此以外，种植园女主人还有其他负担。她要与被奴役的黑人妇女一起，不仅照顾丈夫和孩子们，还要负责奴隶的吃穿健康。此外她们还要扮演许多角色：她们要对男人进行潜移默化的教化；成为处理种植园众多事务、足智多谋而又负责的管理者；她们是使奴隶制长存的人；有时，她们自己也是这一制度的牺牲品。

9.3.2 为奴隶制辩护

本章开头有关道格拉斯女主人行为的叙述表明，奴隶制也能迫使怀有善意的人实施非人道行为。由于奴隶制日益被抨击为不道德的制度，奴隶主们被迫要证明奴隶制的合理性，这不仅是为了回应这种"特殊制度"的反对者，而且可能也是在为他们自己做出解释。直到1830年代，他们仍将奴隶制解释为一种"必要的恶"。不过，在废奴主义者于1830年代加紧了对奴隶制的抨击后，他们开始用五种证据证明奴隶制是"积极的善举"，从而来为奴隶制进行辩护。

来自圣经的辩护一部分是基于降临在含（Ham，含是诺亚的一个儿子）的儿子身上的诅咒；另一部分则是基于圣经中关于仆人要服从主人的警告。南方人还征引历史来进行辩护，声称奴隶制始终存在并形成了所有伟大文明古国的基础。

美国宪法拒绝禁止奴隶制，则为其提供了法律支持，而下述三个条例也明显体现出奴隶制的合法性：有关奴隶算作3/5公民的条款；保护海外奴隶贸易20年；命令归还跨州逃亡的奴隶。

第四个为奴隶制辩护的论证是伪科学的。直到1830年代，大多数南方白人都相信黑人地位低下不仅是天生的，而且也是由于非洲的气候及其恶劣条件使然。随着1830年代认为奴隶制是"积极的善举"观点的兴起，南方人开始辩解说，作为与生俱来的劣等种族，黑人是被单独创造出来的。因此，劣等非洲人的命运就是在劳动中为上等白人服务。从最乐观的一面来看，奴隶制将会教化野蛮的黑人。正如奥尔斯顿所说："有教养的主人是黑人在这个世界上最好的朋友。"

奥尔斯顿对家长式作风的陈述，无疑是对奴隶制所做的社会学方面的辩护。这一观点的主要倡导者**乔治·菲茨休**（**George Fitzhugh**）主张："黑人只是已经长大的孩子，必须像对孩子一样对他们进行管教"，他们必须得到主人父亲般的引导、约束和保护。许多南方人都相信，如果黑人获得解放，无序和种族混合就会随之发生。菲茨休对比了南方奴隶与在北方工厂工作的自由黑人和自由劳动者的待遇。他说，这些"工资奴隶"［雇佣劳动者］和奴隶一样辛苦，并要靠这点微不足道的工资吃饭、穿衣、寻找栖息之所。而南方的主人们则会为奴隶准备所有生活必需品。因此，奴隶解放是残忍的，它对黑人和白人而言都是负担。

奴隶制与19世纪美国社会的主要意识形态——个人自由的扩展、经济机会和民主的政治参与——背道而驰，因而证明其合理性也就是南方奴隶制辩护者的一个难题。此外，南方在捍卫奴隶制时，还必须考虑到没有奴隶的白人家庭，这部分家庭所占的比例是75%，他们没有奴隶却又羡慕拥有奴隶的家庭。为了消除白人间阶级对抗的潜在可能性，富有的种植园主提出了如下理由：不分阶级，所有白人都优越于黑人。

奴隶制有利可图是隐藏在所有这些辩护背后最根本的动机，只不过这一点却是很少被人承认。1840年代和1850年代南方进一步捍卫奴隶制，这引起了北方人和奴隶自身愈加激烈的反对。或许，奴隶制最残忍的地方不在身体方面，而是在心理方面：奴隶处于被奴役状态，并被禁止参与到一个高度重视自由和机会均等的国家里的种种事务中。

9.4 中午：家里和田中的奴隶

下面的场景是种植园，时间是炎热的7月里的一天下午2：00。吃过午饭，奴隶们就得返回地里干活。午饭吃的通常都是粗玉米粉和猪肉。奴隶们都无精打采，因为他们吃不饱而且气候炎热潮湿。弗雷德里克·道格拉斯记得："不论天气多冷或多热……我们都在风雨不误地工作。"玛丽·雷诺兹（Mary Reynolds）是路易斯安那州的一个奴隶，她回忆说，她最痛恨"棉桃上霜时摘棉花"，因为这会使她的双手"溃烂、皱裂、出血"。

9.4.1 每天的辛苦劳作

对大多数奴隶来说，不论在地里还是在大宅子里，每天的工作时间表

一队奴隶

　　这幅版画描绘了一群戴着锁链镣铐的奴隶，揭示了奴隶制极不人道的一面。注意画面右上角那个举着鞭子驱赶奴隶的白人。在他前面是一个妇女和一名儿童，另一个妇女则用鄙夷的目光看着他。面对这幅版画，你有什么想法？

都是又长又苛刻。他们每天破晓前就被叫醒，夏天平均每天工作 14 个小时，冬天是 10 个小时；到了收获季节，每天工作 18 个小时更是常事。奴隶们根据劳动力或庄稼数量分组，或按任务量被组织起来干活。通常 20～25 个奴隶为一组，在监工的注视和鞭打下，在一排排的棉花地里收棉花。佐治亚州的一个奴隶本·辛普森（Ben Simpson）回想起，他的主人"用生牛皮编成的长长的鞭子鞭打那些拖后腿的或筋疲力尽的奴隶"。

在分派任务体制（task system）下，每个奴隶每天都要完成特定的任务量，奴隶们喜欢选择这种任务体制，并进行巧妙的协商。这种体制鼓励奴隶卖力干活以便尽早完成一天的工作，当然奴隶主经常会对他们的工作进行挑剔的检查。1860 年，工头向罗伯特·奥尔斯顿汇报一周情况时说，锄玉米时，他"鞭打了范妮、西尔维亚、蒙迪、菲比、苏珊娜、萨利纳、西莉亚和艾里丝各 12 下"。黑人奴隶监工也一样苛刻。

奴隶主希望每个奴隶平均一天能摘 130 磅到 150 磅棉花，而甘蔗和稻米种植园里的奴隶则更辛苦。种甘蔗时要不停地耕作，并要在有许多蛇出没的地里挖沟。到了收获季节则需要收割、剥皮并把甘蔗运到糖厂煮沸，由于要劈砍和拖拽大量木柴，人们往往筋疲力尽。在低洼地区的稻米种植园劳动则情况更糟：奴隶要长时间地站在齐膝深的水里劳作。

家奴多为女性，虽然她们经常也会被叫去帮助收割，但相对来说任务要轻快许多。她们作为女仆、厨师、裁缝、洗衣女工、马车夫、园丁或保姆在大宅子里或附近工作。男奴从事种植园中的大部分熟练技工工作。白人与黑人之间的亲昵行为多发生在房子附近。家奴在吃穿方面的待遇要好于在大田里干活的奴隶。但也有不利因素：她们会受到严密监视，整天干活，容易与白人起冲突，包括被迫去做一些令人讨厌的工作，受到侮辱、鞭打和性侵犯。然而，最可怕的惩罚并不是被卖到南方腹地，而是被送到地里干活。

9.4.2 奴隶的健康状况和受到的惩罚

奴隶主也会关心其劳动力的健康，但奴隶们却是过着疾病缠身的日子。奴隶的家非常简陋，他们住在只有一个房间的小木屋里，地面是泥地，屋里有个壁炉。墙上的裂缝和小洞使得蚊子很容易进到屋里。室内典型的陈设包括一张桌子、几只凳子和箱子、一个铁壶和木头盘子，可能还会有一张床。屋子里很拥挤，往往几家人合住。衣衫破旧，穿着非常不舒服。

有关奴隶饮食是否充足的研究得出的结论并不一致。与拉美奴隶相比，北美奴隶的饮食还是不错的。北美奴隶平均每周定量为一配克（容量单位，相当于两加仑）玉米粉、三四磅腌肉或熏肉、一些糖蜜，可能还有些甘薯，但主要是玉米。一些奴隶还能种菜、钓鱼或打猎，但他们还是很少能吃到新鲜的肉、奶制品、水果或蔬菜。饮食上的限制驱使他们去偷盗食物并会食用一些不洁食物，而这又会导致寄生虫侵入体内。奴隶们的饮食也造成了皮肤病、嘴唇干裂、眼睛疼痛、维生素缺乏症乃至精神系统疾病。

由于维生素缺乏、辛苦劳动、疾病，加之月经和生小孩，女奴们的身体尤其虚弱。在地里，她们要和男人们干同样的体力活，干完农活她们还得在家做饭、缝补、照顾孩子，并做传统的家务活。"孕妇"通常不耕种、不拿重东西，并且在生完小孩之后有三周恢复期。然而，这些原则经常被违反。奴隶孩子营养不良，5岁以下奴隶孩子的死亡率是白人的两倍。

1850年美国奴隶的预期寿命是21.4岁，相比之下，白人的预期寿命则是25.5岁。由于食物匮乏及气候原因，奴隶非常容易感染流行病。非洲人的镰状细胞能够产生一些抵抗力，但许多奴隶仍然死于疟疾、黄热病、霍乱和其他一些由蚊子和污水传播的疾病，尤其是在危险的佐治亚沿岸低洼地区的田地和路易斯安那的甘蔗田中。夏天，各地的奴隶容易患上肠道疾病或死于这类病，冬天则易死于呼吸系统疾病。一般种植园平均都有20%的奴隶（有时则会超过50%）会同时患病，如果工头的报告里没有关于奴隶生病和死亡的记录，那就算不上是一份完整的报告。

相对频繁的鞭打和其他体罚使奴隶们的生存条件更加恶化。许多奴隶主都将小块园地、额外假期、做雇工和白人才有的通行证作为奖赏，激励奴隶忠实地为主人劳动；他们把收回这些特权当作惩罚。但是，南部的法庭记录、报纸、种植园日记和奴隶们的回忆录则揭示出，残酷的虐待司空见惯。奴隶主有许多鞭打方法既能给奴隶造成足够的疼痛又能不损坏这些颇有价值的劳动力。其他惩罚办法则包括在空闲时给奴隶戴上足枷和监禁、用镣铐拴住他们、上口套、在鞭打过的伤口上撒盐、打火印、用火烧甚或是阉割。

奴隶主在内战之前的报纸上公告的逃亡奴隶名单则最充分地暴露了奴隶制的残忍。在寻找最好的方式去描述失踪奴隶身体特征的过程中，奴隶主也在无意中暴露了自己的非人道行为。一个密西西比州的逃跑者被描述为："后腰上有一条大的凸起的伤疤，腹部有一条几乎和人手指一般大的伤疤。"佐治亚州的一个女奴身上"带有相当明显的鞭伤疤痕"。奴隶主在描述逃亡者贝蒂时则是这样说的：最近"她的左脸被发烫的烙铁烫焦"；她的主人在日记中承认："我试图在她脸上烫下字母 M。"

9.4.3　奴隶法与家庭

日益复杂的主奴关系在于奴隶的双重身份，他们既是人又是财产，这种法律和心理上的含糊不清是南方从未解决的问题。一方面，奴隶们有名字、人格、家庭和他们自己的愿望，这些使他们拥有了人的特征。而另一方面，他们又是财产的重要组成部分，购买他们是为了追求利润。

这种含混不清的状况也导致在对待奴隶问题上的法律混乱。直到 1830 年代初，南方一些废奴主义者仍在坚持活动，主要是在上南部地区，因而奴隶解放还有一线希望。即使这样，奴隶们仍然遭受到草率并常常是残酷的对待。随着 1831 年"纳特·特纳起义"和威廉·加里森（William Garrison）发行废奴主义者报纸《解放者》(*Liberator*)，局面发生了变化。1831 年后，南方的奴隶制变得更加严厉。法律禁止解放奴隶，奴隶除了反抗或逃亡根本就没有获得自由的希望。与此同时，保护奴隶免受过分苛刻待遇的法律也得到了加强。

奴隶的待遇会因奴隶主不同而有所不同，同时也取决于奴隶主的情绪和其他情况。大多数像罗伯特·奥尔斯顿这样的种植园主，都会鼓励奴隶结婚并试图保持其家庭完整；他们相信家庭会使黑人男性更加温顺，少些逃跑的倾向。但另一些奴隶主基于经济原因考虑则并不尊重甚至还会破坏奴隶的婚姻，而南方法律也许可他们这么去做。

对黑人妇女的性虐待则更是增加了家庭被迫解散的痛苦。虽然这种虐待发生的频率不得而知，但内战前数千名黑白混血儿的出现却是很能说明问题。南方的白人使用种种手段欺骗黑人妇女，比如用礼物引诱她们；而对那些拒绝者，则威胁要对她们进行体罚，或卖掉她们的孩子及亲人；或花钱购买使其成为情妇，或当场强奸迫使其就范。

为了获得廉价的额外劳动力，奴隶主都会鼓励年轻女奴多生小孩，不管她们结婚与否。奴隶主用生育可以少干活多分配来引诱她们，如果这种口头鼓励不管用，就强迫她们与男人性交。例如，"主人"霍金斯选择鲁弗斯与一个16岁的少女罗斯·威廉斯同居，罗斯很不情愿。一开始，她坚决拒绝鲁弗斯："我用脚踹他，把他推倒在地板上。"当鲁弗斯继续靠近的时候，罗斯拿起拨火棍"朝他头上砸去"。霍金斯威胁她如果不从就把她绑在树桩上"鞭打"并把她卖掉，让她再也见不到她的父母。这对她来说太恐怖了。"我还能怎么办？所以我只能按他说的做，我屈服了。"

奴隶在求爱时通常都是基于相互吸引来选择配偶的，但这一过程却因受到白人的干涉威胁而变得复杂起来。正如贫穷白人之间那样，婚前性交很普遍，但滥交行为则实属罕见。大多数夫妇都比较相爱并保持着持久的关系。而这也带来了许多烦恼。奴隶家庭的成员面对白人的干涉无能为力，只能眼睁睁地看着所爱之人遭受鞭打和其他肉体上的虐待。威廉·布朗（William Brown）回忆说：看到母亲被鞭打，他感到"阵阵寒意溢出并大声哭泣"。为了避免面对这种情况，一些奴隶宁愿选择其他种植园的人做配偶。

虽然生儿育女是被奴役妇女生活中的主要内容，但生育孩子和工作及家务的双重压力也对她们的应变能力提出了挑战。一些主人允许哺乳期的母亲有喂奶的时间，但更常见的情景却是女奴们在地里干活，新生儿躺在一旁。妇女们发展起互助网络，照顾彼此的孩子，相约一起缝补衣服，缝被子，做饭，洗衣服，照顾病人和快要死去的人，同时还一起祈祷。

对奴隶来说，最大的创伤就是家人分离，这一难以忘怀的恐惧经常萦绕在他们的脑海。虽然许多奴隶主认为，出于道德和经济原因应该维持奴隶的家庭，但他们还是不可避免地破坏了这些家庭。在上南方，奴隶主转向种植较少劳动密集度的作物，对奴隶的需求减少，所以就会卖掉那些看上去没有多少经济价值的奴隶。一项持续了 30 年的针对南方腹地的调查显示，奴隶主解散了 33% 的奴隶家庭。尽管这样，奴隶们还是试图维持与他们被卖到别处的爱人之间的联系。阿布里姆·斯克里文（Abream Scriven）写道："我亲爱的妻子和孩子们，我对你们的思念之情无以言表。"

事实上，**废奴主义者**认为奴隶制是一种苛刻而残忍的制度，这是有可靠根据的。不过，也有两点需要强调指出。第一，虽然奴隶制导致正派的人干

奴隶市场

家庭和朋友关系的破裂是奴隶们心中永远存在的恐惧，他们会因经济原因或是有不合作行为而被卖掉。研究一下这幅画，描述一下你所看到的。画中不同的白人各自都在做着什么？男性奴隶有什么样的表现？他们的姿势与女性奴隶的姿势有何不同？画家对谁抱有同情心？

第 9 章　奴隶制与老南方　377

出非人道的行为，但在整个南方，许多奴隶主既不是虐待狂也不残忍；基于经济利益考虑和基督教道德，他们为奴隶做了能够做的一切。第二，无论是从属于仁慈的还是残忍的奴隶主，奴隶们都具有尊严、集体力量和偶尔的快乐。如果白天奴隶制在地里表现出了它最糟糕的一面，那么夜晚在奴隶的住所，正如黑人自己所言的那样，即使在奴隶制下，奴隶的生存能力和塑造非裔美国人文化的能力也能展示出来。

9.5 晚上：在自己住所的奴隶

接近日落时分，一天的劳动将要结束。一些奴隶开始唱起温和的宗教歌曲"逃向耶稣"，其他人也跟着唱起来。对粗心的监工和主人来说，歌曲表明奴隶们很高兴，他们盼望着去天堂。而对奴隶来说，歌曲则是一个信号，正如从前的奴隶沃什·威尔逊（Wash Wilson）所说，他们要"逃到耶稣那里去"，因为"那天晚上他们将会有一个宗教集会"。

奴隶的住所远离白人和白天的劳动，奴隶们创建了黑人社团以帮助他们过上有意义的生活。在家庭生活中，奴隶们通过宗教、歌曲、舞蹈、演奏乐器和讲故事这些方式来寻求解脱痛苦，创建一个充满活力的群体和一种生机勃勃的文化。

9.5.1 黑人基督徒

正如沃什·威尔逊描述的场景所暗示的，基督教信仰成为奴隶住所生活中不可或缺的一部分。19世纪早期的宗教奋兴导致美国黑人中的基督徒急剧增加。独立的黑人浸信会派和卫理公会派教堂，尤其是边疆地区的教堂，不仅为奴隶和自由黑人服务，有时甚至也接待白人。这些黑人教会行事谨慎，以保持他们的自由并避免白人的干涉。不过，绝大多数南方黑人都是奴隶，他们参加种植园的教会仪式，而教堂则都是奴隶主建造的。

罗伯特·奥尔斯顿为他的奴隶建造了一所祈祷用的房子并骄傲地宣称奴隶们"聚精会神地祷告……在智力和道德方面都有很大改善"。对奴隶主而言，宗教是社会控制的一种形式。通常，除非白人观察员出席或有白人牧师引导，否则黑人的宗教集会都是被禁止的。不管是在奴隶教堂还是在白人教堂（黑人坐在后面），布道都强调劳动、服从、忠诚和尊重主人财产的重要性。一个奴隶回忆说："所有牧师都对我们说要服从主人，不能撒谎和偷窃。"

然而，白人的控制也是有限度的。有些奴隶适应了带有奴隶主印记的基督教并耐心等待着天国的救赎，但也有一些反抗者则在寻求现世的自由。有几个奴隶在离奥尔斯顿种植园不远的地方唱歌，歌曲的内容是："我们不久就会得到自由/我们将为自由而战/当上帝召唤我们回家之时。"他们被人发现后遭到监禁。弗雷德里克·道格拉斯组织了一个非法的主日学校，"这是我有生以来最最甜蜜的工作"，在那里，他和其他人冒着被鞭打的危险学习基督教教义并诵读。在这些宗教学校和聚会中，奴隶们建造了"看不见"的教堂。星期天的早晨，他们规规矩矩地坐在那里听完"白人的礼拜式"，期待着晚上"真正的布道"。

终于挨到了晚上，他们又唱又跳又喊并进行祈祷。一个女奴解释说："白天一天身边都有白人，黑奴们无法随心所欲地叫喊。"但是到了晚上他们就可以叫喊，他们小心地将声音降低，以防白人听到。卫理公会派禁止跳舞，黑奴就将跳舞转换成为赞美上帝的"欣喜狂呼"。宗教仪式本身以野营会为特征，缓解了黑奴一天的重负并表达了其共有的宗教价值观，一个奴隶回忆道，只有在这个时候"他们才真正感到了精神自由"。

许多习俗都是非洲固有的，但反复宣讲的启示却是犹太教和基督教共有的主题：受难和挣脱束缚。安德森·爱德华兹（Anderson Edwards）说："我们祈祷着自由。"但奴隶们所追求的自由中包含着复杂的成分，他们既追求灵魂安宁，又渴望摆脱世俗的奴隶制；黑人的圣歌最充分地体现了这一点。

9.5.2 歌曲的力量

入夜后奴隶们在住处后面的树林里又唱又喊，他们表达着两种情绪。第一种情绪是为自己被（从非洲）卖到这里导致家庭"支离破碎"而感到痛心。第二种情绪则恰恰相反，他们唱道："美好的一天就要来临。/ 你会跟我一起去吗？/ 美好的一天就要来临。/ 一起去欢唱吧。"

在奴隶们的住所，音乐是表达世俗情感和宗教信仰的重要形式。他们在创作歌曲方面是老手。雅内特·墨菲（Jeanette Murphy）描写了自发创作歌曲的过程，包括从田园福音音乐到城市爵士乐，描述了那个时期的黑人音乐。她说："到了安息日，我们都坐在'祈祷室'。"当白人牧师布道时，"上帝会突然到来，这会使奴隶们身心苏醒"。她继续说道："我边跳、边发牢骚、边喊叫、边唱歌再加上拍手声一起响起，奴隶们也都这样做，我还高唱在非洲听到的古老歌曲，这些圣歌也在其他黑人心里涌出，并将一直记在我们心中，成为我们生命的一部分。"

黑人的圣歌讲述着犹太教和基督教所共有的主题：上帝的选民、上帝的孩子们正在被奴役，但他们终将得到解救。他们所言的解救经常包含双重含义：在天堂的自由和在北方的自由。那么，他们渴望的目的地迦南究竟在哪里？"啊，迦南，美妙的迦南 / 我准备去迦南。"迦南是天堂吗？迦南在北方吗？或者按字面解释，迦南所指是否是位于加拿大的"地下铁道"（废奴主义者组织的帮助奴隶逃亡的交通网络）的终点站？对于不同的奴隶，对于同一个人在不同的时间，它可能意味着上述全部含义。

奴隶的歌曲也并非总是包含双重含义或言外之意，有时奴隶们聚在一起仅仅是想听听音乐，他们拉起小提琴、打起鼓，或者演奏仿制的西非乐器。有些黑人音乐家也被邀请在白人庆典和聚会上表演，但多数时候都是为奴隶社区表演。人们在婚礼、葬礼、节假日、家庭团圆和大丰收等公共场合都要聚在一起，通常也都会有音乐相伴。

遇到影响奴隶们生活的外部事件：主人遭遇危机、奴隶法典的改变、内战或奴隶解放,他们也会唱歌。道格拉斯写道:"奴隶的歌曲表达了他们内心的悲痛。"但它们也会表达喜悦、得意和解脱。每个悲伤的表达,通常都会以自由和正义的最终爆发来结尾:从"有时我觉得自己像个没有母亲的孩子"转换成"有时我感觉自己像一只雄鹰,在苍天上振翅飞翔,飞呀飞……"

9.5.3 稳定的家庭

音乐的作用表明家庭是奴隶们生活的中心。性虐待和家庭破裂在现实生活中是真实存在的,但维系家庭生活的希望同样是真实的。例如,命名实践就表明了孩子与扩展大家庭相联系。

家庭的凝聚力意味着爱、庇护、教育、道德引导、文化传承、行为表率和基本支持。所有这些在奴隶的住所都能看到。黑人用这种方式保存自己的文化传统,这同样能够加强父母和孩子们的认同感和自尊心。父母教孩子们怎样在这个世界上生存,怎样对待奴隶制。对那些马上就要到地里全天干活的年轻人来说,父母会教导他们摘棉花和收庄稼的最佳方法、怎样不被监工鞭打、谁值得信赖和学习,以及怎样愚弄主人,等等。

有的父母想做点额外工作赚钱去购买食糖或衣服,通过打猎或钓鱼给家里的饮食增添些蛋白质,或是在小院里种些蔬菜,许多种植园里都有这种机会。借助这类小手段,他们也增加了家庭的福利。

奴隶们也并非总是完全处于主人和监工的支配下。哈丽雅特·雅各布(Harriet Jacob)一方面靠她的机灵和顶嘴避开了男主人的示爱,另一方面也是靠她获得自由的奶奶在社区里的巨大影响来阻止主人。当家庭干涉、请求宽恕或巫师的魔法都不管用后,一些奴隶就会诉诸武力。1800年,本(Ben)因为他的妻子与一个白人男人住在一起而开枪打死了那个白人,另一个奴隶1859年因为一名监工强奸他的妻子而杀死了那名监工。女奴也会冒险保护她们自己和家庭成员。当一个持刀的强奸者要强暴彻丽·洛特恩(Cherry Lotuen)时,她用一根大树枝把他击倒了。

奴隶之间相互支持的事例数不胜数，但奴隶们彼此之间的爱和情感有时也是一种责任。一些奴隶（尤其是女性）不愿逃跑，因为他们不想离开自己的家人。密西西比州纳齐兹附近的一个监工告诉一个北方的来访者，那些逃跑的人很容易被抓到，他们"几乎总是藏在邻居那里，因为他们不喜欢跑到看不见家人、不能常回来的地方"。

正如这些例子所表明的那样，暴力行为、性虐待、家庭破裂时时都在威胁奴隶家庭。但是，奴隶父母们依然是孩子们的保护者、供给者、安慰者、文化传播者和行为榜样。

9.6 反抗与自由

歌曲、民间故事和其他类型的文化形式，使奴隶们得以表达对奴隶制的反抗。例如，"奥利·吉姆"这首歌中唱道，吉姆即将踏上去往"天国"的"旅程"，他邀请其他人同去，并嘲弄他的主人："啊，殴打、殴打，奥利主人，你殴打棉花去吧，奥利·吉姆再也不会待在棉花和谷物地了。"由拒绝工作再前进一步便是公然反抗。在"参孙"这首歌里，奴隶们明确表达了要打破奴隶枷锁的决心："如果我有办法，我就把房子拆掉！……现在，我有办法了，所以我要把大房子拆掉。"就像道格拉斯对科维的反抗一样，充满敌意的歌曲、故事或事件，都是反抗的表现。

9.6.1 黑人反抗的形式

奴隶们通过各种各样日常的反抗行为来抗议繁重的、持续的强迫劳动。从破坏劳动工具到烧毁房屋，从偷食物到为同伴辩护使其免受惩罚，从自残到干活拖沓，从给主人下毒到假装生病，这些反抗行为可谓五花八门。

女奴们意识到生育的价值,她们以月经"紊乱不调"为由而成为旷工老手。在扬场、舂米和去玉米穗包叶时,她们建立了互助网络来分担痛苦,同时也相互鼓励与主人顶嘴、挑衅等个人行为,诸如破坏主人进餐、假装有病或痛经等。

监工同样为这样的反抗所苦,因为他们的工作成效都取决于生产力,而生产力反过来又依靠奴隶劳工的善意。奴隶们非常老练地在主人与监工之间挑起争斗。

许多奴隶主都用黑人做监工而不用白人工头,但这又产生了其他问题。黑人监工是"夹在中间的人",他需要具备足够的技巧,既可以完成主人的工作,又不会与奴隶同伴疏远,或是损害自己的忠诚。虽然他们中有些人也像白人工头一样残忍,但许多黑人监工都成为领袖或其他奴隶的榜样。黑人监工有一个共同惯例,即并不对奴隶进行真正的惩罚。所罗门·诺斯拉普(Solomon Northrup)说他"学会了如何灵巧而精确地使用鞭子,可以使鞭子从黑人的头发、耳朵、鼻子上掠过而不会碰到其中任何部位"。

另一种反抗形式是逃跑。典型的逃跑者是年轻的男性奴隶,他们会躲藏在附近的森林或沼泽地里。他们之所以逃跑是为了躲开鞭打或是已经遭到了鞭打,或是为了反抗过于繁重的劳动,或者是像一位主人所写的,完全"没有理由"。其实理由是存在的——需要体验一段时间的自由,远离种植园的约束和惩罚。许多逃跑者都会偷偷摸摸地回到家里找吃的,如果没有被追捕到,几天后他们就会自行回来,也许会遭到鞭打,但主人也可能会做出一些让步,给他们更好的待遇。

有些奴隶一遍遍地逃跑。瑞摩斯(Remus)和他的妻子帕蒂(Patty)从阿拉巴马的主人那里逃走了三次,每次遭到监禁后他们都又再次逃脱。一些逃亡者在逃奴社区一躲就是数月乃至数年,尤其是在佛罗里达的逃奴社区,那里的西米诺尔人和其他印第安人对逃奴非常友好。在这些地方,黑人和西米诺尔人对白人都怀有敌意,他们之间经常通婚,虽然有时南方的印第安人也会受雇去追捕逃亡者。

奴隶们逃跑的方式非常多样：伪造通行证、装扮成主仆、男扮女装或女扮男装、偷偷上船逃走，或是佯装忠诚，直到被主人带着踏上去往北方的旅途。有一个奴隶甚至把自己装到大箱子里邮寄到了北方。由废奴主义者组织的"地下铁道"是由一连串安全之家和安全站组成的，逃跑的奴隶可以在这里休息，吃饭，住宿，然后继续行程。哈丽雅特·塔布曼（Harriet Tubman）是"地下铁道"最著名的"列车长"，她分十一二次帮助70多个奴隶逃出了南方。我们很难确知到底有多少奴隶逃到了北方和加拿大，但人数应该不会很多。有一份估计表明，1850年约有1 000名奴隶（奴隶总数为300多万）试图逃走，其中大多数都被遣送回来。每天晚上白人民兵都会巡逻，这也就减少了奴隶逃跑的机会，甚至可能也打消了许多奴隶出逃的念头。

奴隶们寻求自由的其他方式还包括向国会和州立法机关请愿，控告主人对他们非法奴役，说服主人依照其意愿解放他们。还有许多奴隶不辞辛苦，利用晚上和假期出租劳动力做额外的工作，然后用赚来的钱为自己赎身。

9.6.2 奴隶起义

反抗的最终行动就是起义。无数奴隶都采取过个人反抗行为。除此之外，还有数百次奴隶策划集体逃跑或是合谋杀害白人。但大多数行动都没有付诸实施，或是由于环境改变，或是因为奴隶们失去了坚持到底的决心，但通常情况下都是部分奴隶同伙（很可能是主人安插的）出卖了秘密计划。1800年加布里埃尔·普罗瑟（Gabriel Prosser）在弗吉尼亚和1822年登马克·维塞（Denmark Vesey）在南卡罗来纳精心策划的起义就是被这种密探挫败的。加布里埃尔和维塞都颇有见识，他们领导策划了奴隶起义，希望当时的大事件——1800年可能与法国发生的战争和1820年的密苏里辩论——能够对他们有所帮助。这两起反叛事件都被扼杀在摇篮中并导致白人激烈的报复行动，包括集体处死领导者和杀死许多无辜黑人。这些激烈的反应表明，南方白人极度恐惧奴隶反抗。

仅有少数有组织的反抗最终得以实施。1831年纳特·特纳在弗吉尼亚州南安普敦县领导了最著名的奴隶反抗。特纳是一个聪明老练、信奉宗教的单身奴隶，他多次在幻觉中看到"黑白灵魂的交战"，他相信自己"注定要在万能的上帝掌控下做些大事"。正如特纳所解释的，他和他的追随者们打算在全国范围内"传播恐怖和破坏"。他们偷偷地溜进特纳的主人——一个"给予我最大信任"的"仁慈的主人"——的房间，然后杀死了主人全家。在起义被镇压之前，共有55名白人男女和儿童被杀，起义失败后则有两倍于此的黑人被杀。特纳躲藏了两周后被逮捕并被处死，在被处死前不久他向白人律师提供了一份令人战栗的供词。

"纳特·特纳起义"对南方白人来说是一个重要的转折点。弗吉尼亚州的一位立法者怀疑"每个家庭里都有纳特·特纳存在"。南方诸州对起义的反应则是：制定更加严苛的奴隶行为规范，更加严密地监督奴隶的生活。公开讨论废奴制的益处此时已无可能。事实上，许多南方人都指责北方废奴主义者应为起义负责，宣布他们"震惊于"奴隶"起义和杀害他们的主人"。特纳是一个聪明和值得信任的奴隶但却领导了这样可怕的起义，这再次表明对奴隶制和奴隶的行为进行掌控有多么困难。像奴隶主一样，奴隶们也有不同的个性和可变的情感，不容易预见他们的行为。奴隶们有时卑下恭顺，有时也会倔强反叛，充分利用糟糕的境遇去做他们需要做的事情，以便带着些许自尊生存下去。

9.6.3　自由黑人：成为自己的主人

弗雷德里克·道格拉斯在谈到奴隶时说："让他遇到一个坏主人，他就希望有个好主人；让他遇到一个好主人，他又希望成为自己的主人。"1838年，道格拉斯伪造了自由黑人证件，身份是船员，并从巴尔的摩坐船到北方成为自己的主人；在那里，他发现自己沉浸在一种"巨大的不安全感和孤独感中"。除了寻找食物、避难所和工作这些直接的困难外，他也意识到自己是一个逃亡者，"这里的居民都是合法的绑匪"，他们可以随时抓住他并将他遣返南方。道格拉斯由此加入了自由非裔美国人的行列（这些人占整个非裔美国人口的 11%～12%）。

1820 年到 1860 年间，美国自由黑人的数量成倍增长，从 233 500 人增长到 488 000 人。原因主要是黑人自然出生率的增长、成功的逃脱、白人的"放过"、赎买自由和解放等。

超过一半的自由黑人都生活在南方，主要（1860 年时占 85%）生活在上南方，那里的总奴隶人数已有所下降。由于自由黑人对奴隶来说是自由的一种持续不断的提醒并害怕再次成为奴隶，他们极少出现在下南方的"黑人聚居区"。他们生活的地方远离人口密集的种植园中心而散居在贫瘠的乡村和小镇上，被白人视为造成奴隶不安定状态的诱因。南方的自由黑人有 33% 生活在城市或乡镇。部分由于他们花了很长时间赎买自由，自由黑人往往年龄稍长，有文化，肤色也要比那些非裔美国人淡。1860 年，超过 40% 的自由黑人是黑白混血儿（相比之下，只有 10% 的奴隶是黑白混血儿）。伴随着领导能力的增强，巴尔的摩、里士满、查尔斯顿、新奥尔良和其他南方城市都发展起生气勃勃的非裔美国人社区，自由黑人在白人的反抗声中建造了教堂和学校，创办了慈善团体。

在内战前的南方，大多数自由黑人都是贫穷的雇工、散工或伐木工。在城市里，他们在工厂做工，过着贫困生活。像理发、制鞋、抹灰泥等少数技术工作是为黑人男性准备的，但有 50 多个行业都禁止他们进入。女性只能做厨娘、洗衣工和佣人这样的工作。15% 的自由非裔美国人生活在下南方，他们被划分成两个明显的等级。大多数人的生活都很贫困。但在新奥尔良、查尔斯顿和其他南部城市则出现了少数混血自由黑人精英，他们与白人社会联系密切，与贫苦黑人关系疏远。其中少数人甚至还拥有土地和奴隶。

大多数自由黑人都没有这样的特权。在大多数州，他们都没有选举权，不能携带武器、买酒、聚众、在公共场合说话、组建社团，不允许在法庭上提供不利于白人的证词。不过，非裔美国人在祈祷会、葬礼、互助会和后街陋巷中彼此支持的执着精神却要比白人的阻力更为强大。

城市白人试图阻止自由黑人与白人一起在大众酒馆、赌场和妓院出入，并企图将他们限制在某些区域（这种情况到 1850 年代日益增多），或者强迫他们全部离开。那些留下的人很难找到工作，他们必须随身携带证件，而且他们的行为必须接受白人监护人的监管。南方白人尤其害怕自由黑人与奴隶之间发生接触。

在这些不断发展的事物中，最关键的机构就是非裔美国人的教会，马丁·德莱尼（Martin Delaney）在给道格拉斯的信中写道："教会是一切事物的起点和终点。"内战之前 20 年，由于从白人的控制下获得了自由，独立的非裔卫理公会主教派教会（African Methodist Episcopal Church）的教堂数量猛增。到 1860 年，巴尔的摩有 15 座非裔美国人教堂，代表五个不同教派；1841 年到 1860 年间，弗吉尼亚修建了 14 座新的黑人浸信会教堂，这些教堂给黑人以精神安慰，规定了社区标准并提供了许多教育、保险、自助和娱乐的机会。

非裔美国天主教徒也没有被忽视。巴尔的摩和新奥尔良都有强大的黑人天主教社区，社区成员由克里奥尔人、皈依者、前奴隶及从海地来的难民构成。"神圣家族"（Holy Family）的女会员们和其他天主教黑人妇女团体成员在抵达路易斯维尔和圣路易斯后就开始创办学校，照顾老弱。

非裔美国人的教会不仅是城市黑人社区活动的中心，也是激进的黑人牧师寻求美国社会变革的跳板。詹姆斯·彭宁顿（James Pennington）牧师是一个逃奴，虽然他被拒绝进入耶鲁神学院学习，也没有借书的权利，但他还是旁听了该校的课程。1838 年他得到许可成为传教士，曾主持过纽黑文、哈特福德和纽约市著名的黑人教堂。彭宁顿创办了几所学校，是全国黑人大会（参见第 10 章）运动的废奴主义者领袖，并在 1841 年创建了一个专注于向非洲人传道的黑人组织。黑人宗教领袖不仅为内战，也为内战结束后非裔美国人教会的空前发展扫清了道路。

年轻的非裔卫理公会主教派牧师亨利·特纳（Henry Turner）在 1850 年

民间故事

在奴隶的住处,讲故事是家庭生活中一项日常性的活动。民间故事是一种非常有益的间接表达方式,老奴们通过这些故事表达他们对主人的反抗,向年轻人传授智慧,教导他们怎样生存和获得一定程度的自由,同时还能达到自我娱乐的目的。民间故事巧妙而间接地揭示了被奴役非洲人的经历和他们的渴望,历史学家可以从中获取大量相关信息。

民间故事有很多题材,其中最为人熟知的可能就是关于"兔兄"的故事。这只狡猾的兔子在西非的民间传说里(在巴西的寓言里变成一只乌龟)是软弱和粗心的,其他动物经常瞧不起他。像奴隶一样,兔兄是受害者。但他也很自负,外表看上去很开心,而且还是个捣蛋鬼。更重要的是,他知道怎样用智慧和计谋战胜强大的敌人(如狼兄),他对敌人的了解要胜过敌人对他的认识,对所有被压迫者来说,这是一种必须具备的心理素质。

其中有个故事讲述的是强壮的虎兄在出现饥荒时把水和食物都据为己有,使弱小的动物处于悲惨境地。然而,兔兄把事情颠倒了过来。他知道虎兄害怕自己被"大风"(兔兄在其他动物的帮助下秘密制造的)卷走,就利用了虎兄的恐惧。虎兄对风实在是太害怕了(也许是隐喻反抗的飓风),于是乞求兔兄把自己"紧紧地"绑在树上以免被大风吹走。为了让老虎哀求得更厉害,兔兄最初没有答应,后来才高兴地答应了虎兄的请求;在那之后,森林里所有的动物都享受到了老虎不允许他们触碰的清凉的水和鲜嫩的梨。

在另一个故事里，兔兄掉进一口井里，但他很快就被狡猾的狼兄救了出来，因为兔兄哄骗狼兄说井底要比外面凉爽。当狼用桶把自己放下去后，兔兄却乘着另一只桶上来了。路过狼兄身边时，他笑着对狼说："这就是生活；一些人上来了，另一些人却下去了。"在这些故事里，弱小的动物经常能够战胜那些强大的动物，角色通常都是颠倒的。

这里摘录的可能是最著名的动物传说，它出自南方白人作家钱德勒·哈里斯之手，由一位虚构的老黑人种植园讲故事者雷默斯大叔所讲述。哈里斯想要通过这种方式"以最初的简洁性保存这些传说"，捕捉"昔日种植园真正的味道"。因此他采用了对话体，如果你大声朗读这些民间故事，就像你是雷默斯大叔正对着一群孩子朗读，你就会发现对话体很好被理解。

我们将要进入这样一个故事：一只狡猾但却屡被挫败的布勒狐，决定设置一个计划抓住懒惰但却足够走运的布勒兔；布勒兔一直在当地的一个菜园里偷包心菜，他熟练地摆脱了布勒狐。

奇妙的沥青娃娃

第二天晚上，小男孩问道："雷默斯大叔，狐狸从来都没抓到过兔子吗？"

"当然了，有那么几次布勒狐差点就要得手了，这是不用说的。上次我们说到布勒狐被布勒兔用胡萝卜给糊弄了，后来有一天他想出一个办法，弄来一些沥青跟松脂混到一起，做出了一个奇妙的装置，还给它起了个名叫沥青娃娃。布勒狐把沥青娃娃摆在大路中间，自己则躲进一旁的树丛中。不一会儿，布勒兔就出现了。他'吧嗒''吧嗒'踱着步子，姿态优雅，就像一个美男子。布勒狐赶紧把自己藏得严严实实。布勒兔活蹦乱跳地走着，突然看到沥青娃娃，竟然吃惊得前腿都直立起来。沥青娃娃对这当然是没有反应。布勒狐则在树丛中藏得好好的。

"'早上好！'布勒兔打了个招呼，'今儿天不错啊！'

"沥青娃娃一动不动，布勒兔也是一动不动地藏着。

"'你今早感觉如何？'布勒兔接着问道。

"布勒狐紧张得都不敢呼吸，眼睛也不敢多眨一下，沥青娃娃依旧一声不响。

"'你是不是聋了？'布勒兔的火气开始上来了，可是沥青娃娃仍是什么反应都没有。最后布勒兔实在是忍不下去了，照着它的脑袋就是一拳，却没想到自己的爪子竟给粘在了上面，怎么使劲都挣不开。沥青娃娃对此当然是什么也不知道，布勒狐也依旧藏在树丛中。

"'快放开我，要不就让你再吃我一拳！'说着话，他的另一个爪子也打了出去，结果不用说，也被牢牢地粘住了。沥青娃娃还是一声不吭，布勒狐也还是躲得好好的。

"'你这家伙快放开我，要不就让你满地找牙！'布勒兔有些气急败坏，可是沥青娃娃就是不出声。于是，布勒兔抬起后腿就是一脚，当然了，他的脚丫子也被粘在了上面。布勒狐仍在一旁耐心地等待着。布勒兔开始恼羞成怒，他吼叫道：'你要再不松手就让你脑袋开花！'跟着便一头撞过去，这下可好，连他的脑袋都粘在了上面。直到这时布勒狐才慢慢悠悠地从一旁的树丛里走出来，脸上装出一副很是无辜的样子，就跟你的妈妈养的那些小鸟差不多。

"'你好啊，布勒兔。'布勒狐说道，'今早你好像遇上了些麻烦。'他坐在地上放声大笑，笑得眼泪都流了下来。最后实在是笑不动了，布勒狐接着说道：'这次我看你是肯定得让我吃午餐了，布勒兔——'"

讲到这里，雷默斯大叔停了下来，从炉灰里掏出了一个两磅重的红薯。

"布勒兔是不是被布勒狐吃掉了？"小男孩急切地追问道。

"今晚咱们就讲到这儿吧，"老人答道，"我听见萨利小姐在喊你呢，快回家吧。"

一天夜里，看到老人没什么事做，小男孩就说："雷默斯大叔，布勒狐用沥青娃娃抓到布勒兔后是否把他杀吃了？"

"孩子，难道我没讲完那个故事吗？"雷默斯大叔狡黠地一笑，"那天我本想讲完的，可是困劲上来了……

"那天我说到哪儿了？我跟你讲，布勒兔可不好惹……先别为他掉眼泪，等会儿你就会知道他的厉害。我还是先把这个故事讲完吧。

"布勒狐发现沥青娃娃把布勒兔粘得牢牢的，笑得在地上直打滚。布勒狐好不容易止住笑，爬起身说道：'这次可算逮住你了，布勒兔，看你还能往哪儿跑。你在我的地盘上撒野时间够长了，这回我看你的死期就要到了。你在这里上蹿下跳，老管闲事，你真以为你是这儿的老大？……'布勒狐接着说道，'是谁让你跑来跟我的沥青娃娃套近手？又是谁把你粘在这儿动弹不得？跟谁都没关系，全是你自找。'布勒狐又接着说道：'现在你就给我老老实实站在这儿，待会儿我去找点东西，就给你来一烧烤。'

"布勒兔低声说道：'我不知道你会怎么待我，布勒狐，只求你不要把我扔进石楠地。你尽可以把我烤吃了，只求你不要把我扔进石楠地。'

"'烧火太费事了，'布勒狐说道，'还是弄根绳把你吊死省事。'

"'你爱怎么吊就怎么吊，吊得越高越好，'布勒兔说道，'我的老天，只求你不要把我扔进石楠地。'

"'只可惜我没带绳子，'布勒狐自言自语道，'还是淹死你算了。'

"'你想怎么淹死我都行，水越深越好，'布勒兔说道，'只求你不要把我扔进石楠地。'

"'只可惜这儿没水,'布勒狐说道,'现在我要先扒了你的皮。'

"'快来扒我吧,布勒狐,'布勒兔说道,'你可以挖了我的眼、扯了我的耳、砍了我的腿,只求你不要把我扔进石楠地。'

"布勒狐很想好好折磨一下布勒兔,所以他拎起布勒兔的后腿就将其扔进了石楠地。布勒兔在石楠地里一个劲地翻腾,布勒狐则在一旁来回转悠,想要看看会有什么事情发生。没过多大会儿布勒狐忽然听到有人喊自己,他寻声望去,就见布勒兔盘坐在一根树桩上,正用一块木片刮着身上的沥青。布勒狐顿时明白自己又一次以惨败告终。看着布勒狐那一脸沮丧,布勒兔高兴得大声喊道:'布勒狐,别忘了我可是在石楠地出生长大的,我家就在石楠地!'说完他就四腿一蹬,消失不见了。"

反思历史

当你读完这个故事后,从这个故事里获知了奴隶制的哪些信息?为什么是"沥青娃娃"?暴力对布勒兔起作用了还是使事情变得更糟?最后是什么发挥了作用?你怎样解读故事的结尾?布勒兔重新回到石楠地,"这是他出生长大的地方"。石楠地里布满了荆棘、刺条和植物的根,它是非洲还是奴隶制的象征?或是别的什么?

回想一下你小时候听过的故事,或你现在讲给别人的故事。这些故事是怎样体现美国人的力量、缺陷、价值观及梦想的?同样的问题也适用于我们所唱的歌曲、所创作的艺术、使我们感动的旋律和讲过的笑话——关于我们自己和我们的价值观,上述表现形式又说明了什么?回答这些问题有助于深化我们对历史的认知。

代宣布:"作为一个种族,我们有机会成为大人物,如果我们打算成为公民,现在正当其时。"自由黑人在 1850 年代面临危机,部分原因是他们变得更加像"人民"(people)了。南北之间针对奴隶制愈演愈烈的冲突,使许多南方白人比以前更加关注自由黑人的存在。驱逐或奴役自由黑人的倾向在 1850 年代后期逐步增强。正因如此,一些黑人领袖开始热衷于移民非洲。然而,这一追求却被内战的爆发给打断了,内战重新点燃了弗雷德里克·道格拉斯心中"自由的余烬"。

小结:弗雷德里克·道格拉斯的自由梦

弗雷德里克·道格拉斯通过伪造自由黑人船员通行证逃到北方,通过写作而真正获得自由。对道格拉斯来说,他在 1845 年"亲自撰写的"《弗雷德里克·道格拉斯的生活故事》(又译《一个美国黑奴的自传》)一书,既是揭露奴隶制诸多罪恶也是确立自己身份的一个办法,甚至连他自己名字的选择都有这方面的考虑。具有讽刺意味的是,道格拉斯是从他巴尔的摩的主人奥德那里学会了重视读和写。这再次提醒我们,在战前的南方,奴隶与奴隶主之间的关系复杂而微妙,他们的生活是连在一起的。考虑到早晨在大宅子、下午在大田里、晚上在奴隶住所不同的生活,以及黑人在进行反抗、起义和拥有自由身份时所获得的自由程度,我们对主奴关系复杂性的认识就会更加深刻。

在道格拉斯书中一个让人心酸的时刻,他描写了童年时看着切萨皮克湾上的船憧憬自由的情景。道格拉斯把自己被奴役的处境与海湾里的帆船进行了对比,把帆船比作"自由的、翅翼迅疾的天使",他发誓要逃跑:"这个海湾将把我带向自由……好日子快要来了。"许多其他美国人也对各种社会丑恶现象感到沮丧,并在寻求各种方法,以期塑造一个更加美好的美国。下一章我们将会关注这些方面的梦想。

思考题

❶ 老南方有多少种不同的社会及经济形式？老南方在社会及经济方面通过什么方式依赖于奴隶制和棉花？由此造成的后果是什么？

❷ 对比北美和拉美的奴隶制。哪个国家的奴隶制最为残忍？

❸ 找一个没有上过这门课的朋友，向其解释一下本章中"上午—中午—晚上"的结构，看看你是否真正理解了这种结构。这一结构如何反映出对奴隶制的三种不同解释？

❹ 列出五到六种奴隶们反抗对他们的奴役，争得自治、自理和自尊的方式。你能认同这些反抗方式吗？

❺ 本章作者及弗雷德里克·道格拉斯认为奴隶制中最糟糕的事情是什么？你的看法又是什么？奴隶制反映了美国的哪些价值观？它们又是如何随着时间推移而发生改变的？

第 10 章

内战前塑造美国的努力

10.1　宗教奋兴和宗教改革

10.2　接踵而至的政治变革

10.3　至善派的改革和乌托邦主义

10.4　改革中的社会

10.5　废奴主义与女权运动

小结：完善中的美国

> 美国故事

承诺的代价

1836年11月,安德鲁·杰克逊总统的第二任期即将结束,30岁的马里厄斯·罗宾逊(Marius Robinson)和埃米莉·雷克斯特劳(Emily Rakestraw)在俄亥俄的辛辛那提附近喜结良缘。两个月后,马里厄斯就前往俄亥俄各地宣传反对奴隶制并组建起废奴协会。埃米莉则留在辛辛那提一所为自由黑人开办的学校里教书。在分开的十个月里,他们鸿雁传书,互诉衷肠,同时也不忘交流一下各自对工作的感受。

马里厄斯在俄亥俄的康科德时,有一次在深夜给埃米莉写信倾诉因她不在身边而感到的"孤独和忧伤"。埃米莉回信说她的感受"与君毫无二致",还说"女人的天性"使她克制不住对他的思念。两人都在信里思念着对方,埋怨对方写信太少。两人都把对方工作的责任和重担放在心上。他们相互安慰,相互支持,怀疑自己的能力(因不能为对方分忧而感到羞愧),认同在他们分开的日子里"我们只能指望上帝的帮助"。

既然如此夫妻情深,为何新婚宴尔就要彼此分离?埃米莉曾在信里说:"从事一项与我们息息相关的崇高事业"是他们的职责所在,能在一起当然最好,但若上帝要他们分开,他们也毫无怨言。在奋兴布道家查尔斯·芬尼(Charles Finney)及其废奴主义信徒西奥多·韦尔德(Theodore Weld)的感召下,马里厄斯经历了一系列皈依,他在谈到夫妻分开的原因时说:"上帝和人类的流血与痛苦需要我们分开工作。"两个年轻的改革者感受到一种强烈的为别人服务的宗教责任感，他们心甘情愿地为废除奴隶制、为自由黑人争取平等的政治权利和受教育权、禁酒和妇女权利等社会事业贡献自己的辛勤和汗水。

他们为了这些事业付出的不仅仅是夫妻分居。埃米莉的父母极力反对她和其他年轻的改革者去辛辛那提工作。由于马里厄斯早有"反叛者"之名，当他们结婚时，她的父母甚至宣布与她断绝关系。埃米莉还很伤心地发现，她的姐妹和朋友们"也不像过去那样爱我了"。马里厄斯回信说他多么希望能为她擦干眼泪，并弥补她与亲朋之间的裂痕。埃米莉的娘家最后还是接受了他们的婚姻，但她在辛辛那提的工作也不是一帆风顺。在这里教书劳力费神，她还一直咳嗽不已；当地的白人极端憎恨这所学校和这些废奴主义者。那年早些时候马里厄斯还遭到一群愤怒暴徒的袭击，还好他乔装打扮，混在另一群前来洗劫詹姆斯·伯尼（James Birney，一份改革派杂志的主编）办公室的人里面才得以幸免于难。埃米莉一边要在"我们的学校"不知疲倦地工作，一边还要为丈夫的健康和安全担惊受怕。

埃米莉的担心不是无缘无故的，因为马里厄斯的信里满是对暴徒袭击、会议受扰、乱石相向和惊险逃脱的描述。他在两次演讲中遭到"三次袭击，其中一次真是令人胆战心惊"，一群对这些废奴主义者恨之入骨的人拎着棍棒就冲了过来，"实在是我所见过的最野蛮的家伙"。6月的一天，他被人从他的贵格会房东家里拉出来暴打一顿，然后浑身抹上柏油，插上羽毛。这一次使他元气大伤，身体虚弱，情绪低落，在床上躺了半年。此后将近十年，罗宾逊一家一直在俄亥俄一个农场过着平静的生活，只是偶尔参加一下废奴主义活动。虽然两个女儿的出生使他们非常高兴，但他们还是感到孤独无助，难以安睡，良心也仿佛受到谴责，"对不能为善业做出努力，甚至连这样的愿望都没有的白开水一样的日子厌烦透顶"。

我们在前面两章描述了内战前美国社会和经济的急剧变化，埃米莉和马里厄斯的工作基本上是当时的美国人对此做出的反应。就在他们结婚前一年，1835 年 9 月，《奈尔斯记事报》(Niles Register) 对不久前发生的约 500 起群体暴力事件和社会动乱做了简要评论。"整个社会仿佛都精神错乱了，'流血和屠杀'的恶魔正在我们中间兴风作浪……我们这些美国同胞的品质在一夜之间全变了。"美国人如何适应这些变化？在这样一个到处都显得"精神错乱"的世界里，传统的制度和生活方式再也无法起到有效的引导作用，美国人如何继续把握自己的生活？他们将如何重塑这样一个发生了巨大变化的社会？他们怎样才能在社会变革时趋利避害？

一种办法是完全彻底地接受这些变化。因而，有的人成了新兴工业的工厂主；有的人投资于银行、运河或铁路；有的人购买更多的奴隶和土地；还有的人发明了新机器。还有一些人继续向西部移民，或者进入新式纺织工厂做工，或者进入公立学校读书；另有一些人则加入了工会，家和店铺都成了工作场所，褒扬着现代化所带来的实际利益。埃米莉和马里厄斯对他们过去的改革努力和满腔热忱念念不忘，但最后还是过上了平静的家庭生活。

不过，仍有很多美国人对这个新时代的特性感到忧心忡忡。有些人对不受限制的权力（以奴隶主对奴隶的控制为代表）和对物质利益的追求甚为不满。还有些人害怕像合众国银行这样的"特权机构将会损害这个国家那些诚实劳动者的利益"。为了追求领导权和权威，这些新秩序的批评家们试图塑造一个既能利用经济变革带来的好处，又不丧失自由、机会平等和社会美德等人道原则的国家。对宗教奋兴运动、政党政治、乌托邦主义和社会改革的研究，揭示了美国人试图用什么不同方式影响其国家发展？

10.1 宗教奋兴和宗教改革

当法国人托克维尔在 1831 年到 1832 年访问美国时，他感叹道："世界上大概没有哪个国家的基督教能像美国基督教这样对人们的灵魂有如此重大的影响。"托克维尔所描述的正是当时美国新教徒中新兴的一股强劲的宗教热情。宗教奋兴给了一些美国人在这个急剧变化的世界中的精神寄托；有些人则决心重塑美国的社会，他们或者组建新政党为国家设定议事日程，或者组织各种改革协会致力于消除丑恶的社会现象。虽然这些福音派信徒在政治或社会的哪些方面需要改革上意见并不统一，但他们却都在通过宗教的视角去观察当代事务并由此寻求变革。

10.1.1 芬尼与"第二次大觉醒"

从 1790 年代后期到 1830 年代后期，美国又掀起了一次宗教奋兴的浪潮，其规模与 1730 年代到 1740 年代的"大觉醒"不相上下。尽管美国与英国的新教各派之间有很多联系，但美国的这次宗教奋兴运动却表现出明显的个性特征。英国的宗教越来越趋于保守，而美国的新教则逐渐具有了民主的色彩。

边疆地区的信徒在世纪之交开展了野营奋兴会，而后莱曼·比彻（Lyman Beecher）在新英格兰发起了奋兴运动，这两个运动的主题和地点在 1830 年后都发生了变化。在极具魅力的**查尔斯·芬尼**的领导下，宗教奋兴的中心地区也逐渐转移到纽约的北部和老西北部地区。这两个地区的明显特征就是，它们都经历了深刻的经济和社会变革。

纽约的罗切斯特就是一个很好的例子。罗切斯特位于伊利运河沿岸，运河的开凿使它从一个寂静的小村庄迅速发展成为一个生机勃勃的城市，其人口也从 1815 年的 300 人猛增到 1830 年的 20 000 人。和其他城市的情形一样，经济增长使得雇主与佣工之间出现了隔阂。随着隔阂加深，雇主对工人的控制已有些力不从心。工人们组织起各种沙龙和协会，而且由于向西发展机会增多，工人们为一个雇主工作的时间也是越来越短。

1830年，由于对贫困和旷工现象感到忧虑——这两种现象大概都是由酒精导致的——罗切斯特的头面人物把查尔斯·芬尼邀请到了该市。芬尼来到这里以后，领导了"第二次大觉醒"中最成功的运动之一。芬尼几乎每晚都要宣讲布道，礼拜天要讲三次；通过做该城商业精英妻子们的工作，首先使这些商业精英皈依到他的门下，随后大量工人也成为芬尼的信徒。在六个月的时间里，罗切斯特经历了一场全城规模的大祈祷，人们一个接一个地加入信教者行列。

乔纳森·爱德华兹认为宗教奋兴是神造奇迹。像芬尼这样的奋兴布道者则强调在个人救赎上个人努力和信仰的作用，并把情感置于教义之上。芬尼认为牧师对宗教奋兴起着至关重要的作用，他甚至还专门为其他奋兴主义者出版了一本自助手册。当时很少有人能与他的强势布道风格相提并论；他的布道不仅声情并茂，还有理有据，从而使得人们纷纷皈依。当他在想象中向魔鬼投掷砖石时，人们禁不住要往一旁躲闪。

19世纪前半期涌起的宗教热情的浪潮，使得美国的卫理公会、浸信会及其他一些福音派新教迅速发展，罗切斯特的宗教奋兴只是这场运动的一部分。到1844年，卫理公会已经成为美国最大的教派，信徒达到一百多万。当时的布道者为了使更多的人相信基督就是他们的救世主，往往非常注重动之以情，而对教义相对则不很重视，并经常淡化"天定命运论"和"原罪"这样严格的信条。

美国的天主教会也在1830年代感受到了宗教奋兴的热情。它比较分散，但信教人数却在不断增加，由于这是一个规模小且经常遭到蔑视的宗教，城市里的天主教领袖认为，要想存在下去就必须不断地给它注入新的活力，并加强福音传道者的工作。他们把精力集中在教区布道团身上，采用先积极地隐退然后再卷土重来的策略把数英里内的天主教势力都集合起来，从而保存了这样一个已经受到美国新教严重威胁的宗教遗产。

大多数奋兴主义者，尤其是在南部，都比较强调个体救赎的作用。然而，芬尼奋兴派者在助长集体改革上则是独特的。芬尼认为人类不是天定命运的被动接受者，而是可以抑恶扬善从而消除罪孽的道德上的自由主动者。芬尼派视灵魂拯救为宗教活动的开端而不是终点。芬尼不仅鼓励个体改革，还号召那些虔诚的基督徒在变革社会中承担起自己的神圣职责。

10.1.2 先验论者

对于先验论，可能谁也没有美国当时最重要的知识分子、来自马萨诸塞州康科德的散文作家拉尔夫·爱默生（Ralph Emerson）了解得更多。爱默生在 1830 年代的一系列作品，影响了 19 世纪中期美国的知识分子改革家、艺术家和作家。先验论者是人们对当时聚在新英格兰并与爱默生住得很近的一个人数较少但却很有影响的知识分子群体的称呼，他们认为真理存在于直觉之中，无须到知觉经验中去找寻。爱默生抛弃了欧洲知识分子的传统，敦促美国人内省，保留自知和自主的天性，追寻闪耀在每个人心中的神性的火花。这样的反省将会引发社会改革。"难道人们不是天生就是改革家吗？"爱默生反问道。

通过自我反省，先验论者提出了一些棘手的问题。这些问题不仅挑战了奴隶制这一明显的罪恶，而且挑战了经济生活中的强迫性竞争、不顾一切的物质追求、社会生活中的各种限制。

爱默生的话"要真正成为一个人，就不能是一个国教徒"，写的就是他的朋友梭罗。梭罗堪称最为热忱地追求有道德的自然生活的人。1845 年 7 月 4 日，梭罗搬到了康科德附近瓦尔登湖旁的一个小木屋里，计划在这里直面"生活的本质"：思考他到底是谁，应该怎样生活。两年后，梭罗离开瓦尔登湖，他拒绝纳税，以此来抗议奴隶制和墨西哥战争。后来他短暂地身陷囹圄，并写出了著名论文"论公民的不服从"（1849）和《瓦尔登湖》

（1854），这两部经典论述了人类要反对不公正的法律和战争，并应按照自己的本性生活。

10.2 接踵而至的政治变革

先验论仅仅影响到新英格兰地区的少数精英分子，福音派新教则影响了 40% 的美国人。福音派新教的价值观和宗教忠诚，极大地影响了人们对政府角色的理解，并影响到人们对政治活动的参与。随着政治超出精英的范围而被大众所关注，宗教力量自然也就开始触及政治领域。

美国政治的中心议题是共和试验能否健康发展。随着美国社会的改变，人们对维系这一健康发展的必要条件也有了不同的认识。1850 年代后期，缅因州一家报纸发出警告：国家自由的维系取决于人们是否愿意参加投票。强调公民参加选举对国家健康发展的重要作用，是这一时期美国政治的一个新重点，这在当时的世界上也是独树一帜的。

1820 年代以前，不管在美国还是欧洲，政治主要仍是社会及经济精英的活动。然而在美国，由于独立战争时期确立的信念影响深远并且美国的上层阶级力量相对较弱，所有白人男子都逐渐取得了公民权。19 世纪早期，许多州都主动取消了对选举的各种限制，只是很多白人男子都不太过问政治。但 1819 年的大恐慌和后来杰克逊的总统竞选活动则使美国人对政治产生了广泛的兴趣，美国政治的独特风格也就此显露出来。对很多美国人来说，积极参与政治是他们维护重要的价值观和增进对共和制认识的重要途径。

10.2.1 变革中的政治文化

安德鲁·杰克逊担任总统期间，政治逐渐成为许多美国人生活里的中心内容。1828年，安德鲁·杰克逊把自己称为"人民的候选人"，他极力抨击亚当斯政府腐败透顶、贵族统治色彩浓厚，并向美国人许诺建立更为民主的政治体制。他告诉选民他准备"净化并改革政府"，清除所有"出于政治考虑或违逆人民意志而任命的官员"。大多数美国人都相信了他竞选时的花言巧语。结果参加1828年选举的投票人数比1824年多了四倍。投票结果，安德鲁·杰克逊获得56%的多数票。在得到民众支持的百分比上，19世纪当选的总统无出其右者。

尽管安德鲁·杰克逊在竞选中的美妙言辞深得人心，而且在人民中间塑造了民主英雄的形象，但他个人显然不够民主，他那个时代也没有对财富进行大的再分配。他本人还拥有奴隶，拥护奴隶制，甚至对那些袭击如马里厄斯·罗宾逊等废奴主义者的暴徒迁就姑息。他仇视印第安人，不顾印第安人根据条约获得的权利和最高法院的判决，明目张胆地强迫东南部地区的印第安人向密西西比河以西迁移。至于给人们更多发展机会的许诺也是一张空头支票，在安德鲁·杰克逊执政期间，富人变得更富，而大多数农民和城里的劳工则依然生活困顿。

但美国的政治生活的确发生了重大改变。以往的政治体制建立在精英联盟的基础之上，依赖于选民们都服从那些"更优秀的人"，这种情况在当时基本上已销声匿迹。取而代之的是一种竞技性的政党体制，这种模式在共和国早期就已出现，只是到这时才吸引了更多人参与其中。在募集款项、推选和宣传本党候选人及吸引选票等方面，各主要政党都逐渐成熟起来。政治生活中出现了一种新的"民主"模式，比如各政党组织会议、集会（与福音派新教奋兴会类似）或者举行游行鼓励人们参与政治、辨明自己的政治倾向等。许多白人成年男子都把参与政党事务当作生活的中心。而在北方和南方，就连被官方排除在投票权之外的妇女也参与到政党事务中，在集会和演讲上抛头露面。

各个政党都要迎合民众情绪、宗教观念和种族歧视。由政党资助的报纸由此经常沉湎于对政党候选人进行恶毒的攻击。政治语言充满了争吵，火药味也越来越浓。安德鲁·杰克逊把对手说成是"敌人",政治家们谈论选举时把它当作"战争"。强烈的党派意识逐渐成为这种新的全国性政治文化的一部分。

10.2.2 安德鲁·杰克逊通往白宫的道路

从安德鲁·杰克逊的早期经历中几乎看不到他日后政治地位显赫的迹象。他14岁时成为孤儿,经常碰上一些倒霉事儿。他在学校读法律时,是个"极其活跃、爱搞恶作剧的家伙,喜欢赛马和玩牌"。尽管如此,他还是进入了律师界,并跑到边疆地区的纳什维尔去谋求发展。在那里他办了一些成功的案子,不久又升任这个州的司法部长;他还在当地拥有很多土地,俨然是纳什维尔的成功人士。

安德鲁·杰克逊能在全国出名得益于他的军事业绩,其中主要是他驱逐印第安人的战绩。作为田纳西精明强干的民兵少将,他在当地颇受欢迎,人送绰号"老核桃树"(这是美国最硬的木材)。他在1813年和1814年对南部的克里克部落的战争中表现出色,不久就闻名遐迩,并被提拔为联邦军队的少将。1815年,安德鲁·杰克逊又在新奥尔良大败对手,成为英雄。此后两年,已经有人提出安德鲁·杰克逊应该参加总统竞选。1818年,安德鲁·杰克逊的军队入侵了西班牙占领的佛罗里达,这一事件激怒了他的政治对手并给他带来了不光彩的名声;尽管如此,他在民众中的声望却是由此得到提升,他对总统职位的兴趣也是日益浓厚。安德鲁·杰克逊意识到自己对普通民众最具吸引力,同时也赢得了有力的政治支持。经过一系列谨慎的政治运作,他在1820年代早期当选为田纳西州的联邦参议员,并被提名参加1824年的总统竞选。

在1824年的选举中,安德鲁·杰克逊获得的选民投票和选举人票都要高于其他候选人,但因总数未过半数,最后众议院裁决约翰·亚当斯当选总统。这一失败凸显出拥有一个有效的政治组织的重要意义。安德鲁·杰克逊对自己在西部的势力信心十足，加之亚当斯的副总统约翰·卡尔霍恩在南部的支持，他开始筹备竞选。他在许多州都组织起效忠于他的委员会，他充分发挥了报纸的作用，并鼓励他的手下暗中破坏亚当斯和克莱的竞选。

一个旨在为安德鲁·杰克逊筹划竞选的松散联盟开始自称民主党。该党成员来自全国各地，彼此政见差别很大，纽约的范布伦（Martin Van Buren）也是其中的一分子。安德鲁·杰克逊已经学得很精明，在有争议的问题上从来都是闪烁其词，不作明确表态。他掩饰了对银行和纸币的憎恶，并含含糊糊地倡议对关税进行"公正适中的调整"。他也阐明了他将会解雇任何没有能力或未代表人民意愿的官员和改革政府的意图。民主党报纸了解这一主题，将他塑造成一位清除政府腐败和废除特权利益的政治家。

1828年安德鲁·杰克逊与亚当斯的选举竞争虽然不够光明正大，却也不无趣味。民主党人经常组织烤肉野餐会、大型集会和游行以煽动支持者的情绪，他们还向人们派送各种贴着核桃树叶子的徽章和帽子。几乎没人讨论正事。双方都沉湎于各种诽谤性的人身攻击。亚当斯和克莱的支持者们自称国家共和党人（National Republicans），他们给安德鲁·杰克逊贴上了"通奸者、赌徒……酒鬼、谋杀犯"的标签，并污蔑他的妻子雷切尔（Rachel）道德败坏。

安德鲁·杰克逊一派则指责亚当斯在1824年的选举中收买了克莱，将亚当斯描绘成一个企图破坏人民自由的"吝啬、反民主"的贵族。更有甚者，他们还攻击亚当斯是一个知识分子。安德鲁·杰克逊派在竞选口号中极力强调新奥尔良"能征善战的英雄"与"只会写写画画的懦夫"亚当斯之间的差别。

安德鲁·杰克逊在华盛顿的支持者们为了确保选举万无一失，策划了一个关税议案以争取各个关键州的支持。范布伦非常想取代卡尔霍恩，在他的领导下，国会里的民主党人设法通过了这个被他们的对手称为"**可憎的关税法案**"（Tariff of Abominations）的提案。该法案武断地提高了税率，从而保护了新英格兰的纺织品、宾夕法尼亚的冶铁等工业和一些农业产品，确保了民主党人在需要得到更多支持的这些州的选票数。

安德鲁·杰克逊及其政党的努力没有白费，他最后的选票达到647 286张，支持率达56%，简直令人难以置信。良好的组织、雄厚的财力、有效的宣传，以及选举时走平民路线的作风，帮助60岁的安德鲁·杰克逊登上了总统宝座。然而，他的就职仪式让许多人都为之震惊。华盛顿的大街小巷被挤得水泄不通。安德鲁·杰克逊宣誓就职时，人群中发出了震耳欲聋的欢呼声。几乎没有人听见他在讲些什么，但许多人都希望能跟新总统握一握手，安德鲁·杰克逊被人团团围住，寸步难行。在白宫的接待处，人群完全失控。据法官约瑟夫·斯托里（Joseph Story）记载，一大群人，"包括打扮入时、举止高雅的达官显贵和粗俗无教养的下等人"，冲进白宫找寻食物和酒菜。安德鲁·杰克逊只能偷偷从一个侧门溜走。后来当葡萄酒和冰淇淋被送到外面的草坪上时，很多人又从白宫的窗户里跳了出来。斯托里说，这次就职仪式简直就是"暴民君临天下"。但当时的另一位观察家则称之为"人民自豪的一天"。关于就职典礼这样相互对立的观点，也反映了安德鲁·杰克逊时代的本质。

10.2.3 "老核桃树"的强力统治

安德鲁·杰克逊在竞选期间对一些重大问题尚可以含糊其词，但在就任总统后就必须面对其中许多问题。他的决策经常引起争议，使人们愈加了解成为民主党人意味着什么。

安德鲁·杰克逊在借鉴自杰斐逊派原则的若干重要信念的支配下行使总统职责，如实现多数人的统治、限制国民政府的权力、压制"有钱的贵族"而保护普通民众的利益。在借鉴杰斐逊派的理念时，他又将其予以调整，从而创造了一个新的政治环境。他把自己视为人民真正的代表（只有总统是经全体人民选举产生的），志在成为一个有魄力的执行官。任职期间，他屡屡以人民的名义或以迎合选民为由动用总统权力，在这一点上，他超越了他的所有前任。安德鲁·杰克逊主要是利用否决权来维护自己的权力。在他之前的六位总统一共只动用过九次否决权，而且主要是用于否决那些他们认为违宪的措施。而在安德鲁·杰克逊的两届总统任职期间，他则一共否决了12项法案，通常都是由于这些法案与他的政纲相抵触。

安德鲁·杰克逊曾在竞选中许诺将会纠正被他称为"不民主和腐败的"官员任命体制。经常会有"不忠和无能"的人接连数年把持政府部门工作。他承诺要撵走这些"恶棍"并建立起轮流担任公职的体制。他说，其实很多职务都是"既平常又简单"，普通人完全可以胜任。

然而，安德鲁·杰克逊口惠而实不至。他并没有大规模地更换官员。担任总统一年半后，他总共也就撤换了全部10 093名官员中的919名，撤换原因多是腐败或无能。不过他提拔起来的新的民主党官员也并非特别单纯、质朴或诚实；这些人与他们的前任相比，实在是大同小异。但不管怎样，他在竞选时的美妙宣传却是促生了一种新的民主制政治文化，这种文化成为19世纪的主流。

安德鲁·杰克逊在国内的改良，如整修道路、运河及其他交通运输方面的政策，则显得有点缺乏战略眼光。虽然和大多数美国人一样认识到了上述改良对经济发展的重要性，但他却反对侵犯州权。当他认为某些建议联邦实施国内改良的议案可能会扰乱地方或有损各州的权威时，他总是表示反对。1830年，他否决了由联邦出资在亨利·克莱的家乡肯塔基修建一条道路的《梅斯维尔道路议案》。不过，对于一些具有全国意义的工程，如治理河流和修建灯塔等，他的态度就要好上许多。在他任职期间，在国内改良方面平均每年的投入达到了130万美元。

经济发生快速变化的时代，关税始终是一个热点问题。新英格兰和中大西洋各州是制造业的中心，都支持国家实行保护关税。但是，南方害怕过高的关税会使他们从北方或国外购买的工业产品涨价，并且不愿因此招致外国对南方的棉花和烟草出口的报复，所以一直持反对态度。这种不满情绪在南卡罗来纳州表现得尤为明显。该州的一些领导人错误地认为关税是导致经济萧条的主要原因。同时，还有些人则担心联邦政府会对奴隶制进行干涉，而这对一个奴隶数量超过白人的州而言，不啻是一个噩梦。

副总统卡尔霍恩是一位颇有才华的政治思想家，也是一位关税反对者，他适时地提出了抑制联邦权力和保护少数派权利的理论。他宣称："我们不是一个国家，而只是一个联盟，是一个由平等和拥有主权的州结成的联盟。"1828年，"可憎的关税法案"通过后，卡尔霍恩匿名发表了"南卡罗来纳申论与抗议"，提出废止权，宣称南部各州应该宣布法律无效并废止该法律，从而保护其自身免于执行有损自身利益的全国性法律。

两年之后，卡尔霍恩的观点在参议院一次关于公共土地政策的辩论中引起激烈争论。南卡罗来纳的罗伯特·海恩（Robert Hayne）阐释了法令废止权的含义，并敦促西部各州也采用这一原则。新英格兰的丹尼尔·韦伯斯特（Daniel Webster）则反击说，联邦政府绝不只是各州立法机关的代理人。联邦政府"为人民设立，由人民设立，对人民负责"。韦伯斯特清楚地看到，这种抵制法律的行为将会使"这个曾经光荣显赫的联盟……倒在兄弟阋墙的血泊中"，他在演讲的最后大声呼吁：适合这个国家的格言不是"自由高于联邦，而是自由和联邦现在和将来永远都是合为一体不可分割的！"

一个月后，同样的一幕再次上演：在一次宴会上，总统发表了自己的见解。他一贯支持州权，但同时也认为任何州都无权违背多数的意志，更不用说要毁灭联邦了。总统在祝酒时举着酒杯说："我们的联邦必须延续下去。"卡尔霍恩则毫不示弱地宣称："对我们来说，自由永远是最珍贵的。联邦只能排在第二位。"他们两人不仅在私人关系上而且在意识形态上分歧越来越大，1832年卡尔霍恩辞去了副总统职务。在关税和法律废止问题上引发的矛盾，导致他们最终的决裂。

1832年，根据总统的"中间道路"，国会对1828年"可憎的关税法案"进行了修改——只对一些产品征收较高的关税，而将其余产品的税率降至原先标准。1832年晚些时候，南卡罗来纳的一个会议通过了一项**《国会法令废止权法案》**（**Ordinance of Nullification**），宣布1828年和1832年的两部关税法律在该州均无法律效力。该州还出资建立了一支志愿兵部队，并威胁说如果联邦强迫他们执行这些法律，他们就将脱离联邦。

南卡罗来纳的行为严重危害了联邦制和多数统治的原则，总统的反应非常强烈。针对南卡罗来纳"野心勃勃的不满者"，总统宣称："合众国的法律必须得到执行……依仗军队进行分裂就是叛国……我们需要维护联邦，所有的叛国和谋反行为都将毫不犹豫地遭到镇压。"

总统的宣言在全国激起了高涨的爱国热情，南卡罗来纳陷入孤立，甚至被其他南方州所抛弃。总统敦促国会通过了强制收取关税的法案，即1833年的《军队动员法》，另外还通过了亨利·克莱提出并得到卡尔霍恩支持的新关税法案，将在十年内逐步削减关税。达到目的后，南卡罗来纳州很快就取消了对关税法案的抵制，但是为了保存一点颜面，又宣布《军队动员法》不具有法律效力。总统对此倒是不太在意。危机暂时平息了，然而为此产生的关于宪法的争端依然没有得到解决。联邦能不能维持下去？分裂是保护少数利益的合法途径吗？这些问题在接下来30年一直困扰着美国人民。

10.2.4 安德鲁·杰克逊的印第安政策

安德鲁·杰克逊对南卡罗来纳只是进行了武力威胁，而对东南部的印第安人他可就没这么客气了。他制定的强制迁移政策，确定了在这个世纪剩余的时间里官方和民间对待土著印第安人的行动方针。

19世纪最初几十年，大量垂涎于印第安人土地的白人组织起军队，在像安德鲁·杰克逊这样的印第安人对抗者的领导下，严重地蚕食了东南部五个"开化的印第安部落"（切诺基、乔克托、乔克索、西米诺、克里克）占有的大量土地。1814年，克里克人在马蹄湾败于安德鲁·杰克逊，丧失了佐治亚南部和阿拉巴马中部约2 200万英亩土地。割让给政府以及出售给私人的土地数量更为巨大：切诺基在1802年拥有的土地超过5 000万英亩，20年后只剩下900万英亩。

最高法院在 1823 年宣布，印第安人可以在美国占有土地，但对土地没有所有权；这一裁决加强了侵吞印第安人土地的趋势。由于感到自身生存受到了威胁，各印第安部落决定采取行动保护部落拥有的土地。到 1825 年，克里克、切诺基、乔克索等族先后决定限制向政府机构出售土地。当时的切诺基人已经从白人那里学到了很多东西，如农耕、蓄奴、宪政等，此时他们又建立起警察力量，阻止各地首领出售本部落的土地。

然而，1828 年安德鲁·杰克逊当选总统，促使一些白人开始大力推动重新安置密西西比河以西地区的印第安人。1829 年，总统向国会建议东南部各部落移居他乡。他先是以同情的口吻说道，由于印第安人已被"白人包围"，因此他们将不可避免地陷入"虚弱和衰败"之中。为了"人道和国家荣誉"，这些部落应该尽快迁走。而且他还坚持认为，州的法律应该凌驾于印第安人或联邦政府的权利要求之上（如此一来就与他的关税法相抵触）。

而就在这一年，佐治亚州爆发了严重的危机：该州的立法机关宣布切诺基部落的议事会为非法机构，并要求对该部落及其土地行使管辖权。1830年，佐治亚州又宣布切诺基人不得为了自己的利益向该州法庭提起针对白人的诉讼或作证。切诺基部落向最高法院表示抗议。1832 年，大法官马歇尔在"伍斯特诉佐治亚州案"中表明了最高法院对切诺基部落的支持，他宣布佐治亚州的法律对切诺基部落"没有效力"。

但诉讼获胜并未能压制住白人对土地的贪欲。由于受到总统的鼓励，佐治亚州对最高法院的判决置若罔闻。到 1835 年，他们已经利用侵扰、胁迫、收买等各种手段使少数酋长签下迁居条约。同年，总统也在对切诺基部落的讲话中宣称："你们不能留在原地了。你们怎么可能在文明的白人的包围中繁荣兴旺呢？"但大多数切诺基人都拒绝迁居。酋长约翰·罗斯（John Ross）向国会抗议这些非法条约："我们被剥夺了自由……我们的财产将受到劫掠，生命安全也受到了威胁。"然而，这些话毫无作用。因而，1837 年到 1838 年，联邦军队将这些惶恐不安的印第安人圈禁起来，然后再将他们驱逐到俄克拉荷马西部的"印第安领地"上。

美国政府最初许诺为切诺基人东部的土地赔付 900 万美元,但最后真正落实的只有 300 万美元;此次迁移的 15 000 名切诺基人中,有约 25% 都死在了路上。切诺基人追随克里克人、乔克托人、乔克索人早前的经历,踏上了其"血泪之路"(Trail of Tears)。与东南部的部落一样,老西北地区的部落也在 1821 年到 1840 年被迫西迁至堪萨斯和俄克拉荷马。一些部落进行了抵抗,但多数部族都被移走了。安德鲁·杰克逊和《1830 年迁移法案》都信誓旦旦地宣布保护并永远保证印第安人在西部的土地,然而这些许诺跟所有其他承诺一样,全都在一代人之内就遭到了破坏。印第安人西迁之后,美国东部快速的经济扩张(此前已有描述)获得了广阔的天地。

10.2.5　安德鲁·杰克逊的银行战争和"范破产"萧条

作为人民(白人)利益的维护者,安德鲁·杰克逊无法忽视第二合众国银行。这家银行在 1816 年得到了一份为期 20 年的特许授权,同时也招致强烈不满。总统称其为威胁人民自由的"怪物"。但实际上,这家银行并不像总统所想象的那样不负责任。

颇有贵族遗风的尼古拉斯·比德尔(Nicholas Biddle)1823 年开始担任这家银行的总裁,在其领导下,费城的总行及其 29 家支行在美国经济扩张时代扮演了一个负责任的角色。作为国内最大的商业银行,第二合众国银行能够根据需要在全国调动资金,甚至影响各州的金融活动。它要求各州银行必须有足够的金银硬通货来支持其所发行的纸币,并注意及时收回对它们的贷款,从而杜绝各州银行产生不良贷款。它同时还接受联邦储蓄,发放商业贷款,买卖政府债券等。大商人、需要贷款的各州银行家,以及像韦伯斯特和亨利·克莱这样接受银行薪俸的国家主义政治家,都对该银行颇有好感。

然而,以总统为首的其他美国人则对银行并不信任。西部土地上的商人和投机者憎恨它控制了各州的金融,他们想要得到便宜、贬值的货币用于新项目和扩张。有些州的银行家憎恨它的权势。南部和西部的农民则认为银行靠纸票而非地产来进行交易是不道德的。与总统一样，还有些人认为银行的建立是违背宪法的。就像总统在他的备忘录中所写："谁能指出宪法中哪段写着'赋予'银行权力？我敢说没一个人。"

安德鲁·杰克逊长期反对美国银行。他憎恶银行，大概是因为他过去曾差点陷入财政危机，而且他的智囊团认为，银行可能垄断某些特权从而损害普通人如农民、工匠、债主等的利益。安德鲁·杰克逊称银行是对共和国的威胁。他觉得，银行的势力及其金融资源，将会使它成为一台"强大的竞选发动机"。

亨利·克莱和韦伯斯特知道安德鲁·杰克逊对银行的敌意后，就劝比德尔在银行的特许状到期之前四年，即1832年向国会申请一份新的特许状。他们推测，在大选之年，总统可能不敢动用否决权。国会很快就通过了重新授予银行特许状的议案，但总统却也毫不犹豫地就接受了挑战。他对范布伦说："这个银行想置我于死地，可是我要先把它干掉！"

总统决定不但要否决议案，还要把他的理由公之于众。他在否决辞中谴责第二合众国银行不民主、不符合美国的利益并且违背宪法，意欲鼓动选民。他把第二合众国银行说成是危险的垄断者，它给予富人特权而损害"底层社会成员"。他还指出，银行的很多投资者都来自国外。这样一来，这个事件就演变成了人民与贵族之间的斗争。他将问题过分简化，以至于人们几乎将变革时代所有的困扰都归罪于银行。

"银行问题"引起的骚动强化了党派之争。1832年，原来的民主共和党人改称辉格党人，提名亨利·克莱参加竞选。比德尔和辉格党为了打败"安德鲁国王"投入了大量金钱。而民主党则宣传这不仅仅是安德鲁·杰克逊与亨利·克莱之间的斗争，也是人民与银行之间的斗争，更是民主制与贵族制之间的斗争。这次选举还出现了美国政治生活中的第一个第三党，而且该党还首开先河地实行了召开会议决定竞选提名的制度，这就是反共济会党。该党对自视为精英的共济会阶层（安德鲁·杰克逊就是其中一员）及其他秘密会社极为反感。

安德鲁·杰克逊再一次打了个漂亮仗。他获得的普选票比克莱和反共济会党的候选人威廉·沃特（William Wirt）所获的普选票总和还要多12.4万张。"他要愿意，大概能干一辈子总统。"沃特这样评价杰克逊。

大选的胜利使安德鲁·杰克逊坚信自己反银行政策的正确性，因此虽然第二合众国银行还有四年合法存在期限，但他仍然决定给比德尔以致命一击。他决定将1 000万联邦政府存款从银行中提走而转入州银行，从而削弱银行的实力。财政部的两位部长对此极力阻挠，认为此举将导致财政不稳，但安德鲁·杰克逊却是坚决不为所动，直至他找到了愿意去做这件事的人：罗杰·托尼（Roger Taney）。

安德鲁·杰克逊针对比德尔及第二合众国银行的"战争"造成了严重的经济后果。1830年代中期，西部出现了土地投机热潮，野心勃勃的新州推出国内改良计划，使土地价格急剧上升，纸币也泛滥成灾。甚至安德鲁·杰克逊自己也被卷了进去，他不得不尽量减少不负责任的经济活动。1836年7月，他签署了《铸币流通法》，规定只能用金银货币向政府购买公共土地。惊慌失措的投资者涌向银行，将手里的纸币换成硬币，银行也开始回收贷款。最后的结果就是1837年的大恐慌。人们纷纷责难安德鲁·杰克逊在高速的财政扩张后又突然实行紧缩政策；不过，当时的国际贸易问题似乎更应该对这次混乱及随后七年的萧条承担责任。

不管主要问题是什么，安德鲁·杰克逊都给他的继任者范布伦（1836年他战胜辉格党三人组合当选总统）留下了一个充满经济危机的烂摊子。1837年范布伦刚刚宣誓就职，美国的银行和商业就纷纷走向崩溃，人们嘲讽地将总统的名字"Van Buren"改为"Van Ruin"（"范破产"），他在任的四年中，美国经济一直萎靡不振。当纽约各银行停止付款并开始收回贷款时，因债务拖欠而导致的损失约为600万美元。到1837年秋天，33%的美国工人都处于失业状态，另外还有数千人只能得到兼职工作。那些侥幸保住工作的人，其工资也在两年内下降了30%～50%。日常必需品的价格几乎翻了一番。1837年冬天来临时，据一位记者估计，纽约约有20万人"陷于绝望之中，如果没有救济，他们很可能连这个冬天都过不去"。人们走上大街，但正如当时的一个工人所说，更多的人"需要的不是施舍面包和燃料，而是工作！"

施粥所的数量比职位增加得更快，等待分配救济品的队伍也是越排越长，工人们的自尊心被消磨殆尽。劳工家庭发现自己完全孤立无援，因为萧条使十年前开始的工会运动大受打击，雇主随意延长工作时间、削减工资、在工人之间制造矛盾。在其他东部城市，就像我们前面看到的，工作竞争、贫困和种族仇视也导致一系列暴力冲突。

10.2.6　第二种美国政党制度

到1830年代中期，美国已经显露出了一种新的两党体制和生机勃勃的全国性政治文化。政党的出现源于杰克逊任期内的各种纷争，以及"第二次大觉醒"中的宗教热情。虽然两党内都有富裕而且影响较大的领袖人物，并且正如美国当时的多元化趋势一样，党内成员也有很大差别，但相对来看，民主党还是一个拥有全国性力量的较能代表"普通人民的党"。

辉格党则更多代表比民主党人富有的人的利益，在新英格兰地区及新英格兰人进行移民的上中西部地区比较有势力。为了吸引商人和制造业者，辉格党比较认同克莱设想的美国体制：建立全国性的银行，联邦资助国内改良，对工业实行保护关税。南方许多棉花大种植园主因其在银行信贷和国内改良方面的见解而加入了辉格党。曾有十年左右的时间，辉格党与民主党在南部基本势均力敌，双方都能得到技工和普通劳动者的支持。我们很难在辉格党与民主党的成员之间划出清晰的地域或阶级界限，这说明种族、宗教及文化背景等都会影响人们对政党的选择。

民主党还存留着杰斐逊的传统，赞成自由和地方统治。他们希望摆脱掉法规的条条框框，破除宗教专制和各种特权，免受强势政府的统治。在他们看来，最好的社会就是让所有美国人都能自由地追求个人利益的社会。民主党吸引了那些在业已建立教会的殖民地和各州里受到歧视的教派。苏格兰–

爱尔兰人、法国人、德国人和爱尔兰人中的天主教移民，以及自由的思想家和工人领袖也倾向于杰克逊一派。但在饮酒和奴隶制问题上，民主党人就没有辉格党人那么有道德感。他们的宗教背景总是使他们认为罪孽和恶行是不可避免的，并认为不应该把政治与道德问题挂钩。

相比之下，对很多辉格党人来说，正是宗教和道德义务塑造了他们的政治目标，这也是他们理解问题的方式。政治看上去是一个净化社会罪孽的适当的竞技场。他们自称"法律和秩序的党"，大多数人都认为美国人不再需要更多的自由；相反，他们现在要做的是学会如何运用这些自由。若所有人都打算参加选举，他们就应学会如何运用他们的政治权利。新英格兰地区老世系的公理会教徒和长老会教徒多数都是辉格党人。此外还有贵格会信徒和福音派新教徒，他们认为政府采取积极行动能够改善人们的道德行为，根除罪孽。辉格党人支持对国家进行诸多方面的改革，如禁酒、开办公共教育、实行严格的安息日制度，以及国家采取措施促进经济发展等。

政党认同在美国人的生活中发挥着越来越大的作用。两党都通过花哨的竞选宣传来吸收新成员并保证成员对党的忠诚。政治使人激动，使人喜悦，使人感受到同志间的友情，并提供了一种塑造这个变化的世界的方式。

这种新的政治文化在1840年的大选中得到了很好的展现。辉格党略过亨利·克莱而提名威廉·哈里森（William Harrison）参加选举，威廉·哈里森是1811年蒂珀卡努战役中的英雄，但在大选时已经很年迈了。为了强调该党的地域多样性，弗吉尼亚的约翰·泰勒（John Tyler）被提名为副总统的候选人。民主党没有别的合适人选，只好再次提名范布伦，范布伦的竞选宣传很低调。辉格党则运用了各种手段去拉选票，如唱歌、卡通漫画、烤肉野餐会、火把游行等。

辉格党人还颠覆传统形象，把范布伦比作一个贵族的花花公子，而将他们的人说成是一个朴素的候选人。威廉·哈里森使选民们不禁想起了安德鲁·杰克逊将军，他得到了234张选举人票（范布伦只得到60张），使他入主白宫。在这场美国历史上参加投票者人数最多的选举之一中，超过80%

有资格投票的选民都参加了投票。一份民主党人的报纸承认，辉格党人击败了杰克逊派，"是我们教会了他们如何来打败我们"。

竞选期间，有人抱怨说对各种竞选把戏已经厌烦透顶，"一切都跟这位老英雄有关，仿佛世界上只有政治……每个酒馆都要举行大型集会"。这种对酒精在政党政治中所起作用的隐讳批评，更加突出了很多美国人特别是辉格党人带给政治的道德和宗教观念。另外一些人则拒绝政治路线，他们希望另辟蹊径加强美国社会的道德和秩序。

美国的第二种政党体制

		民主党	辉格党
领导人		安德鲁·杰克逊 约翰·卡尔霍恩 马丁·范布伦 托马斯·本顿	亨利·克莱 丹尼尔·韦伯斯特 约翰·亚当斯 威廉·哈里逊
政治传统		共和党（杰斐逊、麦迪逊）	联邦党（汉密尔顿、约翰·亚当斯）
主要政治信念		州权和地方自治 反对垄断和特权 低地价和低关税 不受政府干预的自由	全国性的权力 支持第二合众国银行、高关税 国内改良 政府在改革中发挥广泛作用
主要的支持来源	地域	南部和西部	新英格兰、东海岸各州、中西部地区的北部
	阶级	中产阶级和小农、西北地区的城镇劳工和技工	南部大种植园主、富商、中西部和南部的部分中等农民、技工
	种族	苏格兰-爱尔兰人、爱尔兰人、法国人、德国人、加拿大移民	英国人、新英格兰的老世系
	宗教	天主教派、边境地区的浸信会派和卫理公会派、自由思想家	长老会派、公理会派、贵格会、道德主义者、改革主义者

10.3 至善派的改革和乌托邦主义

《马太福音》（5：48）训导人们："所以你们要完全［至善］，像你们的天父完全［至善］一样。"19世纪中期的改革家们受到芬尼派奋兴运动的启发，认真地接受了这一挑战。很多人都相信，如果地球上能有一个和平、和谐、基督般博爱的千年，基督必将再次降临人间。

至善派的宗教主旨与美国人心中关于上帝选择他们来改变整个世界的观念不谋而合。1830年代的改革显然不是一时冲动，而是有许多深刻原因，如关于美国使命的清教观念；立国先辈们如富兰克林等积极为善的世俗榜样，这些榜样的力量因共和的意识形态和人性本善的浪漫主义信念而进一步加强；辉格党政治意识形态中的积极行动倾向；对变动的阶级关系和社会经济环境的忧虑；家庭影响和年轻人选择符合道德原则的职业的愿望；宗教奋兴主义的直接影响等。

10.3.1 改革的国际性特征

引导改革的力量并不仅仅来自国内。19世纪前期的几十年，整个大西洋世界都处于改革的热潮中并涌现出许多改革者。许多伴随工业化而来并使美国大伤脑筋的问题也在困扰着欧洲人。英美两国的妇女都组织起来改造妓女。与美国一样，大量的禁酒协会也在德国、爱尔兰和英国兴盛起来。英法两国的自由主义者也在和他们的美国同仁一起为最终废除奴隶贸易摇旗呐喊。

改革者们川流不息地往来于大西洋两岸，筹措资金，宣传他们的观念，研究国外发生的新鲜事物，着手进行社会试验。废奴主义者弗雷德里克·道格拉斯和威廉·加里森都曾前往英国寻求支持，而英国的废奴主义者乔治·汤普逊（George Thompson）则在美国的北部各州四处游历，尽力协助当地的废奴主义者。苏格兰的棉纺厂主罗伯特·欧文（Robert Owen）在苏

> **1830 年到 1850 年美国改革的动机和原因**
>
> - 改善因市场经济发展、城市扩大和移民增多而受到影响的男人与女人、雇工与雇主之间的关系
> - "第二次大觉醒运动"中的芬尼派和其他宗教奋兴运动
> - 辉格党的社会行动主义和道德观念的推动
> - 对变动的阶级和种族关系的忧虑
> - 家庭传统和年轻人的理想主义
> - 清教徒和革命时代关于美国人重建世界使命的传统
> - 共和意识形态和启蒙运动对道德和良好公民品质的强调
> - 浪漫主义文学(如先验论者作品)的影响

格兰建立了一个模范工厂小镇后,也于 1820 年代来到美国继续进行他的社会主义公社实验。

人们跨越国界交流思想和改革战略,欧文在 1820 年发表的著作《道德世界书》(*The Book of Moral World*)激发了多种形式的合作,英国和苏格兰的妇女废奴协会的工作也为美国妇女树立了榜样。各国改革家之间的书信交流也坚定了他们的决心并鼓励着他们的行动。别处的成功消息会使他们相信自己也能取得同样的成果,而别人的失败则会促使他们进一步讨论正确的策略。

10.3.2 改革的困境

整个大西洋世界的改革家们都面临着两难困境,即如何使改革获得最有效的成果。假使行为改变了态度也会转变,那么先改变人们的思想再改变不良的制度,或者先改变体制,哪种方法更有效?如果采用第一种方式,改革家们就要依靠教育和道德说教、各种小册子、文学作品、辩论和个人约诫

等。如果采用第二种方式，改革家们就要采取政治行动，进行体制改革，制定法律，赢得选举，组织联盟，联合抵制商品，创造或废除体制等。此外，改革家们还得考虑：是就事论事实施一个个有限而实用的改革，还是努力寻求尽善尽美？他们是否应该采取武力或建议使用武力？能否与原则性稍弱的潜在支持者结成联盟？

就像本章开篇罗宾逊夫妇所体会到的那样，推进改革是要付出代价的。改革家们不可避免地会为改革的意识形态和策略发生分歧，最后往往会爆发激烈争论，闹得不欢而散。尽管改革家们经常承受着巨大的压力，要求他们统一意见，放弃质疑，但他们却从未迫于压力放弃他们对自己、对社会、对上帝的责任。

10.3.3 乌托邦公社：奥奈达和震颤派

梭罗曾经尝试着去过一种理想化的离群索居的生活。另外一些改革家则希望创造出小型的乌托邦社会取代那个充斥着工厂、陌生人、不道德行为、企业主的世界，来拯救这个正在丧失小型社区凝聚力和传统价值观的社会。许多人也拒绝接受中产阶级的婚姻和家庭理想。

1831年，就在安德鲁·杰克逊总统与废止权论者之间正剑拔弩张、纳特·特纳正在策划他的起义、罗切斯特的市民正在想法控制镇上工人酗酒的陋习之际，一个来自佛蒙特州帕特尼的年轻人约翰·诺伊斯（John Noyes）则听到了芬尼的布道。诺伊斯立即改变了自己的信仰，虽然他还算不上是一位正统的皈依者。

诺伊斯相信灵魂皈依可以使人达到至善并可从罪孽中完全解脱出来。然而，他的世俗幸福不久就经历了严峻的考验，他钟情的女子不但拒绝了他的信仰，还拒绝了他的求婚。诺伊斯主张在那些至善主义者中间，所有的男子和女子都平等地属于对方，有些人称他的这种异端邪说为"自由性爱"和社会主义。诺伊斯从失恋的阴影中走了出来并娶了一个忠实于他的信徒为妻。

当妻子在六年内流产四次后，诺伊斯修正了自己关于性的离经叛道的观点。

1848 年，诺伊斯和他的 51 位追随者在纽约的奥奈达建立了一个"至善派"公社。在他强有力的领导下，这个公社发展得相当好，但很多美国人都认为这个公社拒斥中产阶级婚姻规范的行为太不道德。这里的性生活受到严格限制，男子若不符合谨慎约定的条件就必须禁欲。只有精神品质很高的男人才被准许生养孩子，而往往只有诺伊斯自己才"符合"这一标准。另外一些引起争议的措施包括共同抚养孩子、工作上男女平等、工作和娱乐中都取消竞争精神，以及一个精心设计的在"父亲"（Father）诺伊斯主持的会议上进行"相互批评"的计划等。明智的经济决策使公社成员实现了共同富裕，彼此紧密相连。诺伊斯选择发展现代制造业，最初专门生产铁制动物捕捉器，后来则开始制作银器。

诺伊斯非常推崇震颤派（the Shakers），该派也信仰至善主义、财产共有，并提出要建立一个千年天堂王国。与奥奈达不同的是，震颤派谴责性爱，要求绝对的独身生活，所以他们只能靠吸收皈依的人才能增加新成员。震颤派的创立者是一个英国妇女，"母亲"安·李（Mother Ann Lee）。该派在"第二次大觉醒运动"中开始发展，到 1850 年代已经吸收了约 6 000 名成员，他们的公社遍布在从缅因到纽约到肯塔基的土地上。震颤派相信上帝具备男女双重人格，安·李就是男性耶稣基督的女性对应者。震颤派的公社以财产共有、男女平等、简朴生活，以及手工制作精美的家具而闻名。其中有些公社一直存在到 20 世纪。

10.3.4　其他乌托邦组织

先后成立的乌托邦公社有一百多个。其中有些是宗教性质的，有的则是世俗公社。这些公社大多规模较小，一般都只能维持数月至几年。这些公社发展出各种重要的社会思想，但最终都垮掉了。

最早的一批乌托邦公社是由讲德语的虔信派移民建立的，他们的目的是保护自己的语言、精神和苦修的生活方式，而内战前其他乌托邦公社则关注重建这个现实世界，或是更加直接地回应当时的社会问题以及伴随工业革命而来的恶劣的劳动状况。这些公社认为，不幸来源于当时的环境而非个人的有罪行为。

最著名的世俗公社领导人是罗伯特·欧文。他原本是一个苏格兰的工厂主，因同情棉纺工人的悲惨生活，他设想出了一种由小城镇组成的社会，里面有完善的学校教育，工作条件也非常好。1824年，他在美国印第安纳建立了他的第一个"新和谐"（New Harmony）小镇。然而，和谐几乎从未实现，不到三年时间实验就宣告失败。

爱默生的两个康科德朋友建立了布鲁克农庄（Brook Farm），希望能够实现"智力与体力劳动"的完美结合。这里的居民每天在田间劳作数小时后开始背诵诗歌。实验坚持了不到三年，但它还是产生了一些著名的文学作品，发表在玛格丽特·福勒编辑的杂志《日晷》（*The Dial*）上。纳撒尼尔·霍桑曾在布鲁克农庄住过一段时间，他写了一部小说《福谷传奇》（*The Blithedale Romance*，1852），对乌托邦幼稚的乐观主义提出了批评。

所有乌托邦公社失败的原因大致相同。美国人看起来不愿与人分享自己的财产，更不用说分享配偶。独身生活更不能激起人们的热情。另外一些共同问题包括不稳定的领导体制、财务纷争、地方上对性（别）问题实验及其他一些异端措施的敌视、不加选择地吸收成员、热情逐渐消退。就像爱默生评价布鲁克农庄时所说："它经受住了所有的考验，唯独败给了生活自己。"

10.3.5 基督复临派与摩门教

乌托邦公社没能给世人带来和谐的千年王国，人们便寄希望于直接跳到迎接基督的复临上。威廉·米勒（William Miller）原是纽约北部一个默默无闻的农民，他推算出基督复临的准确年代是1843年，可能在这年的3月。很快就有一群人聚集到他的周围，准备迎接基督的回归和末日审判。随着预言时间的临近，这些人的心里既有兴奋也有恐惧。有些人抛弃了自己在尘世拥有的一切，穿上礼服，成群结队地跑到高山或房顶。1843年风平浪静地结束了，什么事也没有发生，米勒只好再算一次并得出了新的结果。一次失望接着一次失望，他的信徒也越来越少，当他在1848年去世时，已经没有人愿意相信他了。该派中的一小部分，人称基督复临安息日会教友，放弃了预言基督复临的准确时间，而是选择了生活在这一事件"即将来临"的憧憬中。这一派一直存留至今，并拥有数百万会众。

当时纽约北部的宗教活动很活跃，有些团体的行事也更加成功。芬尼派席卷纽约的帕尔迈拉时，年轻的约瑟夫·史密斯（Joseph Smith）宣称天使莫洛尼（Moroni）显灵探望了他，并蒙其引导在自己房屋附近的地里找到了一些金匾。这些金匾上刻着《摩门经》（Book of Mormon），经文描述了一个唯一真正的教会和一个失踪了数个世纪的"不为人知的以色列部落"。经文也预言会出现一位美国先知，他将在美国创建一个新的、纯粹的基督王国。史密斯在1830年将书出版以后，很快又建立了耶稣基督末日圣徒教会，即摩门教。1830年代，他那幻想式的领导吸引了数以千计极力想要逃出当时社会失序、宗教不纯、商业萧条的环境的普通民众。

史密斯和他稳步增长的信徒先是从纽约移居俄亥俄，然后去了密苏里，最后又回到伊利诺斯。他们之所以频繁迁移，部分也是因为他们经常遭到人们的奚落、迫害和暴力袭击。人们因为他们活跃的传教活动、部分也是因为他们的信仰，以及他们对当地印第安部落的支持而对他们产生敌意，而且他们在性生活问题上的异端倾向也让人们极为反感。

尽管经常遭到来自外部的迫害，内部也常因史密斯专断的领导风格而产生纠纷，摩门教还是逐渐发展起来。来自英国和北欧的皈依者也加入其中，从而壮大了他们的队伍。1840年代中期，伊利诺斯的诺伍已经拥有近1.5万名摩门教徒，俨然摩门教的一个胜地。史密斯还向国会请愿要求获得独立的领土，甚至希望能在1844年竞选总统。他的行为使附近村镇的居民感到无法忍受。针对他们的暴力活动越来越多并在史密斯以叛国罪受审时达到顶峰，他被一名暴徒杀死了。继史密斯之后领导摩门教的是布里格姆·杨（Brigham Young），这是一个比较有领导才能的人，在他的领导下，摩门教在1846年开始了西进运动。

10.4 改革中的社会

摩门教徒与乌托邦公社成员有着共同的目标，用杨的话来说就是，"在人世间传播正义"。但多数人都更愿将精力集中在消除社会的某一恶行上。

爱默生在1840年写道："这么多社会改革的计划使每个人都无比激动。"部分受到杰克逊时代政党政治的启发，当时的改革家们组建和加入了各种各样的社会改革团体。成千上万的妇女也加入改革行列，宗教奋兴是促使其行动起来的一个因素，此外，晚婚和较小的家庭规模也使她们从家庭的重负中解脱出来。在数百个志愿团体中，像罗宾逊夫妇这样的人应对的问题涉及社会的方方面面：酗酒，饮食和健康，性生活问题，对待社会流浪人员的制度问题，教育，劳动的权利，奴隶制，妇女权利等。

10.4.1 禁酒

1831年元旦前夜，芬尼的信徒西奥多·韦尔德在罗切斯特发表了一次长达四个小时的禁酒演讲。他生动详细地描述了那些不愿戒酒的人们的悲惨命运，要求听众不但自己要戒酒，还应该说服别人不要贪杯。有些人当场表示要戒酒。第二天，罗切斯特城里最大的两个威士忌供应商伊莱贾（Elijah）和阿尔伯特·史密斯（Albert Smith）将他们的酒桶砸得粉碎，这些基督徒一边欢呼，一边爆发出热烈的掌声。

19世纪的美国饮酒成风。当时有人说："如果没有烈酒，我们就无法养活一家老小，甚至连麦子也不愿收割，更别说滚圆木、剥玉米、缝被子了。没有酒，我们连别人的婚礼和葬礼都不愿去。"但是，酗酒造成了严重的后果：贫困、犯罪、疾病、精神错乱、家庭破碎、政治腐败等。

早期限制酒类消费的努力主要是强调饮酒要适度。地方上的禁酒协会同意限制饮酒量。有些人聚到酒馆喝酒，以便相互监督。但受奋兴运动影响，禁酒运动逐渐有了一定的组织性，并有了更明确的目标。1826年成立的**美国禁酒协会**（American Temperance Society）将其目标确定为完全的禁绝。数年之内就有数千个地方性或全国性禁酒协会建立起来。

禁酒运动的倡导者学习了不少宗教奋兴运动的策略。情绪激昂的演讲家向人们详述饮酒的危害，要求整个社会一起向那些意志薄弱者施加压力。一大堆图文并茂乃至危言耸听的禁酒小册子铺天盖地而来。一本小册子里画着一个"饮酒无度的男人"由于"呼吸时离点燃的蜡烛太近导致嘴里起火"而被烧死。

但到1840年，禁酒运动由于分歧而分裂成许多独立的组织。而且经济持续萧条，人们难以找到工作，和谐的家庭生活也产生了波澜，酒又成为一些人的解愁之物。此时加入禁酒"十字军"的人更多都是出于实际考虑，而非出于宗教热情。1840年在巴尔的摩一家酒馆成立的"华盛顿禁酒协会"很受无业年轻人的欢迎，三年后其成员就达到60万人。华盛顿人认为，酗酒是一种社会弊病，而不是道德的衰退，这种观念使禁酒运动发生了很大变化。他们不再利用宗教奋兴的各种方式，转而仿照政党政治的模式，或者通过游行、野餐、情节剧等形式，或者在节日的时候，鼓励人们宣誓戒酒。

1840年代禁酒运动的策略也发生了改变，从道德说教转向采取政治行动。禁酒协会游说各地通过法律，允许各社区禁止酒类的生产、出售和消费。1851年缅因州通过了美国第一部关于禁酒的法律。内战之前又有15个州通过了类似的法律。这些法律的限制力并不是很强，但1850年代美国的人均饮酒量却是大幅下降。内战爆发使禁酒运动发生中断，但美国在1919年通过了《宪法第十八条修正案》，禁酒运动最终实现了自己的最高目标。

人们对禁酒运动的热情,揭示了美国人参加改革团体的许多实用动机。对一些人(如罗切斯特的新教徒中产阶级)来说,禁酒运动使他们能够加强对工人、新移民和天主教徒的控制。至善论者则认为,禁绝饮酒不失为实践自我控制的一个好路子。而对很多妇女来说,禁酒可使她们免受酒鬼丈夫的虐待。对很多年轻人来说,尤其是在1837年经济危机发生后,参加禁酒协会可以使他们找到一点娱乐,同时多认识朋友,有时还有助于他们找到工作。在禁酒协会中就如同加入政党中,美国人可以从中找到工作、人生目标、他人的支持、配偶,还能摆脱孤独和不安。

禁酒宣传

这幅禁酒宣传画作于1841年,名为"放纵的进程"。这幅画暗示了酗酒的哪些后果?放纵饮酒者的家人中谁受到的伤害最大?

10.4.2 健康和性

放纵心理和酗酒很容易使一些潜在的疾病爆发出来,对身体产生恶劣影响。当时的改革家对暴饮暴食、大量服用刺激药物等现象极为反感,对纵欲过度更是深恶痛绝,许多人都赞同执行特定饮食和锻炼计划来维持良好的健康状况。有些人甚至希望能发明万应灵丹,包括水疗法(沐浴和净化身心)、催眠术、颅相学(研究头上的肿块)和各种"巫师"的降神会等。

全麦饼干的发明人西尔维斯特·格雷厄姆(Sylvester Graham)把所有的热情都集中到了一起。1834 年,他发表了一系列关于贞洁的演讲,后来出版成书,成了当时的性学参考。他建议那些经常受到性欲"困扰"的人"洗冷水澡"或者"多参加户外锻炼"。他建议女性"只为繁衍后代而过性生活"。女人学会控制性生活是出于自身考虑,但当时提倡男性"性纯洁"的人认为,节制性欲也是为了保护男人的多种利益。有医生认为女人不应接受教育,否则大脑就会占用本应供给子宫的血液而导致生下"孱弱的人"。

内战前出版的各种"健康"小册子的作者们,强烈建议人们应该像戒酒一样节欲。精子必须保存下来为繁衍后代发挥作用,如果为了一时的快感手淫或发生性关系而浪费精子,就会使人身体虚弱、得上疾病、精神错乱甚至引起死亡。还有人认为大量消耗精子意味着丧失经济活动中所需要的能量。

10.4.3 收容制度的人道化

有些改革家致力于重建美国社会秩序,比起影响个体,他们更愿意改造收容所、救济院、监狱、学校乃至工厂等社会机构。与社会流浪人员打交道向他们提出了一个特殊挑战。殖民地时期的家庭和社区都曾照顾过孤儿、乞丐、精神病人甚至罪犯。19 世纪早期,各州开始建立多种机构来收容、改造这些社会的牺牲品。在其中一些救济院和监狱里,神志清醒的人与精神病患者、幼童和劣迹斑斑的成人罪犯混住在一起。1843 年,多罗西娅·迪克斯（Dorothea Dix）向惊骇的马萨诸塞立法机关报告了该州集中居住的精神病人生活在"最极端的退化和痛苦中"，他们被关在"笼子里、厕所里、畜栏里！戴着镣铐，赤身裸体，棍棒、皮鞭动辄劈头盖脸而来！"迪克斯建议设立专门的收容所，使精神病人能够受到"人道和适当的对待"。

很多像迪克斯一样的至善派改革家都相信收容所能够改善这些流浪者的状况。他们认为那些差的机构将会导致善良的人性腐败堕落，因此必须对这些机构加以改造，使人性恢复原貌。1853年，查尔斯·布雷斯（Charles Brace）在纽约市建立了"幼童救助协会"，该协会后来成为通过教育和自助使孩子们实现积极转变的典范。迪克斯、布雷斯及塞缪尔·豪（Samuel Howe）和托马斯·加劳德特（Thomas Gallaudet）等改革家建立的照看、教育盲人和聋哑人的机构，也都取得了非常大的成就。

但也时常会出现令人失望的结果。有些监狱改革家认为适当的感化可以使罪犯"恢复人性的善良"。有些人觉得纽约奥本分割成众多单人房间、实行集体劳动的矩形监狱最合适，另一些人则赞赏宾夕法尼亚将每个犯人单独关押的监狱。所有的监狱改革家都认为，犯人们通过在自己的房间里学习圣经、反思自己的错误必定会下定决心做个好公民。但事与愿违，很多犯人都精神失常，还有的则自杀了。这些改革家们带着美好愿望建立起的机构成了社会弃儿的倾销地。19世纪中期，全美国的监狱和精神病收容所已经变成它们今天的样子：一个冰冷无情、人手不足而受监管人员却爆满的机构。

10.4.4 改善劳工阶层的状况

并非所有改善美国人生活状况的努力都是自上而下发动和由中产阶级领导。对美国的劳工阶层来说，他们最迫切需要的社会机构就是工厂，英国的情形也是如此。工人们（其中许多人也卷入到禁酒、争取和平、废除奴隶制的斗争中）希望能够改善自身的生活状况。

1828年到1832年产生了众多的劳工政党。它们呼吁建立由国家拨款的免费学校，免费向人民提供西部的公共土地，保证穷人获得同样的平等权利，以及消除各种垄断特权等。1827 年，费城的熟练工人组织起木匠、泥水匠、印刷工、织工、裁缝及其他行业的散工开始进行工会活动，并在同年将 15 个工会合并为一个全市的同盟；随后全国各地都建立了类似的联盟。1834 年，美国成立了第一个全国性的劳工组织**全国总工会**（**National Trades Union**）。

由于**杰克逊派民主党人**（**Jacksonian Democrats**）要争取工人的选票，所以工会活动的状况要比工人的政党好一些。工会的计划一般都比较切实可行，如缩短工时、争取与物价水平同步的工资增长、想方设法避开廉价劳动力的竞争。此外，工人们还和他们的中产阶级支持者一起要求实现免费公共教育，改善工人生活条件，保证他们结社的权利等，废除债务拘役和强制的民兵服役义务（这两者常使他们丢掉工作）。纽约州的法庭通过了反工会的判决，工人们大失所望，将自己比作波士顿茶党的起义者。

由于革命传统的激励，再加上当时政治发展状况的影响，工会会员达到 30 万，美国工人在 1834 年到 1836 年间发动了 168 次比较大的罢工。其中有 112 次都是为了工资问题（参见第 8 章），其余的主要是为了缩短工时。1837 年的大恐慌导致严重萧条，美国工人的希望和努力顷刻间化为泡影。但 1830 年代工人们的良好组织则预示着，他们不久以后就会卷土重来而且力量还会更为强大。

10.5 废奴主义与女权运动

当 1834 年美国的工人们在为工资和工时而斗争时，罗宾逊夫妇却为自己的事业赶到了辛辛那提。他们和当时许多年轻的理想主义者一样，都是被一个新建立的改革活动中心莱恩学院吸引而来。当忧心忡忡的当地居民劝服校长莱曼·比彻禁止学生们的活动时，75个"莱恩反叛者"跑到了俄亥俄北部的奥伯林。他们把奥伯林学院变成全美第一个同时招收男生和女生、黑人和白人的学校。他们废除奴隶制和为妇女及自由黑人争取平等权利的斗争就此合而为一。

在当时看来，废除奴隶制、消除人们心中顽固的种族主义和男性至上主义，简直和实现千年王国一样遥不可及。但这些废奴主义者和女权的提倡者不为所动，仍然下定决心要清除这些根深蒂固的社会弊病。然而，无论是设法消灭棉花田里的剥削，还是尝试消除厨房里的压迫，他们都面临着双重挑战：在日常生活中取得实际变革的同时，还要追求模糊的远期目标。

10.5.1 反奴隶制运动的内部分歧

反奴隶制运动远不如禁酒运动那样声势浩大，但它却更清楚地显示出追求重大社会变革的难度。威廉·加里森满怀热情地要对这个丑恶的世界进行改造，即便难以使它达到完美的程度。1831年元旦（此时离"纳特·特纳起义"还有八个月），他主编的《解放者》第一期出版了，并很快就成为美国反奴隶制杂志中的领军者。他写道："我的心是真诚的，我不愿含糊其词——人们会听到我的声音的！"他组织了一群黑人和白人成立了"新英格兰反奴隶制协会"，后来又于1833年与另外62个人一道建立了"全美反奴隶制协会"，要求立即在全国废除奴隶制。

但直到这一时期，大多数反对奴隶制的白人都主张由个体的奴隶主渐进地解放奴隶。很多人都加入了1816年成立的美国殖民协会，并将少数获得解放的奴隶送到利比里亚。然而这些成就太过有限并有种族主义倾向，因为其主要目标是使国家摆脱自由黑人。由于非裔美国人对此并不认同，再加上加里森等人的极力抨击，这种殖民运动渐渐失去了人们的支持。

加里森及其全美反奴隶制协会中的同道认为，奴隶制的罪恶罄竹难书，必须尽快根除，并以毫不妥协的语气要求立刻实现这一目标。就像加里森所说:"我从不愿以缓和的态度思考、说话、写作。"他认为,应该坚决杜绝"奴隶主盟友"的出现,并谴责宪法保留了奴隶制这种"与地狱达成的协议"。受到《解放者》和反奴隶制演讲家如加里森、马里厄斯·罗宾逊等人的影响,东北部和西北部出现了很多要求立即废除奴隶制的男性和女性的协会。然而也有一些反对奴隶制的人认为,加里森派太过激进,不太合他们口味。

废奴主义者在如何实现奋斗目标的策略上存有分歧。他们的主要方法是,让蓄奴者及其支持者深信奴隶制是一种罪孽。黑人废奴主义者大卫·沃克(David Walker)宣称,拥有奴隶的白人是道德上的次等人。但正如马里厄斯在写给埃米莉的信中所说,"并非只有南方有人拥护奴隶制"。北方人也在食用奴隶榨的糖,他们的纺织厂同样在采购南方的棉花。马里厄斯在俄亥俄的经历清楚地表明,北方人也为奴隶制提供了必要的支持。

到1837年,美国已经出现了上百万篇反奴隶制的文学作品。这些作品把奴隶主形容为丧失一切人性的"拐卖者"。1839年,韦尔德出版了《美国奴隶制的真相》,书中以血淋淋的细节展现了奴隶受到的非人待遇。

其他废奴主义者则选择了更直接的方式。一些人收集反奴隶制请愿书签名,将其递交州议会和国会。1840年代,许多人都加入了政治上的第三党。还有一种策略是联合抵制所有由奴隶制造的商品。另有一种较为少见的策略,就是鼓励奴隶直接起义,大卫·沃克在1829年出版的一本小册子中曾提出过这一建议,亨利·加内特(Henry Garnet)则在1843年一次美国黑人集会的演讲中提过这种想法。加内特承认,沃克的作品是早期废奴运动中"第一个最勇敢也是最直接呼吁自由的"。

废奴主义者在策略方面的分歧也造成了运动的分裂。加里森毫不退让的个人作风以及他对当时并不很流行的妇女权利的支持让很多人都极为不满。1840年,全美反奴隶制协会在纽约年会上分裂了。当阿比·凯莉(Abby Kelley)被选进一个此前全由男人组成的委员会时,一些代表当即退场。协会中支持多重议题和道德劝服的一派继续追随加里森。其他人则离开协会去追求政治行动,加入自由党。

导致废奴主义运动出现分裂的因素还有阶级和种族上的差别。北方工人虽然害怕解放奴隶可能出现的工作竞争，但仍觉得自己的"工资奴隶"地位与黑人奴隶地位没有什么两样。北方工人领袖与中产阶级废奴主义者（他们往往极力淡化工人事务的严重性）之间的矛盾，就像废奴运动中黑人与白人之间经常出现的分歧。白人如温德尔·菲利普斯（Wendell Phillips）等谴责奴隶制为美国社会的一个道德污点，而黑人如弗雷德里克·道格拉斯则更关注奴隶制的影响和对非裔美国人的歧视。另外，白人废奴主义者比较倾向于将奴隶制和自由视作纯粹的道德对立面：人要么是奴隶，要么就是自由身。黑人则知道存在不同程度的自由，北方的黑人拥有的自由则要更少。

黑人废奴主义者除了感受到普通北方人的偏见，还发现其白人废奴主义同道也并非对他们一视同仁。很多反奴隶制的商人都不愿雇用黑人。而在反奴隶制协会中，黑人也经常享受不到完全的会员权利，有时白人的文学作品中还经常会有意无意地流露出种族主义的陈腐观念。这种分歧在加里森和道格拉斯之间体现得非常明显。弗雷德里克·道格拉斯是废奴运动中一位非常有影响力的演说家。但没过多久，他演讲的主题就不限于描述他的奴隶生活了，他开始娴熟地分析起废奴主义运动的各种政策。这时加里森就警告他，如果他经常讲一些大道理，人们就不会相信他以前曾是一个奴隶；另外一些白人则告诉道格拉斯，他的任务就是讲述事实，说教的事情由他们来做。

弗雷德里克·道格拉斯逐渐与加里森分道扬镳，并倾向于采取政治行动甚至发动奴隶起义。加里森对此显然很不高兴。在弗雷德里克·道格拉斯加入自由党后，加里森谴责他"忘恩负义……简直蛇蝎心肠"。1847年，弗雷德里克·道格拉斯创办了自己的报纸《北极星》（*North Star*，后来被称为"道格拉斯的报纸"）。他在文章中表示非常感谢"那些高贵的白人劳工阶级"，但同时也宣布现在应该由"那些真正受苦的人"来为争取自由开拓道路了。

另外一些黑人民族主义者也跟加里森格格不入，比如脾气暴躁的马丁·德拉尼（Martin Delany）等，他们完全摈弃白人的协会，而主张移民非洲。但大多数黑人还是比较认同道格拉斯，更愿在美国结束奴隶制和

再现历史

奴隶的自述

1840年代和1850年代的废奴主义者们热切地收集并出版了一些逃亡奴隶的自传性作品。这些令人毛骨悚然的抓捕和逃脱的故事由当事人亲口讲出，极具震撼力，对影响公众意见和终结奴隶制很有帮助。据估计，当时出版的"奴隶自述"作品超过一百篇，这里我们选择了其中两篇的部分段落。

奴隶的自述源于美国自传作品的三个传统：清教徒的心灵忏悔；回顾由穷到富的个人成功经历，如本杰明·富兰克林；被印第安人俘虏的白人的自述。最后一种故事在19世纪早期很受欢迎，描述了白人俘虏（通常为女性）被印第安人从居住地掳掠、投进监狱、受到折磨、逐渐适应印第安部落生活以及最后获得自由回到白人文明的家中的经历。一些女性拒绝被"赎回"而宁愿留下，经常是因为她们已经有了一个印第安人丈夫。

非裔美国奴隶的自述也采用了三段式手法：开头往往讲述自己在西非村庄田园牧歌般的童年，或者是小时候在南方种植园里尚为懵懂的生活。由于这些自述主要是为北方白人而写，因此往往用栩栩如生的细节描写自己被俘虏和成为奴隶时受到的野蛮压迫，极力强调运奴船上的可怕情景，讲述自己如何被送到奴隶市场、妻离子散，在种植园里每天都要被殴打、惩罚，以及种植园里的严酷生活。但这些自述也记载了他们为了生存所具有的创造性和英雄般的意志：想方设法逃避劳动，与奴隶主顶嘴，与自己钟情的人联络，学习读写等。

故事的结尾通常也就写到自己成功逃脱并具有了新的自由身份。正如威廉·安德鲁斯（William Andrews）在《讲述自由的故事》（*To Tell a Free Story*）

中所说，黑人们讲述自己的经历"在某种程度上是一种自我解放，是他们终其一生追求自由这出戏剧的最后高潮"。这些作品的另外一些主题就是呼吁读者起来争取废除奴隶制；对比奴隶主运用基督教为蓄奴辩护的行为和奴隶们对基督教单纯的精神信仰；还有的也写到了奴隶团体的支持，以及帮助他们成功逃脱的黑人和白人组成的地下网络等。

弗雷德里克·道格拉斯的自述（参见第9章）并不是第一部奴隶自述，但它却代表了这种奴隶自述作品的主流。自述描述了道格拉斯儿时就目睹过马里兰种植园里奴隶制的可怕状况，然后又在巴尔的摩学会了读书写字，成功地挫败了企图摧毁他意志的残忍的科维先生，最终逃跑出来并为废奴运动而斗争等。同样的作者还有威廉·布朗（William Brown）、奥劳达·易魁亚诺（Olaudah Equiano）、玛丽·普伦斯（Mary Prince）、所罗门·诺瑟普（Solomon Northup）、索杰纳·特鲁斯（Sojourner Truth）等；所有故事都向我们详细描述了他们在种植园的悲惨经历、与亲人失散的痛苦感受，以及最终逃往自由地。

下面所选的两部分，分别来自詹姆斯·彭宁顿的《逃亡》(Fugitive Blacksmith, 1849)和哈丽雅特·雅各布的《一个女奴的生活事件》(Incidents in the Life of a Slave Girl, 1861)，文章的重点是他们计划逃跑的最初过程。雅各布在文中使用的是笔名琳达·布伦特。故事的背景是她发现自己的两个孩子也要开始为奴隶主劳作了。阅读的时候，请找出奴隶在逃跑时受到的限制、预期的困难、帮助的来源，以及逃跑者的聪明才智等。

反思历史

宗教在奴隶逃跑的过程中起了什么作用？家庭、信任、安全、自立等又起了什么作用？关于奴隶制，你能从这些对自我解放的简短描述中了解到什么？你能想象这些作品对北方读者的影响吗？为什么废奴主义者喜欢用这些作品作为攻击奴隶制的一部分？

彭宁顿的逃亡

这天是安息日，全能的上帝所设计的让人和动物都得到休息的神圣日子。一般而言，马里兰州的奴隶们通常可以在这一天稍事休息。但在那些栽种有害植物（烟草）的地区，到了耕种时节，他们很可能连这唯一的休息机会也会被剥夺。

……天气很好，万籁俱寂。大多数奴隶都在自己的住所附近休息，另有一些到别的种植园去看望朋友。前一天傍晚我已把衣物扎成小捆，偷偷地藏到了离我的房子不远的地方。几乎整个上午我都待在工场，并陷入了严肃的沉思中。

我已记不太清当时自己到底想了些什么，这一天对我来说是痛心的一天。但我清楚地记得我在逃离时面临的最大的两个困难：我深爱的父母和六个姐妹、四个兄弟都还留在种植园。我要不要对他们隐瞒我的意图？我逃走会对他们造成什么影响？他们不会受到怀疑吗？他们会不会像其余家庭一样因为一个人的逃走而被卖到别处？另一个更让我煎熬的问题是，我怎样才能在不知道方向和远近的情况下成功逃离？我知道宾夕法尼亚是自由州，但我不知道它的边界从哪里开始或者马里兰州的边界到哪里结束。事实上，对一个逃难的奴隶来说，即使在宾夕法尼亚、新泽西或纽约，若不是在奴隶的潜伏地，或是有一个不仅可以托付自由而且可以托付生命的聪明朋友的照料，他也不会有真正的安全。

在我考虑这些困难时……我决定不让任何一个人知道我的秘密。但另一个难题依旧等着我去解决……如果我失败了，后果将不堪设想。据我所知，我们的种植园还没有人尝试过逃跑，但在别的种植园，那些逃跑失败的奴隶都遭到极其残酷的惩罚，他们受到鞭笞并被卖到遥远的南方，永远地告别了自己的朋友。我很清楚，我的命运很可能也会如此。但极小的可能性也会让人产生激动的神圣感，现在时机已到，必须采取行动并获得自由，否则就只能永世为奴。……我当时的心情真是难以名状。希望、害怕、担心、恐惧、爱、悲伤和深深的忧郁搅和在一起。精神痛苦之至，仿佛到了神经错乱的边缘。我想到了我们庞大的家庭——亲爱的父母和十一个兄弟姐妹，包括我；也想到了奴隶制：即使从其最温和的形式来看，奴隶制也是令人生厌的，尤其是我总会想起奴隶制最可恨的地方，就是任何时候都可能被卖到最恶劣的地方去，而这还是最轻的。无论出于什么考虑，乃至付出生命的代价，我都不会放弃逃走的想法。我也不止一次想过逃跑路上会遇到的困难：奴隶主悬赏缉拿、道路上的大侦探犬、行程的疲劳、饥饿，以及我将在一天内失去所有朋友并不得不在一个陌生的世界里寻找新朋友，等等。然而，正像我前面所说，时机已到，我必须选择是采取行动还是终身为奴。

哈丽雅特·雅各布的逃亡

一路上我都在想着使我和我的孩子们逃离这个地方的办法。朋友们都竭尽全力为我们出谋划策，使我们能以被买走的形式获得自由，然而这些计划都未能实现。弗林特医生（Dr. Flint）疑心重重，决定不再放松对我们的控制。如果只是一个人，可能我早就逃走了，但相对于我自己，我更希望我那无助的孩子们能获得自由。无论自由何其珍贵，我也不会为了这一目标而付出孩子们继续生活在奴隶制下的代价。为他们而经历的磨难和做出的牺牲，使我越发珍爱他们，也给了我新的勇气去击退那仿佛没有尽头的暴风之夜中一遍一遍地冲击着我的滔天浊浪……

我打算先到一个朋友家躲上几周，等搜捕过后再继续前进。我希望医生会气馁，或者感觉得不偿失，而且最后当他发现我的孩子们也失踪了时，他大概会同意卖掉我们，而我也知道有人会将我们购买过去。我已尽了最大努力使我的孩子们能在我们分开的时间里过得舒服一点……

弗林特先生家缺少家仆，为了不失去我，他收敛了自己的恶意。我老老实实地做自己的事情，尽管——当然——并不情愿。很明显，他们害怕我会离开他们。弗林特先生希望我睡在主房里而不是跟仆人们住在一起……我只好听他们的。但当我肯定他们这么做是想将我的孩子置于他们的看管之下进而加强对我的控制时，我决心要在那个晚上离开这个地方。我知道这样的行动将会使我那亲爱的老祖母无比伤心，但是为了孩子们的自由，我只能把她的劝告置之一边。我颤抖着双手干着晚上的工作。弗林特先生有两次在他的房间中喊叫"为什么房子还没锁上"。我告诉他我的事情还没做完。他说："你早就该做完了，小心你是怎么跟我讲话的！"

我关上所有的窗子，锁上门，然后上到三楼，等待午夜的来临。时间忽然变得如此漫长，我热诚地向上帝祈祷，希望他不要在这个最需要的时刻抛弃我。我将孤注一掷；如果失败了，我和可怜的孩子们将会是什么下场？他们一定会因我的行为而承受苦难。

12:30，我悄无声息地下了楼。下到二楼时，我好像听到什么声音，便停了一下。摸进客厅后，我看了看窗外。夜色浓重，几乎什么都看不见。我轻轻打开窗子，跳了出去。外面下着大雨，黑暗差点使我迷失方向。我跪到地上，祈求上帝给我以指引和保护。终于摸到大路上后，我以闪电般的速度向镇上冲去。到了祖母的房子边，我却不敢进去看她。

祖母一定会说："琳达，你这是要杀了我啊！"这会使我失去继续前进的勇气……

……祖母的房子被搜了个底朝天。他们从我的空箱子推断出我带走了所有的衣服。10：00前，他们把所有向北航行的船都仔细地搜了一遍，并向船上的所有乘客宣读了制裁窝藏逃奴行为的法律。晚上还在镇上设置了一个值班人。我知道祖母一定伤心欲绝，就想托人给她捎个信，但却还是没有办成。进出她房子的每个人都受到严密监视。医生威胁说，如果她不能照看孩子们，他就会将他们带走。老祖母当然不会将孩子们交给他。第三天，搜捕仍在继续。天黑之前，悬赏提拿的告示贴到了方圆数英里内的每一个角落和所有公共场所：

赏金300美元！提拿一个从主人家逃跑的聪明而狡猾的混血女子，21岁的琳达。其人身高五英尺四英寸，黑眼睛，黑头发，略带卷曲，但可以做成直发。前牙龋齿。她能读写文字，最大的可能是逃向自由州。依据法律，任何人都不得藏匿或雇用此逃跑奴隶，违者必受惩罚。在本州提获此人者将获得150美元，外州提获并交付主人或送监者将获得300美元。

弗林特医生

注：詹姆斯·彭宁顿最后成功地逃到纽约并成为一名长老会牧师。后来他还主持了弗雷德里克·道格拉斯的婚礼。哈丽雅特·雅各布在她祖母家狭窄的顶楼里藏匿了七年后，乔装打扮乘船逃脱，后来还和她的孩子们团聚了。为了迷惑弗林特医生，她还秘密向北方写信，托人加盖北方邮戳后再寄给弗林特医生，乞求他释放她的孩子们。

各种歧视。纽约的大卫·拉格尔斯（David Ruggles）和费城的威廉·斯蒂尔（William Still）各自带领一群机警的黑人，帮助逃亡奴隶逃往加拿大或者北部安全的黑人聚居区。一些牧师、作家、演说家如道格拉斯、加内特、威廉·布朗、塞缪尔·科尼什（Samuel Cornish）、刘易斯·海登（Lewis Hayden）、索杰纳·特鲁斯等到各处进行演讲，或者为报刊撰写文章，或者出版自述控诉奴隶制的滔天罪恶。他们还组织了全国黑人大会运动，自1830年以后每年都召开会议。他们不仅谴责奴隶制，还讨论自由黑人在北方受到的歧视问题。

10.5.2　废奴主义的浪潮

但总的来说，黑人与白人废奴者之间经常都能很好地协作。韦尔德和加里森外出时也经常在黑人废奴者家里借宿。黑人和白人还在"地下铁道"的各个"车站"通力合作，将逃难的奴隶从一个藏身地转移到下一个藏身地。

他们还为消除歧视和奴隶制并肩而战。1841年，大卫·拉格尔斯在马萨诸塞的新贝德福德铁路上被人从"白人车厢"中拉出来后，加里森、道格拉斯和另外40个抗议者组织起来发动了静坐示威，这可能是美国历史上第一次成功的无种族界限的示威。他们还齐心协力对实行种族隔离的学校表示抗议，由于他们的联合抵制以及根据法律精神提出的要求，终于使马萨诸塞在1855年第一个宣布在公共教育中实行种族分离为非法。但直到99年后，美国最高法院才开始在全国清除学校中的种族隔离行为。

黑人和白人废奴者最团结的时候就是他们受到攻击的时候，很多人都觉得这群狂热的废奴者在扰乱这个有序的世界，是一些极其危险的人物。当废奴者组织起来使这个国家摆脱奴隶制时，他们也导致许多希望使国家摆脱废奴主义者的人（这些人中既有南方人也有北方人）采取行动。马里厄斯·罗宾逊1836年在俄亥俄遭受的那种暴徒袭击，在1830年代中期简直就是家常便饭。废奴者经常被投以乱石，有时还会被拉去游街，遭到北方暴徒的辱骂。就连韦尔德也经常会被搅得连演讲都进行不下去。道格拉斯遇到的情形也好不到哪里。而加里森有一次在波士顿只能靠被关到监狱里保护起来才得以逃过一群暴徒的袭击。1837 年，伊利诺斯一个反对奴隶制的编辑伊莱贾·洛夫乔伊（Elijah Lovejoy）更是遭谋杀身亡。

反废奴者与废奴者一样狂热。南卡罗来纳的一个家伙叫嚣道："我警告那些废奴者，你们这些昏头昏脑、白痴一般的野蛮人，如果有人落到我们手上，我会让你们后悔被爹娘生出来！"1836 年一本流传很广的书中把废奴者描绘成一群"精神错乱的狂热者"和"女性盲从者"。杰克逊总统也极为反感这些废奴者，他在 1835 年的咨文中大骂这些人是"违宪而邪恶"的"纵火犯"，就是被暴徒五马分尸也死不足惜，他还敦促国会通过法律禁止邮寄反奴隶制的文学作品。一年之后，国会中的南部民主党人就在范布伦的支持下，通过了一项禁止当时泛滥成灾的向国会请愿活动的"钳口法令"。

到 1840 年代，废奴运动获得了相当大的优势。许多北方人，包括在其他方面并不赞同结束奴隶制的工人，都极力谴责各种暴力袭击，支持言论自由，谴责南方和北方的支持奴隶制者不民主。而"钳口法令"、干涉邮政、暗杀洛夫乔伊等行为似乎也证明了奴隶制的危害正在不断增强。前总统亚当斯当时是马萨诸塞国会议员，几年来他一直都在致力于废除"钳口法令"，并在 1844 年实现了这一目标。这使废奴运动一直保持活跃，直到 1850 年代新领地上的奴隶制问题成为国家政治中的首要问题（参见第 12 章）。在此其间，黑人和白人废奴者用尽了各种策略方法继续为废除奴隶制做出努力。

10.5.3 女性改革家和妇女权利

1836 年，马萨诸塞年轻的贵格会教师阿比·凯莉加入了当地反奴隶制协会的请愿活动。她的改革信念也来自宗教。就像许多支持反奴隶制的北方妇女一样，她也将废奴主义视为一种女性所属的事业。19 世纪的文化将中产阶级妇女视为社会中的主要道德力量。既然如此，对有德性的妇女来说，还有什么能比努力消除奴隶制这一美国最明显的罪恶更合适的事业呢？

1838年，阿比·凯莉不顾一群愤怒的费城人的威胁，在一次反奴隶制妇女们召开的会议上发表了要求废除奴隶制的演说，她的演讲雄辩有力，韦尔德十分钦佩，告诉她说如果她不到废奴运动中做全职工作，"上帝会惩罚你的"。然而就在会议中途，一群对废奴主义者和妇女在公共场合讲话都极为反感的狂徒却袭击了与会者，并将会场付之一炬。

经过一年自我反省，阿比·凯莉放弃了教职，全身心地投入到了反对奴隶制和争取妇女权利的运动中来。婚后她仍然保留着自己的名字，她还到西部各地演讲宣传，而让她的丈夫留在家中照看孩子。其余的年轻女性也建立起了非传统的新的社会关系，同时她们既想履行传统角色又想谋求改变，展现出一种深刻的困境。安杰利娜·格里姆克（Angelina Grimke）和莎拉·格里姆克（Sarah Grimke）姐妹是费城两位性情率真的贵格会信徒，她们在南卡罗来纳州长大。1837年，两姐妹来到新英格兰宣传废奴思想。当地有人抨击她们不该在台下有男听众时在台上演讲，安杰利娜坚决地捍卫了妇女演讲的权利。这次游历过后，她嫁给了西奥多·韦尔德。此后为了证明自己同样能做一个好妻子和好母亲，安杰利娜就很少发表公开的演讲了。但她和与他们一起居住的莎拉则在幕后为韦尔德抨击奴隶制的研究和写作做了大量工作。

像这样的年轻白人夫妇在探求改革的同时，也在那个夫妻不平等的年代里体验到了双方平等的幸福感觉。一方面，她们被告知她们的活动范围应该局限于家中，保持虔诚和美德。另一方面，人们却又希望可以"在世界各地感受到"她们的道德影响。因而，当时有很多妇女都加入了至善主义运动，希望能够消除美国的罪孽。由于积极参与各种改革运动，妇女们发现也很有必要改善她们自身的状况。

内战之前的美国妇女也和她们的英国姐妹一样，利用各种途径来为自己争取更多独立自主的地位，当然她们的选择依据其各自的阶级、文化背景和具体情况而有所不同。1834年，洛厄尔的纺织女工们为抗议削减工资举行了罢工，她们将婚姻视作逃离纺织厂工作的避难所。凯瑟琳·比彻认为婚姻和家庭才是妇女的活动领域，她们只有通过在家中尽职尽责才能争取到自己的权力和独立自主的地位。在另外一种形式的"女权主义"中，美国妇女说服丈夫采取禁欲、中断性交等方式控制生育，从而保护自己的身体。

当时有些妇女还抨击男人在性问题上的双重标准，从而发挥了道德卫士的作用。1834年，一群长老会的女信徒成立了"纽约女性道德改革协会"。由于受到宗教奋兴思想的影响，她们寻访各地妓院，并开设了避难所，希望妓女皈依福音派新教，她们甚至公开指认妓院的老主顾。五年之内，协会就建立起了445家分支机构。

洛厄尔的纺织女工和纽约的道德改革家基本上都将女性的家庭生活看作有吸引力的，并将之作为自己的义务。然而，那些来自中上阶层家庭的妇女则对此不以为然。这些妇女希望可以直接工作，获得受到法律保护的权利。很多已婚妇女都参加了争取私人财产权和儿童监护权的活动。还有些人则从废奴思想中体会到，自己受压迫的地位与奴隶并没有什么根本上的差别。她们可以公开收集反奴隶制签名，可以公开发表演讲，但她们却依然被排除在政治活动之外。凯莉曾写道，美国妇女"应该感谢奴隶"，因为"正是在为他们打碎枷锁的过程中，我们发现自己也戴着镣铐"。

妇女们在废奴活动中表现得越活跃，人们（尤其是保守的牧师们）对她们就越是敌视。莎拉·格里姆克更是经常受到攻击。她在1837年所写的"关于妇女状况和两性平等的通信"中进行了反击，并在文章结尾写道，她"绝对不是在为女性争取特权。我坚信两性应该平等。我所期盼于我的同胞们的是，请把你们的脚从我们的脖子上挪开，让我们站起来和你们一同拥有上帝赏赐给我们的这个世界"。

莎拉·格里姆克强有力的论述很快就引发了一场充满生气的关于妇女权利的运动，这场运动的国际性特征非常明显，因为其发源地在伦敦。许多美国废奴主义者都参加了1840年世界反奴隶制大会，但是与会的男性代表们却拒绝让妇女参加。其中两个妇女伊丽莎白·斯坦顿（Elizabeth Stanton）和卢克丽霞·莫特（Lucretia Mott）开会时只能坐在帘子后面，而且无权发言。回到美国后，她们决定"组建一个倡导妇女权利的协会"。尽管推迟了数年，但在1848年，当妇女们在纽约的塞内卡福尔斯集会，举行内战以前最大的一次抗议活动时，她们的愿望终于实现了。

为了准备会议，卢克丽霞·莫特和伊丽莎白·斯坦顿列出了一个妇女们所受不公正待遇的清单。例如，即便一些州规定已婚女性可以控制自己的财产，但她们却依然无法支配自己的收入。她们还仿照《独立宣言》起草了《感伤宣言》；宣言中说，"所有男人和女人生而平等"是不言而喻的真理，而男人们已经严重侵犯了妇女的自由和尊严。弥补的办法就是宣言里提出的11项要求，其中包括平等地受教育和工作的机会、法律面前的平等权、在公共场合演讲的权利等。而最激进的解决办法就是"妇女作为公民而拥有的神圣的选举权"。会议最后通过了卢克丽霞·莫特和伊丽莎白·斯坦顿提出的所有解决方法。

整个1850年代，在伊丽莎白·斯坦顿和苏珊·安东尼（Susan Anthony）的领导下，妇女们每年都会召开会议，通过决议、游说、请愿等活动以争取到与男人平等的政治、法律和财产权利。在这其中，选举权的获得一直被视为运动的里程碑。然而为了这一天，她们一直等了72年，直到1920年才获得这一权利。**塞内卡福尔斯会议（Seneca Falls convention）**对妇女追求平等权利起着至关重要的作用。无数女性如阿比·凯莉、莎拉·格里姆克、埃米莉·罗宾逊等的抗争，还在妇女们的心中播下了心理上独立和自尊的种子，而这种求得完全解放的斗争直到今天仍在继续。

小结：完善中的美国

女权及禁酒的倡导者、像罗宾逊夫妇的废奴主义者和其他方面的改革家们，受到宗教奋兴思想的感召，追求着各项与杰克逊总统发动的反对印第安人战争、法令废止权斗争、合众国银行斗争等明显不同的事业。事实上，杰克逊时期的政治与内战前的这些改革经常发生分歧。大多数废奴者和禁酒改革家都是反杰克逊的辉格党人。而反过来，杰克逊和很多民主党人也对这些改革家强烈的道德倾向极为反感。

然而，无论他们是否愿意承认，双方之间还是有很多共同之处。改革家和政党都是很有理性地组织起来的。双方都反映了当时变化成长的社会中的紧张状态。双方都对改革和进步抱有坚定信念，同时也都对可能破坏改革的力量心怀恐惧。不管是为了使国家摆脱酒精还是第二合众国银行、奴隶制还是法令废止权、暴力动乱还是政治对手，双方都看到了他们应该对国家尽的责任。不管是出于宗教奋兴思想的影响还是出于党派忠诚，双方都认为剔除恶势力将会塑造出一个更加美好的美国。他们的活动涉及各个方面：政治、宗教、改革、新的生活方式等。不管是政治家杰克逊、克莱，还是宗教公社领导人诺伊斯、安·李，或是改革家加里森、格里姆克一家，内战前的这些美国人所想的就是，在这样一个发生着经济和社会变化的时代，通过政治和道德的方式重新塑造他们的国家。

接近19世纪中期，奴隶制成为最具争议性的问题。尽管遭到很多人反对，改革家们还是在1840年代将这个问题带入了一场全国性的政治辩论中。两个主要政党都试图回避这个问题，但向西部的扩张和领土的不断增加很快就使人们发觉他们再也无法逃避。新建各州将是蓄奴州还是自由州？这一问题激起了美国人民最深厚的热情。然而，对那些开拓者而言（他们构成西进运动的驱动力量），包含着恐惧与梦想的各种问题似乎则要更为重要。

思考题

1. 罗宾逊夫妇的故事如何引出了本章的主旨和结构?
2. 什么样的社会、经济和政治力量激励美国人去寻求掌控自己的生活?他们如何试图塑造其自身生活和美国生活?
3. 杰克逊政府遇到的主要问题是什么?杰克逊总统主要是国家的团结者还是分裂者?他加快还是阻碍了美国民主的发展?解释一下你的看法。
4. 解释一下民主党与辉格党的主要区别及其各自基本主张上的不同。你更支持哪个政党?为什么?
5. 描述一下宗教在内战前的美国生活中扮演的角色,以及宗教奋兴主义寻求影响社会变革的方式。你认为这是宗教应该起的作用吗?
6. 列出三四个主要的内战前改革运动,指出它们在动机、价值观、面临的挑战及其所拥有的资源等方面所具有的共同点。你会做一个改革者吗?为什么?

第 11 章

西　　进

11.1　探察密西西比河以西地区
11.2　赢得密西西比河以西地区
11.3　西进与东进
11.4　西部的生活
11.5　冲突中的文化
小结:"天定命运论"的结果

> 美国故事

传教生涯中的奇遇

这是 1836 年的 7 月 4 日，纳西萨·惠特曼（Narcissa Whitman）体验到了她 28 年人生中从未有过的经历，当天的所见所闻为这个特殊节日留下了印记。清晨，纳西萨和一行人穿越了落基山脉的南山口。在美国国庆日，这是一个值得纪念的里程碑式事件。夜幕降临，旅行队搭好帐篷准备过夜。突然间，野蛮的喊叫声、枪炮声和快马急驰的声音划破了黑夜的寂静。有十四五个人（其中多为印第安人装束）接近了帐篷。纳西萨被这突如其来的骑手、喧闹声和头顶上呼啸而过的子弹惊呆了，她以为自己的旅行甚至生命都即将结束。但当骑手靠近时，惶惶不安的旅行者们在黑夜中辨认出其中一个人的来复枪上绑着一面白旗。来者不是敌人而是朋友，他们骑马从毛皮商人每年一度的集结地前来迎接旅行队。

两天后，纳西萨到达了集结地，那里聚集着几百名印第安人和 200 名白人，其中大多数都是商人和猎户。他们聚集在一起交换毛皮，讲故事，饮酒狂欢。其中一些骑在马上的印第安人披挂整齐，他们"携带着自己的武器，佩戴着本部族的战争徽章，拿着乐器"，上演了一场特殊的表演。纳西萨对这一切很是新奇，就如同她的出现也使印第安人很是新奇一样。纳西萨发现自己成了这些好奇的印第安人"关注的中心人物"。这种感觉并未令人感到不快，而且印第安人给纳西萨留下了良好的印象。"他们都喜欢我们，我们来到这里是为了和他们共同生活。"

纳西萨·惠特曼是 1830 年代最早翻越落基山脉到达俄勒冈生活的白人女性之一。虽然会有更多的美国人紧随其后来到西部，但却只有少数人来这里的原因和她一样。美国人来西部建农场，淘金，投机土地，开商店或从事法律工作。然而，纳西萨和她的丈夫马库斯·惠特曼（Marcus Whitman）医生却不是为了改善生活来到西部，而是要将上帝的福音传播给印第安人。"第二次大觉醒运动"鼓舞了纳西萨和她的丈夫，他们确信所有的非基督徒正在走向永久的毁灭。因此，他们来到俄勒冈，在印第安人中定居下来，志在使印第安人皈依基督教并接受美国人的生活方式。

早在青少年时代，纳西萨就梦想着成为一位传教士。但等他们夫妇在沃拉沃拉山谷建立起自己的传教站后，纳西萨慢慢发现，传教工作一点也不像她年轻时幻想的那样。卡尤塞族印第安人听信传教士的话，甚至采用了一些基督教习俗，但他们却很难达到惠特曼的严格标准。没有一个印第安人举行皈依基督教的仪式，他们继续向印第安巫师请教，拒绝与传教站长期毗邻而居。卡尤塞族女性似乎对纳西萨试图向她们传授的中产阶级家庭生活技能毫无兴趣。纳西萨对美洲土著人的正面印象逐渐消失了。她写道，卡尤塞人"粗野、妄自尊大、跋扈、傲慢且残忍"。

这时又发生了其他一些令人失望的事情和个人悲剧。马库斯经常离开教堂去救治病人，当他不在的时候，纳西萨孤独一人，非常恐惧。她唯一的女儿也不幸溺水身亡。

然而，随着时间流逝，在对印第安人传教的工作之外开始出现了新的希望，纳西萨的沮丧和不快渐渐地也消失了。正如她在1840年写给母亲的信中所言，"一股移民潮好像正沿着这一路线迅速涌来"。随后几年，有许多美国家庭都经过传教站向西进发。在一个车队中，有一个在旅行途中成为孤儿的孩子组成的家庭。惠特曼夫妇收养了全部七个孩子。纳西萨全身心都扑在了这些孩子身上，再也无暇从事教化卡尤塞人的工作。

印第安人对大批白人进入他们的领地感到不安，但惠特曼夫妇却相信西部的未来取决于移民并对移民的到来表示欢迎。印第安人的时代已经过去。惠特曼夫妇确信，印第安人作为一个"受迫害的、被人轻视的和无防卫的"民族正在走向"完全的灭绝"。但是，形势发生了意外的变化，部分卡尤塞人试图反抗白人，他们与惠特曼夫妇为敌并杀害了这两个人。然而，这种暴力行为并没有减缓美国人涌向西部的脚步。

数以千计的美国人都在这个国家向密西西比河以西地区的扩张中发挥了作用，纳西萨·惠特曼和她的丈夫马库斯都是其中的成员。虽然与许多其他穿越西部平原和大草原的人不同，惠特曼夫妇是因宗教信仰才来到西部，但他们却有着与其他人相同的文化信仰，认为印第安人是低劣的民族而美国人的殖民则是必要的。他们也都确信美国人的价值观和生活方式优于占据这片土地的印第安人和墨西哥人。

本章关注的是 1830 年到 1865 年向密西西比河以西地区殖民的运动。首先，我们将关注美国人是如何及在什么时间移居西部的。这片土地在 1840 年属于其他国家，美国人通过什么途径获得了如此广阔的土地？作为一个口号，"天定命运论"被用来为征服密西西比河以西大陆做辩护。刺激扩张的各种因素有多重要？其次，我们将探究西部的农场、矿业社区（拉美人、中国人、欧洲的冒险家，以及寻求发迹的美国人混居于此）和城市中生活的特点，思考社区和定居者以什么样的方式呈现出相似性和多样性。最后，本章将会考察印第安人和墨西哥裔美国人对扩张的反应并展示西部地区不同文化传统相互之间的影响。当两个群体在西部相遇时，为每个群体提供能量的价值观和信念又是什么？

11.1 探察密西西比河以西地区

直到 1840 年代，大多数美国人都生活在密西西比河以东地区。但到 1860 年代，约有 430 万美国人越过这条大河进入了西部地区。

11.1.1 美国扩张主义的国际背景

当惠特曼夫妇到达俄勒冈时，他们停留在一个繁华的英国人毛皮商站，这里有数以百计的工人：法属加拿大人、英国人、苏格兰人，以及许多欧洲人和印第安人的混血后裔。该商业机构象征着美国扩张主义发生的国际背景。尽管个体移民可能意识不到这种影响了他们人生轨迹的巨大力量，但是几个欧洲国家多变的利益取向和时局却是影响了西部移民的特点和进程。

1815年时，除了路易斯安那，西班牙人对密西西比河以西多数地区都拥有所有权。几百年来，西班牙人从墨西哥向北进军，去探险并定居下来，并向土著人传播西班牙文化。最终，西班牙人控制了包括今天德克萨斯州、亚利桑那州、新墨西哥州、内华达州、犹他州、科罗拉多州西部、加利福尼亚州，以及怀俄明州、堪萨斯州、俄克拉荷马州三州的一小部分。西班牙统治者试图阻止外国人进入其北部边境地区，但却渐渐发现这一政策很难执行。其原因在于这一区域极为广袤，加之西班牙国内正陷于困境，从而削弱了西班牙对新世界殖民地的控制。1820年，保守的西班牙君主面临着国内自由主义者的反抗。同样的自由主义思想也激励了新世界的解放运动。

1821年墨西哥宣布独立，得到了西班牙在密西西比河以西地区的领土和人口，其中包括7.5万名讲西班牙语的居民和难以计数的美洲土著居民。然而，想要维持对这样广大区域人口的控制，无论如何都是一件难事，墨西哥直至1860年代也没能成功地建立起一个强大或稳定的政府。墨西哥处于一种弱势地位，难以抵抗贪婪的美国的扩张欲望。

加利福尼亚的北部与俄勒冈地区接壤，俄勒冈是一个界定模糊的区域，它的范围一直延伸到阿拉斯加。俄国、英国和西班牙都曾宣称拥有俄勒冈，但在1819年和1824年美国分别与俄国和西班牙进行谈判后，仅剩下英国与美国争夺这片领土。以1818年和1827年的英美协议为基础，两国联合占领这一地区，延迟了边界问题的解决。由于只有少数美国人生活在俄勒冈境内，所以当1840年代美国人开始涌入俄勒冈时，英国这个世界上最富有也是最强大的国家对其在俄勒冈的利益的界定，将会部分决定俄勒冈地区的未来。

11.1.2 早期对西部的兴趣

美国人在 1840 年代和 1850 年代的大规模移民之前就已渗入密西西比河以西地区。早在 1811 年，毛皮生意就吸引美国设陷阱猎兽者和商人前往俄勒冈，并在十年后进入落基山地区。许多毛皮商人都娶了印第安女子为妻，由此与从事捕猎的印第安部落建立起颇有价值的联系。他们和他们的妻子在文化上持中间立场，他们所采用的生活方式包含了美国人与土著两者的元素。他们中的一些人最终则成为后来向西移民的美国人的向导。

像惠特曼夫妇一样，卫理公会教派的传教士也在俄勒冈建立了前站，努力将基督教和美国人的习俗及准则传授给土著部落。来自欧洲的天主教神甫亦在土著中传教。与新教相比，天主教对印第安人的文化要更加宽容，所以天主教徒在使土著皈依基督教方面取得了最初的成功。

1821 年西班牙帝国的崩溃给了美国人很多机会。每年来自美国的商旅队都会满载着为新墨西哥四万名居民准备的货物，沿着圣菲小路到来。最后一些"英裔美国人"就在那里定居下来。在德克萨斯，就在当地人数稀少的居民正在适应墨西哥的独立时，廉价的种植棉花的土地也在吸引着伊敏河占地者的到来。到 1835 年已有约三万名美国人移居德克萨斯，这是美国居民在境外生活的最大群体。

在太平洋沿岸，一些将海獭皮运往中国的新英格兰商人将船停在西班牙的加利福尼亚港口。到 1830 年代，海獭濒临灭绝，这一贸易随之衰落，但是用加利福尼亚的牛皮和牛脂换取东部生产的衣服、鞋、五金器具和家具的商业则逐渐发展起来。

在最早移民密西西比河以西的东部人当中，也有一些来自南部和老西北地区的印第安人部落，这是因为美国政府强迫后者进入今俄克拉荷马和堪萨斯。具有讽刺意味的是，这些部落中有一些充当了白人文明的代理人，他们引进棉花、种植园体系、黑人奴隶制和学校。其他部落则引发了冲突，这些冲突削弱了与他们发生接触的西部部落。印第安人内部的分裂预示了这个世纪晚些时候将要发生的白人入侵。

密西西比河以西大部分地区都位于美国边境之外，美国政府也已保证印第安部落永远拥有西部的部分领土，尽管如此，美国人在这一地区的活动却并未减少。到1840年代，越来越多详述内陆情况的相关出版物使得向西部移民成为一件可行之事。兰斯福德·黑斯廷斯（Lansford Hastings）1845年所写的《移民俄勒冈和加利福尼亚指南》（*Emigrants' Guide to Oregon and California*）一书，提供了移民所需的实际信息和移民的理由，他认为美国人将会把"真诚的共和主义和单纯的民主政治"带到西部，从而取代当下的"无知、迷信和专制"。

黑斯廷斯的预见很快就变为现实。1840年代，美国通过战争和外交获得了西部地区的墨西哥领土，同时得到北纬49°的俄勒冈土地的所有权。随后，1853年的"加兹登购买案"又使美国合并了另一块墨西哥领土。

11.1.3 "天定命运论"

伴随着领土增加出现了一套美妙的说辞，美国人用"天定命运论"来为其行为进行辩护。这一词汇创造于1845年，表达了一种信念，即美国优越的制度和文化赋予美国人将其文明传播到整个大陆的权利乃至责任，这符合上帝的旨意。这种独特性和使命感既扎根于早期清教徒的乌托邦理想和革命的共和政治，也源于19世纪早期的快速增长和进步。"美国不仅有能力而且必须占有新的领土"这一观点得到广泛的民众支持。

11.2 赢得密西西比河以西地区

"天定命运论"证明了扩张的合理性，而在德克萨斯发生的事件则促使政府下定决心夺取密西西比河以西地区。德克萨斯问题可以追溯到西班牙控制这里的那些年间。对墨西哥而言，这里主要是一个缓冲区，西南部地区人口稀疏，散落分布的西班牙殖民据点在地理上相隔甚远，与墨西哥城也相距几千英里。由于西班牙的衰落，这种虚弱的防御性边界越来越容易遭到攻击，但是，西班牙的合法地位是在《横贯大陆条约》中得到国际社会承认的。在1819年同西班牙的谈判中（最终签署了《亚当斯-奥尼斯条约》），作为获得佛罗里达的回报，美国将德克萨斯让给了西班牙。

11.2.1　1845年吞并德克萨斯

到1821年条约被批准的时候，墨西哥已经赢得了独立，但它却没有能力去保卫它的边境，或是发展出强大的国族认同纽带。由于一些像亨利·克莱这样的美国政治领袖开始大声呼吁"重新吞并"，所以墨西哥人不久就有理由怀疑美国人是否会遵守1819年签署的条约。

1823年，墨西哥政府决心通过增加人口来加强德克萨斯地区的力量。为了吸引移民，墨西哥政府为他们提供土地，后者只需支付象征性费用并宣誓成为天主教徒和墨西哥公民。斯蒂芬·奥斯汀（Stephen Austin）是首批利用这一机会的美国人之一。大多数美国移民都来自南部，部分人还带来了奴隶。1820年代末，约有15 000名白人和1 000名奴隶生活在德克萨斯，而德克萨斯原有的居民则只有5 000名。

墨西哥的官员们很快就怀疑起他们的政策是否明智。尽管斯蒂芬·奥斯汀皈依了天主教，但却没有几个移民珍视他们与墨西哥政府签订的契约。一些人很不满，他们既不喜欢墨西哥的法律，也不满意在获取机会上所受到的限制。1826年年末，他们当中的少数人宣布成立弗里多尼亚共和国。尽管斯蒂芬·奥斯汀协助镇压了这场为时短暂的暴动，但是美国报纸却把反叛者称颂为"民主的使徒"。

墨西哥人的忧虑迅速增加。墨西哥外交大臣卢卡斯·阿拉曼（Lucas

Alaman）指控美国移民是美国政府的先行代理人。1829年，墨西哥政府决定通过在德克萨斯废除奴隶制来抑制美国的影响。1830年，墨西哥政府禁止再从美国移民。但是，德克萨斯的情况并未因此改变。美国的居民避开了废除奴隶制的要求，移民仍然跨越边界涌入德克萨斯。

紧张状态逐步升级，1835年10月，殖民地民兵与墨西哥军队之间的一场小冲突亮明了彼此之间的仇恨。萨姆·休斯顿（Sam Houston）成为德克萨斯军队的指挥官，他过去曾担任过田纳西州的地方长官和军队长官。德克萨斯人把同墨西哥的战争称为一场革命，但一名佛蒙特州士兵的观察可能要更为准确，"它实则是一场叛乱"。

墨西哥的独裁者德·圣安纳（de Santa Anna）将军率领6 000名应召入伍的士兵匆匆赶赴北方，其中许多士兵都是不会讲西班牙语的玛雅印安第人。长途行军使所有人都筋疲力尽。墨西哥军队的供给线也是分布稀疏。虽然如此，圣安纳和他的士兵仍然在最初的交战中获胜。他们先是占领了位于圣安东尼奥的阿拉摩要塞，守卫那里的187名美国人全部遇害；接着又占领了东南部的戈里亚德要塞，那里有300多名美国人失去性命。

当圣安纳继续追杀休斯顿时，德克萨斯人正在朝着圣哈辛托河进发，麻痹大意导致圣安纳的失败。尽管事先预计到了美国人可能会发动进攻，但在1836年4月21日，这位墨西哥将军和他手下的士兵在享受惯常的午休时光时，还是没有安排足以胜任的人担当警卫。当墨西哥人打盹时，美国人高呼着"永记阿拉摩！永记戈里亚德！"发起了进攻。德克萨斯人在20分钟内赢得了战争，活捉了穿拖鞋的墨西哥指挥官。美国人伤亡很小，但却有630名墨西哥人死于战场。

作战失败又面临私刑的胁迫，圣安纳不得不签署条约承认德克萨斯人获得独立。但当这一灾难性的消息传到墨西哥城时，墨西哥议会却否认了这个"以死亡相威胁的条约"，并坚称德克萨斯依然是墨西哥的一部分。

新共和国面临着金融不稳定和外交地位受质疑的情况，寻求加入联邦。杰克逊总统不愿迅速采取行动。13个自由州和13个蓄奴州正好势均力敌，所以许多北部代表都激烈地反对吞并另一个蓄奴州。1837年，反对吞并的请求大量涌入议会。很快，吞并的主张就消失了。

随后几年，"孤星共和国"（Lone Star Republic）一直蹒跚前行。墨西哥政府虽然拒绝承认它的独立，但也只能派遣少数武装人员跨越边境发动袭击。1841年德克萨斯人试图占领圣菲（当时那里仍是墨西哥领土的一部分），但却以屈辱的失败告终。虽然在欧洲国家首都进行外交活动来寻求财政支持和外交承认收效不大，但德克萨斯与美国的财政联系却是越来越紧密。

1844年德克萨斯再次成为美国报纸上的头版头条。一位阿拉巴马州的扩张主义者正确地宣称："与此前任何其他公众问题相比，这一问题最有可能使国家动荡不安。"总统约翰·泰勒为了确保再次当选，重新提出了吞并议题。问题就这样爆发出来，它引发了强烈的区域性和全国性的政治紧张状态，表明了人们在奴隶制向西扩张等问题上的分歧。南部的民主党人坚持认为，南部的未来取决于吞并德克萨斯。

民主党中的其他派别则更为成功地利用了这一事件。伊利诺斯州的斯蒂芬·道格拉斯（Stephen Douglas）和其他人一道积极支持吞并，其原因并非在于扩张奴隶制（这是他小心回避的一个问题），而是在于传播美国文明。这样的争论典型地体现了美国"天定命运论"的基本原则，它将问题置于传播美国自由的背景下。由此，他们将德克萨斯与"天定命运论"强有力地联系在一起，以至于他们的候选人、来自田纳西州的詹姆斯·波尔克（James Polk）在1844年被民主党提名为总统候选人。波尔克号召"尽早合并德克萨斯"并占领俄勒冈地区。

大多数辉格党人担心再增加一个蓄奴州，所以反对吞并。他们指责民主党把"天定命运论"更多地作为确保执政的手段而不是要将自由带给德克萨斯。事实证明辉格党人是正确的，波尔克在1844年势均力敌的大选中获胜。

但到1845年3月他宣誓就职时，泰勒已经通过促使参众两院通过一项联合决议案接纳德克萨斯加入美国解决了吞并问题。与条约不同，一项联合决议案只需多数票支持,而条约的通过则需要参议院 2/3 成员的批准。爆发革命九年后,德克萨斯最终加入了联邦,并拥有划分为五个州的权利。

11.2.2　1846 年到 1848 年美墨战争

墨西哥人得知德克萨斯被吞并后,立即断绝了与美国的外交关系。墨西哥人很容易把自 1820 年代起的一系列事件都解释为美国阴谋获取德克萨斯计划的一部分。德克萨斯"独立战争"期间,美国的报纸,尤其是南部的那些报纸,纷纷为反叛者热烈欢呼;与此同时,南部还向德克萨斯人提供金钱和志愿者。波尔克总统在 1845 年的就职演说中指出:"我们的制度可以很容易地把我们的领土扩展到所能及的范围,随着制度的拓展,联邦的结合非但不会削弱,反而会变得更加牢固。"他的言论是否暗示了美国人进一步扩展领土的图谋,而这一次则轮到了墨西哥政府呢?

与其他美国人一样,波尔克总统也没有认识到:吞并德克萨斯使墨西哥政府蒙受巨大羞辱,将会促使后者做出敌对反应。他认为墨西哥是软弱的,预计墨西哥政府会同意他的要求:将德克萨斯的边界定于格兰德河而不是距离北部 150 英里的努埃西斯河,同时吞并加利福尼亚和新墨西哥。

作为一项预防性措施,波尔克命令扎卡里·泰勒(Zachary Taylor)将军移师"格兰德河或其附近"。1845 年 10 月,泰勒将军和 3 500 名美国士兵到达努埃西斯河。军队的出现并不意味着波尔克事实上希望发生战争。相反,他是想通过军事震慑辅以秘密外交获得希望中的让步。11 月,总统派遣他的代表约翰·斯莱德尔(John Slidell)到达墨西哥城,要求确保格兰德河边界稳定、购买上加利福尼亚和新墨西哥。当墨西哥政府拒绝接待斯莱德尔时,波尔克决定强迫墨西哥接受美国的条件。他命令泰勒将军向南进发到格兰德河,墨西哥人将美国的这一举动视为宣战。民主党报纸和扩张主义者对波尔克的挑衅性决定给予狂热的欢呼,辉格党人则持反对态度。

4 月末,墨西哥政府宣布处于防御战争状态。两天后,墨西哥与美国军队之间发生的一场小规模战争导致 16 名美国人死亡。总统波尔克接到泰勒的报告后，迅速起草了一份战争咨文递交国会。尽管事实上小规模战争发生在双方有争议的墨西哥地区，但波尔克却声称墨西哥人已经"入侵我们的领土，美国人的鲜血流淌在美国的土地上"。他声言："我们竭尽全力去避免战争，但是由于墨西哥人的行为，战争依然发生了。"

尽管美国议会同意对墨西哥宣战，但这场冲突却使美国人经历了痛苦的分裂。许多辉格党人（包括林肯在内）都质疑波尔克对事件做出的最初解释，而且随着时间的流逝反对之声日益高涨。林肯将**美墨战争（Mexican-American War）**称为"一场为了获取选票而进行的征服"。"美国和平社会组织"揭露了军队在墨西哥的一些不良行为。弗雷德里克·道格拉斯批评国家"贪图和迷恋领土"。许多工人也对这场战争提出了批评。

当美国军队横扫墨西哥并准备向其首都进发时，美国国内的争论也是一直持续不断。墨西哥政府拒绝承认失败或结束美墨之间的敌对。即使一些美国人批评战争慢吞吞地拖延着，但扩张主义者却是狂热地支持总统。一部分扩张主义者甚至敦促美国永久性地占领墨西哥。

最终，历史机遇帮助结束了美墨之间的敌对。墨西哥的温和主义者同波尔克的外交代表尼古拉·特里斯特（Nicholas Trist）进行了接洽，特里斯特一直随同美军留在墨西哥。他的行李中放着总统虽已过期但却很详细的指示，它概括了波尔克的要求：格兰德河边界、上加利福尼亚和新墨西哥。尽管总统已经不再信任特里斯特并命令他回国，但后者仍然留在墨西哥协商如何结束战争。

11.2.3 加利福尼亚和新墨西哥

虽然德克萨斯和墨西哥问题占据报纸头版头条，但波尔克认识到，加利福尼亚和新墨西哥也是解决德克萨斯危机的一部分。美国人从 1830 年代才开始真正对加利福尼亚感兴趣。在此之前，仅有少数美国人生活在那里。

许多美国人与西班牙裔移民通婚并成为墨西哥公民。但是，美国人逐渐认识到加利福尼亚是个良港，有着与中国进行贸易得天独厚的位置，他们还猜测其他国家尤其是大英帝国已对这一地区有所图谋，这一切使美国人确信加利福尼亚必须成为美国的一部分。1840年代，1 500名美国人通过陆地移民到此，从而增加了加利福尼亚不会永远是墨西哥港口的可能性。

1845年，波尔克任命蒙特雷一位成功商人托马斯·拉金（Thomas Larkin）作为他的秘密代表。波尔克的国务卿詹姆斯·布坎南（James Buchanan）写信给拉金："假如加利福尼亚人民希望将他们的命运与我们联系在一起，他们将会被接受为同胞。"波尔克购买加利福尼亚的努力表明，他对美国在该地区权利的脆弱性很敏感。但是，圣安纳已经承担着失去德克萨斯的责任，他的境况使他不能再出卖加利福尼亚。

新墨西哥也位于波尔克的日程表上。它与美国的联系始于1820年代，经济利益刺激了美国人扩张领土的胃口。然而，作为北美最古老和最大的墨西哥人团体，新墨西哥人却是没有任何与美国合并的愿望。1841年，德克萨斯人占领圣菲的企图被挫败，随后两年又发生了一些边界冲突，这些都使新墨西哥人对美国愈发厌恶。但是由于新墨西哥就横在美国向西部扩张的道路上，1846年德克萨斯被美国吞并又使它与墨西哥进一步分离，新墨西哥前途未卜。

1846年6月，美国对墨西哥宣战之后不久，陆军上校斯蒂芬·卡尼（Stephen Kearney）率领的西部军队便离开堪萨斯的莱文沃思前往新墨西哥。卡尼下令占领墨西哥北部各省并保护获利丰厚的圣菲贸易。两个月后，美国军队不费一枪一弹就占领了圣菲。新墨西哥的上层阶级早已与美国人结为战略联盟，所以他们欣然接受了新的统治者。但是，普通的墨西哥人和普韦布洛印第安人并未轻易接受美国人的统治。卡尼向加利福尼亚进发后，新墨西哥和加利福尼亚先后爆发了反抗。卡尼受了伤，而出任首任新墨西哥总督的美国人则被杀。不过，最终还是占有军事优势的美国军队赢得胜利。1847年1月，加利福尼亚和新墨西哥都被牢牢地握在美国人手中。

11.2.4　1848年《瓜达卢佩-伊达尔戈条约》

1848年2月2日由特里斯特与墨西哥协商并签订的《瓜达卢佩-伊达尔戈条约》（Treaty of Guadalupe Hidalgo）解决了美墨之间最初的问题，将格兰德河作为美国和墨西哥的边界并把西南部和加利福尼亚转让给美国。美国付出1.3万人死亡（大部分死于疾病）的代价，接收了7.5万名讲西班牙语的居民和15万名印第安人，美国的领土增加了529 017平方英里，约是墨西哥面积的33%。美国支付给墨西哥1 500万美元（1853年"加兹登购买案"又支付给墨西哥1 000万美元），同意满足所有美国人对墨西哥的索赔要求，并保证前墨西哥公民的公民权、政治权利和土地权利。由于墨西哥人抗议这一结果，西南部地区一直有零星暴力事件发生，但是战争已经结束，美国人赢得了胜利。

11.2.5　1844年到1846年间的俄勒冈问题

在太平洋西北沿岸，强大的大英帝国的存在暗示着，美国应该通过外交而不是战争来解决问题。在掩盖美国对俄勒冈地区有争议性的主张的同时，波尔克在他宣誓就职的那一天对人群做出保证："我国对俄勒冈的权利是'明确无疑的'。"但是，英国人并不认同美国人的观点。

英国人认为美国总统的演说富有侵略性，但波尔克也正确地指出了美国人已在有争议的领土上定居。1842年到1845年，生活在俄勒冈的美国人从400人增加到5 000人，大多数人都居住在哥伦比亚河南岸的威拉米特河谷中。1843年，这些移民制定了一部宪法，不久又选举了议会。与此同时，英国在该地区的利益则是不断减少，从而为英美的最终妥协搭建了舞台。由于海狸几乎灭绝导致毛皮贸易萎缩，此时工业革命带来的财富也降低了殖民地对英国的吸引力。而且英国已经给予了加拿大自治的权利。在世界上其他地区，如印度和中国，诱人的商机正展现在世人眼前；与此同时，英国在

1840 年吞并的新西兰和澳大利亚，也已成为吸引英国新移民的磁石。

然而，波尔克神气活现的姿态和美国的扩张性要求，却使这场冲突的解决变得复杂起来。他的竞选口号"**54°40′，否则就开战**"（**Fifty-Four Forty or Fight**），将边界定在北纬 54°40′。但波尔克并不愿为俄勒冈而与英国发生战争。他私下认为将边界定于北纬 49° 就够了，因为那已足以使加拿大与美国之间的现有边界扩展到太平洋。

就职后不久，波尔克就向英国提出了妥协方案，但他傲慢的口气却很是让英国人反感。1845 年年底，波尔克在给议会的年度咨文中制造了更多的外交麻烦：他再次公开声称俄勒冈属于美国，并根据先前结束联合占领俄勒冈的协定，要求议会向英国提交一个年度通知。

尽管发出了战争的呐喊，但是大多数美国人却并不想为俄勒冈而战。由于美国与墨西哥的战争迫在眉睫，解决分歧这一任务变得更加紧迫。英国同样急于解决这一问题，1846 年 7 月，英国政府提出，如果温哥华岛仍属英国，英国政府将同意接受北纬 49° 作为边界。参议院以压倒性多数票批准了这一妥协方案，波尔克通过与参议院协作避开了从战争呐喊中退却的部分责任；仅仅是在与墨西哥宣战前数周，波尔克化解了危机。

就像这些事件表明的，"天定命运论"是一种支持并为扩张主义政策辩解的理论。它与美国人信仰的观念相一致，即扩张既是必要的也是正确的。早在 1816 年美国的地理书上就把美国西部边界划定在太平洋并将德克萨斯包括在内。具有代表性的是大众文学，这类作品将印第安人描绘成一个濒临灭绝的种族，将墨西哥人描述为"不诚实的和有害的邻居"。只有白人能使荒原开花结果。因此，当密西西比河以东地区人满为患时，美国人自然也就会用这一熟悉的理念来为他们的扩张进行辩护。

11.3 西进与东进

美国人几乎没有放过任何移居新领土的机会。1841 年到 1867 年间，大批美国人离开家乡前往西部。到 1860 年，仅加利福尼亚一地就有移民 38 万人。与此同时，也有数以千计的中国人在朝着国界外的南部和东部进发，目的地是澳大利亚、夏威夷和南北美洲，为的是摆脱 1840 年代中英鸦片战争所造成的动乱和贫困的经济状况。到 1870 年代，已有 6.3 万名中国人来到美国，其中大多数人都生活在加利福尼亚。

一首中国民歌描述了"竹竿撑船横渡大洋"前往美国的"危险航行"。当然，中国人没有办法选择前往美国西部的航线，但美国移民却能做到这一点。一些人选择了海路，尽管旅费昂贵，但可以从大西洋或墨西哥湾各海港出发，环绕南美洲航行到达西海岸或者乘船到达巴拿马，从陆地跨越地峡，然后继续海上航行。然而，大多数美国移民都选择了陆路。1843 年，第一支大规模的队伍成功翻越平原和山脉到达俄勒冈。更多的人紧随其后。1841 年到 1867 年间，有 35 万人由陆路到达加利福尼亚或俄勒冈，同时还有不少人通过艰苦跋涉到达像科罗拉多和犹他这样的中间地带。

不同于早期前往边境的移民，深入远西地区需要数目可观的费用。绕过合恩角的海路相对舒适，每人 600 美元，同样一笔钱可供四个人完成陆路旅行。（如果移民在旅程的终点卖掉他们的马车和牛，最终的花费可能仅需 220 美元。）然而，单是最初的经济花费就足以把赤贫者排除在外。向远西地区的移民是一场中产阶级的运动（前往犹他州的移民群体除外）。

11.3.1 移民

奴隶制在远西地区是被禁止的，大多数前往那里的移民都是在美国出生的白人。他们来自中西部和上南部地区。少许自由黑人也来到此地。来自南部内陆的移民通常都是选择阿肯色或德克萨斯作为目的地,许多人也带着奴隶随行。到 1840 年代,已有超过 1.1 万名奴隶通过艰难跋涉来到德克萨斯,另有两万名奴隶来到阿肯色。

除去淘金高峰期,移民往往都有家人和亲属同行,其中多是 30 岁到 40 岁的男女。相当多的人都是刚刚结婚。对大部分人来说,前往远西地区的移民早先都有移民其他边疆的经历,通常是在孩童时或新婚时。所不同的是,这次前往的边疆是如此遥远,而且似乎将永远告别家乡。

11.3.2 移民的动机

移民所抱的期望多种多样,多数人都相信西部将会给他们提供发家致富的机会。许多人前往西部都是为了寻求黄金。其他人则想成为商人、店主和小贩来发财致富。一些人打算投机土地,他们计划在获得大量的公共土地后,再将土地倒手卖给其他移民从而获得可观的利润。从事法律或医药行业所能获得的报酬也吸引了一些人。

大多数移民都梦想通过耕种土地来改善生活,而且政府的政策也使得在西部获得土地更为容易。1830 年代和 1840 年代的**优先购买权法令**给予"占地者"这样的权利:在政府允许他们购买之前,他们可以在公地上定居。一旦政府允许出售这些土地,他们就可以按照最低价格购买。一个家庭购买土地的最低限额也缩减到 40 英亩。[1862 年的《宅地法》规定,只要交纳少量手续费,政府就可免费向 21 岁以上的公民或未来公民提供 160 英亩土地,条件是要他们以土地为生并提高土地的价值。] 俄勒冈的土地政策更为慷慨。它免费授予单身男性 320 英亩土地,已婚男性则可获得 640 英亩土地,但有个前提,他们要耕种土地四年并使土地状况得到改善。

一些移民盼望西部将会使其恢复健康。还有些人来到西部则是为了追求宗教或文化使命。像大卫·布莱恩(David Blaine)与凯瑟琳·布莱恩(Catherine Blaine)这样的传教伴侣定居在西雅图边境村落,决心把新教教义和教育带给白人殖民者，听到关于边境"道德沦丧"的传说后，他们自愿离开舒适的家来到西部传教。其他一些人，如**摩门教徒**，长途跋涉到犹他州则是为了建立一个与其宗教信仰相一致的社会。

像美国人一样，中国移民也被改善自身状况的梦想所激励。这些人多为已婚男性，他们在自己家乡机会非常有限。劳工传单宣称美国人"需要而且非常欢迎中国人……在美国不但挣钱很多还能攒下来"。当前往夏威夷和美国的移民腰包鼓鼓地返回家乡后，消息得到了进一步证实。1860年代修建铁路的中国劳工一周能挣30美元，这远远超过了他们留在家乡挣的三到五美元。

11.3.3 陆上路线

美国移民的旅行始于爱荷华州和密苏里州的出发地点。通常都是在晚春青草长到足以储存时，移民长队便沿着**陆上路线**出发了。移民每天只能前行15英里，首先是沿着普拉特河谷到达落基山脉的南部山口。这部分旅行似乎很新奇甚至令人愉快。直到1850年代，与印第安人的冲突还是很少见的。传统的劳动分工仍在继续：男人们负责做"户外"工作，他们要赶车和修车，女性则负责做家内劳务。年幼的孩子们坐在马车里，他们的哥哥姐姐则沿途步行并帮助长辈。马车队可能会因遵守安息日习俗而停下来，让人们进行休整和换洗衣服。

再往前走，困难就增多了。霍乱通常会让人付出惨重的代价。沙漠和山脉取代了起伏的大草原。移民们必须赶在下第一场雪之前翻越内华达山脉和喀斯喀特山脉，所以不得不抓紧时间赶路。由于长途拉车、缺少饲料和水质不良，致使牲畜生病、衰竭乃至死亡。人们不得不扔掉从家乡带来的心爱之物来减轻马车的负担。食物也变得越来越少，熟悉的责任分工常被打破。女人们发现她们也要赶马车、装货，甚至要帮助男人在多岩石的山路上拖拽马车。当第一场降雪逼近时，她们的丈夫疯狂地工作，忙于牲畜与马车的事情。家庭成员心情烦躁。家庭和睦也不复存在。玛利·鲍尔（Mary Power）

个人日记

19世纪,数百名普通男女在前往西部的陆路旅行中写下的日记,成为探索西进经历和性质的丰富原始资料。这也可以作为一个例证,解释私人资料如何能够加深我们对历史的理解。日记、私人记录和信件都为我们提供了个人对重大事件的看法。这些资料集中在具体问题上,它们展现的是19世纪的日常生活:每日的例行公事、娱乐活动、穿衣戴帽、生活习惯,以及与亲朋好友的往来。它们也记录了人们不同的关注、不同的态度和写作人的偏见,从而检验了被普遍接受的对个体与群体行为的概括。

与对待其他历史资料一样,在使用私人文件时必须慎重。留心作者的年龄、性别、阶级和出生地区很重要。尽管这些信息可能无法得到,但一些作者的背景可以从他或她所写的材料中推断出来。考虑这些文件出于什么目的和为谁而写同样重要。这一信息有助于解释资料的特性或叙述的语气,以及作者为何提到某些内容而省略了别的。当然,避免从一个乃至几个相似的资料中进行过多的概括也很重要。只有阅读过很多日记、信件和私人日志,才有可能对过去的生活做出合理的总结。

我们的摘录来自1850年代的两本旅行日记。很少会有作者认为他们的日记具有严格意义的私人性质,它们通常都是作为一个家庭的记录或留待返回家乡后给朋友看。因此,私人性质的内容经常被排除在外。在19世纪的美国,人们对某些话题,如怀孕,是不直接谈论的,甚至根本就不会谈起。

第一段摘录内容选自玛丽·贝利（Mary Bailey）写于 1852 年的日记。22 岁的她和她 32 岁的医生丈夫跨越大平原来到了加利福尼亚。玛丽本是新英格兰人，去往西部前曾在俄亥俄州住过六年。贝利一家生活还算富裕，能够储备一些西进路上的必需品。第二段日记的作者是时年 30 岁的罗伯特·罗布（Robert Robe），他于 1851 年沿着贝利一家所走的路线奔向俄勒冈。罗伯特是一名土生土长的俄亥俄人，一位长老会牧师。

罗伯特·罗布的日记

[1851 年 5 月]

29 日 到达了盛产野牛的地区。中午时分，一大群野牛进入我们的视线。大家全都是第一次看到这样的场景。现在开始追捕野牛——骑在马上的人速度过快以至于把野牛群惊吓至悬崖下，他们一头野牛也没抓到——步行者却是初战告捷，他们杀死了三头野牛。

30 日 今天没有什么特别的事情发生。

31 日 猎物很充足，我们决定先不动用储备的食物，今天开始狩猎——早晨徒步开始行动，看到了约 1 000 头野牛。我们向几头野牛开枪并射中一头。在那里，我们发现了狼，它们似乎在为野牛担任守卫，不过它们的真实目的无疑是想抓住小牛犊作为自己的猎物。我们在一个镇子里看到了草原土拨鼠，它们几乎有灰松鼠那么大。当你试图接近它时，它就会狂叫着逃回洞穴。大量的猫头鹰随处可见。我们在各处闲逛，看到了多种猎物，随后在日落时分回到了宿营地，大家的胃口好极了。

[6 月]

1 日 在不太陡峭的地方，悬崖呈现出漂亮的波浪形状，身后是美丽的起伏的大草原。

2日 晚上，我宿营在老朋友米勒和多弗旁边。今早他们的三匹马受到一群野牛的惊吓全跑了，损失惨重。傍晚，我们队伍中的一些人猎杀了更多的野牛。夜里，一群人出去把猎物弄了回来。

3日 整个上午都在找寻昨天吓跑的马，但没找到。下午继续寻找并逮到了马。

4日 下午2：00越过了普拉特河谷。

Source: "Robert Robe's Diary While Crossing the Plains in 1851", *WHQ*, Volume 19, Number 1, January 1928.

玛丽·贝利的日记

1852年4月13日，星期三 在离别的泪水和亲朋的吻别中，我离开了在西尔韦尼亚的幸福的家。这里有很多我喜爱的朋友，当我作为异乡人站在这片陌生的土地上时，当疾病和死亡降临到我的小家庭并在转瞬间夺走了我们可爱的、唯一的孩子时，是他们怀着仁慈之心向我伸出了援手。这种体贴令我永生难忘。

5月21日，星期五 昨夜有雨。第一次在帐篷中就寝。我是一个能够保护好自己的北方人，我用毯子把头盖住。在帐篷里就像在家中一样无拘无束。

12:00，我们在雨中走了一整天，车子陷入泥浆。我坐在马车里写日记，男人们在外面忙活，和拉车的牲口一起把车从烂泥中拖出来。

23日，星期日 来到山顶，在这里我可以安静地与大自然和自然之神密切接触。今天下午，某些不愉快的事情使我心烦意乱，我流了许多眼泪，真是不开心。

7月4日，星期日 凌晨3:00就出发寻找牧草或草地。在远离大路四五英里的地方找到了水和上好的青草。我们在沙地上扎营，把鼠尾草根当燃料。今天像冬天一样寒冷，也许要下雨。这是一个令人沮丧的独立日。我们谈起了家乡的朋友，觉得他们也在思念着我们……

12日，星期一 为了让马匹得到休息，我们在帐篷中又待了一天。他现在的情况好多了。天相当冷。早晨洗澡，下午就开始呕吐头疼……

9月18日，星期六 今天天气晴朗，令人愉悦。我感觉好多了。下午，我们不再忙碌。路上，我们听到了大量关于苦难的故事，人们被扔在沙漠中等死，在获救后被送往医院……

11月8日，星期二 萨克拉门托市近来险些被烧光。医生所有的设备和大量衣物都被烧毁，损失将近300美元。损失这么大，看来我们真不该来加利福尼亚。我认为还不如待在家里好。

Source: From *Ho for California! Women's Overland Diaries*, Sandra L. Myers, ed. Reprinted with the permission of the Henry E. Huntington Library.

反思历史

阅读这些日记摘抄时，请注意作者描述的前往西部的旅行情况。旅行过程中，移民面临着什么样的挑战？其中有基于性别的劳动分工的迹象吗？他们的兴趣点有何不同？西进途中男人和女人进行了哪些交往？

实际上，这些简短的日记摘录也表明，男性和女性在西进途中所关心的事情是不一样的，看待问题也有不同的视角。他们的差异在哪里？又有何相似之处？

1853 年和丈夫带着三个孩子来到西部,她在日记中表露了她的恼怒和沮丧:"我感到自己已经丧失了勇气,因为我们处在一片陌生的土地上,这里几乎没有一点可吃的东西,一队人连一辆空车都拉不动。"

最终,在持续五六个月的行程结束后,移民们通常都是筋疲力尽、身无分文地到达了俄勒冈或加利福尼亚境内。正如有人在 1854 年 9 月的一天所写下的那样,她的旅程已经结束,"忧虑、疲惫、沉闷、茫然和各种各样的危险都被战胜了"。

11.4 西部的生活

持续数月的旅行过后,无论是兴高采烈还是万分沮丧,移民们都别无选择,必须开始新的生活。当他们开始营建新生活时,他们自然就会用到东部的生活经验。一位俄勒冈移民解释道:"我们是拓荒者并为此而自豪,但我们对这里的荒凉……对土地的闲置和粗糙的原木小屋却并不满意。"

11.4.1 西部的农业

拓荒的农民面临着建立家园和开始农耕的迫切任务。他们首先必须找到一块合适的土地申请产权,然后清整土地并建造一个简陋的可以遮风避雨的家。之后他们才能种植庄稼。

当农民辛勤劳作"使土地获得开垦、荒原变成农田"时,他们重复了早期开拓边疆的过程。驯服自然的目标如此切实和艰难,人们毫无时间或意愿去探究它的长远后果。伐木,拔除那些似乎没有价值的土生植物,种植人们熟悉的农作物,这一切开始改变西部的景观。结果通常是出人意料的。农民种植作物时,不知不觉把野草也引进到西部,因为野草的种子混杂在他们从家乡带来的植物种子中,其中一些野草的长势比农作物还要好,如加拿大蓟,它们逐步取代了原有的野草,使原本闲置的土地变成畜牧业的草场。

开始新生活的任务面临许多挑战。由于移民家庭几乎没有财产,他们必须在没有熟悉的工具和器具的情况下干活。1840年代,一位俄勒冈新娘用一个炖锅和三把刀建立新家是很平常的事。男人们经常帮助妻子干一些不太熟悉的家务事,女人们则帮助男人干一些繁重的户外活。在几个月的旅途中与其他旅行者亲密接触之后,他们经常发现自己是如此孤单,怀念老朋友和家乡亲人。尽管他们也可能会与附近的印第安人相互交往,但文化偏见使得他们之间很难建立起亲密的友谊。

一位拓荒者回忆道:"那些年,20英里内居住的任何人都视彼此为邻居。"不过,由于土地通常都会吸引新移民和寻找更好土地的老移民,这种隔绝状态往往几年后就会结束。随着农村社区的发展,移民们也建立起了学校、教堂和俱乐部。这些组织重新界定了可以接受的行为模式,并提醒其成员遵守传统的道德标准和信仰。

在政治和法律领域,重新建立与东部相似制度的决心表现得最为明显。在俄勒冈,在边界问题解决之前,这些拓荒者以东部模式为基础建立了一套政治体系。在常设学校或教堂建立之前,男人们重新开始了惯常的政治程序,如投票、选举和谈论政治。他们也会到法庭解决争端并维持法律和秩序。

建立公立学校体系和教堂要比开始政治生活更为困难,但却并不那么急迫。这里的学校只有零星几所,并且只对那些至少能交得起部分学费的学生开放。当施过坚信礼的信徒聚集在自己的教堂里时,他们经常发现信徒太少,很难从经济上维持新的教堂。皈依者也很少,因为许多移民都已经放弃了定期前往教堂的习惯。大卫·布莱恩学到了"不受欢迎的一课":"远离福音"使得许多移民"对福音的真理完全淡漠"。

边疆地区长期缺乏资金,阻碍了学校和教堂的发展。在农场主能够将他们的产品运送到市场上进行出售之前,他们手头很少有可供支配的现金。人口的流动性也导致制度的不稳定性。一个边疆县75%的人口都可能会在10

年内消失。一些人在多至四块土地上耕种,直到最后发现一块令其满意的土地。因此,依靠个人参与和财政支撑的机构往往也深受影响。

不过,报纸、刊物和书籍在早期边疆地区传播开来则强化了移民所熟悉的行为规范,并使他们保持坚定的意志。随着更多移民到来,愿意支持教育、宗教和文化发展的人数也在增加。正如一位拓荒者指出的那样,最后,"我们已经有了一条来自东部的电报线、一条日常的铁路线和日常邮路,我开始感觉西部的生活很文明,我的拓荒经历结束了"。此时距她跨越大平原仅仅过去了16年。

移民认为边疆存在着特殊的经济和社会机会并深受鼓舞,但这个梦想也经常是不真实的。西部社会迅速形成了与东部地区相似的社会和经济结构。边疆报纸称领头的移民为"更好的"人,雇工和佃农都开始出现。由于移民在地理上的广泛流动性,许多人都难以利用获得宅地定居的好处。经常移动的人获得成功的机会也要比那些定居的居民少,后者成为社群中经济和社会活动的领导人。那些流动的移民相信好运将会在下一站微笑着向他们招手。一位妻子在她的丈夫宣布将会再次迁移时评论说:"之前我好像听你说过许多类似的话。"

11.4.2　开发西部资源

1848年,加利福尼亚发现黄金的消息迅速传遍全国,数以千计的人们放弃了他们普通的生活前去寻求财富。一年之内,加利福尼亚的人口就从1.4万膨胀到10万。到1852年,人口又增加了一倍多。

与前往乡村建设家园的拓荒者不同,"1849年涌往加利福尼亚的淘金客"大都是未婚年轻男性。(1850年代,加利福尼亚超过一半人都是二十几岁的年轻人。)在1849年涌入加利福尼亚的人当中,约80%来自美国,13%来自墨西哥和南美洲。其余的人则来自欧洲和亚洲。加利福尼亚也由此而成为全国范围内最富多样性的地区之一。但却几乎没有一个移民对在西部定居感兴趣，他们真正梦想的是把财富带回家。

加利福尼亚是西部发现矿藏最早也是最富戏剧性的地区。1858年，2.5万到3万名移民前往位于加拿大的英属哥伦比亚，其中很多人都来自加利福尼亚；一年之后，科罗拉多发现黄金的消息又促使另一批人蜂拥前往寻求好运。1860年代，发现金矿的消息吸引了想要发财致富的人前往西北太平洋、蒙大拿和爱达荷；之后十年，这些人又涌向了北达科他州的黑丘。

跟与世隔绝的农业移民恰成对比，矿区发展很迅速，虽然通常都是昙花一现。矿区宿营地经常都是仓促建造而成，很快就居住了上百名乃至上千名矿工和为他们服务的人：商人，酒馆主人，厨师，药剂师，赌徒和妓女。约有一半居民都是靠矿工发财致富。开采一结束，采矿者和他们的追随者就会抛弃他们的营地。到1860年，废弃的采矿定居点在加州、科罗拉多、俄勒冈、华盛顿、内华达、爱达荷和新墨西哥随处可见。

如果考虑到那些成群结队来到新兴城镇的人的动机、性格和种族多样性，以及他们不愿付出太多努力在一个临时社区建立地方政府的状况，人们对矿区生活的混乱无序也就不会感到太过吃惊。种族对抗导致可怕的骚乱和私刑。矿工们毫无罪恶感地清除那些干扰他们发财的印第安人和其他种族的人。互殴、酗酒和凶杀足以成为淘金热传说中的一部分。一位女性写道："不到一个月时间就发生了凶杀、可怕的事故、血腥的死亡、暴乱、鞭打、绞刑、一次未遂的自杀和一场致命的决斗。"

即使采矿生活不带有这么强烈的暴力色彩，它也还是默许了远方的东部所无法接受的行为。矿工们并不想建立与东部相似的社会而一心只想发财。已婚男性看透了矿区的嘈杂混乱，也不愿将妻子和家庭带到西部。

早期的采矿是一件简单但却艰苦的事情，所需工具不过铲子和多种多样的移动装置。最容易找到的是隐藏在沙丘、河岸或河流弯道处的天然块金。采矿者只需筛去脏物、泥沙、砾石就可找到它们。但就像一位采矿者观察到的：多数人都发现探矿是一件"最艰苦的工作"。他们要钻孔，建水闸，冲洗他们移除岩石、沙砾后的土壤，修渠让河流改道，堵塞河道。尽管少数人走运发了横财，或至少赚到足够的钱得以带着满满的自尊返回家乡，但矿工们的日记和信件表明，许多人所赚的钱都仅够维持生存。容易开采的银矿和金矿很快就被开采一空。中国矿工善于发现早期矿工所漏采的矿藏，但剩余的丰富矿藏都深藏在岩石或沙砾中。开采它们需要资本、技术经验和昂贵的机器设备。最终，采矿成为工业企业的事业，矿工则成为雇佣劳动者。

在早期到达加利福尼亚的淘金移民中，约有5%是女性和孩子。许多女性也在期待"暴富"。由于这里的女性非常少，提供做饭、护理、洗衣服和旅馆服务的女性获得了较高的报酬。当卢兹娜·威尔逊（Luzena Wilson）来到萨克拉门托时，一位矿工出价10美元买她的一块饼干。然而，这是一份令人疲倦的工作。一些人怀疑挣到手的钱是否抵得上为其付出的辛劳。玛丽·巴卢（Mary Ballou）仔细考虑过这件事后决定："我将不会建议任何一位女士出现在这里去为一点金子而忍受苦难和辛劳。"伴随着男人们收入的减少，这些为他们服务的女性的收入也相应地减少了。

首批到达这里的部分女性是妓女，希望性别比例会使她们获利更多。妓女可能占到1850年代加利福尼亚女性人口的20%，或许其人数还大大超过了早期矿区的其他女性。在生意兴旺的时候，她们赚到了大笔的钱，有时还能在社会上赢得一席之地。但是，妓女在混乱的环境中也总是面临着危险。

墨西哥人、南美人、中国人和少部分希望在加利福尼亚碰到好运气的黑人没过多久就发现，尽管他们对加利福尼亚的发展做出了巨大贡献，但种族歧视也很快就流行起来。最初，美国矿工想用武力将有色人种完全赶出矿区，但他们将外国人采矿定为非法的企图则失败了。对外国矿工征收重税的措施较为成功，数千名墨西哥人离开了矿区，而中国人则在旧金山和萨克拉门托找到了其他工作。由于矿区城镇商业不景气，白人矿工降低了征税额。到1870年，当税收被宣布为违反宪法时，已经交纳了85%的税金的中国矿工，还向加利福尼亚"捐赠"了500万美元以获得勘探权。促成这一立法的敌意也助长了针对中国人和墨西哥人的普遍的暴力。

美国黑人发现其自身肤色使他们处于和外国人同样的境地。他们被剥夺了选举权，禁止在涉及白人的民事或刑事案件中出庭作证，被排除在《宅地法》的受益范围之外，他们在"金色加州"过着一种不稳定的生活。

对内陆的美国土著部落来说，采矿热潮无疑是一场灾难。由于矿工使河流转向、捕杀猎物或将猎物从矿区赶走，当印第安人按照惯例搜寻食物时，他们能够获得的鱼和猎物都在日益减少。印第安人对此做出的回应是袭击采矿营地，而这则激怒了矿工们。他们追踪并杀死土著，有时一些矿业团体还会为此向他们提供津贴。印第安女人被强奸，印第安孩子被绑架成为学徒。正如一位矿工所说："七八岁的印第安人值 100 美元……［而］一个十分贫困的印第安人还不值 50 美元。"由于肤色缘故，印第安人得不到法律援助，因此很难经受住白人社会的攻击。印第安人不仅遭受暴力摧残，还受到白人所带来疾病的侵袭，许多人都患病死去。1849 年，加利福尼亚约有 15 万名印第安人。仅仅 20 年后，印第安人的人数就猛跌到不足三万。

事实上，令白人男女眼花缭乱的发财梦罕有实现。西部"鬼城"见证了矿区的典型发展模式：繁荣，破坏，衰退，毁灭。随处都是粗野开采留下的伤疤。森林被大批砍伐，目的是修建引水槽，使河流改道，从而使金矿矿床暴露在无水的河床上。等到暴雨成灾时，那些废弃物就会被冲到田地里堆积起来并阻塞河流和小溪。

虽说有所有这些负面结果，但金矿也对这个国家和西部产生了许多积极影响。1848 年到 1883 年间，加利福尼亚的矿山为全国提供了 67% 的黄金。金矿使旧金山从一个寂静的小镇发展成为一个熙熙攘攘的大都市。它刺激了加利福尼亚和俄勒冈的农业和商业的发展，因为矿工的存在为商品和服务业提供了市场。金矿业则修建了港口、铁路和遍布整个西部的灌溉系统。尽管最终没有几个人发大财，但整个地区和国家却是从金矿中获利颇多。

11.4.3. 建立天国

在 1860 年之前的数十年中，很多前往远西地区的移民都会在盐湖城停下来进行休整和补充给养，盐湖城是沙漠中摩门教的中心。在这里，他们遇到了一个看似熟悉实则陌生并令人震惊的社会。参观者羡慕这里排列整齐的城镇，但也对居民的一夫多妻制议论纷纷，并努力在摩门教女性的脸上寻找反叛的迹象。移民中反对奴隶制的人们喜欢把摩门教女性与黑人奴隶相提并论。但让他们感到震惊的是，却没有几个摩门教女性有兴趣摆脱这种一夫多妻制婚姻的束缚。

暴力事件将摩门教徒带到了大盆地地区。1844年约瑟夫·史密斯被杀，两年后，愤怒的暴民将最后的圣徒赶出伊利诺斯州的诺伍。史密斯的继承者布里格姆·杨意识到圣徒生存的希望在于远离美国，在西部某处建立天国。美国与墨西哥的战争出人意料地推进了摩门教徒的计划。通过为卡尼的西部军征召500名年轻的摩门教徒当兵，杨获得了至关重要的资源。他用军队的预付薪金为正在挨饿和生病的摩门教徒购买了整车的供给品，这些人沿着连通密苏里和爱荷华的小道依次前行；这笔钱还为即将来临的大移民提供了经费。

杨选择了大盆地地区作为未来天国的地点，从严格的法律意义上来说，这是墨西哥的一部分。这个地方干旱、偏僻，距离最近的"文明"邻居也有1 000英里之遥。但摩门教的领袖推断，如果进行灌溉，这片土地或许能够变得像古代以色列的田地一样肥沃。1847年4月，杨率领一个探险队前往西部。7月末到达盐湖城后，杨惊呼"这里就是乐土"并宣布了自己的土地政策。依据家庭规模和耕种能力，移民们将获得事实上完全是免费的土地。在他回来领导这个群体前，远征的人们遵循他的指示，建造了灌溉沟渠并开始种植农作物。

杨的组织才能和其同伴的合作能力得到了充分检验。到1847年9月，共有566辆马车和1 500名圣徒经过艰苦跋涉来到盐湖城；次年则有更多圣徒来到这里。教会领导人指导一切。到1850年，摩门教的定居点已经吸引了超过1.1万名移民。传教士们在美国本土和海外，特别是在英国和斯堪的纳维亚半岛的努力，吸引了数以千计的皈依者来到大盆地，教会的移民社团和借贷基金帮助很多人完成了旅行。有些移民赶着马车带着财物来到他们在犹他州的新家。1850年代末，有超过三万名圣徒生活在犹他州，他们定居在盐湖城以及90多个村庄殖民地中。尽管早期生活比较艰苦，但摩门教还是逐步兴旺发达起来。

多数摩门教徒都是农民；他们当中的大部分人最初都是来自新英格兰和中西部地区，和其他美国人拥有许多相同的习俗、态度和政治结构。但是，就连"异教徒"局外人也能感知到它与外部社会之间的巨大差别，因为摩门教社会的核心是合作性质的村庄而不是拥有农庄的个体农民。摩门教徒在遭受迫害的岁月里培养出强烈的集体认同感和对教会领导的服从。在负责基本决策的教会领导人的组织下，农业成为一项集体事业。所有农民都分得土地，所有人都享有灌溉权利。在星期日的宗教仪式上，当地的主教在布道的同时，还会向会众讲解耕作方面的事宜。

在犹他地区，摩门教无处不在。教会领导人占据了所有重要的政治职位。杨的"同级教士团"是教会的最高领导层，成员包括摩门教的高级牧师们，他们负责宗教和政治的双重决策。不过，当犹他地区明显将要成为美国领土的一部分时，摩门教的领导人起草了一份章程，划分了宗教权力和政治权力。但是，几乎一切都没有发生什么改变。正如一位异教徒所指出的，"政教之间的亲密关系似乎渗透到所有事情中。两方面的至上权力掌握在相同的个体手中，很难区分他们的职能特征，在任何一个实例中都难以判定他们是教职人员抑或仅仅是世俗官员"。尽管《瓜达卢佩－伊达尔戈条约》正式把犹他地区并入美国，但它对该地区的政治和宗教格局安排却没有产生任何影响。杨成为当地的统治者。当地的主教继续作为宗教领袖和文职官员。

虽然多数异教徒都能容忍在犹他所遭遇的某些奇异之事，但却几乎没人接受一夫多妻制。尽管约瑟夫·史密斯和其他宗教领袖在1840年代初就已秘密地实行了一夫多妻制，但直到1852年圣徒们在犹他地区安定下来，杨才公开揭示了这种学说。史密斯相信婚姻的最高形式或曰"天国"的婚姻形式会给来世带来特殊奖赏。由于妻子和孩子可以带来奖赏,所以一夫多妻制也就成为一种奉献的方式。从实用的观点看,一夫多妻制将离开了家庭来到犹他地区的单身女性皈依者并入了摩门教社会。

多数摩门教徒都接受了这种学说和它的宗教解释,但却可能只有10%～20%的摩门教家庭实行一夫多妻制。很少有人拥有两位以上的妻子。由于维持几个家庭的费用很高,加之会给个人带来紧张和疲劳,在公开实施一夫多妻制的40年内,通常只有最为成功和令人瞩目的摩门教领袖才会实行一夫多妻制。

一夫多妻的家庭生活远非局外人想象的那么淫乱。妻子之间的妒忌足以破坏一夫多妻的婚姻制度,所以摩门教领导人最大限度地缩小了恋爱及婚姻中的浪漫爱情和性的吸引力。相反,他们鼓励婚姻建立在相互忠诚的基础上,性的目的是为了繁衍下一代而不是为了享乐。

令人惊诧的是,摩门教女性并不认为自己是奴隶,而是把自己视为非常受尊重的社会成员。无论自己的婚姻是否是一夫多妻制,妻子们都把这一制度作为其所处社会的先进之处并保护它不受外部世界的侵犯。她们认为一夫多妻制要比一夫一妻制更为可取,因为一夫一妻制下的独身女性得不到家庭在经济和社会方面的保护,有些人会被迫去卖淫。

尽管面临着显而易见的困难,但许多一夫多妻制下的妻子也得到了回报。丈夫经常不在家,妻子们有了异乎寻常的独立机会。许多人在丈夫来访时,都会把丈夫作为尊敬的朋友对待;满足女性日常情感需要的是孩子。偶尔,妻子们也会生活在一起并成为亲密的朋友。

从它的人数、不断发展繁荣的经济和集体的团结来看,摩门教是成功的。然而,一旦这里成为美国社会的一部分,长期的威胁也就显现了。对杨手中权力的攻击和对一夫多妻制激烈的口头谴责日益增多。国会开始致力于宣布一夫多妻制为一种不合法的制度。在美国内战爆发前的年代里,摩门教成功地抵制住了对其生活方式的攻击。但是,随着犹他地区与其他地区的联系越来越紧密,一夫多妻制婚姻面临的压力也在不断增多。

11.4.4 西部的城市

许多移民来到西部并不是为了获得土地或淘金，而是想要在旧金山、丹佛和波特兰这样的城市中定居下来。他们希望发现商业和就业机会，或者在城镇土地开发中进行投机买卖。

城市生活是边疆生活的主要部分。一些城市，像密苏里的圣约瑟夫，为了满足移民的贸易要求，城市生活先于农业移民定居点而存在。另一些城市，像波特兰，则是许多定居移民的目的地，并发展成为定居移民的市场和供给中心。旧金山和丹佛被称为"速生城市"，当地发现贵金属使数千名矿工往来于这些地方。一旦地下矿藏被开发完，许多矿工就会回到这些城市开始新的生活方式。在旧金山，当中国劳工放弃采矿和修筑铁路工作后，一个中国人的社区也就形成了。1860年代，约有3 000名中国人生活在唐人街；十年之后，这一数字便上升到12 022。

西部城市的商业活动兴盛起来，为居民提供了多种职业和服务。正如一位波特兰移民在1852年评价的，"此地的生活在很多方面……都比伊利诺斯和密苏里早期的生活更为原始。但在其他方面却要先进得多……在这里，我们可以得到伊利诺斯和密苏里这些内陆地区得不到或极少有的来自世界各地的日用品"。

前来寻求好运的年轻单身男性增多使得城市人口性别比例失调。早期的波特兰，男女比例高于3∶1。因此可想而知，城市生活经常是喧闹的，有时也充满暴力。一些女性试图改变城市的氛围，她们迫切要求关闭或禁止周日酒店。当然，其他女性也享受到了来自众多男性的关注。最终，性别比例变得平衡起来，但直到1880年，24个西部城市中至少有18个城市都是男人比女人多。

西部城市很快就失去了它们的独特性。波特兰的历史呈现了西部城市共同的发展模式。1845年时波特兰还只是森林中的一片空旷之地，城镇中的地皮投机买卖十分活跃。1850年代早期，波特兰成长为一个小型贸易中心，城镇中有少许原木结构的建筑，街道是泥泞小路。由于农场主涌入俄勒冈，这座城市变成一个地区性商业中心。随着更多的永久性建筑建造起来，从而也给了这座城市以"东部"的外貌。

最初许多年轻人都相信西部城市有着特殊的机会，于是他们便纷纷来到波特兰和其他西部城市。然而，事实上却是随身携带财产的新移民获得了最大的成功。1860年代，波特兰的人口达到2 874人，社会俱乐部的出现象征着城市精英的出现。波特兰的商业人士、律师和编辑支配着不断增长的社会财富并确立了社会生活的种种标准，这显示出波特兰这座城市已经迅速走出了它的原始边疆时期。

11.5 冲突中的文化

从白人移民的视角去考察西部扩张仅仅是提供了一种移民图景。在如此多样化的地区，自然也会存在许多其他观点。

许多前往美国西部的人都来自中国南方。其中多数人都是男性，打算工作几年就返回家乡。最初，加利福尼亚很欢迎中国人。一位旧金山商人在1855年报道说，中国人"像客人一样受到欢迎"并"受到了礼貌的对待"。但当有更多中国人到达西海岸在矿区、铁路和其他场所工作，这种宽容也就消失了。一封来自加利福尼亚山区中国矿工的电报揭示了许多人的焦虑："我担心这里将会有一场大的战斗。"白人日益将中国工人视为种族威胁，他们称呼中国人为"黑人""但和非洲人又略有不同"。中国工人面临着多种形式的骚扰。1880年，加利福尼亚的立法者表达了白人的仇视，他们通过一项法令规定，白人与"黑人、黑白混血或蒙古人种的人"通婚是非法的。

11.5.1 遭遇平原部落

有些白人把中国人比作美洲土著人，而土著人对西部经历的看法也自是不同于白人移民。一段前往俄勒冈的旅行者的日志含蓄地表达了这种相异的视野。1864年5月7日，玛丽·沃纳（Mary Warner），一个结婚才几个月的新娘，讲述了一件令人恐怖的事情。那一天，一位"相貌英俊"的印第安人造访了他们的车队并企图将她买走。玛丽的丈夫可能无法断定该如何处理这种情况，他假装与印第安人合作，同意用自己的妻子交换两匹矮种马，印第安人慷慨地提出可以给三匹。玛丽写道："接着他就抓住我的披肩示意要我跳出马车。这时我害怕了，开始歇斯底里地哭叫。"她回忆道，每个人都在笑她，尽管那个印第安人和她一样感到这件事情并不怎么可笑。

在陆路旅行中所发生的这次平常的相遇仅仅表明，向西迁移的美国白人和他们所遇到的土著民族之间有着巨大的社会和文化差异。由于坚信自己的价值观和权利，移民们并不尊重那些在西部生活了几个世纪的民族，在攫取他们的土地时也是毫无愧疚。许多人都预测，印第安民族很快就会灭绝。

1840年代，美国白人首次大规模地与强大的平原部落发生联系，平原部落的文化不同于人们所熟悉的东部林地部落。可能在100万印第安人中有25万人占据了大平原地区。平原东部的"边疆"部落住在村里并种植庄稼，他们夏天以野牛肉作为食物。平原中部地区生活着布鲁尔和奥格拉拉苏族人、夏安人、肖松尼人、阿拉帕霍人等好斗的部落，他们追赶野牛并经常袭击边疆部落。西南部地区生活着科曼奇人、犹特人、纳瓦霍人和部分阿帕奇人；奥基瓦人、威奇托人、阿帕奇人和南部的科曼奇人则宣称德克萨斯北部和西部地区是他们的狩猎区。西南部的许多部落都接受了西班牙文化，他们饲养欧洲家畜，如牛、羊和马。

诸平原部落也有重要的相似之处。16世纪，西班牙马匹的引入使他们的活动范围从50英里增加到500英里，大多数部落都采用了游牧生活方式。马匹使得印第安男人可以去猎杀野牛，这一做法如此成功，以至于诸多部落

（边疆部落除外）都开始靠此获取食物、衣服、燃料、圆锥形帐篷和用于交换的商品。由于女性承担着加工野牛产品的工作，所以有些男人拥有好几个妻子——她们负责鞣制用来交易的皮革。

流动性也增加了印第安部落之间的联系与冲突。在平原印第安部落的生活中，战争占据中心位置。印第安人的目的是掠取马匹并证明个人的实力，而不是为了消灭敌人或占领土地。在他们看来，使敌人受伤比杀害敌人或剥下敌人的头皮要更勇敢。在这种情况下，他们很难做到政治统一。一个男人若是不能在战斗中证明自己的英勇，部落就不会完全接受他；部落酋长权威有限，经常无法约束年轻男性热衷于去证明他们的英勇。

装备了枪炮和快马并且掌握了作战及袭击战术的平原部落，仍然是白人扩张的可怕障碍。他们没有与美国政府签订任何条约，对白人也没有好感。印第安部落与白人社会通过毛皮贸易建立了联系，贸易给他们带来了收益，但也引入了酒和流行病。

1840年代早期，当第一批移民驾驶马车穿过平原和草地时，印第安人与白人之间的关系还是和平的。但是，白人的侵扰逐渐影响了自然界中生物的正常活动，最终引发了冲突。印第安部落虽以美洲野牛为生，但他们尊重这一作为生活来源的生物。滋养了野牛的草原也养育了印第安人的小马和动物，这些动物维持了像夏安族这样从事马匹贸易的印第安部落的生活。

然而，白人到来后却在草地上放牧家畜，这些家畜啃食了印第安人的矮种马和野牛所需要的草。他们还开始了猎杀野牛这一"最令人兴奋的运动"。由于大牛群开始缩小，美洲土著部落彼此之间也就开始为争夺狩猎区和食物而进行战争。强大的苏族人突袭了敌人的狩猎区并多次对波尼族印第安人和其他小部落发动毁灭性打击。

1846年，在上呈波尔克总统的请愿书中，苏族人提出，由于白人移民破坏了他们的狩猎区，理应给予他们赔偿。美国总统拒绝了他们的要求后，苏族印第安人试图向移民收税。移民对他们眼中印第安人这一厚颜无耻的行为很是愤怒。但是，面对受到苏族攻击的其他印第安部落的痛苦、苏族人对

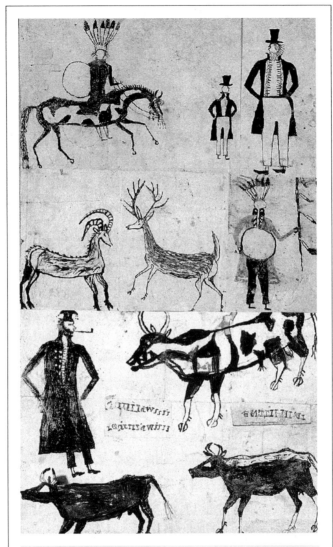

印第安人与白人对照图

这幅画是1840年代一位不知名的印第安艺术家的作品。他将穿着传统盔甲的印第安人及其所猎获的野兽与穿着正式服装的白人男子及其牲畜进行了对比。这位艺术家是以赞同的方式来描绘白人的吗?

白人侵扰的惊恐，以及移民自身的畏惧，政府几乎是毫无作为。

加利福尼亚发现金矿的消息吸引了大批移民，仅在1849年就有两万多人翻越了大平原，从而成为联邦行动的催化剂。这些数目惊人的淘金者和他们的牲畜对普拉特河谷造成了巨大的破坏。对印第安人来说，这一地区迅速成为一片荒地。白人带来的致命的霍乱在印第安人中间传播，大批印第安人因此死亡。

政府官员设计了一个双向方案。政府将会建设一系列边塞来保护移民，同时政府也号召印第安部落组织一个全面的协商会议。美国官员希望，印第安人在获得丰厚的礼物之后，能够结束部落之间的战争并把行动限制在划定的范围内。他们指示印第安部落推选首领，代表部落在协商会议上发言。

11.5.2　1851年拉腊米要塞协商会议

1851年，部落协商会议在拉腊米要塞召开。一万名印第安人聚集于此，他们希望结束白人对他们生活方式的破坏并获得白人所许诺的礼物。但是，部落间的仇恨也在酝酿。在前往要塞途中，不时爆发小规模战斗。边疆部落由于害怕苏族而拒绝参加会议；科曼奇人、奥基瓦人和阿帕奇人也因其敌人苏族和克罗人将会出席会议而拒绝前往。

在部落会议上，白人告诉与会部落：时代改变了。过去"你们拥有足够的野牛和猎物……你们伟大的神非常了解，战争一直是你们钟爱的娱乐活动和事业。然后神把和平与战争的问题留给了你们自己。现在，既然白人开始在西部地区定居……你们的情况已经发生了变化。"政府承诺对破坏草地、树木、野牛做出赔偿，并且每年都会对印第安人的货物和服务给予报酬，但作为回报，印第安部落必须放弃自由行动的权利。政府划定了部落之间的边界，部落酋长们允诺在划定的区域内生活。一些部落的土地则被卖掉了。

《拉腊米要塞条约》是平原部落与美国政府之间签订的第一个条约。它反映了白人的信念，即印第安人必须生活在远离白人文明的被清楚界定的区域内。然而，还在会议期间就出现了有麻烦事的一些不祥迹象。因为强大的苏族人新近征服的土地就位于普拉特河以南，所以他们拒绝被限制在河流的北部。一名苏族人解释说："这些土地曾属于基奥瓦人和克罗人，但我们将这些人赶出了他们的领地。在这里，我们的所作所为和白人需要印第安人的土地时采取的行动一样。"在密西西比河以西其他地方，其他部落，如凶猛的新墨西哥纳瓦霍人，也对白人试图限制他们的行动做出了反抗。

11.5.3　制伏墨西哥移民

在西南部的德克萨斯和加利福尼亚，美国人遭遇了讲西班牙语的当地人和西班牙文化。美国人的数量比墨西哥人多，也比较傲慢，他们认为墨西哥人是"社会的糟粕"。尽管英裔美国人与墨西哥人的交往在不同的地方也会有所不同，但前者却是很少在意《瓜达卢佩-伊达尔戈条约》中的保证，即墨西哥人将拥有公民权。

讲西班牙语的人当中绝大多数都生活在新墨西哥，在所有前墨西哥公民中，他们的境遇可能是最好的。新墨西哥居民大都是混血儿，作为富有的大农场主的雇工或者小村庄中的农民和牧民，他们勉强可以糊口，这些小村庄由恩主或首领控制。随着整个世纪慢慢推进，美国人具有了合法资格并接管了被小农和畜牧业者长期占据的土地。尽管新墨西哥人的经济状况发生了逆转，但他们却依然幸存下来并成功地将其乡村文化带入了20世纪。

上层土地所有者只考虑自身利益，对其贫困同胞的命运几乎不闻不问。早在美国人征服新墨西哥之前，富有的新墨西哥人就为他们的未来上了保险：他们与美国商人建立联系并把自己的孩子送入美国东部学校学习。当美国吞并新墨西哥时，他们又与缓慢渗入此地的美国人结成战略性的婚姻关系和商业联盟，由此保留了他们的很多影响力和特权。

在德克萨斯，1840年仅有10%的居民讲西班牙语。到1860年，这一比例又缩减到6%。尽管上层阶级也与美国人通婚，但他们还是失去了大部分权力。大量黑皮肤的讲西班牙语的穷人则只能从事不需技能的低报酬工作。

在加利福尼亚，金矿的发现从根本上改变了这一地区的状况。1848 年，这里有 7 000 名加利福尼亚人（他们有西班牙裔背景）和两倍于此的英裔美国人；到 1860 年，美国人已经膨胀到 36 万人。面对如此庞大的数量，加利福尼亚人感受到很大的压力。最初，他们与墨西哥人一道加入掘金的美国人和其他人当中。但是，竞争引发了对抗并最终爆发公开冲突。税收和恐怖主义成功地迫使大多数讲西班牙语的人离开金矿，新的种族轮廓得以形成。

其他方面的变化则要更具灾难性。1851 年国会通过了《格温土地法》，据称这是一项确认西班牙人和墨西哥人土地权利的措施。但该法案违反了《瓜达卢佩-伊达尔戈条约》，因为它迫使加利福尼亚的土地所有者捍卫自己的财产并鼓励占地者在此安家，目的是将加利福尼亚早期西班牙裔移民的权利判为无效。这一过程平均要花费 17 年时间去建立清晰的土地产权。土地所有者发现，他们不仅要在土地方面付给美国律师大笔费用，还要借高利贷来支付法庭诉讼程序费。土地所有者被迫出卖土地以偿付打官司所欠下的债务，以至于法庭上的胜利经常变成失败。

对成为英裔美国人农场、矿业或铁路公司劳动力的西班牙裔美国工人阶层来说，他们不仅收入低于英裔美国人，工作状况也是更为糟糕。到 1870 年代，西班牙裔美国工人的平均财产仅相当于 20 年前的 33% 左右。

此时也出现了多种反对美国人扩张到西南部地区的形式。一些人，像加利福尼亚南部的蒂武西奥·巴斯克斯（Tiburcio Vasquez），成为抢匪。就像他解释的那样，美国人的到来"[在我心中] 激起了仇恨和复仇的怒火……我认为美国人非法地、不正当地剥夺了属于我们的社会权利"。其他西班牙裔美国人，像"白帽子"（Las Gorras Blancas）则在新墨西哥组织成员劈断铁路的枕木，剪断美国牧场主和农场主的铁丝栅栏，而带有宗教性质的互诫若修会（属于天主教）则试图通过选举改变现状。平常人即使学会了某些在变化的文化环境中生存所必需的技艺也不愿皈依为新教徒，而是依然固守着他们所熟悉的习俗和信仰。

小结:"天定命运论"的结果

像惠特曼夫妇一样,许多19世纪的美国人都认定自己拥有移民西部并使其繁荣发展的独一无二的权利。对那些已经在这片土地上繁衍生息了几百年的人们的命运,他们并未给予多大关注。他们获得占大陆一半的西部地区的过程是如此迅速,以至于似乎没有必要去担心被剥夺者。西部扩张的故事多年来一直占据美国人民的想象。一些西部移民也因此成为人们心目中的英雄。人们在华盛顿的瓦拉瓦拉建立了惠特曼学院来纪念惠特曼夫妇。所有美国白人都感谢西部提供的新机遇。事实上,美国在密西西比河以西的西部地区获得了众多自然资源。但是,心怀憧憬前往边疆的移民中只有一小部分人实现了自己成功的梦想。向西部和东部的迁移也有其阴暗的一面,新领地的获得引发了关于奴隶制未来的争论。

思考题

❶ 解释一下在外国势力问题上,西进运动是如何困扰美国的?为什么?
❷ 对比美国获取德克萨斯及西南部的情况与美国获取俄勒冈的情况。
❸ 由于美国的扩张主义,西部出现了什么样的种族和民族紧张局势?
❹ 什么因素引致美国原住民与白人之间出现问题和紧张关系?
❺ 西进运动中包括什么重要的美国信念和价值观?它们又是如何塑造了西进运动?

第 12 章

危局中的联邦

12.1 准州的奴隶制

12.2 政治分裂

12.3 堪萨斯与两种文化

12.4 两极分化与通往战争之路

12.5 裂开的房子坍塌了

小结:"无法抑制的冲突"

美国故事

四位男子汉对联邦危机的反应

1860年秋天是一个可怕的谣言四起的时期。11月6日的选举在危机四伏的气氛中进行。林肯在伊利诺斯州的斯普林菲尔德一边喝着"斯普林菲尔德的女士们"为他准备的咖啡，吃着三明治，一边等待着宣布选举结果的电报。凌晨1:00，胜利已成定局。"我回到家中，但只睡了一会儿，因为那时我意识到一种从未有过的责任已经落到了我的肩头。"事实上，林肯和美国人民正面临着共和国成立以来最严重的危机。

林肯以仅有39%的普选票赢得了一场四方角逐的竞选。在喧闹的地方性竞选运动中，林肯几乎赢得所有北部选民的青睐，他获得了除新泽西州外所有自由州的支持，从而击败了三位竞争对手。几位候选人中，只有伊利诺斯州参议员斯蒂芬·道格拉斯曾在全国各个地区积极奔走游说。由于他的辛勤付出，他的选票数排在第二位。斯蒂芬·道格拉斯呼吁人们"考虑联邦的利益"，尤其是在竞选活动即将结束时，他担心联邦正在濒临分裂，这是不无道理的。

其他美国人也在这个秋天感觉到了危机的气氛，并面临着各自的恐惧与责任。选举前一个月，种植园主罗伯特·奥尔斯顿给他的长子本杰明写信说，如果林肯当选总统，将会导致"灾难性的后果"。虽然他在信中提到了脱离联邦的可能性，但他谈论的主要还是种植园所关心的问题：一匹新马、奴隶们的情绪、从城里定购必需品和用缝纫机缝制裤子的操作指南。然而，林肯当选后，奥尔斯顿在给一位南方同僚的信中却谈到需要一个"有效的军事组织"以便抵抗"北方和北部联邦的侵略"。在由缝纫机到军械的转变中，奥尔斯顿为其所称的"日益逼近的危机"做好了准备。

弗雷德里克·道格拉斯对1860年的选举报以特有的乐观。在那年纽约州进行的一次演讲中，他认为这不仅是一个"向人们训谕道德本分和政治责任"的机会，而且也会使"奴隶主认识到一位共和党总统的当选意味着他们掌权日子的终结"。然而，林肯刚刚赢得大选，弗雷德里克·道格拉斯的希望就变成了幻想。他注意到共和党领导人为了避免边界各州脱离联邦，其态度更像是反对废奴主义，而不是反对奴隶制。他们郑重地宣布不会干预奴隶制业已存在的地区，包括哥伦比亚特区，并许诺将会强制执行令人憎恨的《缉奴法》，镇压奴隶反抗。弗雷德里克·道格拉斯尖刻地批评说，事实上，林肯治下的奴隶制与民主党人的相比将会"同样安全，甚至更加安全"。

爱荷华州农场主迈克尔·卢阿克（Michael Luark）则不这么认为。卢阿克出生于弗吉尼亚，是一个典型的惯于迁徙的19世纪的美国人。他在印第安纳州长大成人，追随1850年代的采矿大潮前往科罗拉多和加利福尼亚，然后又返回中西部经营农场。卢阿克追求优裕的生活，怨恨对奴隶制的抗议，然而他却无法回避这个问题。在1860年最后一天的日记中，卢阿克忧心忡忡地对新的一年进行了展望。他预言将会发生"惊人的"的政治变革，甚至可能是"联邦的解散与内战，以及接踵而至的无穷的恐怖"。他指责废奴主义煽动者，这可能反映了他的弗吉尼亚出身。元旦那天卢阿克表露了自己的忧虑：林肯将会任由"最极端的地方主义者和主张废奴"的人进一步纠缠于"令人伤透脑筋的奴隶制问题"，而这则正是弗雷德里克·道格拉斯所希望的。卢阿克继而警告说：如果这一切发生了，"我们就将不得不与我们所钟爱的联邦诀别"。这则日记写完不到四个月，南部邦联的炮火就射向了南卡罗来纳州的联邦要塞。内战就此拉开了序幕。

萨姆特要塞的炮火使得卢阿克的担忧、弗雷德里克·道格拉斯的希望、林肯和奥尔斯顿为各自责任所做的准备皆已成为现实。美国摇摇欲坠的政党制遭遇最大的危机。本章的主题就是阐释联邦的危机及其分裂。

像内战这种灾难性事件的发生有着多种多样、影响力各不相同的起因。奥尔斯顿、道格拉斯和卢阿克对林肯当选的反应揭示了其中一些原因：道德责任，地方性政治，对情绪激动的煽动者越来越多的疑惧，黑人、南部白人和西部农场主对自由与独立的关切。但正如道格拉斯意识到的，到1860年时，很明显，"奴隶制才是真正的问题……它存在于所有的党派和地区之中。它是一股令人恐慌的力量，并解释了我们政治机器的混乱和无序"。

本章分析了奴隶制这一重大问题如何扰乱政治制度并最终导致联邦自身分裂。1848年到1861年间的四大发展态势最终触发了战争：第一，奴隶制扩展到西部领地引发的地区性争端；第二，政党制的崩溃；第三，南方人与北方人在生活方式和观念方面日益增长的文化差异；第四，南北双方都害怕失去自己的生活方式和神圣的共和权利，由此产生了尖锐的情感与意识形态方面的分化。每种发展态势如何导致局势更加紧张？1855年到1856年，内战在堪萨斯州预演。这一冲突以什么样的方式将导致联邦分裂的各种因素汇聚在一起？最终，情绪化事件、互不信任和不可调和的对立，导致冲突不可避免。林肯当选总统点燃了内战的导火索，接踵而来的是"无穷的恐怖"。

12.1 准州的奴隶制

就像纳西莎·惠特曼在与华盛顿东部卡尤塞族印第安人相遇时所悲哀地发现的（参见第11章），白人移民的西进运动是令人失望的和十分危险的。它尤其损害了印第安人和墨西哥人的安全、自由和文化完整性。而且，西进运动导致北方佬与南方奴隶主之间的冲突，从而也损害了自由，最终则损坏了联邦。

制宪会议结束后的 60 年间，南北双方在绝大多数时候都搁置了它们在奴隶制方面的分歧，1787 年《密苏里妥协案》已经解决了奴隶贸易和奴隶作为选举国会代表的计数人口这样有争议的问题。虽然奴隶制在 1820 年就威胁着脆弱的地区和谐，但《密苏里妥协案》还是在自由州与蓄奴州之间建立了有效的平衡，并划定了一条地理界限（36°30′）以确定新获领土未来的选择。1833 年的妥协使南卡罗来纳无法再拒绝执行联邦法令，1836 年的"钳口法令"则使国会避开了废奴主义者的请愿书。

然而，每一项明确的决议都加深了北方与南方之间的抵触情绪，并延迟了奴隶制问题的最终解决。这些妥协只能短暂地奏效，原因之一是两党制：南北双方都存在辉格党人和民主党人。两党在文化与经济问题上意见相左，但谁也不把具有爆炸性的奴隶制问题带入政治运动和国会辩论。这种情形在 1840 年代末期开始发生了变化。

12.1.1 自由土地还是宪法保护？

1846 年美墨战争爆发时，费城国会议员戴维·威尔莫特（David Wilmot）就一项战争拨款预算案提出了修正案，宣称在即将从墨西哥获得的任何领土上都"不得实行奴隶制或强制奴役"。立法者围绕《**威尔莫特附文**》（**Wilmot Proviso**）进行辩论，他们的身份不是辉格党人和民主党人，而是北方人和南方人。

波士顿的一份报纸先知先觉地评述说，威尔莫特的决议案"使这个即将导致美国人民分裂的异乎寻常的问题骤然变得尖锐起来"。美墨战争结束时，有关这一问题的几种不同解决办法呈现在人们面前。第一种是防止任何奴隶制扩散的**自由土地**计划。有两个先例表明国会可以这样做。一个是《西北法令》，该法令禁止在中西部的北部地区实行奴隶制；另一个先例就是 1787 年《密苏里妥协案》。

自由土地计划的拥护者们动机复杂。在某些人看来，奴隶制是一种罪恶，应该予以摧毁。但对许多企盼西进的北方白人农场主来说，与大规模奴隶劳动的扩张相伴而来的经济竞争的威胁则更加令人担心。他们也不希望与自由黑人争夺土地。正如威尔莫特所言，他提出附文的意图是想给"与我同一种族、同一肤色的辛勤劳作的子孙们"保全一片净土。其他北方人选择支持《威尔莫特附文》则是把它作为一种手段，用以抑制不断增长的政治权力和"奴隶主势力的精神和要求"那"让人难以忍受的傲慢"。

与自由土地立场截然对立的是南卡罗来纳州参议员约翰·卡尔霍恩的论点。他认为，国会并不享有把奴隶制限制在各准州之外的宪法权利，相反，它有保护奴隶制的职责。因此，《威尔莫特附文》是违反宪法的。《密苏里妥协案》和其他旨在阻止奴隶主把其奴隶带入美国新获领土的联邦法令同样是违宪的。

卡尔霍恩的立场背后有经济、政治和道德这三方面因素的考量。许多南方人都渴望在西部和西南部，乃至中美洲和加勒比海地区得到新的棉花种植地。南方人惧怕北方人想要践踏他们保护奴隶制的权利。南方领导人把《威尔莫特附文》视为质疑共和国基本原则的道德议题。一位国会议员称其为"对宪法的反叛"，佐治亚州参议员罗伯特·图姆斯（Robert Toombs）甚至威胁说，如果国会通过《威尔莫特附文》，他宁愿分裂也不会"屈尊妥协"。

12.1.2　人民主权与 1848 年大选

由于存在着分裂的可能性，许多美国人自然而然地希望通过折中办法来化解奴隶制引发的政治问题。波尔克总统的国务卿詹姆斯·布坎南，建议把《密苏里妥协案》确定的界限延伸到太平洋，从而避开有关奴隶制的道德性和国会权威的合法性等棘手问题。密歇根州参议员刘易斯·卡斯（Lewis Cass）则提出了"人民主权"（popular sovereignty）的解决方法，即把奴隶制的决定权交给各地的地区立法机关。这一想法符合美国人关于地方自治的民主信仰，但有许多细节问题依然悬而未决。在各准州争取州的身份的过程中，在何种条件下地区立法机关才可以对奴隶制做出决定？

1848年，民主党人提名卡斯为总统候选人，他们喜爱卡斯的人民主权思想，因为它可以被阐示为一切都属于全体人民。卡斯公开指责废奴主义者和《威尔莫特附文》，但在其他方面却回避奴隶制问题。不过，民主党人巧妙地为南方和北方分别印制了两个版本的卡斯竞选传记。

辉格党人通过规避奴隶制问题，找到了使该党团结起来的更有效的办法。他们抛弃了亨利·克莱，提名美墨战争的英雄扎卡里·泰勒将军为总统候选人。泰勒是路易斯安那州的一名奴隶主，他把自己与华盛顿相提并论，自称为超越政治的"无党派"人士。南方辉格党人支持泰勒，因为他们认为泰勒也许能够理解拥有奴隶的诸种负担，而北方辉格党人也因泰勒没有对《威尔莫特附文》表明立场而感到满意。

两大政党对奴隶制的逃避态度使卡尔霍恩感到失望，他尝试创建一个新的统一的南方党派。他的《告南方诸州人民书》威胁说要脱离联邦，并号召南方人统一立场，以对抗进一步干涉南方扩张奴隶制的企图。121名南方代表中只有48人在请愿书上签了字，但是卡尔霍恩的论点却招来了脱离联邦和分裂的幽灵。

警报同样从北方传来。纽约民主党的一个派系背叛本党支持范布伦竞选总统。起初，分裂更多是与州的内部政治而不是与道德原则相关。然而，不久它就与准州奴隶制问题纠缠在一起。愤愤不平的马萨诸塞辉格党"良心派"对由奴隶主担任党魁感到不满，他们也探讨了替代性的第三党。这些团体在纽约的布法罗会面，组织成立了"自由土地党"，并推举范布伦为总统候选人。这个新政党的纲领是一个不稳定的混合物，既包含炽热的废奴主义者的主张，又兼有激烈反对自由黑人迁居西部土地的见解，该党发誓要为"土地自由、言论自由、劳动自由和人民自由"而战。

泰勒将军轻松地赢得了胜利，主要是由于有些人背叛卡斯另组自由土地党导致民主党在纽约和宾夕法尼亚的失败。两党制度虽然受到削弱，但仍得以保存下来。纯粹区域性的政党失败了。自由土地党人仅仅获得约 10% 的选民票，而且没有得到选举人票。

12.1.3 《1850 年妥协案》

泰勒在大选时通过避开奴隶制诸问题赢得了胜利，但作为总统他却不能对这些问题视而不见。1849 年新总统的就职典礼举行时，国家面临着四个引人注目的问题。第一，大约八万名淘金者蜂拥前往加利福尼亚，使该地区具备了申请建州的资格。但加利福尼亚作为自由州加入联邦，将会打乱参议院中蓄奴州与自由州之间的平衡。西南部墨西哥割让的领土悬而未决的地位则成为第二个问题。该地区无组织状态持续的时间越长，当地居民要求应用《威尔莫特附文》或卡尔霍恩主义的声浪就越高。德克萨斯与新墨西哥的边界同样是有争议的，德克萨斯要求得到圣菲以东的全部土地。北方人担心德克萨斯也许会裂变为五个或六个蓄奴州。第三个问题，这个问题对废奴主义者尤其重要，就是奴隶制的存在和在首都有一个巨大的奴隶市场的问题。第四个问题是，南方人怨恨联邦对 1793 年逃亡奴隶法执行得太过马虎。他们要求颁布一个更加强有力的法令以终结对逃往加拿大的奴隶的保护。

泰勒是个政治上的新手（1848 年前他甚至从未参加过总统选举投票），他以有些推托搪塞的方式来解决这些问题。他绕开准州的奴隶制问题，鼓励加利福尼亚和新墨西哥立即申请建州（据推测是自由州）。但不久他就疏远了像卡尔霍恩这样的南方支持者，他与辉格党主流领袖克莱和知名演说家兼辉格党议员新罕布什尔的韦伯斯特的友好关系也破裂了。

1850 年初，年迈的折中大师克莱就国家分裂问题提出解决办法，以期寻求重新控制辉格党。在韦伯斯特的支持下，克莱提出了一揽子解决方案，意在一劳永逸地解决问题。随之而来的暴风雨般的辩论、绝妙的演说和政治手腕成为美国历史上重要的精彩瞬间。尽管围绕妥协议案共举行了约 70 场演说，但克莱的"综合议案"依然没有获得参议院通过。这位 73 岁高龄的

参议院演说

再现历史

普通美国人的历史可以在信件、日记和民间故事中得到复原。然而对于政治冲突的时代，比如内战爆发前的年代，历史学家们经常会使用国会演说之类较为常规的资料来源。这些演说都记录在《美国国会议事录》中，它们复原了政治辩论的主旨、格调和戏剧性场面，颇具启示性。

19世纪中叶是美国参议院巨人辈出的时代：丹尼尔·韦伯斯特、亨利·克莱、约翰·卡尔霍恩、威廉·西沃德和斯蒂芬·道格拉斯是其中的佼佼者。在争论重大问题，如法令废止权、奴隶制的扩张等时，国会的旁听席上往往挤满了大批听众。这些滔滔雄辩既为大众提供了娱乐素材，也起到了政治教诲的作用。参议院就《1850年妥协案》进行辩论时的情形就是一个范例。参与早期辩论的三个主要人物是克莱（肯塔基州）、卡尔霍恩（南卡罗来纳州）和韦伯斯特（马萨诸塞州）。这三位的演说扣人心弦，成为其辉煌生涯的巅峰。

他们三个人前后相差不到五岁，都是在1812年美英战争时期的众议院开始自己的政治生涯，每个人都做过一届国务卿，每个人在参议院的任职时间平均为16年。克莱和韦伯斯特是辉格党的领袖，卡尔霍恩是民主党的党魁。1824年到1844年间，三人都有过竞选总统未果的经历。他们的大部分政治生涯都是在安德鲁·杰克逊的政治阴影下度过的，而且都和杰克逊总统发生过龃龉。

彼此之间长达 40 年的政治与意识形态冲突，不仅磨炼了他们的演说技能，也使他们彼此尊重。韦伯斯特认为卡尔霍恩是"参议院最能干的家伙，作为逻辑学家，他能驳倒牛顿、加尔文，甚至是约翰·洛克"。卡尔霍恩则这样说克莱："他是个坏家伙，但我的的确确喜欢他。"就连约翰·亚当斯这个"老牌雄辩家"也称韦伯斯特是"现代造诣最高的演说家"。

因而当 1850 年年初他们各自准备了演说词并在最后一次对决中遭遇时，这是一次万众瞩目的辩论。克莱已 70 多岁并有恙在身，但是为了维护妥协案、防止联邦崩溃，他在 2 月的两天内做了长达四个小时的演讲。参议院的旁听席上人满为患，许多听众都被推到了走廊里，甚至被挤到国会大厦的圆形大厅中。克莱的演说词精彩绝伦，一共印刷了 10 万余份。

一个月后，韦伯斯特于 3 月 7 日投身到克莱一方共同捍卫妥协案。卡尔霍恩则在大病后第三天就"迈着蹒跚的步伐"在朋友的搀扶下来到参议院，倾听弗吉尼亚的詹姆斯·梅森（James Mason）代替他宣读抵制妥协案的发言。之后不到一个月，卡尔霍恩就告别了人世。两年后，克莱和韦伯斯特也撒手人寰。

反思历史

下面是几份演说的摘录，当你阅读这些文字时，不妨把自己假想为一位旁听者，你俯视着美国参议院的议员席，全神贯注于辩论家们的唇枪舌剑之中。每个讲演者使用的是什么样的策略？他们的不同之处在哪里？尤其是在棘手的逃亡奴隶问题上，每个人在多大程度上反映出他所在地区的立场？他们在多大程度上呼吁一个不可分割的联邦？他们把解决冲突的重任放在了谁身上？你认为哪位讲演者最令人信服？为什么？

亨利·克莱（1850年2月5—6日）

我经历过这个国家许多个异常躁动的时期，目睹过它的各种险境和不测，但却从来没有在如此充满压抑、惊骇和焦虑的大会上作过发言。

总统先生，不幸的是，现在有一些重大问题导致这个思绪纷乱的国家走向分裂，在应对这些问题的过程中，我所担忧的是感情用事、党派狭隘、党派政治和缺乏节制。阁下，此时此刻，在国会大厦的立法机构中，在我们的国家中，有20座陈旧的熊熊燃烧的火炉，它们散发出热量、激情与放纵，并在这块广袤的土地上到处弥漫。与眼下相比，两个月前一切都是平静的。而现在的主宰则是骚动、混乱，是对联邦生存的威胁，是对人民幸福安康的困扰……

阁下，当我开始思考这个问题时，我想，如果能达成两个或三个目标是最理想的：其中之一是解决所有源于奴隶制的富有争议的问题……因此我把注意力转向每一个与奴隶制相关的主题，以期弄清楚解决全部问题是否可能或可行……

现在我们被告知联邦正在被颠覆和破坏，这已传遍全国。那么，随之出现的第一个问题无疑就是：假使联邦因为人们抱怨的各种问题而解散，分裂能在多大程度上平息这些怨恨？如果联邦由于任何现存问题而分崩离析，那些导向分裂的问题将会是：奴隶制被禁止或不允许进入割让的领地；奴隶制在哥伦比亚特区被威胁要废除、逃亡奴隶不再回归主人（在我看来，奴隶应被遣返给他们的主人）。我相信，这些将成为起因，如果我所谈及的悲惨事件真的发生……

总统先生，我坚决反对任何脱离联邦和分裂的企图。我赞成继续留在联邦内，坚决抵制将联邦的任何一部分和我本人逐出联邦。

约翰·卡尔霍恩（1850年3月4日）

各位参议员阐明了究竟是什么使联邦蒙受危害，并追本溯源解释了它的本质和特征。怎样才能拯救联邦？这个问题再次浮上人们心头。我的答案是：拯救联邦只有一条路可走，那就是采取能够满足南方区域各州要求的措施，只有这样，南方诸州连同其荣誉和安全才能始终如一地保持在联邦内部……

可是北方会同意这么做吗？这个问题应该由北方自己来回答。然而我要说的是：如果北方对联邦的热爱达到了她所声称的一半，或者是她还没有利欲熏心到热爱权力远远胜过热爱联邦，那她就无法拒绝。无论如何，拯救联邦的责任都取决于北方而不是南方……

丹尼尔·韦伯斯特（1850年3月7日）

总统先生，我今天既不是以一个马萨诸塞人的身份，也不是以一个北方人的身份在这里发言，我只是作为一个美国人，作为一个美国参议员来发表演说……

今天，我是为国家的生存而站到这个讲台上，"请听我陈述理由"。为了恢复我们国家的宁静与和谐，此刻我怀着一颗热切而焦虑的心站在这里。这种宁静与和谐护佑着联邦，使其富足有加，对我们大家而言都是弥足珍贵……阁下，我将关注目前两方的各种抱怨。首先谈谈南方的牢骚，尤其是那个在我看来言之有理的苦衷：即在北方，无论是个人还是立法者都表现出一种倾向，他们不愿完全履行自己的宪法职责，归还那些受劳役束缚却逃往自由州的人员。据我判断，南方在那方面是正确的，北方则是错误的。正像这个国家的其他官员一样，每一个北方立法机构的成员都受到拥护美利坚合众国宪法誓言的约束。宪法规定这些州应当遣返脱离劳役的逃亡者，该条款与宪法中的任何其他条款一样，均须出于道义和良知予以遵守……

自由州与蓄奴州的界限应该划定在何处？什么样的州打算退出联邦？继续做美国人意味着什么？我将成为怎样的人？不再是美国人吗？我会变成某一地区的人、一个当地人、一个分离主义者，而不再与在座诸位议员和众议院的各位先生拥有共同的国家吗？上帝是决不会允许的！共和国的旗帜将会在何处飘扬？苍鹰此后将会在哪里翱翔？他会畏缩、退却并跌落到地上吗？

疲惫老人黯然神伤地离开了华盛顿，两年后就离开了人世。伊利诺斯州参议员斯蒂芬·道格拉斯抓住了这个契机，他认定如果把克莱的方案化整为零，通过的胜算就会比较大。在斯蒂芬·道格拉斯的领导下，依靠米勒德·菲尔莫尔（Millard Fillmore）的支持，一系列议案最终获得通过。菲尔莫尔在泰勒突然去世后继任总统。

《1850年妥协案》将克莱的议案做了轻微改动，形成一项法令。首先，加利福尼亚作为自由州加入联邦，这打破了自由州与蓄奴州之间的平衡。其次，在新墨西哥和犹他组织准州政府，由当地人民自行决定是否实行奴隶制。同时划定德克萨斯与新墨西哥的边界并拒绝了德克萨斯对争议地区的要求。作为补偿，联邦政府拨给德克萨斯1 000万美元，用于偿还其拖欠墨西哥的债务。再次，保留哥伦比亚特区的奴隶制，但在该地禁止奴隶贸易。

妥协案中第四个也是最具争议性的部分是新的《缉奴法》，该项法案包括许多令北方人不满的条款。其中一项规定，无须陪审团即可审判所谓的逃亡奴隶，特殊案例的决定权交给相关委员们（委员释放一名逃亡者可以得到5美元，而把一个逃亡奴隶引渡给奴隶主则能得到10美元）。另一项令人深恶痛绝的条款则强迫北方市民帮助捕捉逃亡者。

12.1.4 妥协案的后果

《1850年妥协案》是把奴隶制从政治中分离出去的最后一次尝试。对不同议案的投票是有差别的，立法者在一些问题上遵循地域性路线，在其他问题上则服从党派方针。斯蒂芬·道格拉斯因其对奴隶制问题的"最后解决"而满心欢喜。

然而，妥协案仅仅是延缓了更为严重的地域性冲突，它给美国政治增添了两个新的内容。首先，依据地域路线重新组成更为紧密的政治联盟。其次，尽管大多数普通公民都拒绝承认诸如分离主义、分裂和高于宪法的"更高法"这类思想，但它们却依然成为政治讨论的内容。人们想知道，当新获领土上的奴隶制问题再次出现时，折中办法是否还能奏效。

另外一些人立刻就感到不安。新的《缉奴法》使许多北方人怒火中烧。逃亡奴隶的主人雇用代理人（在北方被称为"绑匪"）追捕逃亡者，直至将其抓获。在几个戏剧性的事件中（发生在波士顿的事件影响最大），文学和宗教界人士领导大众抗议以抵御猎奴者。韦伯斯特表示支持该法令时，新英格兰的废奴者纷纷谴责他。爱默生表示他决不会遵守这一"肮脏的法律"。

弗雷德里克·道格拉斯同样不会向《缉奴法》低头。他作为一名逃亡奴隶，面临着被逮捕和遣返南方的威胁，后来朋友们说服他并为他赎回了自由。由于坚定不移地抵制《缉奴法》，他仍然承担着受到伤害的风险。他认为"暴力抵抗是正当的"并竭力鼓动自由黑人武装自己，1853 年他在匹兹堡宣称，"使《缉奴法》成为一纸空文的唯一办法"就是"弄死半打或更多的绑架者"。他为逃亡黑奴募集钱财，在自己家中藏匿逃亡者，帮助数以百计的奴隶逃往加拿大，并支持诸如"波士顿自由联盟"这样的黑人组织。

其他北方人不分肤色自告奋勇地为"地下铁道"工作，帮助逃奴躲避追捕。有几个州通过了《**人身自由法**》，禁止利用州的官员和机构缉捕逃亡奴隶。但大部分北方人都是顺从的。《缉奴法》实施的最初六年，约有 200 名黑人被捕，其中只有 15 人得到营救，而在这 15 人中又仅有 3 人是通过暴力获救的。事实上，失败的援救要比成功的行动更具情感上的震撼力。在 1850 年代初的两个案件中，就连愤怒的波士顿废奴主义者也未能阻止黑人被强行遣返南方。这些著名案件比废奴主义者的演说和宣传手册更能激发北方人的反奴隶制热忱。奴隶制现在成了一个许多北方人都觉得无法忽视的问题。

1850 年后，一些书面材料和演讲也煽动了人们反奴隶制的情绪。1852 年弗雷德里克·道格拉斯在美国独立纪念日发表的演说中曾质问："你们的 7 月 4 日对美国黑奴而言有何意义？没有哪一天会比今日更能使他们感到让自己无时不被沦为牺牲品的那种滔天的不公和残忍了。对他们来说，你们的庆典是欺人之道；你们鼓吹的自由是放肆的亵渎；你们的国家的伟大是虚荣的浮夸；你们的喜庆欢悦是空虚和无情的；你们对暴君的谴责是不要脸的厚颜无耻；你们自由平等的欢呼声是空洞的冒牌货。"弗雷德里克·道格拉斯的演说，与曾经为奴的索杰纳·特鲁斯的演说一样，越来越呈现出咄咄逼人之势。

1851年在俄亥俄州阿克伦城召开的女权大会上，索杰纳·特鲁斯勇敢地陈述了少数民族的权利，这是十年来最无畏的宣言之一。一些牧师参加了这次大会，并向女讲演人发出了诘问。索杰纳·特鲁斯勇敢地做出了回应，不过对她发言的内容史学家仍有争议。她强调作为一名奴隶，她曾多次分娩并承担苦不堪言的劳动，并反复用叠句高声大喊："我就不是女人吗？你们的耶稣是从哪儿来的？是从上帝和一个女人那儿来的，男人跟耶稣没有关系。"说到夏娃，索杰纳·特鲁斯得出结论："如果上帝制造的第一个女人能够独自把这个世界翻个底朝上，那么，这些女人联合起来应当能够再把这个世界翻转回来，使它重新恢复秩序！现在女人们正在疾呼要这么干，男人们最好别拦着她们。"她的演说把质问者驳斥得哑口无言。

索杰纳·特鲁斯发表演说之际，另外一位美国妇女哈丽雅特·斯托（Harriet Stowe）正在对《汤姆叔叔的小屋》（*Uncle Tom's Cabin*）——一本即将把这个世界闹得天翻地覆又试图使其恢复正常的小说——做最后的润色。政治家们希望美国人民忘却奴隶制，斯托的小说却唤起成千上万的人去关注奴隶制。这是一部引人入胜的作品，通过讲述令人心碎的残酷虐待、惊险的逃脱和黑人家庭成员的重聚，她控诉了奴隶制的极端恐怖，及其对南北两地人民所产生的冲击。小说最初以连载形式出版，每月的一章都在扣人心弦的戏剧性时刻戛然而止。

1852年，《汤姆叔叔的小屋》全文发表，虽然它激起了南方的愤怒，但却还是成为美国历史上空前畅销的图书之一，第一年就发行了30多万册。最终，该书被译成20种文字。1863年林肯总统会见了斯托夫人，据报道，他目光熠熠地对斯托夫人说："你就是引起这场大战的小妇人啊！"

12.2 政治分裂

人们对《汤姆叔叔的小屋》和《缉奴法》的反应表明：政治家们在1850年时就庆幸他们拯救了共和国实在为时过早。奴隶制引发的激情给政党最终则是给国家带来了考验，但一些政治上的变化（这些变化并非都与奴隶制有关）已经削弱了两者应对这种考验的能力。

12.2.1　1850年代早期受到削弱的政党政治

正如我们今天所看到的，美国各个政党都试图使选民确信，它所代表的道德观和经济政策迥异于反对党。然而在1850年到1854年之间，这些差异却是变得模糊不清并损害了民众对政党的忠诚。

两党竞相使选民相信它们赞成《1850年妥协案》。此外有几个州则在1850年代早期修订了宪法和法律。这些变化减少了由执政党任命的职位的数目，使开始于1830年代的某些程序合法化，包括保证银行、铁路和其他公司的特许权，取消了从前由立法机关承担的职责，冲淡了政党在公民生活中的重要性。1850年代初期经济重回繁荣，也削弱了政党政治。辉格党和民主党在约25年的时间里，一直因关税、货币、银行系统和政府对国内建设的资助等问题而争执不休。现在经济好转，不同政党间经济政策方面的差别似乎也已无关宏旨。

1852年的大选证明政党的重要性日益削弱。辉格党人提名另一位美墨战争的英雄温菲尔德·斯科特（Winfield Scott）将军为总统候选人，他们希望斯科特能够再现四年前泰勒的辉煌。随着克莱和韦伯斯特（他死于1852年）相继辞世，党的领导权传到了纽约州参议员威廉·西沃德手中。比起亲南方的菲尔莫尔，西沃德想要的是一位他能更成功地对其施加影响的总统。经过52轮投票表决，该党最终提名斯科特而不是菲尔莫尔为总统候选人，从而导致与南方辉格党人的疏远。民主党人在选择总统候选人时也不是一帆风顺。经过 49 轮投票，该党转向了一位缺乏活力的折中候选人：新罕布什尔州的富兰克林·皮尔斯（Franklin Pierce）。

两党几乎都没有提出可供选择的替代人物，双方都有意减少问题，以免扩大政党内部的分裂。选民的兴趣逐渐减少。来自俄亥俄的报道说："'冷漠将军'（General Apathy）是没有得到提名的最具实力的候选人。"民主党的人选得到来自爱尔兰和德国的数千名天主教新移民的支持，这些人只需三年时间就可获得国籍并有资格参加投票，民主党人通过贿赂和酒会积极拉拢这些人。最终，民主党候选人皮尔斯以 254∶42 的选举人票轻松赢得大选。

12.2.2 《堪萨斯－内布拉斯加法案》

1854 年 2 月，当南方辉格党人起而拥护斯蒂芬·道格拉斯提出的内布拉斯加提案从而选择做南方人而不是辉格党人时，辉格党最终瓦解了。这位伊利诺斯州参议员提出了一项组织内布拉斯加准州（包括堪萨斯在内）的议案并罗列了诸多理由。作为一名热烈的民族主义者，他关心西部的持续发展。他希望能把横跨大陆的铁路的东部终点定在芝加哥，而不是与之竞争的圣路易斯，这样就可以将爱荷华和密苏里以西的土地组织起来。

政治因素同样发挥了作用。斯蒂芬·道格拉斯想要夺回在通过《1850年妥协案》时他曾把持的党的领导权，同时还觊觎总统宝座。虽然他取代卡斯成为人民主权原则的首要倡导者从而赢得了北方民主党人的好感，但是南方民主党的支持仍然是不可或缺的。许多南方人，尤其是密苏里州附近的奴隶主们都反对组织内布拉斯加准州，除非该准州可以自由实行奴隶制。然而问题是，整个内布拉斯加都位于《密苏里妥协案》规定的禁止实行奴隶制的区域内。

1854 年年初，斯蒂芬·道格拉斯提出议案：《堪萨斯－内布拉斯加法案》（**Kansas-Nebraska Act**）；通过宣布从内布拉斯加准州中产生的州加入联邦的条件是"当其获准加入联邦时，奴隶制的存废要依照当地宪法的规定"，该议案实际上违反了《密苏里妥协案》的规定。它建议使用人民主权原则组织堪萨斯和内布拉斯加准州。这意味着居民可以自行投票决定奴隶制的存废。然而，斯蒂芬·道格拉斯自认为堪萨斯和内布拉斯加不会支持以奴隶制为基础的农业，所以人们将会做出建立自由州的决定，这样他也就能够赢得筹建铁路所需要的选票，而堪萨斯和内布拉斯加也不会成为蓄奴州。

然而他的如意算盘失算了。党内的北方人立刻抨击他和他的议案是"对宝贵权利的可耻背叛"，是企图通过把自由的内布拉斯加移交给"奴隶制暴政"来谋求总统职位的阴谋。辉格党人和废奴主义者的愤慨就更加强烈了。弗雷德里克·道格拉斯谴责这个法案是"奴隶主势力恣意横行"的结果。

但斯蒂芬·道格拉斯受到的攻击越猛烈，他的斗志就越坚强。最终，他的议案获得通过，但却也不可避免地严重损害了政党制度。一个肇始于铁路议案的问题使得关于准州奴隶制的争论硝烟再起（斯蒂芬·道格拉斯认为这个问题早在1850年就已得到解决），提出了新的蓄奴州和南方政治权力增加的可能性。起初是避免冲突的一种方式但最终却以暴力结束，这一冲突是由堪萨斯以自由州还是蓄奴州身份加入联邦而引发的。加强党的方针路线的初衷最终摧毁了一个政党（辉格党），而深深的、无法调和的分裂则在另一个政党（民主党）中生根，并导致两个新政党（一无所知党和共和党）的诞生。

12.2.3 更广袤世界里的扩张主义者"青年美国"派

1850年代初期民主党的削弱并不仅仅源于《堪萨斯-内布拉斯加法案》，热情洋溢的领土扩张精神也难辞其咎，这种精神引导美国人越过堪萨斯向更广袤的世界冒险进发。美国人把1848年欧洲革命视为美国式自由共和制度已经成为未来潮流的证据。渴望将美国精神传播到世界各地的爱国者被称为"青年美国"（Young America）派；然而，具有讽刺意味的是，这些热忱的共和民族主义者竟然煽动扩展奴隶制。

1852年皮尔斯政纲就是这一美国民族主义的反映,政纲中宣称美国对墨西哥的战争是"正义且必需的"。许多民主党人都认为,这场优势巨大的胜利给予美国继续扩大领土的权利。1853年费城一份报纸这样设计美国的边界:"东起日出,西抵日落,北边以北极探险所及为界,南边则直到我们满意为止。"南下向拉丁美洲的扩张看起来颇具吸引力。

皮尔斯任命的许多外交官都是希望增加新的棉花种植地以扩大国家版图的南方人。例如,皮尔斯政府驻墨西哥大使、南卡罗来纳人詹姆斯·加兹登,就曾奉命与墨西哥总统圣安纳进行谈判,意图取得墨西哥北部大片领土。加兹登虽然没能完全如愿,但他确实设法购买到西南方一块长条形荒地,用以修建连接南方腹地和太平洋海岸的横贯大陆的铁路。

在合法手段无法奏效的情况下,美国扩张主义者就会通过非法手段来达到目的。1850年代,德克萨斯人和加利福尼亚人对墨西哥发动多次袭击。这些人被称为"军事冒险家",其中最有胆量的冒险家当属威廉·沃克(William Walker),这位瘦小的田纳西人对危险和权力同样报以满腔热情。1853年,他率领不足300人的队伍入侵下加利福尼亚,并宣布自己为独立的索诺拉共和国的总统。尽管沃克后来被逮捕并在美国接受审讯,然而仅仅经过八分钟审讯他就被宣判无罪。两年后,沃克入侵尼加拉瓜。他推翻了尼加拉瓜政府,宣称自己是选举产生的独裁者,并发布使奴隶制合法化的政令。当尼加拉瓜借助英国人的帮助恢复了对国家的控制后,美国海军救出了沃克。沃克耀武扬威地周游了南方之后,又两次远征企图征服尼加拉瓜。1860年沃克又进犯洪都拉斯,但他不久就被一个军事小分队俘虏和枪决。

在西南方的失败并没有使美国人感到气馁,皮尔斯政府又寄希望于攫取古巴。在许多美国人的心目中,这块西班牙殖民地注定要并入美国,并且是扩张奴隶制经济的理想之地。一些人争辩说古巴属于美国,理由是来自密西西比河冲积产生的沉积物实际上把古巴与美国连在了一起。1840年代,波尔克政府开价1 000万美元购买古巴,遭到西班牙拒绝。当时美国还曾在古巴蔗糖种植园主中间煽动革命,希望由他们出面请求美国兼并古巴,然后将古巴分割成几个蓄奴州，但这些努力都失败了。

皮尔斯总统并不支持这些非法行动，但他着实渴望得到古巴。国务卿威廉·马西（William Marcy）指示派往西班牙的使者皮埃尔·苏莱（Pierre Soulé）出价 1.3 亿美元购买古巴，抬高了过去的价码。马西建议，一旦这招失败就实施更为强硬的措施。1854 年，马西安排苏莱与美国驻英、法公使到比利时会面，他们在比利时协议签署了《奥斯坦德宣言》，旨在迫使西班牙将古巴出售给美国。

《奥斯坦德宣言》声称，古巴"天生属于"美国，他们是"拥有共同命运的同一民族"。加之南方奴隶主惧怕奴隶叛乱会使古巴如同海地一样被"非洲化"，这意味着各种"针对（美国南方附近）白人的恐怖活动"，因此，为了"保存我们的自尊与正义"，美国必须攫取古巴。如果西班牙拒绝出售，奥斯坦德的公使们将支持古巴进行革命。如果这仍然不能奏效，"我们采取武力手段从西班牙手中夺取古巴就是合理的"。

就连国务卿马西接到这个文件时也不由地为之震惊，他迅速否决了该宣言。民主党人拥护《奥斯坦德宣言》，恰如支持《堪萨斯－内布拉斯加法案》一样，目的是想要推进奴隶制的扩张。北方人对这两个事件感到无比愤怒，从而分裂并进一步削弱了民主党。

12.2.4　本土主义、一无所知党和共和党

外来移民增多损害了业已衰弱的辉格党，并引起了土生土长的美国人的关注。对勤劳的新教百姓而言，这些涌入这个国家、沿着铁路奔向西部的外国人与自己格格不入，他们操着陌生的语言，身着滑稽的服饰，随意饮酒，并滋生罪恶与贫困。此外他们似乎满足于仅能维持下等生活水平的较低工资，也致使本土美国工人面临失业的危险。

在新教徒看来最糟糕的是，爱尔兰及德国移民为美国天主教的空前发展廓清了道路。到 1850 年代，美国约有 300 万天主教徒。他们不仅分布在东

部城市，还向西部发展，而且令许多守旧的美国人感到恐慌的是，天主教徒成功地说服清教徒改变了自己的信仰。天主教奋兴派吸收信徒的浪潮和天主教学校的开办，更是加重了对清教徒的冒犯。

许多清教徒都指责天主教移民腐蚀了美国的政治。事实上，大多数天主教徒的确更偏爱民主党，而且与辉格党相比，民主党较少倾向于干涉宗教、学校教育、饮酒和其他私人行为。1854 年，**美国人党（American Party）**成立，其成员主要是从前的辉格党人，他们对新移民持排斥态度，希望延长新移民获得国籍的期限，以维护"共和政府生死攸关的原则"，他们还发誓不把选票投给信仰天主教的爱尔兰移民，因为据说这些爱尔兰人是最忠诚于罗马教皇的。此外，美国人党还承诺保守党派秘密，如果有人问到什么，他们就以"我一无所知"作答。因此，时人诙谐地称他们是**一无所知党（Know-Nothing Party）**。

一无所知党得到中产阶级和下层民众的青睐，工人们担心失业，而农民和生活在小城镇的人们则对社会上的新变化惴惴不安。1854 年，一位纽约人说道："罗马天主教要比美国奴隶制更令人恐惧。"人们普遍认为天主教徒绝对服从神甫的命令，而神甫则代表着与欧洲专制主义相关的教会权力。在 1854 年到 1855 年的选举中，一无所知党首次从国家和政治层面来关注反天主教和反移民问题。

然而在其他北方人眼中，比起教皇权力，"蓄奴权"似乎是更为严重的威胁。关于内布拉斯加的辩论刚停，一个新政党就出现了：**共和党（Republican Party）**。共和党几乎完全来自"良心派"辉格党人和心怀不满的民主党人（包括先前的自由土地派），它联合了四股主要力量。

第一个集团由马萨诸塞的威廉·西沃德、查尔斯·萨姆纳（Charles Sumner）和俄亥俄的萨蒙·蔡斯（Salmon Chase）领导。该集团充满道德激情，主张禁止领地奴隶制，释放哥伦比亚特区的奴隶，废除《缉奴法》，消灭国内的奴隶贸易。然而，大多数共和党人的理想主义都有其局限性。另一个态度更为温和、规模也更大的集团，仅仅反对西部领地上的奴隶制，而不主张干涉奴隶制早已存在的地区,林肯是其中的典型代表。这个集团还反对赋予北方自由黑人以平等的权利。

许多共和党人既反对天主教也反对奴隶制。共和党的第三类成员,忠实于传统的辉格党改良主义者,渴望净化美国的放纵、不虔诚、教会学校教育,以及其他不道德的行为——包括把选票投给民主党人,因为民主党人对"烈酒商店、外来选票和天主教徒"曲意迎合,并把"耶稣会教义和奴隶制的力量"杂糅在一起。

共和党的第四类成员继承了克莱的美国制度的辉格党遗产,包括那些希望联邦政府促进工商业发展和保护劳工尊严的人。该集团像反奴隶制者和反天主教者一样把自由劳动理想化。无论是对新政党还是对美国的未来而言,勤勉的中产阶级,流动的、自由的白人劳工(农民、小商人和自主工匠)都将是中坚力量,用伊利诺斯州斯普林菲尔德的报纸《共和报》上的话来说,这些人看重"依靠自己的双手工作"和"家庭与家族"。

1856年的总统选举对共和党和一无所知党(美国人党)的力量提出了考验。美国人党提名菲尔莫尔为总统候选人,菲尔莫尔得到上南部和边界诸州强有力的支持。共和党人选择了约翰·弗里蒙特(John Frémont),他是密苏里州一位激进的自由土地党人,几乎没有任何政治经验,但却作为西部的探险家并因积极参与攫取加利福尼亚的行动而小有名气。弗里蒙特充满活力的竞选活动激起北方民众的热情,使得人们重新参与到他们新党的政治活动中。民主党人则提名宾夕法尼亚州的詹姆斯·布坎南——一个"持有南方原则的北方人"。结果,弗里蒙特赢得了几个北方州,主要是介于南方与北方之间的自由州的支持,菲尔莫尔仅仅拿下马里兰州。布坎南得益于对手力量的分散,以45%的普选票赢得了大选的胜利。

1856年后,一无所知党逐渐消亡,主要是因为共和党领袖巧妙地把本土主义者的担忧引导到他们较为宽泛的纲领上,赢得了选民。此外,一无所知党的秘密状态、仇恨,以及偶尔对天主教选民进行的暴力袭击,都损害了其自身形象。尽管如此,一无所知党仍然代表了美国政治中一股强大的潮流，每当社会和经济变革似乎要威胁到国家时，它就会回来。给某些人贴上"非美国人"或"非法"移民的标签并设法将其根除是一件很便利的事情。一无所知党消失了，但本土主义者对新移民的敌意却是继续存在下去，就像我们在当下反对墨西哥和中美洲移民中所清楚地看到的那样。

12.3 堪萨斯与两种文化

奴隶制问题同样不会完全消失。1850年代棉花价格上涨和从中得到的利润增多，增强了南方支持奴隶制的决心。当民主党人寻求使奴隶制和美国的其他制度向西穿越大平原和向南进入古巴时，共和党人则希望阻止奴隶制的前进势头。1854年，林肯担心，正是奴隶制"使我们的共和典范丧失了在世界上的正义影响"。他的忧虑有特定理由，这一年议会通过了斯蒂芬·道格拉斯提出的《堪萨斯-内布拉斯加法案》，从而使奴隶制有可能扩展到堪萨斯。

12.3.1 争夺堪萨斯

在国会就《堪萨斯-内布拉斯加法案》进行辩论的过程中，西沃德接受了蓄奴州参议员们的挑战，"参与到争夺堪萨斯处女地的角逐中"。1854年《堪萨斯-内布拉斯加法案》在国会刚刚获得通过，"马萨诸塞移民援助协会"就应声建立起来，征募自由土地开拓者前往堪萨斯。到了1855年夏天，约有1 200名新英格兰移民迁居堪萨斯。

移民中有一位名叫朱莉娅·洛夫乔伊（Julia Lovejoy）的妇女，她是佛蒙特州一位牧师的妻子。当她乘坐江轮第一次进入蓄奴州时，她把乏味的密苏里河岸边破败的种植园住宅描述为"正在枯萎的奴隶制霉菌"。当他们夫妇抵达堪萨斯领地时，朱莉娅推断移居堪萨斯的密苏里奴隶主们的"品性"是"**无以言表的**可憎与讨厌"。对她来说，北方人来到这里，给肮脏、酗酒的南方人带来了"精力旺盛的扬基人"的美德和经济事业。

或许，她想到了密苏里州民主党参议员戴维·艾奇逊（David Atchison）。艾奇逊坚信国会必须保护领地上的奴隶制，允许密苏里州奴隶主进入堪萨斯。1853年，艾奇逊发誓将"不惜任何代价把密苏里的制度扩展到堪萨斯领地上"。他向密苏里伙伴建议"杀死这个地区每一个该死的废奴主义者"。

在艾奇逊具有煽动性的领导下，与堪萨斯相邻的密苏里各县出现了一些秘密会社，它们致力于与自由土地派抗争。一位社论的作者惊呼北方人心怀"明确的偷窃目的"来到堪萨斯，那就是"放跑密苏里逃亡黑奴，将他们藏匿起来，并把发臭的黑妞带到自己床上"。他认为新英格兰人而非奴隶主才是不道德、野蛮和伪善的。谣传有两万名这样的马萨诸塞移民到来，从而刺激了密苏里人行动起来。1854年年末，数千人跨过边界涌入堪萨斯，投票赞成在此推行奴隶制。非法票数两倍于合法的投票人数目。

赞成奴隶制的势力的反应过于强烈了。堪萨斯的固定人口主要由密苏里州和其他边界诸州的移民组成，这些人对土地所有权的关注远大于对奴隶制的兴趣，他们反对任何黑人——无论是奴隶还是自由民——进入他们的州。

1855年3月，为选出准州议会举行了第二次选举。横越边境、恫吓和非法投票这些野蛮行径再次出现。艾奇逊本人饮用了"大量威士忌"，率领一群武装人员跨过州界前来投票，吓跑了那些自诩为自由土地投票者的人。膨胀的非法选民选出了一个赞成奴隶制的准州议会，这是不足为奇的。同时，自由土地派则在劳伦斯召开代表大会，并在托皮卡成立了自己的政府。该政府把黑人排除在州外。蓄奴派政府最终则将驻地选定在利康普顿，由此堪萨斯出现了两个准州政府相互对峙的局面。

斗争转移到了华盛顿。皮尔斯总统本可宣布非法选举无效，但他却坐视不管。国会进行了辩论并派出了调查委员会，这一切进一步刺激了人们的情绪。武装起来的号召在整个1855年愈加喧嚣。在南卡罗来纳，罗伯特·奥尔斯顿写信告诉他的儿子本杰明说他"正在募集人员和资金……以对抗大群北方民众……我们甘愿在堪萨斯的旷野上……为自己的权利而战"。

双方都把堪萨斯视为一个神圣的战场。一个阿拉巴马州人卖掉奴隶以筹集资金，他雇用一支300人的军队为捍卫堪萨斯的奴隶制而战，并向新兵许诺赠予他们土地。这支军队从蒙哥马利启程，出发前一位浸礼会教派的牧师为士兵们祝福，向他们保证上帝会眷顾他们，并送给每人一本圣经。北方基督徒也以同样的方式做出回应。声誉颇高的牧师亨利·比彻（Henry Beecher）在耶鲁大学向那些即将为堪萨斯的上帝而战的年轻士兵赠送了25本圣经和25支夏普斯步枪。比彻告诫这些年轻人："有些时候，自卫是一种宗教职责。"这是在暗示步枪比圣经拥有更大的发言权。密苏里人给这些人起了"比彻的圣经"的绰号，并发誓（如一份报纸所言）"血债血偿"！

12.3.2 "血洗堪萨斯"

当内战的乌云笼罩着堪萨斯之际，布鲁克林的一位诗人沃尔特·惠特曼（Walt Whitman）在1855年出版了一本划时代的诗集《草叶集》，诗人在作品中歌颂了"不分肤色与等级，也不分阶级与宗教信仰"的普通美国人，但在1850年代中期他对美国大众的信念产生了动摇。他担心那把插入联邦"胸膛"的利刃，将会带出"内战殷红的鲜血"。

鲜血的确流淌于堪萨斯大地。1856年5月，800名暴徒在一个赞成奴隶制的联邦司法区执政官的支持下直扑劳伦斯镇，他们捣毁一家自由土地派的报馆，炮击"自由国家旅馆"，毁坏房屋和商店。其实极少有人受到伤害，但北方报纸将这次袭击描述为"洗劫劳伦斯"，激起了人们对南方的狂怒。三个夜晚后，约翰·布朗（John Brown）率领一小伙新英格兰人（其中包括他的四个儿子）来到波塔瓦托米河附近一个赞成奴隶制的定居点，用刀剑处死了五个男人；约翰·布朗相信他正在执行天意。

就在同一周，废奴主义参议员查尔斯·萨姆纳发表了题为"对堪萨斯犯下的罪行"的长篇抨击性演说。他严厉地斥责了南方"凶手和刺客们"令人难以置信的暴行。他指控赞成奴隶制的参议院领袖,尤其是南卡罗来纳的安德鲁·巴特勒(Andrew Butler)和斯蒂芬·道格拉斯,以"娼妓和奴隶制"来取乐。两天后,巴特勒的外甥,国会议员普雷斯顿·布鲁克斯(Preston Brooks)为了其同僚的荣誉向萨姆纳复仇,在萨姆纳坐在议员席上时用手杖将他打得不省人事。南方人称赞布鲁克斯这一"英勇之举"。

劳伦斯的洗劫、波塔瓦托米河的屠杀、萨姆纳所受的杖笞,所有这些导致一场小规模内战的爆发,历史学家称其为"**血洗堪萨斯**"(**Bleeding Kansas**)。庄稼被焚烧,家园被捣毁,客厅和街道都变成了战场,夜袭者折磨并杀掉他们的敌人。查尔斯·莱恩斯(Charles Lines)只求可以平平安安地耕种土地,他希望生活在劳伦斯附近的邻居们能够避免"陷入麻烦之中"。然而,保持中立是不可能的。当一个性情温和的邻居被赞成奴隶制的人拷打致死后,莱恩斯加入到了战斗中。他写道:"血债必须以正义的胜利来偿还。"尽管只有50人在这场暴力冲突中丢掉性命,但双方都将暴力当成一种宣传手段来支持他们各自的观点。

甚至在"血洗堪萨斯"之前,《纽约论坛报》上就有人警告说:"我们是两种人:倾心自由的人和拥护奴隶制的人,二者之间的冲突已是在所难免。"正如在堪萨斯出现的论辩和暴力所证明的,这两种不同文化对美国未来的命运有着大相径庭的看法。尽管南方与北方存在许多类似之处,但随着1850年代敌意的增加,双方的裂痕也是越来越大。

12.3.3 北方的观点与视野

恰如朱莉娅·洛夫乔伊所表明的,北方把自己视为一块繁荣的土地,有着熙熙攘攘的商业贸易和扩展中的独立自主的农业。北方的工人和农民是靠自己奋斗取得成功的自由男人和女人,他们信仰个人主义和民主。就如西沃德和林肯经常提到的,北方的"自由劳动制度"为每个人都提供了平等的机会和向上的可能性，从而催生出更多的财富。虽然北方有许多迅速壮大的城市，但北方人仍然尊敬从新英格兰延伸到中西部北方的小城镇的价值观。这些价值观包括依靠法律规则来协调人民的权利；依靠关心邻人来平衡个人的进取心；遵循新教严格的道德规范。如果可能，北方人会通过说服来规范道德，然而，如果有必要，他们也会通过立法进行管制，以整肃社会上的反宗教、文盲和放纵现象。

北方人所珍视的共和国政府能够保障自由人的权利并使他们实现经济进步。民众对政府的信任支持了政府在下述方面的行为：提倡自由劳动、促进工业发展、鼓励外来移民、依靠关税保护发展对外贸易、将铁路和免费农场向西扩展穿越大陆。无论是向西部还是向社会上层的充满活力的流动，都将消解对州、地方和阶级的忠诚，增强民众的国民身份认同。一个强有力的联邦能够赢得全国乃至国际上的崇高地位。正如西沃德所指出的，这些条件都适合于上帝的选民在全世界传播美国的制度并"改善人类的状况"。共和党的原则即在于此。

只有自由人才能实现经济进步，建成道德的社会。因此，在北方人看来，最大的罪过就是失去自由。奴隶制则是一切罪恶之源。西沃德曾指出，奴隶制"与安全、福利和国之伟大的诸项要素都是截然对立的"。北方人眼中一切善的东西在南方人看来都是邪恶的。南方人不自由，落后，经济停滞不前，没有受过教育，目无法纪，邪恶放荡，他们与19世纪的价值观和理想背道而驰。相比之下，朱莉娅·洛夫乔伊对密苏里奴隶主的谴责还是比较温和的。来到堪萨斯的其他移民认为南方人是"野兽"，他们喝威士忌酒，吃不洁的食物，讲话时骂不离口，强奸女奴，为不值一提的事情而决斗。在当时的俚语中，他们被称为"糟粕"。

12.3.4 南方人的视角

南方人内部也有差异，但与北方人一样他们也共享某种宽泛的价值观，

北方与南方的景象

描述两幅图中的社会经济反差。你能找出多少不同之处？可否有相似之处？1850年代的芝加哥（上图）是一个迅速发展、繁荣的北方城市；芝加哥位于五大湖地区，是发展中的铁路交通枢纽，是整个中西部工农业产品的集散地。与此形成对比的是，个人种植园（下图）则是南方商业至关重要的单位。汽船和平底船把棉花和白糖运往港口城市以便与欧洲进行贸易。今天是否有一些文化冲突的例子与这一对比相似？

大致上是那些种植园主阶级的价值观。如果经济进取心在北方是最重要的价值标准，那么南方人最尊崇的就是社会价值。南方人赞赏英国的贵族绅士，认为他们优雅、殷勤、体面，具有骑士风度。与此形成对比的是，南方人认为"北方佬"鲁莽、好斗、讲求实利。在每三个人中就有一个黑奴的社会里，种族差别和家长式关系对维持社会秩序和白人的优越地位至关重要。对奴隶反抗的恐惧常常萦绕于奴隶主的脑际。南方军校的数目是北方的五倍。北方大多数人受教育的目的是服务于经济，而南方少数人受教育的目的则是为了培养品性。简而言之，南方白人把南方看成是一个秩序井然的社会，这个社会受到种植园主上流社会规范的支配。南方人日益将他们自己视为一个白人种族，独立于并优越于他们的北方同类。

南北双方一致承认共和国主权在民的原则，是人民创造了捍卫生命、自由和财产的法治政府。然而与北方人不同的是，南方人相信自治的民主原则只有在地方政治单位中才能得到最好的维持，而州就是这样的单位。南方人严阵以待要为他们神圣的权利而战，反对任何对其自由的残暴侵犯，这一自由是他们在1776年获得的。他们认为自己是真正革命的爱国者。与北方人一样，南方人也珍爱联邦。然而，与西沃德不断祈求的中央集权的民族主义相比，南方人更喜欢昔日杰斐逊式的松散邦联。

对南方人来说，北方佬在赚钱、改造其他人的行为，以及把缥缈的理论（如种族平等）付诸实践方面操之过急。有两种印象支配了南方人对北方人的看法：北方人不是吝啬、伪善、喜欢说教的清教徒，就是肮脏邋遢、居住在贫民窟的天主教移民。一份报纸上写道，北方"完全不适合有教养的绅士生活"。

因此，每一方都感觉对方威胁了自己的自由，并侵蚀了合乎体统的共和社会。每一方都认定是对方阻碍了自己所期待的国家未来，构成阻碍的因素包括前面两章所描述的经济制度。随着敌意增加，南北双方对彼此的看法越来越固执僵化，并与阴谋联系在一起。北方人把南方视为"奴隶主势力"，认为南方人决心把奴隶制强加于整个国家的自由劳动之上。南方人则把北方看成是完全的"黑人共和主义",认为北方人决意要摧毁他们的生活方式。

12.4 两极分化与通往战争之路

争夺堪萨斯的斗争使共和党人作为北方党派的形象得以具体化,同时也使民主党受到严重的削弱。另外一些主要是牵涉准州奴隶制问题的事件则无可挽回地将民主党撕裂成两个区域性团体。这些事件包括最高法院对德雷德·斯科特(Dred Scott)的判决(1857)、堪萨斯宪法危机(1857);林肯与斯蒂芬·道格拉斯在伊利诺斯州的大辩论(1858)、约翰·布朗在弗吉尼亚发动的袭击(1859)和林肯当选总统(1860)。上述事件使双方文化中对彼此的消极印象更加极端化,致使国家迅速地踏上了通向内战的不归路。

12.4.1 德雷德·斯科特案件

1857年的德雷德·斯科特案件使那些相信奴隶主势力阴谋的人更加确信他们的判断。詹姆斯·布坎南总统举行就职典礼后两天,最高法院对"德雷德·斯科特诉桑福德案"(*Dred Scott v. Sanford*)做出了最终裁决。该案件在送达最高法院前被搁置了近三年时间。早在1846年,德雷德·斯科特和哈丽雅特·斯科特(Harriet Scott)就向密苏里州法院起诉,要求核准他们的自由人身份。他们认为他们的主人曾把他们带到《密苏里妥协案》中规定的禁止奴隶制的领地上,因此他们应该获得人身自由。该案件上诉到最高法院时,准州奴隶制问题正在成为一个棘手的政治问题。

最高法院的法官以南方人居多,法院最终以7∶2通过判决,做出了三项裁决:第一,正如首席法官罗杰·托尼所宣判的,由于黑人是"劣等种族,他们无权要求白人必须尊重他们",德雷德·斯科特不是公民,因而不具备向联邦各级法院起诉的公民权利;第二,《密苏里妥协案》是违反宪法的,因为国会无权在准州土地上禁止奴隶制;第三,法庭裁定斯科特及其家属被带入或带出自由州并不影响他们的身份。

这些判决的含义远远超出了斯科特个人的自由问题。有关黑人公民身份的论点激怒了许多北方人。弗雷德里克·道格拉斯称最高法院的裁决是"对宪法最丑恶可耻的歪曲"。许多市民都为自由黑人所保留的那一点点权利而担忧。尤为令人担忧的是,判决暗示出,或许奴隶制在北方自由诸州也将合法化。当布坎南总统批准斯科特判决作为最终判决,承认公民有权把他们的"任何财产,包括奴隶,带入联邦各州……这些权利受联邦宪法的保护"后,那些怀疑有阴谋的人再也不能装作若无其事。事情的发展远非布坎南所希望的那样在领地内解决奴隶制问题,德雷德·斯科特判决将奴隶制问题重新推向美国政治的中心舞台。许多新问题都由此衍生出来,并使得局部地区的敌对行动不断增加。

12.4.2　堪萨斯宪法危机

斯科特一案的判决和布坎南对裁决的批准引起了北方人对奴隶主势力阴谋在各地推行奴隶制的怀疑。堪萨斯发生的各种事件和两个对立政府的存在则使人们越发感到恐惧。1857年夏天,堪萨斯举行了另外一次选举,由于存在诸多违法行为,2.4万名选民中只有2 000人参加了选举。他们选出了赞成奴隶制的代表,这些人在利康普顿召开宪法会议以筹备建州。会议把自由黑人排除于州外,保障了堪萨斯少数奴隶主的财产权,并要求选民在公民投票中决定是否实施奴隶制。

拥护奴隶制的利康普顿宪法显然不能代表堪萨斯大多数民众的意愿,宪法被送往国会寻求正式批准。布坎南热切地希望能够保住南方民主党人的支持,故而批准了这部宪法。斯蒂芬·道格拉斯则反对利康普顿宪法,这不仅对总统的权力构成了挑战，也危及斯蒂芬·道格拉斯本人在南方民主党人中的声誉。斯蒂芬·道格拉斯1858年正面临着参议院改选（代表伊利诺斯州），所以他需要保住民主党北部派别的支持。国会把利康普顿宪法退还给堪萨斯人民再次付诸公民表决。这一次利康普顿宪法遭到否决，从而意味着堪萨斯维持了准州的地位，没有成为一个蓄奴州。尽管堪萨斯的地位悬而未决，但这场斗争一个相当大的政治后果就是，民主党几乎无法弥补地分裂了。

斯蒂芬·道格拉斯刚刚了结了利康普顿宪法问题就迎来了伊利诺斯州的改选。对利康普顿宪法所持的反对态度使他在北方作为奴隶主势力对立面的声望得以恢复。这对声称只有他们才能阻止南方势力扩散的共和党人来说是一种很大的削弱。然而，西部共和党领袖则推出了这样一位候选人，他理解将共和党的道德和政治观点与民主党区分开来的重要性。

12.4.3 林肯和伊利诺斯大辩论

相对而言，林肯当时在全国的知名度并不高，并在政界沉寂了几年。尽管如此，1858年林肯却挑战了西沃德的共和党领导权并由此在伊利诺斯州脱颖而出。中西部边疆塑造了林肯的性格，他在那里磨砺了自己，逐渐形成了温和的废奴主义观点，并憧憬着美国的强大。《堪萨斯-内布拉斯加法案》使他的思想变得激进起来，他支持共和党人坚持在联邦地区拒绝奴隶制。

斯蒂芬·道格拉斯无疑是民主党最重要的风云人物，从这个意义上看，1858年伊利诺斯的参议员选举也就成为1860年总统选举的预演。弗雷德里克·道格拉斯评论说："蓄奴思想是共和党意识形态的黏合剂。"林肯对这一思想的理解和运用，至为关键地把他与斯蒂芬·道格拉斯区分开来。伊利诺斯州的竞选运动具有鲜明特征，林肯和斯蒂芬·道格拉斯在不同的城市里举行了七场辩论。两位辩论者在国家面临的白热化的种族问题上狭路相逢，他们的演说既针对地区听众，同时也面向全国听众。

林肯在芝加哥接受共和党参议员候选人提名之际发表了庄严的讲话。他说美利坚民族正处于"危机"之中,并且情况正在恶化。"一幢裂开的房子不可能久立不倒。我相信这个政府无法永远保持半蓄奴半自由状态。"林肯说他不希望联邦"解散"或"房子倒塌","它要么全部变成一种东西,要么就全部变成另一种东西"。林肯随之列举了自《堪萨斯-内布拉斯加法案》颁布以来,南方对国家政策所施加的日益增多的影响,他把这一切都归咎于斯蒂芬·道格拉斯。林肯声明他坚决反对斯科特判决,认为该判决是牵涉到皮尔斯、布坎南、罗杰·托尼和斯蒂芬·道格拉斯的阴谋的一部分。林肯说他自己与其他反对这一阴谋的人都希望奴隶制迈向"最终根绝的进程"。

在接下来与斯蒂芬·道格拉斯的辩论中,林肯反复阐示这些富有争议性的话题。林肯远不是一个激进的废奴主义者,然而通过这些辩论他却巧妙地划定了一个超越斯蒂芬·道格拉斯而且也领先于时代的道德立场。

但在另一方面,林肯也未能超越他所处的时代。林肯相信白人具有优越性,反对明确授予自由黑人平等的公民权利,他认为黑人与白人无论在身体还是在精神方面都存在差异,这些区别将会"永远阻止两个种族基于社会和政治平等而生活在一起"。他认为在利比里亚或中美洲推行"分离"和殖民是解决种族差异的最佳途径。然而,林肯在全人类的平等与尊严方面的严肃承诺却又全然不同于和他同时代的人。林肯宣称他不仅相信黑人在"《独立宣言》中被授予的一切天赋的权利",而且认为黑人同样拥有许多明确的经济权利,就如同他"有权把靠自己劳动得来的面包放入口中"一样,这些看法与斯蒂芬·道格拉斯对黑人的种族诋毁迥然相异。林肯声言,在这些权利方面,黑人"与我,与[斯蒂芬·]道格拉斯法官,与每一个有生命的人都是平等的"。

和斯蒂芬·道格拉斯不同,林肯对奴隶制深感厌恶。"我把奴隶制视作一项道德的、社会的和政治的罪恶。"共和党与民主党的区别其实很简单,就是对奴隶制到底持肯定还是否定态度。斯蒂芬·道格拉斯在弗里波特演讲时对奴隶制问题进行了模棱两可的搪塞,他指出,如果当地立法不支持奴隶制,它就不可能存在下去。但斯蒂芬·道格拉斯承认他并不在乎奴隶制在准州立法机关"是获通过还是被否决",这就昭示了他对奴隶制在道德上所持的冷漠态度。林肯答复说,共和党人对此却是十分在意,并告诫说通过阻止奴隶制扩张,通向"最终根绝"的进程已经开始。林肯认为,尽管宪法禁止干预奴隶制早已存在的地区,但因共和党人相信奴隶制是不道德的,因此"我们提出一项政策,我们将从奴隶制是错误的这个出发点来处理该问题"。

林肯所指的"政策"具体是什么尚不够清楚,甚至他本人也不甚明了。然而他却成功地使人们确信共和党是唯一能够终止奴隶主势力的道德与政治力量。最终,斯蒂芬·道格拉斯赢得了选举,当选伊利诺斯州参议员,这在今天看来似乎具有讽刺意味,然而在当时却未必如此。此外,1858 年民主党在参议院改选中由于表现拙劣而失掉了 18 个国会席位。

12.4.4　约翰·布朗袭击

约翰·布朗可不像林肯那么温和,他决定采取断然行动反对奴隶制。1859 年 10 月 16 日,他率领一支 22 人的队伍袭击了位于弗吉尼亚(今西弗吉尼亚州)哈珀斯渡口的联邦军械库。他想唤起整个上南部的奴隶举行总起义,或者至少给奴隶们提供武器以打开自由之门。但联邦军队很快就击败了他们。队伍中约有一半人被杀,其中包括他的两个儿子。**约翰·布朗袭击(John Brown's raid)**失败了——他自己也被俘并受到审判,最后被判处绞刑。

然而,布朗虽死犹生。他那即便是有些愚勇但却是有胆量的突袭、他在审讯中表现出的有尊严的举动,以及对他的快速处决,都激起了民众狂热的情绪。南北双方之间的裂痕加深了。尽管有很多人谴责布朗的行为,但许多北方人都对布朗之死抱有同情。梭罗把布朗比作基督。废奴主义者威廉·加里森本是一个和平主义者,但就连他也希望南方的"每一场奴隶起义都能取得成功"。牧师们把奴隶起义视为"神圣的手段",并称布朗的起义为"圣洁"的行为。弗雷德里克·道格拉斯指出,布朗袭击表明奴隶制是一种代表了"兽性力量"的制度,"只有以彼之矛才能攻彼之盾"。

复仇英雄约翰·布朗

描述一下这幅关于约翰·布朗的现代壁画中的诸多形象。你看到了什么？反对势力是谁？这幅画有多暴力？这是愤怒的、狂风暴雨乌云密布下上帝的愤怒吗？你对约翰·布朗有什么看法？

　　南方人则对可能出现的奴隶反抗高潮充满"畏惧和恐怖"，他们担心会出现数百个布朗和纳特·特纳这样的人领导奴隶起义并断定北方人会不择手段地解放奴隶。这种猜疑气氛损害了思想与表达上的自由。一位北卡罗来纳人描述了他所在州的"精神恐怖、暴民、逮捕和暴力"。肯塔基州的伯里亚有12户人家被逐出该州，只因他们表现出温和的废奴主义情绪。德克萨斯州一位牧师只因在布道时批评了处理奴隶的方式就被鞭打了70下。

　　经过布朗袭击，南方人更加确信，就像南卡罗来纳州州长所说，北方密谋"黑人共和国"是为了"联合起来反对奴隶主"，他们已经成为永恒的少数派。南方的联邦主义者失去了影响力，权力集中到了那些赞成脱离联邦的人手中。

12.4.5　1860 年大选

南卡罗来纳州的查尔斯顿是分裂主义者的温床，1860 年民主党在此召开代表大会，会议创纪录地进行了 10 天，经过 59 轮投票还是没能产生出一个候选人。在后来于巴尔的摩重新召集的会议上，民主党承认其无可修复的分裂，并在分别召开的代表大会上选出了两个候选人：北方派提名斯蒂芬·道格拉斯，拥护奴隶制的南方派则提名布坎南的副总统约翰·布雷肯里奇（John Breckinridge）。由前南方辉格党人和边界州本土主义者组成的"立宪联邦党"宣称代表中间立场，他们选举了田纳西州一位赞成妥协的奴隶主约翰·贝尔（John Bell）为候选人。

伴随着民主党的分裂和一个新政党参与竞争，共和党的策略旨在保住 1856 年弗里蒙特赢得的那几个州，并争取宾夕法尼亚、伊利诺斯和印第安纳州。领先的提名候选人西沃德当时正在缓和他的反奴隶制观点，以期使自己的呼声更高。林肯同样采取了行动，与西沃德相比，他似乎更有可能赢得那几个关键州。林肯使用精明的策略强调他作为一个温和派"当选的可能性"，结果林肯获得了共和党的提名。

共和党的纲领也显示出温和与节制，仅仅反对奴隶制的扩张。纲领主要谈及保护关税、以津贴补助改善国内建设、自由劳动和宅地法提案。同南方民主党人一样，共和党人的首要任务也是为他们自己的观点——共和主义的价值观对美国的未来意味着什么——进行辩护。这一纲领没有包括弗雷德里克·道格拉斯所展望的平等权利。1860 年，一位英国旅行者评述说："实际上，我们在这里可以看到两个民族——一个是白种人，一个是黑种人——他们在同一个政治圈子里共同成长起来，但这两者却是从来都没有基于平等原则结合在一起。"

共和党的温和策略如期发挥了功效。林肯横扫整个东北部和中西部当选为美国总统。虽然他在全国范围内获得的选民票没有达到 40%，然而他在北部的成功却为其奠定了胜局。就连团结一致的民主党也无法与之匹敌。

在证实了胜利之后，林肯在斯普林菲尔德吃了些三明治，喝了点咖啡，并为他面前令人敬畏的责任做了准备。重担甚至在正式就职典礼开始之前就已压到了他的身上。

12.5 裂开的房子坍塌了

共和党人过高地估计了南方联邦主义者的情感。早在一年前，当众议院选择了一位反对奴隶制的议员做议长时，一些南部议员就曾退席以示抗议。一位共和党领袖卡尔·舒尔茨（Carl Schurz）回忆起这个举动时说，那些南方人喝了一杯酒，然后又回来了。舒尔茨预言，现在他们又退席了，他们会喝上两杯，然后再回来。然而，这一次他却预言错了。

12.5.1 脱离联邦与难以预料的时局

1860年12月20日，南卡罗来纳率先脱离联邦，声称把"追求不同、制度各异"的人们置于一个政府之下的"试验"失败了。到1861年2月1日，其他六个南方腹地州（密西西比、佛罗里达、阿拉巴马、佐治亚、路易斯安那和德克萨斯）也先后宣布独立。一周之后，上述各州代表在阿拉巴马州的蒙哥马利召开代表大会，成立了"美国南部邦联"（Confederate States of America），并选举密西西比州参议员、棉花种植园主杰斐逊·戴维斯（Jefferson Davis）为临时总统。正如林肯所预见到的，裂开的房子坍塌了。然而，房子能否再拼合到一起？分裂是否必然意味着内战？这些问题尚不得而知。

华盛顿政府面临着三种抉择。第一种是妥协，然而当时的那种氛围基本上排除了这种可能性，因为妥协只会有利于脱离联邦的各州。第二种选择，正像《纽约论坛报》主编霍勒斯·格里利（Horace Greeley）所建议的，是让南部七州"安然离去"，但要谨防失去边界诸州。这个建议遭到北方商人的反对，如果听任南方分离出去，他们就会失去与南方有利可图的经济联系；那些坚信联邦不可分的人们同样反对这一建议。第三种选择是迫使分离出去的各州重新回到联邦的怀抱，而这则可能意味着战争。

共和党人希望南方的联邦主义能够重获权威以避开上述三种在1861年2月看似可能的任何一种选择。其他南方州则没有再退出联邦。整个国家都处于等待和观望之中，人们密切关注着弗吉尼亚和南北交界各州的动向，想知道即将离任的布坎南总统会有什么高招；此外，人们还注视着议会将会采取怎样的对策。当时亲南方的布坎南总统距离卸任仅剩下几周时间，他的政府笼罩在一片阴霾之下，布坎南决定不发动内战，没有采取任何措施。国会也只做了一些微弱的努力以通过妥协立法，无奈地等待着尚未宣誓就职的新总统登场。在联邦的拥护者与分裂主义者进行斗争的同时，弗吉尼亚和南北交界各州与整个国家一样，也在期盼着林肯就职。

弗雷德里克·道格拉斯同样也在等待，但他对林肯并未抱有多大希望。他所期冀的是"完全、普遍地废除整个奴隶制"，并为自由黑人争得平等的选举权和其他权利。大选期间，他曾将希望短暂地寄托在林肯和共和党身上，但他的希望还是完全破灭了。弗雷德里克·道格拉斯看到北方的政治家和商人们正在"向奴隶主势力做出最令人沮丧的让步"。

绝望中的弗雷德里克·道格拉斯开始探求向海地移民和殖民的可能性。长久以来他原本一直都是反对这个主意的。1861年1月，弗雷德里克·道格拉斯表示，为了使美国所有的黑人获得完全的自由和公民权，他将"愉快地接受由联邦分裂所引发的艰辛与困苦"。2月，弗雷德里克·道格拉斯宣称："让冲突来临吧！"他反对所有的妥协方案，希望随着三月份林肯就职典礼的举行，那个问题——"自由还是奴隶制，谁将成为共和国的主宰"——"能够得到解决，并且是一劳永逸地解决"。

12.5.2　林肯与萨姆特要塞

当弗雷德里克·道格拉斯阐述这些看法时，林肯则开始了从斯普林菲尔德前往华盛顿的漫长而缓慢的火车旅行，途中他还抽空撰写并修改了就职演说。从当选总统到举行就职典礼这段时间，林肯的表现十分低调，这使许多人都断定林肯是一个软弱且优柔寡断之人。当然，事实并非如此。林肯抱定阻止奴隶制扩张的原则，坚定地反对分裂和任何妥协。虽然他在一些问题上公开妥协，但他既没有安抚宣布独立的南方各州，也没有强迫它们回到联邦。

林肯坚守他所承担的维护国家法律的宪法职责，在这个要害问题上他绝对不会屈服。他把他的注意力集中在了南卡罗来纳州查尔斯顿港的一个联邦要塞上。萨姆特要塞的指挥官罗伯特·安德森（Robert Anderson）少校在补给告罄的情况下向华盛顿请求救援。林肯决定在萨姆特要塞维护法律的尊严，保卫联邦的财产。

当新总统于3月4日发表就职演说时，他面对的是剑拔弩张的局势和一个处于分裂状态的国家。林肯认为就法律观点而言联邦是"永久性的"，是不可分裂的，从而毫不掩饰他推行国家法律的意图。他提醒国民注意，"我国有一部分人相信奴隶制是正确的，应当予以延续；另外一部分人则相信它是错误的，不应予以延续"，这是"唯一的实质性争执"。林肯仍然希望争取到南方温和派中的联邦主义力量，他重申自己无意干涉蓄奴州的奴隶制并尊重《缉奴法》。演说即将结束时，林肯把开启内战的责任归之于脱离联邦的"各位心怀不满的同胞"。仿佛是预见到随后将要发生的悲惨事件，他雄辩地结束了讲演：

> 真不愿结束我的演讲。我们不是敌人，而是朋友。我们一定不要变成仇敌。我们之间感情的纽带，也许会因情绪激动而绷紧，但决不可以斩断。那一根根奇妙的回忆之弦，从每个战场和爱国志士的坟墓，伸展到这片辽阔土地上每一颗充满活力的心房和每一个家

庭，若经我们本性中的善念再度拨动——而且一定会加以拨动——将会重新奏出响亮的联邦协奏曲。

弗雷德里克·道格拉斯并没有为林肯"优美动听的辞令"所打动，他指责林肯"软弱、怯懦、中庸"。罗伯特·奥尔斯顿同样对林肯的话语无动于衷，当时他正在查尔斯顿密切关注着萨姆特要塞日益迫近的危机，他在写给儿子的信中这样说道：南部邦联的"优势"在于它拥有一位"比林肯优秀许多的总统"。

4月6日，林肯向南卡罗来纳州州长通报，运往萨姆特要塞的"仅仅是给养"，除非要塞受到攻击，否则他不会"额外向要塞运送人员、武器或军火弹药"。4月10日，戴维斯指示博雷加德将军（P. G. T. Beauregard）要求联邦军队撤出萨姆特要塞。戴维斯向博雷加德发出命令，如果安德森少校拒绝撤退，就对要塞发起进攻。

4月12日，当林肯的救援队伍接近查尔斯顿时，博雷加德的炮兵连开始炮轰萨姆特要塞，内战打响了。这个消息传来时，弗雷德里克·道格拉斯正打算前往海地。他立即改变了计划："现在不是离开国家的时候。"他宣布已准备好帮助联邦结束这场战争，把自由奴隶组成"一支解放军队"，向"奴隶制的野蛮和愚昧开战"。奥尔斯顿一家人已经搬离了查尔斯顿，本杰明向他的父亲描述了查尔斯顿港所发生的事件。4月14日，本杰明在信中写道："报告您一个让人惊讶但又值得称道的消息：萨姆特陷落了。"美国这幢裂开的房子随之也就坍塌了！

内战的原因

就本表上面七条而言,你认为内战的主要原因是什么?在"问题与事件"中你会选择哪四项或五项来支持你的论点?你能区分出根本原因和直接导火索吗?

时　间	问题与事件	内战更深层的、根本的原因
1600年代到1860年代	南方奴隶制	主要的、普遍的潜在原因
1700年代到1860年代	两种独特的社会经济制度与文化的发展	使奴隶制进一步成为根本性的社会经济、文化和道德问题
1787年到1860年代	州的权利,对联邦法令有权予以废止的原则	正在发生的政治问题,重要性较小的原因
1820年	《密苏里妥协案》(36°30′)	准州奴隶制引发冲突的背景
1828年到1833年	南卡罗来纳关税法令废止权危机	分裂主义在南卡罗来纳获得领导权的背景
1831年到1860年代	反奴隶制运动,南方的辩解	为冲突酝酿了30年的情绪
1846年到1848年	美墨战争(《威尔莫特附文》、卡尔霍恩、人民主权)	对准州奴隶制问题的选择
时　间	问题与事件	对走向战争的具体影响
1850年	《1850年妥协案》	"解决"分裂问题的暂时的、不称心的方案
1851年到1854年	逃亡奴隶在北方被遣返和营救;北方通过人身自由法;斯托夫人的小说《汤姆叔叔的小屋》	加剧了北方反对南方和奴隶制的激烈情绪

1852 年到 1856 年	辉格党与全国性的民主党瓦解；以地区为基础的新的政党制度的建立	使国家政治成为一个竞技场，地方和文化的差异在这里因奴隶制问题而演变成冲突
1854 年	《奥斯坦德宣言》和美国在中美洲的其他扩张行动；共和党的形成；《堪萨斯-内布拉斯加法案》	强化了民主党作为赞成奴隶制的政党的形象；被确认为反对奴隶制扩张的主要政党；重新讨论"已经解决了的准州的奴隶制问题"
1856 年	"血洗堪萨斯"；参议员萨姆纳在参议院被打伤	内战的征兆（200 人被杀，财产损失 200 万美元）；激烈的情绪分化了南北方
1857 年	德雷德·斯科特判决；堪萨斯拥护奴隶制的利康普顿宪法	导致北方人对由布坎南总统和最高法院支持的"奴隶主势力阴谋"感到忧虑
1858 年	林肯和道格拉斯在伊利诺斯举行大辩论；民主党在国会中失去 18 个席位	为 1860 年大选拉开了序幕
1859 年	"约翰·布朗袭击"及其对南北双方产生的冲击	使南方人担心会有一个针对奴隶制的"黑人共和国"阴谋；导致进一步的分化和非理性行动
1860 年	民主党一分为二；林肯当选总统；南卡罗来纳脱离联邦	全国性政党的最终崩溃和"北方"总统的当选；不再有妥协的余地
1861 年	截至 2 月 1 日南部另外六个州脱离联邦；2 月 4 日通过《南部邦联宪法》；3 月 4 日林肯就职；4 月 12 日南部军队向萨姆特要塞发动攻击	内战爆发

小结:"无法抑制的冲突"

林肯是正确的,国家的确无法永远保持半蓄奴半自由的状态。威廉·西沃德认为,南北双方的碰撞绝非一个"偶然与不必要的"事件,而是"反对与坚持奴隶制的两股力量之间无法抑制的冲突"。这两种力量持续争斗了几十年,但从1848年起,双方就奴隶制在准州上的扩张问题开始发生争执,此后冲突愈演愈烈。虽然导致南北对立加剧的因素颇多,包括经济、文化、政治、宪法和情绪等诸多方面,但奴隶制却是根本性的、持久的动因,它是上述所有冲突的根本原因,并最终导致沃尔特·惠特曼所说的"内战殷红的鲜血"的出现。林肯、弗雷德里克·道格拉斯、奥尔斯顿一家、迈克尔·卢阿克和美国人民都面临着完全不同于过去的场景。所有的人都在思考,美国的民主制度能否成功地应对这次挑战。

思考题

1. 在处理领土上的奴隶制时,有什么方法可供选择?国会提出了什么样的妥协案?它们的效果如何?

2. 1850年代政党联盟发生了怎样的改变?这如何影响了内战的走向?

3. 南方人与北方人如何看待彼此,尤其是在堪萨斯事件前后?文化偏见和情绪态度对内战的爆发起到了什么作用?

4. 请你解释一下美国内战的四个深层基本原因。你认为哪个原因最具有决定意义?哪些具体事件支持你的选择?

5. 美国民主政党体制在何种程度上足以灵活应对1850年代的问题?内战是否可以避免?

第 13 章

分裂的联邦

13.1 备战

13.2 1861 年到 1862 年战场上的冲突

13.3 1863 年到 1865 年间出现的转折

13.4 战争带来的变化

小结：变化莫测的未来

> 美国故事

一场生死攸关的战争

1862年，林肯在给国会的咨文中提醒国会议员们："我们无法逃避历史。作为本届国会和本届政府的成员，无论愿意与否，我们都将为人们所铭记。无论个人地位高低，谁都不能推说与己无关。烈焰般的考验将照亮我们，我们的毁誉将留待子孙后代评说。"林肯确信他和内战时期的其他重要人物将会长久地留存在美国人民的记忆中，这一点十分正确。杰斐逊·戴维斯、罗伯特·李（Robert Lee）、尤利西斯·格兰特（Ulysses Grant）这些人物的性格、行为和决策一直是人们讨论和研究的主题，他们的雕像和纪念物遍布美国乡村并点缀着城市广场。不管他们是被视为英雄还是恶棍，这些伟人都是内战无可争议的主角。

然而，从内战开始之初，即使对最默默无闻的美国人来说，战争也是生死攸关。20岁的阿瑟·卡彭特（Arthur Carpenter）从印第安纳波利斯写信给他在马萨诸塞州的双亲，恳请允许他加入志愿军："我一直渴望从军，等待着成为军人的那一刻。这场战争爆发时我认为时机已到，但你们却不许我去参军……现在我再次恳求你们。"卡彭特的父母终于被打动了，卡朋特也如愿以偿。在内战的大部分时间里，卡彭特都征战于肯塔基和田纳西两州。

同年，田纳西州的乔治·伊格尔顿（George Eagleton）和埃蒂·伊格尔顿（Ethie Eagleton）也面临着痛苦的抉择。乔治是一位长老会牧师，时年30岁，他虽然不是废奴主义者，但却对奴隶制怀有反感，而且反对脱离联邦。然而，当他的出生州脱离联邦时，乔治被迫追随到田纳西第44步兵团应征。乔治的妻子，26岁的埃蒂对战争、对乔治的选择和自己的凄苦状况倍感绝望：

伊格尔顿先生的学校解散了。为什么？我的天！我一定要写出来吗？他已应召去为故乡服役——为战争——这场战争是任何一个国家都不曾有过的最邪恶的战争。林肯总统干了其他总统从来都不敢干的事情，他使这些曾是安宁与幸福的联邦各州分裂。噢，可怕的乌云正笼罩在国家的上空，它足以使每个人的心都感到厌倦……伊格尔顿先生走了……我会遭遇到什么？没有了乔治，我被抛弃在这里，失去了家庭与亲人，只有一个九个月大的婴儿在身边。

卡彭特与伊格尔顿一家都幸运地躲过了战争的浩劫，然而这场冲突却颠覆了人们原有的生活。卡彭特再也无法平心静气地生活。伊格尔顿一家心中更是充满了对战争年代的痛苦记忆，他们离开家乡田纳西州迁居阿肯色州。像这样平常的美国人并不见诸历史记载。然而，无论是他们在战场上的行为，还是在后方的举动，都有助于影响事件的进程，这一点已为他们的统帅所意识到，尽管时至今日人们往往还是只铭记那些著名的和有影响力的人物。

对成千上万的美国人来说，无论是林肯和戴维斯，还是卡彭特和伊格尔顿一家，战争既是国家层面的重大事件，同时也对个人生活产生了深刻影响。这种影响远远超出了持续四年的敌对状态。这场战争关系到两种政治、社会及经济观念的存续，阅读本章时，不妨问问自己它究竟如何改变了南北双方熟悉的政治、社会及经济生活。战争如何成为一种改造的力量，兼具破坏性与创造性，不但影响了社会结构和社会动力机制，而且改变了普通人的生活？这个主题贯穿了本章对战争三个阶段的分析：初始数月的准备阶段，1861年到1865年的军事僵持阶段，以及最后的解决阶段。

13.1 备战

1861年4月12日南部邦联炮轰萨姆特要塞，次日联邦军队投降，这一切使形势骤然明朗。北部以事实上的宣战来回应南方对萨姆特要塞的攻击，林肯总统向各州发布命令征召民兵志愿军以粉碎南部的"叛乱"。这一举动促使弗吉尼亚、北卡罗来纳、田纳西和阿肯色投入南部阵营。另外三个蓄奴州（马里兰、肯塔基和密苏里）则处于犹豫不决之中。"南北战争"终于成为现实。

许多美国人对诸多重大事件的发展并不乐观。像乔治·伊格尔顿这样的南方人追随田纳西州脱离联邦实属迫不得已。应召入伍时，他抱怨"那些现在拒绝从人力和财力两方面投身战争的人们""可耻的怯懦"。弗吉尼亚的罗伯特·李在是否应该服从联邦的命令上起初也很踌躇。但他最终决定不能"举起手打我的亲戚……我的儿女……我的家乡"。居住在南部山区（这里的黑人寥寥无几，人们非常厌恶奴隶主）的白人、南方腹地的自耕农（他们没有奴隶）和诸多边界州居民对脱离联邦和战争感到惊慌失措。许多人最后都加入到联邦军队一方。

在北部，有一大批人既不支持共和党也不拥护林肯。爱尔兰移民惧怕自由黑人劳动力和当时居住于伊利诺斯州、印第安纳州和俄亥俄州的南方人与他们竞争。实际上，北方民主党人最初对林肯和共和党人的批评并不亚于对南方分裂主义者的谴责，他们认为这两者对国家危机同样负有不可推卸的责任。

然而，随着萨姆特要塞遭到炮轰和林肯对军队的号召，战争热潮横扫南北，其中部分原因是终于可以采取明确的行动了，此外爱国精神、对冒险的喜好和失业也都促使人们踊跃参军。人们相信战争很快就会以一种宏大的方式结束，也推动了参军的热情。林肯向各州征召7.5万名民兵，服役期仅为90天，南部邦联方面的兵役期限也类似于北方，这证实了当时的人们认为战争很快就会过去。

战争狂热促使大批人报名要做志愿兵，南北双方的官员都无法控制这些拥挤的人群。双方都把成千上万想要当兵的白人送回了家。

13.1.1　资源对比

内战是 19 世纪寻求国家独立的几场军事冲突之一。在欧洲，意大利与德国的爱国者们致力于从分立的诸邦中创建新的民族国家。然而，与此不同的是，南方民族主义者则是通过退出业已统一的国家来宣布独立。南方人把他们的斗争与独立战争时期挣脱英国的暴政相提并论，认为自己"正在从事自由与独立的神圣事业"。尽管南方人以追求自由为其脱离联邦披上合法的外衣，但事实上他们却是同样在维护自由的对立面：奴隶制。

南方的自治企图会带来什么样的结局，这一点尚不明晰。尽管人口与工业发展的统计数字表明联邦将会占据上风，可是 1775 年的英国在统计数字方面也曾占尽先机但最后却仍在北美独立战争中败北。北方的许多长处只是随着时间的推移才会见诸实效。

北方的白人人口远远超过南方，这意味着北方拥有巨大的潜在军事优势。然而，战争初期，双方军队的人数差距并不悬殊。1861 年 7 月，联邦军队约有 18.7 万名武装人员，南部联军麾下则有 11.2 万人。尽管人数并不占优，但南方人却相信自己军队的战斗力要优于北方。许多北方人都为此忧心忡忡。此外，奴隶可以在后方承担重要的后勤工作，也使得大部分成年白人解脱出来进入军队服役。

联邦在经济方面也明显占优。在北方，11 万个制造业企业中共有 100 万工人，他们每年创造出 15 亿美元的产值，而南方 1.8 万个制造业企业中只有 11 万名工人，他们的年产值仅为 1.55 亿美元。然而，北方若想使工业资源产生效力，就必须把资源动员起来服务于战争，而这尚有待时日，特别是联邦政府并无意于直接控制生产。此外，北方国库空虚，使得筹集资金以备军事之需成为联邦政府的当务之急。

南方依赖从北方和欧洲进口制造业产品。如果林肯封锁这一贸易渠道，南方就必须从零做起创建自己的工业。另外，南方的铁路系统是为运送棉花而组织起来的，不用于调动军队和补给。不过，以农业为主的南方拥有食物、役畜，当然还有棉花等重要资源，南方人相信这将有望吸引到英法两国的援助。最后，在选择发动一场防御性战争时，南方得以利用地区忠诚，其补给和援助也将得到保证。由于南方许多地区只种棉花和烟草而不栽培食用农作物，联邦军队无法搜寻到必需的粮秣，而延长的补给线几乎总是易于受到攻击。联邦军队必须去赢得一场征服与占领的战争，而南方则只需挺下去直至对手疲惫并认输。

13.1.2　边界各州

对边界各州而言，由于战争的结局难以预料，加之内部意见不一，致使它们一直举棋不定。当南方腹地七州在1860年到1861年冬天脱离联邦时，**边界各州**除了支持联邦的特拉华州外都采取了等待观望的策略。它们的决定对南北双方来说都有着举足轻重的作用。

上南部诸州为南部邦联提供了以俄亥俄河为界的天然边界，这条河流是南方河流运输的通道，运输至关重要的资源、财富和人口。连接西部的主要铁路穿越马里兰和西弗吉尼亚州。弗吉尼亚州自称是南部最大的钢铁厂，而田纳西州则是南部主要的谷仓。经由密苏里州可以通往西部，该州还控制了密西西比河的交通运输。

对北方而言，保持忠诚的每一个边界州都代表了联邦思想的一种心理上的胜利。由于边界州保留在联邦内部将会使北方在经济和战略方面受益，北方对此并非漠不关心。但是，林肯征召军队的要求却促使弗吉尼亚州、阿肯色州、田纳西州和北卡罗来纳州在1861年4月17日到5月20日之间相继加入南部邦联。边界州忠诚的重要性不久就在马里兰州得到了生动的体现：

该州南部和东部海岸各县亲邦联，西部和北部地区亲联邦，两者之间存在一种危险的平衡；而在巴尔的摩则存在大量拥护南部邦联的狂热分子。

4月19日凌晨，到达巴尔的摩的马萨诸塞第六团开始向华盛顿开拔，当行军队伍通过街区时，约一万名同情南方的暴民挥舞着南部邦联的旗帜袭击了这支部队。随后出现了血腥的混乱场面，打算脱离联邦的人烧毁了位于巴尔的摩的连接北方和南方的铁路桥，致使华盛顿与联邦其余部分之间的联系被切断。

林肯采取坚定的措施以保卫马里兰州。总统同意暂时在巴尔的摩周围运送军队。作为回报，州长召集州立法机关在弗雷德里克开会，弗雷德里克位于马里兰州西部，是亲联邦思想情感的中心区。这一行动和林肯对公民权的匆促侵犯抑制了分裂主义者的热情——数百名南方同情者，包括19名州议员和巴尔的摩市市长被捕，这些人在未经审判的情况下就被投入监狱。尽管联邦法院首席大法官罗杰·托尼对总统行为的合法性提出了质疑，并颁布了一份释放南方拥护者的书面人身保护令，但林肯对此根本不予理睬。一个月后，托尼在"梅里曼案"（*Ex parte Merryman*）中裁定，如果公众的安全受到危害，只有国会才有权暂缓发布人身保护令。然而到了那时，林肯已经为联邦赢得了马里兰州。

虽然林肯快捷而强硬的反应确保了马里兰的忠诚，但他在别处的行动却是谨慎有加。毕竟，他必须以慎重的态度对待奴隶制问题，因为草率的行为将会导致边界各州投入到南部邦联的怀抱中。因而，当约翰·弗里蒙特（John Frémont）将军未经授权便于1861年8月热情地在密苏里颁布了奴隶解放宣言时，林肯取消了这一命令。正如总统解释的，如果某些关键州退出联邦，其他州就将追随仿效。最终，经过若干斗争和运作，肯塔基和密苏里也像马里兰一样选择留在了联邦。

13.1.3 挑战

萨姆特要塞事件后的几周时间令人窒息，充溢着意想不到的挑战。南方和北方在准备战争时都面临着组织方面的大问题。

南方人必须创建一个民族国家，设计从宪法到国旗每样事情。一个重要问题始终在手忙脚乱的组织工作中徘徊不去：新政体能否成功地创造出国家纽带，并激发出对一场旷日持久的战争十分必要的爱国热情？

1861年2月，最初脱离联邦的几个州开始了建国大业。他们的首要任务就是建立一个临时机构，选举临时总统和副总统。代表们迅速制订出一部宪法，该宪法类似于联邦宪法，不同之处是这部宪法强调各州的"独立自主性"并明确承认奴隶制。杰斐逊·戴维斯当选临时总统，他试图召集一个在地域和政治上呈现均衡之势的温和派内阁。戴维斯内阁的成员们面临严峻的挑战，需要白手起家创建政府的各个部门。当一名上尉拿着戴维斯的授权书到财政部索要毯子时，他发现只有一位职员在办公。这位职员看过授权书后把自己身上仅有的几美元给了上尉，并解释说："上尉，我向你保证，此刻南部邦联国库里只有这点钱。"

尽管存在如此严峻的挑战，新的南部邦联政府还是可以寄希望于平民表现出的普遍的热情和不断增强的民族主义意识。寻常百姓谈到南方时骄傲地称其为"我们的国家"并以"南方人民"自诩。佐治亚州州长强调："无论穷富，人们都有共同的利益和相同的命运。"南方军事首领提升了国族认同感，这一认同感是所有邦联地区南方士兵的象征。南方的新教牧师们则培养了集体认同感并提醒南方人他们是上帝的选民。南北冲突也是一场宗教纷争。

尽管林肯承接了联邦政府，但他缺少管理经验，而且像他的邦联对手一样，他也面临着组织问题。每天都有军官和政府职员跑到南方。国库空虚。谋求官职的共和党人如同潮水般涌入白宫寻求奖赏。由于几乎不认识几位"当今的杰出人士"，林肯从共和党的不同派别中任命了一些显要人士组阁，而没有顾及他们的政见是否与自己相同。一些内阁成员奚落林肯是拙劣的蛮荒之地的政治家。财政部长萨蒙·蔡斯居然想在四年后取代林肯成为总统。国务卿威廉·西沃德则居高临下地给林肯送去一份备忘录，表示要监督总统政策的制订。

13.1.4　林肯与戴维斯

不管怎样，林肯早期的几项行动还是展示出了他的领导才能。正如他在伊利诺斯州的法律合伙人威廉·赫恩登（William Herndon）所指出的，林肯的"意志坚韧，顽强，难以捉摸，久经考验，就像他的身体一样"。在回复西沃德的备忘录中，总统坚定地表示他打算自己管理政府。萨姆特要塞事件发生后，林肯迅速动员州民兵，扩充海军，并暂时取消了人身保护权。他下令对南方实行海上封锁，还批准了用于军事目的的开支。所有这一切都未经国会同意，因为当时国会不在开会期。正如林肯后来对立法者们所讲的，"温和的旧日信条已不适用于天翻地覆的今天……由于我们面临着前所未有的新情况，我们必须有新思维和新行动"。尽管有人把总统权限的扩展视为一种专制行为，但这种追求"新思维"的积极性仍是一个宝贵的优点。

林肯与他的竞争对手戴维斯碰巧都出生于肯塔基州，并且两人的出生地相距只有100英里。然而他们的生活轨迹却是相去甚远。林肯的父亲后来移居北方，靠务农来维持简朴的生活。林肯所受的正规教育相当有限。戴维斯一家人则南迁到密西西比州成为棉花种植园主。戴维斯在优裕的环境下长大成人，就读于西点军校并投身美墨战争，后被选入参议院，在皮尔斯任内（1853—1857）出任陆军部长。

戴维斯并不想做总统，但他依然忠诚地回应了1861年临时国会的号召并不屈不挠地恪尽职守，直至战争结束。他的妻子说道："总统几乎连吃饭时间都没有，总是要工作到夜深人静之时。"不过，一些同时代的人则批评说，这是因为戴维斯没有能力让下属处理琐碎事务才会如此。有些人评论戴维斯病态、沉默寡言、缺乏幽默感，对批评过于敏感。他很难算得上是一个可以担当新生国家象征的有魅力的领袖。尽管如此，戴维斯亦如林肯一样，发现有必要"更新思维"。他在就职演说中再次向南方人保证，他的目标是稳妥的，那就是"从精神上维护我们父辈的政府"。不过，由于各种事件的压力，他转向创建一个新型的南方。

13.2　1861年到1862年战场上的冲突

内战是美国历史上最残酷也是最具毁灭性的战争。大多数流血都是因为通信不畅和军事技术上的改进。步枪的射程从100码增加到500码，部分原因是出现了新型的法国米尼式子弹，其速度和精确度都十分惊人。由于把大炮安置在敌人阵线附近来协助步兵发起进攻已经不再可能，因而发动攻击的步兵最终要向500码外敌人致命的火力发起长距离的冲锋。

步兵冲锋会导致可怕的大规模伤亡，这一点已是不言自明，军事领袖们于是也就日益重视坚固的防御阵地。当李将军第一次命令南部联军修建防御工事时，士兵们指责李将军是"铲锹王"。然而，当工事明显发挥了救命作用后，这个绰号慢慢变成一种亲切的称呼。联邦指挥官们也开始加以效仿。

13.2.1　东线战事

战争的残酷性是一步步逐渐显露出来的。70岁高龄的联邦军队总指挥温菲尔德·斯科特（Winfield Scott）起初迫切要求实施一项谨慎、长期的战略："蟒蛇计划"。斯科特建议在陆上和海上封锁南方，直到北方军队强大到能够摧毁南方。然而，情绪激昂的公众却是渴望速战速决。林肯同样如此，因为他深知，战争拖的时间越长，双方的痛苦和怨恨就会越深，重新统一就会变得愈加困难。在这种情况下，3.5万名受过部分训练的士兵就在欧文·麦克道尔（Irwin McDowell）将军的率领下，在酷热难耐的7月从华盛顿向里士满进军，那里是重要的工业和运输中心及南部邦联首都。

1861年7月21日，在距离邦联首都只有25英里的马纳萨斯河［也叫**布尔溪（Bull Run）**］，缺乏经验的北方军队与博雷加德将军统领的同样没有经验的2.5万名南部联军士兵遭遇了，博雷加德是麦克道尔在西点军校时的同窗。尽管有许多想看热闹的老百姓、新闻记者和政治家们与联邦军队随行，他们料想的不过是周日的远足旅游，然而，布尔溪的遭遇战绝对不是一场轻松的野餐。这天的战斗十分激烈，战局摇摆不定，直到2 300名南部联军新兵乘坐火车抵达前线，才决定性地结束了当天的战斗。被吓得不知所措的联邦士兵与看热闹的人狼狈不堪地退回华盛顿。尽管击败了联邦军队，但缺乏经验的南部邦联部队也未能一鼓作气乘胜追击。正如约瑟夫·约翰斯顿（Joseph Johnston）将军所承认的，他的士兵杂乱无章，被胜利冲昏了头脑，加之食物供应不足，无法追击联邦军队，没能一举将他们赶回华盛顿。

布尔溪战役在许多方面都带有预言性。胜利既不会来得那么快，也不会那么容易。双方军队都缺乏专业水准。双方都面临着短期入伍兵问题和为多于此前美国历史上任何战争的人员提供补给并使其运转起来的后勤问题。

南卡罗来纳州的罗伯特·奥尔斯顿观看了布尔溪一战后，断言这是一场"尽管血腥但却是光荣的"战斗。不过，布尔溪战役的伤亡却使联邦清醒了。林肯开始物色一位能够领导北方赢得战争的司令官，他撤换了麦克道尔，转而起用34岁的乔治·麦克莱伦（George McClellan）将军。麦克莱伦从前是陆军的工程师，他受命把"波托马克军团"改造成一支富有战斗力的部队。短期民兵回到了家乡。1861年秋天，麦克莱伦成为联邦陆军总司令。

麦克莱伦具备卓越的组织才能，然而他却没有成为意气风发的沙场统帅的强烈欲望。他深信北方必须通过军事胜利和竭力说服这两种手段促使南方重新回到联邦，因此他试图避免不必要的、痛苦的生命和财产损失。他准备"通过谋划而不是战斗"来赢得战争。

1862年3月，在心急如焚的林肯总统的催促下，麦克莱伦终于率领他的 13 万大军向当时南部邦联首都里士满进发。然而，眼看胜利就要到手，李将军却发起了反攻，把联邦军队赶出了首都。最终华盛顿方面下令放弃半岛战役。对联军来说，这场战役输得让人沮丧。而对李将军来说成功击退入侵则是重要一步，这使他和北弗吉尼亚军团一起成为新国家的精神象征。

1862 年，随着北方败绩连连，联邦统帅数易其人。9 月，南方发动攻势，大胆进犯马里兰。但在代价高昂的安蒂特姆战役之后，此役有 5 000 多人死亡，1.7 万人受伤，李将军撤回了弗吉尼亚。东线战事陷入僵局。

13.2.2 西线战事

东线早期争夺的焦点是南部邦联首都里士满，里士满是南方最重要的铁路、工业和军需品中心之一。然而，东线只是三大战场中的一个。西线战场位于阿巴拉契亚山脉与密西西比河之间。密西西比河拥有至关重要的河流贸易和新奥尔良这个巨大的港口，是一个主要战略目标。乔治·伊格尔顿和阿瑟·卡彭特都曾在西线服役。第三个战场位于密西西比河以西的西部地区——路易斯安那、阿肯色、密苏里、德克萨斯和大平原，在这个战场上，美国土著部落也加入到了作战双方之中。

在西部战场，联邦军队方面有以下两个战略目标：一是控制肯塔基和田纳西州东部，这是去往南部和西部的通路；二是控制密西西比河，将南方分割开来。

尤利西斯·格兰特正是在西部战场脱颖而出。他的军事背景平淡无奇：毕业于西点军校，参加过美墨战争，和平时期在军队里波澜不惊地服役。格兰特退役后很快就陷入破产状态。萨姆特要塞事件发生后不久，他加入伊利诺斯民兵团担任上校，两个月之内就升为陆军准将。他证明了自己是一个军事天才，他能够透过单独的战役预见到更大的目标。1862 年，他意识到田纳西河和坎伯兰河是成功入侵田纳西的路径。南部邦联仓促地侵略肯塔基使格兰特得以率领部队进入该州而未激起当地民众激烈的反抗。1862 年 2 月，在炮艇的帮助下，联邦军队夺取了亨利要塞和多尼尔逊要塞。格兰特的胜利加剧了南部邦联领导人的忧虑，即忠诚于联邦的南部山地居民可能会涌向格兰特一方。

尽管格兰特擅长谋略，但他的军队还是在田纳西的示罗教堂遭到南部联军的突然袭击，致使大军受到重创。示罗战役以北方的胜利告终，然而这场战役却是损失惨重。在持续两天的遭遇战中，联邦军队伤亡1.3万人，南部联军伤亡1万人。这个数字要多于独立战争、1812年战争和美墨战争中阵亡人数的总和。由于双方在战场上都没有提供充分的医疗护理，致使许多伤员不治而亡。战斗结束后的一整天，90%的伤员都还被扔在雨水泥泞之中，多数人都死于冻馁，其他人则溺死在倾盆大雨中。那些幸存下来的人在等到接受医疗救护时，其伤口往往也都已经受到感染。

尽管西线的军事行动比东线更为成功，但这种毁灭性的战役却并没有使联邦取得决定性的战果。西线的计划从来也没有与东线的军事行动协调起来，其胜利并未达到迫使南方屈服的目的。

横跨密西西比河的战役零零星星，分布广泛。加利福尼亚就是一个争夺目标，引诱着两支军队竞相进入西南部地区。来自德克萨斯的南部邦联部队曾于1862年短暂地占领了阿尔伯克基和圣菲，但来自科罗拉多州矿场的志愿军，以及墨西哥裔美国人和其他士兵们又合力将他们逐出了新墨西哥。一支来自加利福尼亚的联邦军队在南部邦联支持者离去后抵达。它在内战余下的那些年月里一直与阿帕奇人和纳瓦霍人进行战争，它用武力残忍地毁灭了这两个原住民部落。

在向东一些的地方还有另外一个竞争目标，即流入密西西比河的密苏里河，这条河流毗连伊利诺斯州，这影响到了肯塔基和田纳西州的军事战役。最初，南部联军在此占据上风，正如在新墨西哥的情形一样。然而，1862年3月，在阿肯色州北部的皮里奇，联邦军队击败了南部邦联大军，其中包括由五大开化部落的印第安人组成的一个旅。密苏里州在内战中首次加入了联邦阵营，不过激烈的游击战仍然在该地区持续进行。

13.2.3 海战

战争伊始，林肯决定通过实施海上封锁来扼杀南方。然而，封锁却并未取得显著效果。1861 年，突破封锁线的船只中仅有 10% 被拦截，次年这一比例上升到 12%。

相比之下，北方海军的其他行动则要更为成功。1861 年 11 月，一支联邦远征军占领了罗亚尔湾港，它在此解放了第一批奴隶并占领了附近南卡罗来纳的海岛。由于获得了这些和其他重要的南方海岸要冲，联邦海军成功实施封锁的可能性也就提高了。联邦最重大的海上胜利要属 1862 年夺取南方最大港口新奥尔良港。这次水陆协同行动的成功也激励了其他旨在将南方一分为二的共同行动。

南部邦联领导层认识到南方无法与联邦舰队匹敌，遂将注意力集中到了开发新式武器上，如鱼雷和令人生畏的铁甲舰。"梅里麦克号"为南方海军立下了大功。战争早期，联邦海军在仓促地放弃诺福克海军船厂时凿沉了原来的"梅里麦克号"军舰。南部邦联海军则将其打捞上来，并给它穿上了厚重的铁甲衣，重新命名为"弗吉尼亚号"。1862 年 3 月，"弗吉尼亚号"驶出诺福克，直接冲向封锁港口的联邦舰船。靠着它 1 500 磅的猛烈撞击和枪炮的力量，"弗吉尼亚号"致使 33% 的联邦军舰搁浅，并摧毁了舰队中最大的船只。然而，胜利只不过是昙花一现。次日，"弗吉尼亚号"与北方新近完成的铁甲舰"监督者号"遭遇。两者展开了一场非决定性的决斗，"弗吉尼亚号"退出了战斗。同年 5 月，在南部邦联海军撤离诺福克时，"弗吉尼亚号"被烧毁；南方设法购买和生产铁甲舰的努力失败了，其摆脱北方封锁的希望也日渐渺茫。

南部邦联海军打击北方商业的政策则取得了一定的成功。南部邦联用来劫掠商船的舰艇有许多都是在英国制造的，这些武装的快船重创了北方的航运业。"阿拉巴马号"在其两年服役期中共摧毁了 69 艘联邦商船，价值超过 600 万美元。然而，尽管这些打击使北方蒙受了重大损失，但却并没有对北方全盘的战局造成严重危害。

因而,在内战的前两年,南北双方互有胜负,战事依然处于僵持状态。南方远远没有被击败,北方同样也远远没有屈服。战争在人力和补给方面的花费,大大超出了任何一方的预期。

13.2.4　棉花外交

南北双方都认识到,欧洲的态度对这场冲突的结局是非常重要的。南部邦联通过强调它就像其他国家一样在为自立斗争来寻求欧洲的支持。林肯则通过辩称,根本问题在于"一个立宪共和国或一个民主共和国……能或不能维持其地域完整性"来支持北方。

棉花外交(cotton diplomacy) 的风险很高。对南部邦联的外交承认,将会为这个新国家罩上合法的外衣,而且就像当年法国和荷兰的援助有助于北美殖民地赢得独立一样,欧洲的贷款和援助也许会使南方品尝胜果。然而,如果欧洲国家拒绝承认南方,邦联政府也就只能在名义上保存。这一拒绝既会毁掉邦联长久生存的机会,也会毁掉将南部邦联合到一起组建一个国家这一重要进程。当然,欧洲强国也要考虑其自身国家利益。普鲁士(正在尽力创造一个统一的德国)与奥地利和俄罗斯(这两个国家都正面临着分离主义运动)支持南方。但英法这两个最重要的势力则态度不明。它们都不会愿意支持走向失败的一方,也不希望草率地干涉美国事务从而打破欧洲脆弱的均势。因此,欧洲国家相继都发布了中立政策。

南方人很有把握地认为棉花会是他们的王牌。英国和法国的纺织工厂需要棉花。南方人认为这些工厂的业主们最终将会迫使两国政府承认南部邦联,同时迫使北方结束封锁。然而,1860年和1861年棉花生产过剩,在国外市场供大于求。随着库存缩减,欧洲工业家们又在印度和埃及找到了棉花供应。南方人原本以为棉花是"王",但到头来却发现这个信念是错误的。

联邦政府国务卿西沃德首先要做的就是阻止对南部邦联的外交承认。北方与欧洲之间也存在经济联系,因而联邦在这方面所处的地位并不像南方人想象的那么不利。西沃德威胁英国说,如果英国干涉美国内政,美国将诉诸战争。有些人认为他的大胆是鲁莽轻率,不过,他的政策却是成功的。虽然英国允许在其港口为南部邦联建造用于劫掠商船的武装船,但英国在1861年或1862年确实没有插手美国的事务。其他欧洲大国也没有干涉美国内政。除非军事形势发生戏剧性变化,否则欧洲国家乐于做观望者。

13.2.5 一样的问题,不同的解决办法

冲突拖延到1863年,联邦与南部邦联方面都出现了不曾预料到的问题。而领导者们也想出了独特的办法来解决这些问题。

一场持久的战争所面临的挑战之一就是金钱问题。起初双方都是国库空虚,而战争则证明耗资巨大。但双方都没有考虑通过征收直接税来筹措资金,因为这样做很可能会失去民心。然而,双方对资金的渴望又实在太强,所以双方都开始实施小规模征税。最终,北方军费中有21%来自税金,而南方则仅有1%的军费是靠征税得来。两方的财政部都曾尝试举债。北方人购买了价值20余亿美元的公债,但南方人却不愿购买政府发行的公债。与美国革命时期一样,发行纸币是一种不受欢迎的解决办法。1861年8月,南部邦联将1亿美元粗制雕版钞票投入流通。次年又投入数百万美元。五个月后,联邦发行了1.5亿美元纸币,不久人们就给这种纸币起了一个**绿背纸币**(**greenbacks**)的绰号。纸币改革的结果就是通货膨胀。南部邦联的通货膨胀问题尤其棘手,食品价格"适度"上涨80%,几乎使南方城市家庭陷入饥馑之中,战争期间的城市生活更加困苦。

随着最初的参战激情逐渐消散,双方都面临着相似的人力问题。军旅生活、与军队相伴而行的致命疾病、令人厌烦的军营生活,与大多数美国男性所熟悉的民兵阅兵截然不同。许多在军队服役的人都渴望回家。成群的志愿兵消失了。富裕的北方社区开始出价800~1 000美元给社区外愿意入伍的

人,由他们来替代自己完成征兵配额。

阿瑟·卡彭特的信中很好地描绘了军中的生活和他对战争日益强烈的幻灭感。随着他所在的军团于1862年冬天移师肯塔基和田纳西,他对部队生活的热情也消失了。他抱怨道:"在肯塔基和田纳西从军赶不上在印第安纳波利斯……我们饥寒交迫,而且快要溺死了。肯塔基的道路糟透了。"军旅生活通常意味着在食物、水和补给不足的情况下携带五六十磅重的装备行军。冬季时一条毯子并不足以御寒。到了夏天,令人窒息的毛料军服很容易招引虱子和其他害虫。恶劣的食物、臭虫、卫生设施缺乏和置身于无遮无拦的自然环境,这一切都导致疾病发生。卡彭特在穿越田纳西的行军途中就曾染上痢疾,随后又备受发烧之苦,他被留在路易斯维尔一个康复兵营中,但他尽可能快速地逃离了医院。他在给双亲的信上写道:"99% 的外科医生都搞不清楚他的病人得的是马瘟热、跛了脚,还是其他病。"

南部联军士兵在补给方面甚至还赶不上北方士兵,他们同样也是抱怨不断。1862年,一位弗吉尼亚上尉对李将军所谓"世上所见最好的军队"进行了描述:

> 在急行军和激烈的战斗过程中,士兵们被迫丢弃他们的背包,几乎没人有换洗的衣衫。数以百计的战士完全是赤足行进,很难说他们什么时候才能穿上鞋子。

这样的情形导致开小差现象时有发生。据估计,联邦士兵中每七个人就有一个人开小差,南部联军则每九个人中有一个人擅离职守。

对人力的需求变得日益重要,致使双方政府都采取了征兵手段。尽管存在着州权神圣不可侵犯的观念,但南部邦联国会还是于1862年3月通过了美国历史上第一部征兵法案。四个月后,联邦国会也批准了一项征兵措施。南北双方的法律都不强迫人们服役,而是鼓励那些业已从军的人延长服役期,同时吸引征召志愿兵。最终,南部联军中有30%以上的士兵属于应征服役。而联邦军队中则只有 6% 的士兵是被征召入伍。与联邦相比，南部邦联对征兵的依赖程度要更深一些，其原因在于北方初始的人力资源多于南方并且一直都在不断增加。战争期间，有 18 万已到服役年龄的外国人涌向北方各州。其中有些人明确宣称他们是为赏金而战。移民和第二代美国人，尤其是那些与爱尔兰和德国有联系的，至少占到联邦军队中士兵的 20%。相比之下，只有 5% 的邦联士兵有外国背景。

尽管征兵法的必要性不容置疑，但它们却很不受欢迎。南部邦联第一部征兵法宣称 18 岁到 35 岁间体格强健的男性皆符合服兵役的要求，但却有许多豁免条件并允许出钱找人替代。兵役法中有一项条款规定，每一个拥有 20 名以上奴隶的种植园主可以豁免一个兵役名额，由此导致南方阶级间的紧张状态并削弱了较贫穷阶层的忠诚，尤其是那些南部山地居民。一位妻子在丈夫拖着沉重的脚步离开家去当兵时，在他身后大喊道："杰克，你再开一次小差吧，要尽快……逃回来啊！"这类忠告绝非少见。

北方的立法同样不受欢迎，而且也谈不上公正。1863 年征兵法允许雇用顶替者，300 美元就能使一个人豁免兵役。早就饱受通货膨胀之苦的工人们对富有的市民可以免除兵役无比愤怒。1863 年 7 月，这种愤恨在纽约市大爆发，进而演变成为 19 世纪最大的市民骚动，这场持续三天的骚乱在纽约码头工人罢工一个月后突然爆发。当一群暴民（主要是爱尔兰工人）点燃军械库，劫掠富人住宅并抢劫了珠宝商店后，事态完全失控。非裔美国人成为特殊目标，爱尔兰人痛恨他们，认为这些人在和自己抢饭碗并且正是他们引发了战争。人群殴打并动用私刑绞杀非裔美国人，还焚烧了有色人种孤儿院。这场暴行的死难者达 100 多人。有人认为，在南北两方面，这场战争都可以说是富人的战争但却是由穷人来战斗，这种谴责不无道理。

13.2.6　1862 年的政治分歧

随着战争继续进行，不同意见的吵嚷声也是越来越大。1862 年 2 月 24

日，《里士满检查报》（*Richmond Examiner*）概述了许多南方人的失意："南部邦联具备一切成功的要素，只有一点除外，而这则恰恰是南部邦联过去和现在最想拥有的，那就是才干。"人们对南方领导人的批评与日俱增。副总统亚历山大·斯蒂芬斯（Alexander Stephens）更是成为政府最猛烈的抨击者之一。

由于南方不存在政党制度，所以对戴维斯及其战争处理方式的不满往往是派系的、小规模的和个人性质的。诽谤者几乎没有意识到有必要提出新的计划来代替戴维斯的政策。由于缺乏政党领袖的传统武器和酬劳，戴维斯也没有办法调动起人们的热情来积极支持其战争政策。

尽管后来林肯成为民间英雄，然而当时却有许多北方人都在取笑他的表现。"和平民主党人"被其反对者（这些反对者将民主党人比作致命的毒蛇）称为"铜斑蛇"，他们断言林肯背叛了宪法，并声称美国工人阶级担负着林肯征兵政策的重荷。东部各城市的移民工人和居住在中西部地区南方一带的人对废奴主义和黑人少有同情，他们拥护"铜斑蛇"的反战立场。即使那些赞成战争的民主党人也认为林肯是武断的和专横的，他们还担心极端共和党人会推动林肯把战争变成一场废除奴隶制的讨伐运动。还有一些共和党人则认为林肯没有决断力，笨拙无能。

共和党人内部也存在分歧。温和派倾向于采取谨慎步骤来赢得战争，他们担心解放奴隶、没收南部邦联财产或武装黑人可能会产生一些不良后果。然而，激进派却是极力敦促林肯把奴隶解放作为一项战时目标。他们期待着一场彻底变革南方社会和种族关系的胜利。在1862年的秋季选举中，国会中共和党多数的减少，使林肯必须听从本党两个派别的呼声并要顾及民主党反对派的意见。

13.3　1863年到1865年间出现的转折

严峻的政治现实和林肯对公众情绪的感知，有助于解释林肯为什么直到1863年才决定颁布解放奴隶的宣言。许多北方人都支持为联邦而战但却不主张为解放黑奴而战。许多白人不但认为黑人是低等民族，而且认为解放奴隶会触发从前的奴隶们大规模流动，进而抢走白人的工作与政治权利。北方城市中发生的种族骚乱生动地表明了白人的态度。

13.3.1　1863年《解放宣言》

如果总统在解放奴隶方面的步子迈得过快，他就有可能失去北方种族主义者的拥戴，并要冒着得罪边界州和增加民主党人政治胜利机会的危险。而且一开始他曾寄希望于南方可以产生支持联邦的情感，进而迫使南方领导人放弃叛乱。但要是林肯站在原地不动，又将疏远废奴主义者，并将失去**激进共和党人**的支持，而这种代价同样是他承受不起的。

为着这些缘故，林肯谨慎行事。首先，他希望边界各州采取主动。1862年初春，林肯敦促国会通过一项共同决议，由联邦负责向着手"逐渐废除奴隶制"的各州提供补偿。边界州中的反对派否决了该计划。然而，废奴主义者和北方的黑人对林肯的建议却是报以"巨大的喜悦"。

1862年夏天，林肯告诉内阁他打算释放奴隶。国务卿西沃德力劝总统在北方取得决定性军事胜利之前不要发布任何普遍宣言。如若不然，林肯就有怂恿南部邦联后方的种族反抗以抵消北方军事失误之嫌。林肯听从了西沃德的劝告，那年夏秋两季，他为转变北方的战争目标做了大量准备。为了消除白人对自由黑人的种族恐惧，他积极筹划多种安置计划，准备在海地和巴拿马建立自由黑人社区。当年8月，《纽约论坛报》主编、声名卓著的废奴主义者霍勒斯·格里利印发了一封致林肯的公开信，指责林肯对奴隶制无所作为。林肯在回信中把奴隶解放的思想与军事需要联系到了一起。

> 如果我能在不释放任何一个奴隶的情况下拯救联邦，我会那么做的；如果通过解放所有奴隶能够拯救联邦，我也会那么做；如果释放一些奴隶而对余下奴隶置之不理也可以拯救联邦，我还会那么做。无论我对奴隶制和有色人种做了什么，都是因为相信这样做会有助于拯救我们的联邦。

因而，如果林肯向奴隶制发起攻击，那么这将是因为解放奴隶可以挽救白人的生命、维护民主程序并恢复联邦。

1862年9月，联邦军队取得安蒂特姆战役大捷，林肯适时发布了预备性解放宣言。宣言声明，除非叛乱各州（或叛乱州的部分地区）在1863年1月1日之前回归联邦，否则总统将宣布其奴隶"永久自由"。虽然解放黑奴的目的据称是使南部各州重新回到联邦的怀抱中，但林肯并不指望南方会在两年血战之后自动放下武器。相反，他正在使北方人明白，最终必须解放奴隶。弗雷德里克·道格拉斯对总统的这一行动感到欢欣鼓舞。但也并非所有北方人都与道格拉斯分享快乐。事实上，9月的宣言在秋季选举中可能还损害了共和党。

虽然1862年中期选举削弱了共和党对全国政府的控制，但却并没有毁掉它。尽管如此，小心翼翼的内阁成员们还是恳求林肯忘掉解放奴隶之事。林肯拒绝从命并继续为减少种族恐惧而努力，这都表现出他的远见卓识和博爱仁慈。他问道："难道获得自由的人们涌向北方并遍布全国就那么可怕吗？难道说他们不是已经存在于我们的国土上了吗？难道解放就会使其人数大增吗？即使黑人平均地分布在白种人中，也不过只是一个黑种人对七个白种人，难道这一个人就能以什么方式让这七个人过不了日子吗？"

最终，林肯于1863年元旦如其所愿地发布了《**解放宣言**》（**Emancipation Proclamation**）。这是一项"正义的法令，它基于军事需要的基础之上，并得到宪法的保证"。因此，以拯救联邦为初衷的战争，如果能够取胜，那么它同样将成为一场解放奴隶的战争。不过，宣言对奴隶制并未立即产生冲击。它只是影响到居住在南方那些没有被征服地区的奴隶；对那些生活在边界州和已经落入联邦之手的南方地区的奴隶，宣言则避而不谈。这些局限性导致伊丽莎白·斯坦顿和苏珊·安东尼建立了"妇女忠诚国家联盟"以游说国会解放所有南方奴隶。越来越多的北方人都赞成必须终结南方奴隶制。

《解放宣言》并未马上就把南方奴隶从其主人手中解放出来，但它却有着巨大的象征性意义。元旦这一天，黑人们聚集在白宫外向总统欢呼致意，并告诉总统，如果他"走出大厦，他们将会紧紧拥抱他"。他们意识到，宣言已经改变了战争的性质。政府自己承诺释放奴隶，这还是第一次。喜气洋洋的黑人们相信，总统的行动为其种族开启了一个崭新的时代。宣言更为直接的效用就是批准了黑人从军。黑人们也希望这个消息能够传到南方奴隶耳中，鼓励他们逃向联邦阵线，或者拒绝为主人劳动，从而破坏南方的战争努力。

奴隶解放宣言的背后也存在着外交方面的考虑。林肯和他的顾问们预计，承诺废除奴隶制会给外国势力留下好印象。尽管欧洲的政治家们仍然对联邦持谨慎态度，但英国公众中的重要阶层却是反对奴隶制，认为《解放宣言》颁布后，任何帮助南方的企图都是不道德的。比起一场拯救联邦的战争，外国人可能更容易理解并赞同一场解放奴隶的战争。在外交领域，形象是非常重要的，林肯为世人呈现出了一幅美丽动人的北方图景。《解放宣言》成为北方争取人类自由的象征。

13.3.2 战争的意外后果

《解放宣言》只不过是战争的意外后果之一。为了成功地结束冲突，在战争最后两年，北南双方都竭尽全力在战场和后方进行试验以取得胜利。

联邦的试验之一包括起用黑人士兵完成战斗任务。1861年黑人主动提出从军，但却遭到拒绝。然而，事实上他们早已在军队中充当厨师、劳工、联畜运输车驾驶员和木匠，而且海军中25%的人都是黑人。随着白人伤亡数字上升，人们越来越倾向于让黑人在战场上服役。如果各州能招募到足够的志愿者，联邦政府就不强制它们完成征兵配额，并允许南方黑人应募者出现在州军队的花名册上。北方的州长们对黑人服役的兴趣也是日增。

期盼着黑人在战后能够获取的利益，像弗雷德里克·道格拉斯这样的黑人领袖迫切要求服兵役。道格拉斯认为："一旦让黑人身上带有US这两个字母，给他的纽扣加上鹰图案，让他肩挎步枪，兜里装有子弹，这个世界上就没有什么权力可以否认黑人已经获得了公民权。"战争结束时共有18.6万名黑人为联邦的事业而战（占军人总数的10%），这其中有134 111名士兵是蓄奴州的逃亡者。伊莱贾·马尔斯（Elijah Marrs）回想起自己的从军经历，解释了这如何使他感受到"发自内心的自由"，鼓励他"像一个人一样去思考"。

然而，黑人的从军经历却是更加突出了种族接受方面的障碍。在战争中的大部分时间里，黑人士兵通常都是处在白人军官的领导下，属于二等士兵，他们的报酬较低，吃得也不好，还要经常做仆人的工作，得到的好处却比白人少得多。就连那些致力于使黑人和白人获得同等报酬的白人，也经常认为黑人低人一等。

黑人从军的结果是复杂的。但是黑人士兵所表现出来的忠诚和勇敢却也有助于修正某些贬低黑人的旧有看法。许多黑人士兵以前都是奴隶，而征服南部则赋予他们自豪与自尊。一名士兵写道："我们黑人士兵在飘扬的旗帜下行进在宽敞的大路上，而从前奴隶则是不允许在晚上9：00后到这些地方来的……黑人士兵！——旗帜在空中飘扬！"

随着冲突的继续，人们关于战争补给的基本观念也发生了改变。那种认为战争仅仅牵涉到军队的文雅观念在战争中死去了。战争初期，许多官员都试图保护平民及其财产。但是这种对反叛者财产的关注不久就消散了，那些偶尔有机会侵入北方的南方军队同样需要依靠当地的给养。

13.3.3　1863 年到 1865 年军事战略上发生的改变

内战初期，南方的军事战略是把防御和有选择性地转换阵地结合起来。直到 1863 年夏天，至少在东部战场上这一战略看起来还是成功的。但是，偶尔战胜入侵的北方军队，如 1862 年 12 月的弗雷德里克斯堡战役，并没有扭转战争的进程。意识到这一点后，李将军得出结论："继续实行无所作为的防御战略，我们将会一无所获。"他相信，除非南方取胜，否则北方将会继续推进其粉碎南方独立的努力。

1863 年夏天，李将军带领北弗吉尼亚的南部联军进入马里兰和宾夕法尼亚州南部。他希望赢得一个既能威胁费城又可以震慑华盛顿的胜利，他甚至还梦想占领一座北方城市。这样一个壮举必然会带来外交上的承认，迫使北方求和。

在炎热而潮湿的 7 月 1 日这天，李将军与乔治·米德（George Meade）将军率领的联邦军队在**葛底斯堡**（**Gettysburg**）不期而遇。在为期三天的战斗中，李将军命令步兵发动了代价高昂的攻击，而这或许也正是他输掉战斗的原因。7 月 3 日，李将军派遣三个师的 1.5 万名士兵攻击联邦的心脏地带。这场以"皮克特冲锋"而闻名的攻击虽说是徒劳的但却也是英勇的。在两军相距 700 码的地方，联邦军队的炮兵开火了。一个南方军官描写了此次战斗的场景："皮克特的师团消失在笼罩着整个山头的蓝色射击烟雾中，只有掉队的士兵才得以生还。"

尽管李将军损失惨重，但他仍然获得了所需的粮草并俘获了数千名战俘。葛底斯堡战役失败了，但李将军和他的军队以及南方人都不认为这场战斗具有决定性意义。战争还会再持续上一年半时间。1864 年，南部联军的一位高级军官表露了他对胜利抱有的信心："我们的心中充满了希望，啊，我祈祷我们能够作为自由的人民建立自己的家园……作为上帝的特殊选民被承认！"尽管许多人心中都充满了希望，但李将军在葛底斯堡的失败是如此惨重，以至于南部联军再也没有发动过攻势。

尽管联邦军队取得了葛底斯堡战役的胜利，但林肯对米德将军却并不满意，因为他没有乘胜追击。7月4日西部战场上密西西比维克斯堡的胜利使林肯不再失望。占领这座城市完成了联邦军队控制密西西比河和分割南方的目标。指挥战斗的格兰特表现出大胆而灵活的特点，而这正是林肯一直在寻找的一个称职司令官的素质。

1863年夏天，北方的军事形势看上去一片大好。联邦军队控制了阿肯色、路易斯安那、密西西比、密苏里、肯塔基和田纳西等州的大部。次年春天，林肯任命格兰特为联邦军总司令。格兰特计划在一年内夺取胜利。他总结道："战争的艺术非常简单，那就是找到敌人的位置，尽快赶到那里，并尽己所能给他们以沉重打击，然后继续前进。"

作为战前军队建设的旁观者，格兰特很容易抵制传统上的军事知识。他声称："如果人们认为战争就是盲目地遵守一些规则，他们就会一败涂地。"他不期望什么决定性的交战，而是要残酷的歼灭战，用北方充足的人力资源和补给去消耗并打败南方。格兰特的计划使双方都伤亡惨重，但他却通过强调"现在战场上的残杀必须限定在一年之内"来证明其战略的正确性。

一场歼灭战不仅意味着消灭敌军，还意味着摧毁支持敌军作战的资源。虽然切断敌军供给这种想法对海军封锁是毫无疑问的，但经济战和"整体战"思想相对而言还是初为人知并骇人听闻的。然而，格兰特认为，"对双方来说，保护那些在家的人，但消耗一切可用于支持或为军队提供补给的东西，都是人道的做法。"遵循这一政策，格兰特在弗吉尼亚追击李将军的军队。威廉·谢尔曼（William Sherman）将军则进一步改进了这个计划，从田纳西追赶敌军一直追赶到接近亚特兰大。

谢尔曼相信，还必须对平民百姓的内心发起战争，使南方人产生"畏惧感"。谢尔曼夺取亚特兰大的战役和向萨凡纳的进军伴随着毁灭和恐怖。谢尔曼的军队受命"自由"搜寻粮草，结果所过之处留下的尽是荒芜。这样的毁灭景象再加上追求总体胜利的目标，再次证明了战争会产生意料之外的后果。北南双方原本希望战争不用付出多大代价就会迅速结束，孰料战争却持续了四年,并且双方都付出了惨重代价。战争最后一年所体现出的残酷性,对林肯的和解希望也构成了威胁。

13.4 战争带来的变化

随着战场内外出现大胆的新式战术,南北政府都采取措施使各自的社会发生了惊人的变化。相比之下,从联邦脱离出去的南方,为了保持传统生活方式,经历了更加激烈的变革。

13.4.1 一个新南方

在南方,中央政府权力的扩张始于《1862年征兵法案》的通过,并一直持续到战争的最后年代。脱离联邦的想法来自于州权观念,但具有讽刺意味的是,战争的胜利仍要依靠中央政府的指挥和控制。许多南方人都公开声讨戴维斯,因为他承认需要中央政府的领导。尽管受到谴责,南方国会还是与他合作并确立了一些重要的惯例,包括严重干涉财产权。例如,政府在1863年强制奴隶为战争服务也触动了私人财产,而当初则正是这一原因驱使南方从联邦中脱离出来。

《1862年征兵法案》并未解决南方的兵源问题。到1864年,南方军队人数仍然只是联邦军队人数的33%。南方不得不在1864年2月将征召入伍的对象扩大到17岁到50岁之间的所有白人男性公民。到1865年,战争需求已经达到无法想象的地步,政府开始将奴隶武装成为士兵。黑人成批入伍,然而,由于战争很快就结束了,实际上并没有黑人为南部邦联而战。

在1864年11月致国会的一份咨文中,戴维斯对包括武装奴隶在内的一些问题进行了思索:"一个曾经为国家效力的奴隶"应该继续被奴役吗?

"是不是应该以解放他们作为他们忠诚服役的奖赏？或者这种奖赏是否应该在他们同意服役时就兑现呢……？"南方挑起的这场为了保护奴隶制的战争，最后却在解放奴隶的预期中结束了。

战争的压力使南方的农业也发生了改变。以前，为了满足市场需要，南方主要种植棉花和烟草这些原料作物，食物从北方进口。现在则有越来越多的土地改种粮食作物。一些农场主自愿改种粮食作物，其他一些农场主对州法律的反应则仅仅是减少棉花和烟草的种植面积。这些措施从未成功地解决南方人的吃饭问题，但却造成棉花产量大幅下降。

南方过去一直依赖进口的制造业产品。战争开始后仍有一部分偷渡船能够逃避联邦海船的封锁，但在1862年后封锁变得更加严密，南方无论如何都无法再靠这些船只为部队提供装备。因而，战争刺激了南方与军事相关工业的膨胀。政府在这里面也发挥了重要作用。战争和海军事务处直接控制工业发展，他们和里士满特里迪格钢铁锻造厂这样的私人制造业公司签订合同，或者亲自经营。南方工业工人的数量也急剧上升。战争结束时，士兵的武器装备和军需品供应情况都要好于他们的食品供应。

战争并未改变南方的阶级结构，但是阶级之间的关系已经开始改变。战争的压力削弱了白人之间基于种族主义和假定的政治一致性之上的团结。一些南方人对征兵的抵抗和逃避，反映了他们对战争的疏离感，他们觉得战争仅仅是为上层种植园主服务的。由于很多男人都去参加战争，而政府官员和军队又大量征用军需物资，越来越多的自耕农家庭都变得一贫如洗。

13.4.2 胜利的北方

虽然南方的变化更加显著，但联邦政府及其经济也为适应战争的需要做了一些调整。与戴维斯一样，林肯也被谴责为独裁者。虽然林肯很少试图控制国会、否决国会的立法或者指挥政府各部门，但他确实自由地行使了行政权力。他违反人身保护令剥夺了1.3万名北方人的公民权，这些人未经审判就被投入监狱；他以发表不忠和煽动性文章为借口限制新闻自由；他还自行决定征兵，发布《解放宣言》，解除军队将军的职务等。林肯认为，总统权力的广泛延展在短期内是正当的，因为作为总统，他必须对保卫和维护宪法负责。

事实证明，战时政府的许多变化存在的时间要比林肯想象的更为长久。战争的财政需求有助于国家银行系统的改革。自从杰克逊总统摧毁了合众国银行后，就由各州银行为美国的金融需要提供服务。财政部长蔡斯感到这个银行系统不合适，建议用别的系统替换它。1863年和1864年，国会通过了一系列银行法案，这些法案规定货币由联邦特许银行发行，并由政府债券进行支持；这样一来，美国也就再次拥有了自己的联邦银行系统。

养活士兵和平民的需要，刺激了北方农业的发展和在农场机械方面的新投资。随着越来越多的人去参战，农场劳动力日益匮乏。麦考密克地区出产的一台收割机能承担四到六个农民的工作量，于是农场主纷纷开始购买这种机器。战争期间，麦考密克共售出16.5万台收割机。北方特别是中西部的农业就此走上了机械化道路。农场主甚至还能将剩余的部分出口。

战争也刺激了部分制造业的发展，虽然它通过消耗财富而不是创造财富在整体上阻碍了经济发展。1860年到1870年，制造业产值的增长率仅为每年2.3%，而1840年到1860年则是7.8%，1870年到1900年是6%。然而，为战争需要而生产的行业，特别是那些拥有规模优势的行业却在膨胀并获得了可观的利润。每年联邦军队都需要150万套制服和300万双鞋，毛织品和皮革工业也相应地成长起来。肉类加工者、钢铁制造商和袖珍表制造者也都发了战争财。

13.4.3　1861年到1865年间的后方

战场上的战局与后方的生活密切相关。正如南北双方领导人都意识到的那样，平民的士气对战争的结果至关重要。平民若是失去了忠诚，就会缺少继续斗争下去的决心。

战争刺激了后方的宗教活动，教会努力激发人们的热情和对国家的忠诚。双方的新教牧师都积极参与到支持战争的活动中。正如北方的牧师亨利·比彻所宣布的，"上帝就像讨厌淡漠的宗教崇拜一样讨厌冷淡的爱国主义，我们也讨厌它"。南方的牧师做出了同样的回答，并敦促南方人变革其自身生活，他们认为如果不在道德方面加以改进就不能取得胜利。在北方和南方，每一次失败都会引发一次寻找灵魂的活动。斋戒日和布道会经常会为这场冲突提供一种形而上的解释，并教导人们应该如何去看待挫折和死亡。不过，使战争变为圣战的努力，也很好地鼓励了双方坚持战斗。

战争在诸多方面也在无形中改变了北方和南方社会。对大多数平民来说，冲突这一事件本身为他们确立了观察事物的新视角。人们热心地阅读报纸和全国周刊来关注事态变化。人们与远方亲友之间的通信联系也急剧增加。北卡罗来纳州的一个妇女写道："以前我从不愿意写信，但现在这已成了我的乐趣，并成了我生活的调剂品。"远方的事情变得真实而生动，就像发生在家里一样。战争使美国变得更小了，把人们融进一个更加广阔的世界中。

对像约翰·洛克菲勒（John D. Rockefeller）和安德鲁·卡内基（Andrew Carnegie）这样的美国人来说，战争带来了大批军事合同和难以预料的财富。《纽约先驱报》报道，纽约城从来没有像1864年3月"这般快乐……这般拥挤和这般繁荣"。在南方，装有大批奢侈品的船只则正在试图逃避联邦船队的封锁。

然而，对大多数美国人来说，战争则意味着剥夺。战争吞食了南北双方大量的资源，到头来还是百姓遭殃。当然，对工人的需要结束了失业现象，也改变了雇佣方式。与美国在以后的战争中所经历的一样，大量妇女和黑人都进入了劳动力行列。然而，尽管工作很好找，但实际收入却在减少。而这多半都应归咎于通货膨胀，通货膨胀给南方带来的破坏则要更大。到1864年，里士满的鸡蛋卖到6美元一打，黄油25美元一磅。罢工和工会组织的出现，反映了工人阶级的不满。

低工资加重了收入下降问题，对女性劳力来说伤害尤其严重。由于丈夫只能从很少的军队补贴中省出一小部分，军人的妻子不得不进入劳动力市场，和其他妇女一样尽己所能挣钱养家糊口。随着越来越多的妇女开始进入劳动力市场，雇主也趁机通过削减工资的办法来降低成本。

在饱受战争冲击的南方，冲突和战时混乱更是急剧地影响到平民生活。多数南方白人都为缺少食物、工业制成品和药品所苦。没有奴隶帮助在田间劳作的农业家庭生活也很贫困，而里士满和其他一些城市因食物短缺而爆发骚乱则表明城市的情况更为凄凉。在联邦军队不断向南推进时，逃亡的数千名南方人发现自己已无家可归。1862年，一位官员注意到，"乡村方圆几英里内都是难民，每个房子都挤得满满的，教堂、谷仓和帐篷里住着数百人"。难民们仅仅是为了生存而逃亡，他们非常担心抛在身后的家和财产会怎样，以及等到他们回去后是否还能剩下点什么，他们一定也曾质疑过，为了南方的事业而牺牲这一切是否值得。对那些当联邦军队到达时选择原地不动的人来说，生活同样充满痛苦和折磨。

白人的逃跑也破坏了奴隶的生活。就连联邦军队的到来也是喜忧参半。白人士兵数不胜数并且可能还会对他们前去解放的黑人怀有敌意。一个奴隶描写了北方佬在他所在的阿肯色州种植园的恼人行为："他们那些人整天就站在种植园周围，杀猪……宰牛……拿走各种糖和蜜饯……把床垫里的羽毛全都掏出来看能否找到钱。然后他们把老妇人和她的女儿撵去厨房做饭。"但是，第二天，北方佬走了，南方军队又回来了。

战争刚开始时，南方白人原本以为奴隶会帮他们打赢战争。但在整个南方，反抗、拒绝劳动、拒绝接受惩罚削弱了战争准备，证明了黑奴的不满，尤其是那些在农场劳作的黑奴。约有20%的奴隶，其中包括很多妇女，在战争爆发后的几个月便逃向联邦阵线。他们的反抗表明了种族关系的变化和奴隶对南方事业可能造成的损害。一位奴隶主就此评论道："再也没有'忠诚的奴隶'了。"

战争在南方的影响

　　战争造成大量百姓流离失所。为了逃避入侵军队的侵袭，这些南方人被迫离开了自己的家园，他们收拾好能带走的为数不多的物品，随时准备搬离家宅。你在图中能看到几个孩子？站在图中前面的那名妇女正在抽烟管，这一事实说明这一群人处于什么社会阶层？

13.4.4 妇女与战争

战争使得许多妇女都不可能再照传统方式生活下去，传统方式提升了妇女在家庭里的作用但却将其经济重要性减至最小。因此，当如此多的男人们都去打仗时，南北双方的妇女也就不得不出去找工作，并承担起管理农场的任务。战争期间，那些没有奴隶帮助干农活的南方妇女，以及没有丈夫和儿子帮忙的北方妇女，全都背负着从未有过的身心负担。

妇女通过参加各种与战争有关的活动来支持战争。南北双方都有很多妇女服务于政府部门。在北方，许许多多的妇女都成了军队护士。在艾米丽·布莱克维尔（Emily Blackwell）和伊丽莎白·布莱克维尔（Elizabeth Blackwell）医生、军队护士主管多罗西亚·迪克斯（Dorothea Dix），以及克拉拉·巴顿（Clara Barton）的监管下，北方妇女护理伤病员和垂死的士兵，只拿很低的报酬，有些人甚至分文不取。她们还试图通过攻击繁文缛节和官僚作风来改善医院的条件。南方军队医院里的工作人员多是男性，但南方妇女也在家里和后方的简易医院里承担起照顾伤病员的工作。虽然工作令人生畏，但是许多妇女都感到，这是她们生命里第一次真正接触到外面实实在在的世界。

妇女们还走出家庭以其他形式自愿为战争服务。一些妇女在士兵救助协会和美国卫生委员会工作时获得了管理经验。其他一些妇女则为前线士兵做绷带和衣服并将其打成包裹，还有一些妇女帮助军人的妻子和残疾士兵去找工作。筹款活动收获巨大。战争结束时，卫生委员会为医疗服务、护士薪水和其他战时必需品募集了 5 000 万美元。

和平再度来临之际，战时妇女经历的许多变化都结束了。当男人们回来要求重新获得在工厂和政府的工作时，妇女们便失去了这些工作。她们把管理农场的权力也移交给了归来的丈夫。但对那些丈夫残疾或死亡的妇女来说，工作仍得继续。歧视也没有结束。妇女们试图回到以前的生活，但却发现，要想忘记自己在战争期间做出的努力是不可能的。至少她们中的一些人确信，她们在勇气和所承担的责任方面与男人是平等的。

13.4.5 1864 年大选

在北方，1864 年大选把战时的某些变革也带到了政治舞台上。民主党人利用人们对战争的厌倦，推举乔治·麦克莱伦作为总统候选人以寻求重新执政。民主党宣称战争是失败的，要求与南方休战。在竞选活动中，民主党人谴责林肯任意扩张行政权力，并公开指责诸如银行法案这样的经济措施。民主党人争辩说，总统把维护联邦的战争转化成了解放奴隶的战争；他们还暗示，如果共和党赢得大选，将会导致黑白种族的融合。

尽管林肯由于紧紧地控制着共和党各机构和任命职务的权力而再次获得该党提名，但是共和党人却并非团结一致。总统大选的结果扑朔迷离。林肯似乎没有取悦任何人。他否决了激进的南方重建计划"韦德-戴维斯提案"，导致"篡夺"之声四起。《解放宣言》也令保守派不快。1864 年 8 月，意识到内部的许多冲突使北方人走向分裂，沮丧的林肯告诉他的内阁他预计会失掉大选。到了 9 月，一些共和党人竟然希望重新召集大会推选一位新的总统候选人。

1864 年 9 月谢尔曼占领亚特兰大，北方军队随后穿越佐治亚进军萨凡纳，这使那些摇摆不定的选民重又选择了林肯。再加上共和党人自身也不愿被民主党人取而代之。结果，林肯以 55％的选民票、绝对多数的选举人票再度当选总统。

13.4.6 北方胜出的原因

林肯再次当选后的几个月里，战争痛苦地走向了终结。谢尔曼从亚特兰大向北推进到北卡罗来纳，格兰特则在弗吉尼亚重创李将军的部队。格兰特的损失也十分惨重，但是新征募的士兵逐渐代替了牺牲的士兵。1865 年 4 月 9 日，格兰特在阿波马托克斯接受了李将军的投降。南方士兵和军官被允许带着个人物品回家，条件是保证此后要和平地生活下去。战争终于结束了。

正是由于北方充足的人力和经济资源能够承受令人难以置信的人员与装备损失，才使格兰特的军事战略得以奏效，而南方则不具备这个条件。由于北方能够制造出足够的战船来完成封锁任务，最终其海军战略也发挥了重要作用。

南方为了迎合战争的需要也付出了巨大的努力。可是，尽管制造业迅速发展而且粮食种植面积大幅增长，但南方军队和人民依然缺衣少食。各种新工业无法迅速满足战时的特别需要，而联邦军队在进军途中又破坏了许多新工业。妇女独自或与不满的奴隶一起劳动，无法生产出足够的粮食。破旧不堪的农具也无法及时得到更换。政府对奴隶和家畜的强行征用，以及50万黑人逃入联邦军队，也削弱了粮食产量。一名南方官员在弗吉尼亚北部观察到，"我们的许多士兵都穿着薄衣服，许多人还没有鞋，除此之外，只有少数步兵有帐篷。在这样寒冷的天气下，他们受到的苦痛无法形容"。配给也不充足，1864年，每个士兵一天只能吃到三两肉，这大大降低了南部邦联士兵的战斗力，在他们路过的地方，留下的尽是"痢疾粪堆"。与此同时，北方军队却是供应充足，士兵们行军时经常会扔掉沉重的毯子和外套。

南方落后的、不适当的运输系统也是其战败的一个原因。简易公路条件恶化，在不维修的情况下几乎无法通行。铁路系统无法胜任战争需要。轨道破损或被毁坏时，经常得不到及时更换。供给军队的食物在等待发货的过程中就已腐烂，而士兵们却在挨饿，城市里则在发生食物骚乱。

具有讽刺意味的是，就像一位德克萨斯人所说，南方采取的加强作战能力的措施"反而削弱了其自身战斗力并使军队陷于瘫痪"。征兵、强行征用和课税增加了人们的怨恨，有时甚至引起公开反抗。把奴隶招进军队的建议更使人们怀疑战争的目的。南方许多州长都拒绝按戴维斯要求的标准为战争提供人力物力，这也在暗中促生了人们对南部邦联的不忠。正是对州权和私人财产神圣不可侵犯的推崇促生了邦联，但这一推崇却也帮着毁了它。

战争最后几个月，戴维斯已经意识到，投降主义对邦联的事业有多么危险。但是，认识到这一点已经无法激起任何有力的尝试去影响公众意见或者是控制内部异议。战争引起的身心俱疲削弱了将战争持续下去的意志。就像一位北卡罗来纳士兵解释的，士兵们接到的家信上写着："开小差现在并非什么有失廉耻之举。"

同为战争领导者，人们很自然地会把林肯与戴维斯进行比较。显然，林肯的仁慈、他对战争骇人代价的认识和挽救联邦的决心，加之雄辩的口才，使其作为美国最卓越的总统之一而特别引人注目。不过，比起南北双方政治与社会制度之间的差异，人的个性可能就显得没有那么重要了。戴维斯身后没有政党支持，所以他无法制造激情和忠诚。虽然共和党也不能紧紧团结在林肯周围，但他们一致的目标就是不让民主党人上台执政。尽管存在很多争论，但共和党在国会和自己的选区还是支持林肯的政策的。由于掌握着相当大的职务任命权，林肯还能在自己的政党和行政部门里把联邦、各州及地方官员管理得井井有条。

正如北方的政治体制能给林肯提供更多的灵活性和支持一样，它的社会制度也证明更能适应战争的特殊需要。双方为了赢得战争都采取了改革措施，但北方人要更有协作精神和纪律性。而在南部各州，墨守成规的态度则妨碍了战争努力。深受州权观念影响的南方各地方长官拒绝与南部邦联政府合作。当谢尔曼向亚特兰大逼近时，佐治亚州州长拒绝把一万名州军队士兵移交给南部联军司令官。奴隶主也抗拒强行征用其奴隶服务于战争。

结果，南部邦联崩溃了，它筋疲力尽，伤痕累累。南方事业必胜的信念消失了。饥饿的士兵接到家里的来信，得知家中令人绝望的境况。一些人得知黑人军队可能会加入艰难的战局后被吓坏了。弗吉尼亚军团的士兵们担心李将军，而非戴维斯，已成为他们的新国家的象征，也许会接受另一个职位。饥饿、焦虑和迟疑，使得人们最终选择了逃跑。到1864年12月，南部联军的逃亡率已超过50%，但却找不到补充兵员。农民隐瞒牲畜和农产品以逃脱征税。许多南方人都对战败听天由命，但也有人坚持到了战争的最后一刻。一个北方人描述了这些人在阿波马托克斯投降时的情景：

在我们面前，站立着虽败犹荣的男子汉：艰难困苦、死亡、灾难和绝望都不曾使他们屈服。他们就站在我们面前，瘦弱、疲倦、饥肠辘辘，但他们依然挺立在那里，直视着我们的眼睛，这不禁唤醒了把我们联结在一起的记忆。

13.4.7 战争的代价

战争结束了，但是关于战争的记忆却将困扰人们多年。15 岁到 59 岁之间的美国自由男性公民中有 1/3，即约 300 万人曾在军中服役。每个人都有难忘的战争经历。对曾在战地医院工作的乔治·伊格尔顿来说，战争的历史就是"死亡和毁灭！鲜血！鲜血！痛苦！死亡！浑身是伤，骨折，截肢手术，取出子弹和炸弹碎片"。所有美国曾经经历过的战争都没有内战这么惨烈。美国在这场战争中的死亡率是第二次世界大战时的五倍。不纯净的饮用水，传播痢疾的蚊子，不健康的环境，导致黄热病、疟疾、痢疾和腹泻。来自乡下地区的南方人，由于没有发展出对传染病的免疫力而尤其容易感染上，加之北方海上封锁，比起北方士兵，他们获得医治的途径也要少上很多。另据估计，有 5 万平民死于战争。20 万白人女性成为寡妇。

那些残存着直到被带进坟墓的伤痛和退伍军人残缺不全的身躯将使千万人记起，为了内战人们付出了怎样的代价。双方各有约 27.5 万名士兵残疾。另有 41 万名士兵（包括 19.5 万名北方士兵和 21.5 万名南方士兵）将永远记得那极度拥挤而又脏乱不堪的战俘集中营。一些幸运者只会记起乏味和厌倦。那些在战俘集中营里受过煎熬的人们则有着最糟糕的记忆，例如，佐治亚州的安德森维尔战俘集中营便监禁了 3.1 万名北方士兵。到战争结束时，那里共计出现了 1.2 万座坟墓。

一些美国人发现，想要抛开战时经历来适应和平生活十分艰难。诚如阿瑟·卡彭特在信中所说，他已经逐渐适应了军队生活。战争给他以目标感，战争结束使他感到生活漫无目的。战争结束后一年他写道："军营生活要比

摄　　影

1839年摄影技术的发明为19世纪的美国人扩展了视觉和想象的空间。美国人第一次在视觉上记录下生活中的点滴，也第一次看到了遥远地方的人和事的图像。照片也扩大了历史学家的视野。由于摄影技术变得越来越简单，19世纪的影像资料捕捉的画面也越来越多。历史学家可以在照片上看到19世纪美国人日常生活中的许多方面，如人们的穿着，他们是怎样举行婚礼和葬礼的，他们的家庭、房子和城市看上去如何。选举活动、游行、罢工和战争的图片展现了公众生活。历史学家也可以像研究图画一样，从照片中收集到有关当时人们的观念和价值标准的资料。主题的选择、人群和物体的分组和排列方式，以及照片上人们的关系，对于研究19世纪美国的社会和文化价值观都是重要线索。

一些关于早期摄影历史的知识，可以帮助我们从适当的角度来看待这些作品。最早的照片用的拍摄方法是银板照相法，这种方法不通过印制，而是把底片放在一张镀银的铜板上。早期的银板照相法要求适当的曝光时间在15分钟到30分钟之间。这么长的曝光时间也说明了为什么其中许多照片都显得呆板而不自然。随后发展起来的采用玻璃底片的旧式照相法（底片在玻璃上）和锡板照相法（底片在灰暗的铁片上）简单且造价低廉。但这两种技术只能一张底板洗出一张照片，而且所需曝光时间太长。

1850年代，随着湿板照相法的发展，摄影技术有了重大突破。在这个过程中，摄影师只要在玻璃底片上涂抹一种感光溶液，然后再让底片曝光（也就是

马修·布雷迪摄,"葛底斯堡的南方联军战俘"

亚历山大·加德纳摄,"东克尔教堂附近邦联士兵的尸体"

拍照片）并尽快冲洗，照片就出来了。这种新的照相程序要求的曝光时间相对短了许多，室外只需要 5 秒钟，室内大概需要 1 分钟。这样拍出的照片看上去更加自然，但动作拍摄仍不可能。整个过程都要求摄影师在暗室操作。照旅行照片的摄影师还得随身带着暗室。湿板照相法的优点是一张底片可以多次冲洗，这为职业摄影师打开了新的商业前景。

马修·布雷迪（Mathew Brady）是华盛顿一位著名摄影师，他意识到照相机是"历史的眼睛"，并要求林肯允许他用相机记录下战争场景。他和他的摄影小组留下了 8 000 多张玻璃底片，这些底片记录了内战时的情景，现今收藏在国会图书馆和国家档案馆。这里展示的两张照片，一张照片名为"葛底斯堡的南方联军战俘"，研究和描述一下照片中的三名南方士兵。他们的姿势如何？他们穿着什么类型的衣服？装备怎样？身体状况看来如何？这张照片仅仅是开始教给我们如何研究照片。在自家如阁楼和地窖里也许就有许多相册，仔细研究，可能会揭示出你自己家族史的许多方面。

第二幅照片拍于 1861 年，出自另一位摄影师亚历山大·加德纳（Alexander Gardner）之手，展示了死去的邦联士兵，四脚朝天躺在地上，不远处有一座小教堂。这些尸体表明了关于战争进程和内战的什么情况？马车下面的地上有什么？你认为拍摄这张照片的意图是什么？对这一主题的选择不仅清楚地揭示了事实，也表明了作者的态度。

反思历史

以这两张照片为证物，关于南方士兵的身体情况，你有什么结论？他们的面部表情和姿势传达了怎样的态度？北方摄影师想要通过照片表达怎样一种情感？又传递出关于战争和死亡的什么态度？

其他任何生活方式都适合我。"许多人都很难重新回到平民生活的轨道上来。就连那些成功调整过来的人都发现,他们是以一种不同于常人的眼光来看待生活的。打仗、与来自不同地区的人相处、背井离乡地行军,在军队的这些经历已经使从前的军人远离了当地的社会,他们的眼界已经变得更加宽阔。战争使国家统一的概念变得真实起来。

13.4.8 没有回答的问题

那么,战争达到了什么目的?一方面,战争带来了死亡和破坏。从物质方面来看,战争使南方呈现出一派残垣断壁、荒无人烟的凄惨景象。据历史学家估计,除去奴隶的价值,战争期间南方经济下滑了43%。像亚特兰大、哥伦比亚和里士满这些大城市都是一片狼藉。田间野草丛生,无人耕种,农具也都毁坏殆尽。南方损失了33%甚至更多的骡子、马和猪。67%的铁路被毁。许多人都不得不承受饥饿和流离失所给他们带来的痛苦,并为他们现在看来是无谓牺牲的四年时光感到愤懑。超过300万奴隶获得了自由,这是一笔巨大的财政投资。

另一方面,战争则解决了统一问题,结束了针对各州与联邦政府关系的争论。战争期间,共和党人不失时机地通过了数部促进国家统一和经济增长的法律:1862年的《太平洋铁路法案》留出了大片公共土地并为修建横贯大陆的铁路提供了资金;1862年的《宅地法》给自耕农提供了廉价且易于获得的公有土地;1862年的《莫里尔法案》则为农业院校提供了支持(赠地);此外,还在1863年和1864年通过了两部《联邦银行法》。

战争也解决了长期困扰美国人生活的奴隶制问题。然而,不确定性还是超过了确定性。在以前的奴隶身上将会发生什么?战争时期,当黑人逃到北方时,司令官往往不知该拿他们怎么办,现在问题则变得更加紧迫。黑人能和白人一样享有公民权利和政治权利吗?在联邦军队,黑人是二等士兵。联邦军队对南方被解放黑人的处理表明了种族主义思想有多么根深蒂固。黑人能够得到土地（经济独立的手段）吗？他们与以前主人的关系又该怎样确定？

被征服的南部在国家中将处于何种地位？它会因为叛乱而受到惩罚吗？有些人认为南部应该受到惩罚。南方人可以保留财产吗？一些人认为不可以。可以从各种迹象推断出林肯的意图。早在1863年9月总统就宣布了一个宽大的和解计划。只要南方各州人民宣誓拥护宪法并同意废除奴隶制，林肯就愿承认由南部选民选举产生的邦联各州政府，尽管当时南部选民人数只相当于1860年选民的10%。林肯开始着手重建三个前南部邦联州的政府。但一些北方人并不同意他这种宽厚行为，争论还在继续。

林肯在1865年的就职演说中敦促美国人"不要对任何人怀有恶意……对所有人都要心存宽厚"。"让我们努力完成正在进行的事业，医治国家的创伤……去做能缔造公正和持久的和平的一切事情。"总统私下里也是这样说的，宽厚和善意将会为和解铺平道路。4月14日，林肯向内阁阐明了自己的观点。他的愿望就是尽可能避免迫害和流血。当晚，也就是南军在阿波马托克斯投降后的第五天，总统在福特剧院观看一场演出。就在那里，一位目击者报道：

> 我们听到了一声枪响，一个一袭黑衣的人从总统的包厢中跳上舞台。他右手拿着一把匕首，匕首刀刃长约10英寸……所有人都跳了起来，"总统被刺了"的叫喊声传遍了剧场——我跑到一个能看清总统包厢的地方，看到林肯夫人……一脸痛苦的表情。

约翰·布斯（John Booth）刺杀了总统。

小结：变化莫测的未来

战争结束时许多美国人都在为林肯哀悼，五年来，他的各种决定在人们的生活中留下了深深的印记。一位暗杀的目击者写道："今夜，坚强的男人也哭泣了；明天，整个国家都将沉浸在忧伤中。"许多人都为未能在战争中幸存的朋友和亲人而哭泣，然而，这些死去的人们已经以一种或另一种方式为战争的结局做出了贡献。而对像阿瑟·卡彭特和伊格尔顿夫妇这些幸运者来说，则必须重拾过去的生活，并向变化莫测的未来继续前进。也许并非所有美国人都意识到战争多么彻底地改变了他们的生活、前途和国家的命运。只是随着时间的流逝，他们才清楚地意识到战争给他们带来的冲击。同样，只是随着时间的推移，他们才认识到战争遗留下很多没有解决的问题。我们将在下一章叙述关于重建的情况。

思考题

1. 评估南北双方在战争伊始各自的优劣势。北方的哪些优势使其最终获胜？邦联的哪些劣势导致其最终失败？
2. 战争期间联邦和邦联各自最重要的转变是什么？在你看来，为何说这些转变意义重大？
3. 对比林肯和戴维斯作为战争领袖以及他们领导的两个政府的表现。
4. 种族在内战中扮演着什么样的角色？
5. 将内战视为一场不同信仰和价值观之间的冲突，评估一下北方获胜的重要性。战争的结果在哪些方面体现了或有违美国的立国之本？

第 14 章

重建的联邦

14.1 苦乐参半的战争结果

14.2 国家的政治重建

14.3 获释奴隶的生活

14.4 南部重建

小结：混合的遗产

> 美国故事

黑人和白人：重新确定他们的梦想和关系

　　1864年4月，即林肯遇刺的前一年，罗伯特·奥尔斯顿去世了，留下他的妻子阿黛尔和女儿伊丽莎白照料他们的那些水稻种植园。1864年到1865年的隆冬时节，伴随着联邦军队向南卡罗来纳海岸挺进，伊丽莎白的悲伤转为恐惧，因为士兵每到一处都会搜走酒、枪炮和值钱的东西。奥尔斯顿家的女人们逃离了家园。后来，这些北方军队鼓励奥尔斯顿家的奴隶们把家具、食物和其他物品都从大宅子里拿走。士兵们离开之前还把谷仓的钥匙交给了那些半自由的奴隶。

　　战后，阿黛尔宣誓效忠美国，获得了一纸书面命令，要求刚刚获得解放的奴隶们把钥匙归还给她。她与伊丽莎白于1865年夏天返回故土，要求收回种植园，并重新确立白人的权威。阿黛尔确信，虽然黑人有枪，但"除了在财产方面，已经没有什么会使他们对白人犯上作乱"。财产的确是个问题。伊丽莎白写道，谁拥有谷仓的钥匙将是"判例案件"，将决定是以前的主人还是奴隶成为谷仓钥匙的拥有者，并控制土地、劳动力、收成，以及微妙的人际关系等。

　　阿黛尔和伊丽莎白神情紧张地在过去的老屋里去面对她们以前的奴隶。令她们感到惊奇的是，当她们指名道姓地问候这些黑人并了解他们的生活时，令人愉快的团圆气氛出现了。一个受人信赖的奴隶工头把谷仓的钥匙交了出来。这一和谐场面在其他地方也不断出现。

　　但当奥尔斯顿家的女人们来到一个种植园时，迎接她们的却是手持武器的黑人，他们站在道路两旁，目光中透着敌意。年迈的黑人监工雅各布（Jacob）大叔，不确定是否应该把靠黑人辛劳填满的谷仓的钥匙交给她们。奥尔斯顿夫人坚持要索回钥匙，正在雅各布大叔犹豫不决的时候，一个愤怒的年轻小伙子大声喊道："你要敢交出钥匙，这里将血流成河。"雅各布大叔又缓缓地让钥匙滑回自己的口袋。

黑人们唱着争取自由的歌曲，挥舞着锄头、草耙和枪，阻拦任何人去镇里寻求帮助。然而，还是有两个黑人悄悄溜走并找来了几位联邦官员。奥尔斯顿家的女人们忐忑不安然而却是安全地在屋子里度过了一夜。第二天一大早她们就被敲门声惊醒。雅各布大叔站在那儿。他一句话也没说，还回了钥匙。

这个关于钥匙的故事，揭示了重建时期人性中的多个重要层面。被打败的南方白人决心恢复他们先前对土地和劳动力的控制。法律和联邦执法通常也都支持土地的最初所有者，奥尔斯顿家的女人们对黑人也是友好的，但这只是一种母性的友好，她们坚决要求恢复战前黑人对她们毕恭毕敬的态度。简言之，阿黛尔和伊丽莎白既害怕又关心她们从前的奴隶。

同样，获得解放的黑人对他们以前的主人也显露出很复杂的情感：愤怒、忠诚、爱、不满和自豪。他们尊敬的是奥尔斯顿一家人，而不是他们的财产和庄稼。他们不想报仇而只想获得经济上的独立和自由。

北方人起到了最为发人深省的作用。从字面和象征意义上来看，联邦士兵把象征自由的钥匙交给了那些获得自由的人，但却并没有在这里停留足够长的时间来保障这种自由。虽然战争初期鼓励黑人抢占主人的房子和庄稼，但就在战后的关键时刻，联邦官员们却消失了。意识到北方帮助的局限性，雅各布大叔把掌管土地和自由的钥匙还给了他以前的主人。然而，要不了多久黑人们就会意识到，如果他们想要确保自由，就得自己去争取。

本章描写了：战后重建时期，三个集团在试图重新定义新的社会、经济和政治关系时，围绕它们相互冲突的目标和梦想所发生的事情。经历了毁灭和痛苦的阶级及种族分裂之后，内战的生还者们努力重拾过去完整的生活。然而，获胜但动机不同的北方官员、战败但并不顺从的南方种植园主、贫穷但充满希望的非裔美国人，这三个集团如何才能实现他们相互冲突的目标？重建时代将会充满分裂因素，所有人最后都是得失参半。

14.1 苦乐参半的战争结果

1865年初夏，佐治亚州一个种植园主的女儿在日记中写道："两个种族之间正在酝酿一些可悲的变化。"为了理解重建工作苦乐参半的性质，我们必须考察林肯总统遇刺后整个国家的情况。

14.1.1 1865年4月的美国

1865年4月，联邦面临着宪法危机。前南部邦联11个州的地位如何确定？北方已经拒绝了南部要求脱离联邦的宪法权利，并为此付出了四年内战和75万人生命的代价。林肯政府的态度是，南部11个州从未离开过联邦，它们只是"丧失了与联邦应有的适当关系"。因此，总统作为总司令有权决定怎样再次使这种关系获得平衡。国会中反对林肯的人则辩称：前邦联各州现在是"被征服地区"，因此应由国会解决宪法问题，并在重建过程中发挥权威。

从政治上来看，国会与白宫的不同观点反映出政府两个部门之间存在广泛的斗争。战争期间，按照惯例，行政部门拥有广泛的权力。然而，许多人都认为林肯的权限大大超出了宪法所赋予的范畴，而他的继任者安德鲁·约翰逊（Andrew Johnson）则做得更为过火。国会将会重新确立自己的权威吗？

1865年4月，共和党政府实际上并未受到多大约束。在北方公众眼里，共和党人取得了巨大成就：赢得了战争，保住了联邦，并解放了奴隶。他们为自由劳动和自由企业制定了包罗万象的经济发展计划。但是，共和党依然是一个不稳定的联合体，包括一些前辉格党人、一无所知党人、联邦主义的民主党人（Unionist Democrats）和反奴隶制的理想主义者等。

1865 年的美国：内战结束时的危机

考虑一下内战的直接后果所形成的巨大伤亡、费用和危机，你能预想到战争中南方白人、北方白人、黑人自由者的态度、行为和目标吗？

军队中的伤亡人数

总死亡人数：75 万人

重伤和残疾人数：37.5 万人

全国参军年龄的白人死亡比例：10%

5 万平民死于与战争相关的事故

20 万白人妇女成为寡妇

物质和经济上的损失

南部被严重破坏；铁路、工业和一些主要城市被毁；土地荒芜，牲畜死亡。20 万棵树被砍掉用于军事目的。

宪法危机

前南部邦联 11 个州是不是国家的一部分，它们的地位不清楚，未来的地位难以确定。

政治危机

共和党（北方的全部共和党人）在议会中占据支配地位；田纳西州前奴隶所有者、民主党人安德鲁·约翰逊接任总统。

社会危机

整个南方近 400 万被解放的黑人奴隶面临着生存和自由的挑战，还有成千上万挨饿的复员军人和流离失所的白人家庭。

心理危机

无论北方还是南方，到处都充斥着不满、悲痛、气愤和失望。

相比之下，民主党更是一派混乱。共和党人把南方的民主党党员描绘成叛逆者、谋杀犯和卖国贼，指责北方的民主党人意志薄弱、不忠诚、反对经济增长和进步。但在1864年大选时，为了说明战争代表了两党共同的努力，民主党则提名田纳西州的联邦主义民主党人安德鲁·约翰逊作为林肯政府的副总统。现在，这个还不太老练的约翰逊却要担负起领导政府的重任。

从经济上来看，1865年春天的美国呈现出完全不同的景象。北部城市与铁路拥有很强的生产能力，南部城市和铁路则遭到严重破坏。北部的银行系统繁荣昌盛，南方的金融机构则处于破产状态。机械化的北部农场创造了当时历史上的最高产量，南部的农场和种植园，特别是那些谢尔曼军队行军经过的地方则是"一片残垣断壁"。正如后来一位南方作家所诠释的："如果说这场战争已经击碎了南方，那么南方人那些最基本的思想和意志……却是丝毫没有动摇。"许多南方白人都坚决反对重建，希望恢复他们以前的生活，只有少数依旧忠于联邦的人则在梦想着双方的和解。

从社会方面来看，近400万自由黑人面临着自由的挑战。在欢庆的歌曲中度过最初的兴奋和庆祝之后，他们很快就意识到，自己还要继续依赖以前的主人。一个密西西比的妇女说：

> 我曾以为，只要我自由了我就是世界上最幸福的人。但当我的主人走近我并说："丽莎，你自由了！"我却一片茫然。早上起来我会问自己：我自由了吗？我不再需要天不亮就下地干活了吗？

对丽莎和其他400万黑人来说，一切都变了，但一切又都没有改变。

14.1.2 被解放黑奴的愿望

1865年夏天，在整个南方乐观主义都在奴隶们的心中涌动。然而，打碎奴隶制枷锁的过程是缓慢的，是要一环一环进行的。正如一个奴隶所说，每当北方军队经过一个地方,"我们就开始庆祝",但南方邦联军队却会接踵而至,主人和监工也会返回来,"命令我们回去劳动"。因此,这些获得自由的男女也就逐渐学会了不再过早表现出欣喜或公开庆祝。

然而,黑人们还是逐渐体验到了自由的真实性。他们迈出的第一步大多是离开种植园几小时或几天。一位南卡罗来纳妇女在附近的镇上当厨师,她说:"如果一辈子都待在这里,我永远也不会知道什么叫自由。"一些获释奴隶彻底摆脱了被奴役的枷锁,一些人回到了先前主人那里,但有更多人跑去镇上或城市找工作、做礼拜、进学校,与其他黑人交往,免受鞭刑和报复。

许多自由民都离开种植园前去寻找多年前被卖掉的配偶、父母或子女。黑人报纸上满是这种悲伤的寻人启事。对那些找到配偶和婚后一直住在一起的人来说,自由意味着他们的婚姻已经合法,有时他们还会大办仪式,这种情况在奴隶们获得解放的最初几个月成了普遍现象。合法婚姻既有其道德重要性,也可以使孩子的合法身份得到确认,并意味着有权获得土地和其他经济机会。对黑人妇女来说,结婚意味着承担起操持家务和养家糊口的双重责任。她们决心营造一种家庭生活氛围,并好好教育孩子,这使得许多妇女都逐渐脱离了种植园的工作。

获释奴隶也通过选择姓氏来表明他们的新地位。包含独立意味的名字如"华盛顿"等风靡一时。一些人采用了以前主人的姓,另一些人则选择"一些大姓以'压过'以前的主人",从中可以看出他们对先前主人有着复杂的感情。奴隶解放也改变了黑人对周围白人的态度。伪装没有了,以前那些谦卑的表达方式——摘下帽子、靠边行走、用尊称称呼白人——都一一消失了。对黑人来说,这些改变是自我人格的必然体现,证明种族关系已经发生了很大变化;然而,白人却是将这样的行为视为"无礼"和"犯上"。

这些获释奴隶把教育视为最重要的事情。密西西比一位农民发誓说:"我将给我的孩子创造机会去上学,因为我认为教育是仅次于自由的事情。"一个在南方游历的人发现,"至少有500所"学校"由有色人种任教"。除了对教育的持久热情,大多数非裔美国人的主要目标都是获得土地。一个密西西比的黑人说道:"我所想的就是永久拥有四五英亩土地,我可以在那里盖栋小房子作为我的家。"只有通过将教育独立与经济独立合到一起,这是美国人控制自己的生活、劳动力和土地的基本方法,才能使像丽莎这样的获释奴隶感受到奴隶解放的真实性。

战争期间,一些联邦军队的将军安排获得解放的奴隶去管理那些被没收或被抛弃的土地。在南卡罗来纳和佐治亚的海岛,非裔美国人把土地分成40英亩的小块,自行耕种并收获,这已持续了数年光景。在更远些的内地,获得土地的获释奴隶是那些切诺基和克里克部落的前奴隶。有的黑人还获得了土地所有权。北方一些慈善家还组织其他一些人为财政部种植棉花,希望以此证明自由劳力优于奴隶制。在密西西比,数以千计的黑人以40英亩为单位租种了原来属于杰斐逊·戴维斯的土地。这一实验取得了极大的成功,黑人们创造出了足够的利润来返还政府最初的投入,但后来土地又被戴维斯的兄弟夺了回去。

许多获释奴隶都希望能建立一种新的经济秩序,作为对他们多年来非自愿劳动的公正补偿。一位黑人说道:"让我们拥有自己的土地,我们完全可以照顾好自己;但若没有土地,只要原来的主人愿意,他们就会雇用我们或者使我们挨饿。"获释奴隶希望"40英亩地和一头骡子"的诺言能够兑现。一旦他们获得了土地、家庭团聚和受教育的机会后,很多人就开始盼望能够获取公民权利和选举权,并要防止战败的南部邦联支持者的报复行动。

14.1.3　南方白人的恐惧

南方白人同样有着各种各样的目标和希望。中产阶级(自耕农)农场主和贫困的白人与富裕的种植园主一样在等待救济,他们都希望能够重新获得土地和生计。南方白人对战后危机深感愤怒、失落和不公。一名男子说:"我的父亲把自己的钱都给了那些黑奴,而这还不是他们从我们这儿夺走的全部。他们还夺走了我们的马、牛、羊和每一样东西。"

然而，比这种悲伤更为强烈的情绪却是恐惧。整个南部的社会结构都动摇了，奴隶制下貌似和平有序的外表被击个粉碎。很多南方白人都无法想象，没有了受奴役的黑人，社会将会变成什么样子。那不仅是社会秩序的基础，也是大奴隶主至少长期视作完美的文雅与文明典范的生活方式的基础。失去了对昔日熟悉生活方式控制权的白人害怕每一件事——从失去廉价劳动力到在火车上与黑人比肩而坐。具有讽刺意味的是，由于奴隶制时期对黑人妇女的强奸，南方白人更害怕强奸和报复。一些人认为，非裔美国人的"无耻"将会导致异族通婚的合法化和"非洲化"，进而破坏白人种族的纯洁性。黑人士兵的出现更是一种不祥的预兆。然而，事实证明，这些恐惧毫无根据，因为黑人士兵很快就复员了，而针对白人的强奸和暴力事件则几乎没有出现过。

前种植园主贵族们认为世界已经颠倒了，他们极力想把它再扭转过来。为了重新确立白人的统治地位，南方的立法机关在战后第一年就通过了《黑人法典》。虽然其中许多条款授予获释奴隶以结婚、提出诉讼和被诉讼、在法庭作证和拥有财产的权利，但这些权利都是受到限制的。法典以极其复杂的文字规定了黑人针对白人作证、保护他们自身财产（大多数情况下他们都保护不了），以及作为自由人执行其他权利的条件。异族通婚、持有武器、拥有酒精饮料、坐火车（运辎重的车厢除外）、夜晚在城市街道行走，以及大型集会等权利都被明确禁止。法典里规定了很多黑人的权利，只是为了促使联邦政府尽快撤走那些留在南方的军队。这是一个很严重的问题，因为在许多地方，成群的白人掳掠者都在胁迫没有抵御能力的黑人。

《黑人法典》的主要条款是调整获释奴隶的经济地位。"流浪"法规定，任何未被"合法雇佣"（被白人雇佣）的黑人均可被拘留、监禁、处以罚金或被出租给愿意对其债务和行为负责的人。"法典"中还有涉及黑人与地主之间工作合同的规定，包括对没有执行完年份合同提前离开者进行严厉惩罚。肯塔基一家报纸说得更加直接："别再说什么'40英亩地和一头骡子'了，事实是，'黑人不劳作就得饿死'。"

14.2 国家的政治重建

1865年,《黑人法典》直接向联邦政府提出了挑战。政府是应动用其在南方的权力去支持法典、白人财产权、种族恐吓,还是应去捍卫自由黑人的自由?尽管重建的主要内容依然是在种植园土地和劳动力问题上白人土地所有者反对获释奴隶的斗争,但在这些地方斗争背后却是潜伏着华盛顿的政治家们之间关于重建的政策之争。这一双重戏剧一直延续到1960年代的民权斗争及其后。

14.2.1 总统发布重建公告

约翰逊最初决定将被打败的南方联军以"叛国罪"论处,但不久他就采取了更为仁慈的政策。1865年5月29日,他发布了两个公告阐述了他的重建计划。这一计划与林肯当初的设想一样,都认为南部各州从未脱离联邦。

对那些宣誓效忠宪法和联邦的前邦联主义者来说,约翰逊的第一个公告延续了林肯的政策,即给予他们"大赦和宽恕,并恢复他们的财产所有权"。出于杰克逊式的对"贵族"种植园主的敌意,约翰逊免除了前南方政府领导者和应征税财产超过两万美元的富裕叛逆者的职务。不过他们可以申请个人宽恕,而约翰逊也批准了几乎所有的宽恕请求。

在他的第二个公告中,约翰逊接受了北卡罗来纳州重组的政府并大致规定了其他南部各州重建政府应予遵从的步骤。首先,总统会任命一个临时州长,由他召集州会议,代表那些"忠于合众国"的人,其中包括那些宣誓效忠或者以另外的方式获得宽恕的人。这个会议必须批准《宪法第十三条修正案》,该修正案的主要内容是废除奴隶制、宣布脱离无效、拒付邦联政府的债务、选举新的州政府官员和国会议员等。

依照约翰逊的计划,南部各州完成了重建,并派出代表参加了于1865

年12月召开的国会。内心不服的南方选民选举了许多前南部邦联和立法机关的官员，包括少数尚未得到宽恕的人。一些州的大会阻碍《宪法第十三条修正案》的批准，有的州还声称那些丧失奴隶财产的人有权获得补偿。根本没有哪个州的大会给黑人以选举权，大多数州对获释奴隶的公民权、受教育权和经济保护权也都没有给予保障。在阿波马托克斯投降八个月后，南部各州重又回到联邦的怀抱，获释奴隶继续为以前的主人劳动，新总统似乎也已牢牢控制了局面。重建仿佛已经完成。

14.2.2　国会通过修正案进行重建

1865年年末，北方的领袖们痛苦地看到几乎所有战后的道德或政治目标都没有实现，而且共和党人也已难以维持他们的政治权力。民主党和南部会通过选举赢得他们未能通过内战获得的利益吗？

在宾夕法尼亚州众议员撒迪厄斯·史蒂文斯（Thaddeus Stevens）和马萨诸塞州参议员查尔斯·萨姆纳的领导下，国会中的一些共和党人鼓吹旨在给黑人提供完整的公民权、政治权和经济权的政策。有人称他们为"激进分子"，但他们的努力却受挫于态度更为温和的大多数共和党人，后者并不愿致力于推动自由黑奴的权利。

起初，国会反对约翰逊认为南部已经完成重建的立场，决定根据宪法赋予的权威，自己决定其成员的组成。他们拒绝为前南部邦联各州的参议员和代表提供席位。国会还设立了"联合重建事务委员会"，负责调查南部的情况。联合委员会的报告提供了大量事实，揭露了南部白人的抵制和无序，以及获释奴隶受到的令人震惊的待遇及其生活的艰难。

国会在1866年通过了民权法案来保护非裔美国人脆弱的新经济自由，并决定把战争后期成立的对突发事件提供帮助的**被解放黑奴事务管理局（Freedmen's Bureau）**的工作延长两年。约翰逊否决了这两个法案并把国会中的反对派称作"叛徒"。他的行为使得温和派转入激进派阵营，国会在他否决之后再次通过了这两个法案——但因削弱了强制执行的力度而减弱了法案的影响。这使得南方的法庭照旧不允许黑人针对白人出庭作证，白人暴力依然不被追究责任，黑人依然经常被宣判强制劳动。

在这种大环境下，南方的种族暴力事件不断发生。1866年5月发生了一起典型的暴动，孟菲斯的白人暴徒在当地警察的鼓动下，实施了40多个小时的恐怖行动，他们殴打、杀戮、抢劫无助的黑人居民，强奸黑人妇女，焚烧黑人的住房、学校和教堂。这次暴行导致48人死亡，其中46名都是黑人。当地的联邦军指挥官慢吞吞地恢复秩序，宣称他的军队"同样憎恨黑人"。国会调查发现，孟菲斯的黑人已经"不能从法律上得到丝毫保护"。

一个月后，国会要求各州批准堪称重建时期最重要的法案《宪法第十四条修正案》。修正案的第一部分将黑人定义为美国公民，承诺给黑人公民权以永久的宪法保护。各州"未经正当法律程序不得剥夺任何人的生命、自由和财产"，所有人都被保证拥有"平等的法律保护"。第二部分给南方黑人男性以投票权，并第一次把"男性"一词写入宪法。修正案的其他部分禁止原南方邦联领导人担任国家和州一级的官员（国会法案同意的除外），宣布原邦联的债务和前奴隶主的赔偿要求无效。约翰逊敦促南部各州抵制这一修正案，有10个州立即执行了他的命令。

《宪法第十四条修正案》是1866年中期选举的中心问题。约翰逊在全国各地巡回演讲，要求选民抛弃激进的共和党，并与那些激烈的质询者相互辱骂。北部和南部的民主党人大肆攻击《宪法第十四条修正案》公开宣扬种族偏见。共和党人也不甘示弱，把约翰逊称为"煽动冲突"的酒鬼、叛徒，提醒选民回忆内战期间民主党的背叛。但是自身利益和当地问题要比演讲更能打动选民，结果共和党获得了压倒性胜利。情况看起来很清楚：**总统的重建**难以奏效，是该国会表现的时候了。

1867年年初，国会通过了三项**重建法案**（**Reconstruction Acts**）。南部各州被分成五个军事分管区，分管区司令在维持秩序、保护公民权和财产权方面拥有广泛的权力。国会也为重新接纳各州制定了新的程序。包括黑人在

重建时期的修正案

这三个修正案保证了哪三种基本权利？你有没有看出什么模式？黑人的梦想实现得如何？那一实现是立即实现还是遭到延迟？延后了多久？

内　　容	批准过程	生效和执行
1865年1月国会通过《宪法第十三条修正案》		
禁止在美国实行奴隶制	到1865年12月在包括南方8个州在内的27个州获得批准	立即执行，但经济自由是逐步实现的
1866年6月国会通过《宪法第十四条修正案》		
1.确定平等的全国性公民身份；2.根据特定州被剥夺公民权的选民的比例减少该州在国会的席位；3.禁止前邦联官吏担任公职	到1867年2月止被12个南方和边界州拒绝；国会宣布以批准此修正案作为重新纳入联邦的条件；1868年7月获得批准	《1964年民权法案》
1869年2月国会通过《宪法第十五条修正案》		
禁止因种族、肤色或前奴隶身份而剥夺选举权	弗吉尼亚、德克萨斯、密西西比、佐治亚为被重新接纳而批准；1870年3月获批准	《1965年选举权法案》

内的符合条件的选民（那些顽固的叛逆者除外），均可参加州制宪会议代表的选举，而新的州宪法也将保障黑人的选举权。在各州的新投票人批准新宪法之后，将开始选举州长和州立法机关。当一个州批准了《宪法第十四条修正案》后，国会将接受这个州的代表，从而完成该州重新被联邦接纳的过程。

14.2.3　弹劾总统

国会也对总统的权力进行了限制，并开创了一个立法机关高于行政机关的时代。国会通过了《官吏任期法案》，为的是阻止约翰逊总统将直言不讳的陆军部长埃德温·斯坦顿（Edwin Stanton）解职，该法案限制了总统对官吏的任免权。另外一些措施还削弱了总统作为总司令的权力。

约翰逊的反应恰如共和党人预料的那样。他否决了议会的重建法案，阻挠被解放黑奴事务管理局的工作，限制在南方的军事指挥官的行动并开除了一些同情国会的内阁官员和其他官员。众议院司法委员会控告总统"篡权"并为南方叛乱的"重犯的利益"服务。但是，温和的众议院共和党人否决了弹劾议案。

1867年8月，约翰逊解除了斯坦顿的职务并要求参议院同意。当参议院拒绝后，他命令斯坦顿辞职，而这不但遭到斯坦顿的拒绝，还使他自己陷入了麻烦之中。众议院很快就同意以"重罪和不良行为"的名义弹劾总统。与130年后对克林顿总统的审判一样，1868年参议院对约翰逊长达三个月的审判中出现了很多激情洋溢的辩论。然而，同样类似于克林顿一案，所能找到的证据尚不足以表明约翰逊曾犯下任何宪法规定应予免职的罪行。七位温和的共和党人同民主党人一样反对定罪，判定总统有罪的努力由于一票之差没有达到规定的2/3多数而破产。直到20世纪后期，美国总统（尼克松和克林顿）面临弹劾免职的事情才再次出现。

温和的共和党人害怕约翰逊免职后带来的后果，因为接替总统职位的将会是共和党激进派领袖人物——俄亥俄州参议员本杰明·韦德（Benjamin Wade）。韦德支持妇女的选举权和工会的权利，以及在南北各州都实现黑人的公民权。温和的共和党人通过支持最终在大选中获胜的格兰特而在1868年加强了势力，共和党中激进派的权力则被大大削弱。

14.2.4 国会的温和行动对反叛者、黑人和女性的意义

国会与总统之间的政治斗争，与他们对非裔美国人的承诺并不一致。1867年州和地方的选举表明，选民们更喜欢温和的重建政策。重要的并不

只是国会为重建做了什么，国会没做什么同样也很重要。

除了杰斐逊·戴维斯被监禁和一个不太有名的安德森维尔战俘集中营司令官被处死外，国会并没有监禁南方其他的叛乱领导人。在南方各州被重新接纳进联邦之前，国会并未坚持对其进行严格的查验。它既未重新组织南方的地方政府，也没有为获释奴隶制订一个全民教育计划。它既未没收或重新分配土地给获释奴隶，也没有阻止约翰逊抢走人们在战争中获得的土地权。它也没有为黑人公民提供直接的经济帮助，那些间接和不情愿之举除外。

不过，国会确实确认了获释奴隶的公民身份并给他们以选举权，但不包括黑人女性。北方人显然也没有准备好将所有黑人都视为完全平等的公民。给予黑人投票权的建议只有在1868年大选后才在北方获得一些支持，当时，格兰特将军，这个人们心中无敌的军事英雄，在好几个州的普选票都很少。为了确保那些心怀感激的黑人的投票数，国会中的共和党人重新审视了已经两次被拒绝通过的选举权修正案。经过一场激烈的斗争，1870年《宪法第十五条修正案》终于成为宪法的一部分，修正案禁止各州"因种族、肤色或以前奴隶的身份"而剥夺公民投票权。

宪法第十四条和第十五条修正案使广大白人妇女的意愿沦为牺牲品，她们为争取选举权已经奋斗了20年，此时她们还在希望男性立法者会感激她们在战时为支持联邦所做的一切，所以当宪法修正案只给黑人男性而不给忠诚的白人（或黑人）女性投票权时，她们震惊了。资深妇女政权论者和奴隶制的反对者伊丽莎白·斯坦顿和苏珊·安东尼，积极反对《宪法第十四条修正案》，并与如弗雷德里克·道格拉斯这样的废奴主义者同盟决裂，后者长期支持妇女选举权，但却认为当前是"黑人的时刻"。

当《宪法第十五条修正案》通过后，许多妇女政权论者都想不通：为何性别仍会是获得选票权的阻碍？对选举权问题的失望加速了1869年妇女运动的分裂。安东尼和斯坦顿继续为让修正案给妇女选举权及一系列其他权利而战斗，但其他妇女则希望通过先在各州争取选举权而获得渐进的胜利。然而，不管激进派还是温和派的男人，都对她们的要求不屑一顾，她们已经很少能在国会中找到支持她们的同伴,她们的努力也被拖延了半个世纪。

国会把给黑人和给妇女的权利都打了折。它给黑人以投票权而不是土地,但这与黑人最想要的却是恰恰相反。撒迪厄斯·史蒂文斯争论道:"40英亩地……和一间小屋要比投票权更有价值。"但是,国会从未认真考虑过他的这一建议,即把没收来的"主要叛乱者"的土地以40英亩为单位分割成小块分给获释奴隶,因为这严重违反了美国人在私有财产方面的神圣信仰。而且,北方工商业利益集团想要发展南方工业并投资于南方的土地,他们也愿意看到未来的南方拥有庞大的无产黑人工人群体。

尽管多数美国人(不分南北)都反对没收充公,并且不想让黑人成为独立的土地拥有者,但国会还是实施了一项替代方案。在印第安纳的乔治·朱利安(George Julian)的提议下,国会通过了1866年的《南部宅地法》,使南部五个州的公共土地可以供黑人和忠诚的白人使用。但是,这些土地都是贫瘠不可用的;而且大多数黑人仍受契约束缚,致使他们无法在法令规定的最后期限到来之前对土地提出什么要求。最终只有4 000户黑人家庭根据田产法令申请了土地,其中只有不到20%的人的要求得以实现。白人申请者的状况则要稍微好些。因而,国会的温和政策使得自由民在他们的自由面临挑战时成为了经济上的弱者。

14.3 获释奴隶的生活

联邦军队少校乔治·雷诺兹(George Reynolds)在1865年年末对他的朋友自夸说,在他的指挥下,密西西比地区的"黑人都已经在工作,而且秩序井然"。克林顿·菲斯克(Clinton Fisk)这位好心的白人在田纳西州帮助兴建了一所黑人学院,1866年他告诉获释奴隶,他们可以"像在世界上任何其他地方一样自由、快乐地再去为原来的主人劳动"。这一声明不由地使黑人想起了奴隶制时期白人传教士对他们进行的关于努力劳动和要服从主人的劝告。具有讽刺意味的是，菲斯克和雷诺兹都是被解放黑奴事务管理局的官员，而该机构的职责则是帮助黑人从奴隶过渡到自由民。

14.3.1 被解放黑奴事务管理局

在美国历史上还从来没有一个小机构在缺乏资金、人员和支持的情况下被赋予比"被解放黑奴、难民和无主土地事务管理局"更加艰难的任务。管理局的名字是如此的动听，但它控制的土地却不足南部土地的1%；它的命运也成为重建的一个缩影。

被解放黑奴事务管理局履行许多基本的服务性工作。它负责分发定量配给的食物，给那些在战争中无家可归的受害者提供衣服和庇护所，建立医疗和救护机构。它为大量的获释奴隶提供定居基金，帮助黑人寻找亲属并使其婚姻合法化。它还代表非裔美国人出席地方民事法庭以保证他们获得公正的审判和学会尊重法律。管理局还通过与北方传教士援助协会和南方黑人教堂的联合，负责广泛的教育计划。到1870年，管理局下属4 329所学校里的学生已经达到近25万名。

管理局最重要的任务是给非裔美国人提供经济上的生存帮助。这既包括让黑人在被废弃的土地上安家，向其提供工具、种子和驮重的牲口，使他们开始新的生活，也包括与白人土地所有者协商签订劳动合同等。虽然被解放黑奴事务管理局并未试图慢慢灌输一种新的附属关系，但它却经常都在满足白人的需要，为白人寻找廉价劳动力，而不是帮助黑人变成独立的农民。

虽然一些成员（抱有理想主义的新英格兰人）急于帮助黑人适应自由，但联邦军队的军官们却是更关心社会秩序而不是社会改革。在战后的愤恨和暴力气氛中，被解放黑奴事务管理局的成员经常都要超负荷工作，他们不仅所得报酬很低，影响范围太小（在其高峰期也仅有900个成员被分散在11个州工作），还经常会受到当地白人的骚扰。而且这个有着良好意图的机构和霍华德将军一样十分赞同19世纪的美国价值观——自助、尽量减少政府对市场的干涉、私有财产和契约义务神圣不可侵犯,以及白人的优越性。被解放黑奴事务管理局的工作就是维护这些价值观念。

通常,这些超负荷工作的成员需要走访当地的法庭、学校,整理文件报告,监督劳动合同的签署情况,处理众多的白人与黑人之间关于违反契约的纠纷,以及黑人之间因财产和家庭事务而产生的纷争。佐治亚的一位工作人员写道,他已"筋疲力尽,马上就要崩溃了……六个月里日复一日,我每天都要处理五到二十个纠纷,虽然都是些无关紧要鸡毛蒜皮的小事,但我却不得不时刻集中注意力,同时要顾及黑人和白人双方的利益"。为了给获得解放的男性找工作,工作人员恳请妇女培养丈夫尽到养家糊口者的责任,采纳中产阶级白人妻子的依赖角色。工作人员经常站到白人土地所有者一边,告诉黑人要服从命令,相信雇主,接受对他们不利的合同。一位工作人员在劝一个抱怨遭到主人毒打的黑人回去劳动时说:"你都有工作了,就不要无礼,不要懒惰。"

尽管存在许多限制,这些工作人员还是完成了很多工作。在两年多的时间里,被解放黑奴事务管理局分发了2 000万份定量配给(其中660多万份都给了贫苦的白人);使一些家庭团聚,并为3万名在战争中无家可归的难民安排了定居之所;救助了近45万名病人和受伤人员;修建了40所医院和数百所学校;为获释奴隶提供书籍、工具和设备甚至还有一些土地;有时还要保护他们的经济和公民权。20世纪最伟大的黑人历史学家和杰出黑人学者杜波依斯(Du Bois)在《大西洋月刊》上写道:"即使在一个邻里友好、财富充足、人心平和的时代",让被解放黑奴事务管理局去完成它的很多目标"也会是一个艰巨的任务"。而在饥饿、憎恨、悲伤、怀疑和残酷充斥着整个社会的时候,"社会的重建工作大部分都注定是要失败的"。不过,杜波依斯在反思过自由黑人多种多样的观点后认识到,在为黑人劳动、未来的土地所有权、公立学校系统和出庭指证奠定基础上,被解放黑奴事务管理局"总的来说是成功的,超出了深思熟虑者的期许"。

14.3.2 渐进的经济自由

尽管被解放黑奴事务管理局做了最大的努力，但国会却也没能为获释奴隶提供其许诺的 40 英亩地和一头骡子，这迫使获释奴隶不得不回到一种新型的对原来主人的经济依赖关系中。虽然黑人在经济自立方面取得了一些进步，但这种有限的经济自治却是源于种植园主阶级迫于世界经济的发展而将南方农业转型。

首先，以土地集中为基础的经营体制，代替了奴隶制下劳动力集中的体制。土地所有权越来越集中在少部分人手中，个人土地持有规模也越来越大，甚至超过了战前。1870 年代，从南卡罗来纳州到路易斯安那州，10%最富有的人拥有约 60% 的不动产。其次，这些大的种植园主逐渐集中精力种植一种农作物，通常都是棉花，并逐渐把自己与国际市场联系在一起。这导致战后粮食产量逐年下降（主要体现在谷类和家畜两个方面）。再次，单一作物种植创造了一个新的信用体系，使大多数黑人和白人农民都被迫依赖当地商人以便租到种子、农场工具、畜力、供应品、房子和土地。这些变化影响到了种族关系并导致白人内部阶级关系紧张。

这一新体制是在奴隶解放后经过几年时间才发展起来的。一开始，大多数非裔美国人都会与白人土地所有者签订**劳动契约**，但仍像奴隶制时代一样成群结队地在土地上劳作。所有家庭成员都不得不去劳作以获得配给。获释奴隶怨恨这种新的半奴役状态，拒绝签署契约，并希望找到一种措施，可以在自己的土地上自由劳动。获得自由的妇女尤其想把她们的孩子送到学校去学习而不是去做学徒，这些妇女坚持认为，除了小菜园，孩子们"不能有更多的野外劳动"，更不能去种植园劳作。

佐治亚州的一个种植园主注意到，获释奴隶想要"逃脱工头的监督，租用或购买土地为自己干活"。因而，许多黑人都会破坏契约、逃跑、消极怠工、罢工、烧毁谷仓，或以其他方式表达对契约劳动制的不满。在海岛及南卡罗来纳和佐治亚的沿海稻米产区，那里的黑人长期以来就有一定程度的自由性，所以那里的反抗也就特别激烈。在接近奥尔斯顿家种植园的海沃德种植园，"无论出多少钱黑人都拒绝劳作"，据被解放黑奴事务管理局一位工作人员汇报，妇女们"希望能够整天待在屋子或菜园里"。

黑人坚持经济自主和拥有自己的土地，这是导致从契约制向佃农制过渡的主要动力。黑人家庭成员把骡子牵回他们从前的小屋，把它们拉到尽可能远离奴隶主大宅子的小块土地上。**分成佃农（sharecroppers）**获得了种子、肥料、工具、食物和衣服。地主（或当地的商人）告诉他们耕种什么，耕种多少；而且地主还可以从收获中获得分成，通常是一半。分成佃农所剩余的一半则要偿付他们从地主那里赊购货物（利息通常都很高）的欠款。因而，分成佃农仍要依附于地主。

佃农的自主程度只是多了一点点。在收获之前，他们要承诺把收获物卖给当地的商人作为他们租赁土地、工具和其他必需品的回报。在商人的店铺里购买东西时，作为赊账的条件，这些佃农也不得不以收获物为抵押（利息通常都会高于白人）。到清账的时候，出售粮食的收入往往都不够还账用。也有一些人会有所盈余并有可能最终拥有自己的土地，特别是在少有的大丰收时节。但能够做到这一点的佃农却很少；他们每年年末都无法清偿债务，只得把来年的收获再次作为抵押。虽然世界棉花价格持续走低，但是大土地所有者仍然可以通过大规模种植获得利润，而分成佃农则几乎挣不到什么钱。当他们终于能够还清欠款时，土地拥有者却又经常改变借贷协议。因此，**劳役偿债制（debt peonage）**取代了奴隶制，仍然可以为南方种植棉花和其他原材料的大土地所有者提供廉价劳动力。

尽管这幅图景未免凄凉，但黑人辛苦勤劳的工作还是逐渐使许多人积累了一点收入并在一定程度上有了个人财产和自立。在出产鸡蛋、黄油、肉、粮食作物，以及其他原材料的家庭型经济中，尤为如此。债务并非必然意味着生存手段的缺乏。在弗吉尼亚州，逐渐没落的烟草种植业迫使白人种植园主把小块土地廉价卖给黑人。在整个南部，一小部分黑人变成独立的土地拥有者，1880年时有3%～4%这样的人，到1900年这一比例已接近25%。

14.3.3 重建时期的白人农民

南方农业的这些变化也影响了中产阶级和贫穷的白人农民，种植园主担心贫苦的黑人和那些反对分裂的白人农民会联合起来。就像1865年佐治亚州一个农民所说："我们应该占有土地，把一部分土地分给黑人，另一部分分给我和其他联邦伙计。"但是，没收和再分配土地对白人农民和获释奴隶来说都是一样的。贫穷的白人也需要集中精力种植主要作物，用他们的收获物作为抵押获得高利贷款，并面临长期债务问题。例如，在佐治亚州内地的山麓地带，白人在自己土地上劳作的人数，从内战前的90%降到1880年的70%，而棉花产量则增长了一倍。

依赖棉花意味着粮食作物的减少，以及对商人供应更为严重的依赖。1884年，佐治亚州杰克逊县的杰夫塔·迪克森（Jephta Dickson）在当地的商店花了50多美元购买面粉、粗粮、肉、糖浆、豌豆和玉米；而在25年前这些东西他完全可以自给自足。"围栏法令"严重遏制了贫穷白人通过养猪提高生计的权利，而对打猎和钓鱼等的限制则同时削弱了贫穷白人和黑人增加收入和改善膳食的能力。在南方毁于战火的平原地区和贫瘠的山区，贫苦白人的经济、健康和孤立状况都在战后逐步恶化。他们勉强靠打猎、钓鱼、种植玉米和土豆维持生计，正如一个北卡罗来纳人所写："生来弱小，在孱弱中长大，成人后多病。"一些人以每个月六美元和管饭的代价变成雇农。其他人则流向制棉厂从事低薪劳动。

南方贫苦白人的文化生活既反映了他们低下的地位，又反映了他们的自豪感。他们的宗教活动主要是充满感情的野营奋兴会。他们的民歌和传说描述的都是债务、戴铁链的囚徒，以及调理身体的草药秘方。他们做棉被、盖房子的方式反映了边缘文化的特点，即将每样东西都保存起来和重新利用。

贫穷的白人对白人优越的观念坚信不疑，部分原因是他们的生活非常艰难。许多人都加入了1866年到1868年间出现的三K党（Ku Klux Klan）或其他一些南方白人恐怖组织。一位联邦官员报告说："白人中比较贫穷的那部分人……对黑人奴隶有一种强烈的憎恨感",为了发泄心中的怨恨,他们经常在午夜袭击黑人学校的教师、共和党选民,以及那些不"像以前那样对白人卑躬屈膝"的"无礼"的黑人。

14.3.4 黑人自助组织

尽管贫穷白人的生活已很艰难,但对希望逐渐破灭的黑人来说,他们的生活却要更加悲惨。德克萨斯州一位黑人回忆道:"不久我们便发现,自由固然使我们自豪,但却不会使我们富有。"许多黑人领袖也非常清楚,白人和政府机构无法兑现解放奴隶的承诺,黑人必须依靠自己。

在战前黑人自由社区的教会和学校里,以及前奴隶聚居区"看不见的"宗教和文化组织里,黑人团体自助的传统并没有消亡。当联邦军队解放南方地区时,教会的黑人成员数量大幅上升。黑人浸信会的信徒从 1850 年的 15 万名增长到 1870 年的 50 万名,黑人卫理公会派信徒在战后 10 年从 10 万增加到 40 万,增加了三倍。非裔美国人牧师继续发挥着社团领导作用。他们中的许多人都在领导人们反对歧视,其中一些人还通过进入政界发挥作用;南卡罗来纳超过 20% 的黑人职员都是牧师。而大多传教士都将精力集中在罪孽、皈依、救赎和宗教奋兴上。1867 年到 1868 年,一个在南部游历的英国访客记下了这些黑人礼拜时的"痴迷"程度。就像一位妇女解释的:"我们只是发出点声音,又没做别的……我想以过去那种美好的方式走向天堂。"

获释奴隶对教育的渴望就像宗教崇拜一样强烈。弗吉尼亚一位学校官员说,获释奴隶"像疯了一样学习"。除了来自教会的黑人老师,"北方来的女老师也会教黑人孩子和大人"。这些品格高尚的年轻女性由像美国传教士协会这样的自助协会选派而来,旨在使黑人信仰公理会并服从其道德准则。1865 年 10 月,埃丝特·道格拉斯(Esther Douglas)发现"120 个脏兮兮的、衣不蔽体的黑人野孩子"出现在她的教室里,她的教室位于佐治亚州的萨凡纳附近。八个月后,她报告说,他们不仅可以读书,唱赞美诗,背诵圣经中的章节，还学到了"良好的行为准则并试着加以效仿"。

但这样热情洋溢的报告却是越来越少，因为拥挤的教室、有限的资源、当地的反对、农活引发的缺勤使白人老师变得日渐沮丧。例如，佐治亚州在1865年到1870年间只有5%的黑人孩子在一年中的部分时间去上学，而白人孩子的入学率则达到20%。白人老师离开后，黑人教师逐渐接替了其位置，他们拖家带口，更有毅力，也更加积极。例如，夏洛特·福滕（Charlotte Forten）写道，那些年长的学生们尽管已经在田地里劳累了半天，但"听课时仍然反应灵敏而且充满了对知识的渴望""和获得知识的能力"。在像福滕这样老师的教育下，到1870年，有20%的成年获释奴隶成为有读写能力的人。到这个世纪末，不同年龄段受教育的人数仍在继续攀升，黑人学生数量达到150万；为了训练出黑人教师和牧师，北方的慈善家在1865年之后在南方建立了霍华德、亚特兰大、菲斯克、莫尔豪斯和其他一些黑人大学。

像教堂一样，黑人学校也成了社区中心。他们发行报纸，在贸易和农业方面为学员提供培训并促进政治参与和土地占有。这些成就使得黑人学校遭到当地白人的敌视。弗吉尼亚州一个获释奴隶告诉国会委员会，在他们县，任何建立学校的人都有可能被杀害，黑人"害怕被人遇见随身带着书籍"。1869年，仅在田纳西州就有37所黑人学校被烧毁。

白人反对黑人接受教育和拥有土地，这刺激了非裔美国人的民族主义和分离主义情绪。1860年代末，田纳西州一个逃到加拿大的奴隶"老爹"本杰明·辛格尔顿（Benjamin Singleton）力劝黑人们放弃政治，向西部移民。1869年，他成立了一家土地公司，在堪萨斯州购买了公共财产；1870年代早期，他从田纳西和肯塔基带领数群奴隶在草原州建起独立的黑人城镇。接下来几年，数以千计的下南部"出走者"在堪萨斯买下约一万英亩贫瘠的土地。过上自给自足生活的愿望固然美好，但各种自然和人为的障碍却是难以克服。1880年代，辛格尔顿和其他民族主义者对在美国实现经济独立感到失望，开始提倡黑人向加拿大和利比里亚移民。弗雷德里克·道格拉斯和另外一些美国黑人领袖则继续追求在美国国内实现黑人的完全公民权利。

14.4 南部重建

弗雷德里克·道格拉斯对投票的力量抱有信心,这在《1867年重建法案》通过后最初充满热情的几个月中看上去似乎也不无道理。由于约翰逊总统保持中立,共和党领导人最后获得了胜利。地方上的共和党人利用许多南部白人不能投票或拒绝投票这一情况,在1867年秋天以压倒性多数选举了共和党人作为州宪法会议的代表。意识到自身工作"神圣的重要性",黑人和白人共和党人带着谨慎的乐观,开始了创建新的州政府的工作。

黑人血统与其书本和老师

获得了平等的公民权和自己的土地后,黑人们最需要的就是教育。虽然遭到白人反对,但重建时代的黑人学校教育依然堪称当时最积极的成果。你在这幅画中看到了什么?它是令人忧伤还是让人振奋?为什么?

14.4.1 共和原则

与早期亲南方的历史学家所持的观点相反，共和党统治下的南方州政府并没有被渴望使南方"非洲化"的黑人文盲所掌控。这些南方政府既不是异乎寻常的腐败奢侈，也没有利用大规模的联邦军队将其意志强加于人。到1869年，驻扎在弗吉尼亚的联邦士兵仅有1 100名，而留在德克萨斯州的大部分联邦军队则是为了驻守边境以防范墨西哥和充满敌意的印第安人。虽然缺少强大的军队作为后盾，但新的州政府还是在经济萧条和侵扰日益加剧的情况下开始了自身的工作。

在国会重建法案下选出的各州新政府由各色人等组成。除了南卡罗来纳的下院，那些"黑色和棕色的"政府（反对者如此称呼他们），事实上是由白人所主导的。一些新领导是银行家、实业家，另一些则对经济增长和地区和解而不是激进的社会改革更感兴趣。第二个集团则是投资于南方的土地、铁路和新工业等的北方共和党的资本家。另外还有一些联邦老兵和传教士，以及受到鼓动来到被解放黑奴事务管理局开办的学校工作的教师。然而，就连这些人也被不公平地贴上了"投机取巧"的北方人这一标签。

温和的非裔美国人组成了共和党州政府的第三个集团。大多数黑人官员都是黑白混血儿，他们中有许多人都是来自北方受过良好教育的传教士、教师或士兵。其他一些黑人官员则是自学成才的商人或南部小土地所有者的代表。例如，1868年到1876年，在南卡罗来纳选出的255个州或联邦的黑人官员中，170人都受过较好的教育，85人都拥有自己的不动产；只有38人一无所有。这种阶级组成意味着，非裔美国领导者支持的政策将会忽略大多数黑人在经济上的需求。而他们的目标也正好适应了美国的共和传统。黑人领导者提醒白人他们也是南方人，就像在1865年的一次请愿中有人提到，"适用于白人的法律同样也适用于黑人"。

共和党在南方统治期间所取得的主要成就是，消除了战前各州宪法的非民主特征。所有州都实现了男性普选，并放松了对担任公职的资格要求。代表名额不足的县在立法机关获得了更多的席位。强行关押拖欠债务者的制度被终止，并制定了专门法律来救济贫困、照料残弱。南部许多州都通过了它们的第一个离婚法，并确认了已婚妇女的财产权。规定判处死刑的罪名也减少了。

共和党政府通过检查税收系统和慷慨地批准铁路及其他投资债券，重建了南方的金融体制和基础设施。在此期间，重修了海港、道路和桥梁；重建了医院和救济院。最重要的是，共和党政府创立了南方第一个公立学校系统。虽然如同北方一样，这些学校大多实行隔离政策，但无论如何，美国终于第一次使富人和穷人、白人和黑人有了同样受教育的机会。到1880年代，非裔美国人的入学率从5％增长到40％以上，白人入学率则从20％增长到60％以上。所有这些都需要花钱，所以共和党人也提高了税率并增加了各州的义务。

即便取得巨大进步，共和党政府仍然面对着很大的敌意，比如，在路易斯安那州一次种植园主会议上，就有人称南方的共和党领导人为"南方历史上最低贱、最腐败的一群人"。当时确实出现了一些腐败行为，其中大都出在买卖土地、铁路债券和建筑契约等问题上。但是，这种渎职行为已经成为战后美国南方和北方政治中的普遍现象。虽然黑人缺少政治经验，但他们的作用却仍然很显著。正如杜波依斯所说："比起黑人的不诚实、无知和无能，南方的白人更害怕黑人诚实、有知识和高效。"

共和党的联盟并未坚持多久。它在不同州存在的时间各有不同，它在南方腹地持续时间最长，那里的黑人人数与白人人数持平甚或更多。共和党人在弗吉尼亚州几乎没有实现统治，他们与民主党人一道，鼓励北方投资家重建破碎的城市并发展工业。在南卡罗来纳，黑人领导者不愿用他们的权力帮助黑人劳动者，导致政治控制权落入民主党手中；在路易斯安那，黑人之间的阶级分裂也削弱了共和党的统治。但是，民主党重获实权的首要原因还是使用了暴力。

14.4.2 暴力与"救赎"

南方的一位编辑写道:"我们不是重新实现白人统治,就是把国家变成黑人的墓地。"三 K 党只是众多用暴力促使黑人和白人共和党人交出权力的秘密组织之一。整个南部的暴力事件都是那么骇人听闻,而密西西比州和北卡罗来纳州则更是蓄意制造暴力模式的典型。

1868 年,在一场势均力敌的选举宣告失败后,北卡罗来纳的保守派在邦联主义情绪比较强烈的几个山麓县发动了集中的恐怖活动。如果民主党 1870 年在这些地方获胜,他们就有可能在全州赢得胜利。在选举前一年,几位著名的共和党人被杀,其中包括一个白人州参议员和一个黑人联盟的创建者,后者被吊死在法院的广场上,胸前钉着一块标语牌,上面写着:"小心点,所有有罪的白人和黑人。"很多平民被折磨、被解雇,或是半夜里从被点燃的住宅或谷仓里仓皇而逃。法庭往往拒绝因此而起诉任何人,而当地报纸则称他们为"令人反感的黑人和白人激进分子"。保守派的淫威发挥了作用。在 1870 年的选举中,共和党在两个重要县的选票比两年前减少了 1.2 万张左右,民主党人又卷土重来。

在 1875 年密西西比州的选举中,民主党采用了同样的策略,也就是臭名昭著的"密西西比计划"。当地的民主党俱乐部组织起武装民兵,在黑人区横冲直撞,破坏共和党会议,煽动暴乱杀死数百人。武装的民兵经常在选举登记时到处恐吓共和党人。选举时,投票者被拿着枪的白人胁迫投民主党的票,如不投民主党的票就会被俱乐部的人驱赶。1875 年,共和党在有些县的得票数居然不到 12 张,而过去它在这些县则曾以数千张选票获胜。

民主党把他们的胜利称为"**救赎**"。当民主党的保守派恢复了对各个州政府的控制后,重建也就宣告结束。"救赎"的胜利,与南方白人持续的抵制(包括暴力和高压行为),以及北方的软弱是分不开的。

国会和格兰特总统也并非就完全无视南部的暴力事件。1870 年到 1871 年,国会通过了三个**强制性法案**,授权总统任命联邦监督员以保证公民不会因为受到逼迫或欺骗而不去投票。第三个法案，即《三K党法案》，宣布采取欺骗或强迫手段剥夺法律授予他人的平等权利的秘密组织为非法组织。国会设立了一个联合委员会前去调查三K党的暴行，1872年，委员会收集到了多达13卷令人惊骇的证词。格兰特总统在致国会咨文中强调了投票权的重要性，谴责了违法行为，并向南卡罗来纳派去军队维持秩序，那里针对黑人的暴力行为最为严重。然而，共和党人对保护非裔美国人失掉了兴趣，认为无须黑人投票支持就能维持政治权力。1875年，格兰特总统的顾问告诉他，如果他继续保护黑人，共和党人很可能会在重要的俄亥俄州的选举中失败，因而当密西西比的黑人要求他派驻军队以保证选举自由时，他拒绝了这一请求。格兰特说，他和国会"对每年秋天都会出现的这些暴动已经感到厌倦"。

1875年民主党的"密西西比计划"获得胜利，一年后，同样的一幕在南卡罗来纳和路易斯安那再次上演，这表明，国会报告、总统宣言和《强制法案》，在制止盛行于整个南部的针对黑人和白人共和党人的恐怖活动方面收效甚微。尽管有数百人被捕，但是全部由白人组成的陪审团却拒绝裁定白人侵犯黑人的行为有罪。美国最高法院的做法也鼓励了这些行为，1874年最高法院拒绝受理两个白人阻止黑人投票的案件，法院甚至还宣布《强制法案》的关键条款违宪。虽然三K党的势力最终被政府终结了，但三K党人的态度（和策略）却是一直存留到了20世纪。

14.4.3 国家政务重点的转移

北方的美国人民，就像其领导者一样，已经厌倦了围绕获释奴隶进行的斗争。而在改造不情愿的南方和看似不知感恩的黑人的过程中所遇到的困难也使他们屡受挫折，所以最简单的办法就是给非裔美国人以公民权和选举权，让他们自谋生路。在内战及其造成的后果这一插曲过后，种族成分日渐多样化的美国人主要对建立家庭、就业和赚钱感兴趣。如斯洛伐克移民在匹兹堡的钢铁厂燃起了炼钢炉；华工为修建穿越内华达山脉和内华达沙漠的中央太平洋铁路昼夜苦干；北方妇女以 23 美元的月薪在佛蒙特州的单间教室里教课；墨西哥牧人把德克萨斯州的牛群赶到堪萨斯州；斯堪的纳维亚家庭则和达科他农场的酷热、蝗灾及高价铁路费用进行抗争。

从个人到国家层面，美国人优先考虑的事情已经发生了转变。北方风格的重建意味着 19 世纪巨大的经济革命继续进行。尽管无法使刚刚解放的奴隶从奴隶身份向自由民顺利过渡，但是北方共和党人完全能够致力于加速和巩固经济增长以及工业和领土扩张。

当北卡罗来纳的三 K 党徒 1869 年在黑暗的森林中召集开会时，中央太平洋和联合太平洋铁路则在犹他州汇合从而把大西洋与太平洋连接了起来。当南方的棉花生产复兴时，北部的钢铁生产与西部的矿业、牧业及边疆地区的农业也都兴旺起来。当佐治亚州的黑人农民就劳动合同与地主讨价还价时，白人工人正在巴尔的摩组织"全国劳工同盟"。1865 年夏天，当伊丽莎白和阿黛尔向黑人索要谷仓钥匙时，波士顿的劳工改革协会正在大声疾呼："我们的……教育、道德、住房和整个社会体系"都需要"重建"。即使南方得不到重建，劳动关系也可能得到重建。

1865 年到 1875 年的美国，不仅见证了南部共和党政府的兴衰，也见证了工人团体的蓬勃发展。由于内战的刺激，北部工厂改善了工作条件，因此各种工会、劳工改革协会和劳工政党层出不穷。1866 年全国劳工同盟的建立标志着工人运动达到巅峰。在 1873 年大萧条前，估计有 30 万到 50 万美国工人在约 1 500 个工会登记，这是 19 世纪工人运动的最高潮。这一增长不可避免地加剧了社会各个阶层之间的紧张状态。1876 年，数百名获释奴隶在北卡罗来纳州卡姆比河沿岸的稻米种植区举行罢工，抗议日工资减少 40 美分，罢工工人与当地的治安官和白人民主党步枪俱乐部成员发生了冲突。一年以后，由于工资被削减，数以千计的北部铁路工人在全国掀起罢工浪潮并与警察和国民警卫队发生了冲突。

随着经济关系的改变，共和党也发生了变化，它从一个主张道德改革的政党蜕变成一个追求物质利益的政党。在应该由"美德还是商业"主导美国政坛的持续斗争中，利己主义再次胜出。共和党政治家把被解放黑奴事务管理局视为联邦政府不适当干涉的例子并予以取缔，但却不吝于在铁路上投资大量的土地和金钱。当获释奴隶面临自谋生路的尴尬时，联合太平洋铁路却从穿过西部平原和山区的铁轨上获得每英里1.6万到4.8万美元的津贴。当苏珊·安东尼等人带着争取选举权和公民权的请愿书徒步穿过纽约州北部雪地时，特威德老大（Boss Tweed）和其他政治领导人却从纽约纳税者身上诈取了数百万美元的钱财。当大平原的美国土著为保护神圣的黑山而与军队卵翼下贪婪的采金矿者做斗争时，东部腐败的政府官员却正在从国库中"捞油水"。

到1869年，也就是金融家杰伊·古尔德（Jay Gould）几乎毁掉黄金市场的那一年，整个国家都充斥着肮脏、拜金的"富有进取心者"。格兰特总统的内阁成员都是他本人所喜欢的一些军队亲信和富人朋友，美国两任总统的后代亨利·亚当斯（Henry Adams）控诉格兰特政府"侮辱了所有庄重的规则"。格兰特自己是诚实的，但对他人却缺乏判断力。当时的政府丑闻曾波及他的亲戚、内阁成员和两位副总统。六大政府部门中充斥着明目张胆的渎职、对他人的随意告发和疏忽大意的行政管理。例如，在"威士忌酒集团"事件中，有数百万不为人知的税款被支付给政府官员。古尔德的黄金诡计则得到格兰特政府财政部无意的支持，以及总统妹夫有意的帮忙。

国会也不纯洁。一个虚假的莫比利尔信贷公司，自称要修建联合太平洋铁路，用金钱、股票和铁路用地从国会议员那里换取了大量债券和合同。俄亥俄州一位众议院议员把1873年的众议院描绘成"一个拍卖屋，在这里，随着拍卖者一锤定音，再多的道德价值都不复存在，简直世所罕见"。

1872年的选举表明了公众对道德问题的漠然态度。对格兰特已经厌倦的"自由派"共和党人组成了第三党，号召降低关税、减少铁路修建许可权、改革文官制度、从南部撤走联邦军队。他们的候选人霍勒斯·格里利是《纽约论坛报》主编，他也得到了民主党的提名，而他早年则曾不遗余力地攻击民主党。但是，格兰特的恶劣政绩并未影响他再次轻松当选总统。

14.4.4 重建结束

在格兰特总统第二次就职典礼后不久出现了一次金融恐慌，这次恐慌是由铁路系统管理不善、东部一些银行破产引起的，随之而来的是一直持续到1870年代中期的严重经济萧条。在困难时刻，人们担心自己未来的财政收入，经济问题支配了政治，人们对获释奴隶的关注也被进一步转移开。随着1874年民主党控制众议院并期望在1876年赢得大选，政治家们谈论的都是第二届格兰特政府的丑闻，以及在失业、公共建设工程、货币和关税等方面存在的问题。没有人对公民权发表太多意见。1875年，心存愧疚的国会确实通过了参议员查尔斯·萨姆纳提出的民权议案以加强《宪法第十四条修正案》的实施。但这一法案并未执行，八年后，联邦最高法院宣布这一法案违宪。长期处于停滞状态的国会重建结束了。在美国历史上，1876年的大选情况最接近2000年大选，结果都是直到最后一刻才见分晓。

在1876年的总统竞选中，共和党选择了俄亥俄州的前州长卢瑟福·海斯（Rutherford Hayes）作为总统候选人，这既是因为他有诚实的名声，也是因为他曾担任过联邦官员（对内战后的候选人来说这是必需的），还因为正如亨利·亚当斯所言，"没有人讨厌他"。民主党则提名纽约州州长塞缪尔·蒂尔登（Samuel Tilden），他是一位众所周知的文官改革家，曾搞垮了腐化堕落的特威德集团。

就像戈尔（Al Gore）在2000年时遇到的情形一样，蒂尔登在普选中获得了大多数选票，并已获得较多的选举人票（184∶165），但还有20张选举人票存在争议（其中19张都是南部的佛罗里达州、路易斯安那州、南卡罗来纳州的选票，这些州仍驻有联邦军队，而且尽管受到民主党的胁迫，共和党人仍然控制了选举机构）。为了解决争议，国会成立了由八名共和党人和七名民主党人组成的特殊选举委员会，这个委员会按照党派路线投票，把20张有争议的选票全给了海斯，结果他以185票对184票的优势险胜。

愤怒的民主党人反对选举结果，扬言要阻止参议院正式计算选举人票，

长篇小说

我们平常阅读长篇、短篇和其他形式的小说都是为了消遣，即品味故事的情节、文体、象征意义，以及人物的成长过程。《白鲸》《哈克贝利·费恩历险记》《伟大的盖茨比》《看不见的人》《宠儿》等"经典"小说，除了文笔优美，都旨在探究善与恶、单纯与知识、贵族梦的实现与破灭等永恒的主题。我们喜爱小说，是因为可以经常把自己等同于小说中的主要人物。透过那个人的困苦、欢乐、人际关系，以及对自我身份认同的追寻，我们可以加深对自己的了解。

虽然从历史意义上来讲小说并不具有真实性，但我们也可以将其作为史料来进行阅读，因为小说揭示了特定时期人们的态度、梦想、恐惧，以及平凡的、日常的生活经验。小说也会显示出人们对当时一些主要事件的反应。像历史学家一样，小说家也是特定时间与环境的产物，他们对事物有自己的见解。这里引用的关于重建的两部小说都没有很高的文学价值，但却同时揭示出人们对内战后时代怀有的激情和各自不同的解释。《愚人的使命》的作者是北方人阿尔比恩·图尔热（Albion Tourgee），《同族人》则为南部作家小托马斯·狄克逊（Thomas Dixon, Jr.）所著。

图尔热是北方一位年轻的教师兼律师，曾为反抗南部联军而战，战后他迁居北卡罗来纳开始了他的法律职业生涯。他成为一位法官和激进的共和党人。他支持黑人选举权，并协助制定新的州宪法和编纂北卡罗来纳法典。由于大胆批评三K党，他的生命多次受到威胁。1879年离开北卡罗来纳时他出版了有关自己经历的自传体小说,描述了作为一名法官,他如何对抗三K党对获释奴隶所施加的暴行。

《愚人的使命》这部小说描述了老兵康福特·泽福斯,他像图尔热一样,战后在北卡罗来纳试图代表白人和黑人的共同利益成就人道主义目标。然而,他屡遭威胁、恐吓,并因一场针对共和党领导人的猛烈"暴行"以及缺乏国会的支持而失败。历史学家们验证了图尔热小说中许多事件的真实性。除了揭露三K党的残忍,图尔热还突出描写了忠诚的南方联邦主义者,对三K党行径感到羞愧的值得尊敬的种植园主们,甚至是那些为罪行感到内疚、试图保护或警示被害人的贫穷白人三K党党徒们。

1905年,也就是图尔热去世的那一年,另一位北卡罗来纳人出版了一本小说,从迥然不同的角度分析了重建及其命运。小托马斯·狄克逊是一位律师、北卡罗来纳的州立法机关成员、浸信会的牧师、亲三K党的演讲家和小说家。《同族人》一书的副题是"三K党历史上的冒险传奇",这本书反映了19世纪末20世纪初多数南方白人对重建时期共和党统治的态度。在狄克逊看来,奥斯汀·斯通曼[撒迪厄斯·史蒂文斯]领导下的狂热的、报复性的、激进的国会,通过刺刀把腐败的牟利之人和黑人的野蛮秩序强加给无助的南方。只有通过三K党的权威领导,才能把南方从恐怖的掠夺和仇恨中挽救出来。

狄克逊把《同族人》这本书献给他的叔叔。当北卡罗来纳两个主要的县通过胁迫和恐怖手段把当地政府从共和党手中转给民主党之时,他叔叔正是那里三K党的大头目。但这种暴力在狄克逊的小说中没有任何体现。当《同族人》在1915年被改编成格里菲思导演的影片《一个国家的诞生》时,这部小说所宣扬的态度牢牢地刻在了20世纪美国人的心中。

这两部小说都展现了重建时期不同的人对获释奴隶的态度,并清晰地界定了英雄和坏人。这两本书都包含着激动人心的追打场面,九死一生、大胆的营救,以及悲惨的死亡场景。中间也穿插着一些浪漫情节(双方都是白人)。当然,这两部小说还是有很多不同之处的。

《愚人的使命》(1879)

第二个圣诞节来临之际,梅塔再次提笔给姐姐写信:

在接触黑人的过程中,康福特感到极为痛心。种植园的低洼处有一个黑人村庄。那里有教堂、安息日学校,明年还将有一所学校。你想象不到黑人们对我们有多么友善,对康福特有多么喜爱……几天前的一个晚上,我跟康福特去了他们的祈祷会。对此我之前早有耳闻,只是从未亲身体验过。那是一次非常奇特神秘的经历。约有55个中年男女出席了祈祷。他们轻声、低沉而单调地唱着,用拖长的感叹声点缀着,这是一首原始的颂歌,我惊讶地发现它竟然是奴隶时代的老歌。真不知道在那些难以想象的黑暗岁月里,这些曲子是怎样得以延续的。这首歌唱道:

自由!自由!自由,我的上帝,自由!
我们将追随你!

当我们进来并找好位置坐下,周围很多人都在看着我们;社区的老前辈杰里大叔拄着拐杖走上前来,用他温和的声音说道:

"晚上好,小姐!你能起来坐到前面吗?"

我们告诉他只是顺道来访,可能很快就要离开,所以宁愿待在观众席的后面。

杰里大叔目不识丁,却有着神奇的智慧和力量。他也不会任何算术,却是大家忠诚的朋友、监护者和领袖。他有一间房子和一块土地,偿还了所有债务,还拥有一头良种马和一头牛,在妻子和两个儿子的共同努力下,这个季节收成很好。他是社区里最有前途的黑人——至少康福特是这样说的。所有人都很敬重他,我已忘了听过多少人说起他的信仰。萨维奇先生曾说杰里的祈祷胜过其他任何人。凭着自己的忠诚和人品,他在残废后还屡次得到了主人的奖赏。

《同族人》(1905)

中午时分，本和菲尔漫步到投票地点观看在黑人支配下的第一次选举的进展情况。广场上挤满了喧闹、冲撞、汗流浃背的黑人，有男人、女人和孩子。天气很暖和，非洲人身上那股特有的气味随处可闻……

经过社团和被解放黑奴事务管理局的演练之后，黑人在刺刀的保护下开始参加投票行使自己的公民权，他们剥夺了原来主人的特权，批准新的宪法，并选举了一个将履行自己意志的立法机关。老亚历克作为议院的候选人拥有大多数选票，似乎掌控着投票站内外所有选民的一举一动。他的影响几乎无所不在，他的自负是菲尔想都不敢想的。菲尔不禁一直注视着他……

老亚历克是个天生的非洲演说家，毫无疑问，他的家族世代都有擅长蛊惑人心的演讲者，这些人在丛林里谈判时显示的口才，使其成为当地的领导人。他双腿细长，上面支撑着一个椭圆形的向外凸出的腹部，就像年迈猴子的腹部一样，笨重得似乎得依靠背部支撑。

他还有着动物般活泼的小眼睛，眉毛很灵活，每变换一种面部表情，眉毛都会快速地上下摆动，这表明他有着强烈的欲望。

他已经成了地地道道的酒鬼，穿着老式的军队制服，戴着帽子。

反思历史

通过这些简短的摘录，你能看出杰里大叔（Uncle Jerry）和老亚历克（Old Aleck）在作风和态度上有什么不同吗？这些片段会引起你怎样的情感反应？你认为19世纪末20世纪初的美国人又会做出怎样的反应？

并要阻止海斯的就职典礼。有说法称这是一场新的内战，但与1850年代情况不同，南北双方都出现了妥协的势头。北方的投资者想让政府资助从新奥尔良到加利福尼亚的铁路。南方人需要北方的钱但又不想接受北方的政治影响——他们不需要社会机构，不想执行《宪法第十四条修正案》和《宪法第十五条修正案》，也不需要军队占领，哪怕是军队在1876年之后那种象征性的存在。

随着3月4日就职典礼的临近，两股利己主义力量终于达成了"1877年妥协"。3月2日，海斯被宣布当选总统。就职典礼过后，他命令最后一支北方联邦军队撤出南方，将其改派到西部与印第安人作战；任命前南部联军的将军入主内阁，为南方的经济和铁路发展提供政府资助，并许诺让南方人自行处理种族关系。在对南方短暂的友好访问中，他告诉黑人："如果你们的政府不干涉广大白人，你们的权利和利益将会更加安全。"这个讯息的指向很明显：海斯不会强制执行《宪法第十四条修正案》和《宪法第十五条修正案》，政府开始了一种无为的治理模式，这一状况一直持续到1960年代。尽管如此，总算避免了直接的危机，重建也正式宣告结束。

小结：混合的遗产

在阿波马托克斯投降到海斯就职典礼的12年中，获胜的北方共和党人、被打败的南方白人、充满希望的获释黑奴，都希望能够得到比别人愿意给予的更多的东西。每种人都在一定程度上实现了自己的梦想。《1877年妥协案》使南方与北方的重新联合变得更加牢固，也为双方的经济发展提供了新的契机。共和党人实现了自己的经济目标，并在1932年前一直把持着白宫——虽然并不总能把持国会。前南部各州重又回到联邦的怀抱，虽然也发生了一些斗争和变化，但南方人仍然保有对南部土地和黑人劳力的控制权。伊丽莎白·奥尔斯顿在一段时间内恢复了对家庭种植园的权力，但是由于黑人抵制

重建结束

这幅托马斯·纳斯特（Thomas Nast）1868年所画漫画的下面有句说明，引用了民主党报纸上的一句话："这是白人的政府。"描述一下画中的四位典型人物。注意每个人高举（或伸开）的手里都握着什么。你会在这幅画中看到许多象征：生活在纽约城"五岔路"社区的爱尔兰工人，南方邦联"业已失败的事业"，邦联将军内森·福斯特，资本家的钱，联邦士兵的制服，以及投票箱。也请留意背景中的图片。简言之，你看到了什么？这大概是表现重建结束最好的图画。为何这么说？

劳动契约，她最终也不得不出卖了自己的大部分土地——买主依然是白人。

弗雷德里克·道格拉斯在1880年写道："我们的重建措施从根本上来说是有缺陷的……对获释奴隶来说是给了他们自由的机器，但却没有让机器运转的蒸汽。……原来的奴隶主阶级……拥有对他们生杀予夺的大权，而无论在哪里，只要拥有这种力量，就有实行奴隶制的权力。"弗雷德里克·道格拉斯说，奇怪的是，"人们却认为获释奴隶获得的进步不是太小而是太大；不是他们已经站立起来了，而是他们究竟能不能站立起来"。

获释奴隶在教育、经济、家庭存续方面获得了长足进步。虽然需要去做佃农或分成佃农，但黑人劳动者毕竟在一定程度上获得了自治和发展机会。尽管三大重建修正案在随后100年内受到公然违抗，但毕竟还是为实现平等的公民权和政治参与权带来了希望。

思考题

❶ 内战结束之际，失败的南方白人、胜利的北方人和被解放的黑人，其各自的目标与梦想是什么？你能给这三个群体分别说出三个吗？

❷ 1865年到1877年间，三个群体各自如何实现各自的目标与梦想？各自拥有什么样的资源？彼此之间有何冲突？

❸ 三个群体内部分别存在什么差异与矛盾？

❹ 北方总统和国会双方各自重建计划的主要差异何在？你认为哪个更重要：北方的政治重建？还是南方的日常生活、种族关系、政治情况？

❺ 你对战后时期美国的民主政治和价值观在多大程度上帮助了不同的美国人民实现梦想有何评价？